株洲 高新区 天元区 年鉴

ZHU ZHOU GAO XIN QU TIAN YUAN QU NIAN JIAN

2018

株洲高新区·天元区年鉴编辑委员会　编

方志出版社
Publishing House of Local Records

图书在版编目（CIP）数据

株洲高新区·天元区年鉴.2018/《株洲高新区·天元区年鉴》编辑委员会编.--北京：方志出版社，2018.9

ISBN 978－7－5144－3268－8

I.①株… II.①株… III.①区(城市)—株洲—2018—年鉴 IV.①Z526.44

中国版本图书馆CIP数据核字(2018)第214542号

株洲高新区·天元区年鉴（2018）

编　　者：《株洲高新区·天元区年鉴》编辑委员会

责任编辑：齐　笑

出 版 人：冀祥德

出 版 者：方志出版社

地址　北京市朝阳区潘家园东里9号(国家方志馆4层)

邮编　100021

网址　http://www.fzph.org

发　　行：方志出版社图书经销中心

电话(010)67110500

经　　销：各地新华书店

印　　刷：株洲学园印刷有限公司

开　　本：889×1194　1/16

印　　张：26

字　　数：620千字

版　　次：2018年9月第1版　2018年9月第1次印刷

印　　数：0001～1000册

ISBN 978-7-5144-3268-8　　定价：268.00元

《株洲高新区·天元区年鉴》编辑委员会

《株洲高新区·天元区年鉴》编辑部

编辑说明

一、《株洲高新区·天元区年鉴》坚持以马克思列宁主义、毛泽东思想、邓小平理论、“三个代表”重要思想、科学发展观、习近平新时代中国特色社会主义思想为指导，坚持辩证唯物主义和历史唯物主义的立场观点和方法，全面、系统、真实地记载2017年株洲高新区、天元区政治、经济、军事、文化和社会生活的基本情况和重大事件。

二、本年鉴采用条目式记事，分类编纂，基本结构为类目、分目、条目3个层次。设特载、大事记、综述、中共株洲高新区工委·天元区委、天元区人大常委会、株洲高新区管委·天元区人民政府、政协天元区委员会、群团·工商联、法治、国防、经济监督管理、农业与农村工作、工业、商贸·招商·金融、财税审计、建设·环境保护、园区建设、社会事业、街道·镇、人物、重要文件选登、统计资料22个部类，另加附录，共62万字。

三、本年鉴所载内容除特载外，主要记述2017年1月1日至2017年12月31日范围之内。为减少交叉重复，删减重大事件纪要、荣誉谱2个部类，使之更趋精炼。

四、本年鉴文稿均由各部门、各单位专人撰写，领导审核、签字，单位盖章，年鉴编辑部编辑人员加工整理和编辑。“人物”部类内容由区委组织部提供。“统计资料”部类由区统计部门提供。

五、本年鉴照片多数为区委宣传部提供，其余为各有关单位提供。为防疏漏错误，照片一律不署作者姓名。

六、本年鉴计量单位使用国家颁布的法定计量单位。标点符号、数字用法执行国家技术检验检疫监督局、国家标准化管理委员会于2011年7月29日发布的《中华人民共和国国家标准出版物上数字用法》（GB/T15835—2011）规定。行文规范、印刷设计遵行湖南省地方志委员会提出的相关规定和要求。

目 录

特 载

大 事 记

新区概述

株洲高新区工委·天元区委

天元区人大常委会

株洲高新区管委・天元区人民政府

政协株洲市天元区委员会

社会团体

法 治

军 事

经济监督管理

农业与农村工作

工　业

商贸・招商・金融

财税审计

城乡建设·环境保护

园区建设

社会事业

街道·镇

人　物

重要文件选登

统计资料

索　引

CATALOGUES

Features

Major Events

Summary

The Work Committee of High Tech Zone & Tianyuan District

People's Congress Standing Committee of Tianyuan District

High Tech Zone Management Committee & People's Government in Tianyuan District

CPPCC Zhuzhou Tianyuan District Committee

Social Groups

Rule of Law

Military

Economic Supervision and Management

Agriculture and Rural Work

Industry

Trade and Business & Attract Investment & Finance

Finance and Taxation Audit

Urban Construction and Environmental Protection

Garden Area Construction

Social Undertakings

Town and Sub-district

Character

Selected Important Documents

Statistical Information

Index

新区荣誉

XIN QU RONG YU

◎中国综合实力（科学发展）百强区

◎全国义务教育发展基本均衡县市区

◎国家慢性病综合防控示范区

◎中国中小城市新型城镇化质量百强区

◎长株潭国家自主创新示范区

◎长江经济带国家级转型升级示范开发区

◎湖南省首批实现小康社会县市区

◎湖南省文明城区

◎湖南省平安区

◎湖南省美丽乡村建设先进县市区

◎湖南省法治县（市、区）创建活动先进单位

◎2017年全省抗洪救灾先进集体

◎湖南省知识产权先进县（市、区）

2017媒体看新区

1月3日

《中国高新技术产业导报》第七版，头条刊发《株洲高新区：项目建设马力十足》文章，介绍株洲高新区重点项目：世界500强长城电脑株洲基地举行投产下线仪式；湘芸路顺利竣工通车；海纳川汽车零配件产业园项目正式开工，配套千亿元汽车产业。

1月11日

中新社中国新闻网，以《“中国动力谷”发动“智造”引擎签约29个项目总金额逾181亿元》为题，报道株洲·中国动力谷举行新年首场项目签约会。

2月5日

《湖南日报》03版要闻，以《用爱心之篙撑起健康之舟——记株洲乡村医生李冬至》为题报道最美村医天元区雷打石镇铁篱村卫生室医生李冬至。

2月6日

《湖南日报》头版以《“动力谷”里动力劲》为题，报道株洲高新区“中国动力谷”在浓浓的节日气氛中，工地和车间已一派繁忙，车辆来往穿梭，工人们在紧张工作。园区73家企业，2月4日复工企业达90%。

2月10日

湖南卫视《湖南新闻联播》，以《株洲高新区：千万现金重奖创新企业》为题，报道株洲高新区召开2016年度创新奖励大会，发放创新奖金额再次突破千万元。

3月13日

《中国高新技术产业导报》，以《株洲高新区河西示范园规模工业产值破400亿元》为题，报道2016年株洲高新区河西示范园规模工业产值达到414.2亿元，同比增长23.7%，实现规模工业增加值118.0亿元，同比增长12.9%，增速居株洲市第一。

3月20日

《中国高新区杂志》2017年04期，以《机器人时代来袭为智能制造代言——株洲高新区构筑产业新版图推动产业转型升级》为题，报道机器人行业，已将触角延伸到株洲高新区的一批科技型企业当中。

3月21日

《湖南日报》市州版，以《31家科技企业入住中国动力谷自主创新园》为题，报道2017年一季度中国动力谷引进的5个项目。

3月23日

《中国经济时报》以《中国动力谷：澎湃动力叩开全球智制大门——株洲高新技术产业开发区创新发展纪实》为题，报道株洲高新技术产业开发区创新发展纪实。

3月

《中国高新区杂志》2017年08期，以《落子天元，定盘高新——株洲高新区天元区跨越发展取得新成绩》为题，报道株洲高新区、天元区在项目建设中取得跨越发展新成绩。

4月3日

《中国高新技术产业导报》园区动态，以《株洲高新区构筑“互联网+”产业高地》为题，报道株洲高新区举行互联网产业发展座谈会。

5月29日

《中国高新技术产业导报》园区产业版，以《株洲高新区：奋进中的“新区智造”》为题，报道株洲高新区“中国制造2025”创建录。

2017媒体看新区

6月9日

《湖南日报》03版要闻，以《株洲高新区筹建“两个中心”》为题，报道株洲高新区6月8日举行筹建国家轨道交通知识产权运营中心、新能源汽车知识产权运营中心合作签约仪式。

6月23日

《人民日报》01版，以《中国动力谷世界正瞩目》为题，刊登记者侯琳良的文章介绍。近些年，株洲市深入推进中国动力谷建设，叫响国家名片，凭借其创新实力一次次惊艳世界。

7月17日

《中高新传媒》以《株洲高新区：金融+产业助推发展升级》为题刊文报道。湖南股交所株洲分所“进驻”湖南工业大学，开通“工大专版”。

7月18日

《红网》湖南频道，以《湖南造12米纯电动智能驾驶客车全球“首秀”》为题，报道中国中车电动自主研发的全球首款12米智能驾驶客车在湖南株洲公开路试。

7月31日

《中国高新技术产业导报》创新园区专版，以《株洲高新区打造中国动力谷正当其时》为题，报道株洲高新区的发展变化及打造中国动力谷时代背景和后续展望。

8月15日

《人民日报·海外版》专版，以《中国动力谷给世界一颗“中国芯”》为题，整版报道株洲·中国动力谷的建设情况。报道称：随着对自己优势的强化拓展，株洲正以澎湃动力叩开全球“智造”大门，给世界一颗跃动的“中国芯”。

11月9日

《湖南日报》05版要闻，以《“湖南好人”2017年三季度发榜》为题，报道湖南好人榜2017年三季度入选名单发布仪式、“天易杯”最美新区人颁奖仪式暨中国好人与湖南好人（株洲·天元区）交流活动。

11月12日

《湖南日报》03版，以《CKC中国卡丁车锦标赛总决赛株洲开赛百余车手赛道“炫技”》为题，报道株洲汽车博览园国际卡丁车赛场开赛。

11月20日

《湖南日报》09版，以《天元区：为残疾人创业“圆梦”》为题，报道今年以来，天元区以“广覆盖、低门槛、准定位”为突破口，在株洲市率先出台区级创业就业扶持奖励方案，掀起残疾人创业就业热潮。

11月29日

《中国高新技术产业导报》06版，以《株洲高新区：“互联网+”开启机关党建新模式》为题，报道株洲高新区（天元区）区直机关工委按照“党建领航、机关先行”的要求进一步提升机关党建的塑形力、感知力和反应力。

12月9日

《湖南日报》03版，以《国内最大产业展示馆在株洲启用》为题，报道以中国轨道交通城、中南地区通用航空城、中国新能源汽车产业城为支撑的目前国内最大的动力产业专业展示馆，株洲中国动力谷展示中心启用。

12月13日

《湖南日报》01版，以《株洲：创新引领挺进“高端”》为题，报道株洲高新区18个项目集中签约，总投资约380亿元。多个项目为国家“千人计划”专家技术领军项目。

领导关怀

Ling Dao Guan Huai

▲ 5月11日，中共湖南省委书记杜家毫（前中）等领导参观北汽株洲分公司二工厂

▲ 2月3日，中共湖南省委副书记、省长许达哲（左三）到株洲新区调研企业发展情况

▲ 6月22日，全国妇联副主席、书记处书记谭琳（前左二）到区政务服务中心调研

▲ 1月25日，中共湖南省委副书记乌兰（前左）到天元区调研

▲ 1月3日，中共湖南省委常委、省委统战部部长黄兰香（前左二）到北京汽车株洲分公司考察调研

▲ 7月2日，中共湖南省委常委、政法委书记、省公安厅厅长黄关春（前右二）到天元区督查指导防汛工作

▲ 2月15日，中共湖南省委常委、省委宣传部部长蔡振红（前左三）到北京汽车株洲分公司调研

▲ 1月12日，中共湖南省委常委、常务副省长陈向群（中）到天元区慰问老党员

▲ 10月13日，省离退休老干部工委副书记周柏松（右三）督查区老干部工作

▲ 6月30日，国有重点大型企业监事会主席赵华林(右二)考察株洲钻石切削刀具股份有限公司

▲ 12月12日，中国作协副主席白庚胜（前左二）到天元区参观考察

▲ 2月13日，住建部住房保障司司长曹金彪(右三)一行考察新马金谷公租房项目

▲ 8月2日，省文明办主任刘进能（左三）考察株洲·中国动力谷及万丰湖

▲ 9月26日，中共株洲市委书记、市人大常委会主任毛腾飞（前右三）到株洲高新区调研

▲ 7月25日，中共株洲市委副书记、市长阳卫国(前左二)一行考察时代风电项目

重大事件与活动

ZhongDaShiJianYuHuoDong

▲ 12月29日，召开工委工作会议、区委五届五次全体(扩大)会议暨工委、区委经济工作会议

▲ 2月14—16日，召开株洲市天元区第五届人民代表大会第二次会议

▲ 2月13—15日，召开政协株洲市天元区第五届委员会第二次会议

▲ 2月16日，举行全区基层书记述职会议

▲ 3月21日，株洲渌口大桥通车暨龙洲路开工仪式

▲ 3月29日，株洲农村商业银行在天元区成立

▲ 5月7日，中国企业家年会活动日暨企业家年会活动，企业家走进株洲新区

▲ 6月28日，株洲新区园区党群中心启用

▲ 8月4日，全国首届学前教育+人工智能创新应用高峰论坛在天元区举行

▲ 9月14日，湘江大道一期工程竣工通车

▲ 9月19日，中南大学联合共建湖南省铁路工程机械电液控制工程技术研究中心、院士专家工作站、博士后科研流动站签约揭牌

▲ 9月21日，湖南省首届“博士潇湘名企行”活动人员参观中国动力谷

▲ 9月26日，北京汽车绅宝D50批量生产

▲ 10月9日，株洲高新区企业发展服务中心综合服务大厅试运行

▲ 10月9日，区直机关举行升国旗仪式

▲ 10月23日，全球首列智轨列车在天元区智能轨道快运系统示范线上“开跑”

▲ 10月24—27日，株洲·中国动力谷亮相上海“双创周”

▲ 11月8日，"湖南好人榜" 2017年三季度入选名单发布仪式，"天易杯" 最美新区人颁奖仪式

▲ 11月11日，举办2017CKC中国卡丁车锦标赛总决赛

▲ 11月，天元区神农城食品安全示范街揭牌

▲ 12月8日，株洲中国动力谷展示中心开馆

▲ 12月8日，举行株洲高新区成立25周年，天元区建立20周年庆祝晚会

▲ 12月8日，株洲高新区重大招商项目集中签约仪式

▲ 12月8日，株洲市天易科技大厦开工仪式

▲ 12月8日，新能源机动车检测中心项目开工

▲ 12月12日，株洲市县市区机关党建工作述职交流会在天元区举行

▲ 12月26日，株洲汽车交易中心馆揭牌

▲ 12月28日，湖南长城首批智能硬件下线

特载

2018株洲高新区·天元区年鉴

ZhuZhou GaoXinQu·TianYuanQu NianJian

打造一流园区　建设幸福天元
加快实现更高质量更加全面发展

——在高新区工委工作会议、天元区委五届五次全体（扩大）会议暨工委、区委经济工作会议上的讲话

2017年12月29日

中共株洲高新区工委书记、天元区委书记　周建光

这次会议的主要任务是，高举习近平新时代中国特色社会主义思想伟大旗帜，深入贯彻落实中共十九大精神和中央、省委、市委经济工作会议精神，认真总结2017年工作，安排部署2018年工作，动员全区上下打造一流园区，建设幸福天元，加快实现更高质量更加全面发展。

刚刚召开的中央经济工作会议，对做好新时代经济工作提出了系列新思想、新论断和新要求，明确了明年经济工作的总体要求、主要目标和重点任务。省委、市委经济工作会议，对全省、全市经济工作作出了安排部署。我们要认真学习领会，结合新区实际，全面贯彻落实。下面，根据工委委员会、区委常委会研究的意见，我讲五个方面的工作。

一、聚力发展、奋勇前行，迈出率先开启基本现代化坚实步伐

一年来，新一届班子团结带领全区上下，谋大局、重实干，完善顶层设计，理顺体制机制，推动改革创新，改善民生福祉，经济社会发展行稳致远，迈出了率先开启基本现代化坚实步伐。

1. *发展质量更高更优*。在全国146家国家级高新区中综合排名跃升至第23位，创新驱动发展的动力越来越强。预计高新区营业收入、技工贸总收入双双突破2000亿元。天元区地区生产总值增长8.5%，固定资产投资增长10%，规模工业增加值增长8.5%，完成一般公共预算总收入78亿元，增长11%，收入总量、质量均稳居全市第一，新增高新技术企业数、“四上”企业数全市第一。

2. *发展格局更宽更广*。修订完善“一带一轴四片区”（即湘江风光带，神农绿轴，栗雨、新马、天易和南部乡村片区）总体规划、天易科技城概念规划，出台“石三门”现代农业公园方案，为南向发展打下基础。供给侧结构性改革系统推进，增量配电业务改革成功列入全国试点。推出长株潭地区最优“双创”人才政策，产业发展和投资促进“1+7”政策重

磅出台。行政审批改革取得新突破，深受企业欢迎的企业发展服务中心应运而生，“只进一张门”效果显现。园区财政体制进一步理顺，村镇建设公司成功转型。征地拆迁完成交地8980亩，总量全市第一，拆房面积创历史之最。

3. *发展后劲更强更足*。深入开展“两个年”活动，实施对接引进500强（央企）、上市公司培育和引进、高校（科研院所）等“十大行动”，与14名院士、15名“国家千人计划”专家深度开展创新项目合作。全年引资438亿元，引进项目96个，开工36个，竣工20个，新增规模工业企业25家，全球首列虚拟轨道列车等高端科技产品在这里问世，产业发展基础进一步夯实。株洲·中国动力谷多次登上《人民日报》等国家级媒体，赢得世界瞩目。

4. *发展生态更美更好*。投入创新创业引导资金5亿元，新建国家新能源汽车检测中心株洲分中心、中德工业智能制造技术、龙创汽车设计等一批创新服务平台，中国动力谷自主创新园获批国家海智计划基地。天台路金融街、高科·总部壹号金融中心功能日益完善，设立、参与基金和公司15家。动力谷展示中心、图书馆、文体中心、人才公寓等园区配套高标准建成，万丰湖公园完成提质改造，被授予省级水利风景区。汽车博览园卡丁车赛场、汽车服务中心、展示交易中心陆续建成，全力抢占汽车消费后市场发展先机，占领产业链、价值链高端。扎实做好中央环保督察迎检工作，污水直排等问题有效整治。城市管理水平进一步提升，全国文明城市复审、国家卫生城市复核出色完成，为全市连获殊荣作出重要贡献。圆满承办第三季度湖南好人发布仪式暨中国好人、湖南好人现场交流会，高科集团荣获全国文明单位，三门镇响水村荣获全国文明村镇。依法治区不断推进，网格化治理和“雪亮工程”全面铺开，信访维稳成效明显，安全监管持续加强，社会大局和谐稳定，连续9年保持全省“平安区”称号。

5. *发展红利更多更全*。“民生100”工程全面完成，民生支出占比达70%。劳动保障平台进一步完善，被征地农民先保后征，开全省之先。多层次、多元化养老服务体系不断完善。新马、尚格学校建成开学，在全市率先实施农村学生和全体教师“免费午餐”。首届神农中医药论坛成功举办，区域医疗联合体全面建立，优质医疗资源不断下沉。基层文化设施不断完善，公共文化服务体系逐步健全。城中村、老旧小区、农贸市场改造成效明显。8个美丽乡村整体推进，对口支持的茶陵县8个贫困村可望全面脱贫。全力迎战历史罕见洪峰，荣获全省抗洪救灾“先进集体”。

6. *发展保障更强更实*。扎实推进“两学一做”学习教育常态化制度化，迅速兴起学习宣传贯彻中共十九大精神的热潮，各级党组织和党员的“四个意识”“四个自信”得到全面加强。村居“两委”换届“又好又快”完成，“两新”组织“两个覆盖”百日攻坚收效明显。园区“枢纽”型党群服务中心建成，村（社区）党群服务中心阵地规范、功能更全、服务更优。实行全员绩效考核，坚持落实好干部标准，将工委、区委选人用人理念贯彻干部选拔任用全过程，提拔重用在经济建设、征地拆迁、信访维稳、招商引资等一线表现突出的干部，形成了好的用人导向。牢牢把握意识形态领导权，认真组织工委、区委理论学习中心组集中学习，思想宣传工作取得新成效。管党治党“两个责任”抓紧抓牢，派驻监督实现全覆盖，巡察工作扎实开展，监察体制改革稳妥推进，坚持全覆盖零容忍，违纪违法案件查办力度不断加大，反腐败斗争压倒性态势正在形成，政治生态呈现新的气象。

区委总揽全局、协调各方，支持区人大及其常委会依法行使职权，支持区人民政府依法行政，支持区政协围绕团结和民主两大主题履行职能。人民武装、统一战线、民族宗教工作卓有成效，工会、共青团、妇联、工商联、残联等群团组织作用充分发挥，史志档案、老龄、老干、关工委等工作取得新的进步。

在肯定成绩的同时，我们也要清醒看到，发展不平衡尤其是不充分的问题依然非常突出。主要表现在：一是经济总量整体实力与首批国家级高新区地位不相称。河西示范园经过25年的发展，到目前才有330亿元的GDP总量、137亿元的规模工业增加值、130家规模工业企业、115家高新技术企业，这在国家级开发区中体量太弱、块头太小，加快发展、增强实力依然是我们的第一目标。二是增长速度、发展潜力与长株潭地区白热化的竞争态势不相称。8%左右的GDP增长、10%左右的固定资产投资增长、90亿元的工业投资，与长沙、湘潭高新区、经开区动辄百分之十几、二十几的增长，上百亿的工业投资相比，让我们感到标兵越去越远，追兵后来居上。奋勇争先、进位升级仍然是我们的第一要务。三是引领带动、发展贡献与排头兵、主力军的区域地位不相称。高新区拥有最优越的投资环境、最充足的资源配置、最倾斜的政策支持、最高规格的干部力量配备，贡献的却是略高于全市平均水平的增速，不到七分之一的GDP。勇担株洲经济社会发展增长极中"极"的作用，发挥动力谷核心区"核"的担当，仍然是我们的第一责任。四是能力水平、工作作风与创先争优、攻坚克难的要求不相称。一些干部思想观念、认知水平、专业素养、创新意识、担当精神与新时代的发展要求还不适应，精神懈怠、激情不够、能力不足、作风不实等问题仍然存在。培育推土机式的"狮子型"干部、激发干事创业活力是推动我们工作落实的第一动力。

二、举旗定向、科学谋划，坚定新时代实现新作为的信心和决心

2018年是贯彻中共十九大精神的开局之年，是改革开放40周年，更是迈入中国特色社会主义新时代的起步之年。站在新时代的历史方位，必须把握新机遇、牢记新使命、实现新作为。

新时代要把握新机遇。中共十九大作出了中国特色社会主义进入新时代的重大政治判断。新时代赋予了新机遇，最大的机遇是创新和开放。新区在创新上有活力，聚集了以两院院士、千人计划专家为代表的一大批科技领军人才，建立了以大型企业、科研院所为主体的24家国家级研发平台，具有较强的应用科技成果转化能力。在开放上有潜力，随着株洲·中国动力谷的加速打造，优势企业深度参与全球化，以及海外合作平台的推进布局，开放合作步伐越来越快，未来前景广阔。

新时代要牢记新使命。中共十九大提出，我国经济已由高速增长阶段转向高质量发展阶段。高质量发展就必须坚持"质量第一、效益优先"，推动经济发展质量变革、效率变革、动力变革，加快建设实体经济、科技创新、现代金融、人力资源协调发展的产业体系，构建市场机制有效、微观主体有活力、宏观调控有度的经济体制。我们要牢记新使命，顺应新要求，与新发展理念相适应，与现代经济体系相适应，特别是创新生态和营商环境建设，实现革命性提升，要围绕"五位一体"总体布局，回答好"建设什么样的现代化经济体系""怎样建设现代化经济体系"的问题。

新时代要实现新作为。历史只会眷顾坚定者、奋进者、搏击者，而不会等待犹豫者、懈怠者、畏难者。新区正步入经济总量不断壮大、发展质量不断提升、现代产业体系不断完善的转型阶段，正步入产业优势不断释放、发展动能向创新驱动转型的提升阶段，正步入园城范围不断拓展、城乡一体融合发展的阶段，正步入城市治理水平向现代化迈进的爬坡阶段。省委、省政府，市委、市政府对新区发展寄予厚望，全区人民对美好生活充满向往。我们一定要以永不懈怠的精神状态和一往无前的奋斗姿态，把新区各项事业发展推上新台阶。

2018年工作总的指导思想：高举习近平新时代

中国特色社会主义思想伟大旗帜，深入贯彻落实中共十九大精神以及中央、省委、市委经济工作会议精神，坚持稳中求进、进中争先工作总基调，以新发展理念为指引，按照高质量发展的要求，统筹推进“五位一体”“四个全面”总布局，坚持以供给侧结构性改革为主线，以产业项目建设年为抓手，围绕“一谷三区”总任务，打造一流园区、建设幸福天元，加快实现更高质量更加全面发展。

经济社会发展目标总的原则：主要经济指标增幅高于全市平均水平 0.5 ～ 1 个百分点，努力争取达到两位数的增长。特别是高新区技工贸总收入等经济指标要实现更高幅度的增长。

三、创新开放、合力攻坚，推进株洲·中国动力谷核心区高质量发展

进入新时代，必须紧扣高质量发展要求，抓改革、优服务、促创新，加快建设具有新区特色的现代化经济体系，重点做好以下几个方面的工作：

1. 打好产业项目攻坚战。开展产业项目建设年，全力落实省委“五个 100”，以“十大行动”为抓手，围绕“3+5+2”动力产业体系新构想，重点发力汽车及新能源汽车动力产业，加快发展电子信息、新材料、新能源三大动力新兴产业，规划培育生物医药及健康食品产业，努力提升现代服务业，大力促进军民融合和互联网、大数据、物联网、人工智能同实体经济深度融合，致力将高新区建设成为汽车及新能源汽车产业城、三大动力产业创新中心、新兴产业成长地、现代服务业聚集区。

一要在招大引强上突破。积极落实全新招商体制，进一步理顺“八个一”招商机制，优化招商队伍，落实产业组招商责任，推行产业招商全程绩效考核。充分整合招商资源，突出企业招商，鼓励园区企业尤其是现有 500 强企业（央企）分支机构，积极参与招商。支持优势企业主动出击，引导企业实现跨地区、跨行业开展项目合作，引进新技术、新理念，寻求发展新空间，实现招商引资的新突破。探索第三方招商，政府购买服务，调动社会专业招商机构和组织合作招商。注重亲情招商，积极对接湘商会和各类交流平台，深入开展“迎老乡、回故乡、建家乡”活动。突出招商方向，近期聚焦汽车和新能源汽车、电子信息产业，力争引进 1 ～ 2 家整车企业，围绕新能源汽车电池、电机、电控“三电”核心零部件，巩固已有企业优势，引进关联企业，提高配套能力，提升聚集能力。明确招商目标，全年完成招商引资项目 100 个、金额 400 亿元，其中产业项目 70 个以上，100 亿元投资项目 2 个，10 亿投资项目 5 个，同时策划包装一批大项目、好项目。

二要在项目建设上加速。坚持和完善项目建设工作机制，注重项目招商引资、征地拆迁、项目建设、企业帮扶的整体联动，不断扩大产业投资，加快省、市重点项目推进，提高投资效益。全年完成开工重点项目 30 个，竣工项目 20 个。更加注重签约项目全程服务，破解项目供地、融资等要素制约，实现提速提效，推动签约项目早落地、早开工、早投产，实现如期履约率 90% 以上。

三要在创新创业上提档。以产业链、创新链、资金链和人才链融合为重点，推进协同创新和资源集聚，培育创新型产业集群。鼓励高校（科研院所）在园区企业进行科技成果转移转化。加快构建以知识产权运营、科技成果转化为主体的科技服务体系建设。搭建科技公共服务平台，构建包括技术研发、标准化、检验检测认证等在内的高水平创新创业服务体系。新增高新技术企业 30 家以上，新增各类企业创新研发平台 5 个，新主导或参与制定各类标准 5 项，新认定众创空间（科技孵化器）4 个，新增公共服务平台 6 家。

四要在招才引智上聚力。实施高校（科研院所）对接行动，全力落实好“双创”人才政策，加大人才政策宣传，引进一批“顶天立地”的高精尖人才和“铺天盖地”的青年人才和技能人才，打造以“基础型人才、科技创新型人才、高端领军型人才”为支撑的多层次人才体系。拓宽人才引进视野和渠道，依托全国性或有影响力的高端平台招才，紧扣产业招商和创新创业项目同步引才，实现人才数量快速增长。力争引进高端创新项目40个，领军人才30个，其中，院士和国家“千人计划”专家20名，建设中国动力谷科技创新人才和技术高地。

五要在培优培强上突围。积极利用和大力发展资本市场，进一步推动园区优质企业充分利用资本市场筹集社会资金，促进经济结构的优化调整和企业的做大做强。发挥产业发展引导基金作用，培育一批瞪羚企业，培育一批规模企业，提质扩能一批企业。全年完成培育上市企业5家，储备上市企业10家，新引进上市企业1～2家；培育瞪羚企业10家，新增规模企业20家；新增产值过50亿元企业1家、10亿元企业5家，全力支持北汽株洲分公司过100亿元。

2. 推进片区集成开发。突出新马、天易和南部乡村三大片区，实现特色开发、集成联动、功能创新、品质提升。

一是拓展发展空间。尽早修订产业发展规划，全力推动自创区调区扩区，拓展发展空间。尽早明确天易科技城功能布局、产业规划，强化“三规融合”，为新区产业集群和产城融合发展保障空间。

二是突出开发重点。新马片区突出万丰国际健康产业小镇的打造，引入核心配套项目和实力开发商。汽车博览园以展示中心和赛车场为中心，进一步完善配套体系，尽早形成汽车后市场服务体系。栗雨片区以总部壹号为中心，结合周边土地开发，形成区域产融服务中心。天易片区重点开发天易科技城、五云峰国际生态新城，推进株洲信息港（暂命名）建设，规划建设生物医药园，筹划人工智能产业园。完善神农绿轴、湘水湾、月塘生态新城配套建设。

三是强化要素保障。用好用活省、市建设用地占补平衡、增减挂钩等政策，完善园区土地管理，严格执行项目用地准入退出机制，清理、盘活闲置土地和厂房。加大土地报批、征地拆迁的力度，增加工业土地、商业土地、新建工业地产、商业地产的储备，保障项目有地用、熟地等项目。发挥金融服务中心和投融资促进协会等综合平台作用，完善金融服务配套设施，进一步拓宽融资渠道，破解融资难题，高科集团、天易集团、村镇公司力争全年融资突破180亿元。进一步完善园区配套路网，提升现代商务、休闲旅游、生活配套等功能，打造交通便利、产城融合、三生协调的现代化园区。

3. 深化供给侧结构性改革。把提高供给体系质量作为主攻方向，坚持“破、立、降”并举，深入推进降成本、强平台、补短板、优环境。

一要降成本。进一步落实减税、降费、降低要素和物流成本政策，以全国增量配电业务改革试点为契机，推进配售电、“无费区”等改革，加快物流园区建设，降低企业生产经营成本。

二要强平台。推动高科集团、天易集团、村镇公司国企改革，加快企业经营转型步伐，建立现代企业制度，让国有企业主业归核、资产归集、产业归位，更加突出工业用地开发、工业园区配套、工业厂房建设、工业项目招商，不断提升其工业发展商功能，做强平台。特别是新成立改组的村镇公司，要在盘活生产安置用地、做强集体经济组织，为保障拆迁对象长远利益上探索新的路子，当好南部片区的开发运营商和美丽乡村建设的主力军。

三要补“短板”。运营好已有产业发展基金作用，组建供应链金融、引入金融保理，建设发挥投融资基金作用，撬动社会资本，积极培育新技术、新产业、新业态、新模式“四新”经济，重点发展平台经济、共享经济、电子商务等新业态、新模式。

四要优环境。实施对接自贸区实现大开放优化大环境行动，以更大力度，下好“放管服”改革“先手棋”，优化营商环境，不断厚植发展新活力。完善企业发展服务中心功能，探索“一枚印章”管审批，推行一门式受理、一站式服务、一条龙办结，做到“随叫随到、服务周到，有求必应、无事不扰”。对企业发展服务中心，既看审批时限加快多少，又要看代理服务多少项目。深入开展企业帮扶，在解决创新型人才子女就学、就医、社保、安居、交通等现实问题上出实招，打造全省贸易投资最便利、行政审批最高效、服务管理最规范的营商环境。

4. 推进新一轮改革开放。思想的阻力是最大的阻力，观念的障碍是最大的障碍，眼光的落后是最大的落后。要以改革开放40周年为契机，展现“改革开放再出发”的决心和勇气，把握新机遇、赢得新优势。推进人事制度改革，对未担任领导职务科级干部，纳入调研督办中心集中管理，统筹安排工作任务，严格进行绩效考核，充分发挥其情况熟悉、经验丰富的优势，让人尽其才、才尽其用。出台鼓励干部提前退休政策，根据工作需要和个人意愿可进行返聘，并享受相应待遇，依法合理解决编制受限、人才匮乏的问题。借鉴发达地区和国家级园区的经验，启动高新区人事制度改革的试点，推行竞聘上岗，打通干部能上能下、能进能出的渠道，激发干部队伍活力。推进财政体制改革，建立事权和支出责任相适应的管理制度，健全规范透明、标准科学、约束有力的预算制度，启动预算支出的效益评估。加大人大财政预算监督，提升财政资金的使用效能。探索城市治理体制改革，推行规划“一张图”，实现多规合一、多规融合；推行管理“一张网”，加强城市综合执法，构建城市管理、综治安全、交通管理网格化治理大格局，实现资源有效整合。围绕建设“一带一部”开放发展先行区，鼓励优势企业通过跨国资产兼并、重组等方式做大做强做优，寻求更深层次的开放，扩大国际交流合作。

5. 防范化解重大风险。强化问题导向、底线思维，加强对重点行业、重点领域的风险防范化解。摸清政府债务底数，进一步规范举债行为，严格依规实施PPP、政府购买服务，理顺三大平台公司与财政关系，合理控制债务增量、逐步消化债务存量，防范政府债务风险。严厉打击非法集资、高息揽储等违法违规金融活动，严密防控互联网金融、民间借贷等金融风险。深入开展平安创建，健全社会矛盾排查预警、重大决策社会稳定风险评估、矛盾多元化解机制，加快建设“综治中心+网格化+雪亮工程”的一体化综合平台，提高预测预警预防化解各类风险的能力。

四、坚持统筹发展，不断满足新区人民日益增长的美好生活新需要

坚持以人民为中心的发展思想，统筹推进经济、政治、文化、社会、生态文明建设，以更大决心、下更大气力保障和改善民生，不断使人民获得感、幸福感更加充实、更有保障、更可持续。

1. 实施乡村振兴战略。准确把握“产业兴旺、生态宜居、乡风文明、治理有效、生活富裕”的总要求，深入推进农业供给侧结构性改革，促进农村一二三产业融合发展。稳步推进“石三门”现代农业公园建设，探索一种乡村振兴新模式，掀起一股土地流转大浪潮，创建一批特色小镇、田园综合体、微农庄，落地开工一个汽车营地，形成现代都市生态农业体验和乡村民居民宿旅游品牌。开展“三农”融资担保服务，探索承包土地经营权和农民住房财产权抵押担保贷款方式，盘活用好闲置农房和宅基地，让资源变资产、资金变股金、农民变股东，让绿水青山变成金山银山。加强农村基础设施建设，全面深化农村环境综合治理，分阶段推进三门镇整域和雷打石镇部分村美丽乡村建设。

2. 提高保障和改善民生水平。落实“民生100工程”，努力改善民生的服务供给。启动养老、医疗、失业、工伤和生育五项社会保险费统一征收，优化社保公共服务信息平台，不断提高保障水平。深化与湖南工业大学等高等院校合作，促进校地共建。优先发展教育事业，落实立德树人根本任务，加快建成凿石学校，努力引进国内优质教育资源，加大从各类名校引进优秀教师的力度。发挥中心医院与基层医疗单位区域医疗联合体的作用，加快推进分级诊疗工作。探索医养结合模式，大力发展健康养老产业。以建设健康社区为抓手，加强慢性病综合防控工作，树立神农健康养生的核心文化品牌，全面推进健康天元建设。牢固树立文化自信，推进“文化惠民”工程，弘扬优秀传统文化，整合文化资源，创建万丰湖、神农城国家文化旅游示范区，开发整合响水、空洲岛、观音岩、杨柳水库乡村旅游精品路线。

3. 推进生态文明建设。围绕建设天蓝地绿水净的美丽天元，深入实施大气、水、土壤污染防治行动计划，巩固中央环保督察成果，打好污染防治攻坚战，切实提升区域环境质量。研究制定国家生态文明试验区建设方案，落实“河长制”职责，深入开展湘江保护和治理第二个“三年行动计划”，切实加快水污染防治项目建设进度，确保湘江饮用水源稳定达标。积极推动传统产业绿色化转型、重点企业清洁化生产、工业园区生态化改造。以推进新时代更高水平全国文明城市为抓手，不断深化“十大文明行动”。以开展“城市双修”（生态修复、城市修补）为契机，统筹城乡基础设施建设，大力实施交通畅通行动、旧城提质行动、城市“绿荫行动”、碧水蓝天行动、“点亮天元”行动，创建海绵城市，推进“厕所革命”，统筹里子与面子、地上与地下、硬件与软件，不断提升城市承载能力。

4. 加强民主政治建设。坚持和完善人民代表大会制度、共产党领导的多党合作和政治协商制度，充分发挥人大代表、政协委员在经济建设、社会建设、民生建设中的职能作用。加强法治社会建设，增强全体公民的法治意识，引导干部运用法治思维和法制方式推动发展。注重以法制手段维护项目建设施工环境，依法严厉打击非法阻工、强揽工程、强装强卸等违法行为。完善司法体制，推动人民调解工作大格局、大网络建设。严格落实信访维稳工作责任制，坚持领导包片包案、定期定点接访制度，特护期抓稳控、平时抓化解，落实“三到位一处理”，形成矛盾纠纷化解长效机制。

5. 打造共建共治共享社会治理格局。加强社会治理制度建设，完善党委领导、政府引导、社会协同、公众参与、法治保障的社会治理体制。通过与各类社会组织的合作，调动全民对社会共建共治共享的积极性，大幅提升正能量的传播效率。要坚持问题导向，坚决遏制重特大安全事故发生。加强食品、药品监管执法，积极创建国家食品安全示范城市，进一步完善“三个体系”建设，确保人民群众饮食、用药安全，实现安居乐业和社会和谐稳定。

五、坚持党建引领，切实提高驾驭新时代经济社会发展的能力

要实现高质量发展，必须加强党对经济工作的领导，坚持全面从严治党，坚决整治“四风”问题，大兴实干之风，全面提升驾驭经济工作的能力和水平。

1. 以高度的思想行动自觉引领干事创业。一要提高政治站位。以学习宣传贯彻中共十九大精神为指引，开展“不忘初心、牢记使命”主题教育活动，教育引导党员干部悟初心、守初心、践初心，进一步树牢“四个意识”、坚定“四个自信”。深入践行社会主义核心价值观，弘扬主旋律，传播正能量，筑牢主阵地，牢牢掌握意识形态工作领导权。二要提升能力水平。重点加强政治领导、改革创新、狠抓落实，以及应对复杂矛盾，解决处理复杂问题的能力。通过集中轮训、领导干部上讲台、专题大讨论等形式，推动新区干部深入系统学习习近平新时代中国特色社会主义思想，与基层实践深度结合，着力解决信念不坚定、宗旨不牢固、使命感不强、能力不足等突出问题，把学习贯彻习近平新时代中国特色社会主义思想，落实到做好本职工作，推动事业发展上来。邀请发达地区有实战经验又有理论高度的专家为新区干部培训，组织领导干部到发达地区或者全国改革创新一线地区培训学习，选派熟悉经济工作、有培养前途的干部挂职锻炼，不断增强推动高质量发展和建设现代化经济体系的本领。三要加强落实力度。牢固树立时不待我的紧迫感，不进则退、慢进亦退的危

机感，以高标准抓落实。坚持开展“五问工作法”，让“马上就办、真抓实干”成为常态。要有真抓的实劲、敢抓的狠劲、善抓的巧劲、常抓的韧劲，坚持不懈抓、持续用劲抓，抓一项成一项。

2. 以坚强有力的战斗堡垒推动干事创业。坚持以提升组织力为重点，突出政治功能，把基层党组织建设成为宣传党的主张、贯彻党的决定、领导基层治理、团结动员群众、推动改革发展的坚强战斗堡垒。一要整体推进基层党组织建设。坚持党建领航，严格落实基层党建工作责任制，分类别具体指导，深入推进农村、城市、国企、“两新”组织、机关和事业单位等各领域的基层党建工作，加大基层党组织“五化”建设力度。二要着力打造智慧党支部。运用互联网技术和信息化手段，开展党建工作，用好用活“红星云”，提高支部管理智能化、教育服务信息化、基础工作精准化水平。三要严格规范组织生活制度。深入推进“两学一做”学习教育常态化制度化，切实加强工委、区委理论学习中心组集中学习，认真执行“三会一课”、民主评议党员、支部主题党日等制度，发挥好基层党组织战斗堡垒作用。

3. 以正确的选人用人导向激励干事创业。坚持党管干部原则，认真落实新时期好干部标准，以对党忠诚选忠诚于党的干部、以事业为上选担当干事的干部、以扎实作风选作风扎实的干部。一要鲜明导向优选干部。坚持从新区事业出发，重视依事择人，看谁更优秀、更合适，多考虑“该用谁”而不是“谁该用”。树立、把握好干部使用的导向，让想干事、能干事、干成事的干部有更多机会，让素质水平与发展要求不相适应的干部没有机会，占了岗位不干事的干部没有机会，把说了当做了、把做了当做好了的干部没有机会。二要完善考核约束干部。适应新区发展的要求，全力推行全员绩效考核，强化结果运用，形成素质优劣、工作好坏有考核、有说法、有做法的新机制，把干部的精气神引导凝聚到干事创业上来。三要主动作为厚爱干部。把严管干部和关心干部结合起来，研究制定激励干部新时代新担当新作为的意见。严格落实“三个区分开来”要求，旗帜鲜明为敢于担当、踏实做事、不谋私利的干部撑腰鼓劲。加大干部精神激励力度，落实好党内表彰、日常谈心谈话等制度，充分调动干部积极性主动性创造性。

4. 以坚如磐石的纪律保障干事创业。一要不断推进全面从严治党向纵深发展。以政治建设为统领，不断压实管党治党“两个责任”，营造山清水秀的政治生态。二要始终保持惩治腐败高压态势。坚持重遏制、强高压、长震慑，严厉整治发生在群众身边的腐败问题，重点审查十八大后不收敛不收手、问题线索反映集中、群众反映强烈、现在重要岗位且可能还要提拔使用的领导干部，不断巩固发展反腐败斗争压倒性态势。三要锲而不舍落实中央八项规定精神。坚决反对特权思想和特权现象，坚持抓具体、补短板、防反弹。特别要认真学习贯彻习近平总书记关于纠正“四风”、加强作风建设重要批示精神，摆摆表现、找找差距、抓住主要矛盾，针对表态多调门高、行动少落实差，只求不出事、宁愿不做事，事不关己、高高挂起，知情不报、听之任之等突出问题，拿出过硬措施，扎扎实实改。各级领导干部带头转作风，身体力行，以上率下，形成“头雁效应”，勇于挑最重的担子，敢于啃最硬的骨头，善于接最烫的山芋，把本职工作抓紧抓实、抓出成效。四要不断加大问责力度。坚持和加强党对反腐败斗争的集中统一领导，全面深化监察体制改革，强化派驻和巡察工作执行力度，盯住乱作为，管住不作为，对为官不为要么改造、要么撵走，努力营造干事创业、奋勇争先的良好氛围。

同志们，新时代孕育新机遇，新使命更待新作为。让我们高举习近平新时代中国特色社会主义思想伟大旗帜，在党中央和省委、市委的坚强领导下，以更加开阔的视野、昂扬的斗志、扎实的作风，不忘初心，牢记使命，为打造一流园区、建设幸福天元，实现更高质量更加全面的发展而努力奋斗！

践行创新理念 谱写新区发展新篇章

2017 年 12 月 16 日

株洲高新区管委会主任 朱振湘

中共十九大报告提出：创新是引领发展的第一动力，是建设现代化经济体系的战略支撑。国家级高新区要切实发挥好在国家层面的示范引领作用，在区域层面的辐射带动作用，真正成为区域经济新的增长极，就必须把创新放在首位。5 年来，株洲新区在习近平总书记系列重要讲话精神的引领下，紧紧围绕中央、省委和市委重大决策部署，创新创业、砥砺前行，主要经济指标总量和增幅始终处于全省、全市前列，综合经济实力多年稳居全市各县市区之首，高新区综合排名升至全国第 23 位，产业发展、园区建设、人才集聚都发生了喜人变化。

创新升级，产业动力更足。近年来，我区抢抓“工业 4.0”“中国制造 2025”等机遇，围绕“株洲·中国动力谷”的产业体系，出台“1+7”产业招商和投资促进系列创新创业政策，着力构建“3+3+1”产业发展体系，实现产业体系升级、链条升级、品牌升级，“株洲·中国动力谷”的影响力、凝聚力、竞争力明显增强。站在新的起点，为充分发挥新区在株洲“一谷三区”建设中的示范引领作用，推进产业转型升级，培育产业新动能，主要抓好以下三个方面：一是推进智能产业。按照“政府引导、市场主导、重点突破、示范推广”的原则，强化智能制造试点示范，推进智能制造产业发展，实现园区智能制造产业化、集群化、高端化。到 2020 年，引进 1 ~ 2 个国际知名智能制造装备龙头企业，实现重点领域生产装备数控化率达到 60% 以上，实现智能制造产业总产值达到 200 亿元。二是培优新兴产业。以新市场需求为依托，不断壮大新能源汽车产业，实施新能源汽车产业“12550 工程”，着力培优电子信息、新能源、新材料等动力产业相关的战略性新兴产业，形成新区特色产业优势。力争到 2020 年，三大新兴产业年产值达到 1500 亿元以上，现代服务业规模达到 500 亿元以上。三是培育新型载体。以信息技术升级应用为基础，重点培育基于互联网的创业组织方式、创新设计产业、新型制造模式、新型营销模式，建设汽车小镇、电竞小镇等各具特色的新型载体，做大做强轨道交通领域后服务市场、汽车领域后市场、通航领域后市场，培育三个年产值分别超过 50 亿元的后市场新业态。

创新路径，园区建设更优。5 年来，我区围绕建设“株洲·中国动力谷”，坚持高起点规划、高标准建设，14 平方千米的栗雨科技工业园基本建成，中国动力谷自主创新园、新马 EBD、汽车博览园等一批百亿工程和重大项目重点推进，长城电脑、立方新能源等新兴产业项目入驻天易科技园，园区开发速度不断加快，园区品质不断提升，园区承载能力显著增强。在新区成立25周年之际，发挥好河西示范园作用，需要从以下三个方面着力：一是拓展园区发展新空间。按照“高点定位、产业先行，产城融合、高端发展，节约集约、绿色发展”的原则，明确园区产业定位，制定相应产业发展规划，科学规划园区功能布局，完成株洲高新区长株潭国家自主创新示范区发展空间规划编制，加快完善天易科技城发展规划编制，使园区主导产业明确、产业链延伸有空间、综合配套完备。二是实现园区产业新提质。加快园区产业结构优化，通过优化园区功能、强化产业链条、扶持重大项目、支持科技研发等措施，支持传统制造业向中高端、绿色发展迈进，着力建设电子信息产业园、新材料产业园、新能源产业园三大新兴产业特色园区，打造产业特色鲜明、质量效益突出、集约集聚效应明显的专业化产业园区。三是创新园区开发新模式。探索PPP方式推进园区开发，鼓励投资者开发建设相对独立、集中成片的“园中园”、特色园，通过“一企建一园”，实现“一园带多企”。

创新平台，人才驱动更活。近年来，我区依托“株洲·中国动力谷”，大力实施“5211人才计划”，引进了毛宗强教授氢燃料电池研发产业化等一批具有国际、国内行业领先水平的项目，10位院士设立工作站，29位专家担任中国动力谷专家顾问委员会委员，百余家创新团队、金融机构、科技中介服务机构入驻自主创新园，超过1000人的高端创新人才队伍常驻园区发展。在创新驱动战略中发挥示范作用，形成吸引创新型人才扎根、加快创新型企业成长、促进创新要素流动的良好创新环境，需要抓好以下三个方面：一是吸引高端产业引人才。着力对接世界500强、中国500强和实力央企的合作，引进带动性强的大项目，推动三大优势产业形成有竞争力的产业集群，遍栽产业“梧桐树”，引得人才“金凤凰”。二是搭建高端平台聚人才。依托“中国动力谷”，发挥三大动力产业优势，立足国内领先、瞄准世界一流，着力建设一批工程技术研究中心、重点实验室、院士工作站、产业协同创新中心等高端研发平台，全力打造“磁力”强大、众望所归的高层次人才聚集高地。三是配置高端要素留人才。以“双创人才计划”为依托，坚持高层谋划、高位推动、高质服务，着力构建高规格的人才工作领导体制、高投入的人才经费保障机制、高起点的人才政策服务体系，以更加开阔的视野、更加开放的政策、更加优质的环境，努力把新区加快建设成为人才创业高地。

在进行伟大斗争、建设伟大工程、推进伟大事业、实现伟大梦想的新征程上，我们一定坚决维护习近平同志核心地位，坚决贯彻中央、省委、市委决策部署，不忘初心、砥砺前行，贯彻落实好党的十九大精神，以优异成绩向党交一份满意的答卷。

株洲市天元区人民代表大会常务委员会工作报告

——在株洲市天元区第五届人民代表大会第三次会议上

2018年1月11日

天元区人大常委会主任　程　燕

2017年工作回顾

2017年,在中共株洲高新区工委、天元区委的坚强领导下,区人大常委会以中共十八大、十九大精神和习近平新时代中国特色社会主义思想为指引,深入贯彻落实区第五次党代会、区委五届三次、四次全会等会议精神,始终坚持党的领导、人民当家作主、依法治国有机统一,依法履行宪法和法律赋予的各项职权,人大工作呈现勃勃生机和活力。全年共召开常委会会议7次、主任会议16次,听取和审查专项工作报告24项,作出决议决定7项;提出审议意见8项,圆满完成了区五届人大二次会议确定的各项目标任务,为助推全区经济社会发展和民主法治建设做出了积极贡献。

一、始终坚持党的领导,牢牢把握政治方向

2017年以来,区人大常委会牢固树立"四个意识",始终围绕工委、区委工作大局,充分发挥人大及其常委会职能,通过法定程序推进区委重大决策部署的贯彻落实。

(一)推进重大事项落实,尽职尽责、敢于担当

区人大常委会不断增强谋大事、议大事的能力,修改完善了《区人大常委会议事规则》《区级政府预算审查监督办法》等,推进了重大事项决定的规范化、制度化、常态化。在深入开展调查研究的基础上,就城中村2017年棚户区改造拆除新建项目实行政府购买服务、开展第七个五年法治宣传教育等事关全区发展大局的重大事项作出决议、决定,确保党的主张通过法定程序转化为全区人民的共同意志和行动。

(二)规范人事任免工作,依法行权、积极作为

区人大常委会严把任免关,制定了《区人大常委会人事任免办法》,进一步完善和规范任前法律考试、任前发言、审议表决、向宪法宣誓等制度,极大增强了任免工作的公开、透明和权威性,为区人大常委会组成人员准确行使投票权提供了重要依据和参考。2017年依法任命政府工作部门主要负责人24人次,依法任免国家机关工作人员81人次,依法补

选市区两级人大代表11人，对区法院、区检察院42名首次遴选入额法官、检察官进行了职务报备及任命，为经济社会发展提供组织保障和人才支持。

（三）围绕重点产业发展，选定议题、精准发力

区人大常委会紧扣全区产业布局选定议题，开展调研视察，助推产业转型升级。围绕如何有效破解我区中小企业发展瓶颈，主任会议成员视察了中国动力谷自主创新园、株洲麦格米特电气有限责任公司等，就政府如何加大扶持力度、加强融资监管等提出了审议意见；围绕如何培育和壮大新型农业经营主体，主任会议成员视察了株洲事达种养殖专业合作社蔬菜生产基地、湖南慕她生物科技发展有限公司，就造就新型农业就业的农民队伍，推进农业供给侧结构性改革提出建议；围绕如何推动现代休闲农业发展，常委会组织部分人大代表进行专题调研，提出培育企业文化，发掘特色产品，探索建立教育、科技、文化、旅游和农业相结合的发展新模式等建议，得到区政府及有关部门重视并采纳。

二、紧扣全区中心工作，不断提升监督实效

2017年，区人大常委会紧紧围绕区委重大决策、政府重点工作、群众密切关注的热点难点开展监督，监督工作的针对性、时效性明显增强。

围绕经济运行加强监督。重新修订了《区级政府预算审查监督办法》，对预算编制、预决算审查、预算调整、审计监督等内容进行统一规范。支持审计部门开展监督，听取半年计划发展、预算执行情况报告。召集政府组成部门18家一级预算单位，就2018年预算编制情况进行座谈调研，广泛收集意见和建议，及时整理反馈到区政府。其中就“各部门党建专项经费预算编制统一标准”提出可行性建议，区政府在2018年预算编制中予以采纳。

侧重司法工作强化监督。常委会听取和审议了区法治宣传教育工作情况汇报，建议区政府切实实施好法治宣传教育第七个五年规划，细化工作举措、健全责任体系、强化保障措施、加强监督检查，积极构建党委领导、人大监督、政府实施、部门各负其责、社会共同参与的体制机制。听取了区法院、区检察院、天元公安分局、天元交警大队的半年工作报告。组织25名区人大代表对5件与民众生活联系较为密切、具有一定争议或有一定影响力的案件进行听审、评议。

着力专项工作展开监督。常委会组成人员及部分人大代表分成5个评议小组，对区人民政府审计、人社、卫计、水利、城乡建设等5项工作进行专项评议。在为期两个月的走访调查中，共召开座谈会14次，发放征求意见表近600份，搜集意见、问题125条。区五届人大常委会第六次会议对五项工作进行了满意度公开测评，测评结果在“株洲高新网”进行公示。针对评议中发现的问题与不足，常委会对区政府及其有关部门发出审议意见书5份，提出“提高审计监督层次”“加强医保基金管理”“加强镇卫生院和村卫生室建设”“加强水利工程的管护和监管”“拓宽点亮天元筹资渠道”等20条整改意见并督促限期整改。

聚焦民生问题跟踪监督。省、市、区人大上下联动，继续开展“农产品质量安全行”“民族团结进步行”“农民健康行”“环保世纪行”“司法公正行”等活动。围绕教育均衡、健康天元、食品安全、社会保障以及城乡建设等民生事项，科学选题，适时运用执法检查、视察调研、代表建议、专题询问等多种监督方式，推进一批民生热点问题的解决：专项督查新马、尚格、凿石等新建学校建设项目，以主任会议纪要的形式提出具体整改措施，要求教育主管部门及承建单位在保证建设质量的前提下加快建设进度，兑现区政府对广大人民群众的承诺；持续跟进“健康天元”工程实施情况，针对该工程涉及面广、任务重、要求高等现状，提出建立强有力的各部门协调机制和全社会参与的工作机制、鼓励民营资本兴办健

康产业、促进大健康产业发展等审议意见；密切关注城乡建设与环境保护，对武广西站站前交通和管理问题提出整改意见，经过反复督查，违章占道等乱象得到全面整治。听取区环保分局工作汇报，推动中央环保督察反馈问题的整改落实。

三、发挥代表主体作用，激发人大工作活力

区人大常委会不断完善代表参与培训、联系选民、督办建议、履职激励等机制，积极引导和支持代表参与国家和社会事务的管理，有效调动代表为发展献计、为和谐出力、为人民代言的履职热情。

强化培训，提升代表履职能力。为了让新一届代表尽快熟悉人大工作的基本理论、方法和程序，掌握人大工作的规律和特点，正确有效地代表人民履行好职权，2017年组织代表分两批赴深圳、厦门开展履职培训，开设了如何审议各项工作报告、开展好闭会期间活动，如何撰写议案、建议、批评和意见等课程。这是我区有史以来规模最大、范围最广、效果最好的代表培训。雷打石镇人大主席团创新管理和学习的方法，在闭会期间对代表实行"微管理"，利用微信平台把学习内容上传微信群，要求代表认真学习，做好笔记。并通过微信分享，让代表交流学习心得与履职经验，形成了常学习、常互动的常态化培训机制。

创新方式，搭建代表履职平台。一是凝聚代表智慧。围绕转型升级补短板主题活动，各基层代表团开展调研，形成调研报告、理论文章、"金点子"材料20多篇。二是激发代表活力。采取多种形式组织市、区、镇三级代表开展视察调研近30次，主题涉及振兴乡村经济、重点项目建设、人才引进、征地拆迁等，推动了热点难点问题的解决。三是完善代表工作制度。建立了常委会不驻会委员联系工作委员会制度，人大常委会主任、副主任及委办主任联系基层代表团制度以及驻区市人大代表联系基层代表团制度。坚持邀请代表列席区人大常委会会议、参加执法检查等重要活动，继续实行人大代表联系人民群众制度。四是延伸代表工作触角。在全市率先推行代表工作站进社区，取得较好效果。2017年在泰山路街道铁西社区、三门镇上节街社区建立了社区代表工作站，方便了代表与选民近距离沟通，面对面交流。

跟踪督查，推动代表建议办理。区五届人大二次会议以来，共收到人大代表有关园区建设、生态环境、社会事业、城市管理等方面的建议81件。为了提高建议办理的效率和效果，我们创新工作方法，坚持集中交办、巡回督办与日常督办相结合，并选取其中6件作为今年的重点督办件，主任会议成员带领相关委办对重点建议办理情况深入到单位进行专题督办，加强与代表沟通，不断提高建议办理满意率。代表建议全部办结，办理态度满意率100%，办理结果满意率98.8%。如《关于改造张家园社区低排渠建议》，经过连续跟踪督办，启动了该低排渠的清理改造工程，困扰张家园社区居民十多年的生活难题终于得以解决。同时，为加大建议办理力度，出台了建议办理考核办法，并将建议办理情况纳入区直部门绩效考核。

四、加强思想政治建设，提升履职工作水平

扎实开展"两学一做"常态化制度化专题教育活动，认真落实党风廉政建设责任制，开展主题党日活动，机关党的建设和党风廉政建设明显加强。

在思想作风建设上有序推进。充分发挥机关支部作用，使党建工作与人大业务工作紧密结合，将学习计划和党员活动安排细化到月。坚持常委会、主任会议和机关例会学习制度，不断加强党纪法规、政策理论、人大业务等学习培训。在区五届人大常委会第六次会议上专题组织常委会组成人员、区镇(街道)人大干部学习贯彻中共十九大会议精神。组织机关干部赴浏阳、平江等地开展革命传统教育，开展"干部成长感恩谁"主题讨论、参观廉政书画展等

活动，不断坚定理想信念，筑牢信仰根基。对人大常委会工作制度及机关管理制度进行修改完善，出台了人大常委会4大类22项规章制度，持续推动人大机关改进作风，努力建立程序规范、运行高效、充满活力的工作机制。同时，做好人民群众申诉、控告和来信来访接待工作。全年共受理各类信访申诉案件15件次，接访19人次，积极督促有关部门解决了群众反映强烈的问题，维护了社会和谐稳定。

*在指导基层工作上持续用力。*区人大常委会积极联系、指导和支持基层人大开展工作。七个基层人大依法履职，关注民生，服务大局，各项工作取得新突破。如泰山代表团组织代表视察湖南工业大学、牛形山长者照护之家、天台工业园等，就园区发展、社区建设、居民养老等问题献计献策。嵩山代表团组织了7位区人大代表向选民面对面述职，有效落实了人大代表接受选民监督的要求。栗雨代表团组织代表开展园区项目建设调研，视察园区企业和征拆指挥部，监督政策执行落实情况，维护群众合法权益；群丰代表团围绕工程建设、社会综合治理等重点工作，组织代表视察评议，促进了镇经济社会和谐发展。马家河代表团组织代表开展了“一帮一”活动，帮助困难群众解决生产、生活等方面的问题。三门代表团组织代表参与政府中心工作，推动湘江大道二期、特色小镇、美丽乡村建设等项目的进程。雷打石代表团组织市、区、镇三级代表视察建龙村，就该村因煤矿关停引起的缺水问题提出建议，得到区政府及相关部门的高度重视，助推几百名人民群众饮水难的民生工程提早实施。

*在服务中心工作上彰显作为。*自觉围绕工作大局，积极服务中心工作。在抗洪抢险期间，区人大常委会迅速组织全体机关干部奔赴抗洪一线，并号召全区各级人大代表在各自岗位上投入抗洪抢险，兑现了“人民代表为人民”的承诺。积极参与中共十九大维稳工作。深入开展创文创卫迎复检、企业帮扶年、重点项目联系工作。参与指导全区公益创新论道交流会。积极响应市委、区委安排，扎实做好帮扶联系点茶陵县浣溪村和党建联系点苍霞村的对口帮扶工作。区人大常委会主任、副主任及相关委办每月一次深入茶陵县浣溪村，严格按照“五个一”要求进行调研走访，有效解决了贫困户用水、就医、出行等10多个问题，新建2.6千米村级公路。组织区建设局、区教育局两个后盾单位及代表企业在提供就业、农产品采购、教育培训、公益活动、产业扶贫等方面进行对口帮扶，帮扶专项资金达160多万元。

在肯定成绩的同时，我们也清醒地认识到，常委会工作离工委、区委的要求和全区人民的期望还有差距，主要是：监督实效有待进一步加强；代表作用有待进一步发挥；自身建设还需进一步提高等等。这些都有待在今后工作中认真加以解决。

2018年主要工作任务

各位代表，2018年是贯彻落实中共十九大精神的开局之年。做好今年人大工作的总要求是：高举习近平新时代中国特色社会主义思想伟大旗帜，深入贯彻落实中共十九大精神，坚持党的领导、人民当家作主和依法治国有机统一，紧紧围绕区第五次党代会和区委五届五次全会确定的战略目标和发展任务，认真履行宪法和法律赋予的各项职权，以更加强烈的责任意识和政治担当，恪尽职守、勇于实践，为打造一流园区、建设幸福天元，加快实现更高质量更加全面发展做出积极贡献。

一、坚持党的统一领导，开创新时代人大工作新局面

区人大常委会坚持把党的领导放在人大工作的首位，坚定正确的政治方向，不断增强党对人大工作领导的思想自觉和行动自觉。

*提高政治站位坚持党的领导。*区人大常委会以

贯彻落实中共十九大精神为主线，充分发挥领导核心作用及模范带头作用，严守政治纪律和政治规矩，为做好人大工作提供坚强政治保证。严格请示报告制度，人大工作中的重大问题和重要事项，及时向区委请示报告，争取区委的重视和支持。紧扣区委提出的重点目标任务和改革发展举措，部署落实人大工作，自觉把区委的领导贯穿于人大工作全过程，积极推进区委重大决策部署的贯彻落实。

围绕中心工作决定重大事项。紧紧围绕产业项目攻坚、片区集成开发、供给侧结构性改革、防范化解重大风险等事关全区改革发展大局和社会关注的重大事项，深入调研，提出可行性建议和意见，适时作出决议决定。加强对重大事项决议决定贯彻落实情况的监督，确保决议决定落实到位，助推株洲·中国动力谷核心区高质量发展。

坚持党管干部依法人事任免。坚持党管干部和人大常委会依法任命干部的有机统一，严格执行《天元区人大常委会人事任免办法》，通过法定程序把党委人事意图转变为人民意愿。继续实施宪法宣誓制度，进一步增强任命干部的国家意识、法治意识和公仆意识，激励干部牢记责任和使命，恪守承诺，服务人民。

二、坚持以人民为中心，彰显新时代人大代表新担当

区人大常委会将坚持“以人民为中心”作为人大工作导向，把人民群众对美好生活的向往作为工作追求，把基层百姓的所急所盼作为关注重点，引领全体代表敢于担当、勇于作为。

完善工作举措确保代表“愿为”。建立代表履职绩效考核办法，对代表履职进行量化考核，充分激活代表履职的工作激情。今年起区财政每年安排300万元代表建议办理专项基金，为代表建议办理提供财力支撑，提高代表建言献策的积极性。积极探索互联网+代表工作方式，实现政府及相关职能部门与人大代表零距离交流，及时解决代表反映的民意民生，提升政府部门工作效率，让代表有为有位愿意作为。

加强履职指导力促代表“善为”。建立代表建议“三审制”，不断提高代表建议的质量和水平。组织代表小组长专题培训，增进各代表小组之间的相互了解，拓宽代表小组长的履职视野。组织多种形式的代表视察调研活动，让代表深入了解情况、积极探讨交流、提出对策建议。组织代表参与决策监督，列席区人大组织的各类会议，审议政府、部门的工作报告，参与重大事项的决策，让代表献策出招善于作为。

强化制度建设助推代表“敢为”。学习领会中央、省、市关于加强和改进县乡人大工作相关文件精神，更加自觉地把县乡人大工作摆上重要位置，不断规范和指导镇、街道人大工作，为代表履职创造良好条件。针对市委出台的加强和改进代表工作的实施意见，市人大配套制定的代表履职管理办法、代表建议办理规程、代表报告履职情况办法等制度，区人大常委会将制定相应代表管理制度，用制度规范代表履职行为。完善人大常委会组成人员联系基层人大代表、人大代表联系人民群众工作机制，积极推进“双联”工作常态化、制度化。完善重点建议督办机制，让代表履职行权敢于作为。

三、坚持全面依法履职，探索新时代人大监督新实践

区人大常委会将紧扣事关全区经济社会发展和人民群众普遍关心关注的重大问题，开展有效监督、正确监督，促进经济社会持续健康发展。

聚焦全面深化改革强监督。认真落实中央关于国家监察体制改革的决策部署，从人大工作层面保证改革工作积极稳妥、依法有序推进。扎实开展预算联网监督改革试点工作，积极推进财政预决算全口径审查监督。对资金预算安排、执行等情况进行

在线监督，及时关注资金量大的政府投资及民生类项目资金，扎好“钱袋子”，增强预算监督工作的针对性和有效性。认真开展社会服务体系建设专题调研，在社区、社会组织、社会工作专业人才的“三社联动”方面进行积极探索。

聚焦发展环境优化强监督。着眼产业项目建设，积极推进全新招商体制落实、项目建设机制完善、创新产业集群培育等重点工作的实施。加大对项目建设与项目服务的监督力度，提高服务效能、优化营商环境，促进经济发展。着眼提升城市管理品质，听取区政府关于《株洲市城市管理综合条例》实施情况汇报，对区城市管理工作进行专项评议，加强对美化亮化遗留问题的督办；着眼城区环境改善，开展城区公厕建设和管理调研，促进城市公共基础设施的提质改善。着眼生态环境突出问题，听取和审议区政府环境状况和环境保护目标完成情况汇报，并综合运用执法检查、专题询问、视察座谈等方式，促进源头防范、长效治理，推动环境质量持续改善。

聚焦法治建设推进强监督。听取和审议区法院、检察院工作报告，加强对员额制改革运行情况进行调研，不断将司法体制改革推向深入。督促区政府全面落实《关于开展第七个五年法治宣传教育的决议》，对区司法工作进行专项评议。协助、配合市人大开展执法检查及高新技术产业开发区条例的立法调研。做好规范性文件备案审查工作。继续做好人大代表听审、评议法院案件工作和来信来访接待工作。

聚焦民生问题解决强监督。关注全区教育事业发展，对区政府教育工作开展专项评议，推动教育资源优质均衡发展；关注公共文化服务体系建设，听取区政府创建国家公共文化服务体系示范区、群众性文化活动等情况汇报，推动“文化强区”工程向纵深发展；关注公共卫生服务体系建设，开展“三湘农民健康行”月月行活动，组织代表视察调研村（社区）卫生服务中心建设、疾病控制和预防等工作，全力支持“健康天元”的建设和推进；关注农产品特别是畜禽产品的安全，以“农产品质量安全行”活动为抓手，切实保障人民群众“舌尖上的安全”；关注基本民生保障，对区政府民政工作进行专项评议；关注残疾人事业发展问题，在保障残疾人权利等方面开展调研，促使我区残疾人事业与经济社会协调发展。

四、坚持提升履职能力，展现新时代人大自身新风貌

区人大常委会要主动适应新时代、新要求，充分发挥地方国家权力机关的职能作用，更加有效地履行宪法和法律赋予的职权，将人大及其常委会建设成为党性过硬的政治机关、胜任职责的工作机关、人民满意的代表机关。

筑牢思想基础，打造党性过硬的政治机关。区人大及其常委会要始终坚持把政治建设摆在首位，把牢政治方向，坚定政治立场，自觉把人大工作放到区委工作大局中谋划和推进。要切实加强人大党的建设，认真开展“不忘初心，牢记使命”主题教育活动，强化责任担当，营造风清气正的良好政治生态。

健全规章制度，打造胜任职责的工作机关。完善人大议事规则、工作程序和各项制度，推进人大机关科学化制度化规范化建设。优化人大常委会和专门委员会组成人员结构，建设一支业务素质高、履职能力强的人大干部队伍，以干部能力的提升推动人大工作的开展。

严守纪律规矩，打造人民满意的代表机关。人大及其常委会成员要遵守党纪国法，遵循法定程序，讲纪律守规矩，严格落实党风廉政建设责任制，做到忠诚干净担当。要始终保持与人民群众密切联系，深入基层开展调研，察民情、听民意，用人民赋予的权力为人民服务。

政　府　工　作　报　告

——在天元区第五届人民代表大会第三次会议上

2018 年 1 月 10 日

天元区人民政府区长　董　巍

一、2017 年工作回顾

2017 年，是株洲高新区成立 25 周年、天元区建区 20 周年。一年来，在工委、区委的坚强领导下，在区人大、区政协的监督支持下，我们以率先开启基本现代化为目标，以打造株洲·中国动力谷为中心，攻坚克难，奋勇争先，较好完成了全年主要目标任务。株洲高新区预计营业总收入、技工贸收入双双突破 2000 亿元大关，实现了快速增长，在全国 146 个国家高新区中排名第 23 位，较上年前进 5 位。天元区预计实现地区生产总值 339 亿元，增长 8.5%；完成固定资产投资 464 亿元，增长 10%；完成公共预算收入 78.7 亿元，增长 12.3%；实现社会消费品零售总额 146.6 亿元，增长 9%，基本现代化建设取得良好开局。

（一）突出创新发展，经济质量稳步提升。工业经济稳中向好，时代电动、时代新材、钻石切削、长城电脑等重点企业发展良好，六大主导产业实现产值 400 亿元，中小企业产值增长 15%。北汽二工厂、长城智能硬件等项目建成投产，新增规模工业企业 25 家、"四上" 企业 81 家，高新技术企业总数突破 100 家。自主创新园获批 "国家海智计划工作基地"、株洲高科企业孵化器公司获批国家级科技企业孵化器，国家新能源汽车检测中心株洲分中心启动建设，新增 7 家省级创新平台和众创空间。出台 "双创人才"政策，新增 4 个院士工作站，共与 21 名两院院士、42 名 "千人计划" 专家开展合作。全球首列智轨列车（ART）试运营，实现 32 项科技成果转化，连续 6 年获 "全省知识产权工作先进区"。"中国动力谷上升国家战略" 初期成果显现，承办企业家年会、院士专家株洲行等系列活动，动力谷展示中心建成开馆。

（二）突出协调发展，发展后劲持续增强。深入开展项目攻坚年活动，实现省、市重点项目开工 36 个、竣工 20 个，新建标准厂房 54 万平方米。完成征拆交地 598.67 公顷，总量全市第一，有力地服务了发展。动力谷自主创新园一期、天易科技城自主创业园一期、新马金谷等项目基本建成，汽车博览园、月塘生态新城等重点片区加快开发，万丰湖生态公园完成提质改造，被评为省级水利风景区。产业结构不断优化，三次产业比重达到 3.3 ∶ 44.2 ∶ 52.5，其中现代服务业占比提高了 4.6 个百分点。总规模 30 亿元的“动力谷产业发展投资母基金”筹备运行，宏达电子、飞鹿涂料在创业板上市。汽车交易展示中心 A 馆、卡丁车赛场相继建成，成功举办 2017CKC 中国卡丁车锦标赛总决赛。完成乡镇总体规划编制，出台南部片区“石三门”现代农业公园推进方案。组建村镇建设开发有限公司。建设 26.67 公顷菜篮子工程、8 个标准化种养示范基地、30 个惠农服务中心。悠移庄园、响水百花园等一批农业项目发展良好，首届乡村文化旅游节带动乡村旅游持续升温。实施“农村安全饮水”工程，解决了 35 个村民小组的安全饮水问题。

（三）突出绿色发展，城乡面貌有效改善。实施碧水蓝天行动，落实“河长制”职责，拆除 27 家非法采砂场，加强城市黑臭水体治理，基本解决陈埠港等区域污水直排问题，完成沿河畜禽禁养区退养，湘江天元区段水质稳定达到三类标准。加强绿心保护，整治绿心区域内违规建设问题。开展 5 个村重金属污染土壤生态修复，启动 8 个美丽乡村创建，把乡村当花园来打造。新马大道、湘江大道一期等主干道建成通车，改造 19 条小街小巷，打通 7 条城区“断头路”，完成 50 千米村道硬化，城乡居民出行更加便捷。启动铁路生活小区“三供一业”分离移交，提质改造 22 个老旧小区、10 个农贸市场，完成棚户区改造 3134 户，控违拆违 29.8 万平方米。完成 6 个公共绿地、小游园的提质升级。开展城市管理专项整治，武广西站、动力谷自主创新园等区域综合管理得到加强。推进保洁机械化作业全覆盖，创新推出“小环境”O2O 项目。承办第三季度湖南好人发布仪式暨中国好人、湖南好人现场交流会，高科集团荣获全国文明单位，三门镇响水村荣获全国文明村镇。全民动员，实施“十大文明行动”，有力地提升了全国文明城市形象，擦亮了国家卫生城市名片，为全市顺利通过“创文”复检、“国卫”复审发挥了主力军作用。

（四）突出开放发展，经济活力不断释放。着力构建“1+7”产业招商和投资促进政策体系，招商引资取得新突破，全年合同引资 438 亿元，到位内资 68 亿元、外资 4.3 亿美元，新签约项目 96 个，其中投资额 10 亿元以上项目 7 个，亿元以上项目 47 个，孚能新能源动力电池、火炬安泰等一批好项目进区。组建企业发展服务中心，涉企行政审批服务实现“一窗受理、一站办结”，办理时限缩短了三分之一以上，运行三个月以来办结业务 9740 件，非常满意率为 99%。配售电体制改革取得突破，株洲高新区跻身全国第二批增量配电业务改革试点。推动城管体制改革，完成行政机关公务用车制度改革，农村土地确权等其他改革有序推进。加强对外交流，与德国碳纤维谷、史太白等机构建立合作关系，株洲高新区确定为碳纤维谷 2018 年年度大会中国的官方合作伙伴。

（五）突出共享发展，民生福祉日益增强。“民生 100”工程全面完成，民生支出超过公共预算支出的 70%，城乡居民人均收入增长 8%。新马小学、尚格小学建成开学，新增学位 4300 个。全面实施农村学生“免费午餐”和公办学校“免费直饮水”工程。推进教育城乡一体化发展，教学质量稳步提升，破解大班额经验在全省推介。举办首届神农医药产业文化发展论坛，完成嵩山社区卫生服务中心主体工程，通过国家慢性病综合防控示范区省级复审。建成区图书馆、文体中心和一批基层文化站、全民健身中心，举办“迈入新时代，谱写新篇章”系列活动、区大众运动会。荣获株洲市第十三届运动会团体总分第一名。新增城镇就业 5535 人，城镇登记失业率低于 3%。再次启动了预征地农民参保工作。新建 6 家省级养老示范点、7 所农村幸福院。继续实施特困人员特殊救助政策，发放救助金 357 万元，惠及 150 人。对口帮扶茶陵县、攸县 9 个贫困村脱贫攻坚，动员驻村工作队、后盾单位、企业、学校、医院共同推进

“健康扶贫、产业扶贫和教育扶贫”，让老区人民共享到新区发展的成果。面对历史罕见的特大暴雨洪水袭击，全区众志成城，紧急处置了古桑洲、三门镇街道社区、陈埠港等处的重大险情，夺取了防汛抗灾的全面胜利，获评全省抗洪救灾“先进集体”。开展安全生产大宣传、大排查、大整治，强化食品安全示范工程建设。推进社会治安综合治理工程，完善矛盾多元化解机制，有效化解一批信访积案，社会秩序平稳可控，连续9年保持省“平安县市区”称号，获评省“法治县(市、区)创建工作先进单位”。

与此同时，国防动员、民兵预备役、应急管理、消防、人防、档案、机关事务、土地储备等工作取得了新成绩。工会、共青团、妇联、残联、老干、工商联等单位为新区发展做出了新的贡献。

一年来，区政府党组认真落实全面从严治党主体责任，深入推进“两学一做”学习教育常态化制度化，营造了风清气正的干事氛围。自觉接受人大、政协及社会各界监督，认真办理人大代表建议86件、政协提案90件。认真处理区长热线3000余件，办理率100%。开展“企业帮扶年”活动，帮助解决企业经营发展中的问题192个，探索建立企业营销服务模式，获得企业好评。开展“马上就办、真抓实干”活动，推行“五问工作法”，落实全员绩效考核，贯彻中央、省、市有关规定，持续改进作风，机关工作效能和作风建设明显提升。

各位代表、各位委员，过去的一年，发展的成绩来之不易，积累的经验弥足珍贵。这是市委、市政府和工委、区委正确领导的结果，是区人大、区政协监督支持的结果，饱含了各位代表、各位委员的智慧和力量，凝聚了全区人民的辛勤汗水。在此，我代表区人民政府向各位代表、各位委员、各民主党派、人民团体、工商联和无党派人士，向所有关心、参与、支持新区建设发展的各界朋友和同志们，表示崇高的敬意和衷心的感谢！

同时，我们也清醒地认识到，新区的发展还存在不少困难和问题。一是经济保持中高速增长面临较大压力，个别经济目标没有实现预期；二是创新能力不够强，实体经济水平有待提高，产业实力与周边先进园区有较大距离；三是民生诉求日益多元，各种社会矛盾和问题交织叠加，社会治理创新任重道远；四是政府效能有待提升，干部的干事激情、管理水平和担当精神与新时代的要求还不适应。对此，我们将采取有力措施，切实加以解决。

二、2018年主要目标和工作重点

2018年是贯彻落实中共十九大精神的开局之年，是全区迈向基本现代化新征程的关键之年，做好今年工作，意义十分重大。随着我国经济由高速增长阶段转向高质量发展阶段，“中国制造2025”“互联网+”“大众创业、万众创新”等国家战略加快实施，改革开放40周年积累的改革红利持续释放，新兴发展动能不断积聚，为我们提供了发展的新机遇。新区正步入更高质量更加全面发展的新阶段，在创新上聚集了以两院院士、“千人计划”专家为代表的一大批科技领军人才，建立了以大型企业、科研院所为主体的一批国家级研发平台，具有较强的应用科技成果转化能力；在开放上加速打造株洲·中国动力谷，优势企业深度参与全球化，推进“一带一路”海外合作新布局，未来前景广阔。省委、省政府，市委、市政府对新区发展寄予厚望，全区人民对美好生活充满向往，我们一定要清晰预判当前新一轮工业布局调整的趋势，依托株洲工业优势，在发挥“四个作用”，建设“一谷三区”，实现“两个走在前列”中充当主力军，把新区各项事业推上新的台阶。

2018年政府工作的指导思想是：高举习近平新时代中国特色社会主义思想伟大旗帜，深入学习贯彻中共十九大精神和中央、省委、市委及工委、区委经济工作会议精神，坚持稳中求进、进中争先工作总基调，以新发展理念为指引，按照高质量发展的要求，统筹推进“五位一体”“四个全面”总布局，坚持以供给侧结构性改革为主线，以产业项目建设年为抓手，围绕“一谷三区”总任务，打造一流园区、建设幸福天元，加快实现更高质量更加全面发展。

全区经济社会发展的主要预期目标是：天元区地区生产总值增长9%左右，规模工业增加值增长9%，全社会固定资产投资增长12%，一般公共预算收入增长7%，社会消费品零售总额增长11%，力争各项指标都实现两位数的增长，城乡居民收入高于经济增长，基本现代化建设稳步推进。

围绕上述目标任务，我们将加速产业转型升级，突出发展三大动力产业，加快发展战略性新兴产业、现代农业和现代服务业，着力构建现代产业体系，把新区建设成为“先行发展之谷”“创新创业之谷”“引智聚才之谷”“环境优良之谷”。重点抓好六个方面的工作。

（一）致力于创新创业，打好产业攻坚战

厚植创新发展优势。积极申报国家双创示范基地，推动轨道交通国家专业化众创空间投入运营，支持众创空间向专业化、特色化发展。建设工信部赛宝电子信息株洲研究院，支持中车株洲电力机车研究所与德国史太白共建中欧技术合作与人才培养公共服务平台。建成湖南工业大学科技创新与成果转化中心，推动不少于32项科技创新项目成果有效转化。争取高新技术企业突破130家，新增各类公共服务平台6家，各类企业创新研发平台达到85家，动力谷自主创新园研发中心入驻率达到90%以上。

深化招才引智。加快人才发展体制机制改革，推进区域最具吸引力的“双创人才”政策落地见效，与湖南工业大学深度合作，创新机制，在编制管理、职称评审、薪酬分配等方面给予倾斜，优化就业、就学、就医“绿色通道”，人才公寓实现“拎包入住”，将新区建设成为人才高地。举办具有国际影响力的动力产业高端峰会和论坛，完善全球动力产业专家人才库，新增高端创新创业团队项目30个以上，引进院士、国家“千人计划”专家10名以上。

培育动力优势产业。立足株洲“3+5+2”产业体系新构想，壮大轨道交通、航空、汽车三大动力产业，发展电子信息、新材料、新能源、生物医药及健康食品产业。全年培育上市企业5家，储备上市企业10家，新引进上市企业1家以上，培育瞪羚企业10家，新增规模企业20家，新增产值过10亿元企业5家，过50亿元企业1家，支持北汽株洲分公司产值突破100亿元。提升北汽、中车时代电动等重点企业的带动能力，力争引进1～2家新能源汽车整车厂，并协助新能源汽车、智轨列车（ART）在全国推广。引导汽车零部件产业向专业化、规模化发展，争取引进汽车零部件项目20个，实现零部件本地配套率30%以上，不断扩大汽车零部件及后市场产业规模，力争2018年汽车产业集群总收入达到350亿元以上。按照强链、补链、延链思路，引进和培育优质电子信息类企业，以长城电脑为龙头，紧跟国家自主可控计算机和海洋安全信息化建设等战略性机遇，大力发展新一代电子信息技术产业。扶持时代新材、钻石切削等新材料骨干企业发展，提高立方新能源、时代风电等新能源企业竞争力，推动千金药业、炎帝生物、唐人神为代表的生物医药和健康食品产业提质升级。

加快发展现代服务业。大力发展生产性服务业。加快中国动力谷科技创新服务集聚区建设，打造高科园创企业服务平台。引进科技中介服务机构，整合园区特色产业、企业需求类目、政务服务等内容，充分发挥猪八戒网、阿里巴巴等平台作用，为企业提供服务众包、文化创意、产品销售等服务。大力推动知识产权交易、国际技术合作和人才交流培养等服务业态发展。建设金融集聚区，引导金融机构为优质企业和项目提供全面的金融服务。积极发展生活性服务业。培育或引进实力突出的龙头企业，大力发展冷链物流、第三方物流，发展综合性、专业性、行业性特色的现代物流业。促进电子商务、商贸流通、养老、文化、旅游休闲等现代服务业发展。

（二）致力于提质提效，全力推动项目建设

精准引项目。聚焦汽车、新能源汽车和电子信息产业，着力打造千亿产业集群，力争全年引进项目100个、合同引资400亿元，其中产业项目70个以上，百亿元项目2个，十亿元项目5个。对接“三个500强”企业，推进“迎老乡、回故乡、建家乡”活动，强化行业研究，完善招商引资奖励政策，探索市场化招商模式和国际招商体系的建设。争取省、市政策支持，提高重大项目进区的承接能力，力争株洲信息港（暂命名）、万丰国际健康产业小镇等有影响力的项目落地，提高项目履约率。

加速建项目。落实省委“五个100”工程，开展好“产业项目建设年”活动。全年建设重点项目84个，其中开工30个，竣工20个，完成年度投资140亿元以上。加快推进孚能新能源动力电池、国家新能源汽车检测中心株洲分中心等项目建设，完成碳陶高性能复合材料、元创汽车制造基地等项目建设，实现中车时代电动汽车系统产业化等项目竣工投产。建设龙洲路等主干道，打通黄山西路、新东路等城市“断头路”，改造庐山支路等道路，确保市民交通出行便捷通畅。

服务促项目。加大土地调规和报批力度，全年完成土地报批3000亩以上，实现征拆交地8000亩，破解项目用地瓶颈。充分运用法律手段，出台专门管理办法，强力推动园区闲置土地清理，提高土地利用率。主动申报各类国家专项建设基金，支持条件成熟的企业在股权交易市场挂牌，推出一批政府购买服务项目。持续推进PPP项目特别是存量PPP项目的突破。实施领导联点机制，加强调度考核，确保每个季度有一批工业项目开工、一批工业项目竣工投产。优化项目建设环境，开展专项整治行动，对强买强卖、强揽工程、强拉土方、恶意阻工等行为，坚决做到“强制带离、依法处置”。

（三）致力于片区开发，拓展园区发展空间

完善园区规划。推进国民经济和社会发展规划、城镇规划、土地利用规划和生态环境保护规划、产业发展规划等“多规合一”，使空间结构更加合理，区域发展更加协调。完成长株潭国家自主创新示范区发展空间规划，推进天易科技城、五云峰片区规划落地，为产业集群和产城融合发展拓展空间。

开发重点区域。新马片区突出万丰国际健康产业小镇的打造，引入核心配套项目和战略投资者，增强新马片区产业辐射能力，提升对长株潭地区的吸引力。汽车博览园以展示中心和赛车场为中心，进一步完善配套，尽早形成汽车后市场服务体系。栗雨片区以总部壹号为中心，结合周边土地开发形成区域产融服务中心。加快天易片区开发，重点建设自主创业园、五云峰国际生态新城，发展电子信息、新材料、新能源、生物医药等产业，筹划人工智能产业园建设。整合神农城、万丰湖等文化旅游资源，积极创建国家文化旅游示范区。完善神农绿轴、湘水湾、月塘生态新城配套建设。

推动平台公司转型。支持高科集团、天易集团、村镇公司转型发展，完善现代企业制度，加强对平台公司的绩效考核，更加突出产业用地开发、园区配套、工业厂房建设和项目招商，让国有企业主业归核、资产归集、产业归位。增强融资能力，力争全年筹资突破180亿元。平台公司要加大力度，储备、参与投资一批赢利能力强的项目，提升从工业和生产性服务项目中获取中长期收益的能力，实现由资产管理投融资平台向国有资本运营管理投资型公司转型。村镇公司要利用好生产安置用地，统筹发展集体经济，打造对长株潭有辐射吸引力的特色小镇，建设一批美丽乡村，当好南部片区的开发运营商和美丽乡村建设的生力军。

（四）致力于改革开放，持续释放发展动能

推进供给侧结构性改革。着力在“破”“立”“降”

上下功夫，深入落实减税、降费政策，降低物流等生产要素成本，抓好全国增量配电业务改革落地实施，加快物流园区建设。运营好“动力谷产业发展投资母基金”，组建供应链基金、各类产业投资基金，集聚一批专注于动力产业的优秀基金管理团队，形成活跃的金融创新氛围。加大“放管服”改革力度，启动“互联网 + 政务服务”平台建设，完善企业发展服务中心功能，推行一门式受理、一条龙服务、一站式办结。深入开展企业帮扶，在企业营销、研发等现实问题上出实招，打造全省贸易投资最便利、行政审批最高效、服务管理最规范的营商环境。

推进新一轮改革开放。以建立现代财政制度为目标，建立事权和支出相适应的管理制度，健全规范透明、标准科学、约束有力的预算制度。强化预算支出的效益评估，提升财政资金的使用效能。开展预算联网监督工作试点。探索城市管理体制改革，推进城市规划“一张图”，实现三规合一、多规融合；推行管理“一张网”，加强城市综合执法，构建互联网 + “城市管理、综治安全、交通管理网格化治理”大格局，实现资源高效整合。围绕建设“一带一部”开放发展先行区，鼓励优势企业通过跨国资产兼并、重组等方式做大做强。合作举办德国碳纤维谷 2018 年度大会，参与日本机器人年会活动，在先进制造、动力产业领域形成一批国际合作项目，探索设立海外招才引智推介窗口和服务平台，建立国际化合作体系。

防范化解重大风险。理顺平台公司与财政的关系，规范举债行为，合理控制债务增量、逐步消化债务存量，防范债务风险。推进地方金融体制改革，打击非法集资、高息揽储等违法违规金融活动，防控互联网金融、民间借贷等金融风险。禁止领导干部和国家公职人员参与涉矿涉砂涉房地产等非法入股、地下经营等活动。抓好社会稳定风险评估、矛盾纠纷排查、信访积案化解工作，确保信访形势持续好转、社会秩序平稳可控。深入开展平安创建，加快建设“综治中心 + 网格化 + 雪亮工程”的一体化综合平台，形成立体式社会治安防控格局。

（五）致力于品质提升，加速城乡统筹发展

实施乡村振兴战略。推进农业供给侧结构性改革，建设产业兴旺、生态宜居、乡风文明、治理有效、生活富裕的美丽乡村。壮大家庭农场、专业大户、农民合作社新主体，大力发展休闲农业、智慧农业、创意农业新业态。稳步推进“石三门”现代农业公园建设，落地开工一个汽车营地，与青少年研学旅行基地、农民技术培训中心联动发展。探索一种乡村振兴新模式，掀起一轮土地流转大浪潮，策划并引进 1 ~ 2 个全国有影响力的特色小镇项目，打造一批田园综合体、微农庄。开展“三农”融资担保服务，探索承包土地经营权和农民住房财产权抵押担保贷款模式，盘活闲置农房和宅基地，让资源变资产、资金变股金、农民变股东，让绿水青山变成金山银山。实施 40 千米村道硬化提质，新建 10 个农村客运招呼站。加快“点亮天元”工程建设，争取一年建成，基本实现村民集中居住点及主干道全覆盖。完成河堤整治、水库除险加固、排渍站维修改造等水利工程，增强防灾抗灾能力。强化农村基层基础，健全自治、法治、德治相结合的乡村治理体系，加强对农村的法律援助和司法救助，提高基层治理水平。强化“三农”工作队伍建设，培育乡村文明，提高农村社会文明程度。

提升城镇功能。推进交通畅通行动，建设 20 个路网工程项目，完善城区支路及小街小巷“毛细血管”功能，有效缓解城区交通压力。完成“三供一业”分离移交，实施棚户区改造 3300 户，改善市民生产生活环境。实施城市绿荫行动，加快建设神农绿轴、绿荫停车场。践行社会主义核心价值观，继续实施“十大文明行动”，建设新时代更高水平的文明城市。强化城市保洁、市政养护、渣土运输等精细化管理，巩固“国家卫生城市”创建成果。推进公共区域的“厕所革命”行动，从工业大学、神农城、湘江风光带逐步试点，众筹厕所+“全民公益”“互联网”“文化艺术”“商业”等建设、改造思路，引导全民参与厕所的运营和维护，让厕所成为城市文明的窗口。

优化生态环境。围绕建设天蓝地绿水净的美丽天元，深入实施大气、水、土壤污染防治行动计划，打好污染防治攻坚战。研究制定国家生态文明试验区建设方案，巩固扩大两型社会和生态文明建设成果。做好长株潭大气污染防治特护期工作，加强拆迁和建筑工地监管，力争空气质量优良天数占比达到80%。开展第二个湘江保护和治理“三年行动计划”，落实“河长制”职责，加大饮用水源保护区执法巡查，启动河西污水处理厂二期和雷打石、群丰污水处理厂建设，建成三门污水处理厂，确保湘江天元区段水质稳定达标。启动雨污分流规划治理，推进凿石港等黑臭水体整治，加强城镇生活污水排放治理，构建解决城市排水问题的长效监管机制。开展第二次全区污染源普查，建立土壤污染治理项目库，启动土壤污染防治工作。

（六）致力于共建共享，不断增强群众幸福感

完善公共服务。推进教育基本现代化工程。启动新马中学和马家河学校建设，确保凿石小学、二中附中建成开学。实施名优校长、名优教师引进培育工程。深化集团化办学模式，力争引进长沙四大名校进区合作办学，提升中小学教育教学质量。继续强化生命健康、环境保护、法律法规和禁毒知识进课堂，提升中小学生生活能力。推进区域医疗联合体纵深发展，加强慢性病综合防控，推广健康社区试点经验，全面推进健康天元建设。完成嵩山社区卫生服务中心搬迁，逐步完成村级卫生室改造达标。稳妥有序实施全面两孩政策。推进文化强区工程。完善文化站、文化家园等设施建设，编辑出版《天元文史寻踪》，创建国家公共文化服务体系示范区。

提高保障水平。推进企业职工养老、医疗、失业、工伤和生育“五险统征”，提高参保人员待遇。以创业带动就业，培育一批具有工匠精神的创业者。搭建湖南工业大学等高校与企业的合作平台，解决园区企业人才需求。完善救助体系，推进救助机制和信息平台建设，继续实施特困人群特殊救助。实现农村幸福院覆盖率达到80%以上，引导社会机构参与养老服务，建好小湖塘医养结合示范点，推广“牛形山长者照护之家”等试点社区养老模式，扶持居家上户服务广泛开展。推进脱贫攻坚，帮助区内贫困户和市内对口贫困村实现脱贫。

加强社会治理。提高社会治理社会化、法治化、智能化、专业化水平，打造共建共治共享的社会治理格局。加强社区治理体系建设，推动社会治理重心向基层下移，扶持引导社会团体和公益组织发展，发挥社会组织的积极作用。完善司法体制，推动人民调解工作大格局、大网络建设。落实安全生产责任制，严格执行问责制度，坚决遏制重特大安全生产事故。加强食品、药品监管执法，创建国家食品安全示范区。深入开展防邪反邪工作。健全社会化禁毒体系，做到毒品不绝，禁毒不止。完善突发事件应急管理机制，增强突发事件和各类事故的应急处置能力。支持公安机关开展打黑除恶专项斗争，严厉打击各类违法犯罪行为。做好民族宗教工作。加强国防动员和民兵预备役建设，推动军民共建深入开展。

三、负重奋进，善作善成，全面提高干事创业的斗志和激情

加快实现更高质量更加全面的发展，政府必须脚踏实地、抓铁有痕，以自我革新的勇气推动职能转变和效能提升，高效保质保量完成全年目标任务。

（一）切实增强公信力。坚持党的领导，自觉地把党的声音和主张，落实到政府工作的每一个任务、每一个环节中。坚持廉政勤政，严格落实《中国共产党廉洁自律准则》要求，持之以恒推进作风建设，

以全面从严治党的实际成效提高政府的治理能力。坚持依法行政、阳光行政，推进政府科学决策、民主决策、依法决策，加大政务公开的力度，把决策的过程和政策执行的结果，主动及时面向社会公开，自觉接受法律监督、民主监督和社会监督。加强财政、审计工作，特别注重对重点领域、重点工程和关键环节的监督管理，坚决查处侵害群众利益等各类违法违纪案件。推进监察体制改革试点，做到有权必有责，有责要担当，失责必追究。强化社会诚信体系建设，做到守信激励、失信惩戒。增强政策的连续性和执行的一贯性，确保政令畅通，令行禁止，说到做到。

（二）切实提高执行力。坚持以上率下，一级带着一级干，一级做给一级看。以强烈的责任担当抓落实。围绕经济社会发展目标，落实工委、区委经济工作会议精神，分解政府工作任务，明确责任领导和责任单位，形成上下贯通、层层负责的主体责任链，确保执行落实到位。以顽强的作风抓落实。大力弘扬"钉钉子"精神，锲而不舍，久久为功，一件事情接着一件事情办，一个问题接着一个问题解决，下决心在三乱治理、治超、禁毒等难题上取得压倒性胜利。以严明的纪律抓落实。深入开展"马上就办、真抓实干"活动，推行"五问工作法"，完善绩效考核体系，强化政府工作的督查和问责机制，把督查、考核贯穿工作落实的全过程。

（三）切实营造亲和力。坚持从群众中来，到群众中去，从群众中吸取智慧，增强本领。利用"互联网+"理念，大力优化政府与服务对象的沟通界面，使之更加方便、清晰、友好。着力补齐民生短板，促进发展成果共享，引导和唤醒社会的公共良知，提高群众的获得感和幸福感。保护好各种所有制经济产权和企业家的合法权益，呵护好非公有制经济健康发展，努力构建"亲""清"政商关系。提升企业发展服务中心、政务服务中心的服务功能，改进政府部门的服务质量，把企业和群众的事当成自己的事来办，打造为民服务的政府。

名词解释

1. "四上企业"：指规模以上工业企业、资质等级建筑业企业、限额以上批零住餐企业、限额以上服务业企业等这四类规模以上企业的统称。

2. "双创人才"政策：2017年12月1日，天元区发布《关于鼓励引进培育"中国动力谷双创人才"的实施意见（试行）》《株洲高新区、株洲市天元区"中国动力谷双创人才"申报、评审工作细则（试行）》。"中国动力谷双创人才"政策重在引进和培育在株洲高新区（天元区）重点产业领域创新创业的人才，根据人才特点分为五层次高端人才、青年人才、专业技能人才，针对人才服务需求不同，因"才"施政。每年株洲高新区中国动力谷创新发展引导资金拿出不少于5000万元的人才专项资金，大力扶持人才创新创业。

3. "三供一业"分离移交：指国企（含企业和科研院所）将家属区水、电、暖和物业管理职能从国企剥离，转由社会专业单位实施管理的一项政策性和专业性较强、涉及面广、操作异常复杂的一项管理工作。

4. "小环境"O2O项目："小环境"程序由天元区人民政府联合一家网络公司共同打造，以互联网+环境治理的思路，通过线上发动全民参与、线下展开垃圾清理的方式，让广大市民积极参与到环境治理中来，是全国首例O2O环境卫生治理项目。

5. "1+7"产业招商和投资促进政策体系：2017年，株洲高新区从产业发展、招商引资、双创人才、双创团队、金融创新、企业扶持等方面，系统构建了"1+7"产业招商和投资促进政策体系，形成了产业发展的"洼地"。

6. 五问工作法：是株洲市委开展"马上就办、真抓实干"活动的重要载体。"五问工作法"即"做了什么工作、采取了什么措施、有什么工作成效、有哪些不足之处、下一步怎么改进"。

7. “十大文明行动”：指文明城管行动、文明交通行动、文明旅游行动、文明餐桌行动、文明网络行动、文明校园行动、文明家庭行动、文明乡村行动、文明社区行动、文明单位行动。

8. “四个作用”：2017年1月15日，省委书记、省人大常委会主任杜家毫参加湖南省第十二届人大七次会议株洲代表团审议讨论，要求株洲“在推进创新发展上发挥带头作用、在推进长株潭一体化建设上发挥主动作用、在振兴实体经济上发挥领军作用、在推进绿色转型发展上发挥示范作用”。

9. “一谷三区”：一谷指聚集打造中国动力谷，三区指打造“一带一部”开放发展先行区，老工业城市转型发展示范区，城乡统筹发展幸福区。

10. “两个走在前列”：株洲要在全面建成小康社会进程中走在全省前列、在加快推进基本现代化进程中走在全省前列。

11. “五位一体”：“五位一体”是十八大报告的提法之一。经济建设、政治建设、文化建设、社会建设、生态文明建设——着眼于全面建成小康社会、实现社会主义现代化和中华民族伟大复兴，中共十八大报告对推进中国特色社会主义事业作出“五位一体”总体布局。

12. “四个全面”：全面建成小康社会、全面深化改革、全面依法治国、全面从严治党。

13. “3+5+2”产业体系：2017年12月召开的株洲市委十二届五次全会提出，中国动力谷产业体系由原来的“3+3+1”（即发展轨道交通、航空、汽车动力产业，大力培育电子信息、新能源、新材料三大动力新兴产业，大力发展现代服务业）变成了“3+5+2”，其中“3”是指轨道交通、汽车、航空三大优势产业，“5”是指新能源、新材料、电子信息、生物医药、节能环保五大新兴产业，“2”是指陶瓷、服饰两大传统产业。

14. “三个500强”：世界500强、中国500强、民营500强。

15. “点亮天元”工程：天元区政府推出的一项惠民工程，即在三门镇、雷打石镇、群丰镇三镇范围内村民集中居住点及主干道安装路灯。

政协株洲市天元区委员会常务委员会工作报告

——在政协株洲市天元区第五届委员会第三次会议上

2018年1月9日

政协株洲市天元区委员会主席　谈志明

2017年工作回顾

2017年是中共十九大召开之年,是贯彻落实区委第五次党代会精神,全面实施"十三五"规划的奋进之年。一年来,在工委、区委的坚强领导下,区政协常委会团结全体政协委员,认真贯彻落实中共十八大、十九大精神,紧紧围绕"凝聚中国动力,建设幸福天元"主题,扎实履行政治协商、民主监督、参政议政职能,充分发挥协调关系、汇聚力量、建言献策、服务大局作用,为我区经济社会发展做出了积极贡献。

一、围绕中心工作,切实履行政治协商职能

充分发挥人民政协作为协商民主重要渠道作用,注重政协工作与党政工作的深度融合,顾大局、议大事、献良策,助推新区科学发展。

精心开展全委会整体协商。在区政协五届二次全会上,委员们以高度的历史使命感和饱满的政治热情,充分发扬民主,认真讨论"一府两院"工作报告,审议通过区政协常委会工作报告和提案工作报告,协商补选区政协常委等重大事项。全体委员紧紧围绕园区建设、产业发展、城乡发展、生态环境等中心工作提出提案106件,意见建议60多条,为全区各项事业的发展积极出谋划策,充分展示了政协委员的责任担当。《区政协五届二次全会对区政府的建议》得到区委书记周建光的高度评价和亲笔批示,要求"管委、区政府逐条明确领导牵头,形成实施方案(或意见),并做好反馈"。区政府专题研究部署,区直各部门具体承办,"加大泛万丰湖文化产业建设力度""加大对中国动力谷公共服务平台支持力度""加大对企业引进专业技术人才的政策支持"等一大批建议得到有效转化。

认真开展常委会专题协商。区政协常委会协商决定政协人事任免、委员届中调整等重大事项,通过增补、辞退、接受辞职等方式,促进委员队伍结构优化,素质提升。坚持团结民主主题,团结各界人士,求同存异,增进共识,不断巩固和扩大统一战线,为建设和谐社会凝聚智慧、汇集力量。召开全区政情

通报会，听取区委、区政府上半年全区党建工作情况和区域经济、社会事业发展情况通报，为委员及各民主党派基层代表知情明政创造条件。政协常委发挥带头作用，立足本职岗位协商建言。如田江萍委员提出《尽快让“自然学校”扎根株洲》，胡光委员提出《关于在公开招标中延长公共绿地养护项目合同周期的建议》，这些协商建议得到市委书记毛腾飞等领导批办，市直单位专程来区听取意见并办理落实。

扎实开展专委会对口协商。专委会对口协商是人民政协的重要协商层次，在协商民主建设中占有重要地位。区政协常委会进一步完善四个专委会与区委区政府工作部门的对口联系制度，各专委会主动加强与对口单位的联系沟通，组织委员就“美丽乡村”建设、城市规划管理、推动传统文化继承与发展、加快高新区服务业发展、委员提案办理等事项进行专题协商，既促进各部门工作的完善，又给委员提供更多的参政议政机会。例如，经科委开展“优化非公经济发展法治环境”专题协商，组织区产业局等区直部门和非公有制企业代表召开“圆桌会议”，召集经济一组、经济二组委员协商讨论，实地走访非公经济企业26家，网络问卷87份，在政企间搭建交流互动的“连心桥”，推动职能部门完善政务服务体系，落实扶持政策，同时围绕融资等问题为企业搭桥牵线。

二、聚焦民计民生，加大民主监督力度

认真贯彻落实中共中央《关于加强和改进人民政协民主监督工作的意见》精神，抓住全区工作中的热点、难点问题，融协商、监督、参与于一体，深入实施民主监督。

发挥专题视察的监督作用。精心组织主席会议成员视察活动，实地走访区直单位，从不同角度提出意见建议。如关注司法改革，视察法检两院，建议其做维护社会公平正义的表率、为辖区发展保驾护航的表率、清正廉洁的表率、勤奋好学的表率、善监督敢监督的表率；关注产业发展，走访园区企业，提出优化发展环境、加大宣传力度、增大产业投入、增强服务意识、减轻企业负担等建议；关注教育工作，走访新建的新马、尚格学校，建议继续加强教师队伍建设、逐年解决教师缺编问题、充分利用社会资本为我区教育服务。

发挥政协提案的监督作用。提案是委员履行职责的最直接、最有效的方式。五届二次会议以来，收到委员提案106件，立案86件，同比做到了质、量齐升。加大提案督办力度，把协商监督贯穿于提案办理全过程。创新实施民主评议提案办理工作，四个专委会分别牵头对区城管、交警、教育、建设四个提案承办大户（共46件，占全部提案的53%）开展民主评议，通过听取汇报、查看资料、走访群众、委员视察、现场评分等方式，较好地促进了办理实效。86件提案办复率达到100%，《关于处理街道上“僵尸车”的建议》《尽快调整天元区驾考模拟考试路线》《加强对民办幼儿园的监管》《建立食品药品便民快速检测站》等一大批民生实事得到有效解决，委员们对提案办理结果满意度进一步提升。特别是《加大泛万丰湖文化产业建设》提案，工委、区委书记周建光、管委会主任朱振湘等领导高度重视，亲临《泛万丰湖文旅策划方案》专家评审会现场，并作出重要指示；承办单位高科集团、文体旅局在分管副区长的组织下，与城区组委员进行多次座谈交流、现场调研，提案中的建议得到有效转化和落实。

发挥民主监督组的监督作用。向区产业局、区公安分局、区交警大队、区治违大队等10个单位集中委派民主监督组，委派期为二年。区政协切实加强联系指导，监督小组认真开展监督，寓监督于支持之中。被监督单位积极配合，主动听取民主监督小组建议和意见，改进工作作风，提升服务质量，达到了良性互动、促进工作的目的。如区产业局，专门腾出办公用房，将《受派单位工作职责》等制度上墙，

设立监督组“阳光台”，全面接受监督；区民政局邀请监督组参加民政资金安排工作会议，听取建议。10个监督小组认真开展工作，成效初显。如驻交警队监督组主动作为，针对城区停车位设置的科学性、规范摩托车和电动车管理的重要性、加强农村交管工作的紧迫性等民生问题，多次提出建议，得到了交警队的积极回应和落实。

三、服务全区大局，突出参政议政实效

发挥政协人才荟萃、智力密集优势，紧紧围绕改革发展大局开展调查研究，积极建言献策，为科学决策提供参考。

深入调研服务改革发展。区政协一办四委、八个委员活动组、七个镇（街道）政协联工委申报课题22个，撰写调研报告22份，为助推新区科学发展建净言、出实招、献良策。如“美丽乡村”调研组，会同区建设局、农村工作局、水利局和有关镇（街道），通过实地察看、听取汇报、座谈讨论等方式，对三门、雷打石、群丰等三个镇的美丽乡村建设情况进行了全面考察，并赴“湖南省美丽乡村示范点”银田村学习交流，撰写的《关于推进天元区“美丽乡村”建设的调研报告》荣获市政协一等奖。

反映民意致力科学发展。反映社情民意是履行职能的重要环节。五届二次会议以来，委员们及时捕捉带有苗头性、倾向性问题，及时反映不同阶层、不同利益群体的意见84篇，为党政机关全面了解社会信息和情况、将问题处理在基层和萌芽状态提供参考，更好地发挥了“直通车”的作用。其中，《株洲经济可持续增长需做强制造业产业链》《非公企业女职工劳动保护面临的新问题不容忽视》《尽快解决普惠性幼儿园发展困境》等7篇社情民意得到市政协刊发（部分报送到省政协），引起市委市政府的高度重视，市直部门逐一答复并办理。

主动作为助力扶贫帮困。全区政协委员充分发挥联系群众的“桥梁”“纽带”作用，认真倾听民声，积极反映民意，做了大量理顺情绪、协调关系、缓解矛盾、促进和谐的工作。继续牵头开展结对帮扶茶陵县毛芫冲村工作，协力打赢脱贫攻坚硬仗。派驻干部驻村担任第一书记指导精准脱贫，机关干部对口帮扶贫困户71户。召开产业帮扶捐赠活动，联合后盾单位、非公企业送去帮扶款133万元。张智洪等100多名区政协委员积极参与产业扶贫、教育扶贫、科技扶贫、医疗扶贫、文化扶贫、生态扶贫、为环卫工人捐款等各具特色的帮扶活动，既解燃眉之急，也谋长远之计。

四、加强队伍建设，发挥委员主体作用

稳步推进自身建设，致力于提高履职能力、优化服务质量，内强素质，外树形象，各项工作更加规范有序。

机关建设扎实推进。切实推进“两学一做”学习教育活动常态化，认真开展“三会一课”“党日主题活动”“党代表进社区”“两新组织党建帮扶”等活动，狠抓思想建设、作风建设和素质提升，机关综合协调能力得到加强。围绕全区中心工作，为促进经济社会发展出实力、干实事。主席会议成员按照区委的统一部署，深入一线，靠前协调，挂联重大项目10个，联系重点企业12个。机关干部积极协助我区“创文”复评、信访维稳、综治民调等工作，为新区发展尽心尽力。各专委会走访全区政协委员，征求意见建议，收集社情民意，了解履职情况，发挥委员主体作用。与此同时，拓展协商渠道，推进“政协云”运用，连通省、市、区级政协的远程协商全面推开，委员“政协云”安装率100%，协助区委区政府出台《天元区政协微建议工作办法（试行）》，进一步拓展了委员履职途径。

小组活动成效明显。各委员活动组切实发挥委员主体作用，紧扣中心工作开展形式多样的履职活动，取得了成效。机关组赴株洲市儿童社会福利院进行调研，看望孤残儿童，送去生活用品；城区组开展"学习先进高新区""走进公检法机关"等主题活动，为园区建设、司法机关的发展献计献策；农业组开展履职培训，集体学习全国各级两会精神，集体协商提案撰写、履职规定等工作；政法组开展"走进城管大队"等系列活动，为城市管理等工作出谋划策；教育文体组对辖区学校走访调研，为新区教育均衡发展务实建言；医卫组考察市中心医院等地，围绕"分级诊疗"课题多次开展集体分析讨论，撰写调研报告；经济一组对全市工业旅游情况实施网格化实地调研，学习考察省外工业旅游示范点，为我市工业旅游建言献策；经济二组提交提案、社情民意39篇，深入开展"高新区企业信息化建设"调研，对新区300家企业进行实地走访问卷和网络调查问卷，形成质量较高的调研报告。

联工委建设稳步发展。加强对镇(街道)政协联工委的指导。七个基层联工委组织辖区委员，完善"委员之家"建设，积极履职。嵩山路街道联工委积极提交提案、社情民意、宣传稿等28篇，并邀请专家对委员提案进行现场指导和解惑；栗雨街道联工委精心组织"美丽乡村"调研，通过考察学习，借鉴外地先进经验；马家河街道联工委邀请辖区委员参加每月的绩效和"五问工作法"讲评会议，通报重点工作进展，听取意见建议；泰山路街道联工委邀请政协委员参加"党建领航、幸福泰山"活动，评选"最美社区"等五个"最美"；三门镇联工委召集各村书记、主任举行调研座谈会，听取民生民意，结合党政中心工作撰写提案7件、调研报告1篇；雷打石镇联工委开展"增强党性修养，提高履职能力"专题培训，学习井冈山精神，进一步增强责任感；群丰镇联工委开展"创新驱动谋发展，助推集体经济"专题调研，借鉴先进做法和经验。

各位委员、各位同志，我们圆满完成了区政协五届二次会议确定的各项任务，这是区委加强领导，区人大、区政府大力支持和党政部门密切配合，广大政协委员、各民主党派、工商联、各人民团体、无党派人士积极参与、共同努力的结果。尤其是区委常委会专题听取政协工作汇报，充分肯定区政协工作成效及打造"聚智政协、效能政协、亲民政协、和谐政协、活力政协"的履职思路，对"将提案办理情况纳入区绩效考核"等建议大力支持，并4次研究部署全区委派政协民主监督组、"微建议"等工作，这些都充分体现了中共天元区委对政协工作的坚强领导。

在肯定成绩的同时，我们也清醒地看到，与新时期政协的要求和广大委员的期望相比，还存在差距和不足，许多工作需要改进和加强。比如，如何更充分地调动委员积极性，发挥委员作用；如何使民主监督工作适应形势发展的要求；政协机关如何进一步提升服务质量和水平等问题。对此，我们将高度重视，认真研究，在新的一年努力改进。

2018年工作设想

中共十九大强调："人民政协工作要聚焦党和国家中心任务，围绕团结和民主两大主题，把协商民主贯穿政治协商、民主监督、参政议政全过程"。为贯彻落实十九大精神，区政协将深入组织学习培训，切实把思想和行动统一到中共中央、省委、市委和区委的战略部署上来，全力助推我区深化改革的各项工作落到实处。

2018年，区政协工作的指导思想是：全面贯彻落实中共十九大精神，深入学习领会习近平总书记系列重要讲话精神，牢牢把握团结、民主主题，紧扣区委"打造一流园区，建设幸福天元，加快实现更高质量更加全面发展"工作主题，以问题和需求为导向，认真履行职能，积极建言献策，自觉地服务科学发展、促进社会和谐、推进民生改善、加强自身建设，为助推新区发展而努力奋斗。

一、把握新要求，更加自觉地服务发展大局

将学习贯彻中共十九大精神作为贯穿区政协各方面工作的主题和主线，不断巩固团结奋斗的共同

思想政治基础。

*坚持党的领导。*开展政协委员学习中共十九大精神主题活动，引导全区政协组织、政协委员和各界人士，切实把思想和行动统一到中央、省委、市委和区委的决策部署上来。始终坚持和服从中共天元区委的领导，确保沿着正确的政治方向履行职能，做到政治上同向、思想上同心、工作上同步。主动加强与政府的联系和沟通，积极做好协调配合、参政出力、帮忙服务的工作。

*坚持服务大局。*贯彻落实区委五届五次全会暨工委、区委经济工作会议精神，紧扣区委中心工作，建睿智之言，献务实之策，在实现更高质量、更有效率、更可持续发展上，发挥好协商议政和民主监督作用。把履职重点放在新常态下新区发展的战略性问题的深入思考上，找准服务大局与发挥政协优势的结合点，深入基层、掌握实情，找准问题、分析原因，科学思考、提出对策，力求政协建言更好进入党政决策思路，融入科学发展实践，取得实际成效。

*坚持团结民主。*加强与各民主党派、工商联的团结合作，把民主党派、工商联的建言献策作为政协参政议政最重要的内容。加强委员培训、宣传工作，切实把政协各参加单位、政协委员和社会各界人士的思想行动、智慧力量统一和凝聚起来，做到政协工作与党政工作同频共振，各项履职活动更加契合中心任务，更加符合决策需要，更加体现人民心声。

二、探索新机制，更加自觉地推进协商议政

深入贯彻落实中共中央《关于加强人民政协协商民主建设的实施意见》，充分发挥人民政协作为协商民主重要渠道和专门协商机构作用，在服务新时代新发展中彰显政协价值。

*政治协商要有新发展。*协商制定《区政协 2018 年工作要点》，紧紧围绕“十三五”规划落实、全面实施共享发展、全面提升社会保障体系水平等全区改革发展稳定重大问题和涉及群众利益的实际问题，广泛开展专题协商、界别协商等履职活动。扩大政协在公民有序参与政治中的重要平台作用，进一步完善全体会议整体协商、常委会议重点协商、主席会议深度协商、专委会对口协商、提案办理全程协商的协商体系。

*民主监督要有新思路。*有效运用人民政协民主监督方式方法，从党政所思、群众所盼、政协所能出发，选好议题进行民主监督。要通过扎实调查研究发现问题，善于用实例、数据等做支撑开展监督，设身处地多提建设性意见，不存旁观之心、不为敷衍之事，做到在参与中支持、在支持中服务、在服务中监督。重点指导区政协 10 个民主监督组积极履职，对 10 个派驻单位开展明察暗访、反映建议等活动，促进改革发展成果更多地、更公平地惠及全区人民。

*参政议政要有新成效。*充分发挥委员的主体作用，动员全区政协委员积极投身经济建设主战场，着力园区建设，致力产业发展，助力项目投资，发挥政协的重要作用。聚焦全区中心工作，着力对区委重大方针政策和重要决策部署的贯彻落实情况开展参政议政活动。要集成运用民主监督形式增强实效，坚持形式与内容相匹配，同履行政治协商、参政议政职能相结合，融协商、监督、参与、合作于一体，寓监督于协商会议、视察、提案、专题调研、大会发言、反映社情民意等活动之中。强化问题导向，准确把握十九大“我国社会主要矛盾已经转化为人民日益增长的美好生活需要和不平衡不充分的发展之间的矛盾”的重要论断，找准存在的困难、短板和薄弱环节，紧扣关键内容，精准聚力发力，努力从大局上、根本上、长远上提出务实建议。

三、展现新风采，更加自觉地拓展民生服务

牢固树立人民政协履职为民的理念，深入体察民情，积极反映民意，助力民生保障和民生改善。

*在为民建言方面下功夫。*切实把履职为民的工作理念落实到实践中，使政治协商成为民意进入党政决策的重要渠道，使民主监督成为保障公众权益的有效方式，使参政议政成为促进群众利益实现的

重要过程。重点关注社会就业、教育优先发展、医药卫生体制改革、养老事业发展、食品安全等与群众利益密切相关的热点、难点问题，深入开展调查研究，提出合理化意见建议。加大反映社情民意信息工作力度，深入基层、深入群众，开展系列民生调研视察活动，反映群众的呼声要求，进一步发挥政协社情民意在汇集舆情中的重要作用。

*在为民谋利方面下功夫。*人民群众对美好生活的向往是政协履职的根本出发点和落脚点，要坚持协商于民、协商为民，设身处地为群众着想，感同身受为群众分忧，多做得民心、顺民意的工作，心系群众惠民生，助推党和政府的惠民政策真正落实到位。要畅通渠道知民情，组织全区政协委员进社区、入住户、问民意，进一步使政协工作重心下移，实现委员与群众"零距离"接触，让群众感到政协委员就在身边，人民政协离自己很近。

*在为民解忧方面下功夫。*以扶危济困为己任，组织开展科教扶贫、帮困济弱、捐资助学等社会公益活动，力行善举，多做益事，广布惠泽，努力使改革发展的成果惠及更多的普通百姓，不断提高广大群众的幸福感和满意度。坚持履职为民理念，进一步促进民生改善与社会和谐。坚持把关注民生热点问题作为政协履职的重点，围绕供给侧结构性改革、增加公共服务供给、加快基础教育发展、促进大众创业万众创新等开展专题协商和民主监督，多建利民之言，多谋利民之策，促进改革发展成果更多惠及人民群众。

四、适应新形势，更加自觉地加强自身建设

中共十九大对人民政协工作提出了新的要求，我们必须加强自身建设，夯实履职基础，为履职提供有力保障。

*进一步提升履职能力。*切实加强区政协党组和常委会自身建设，不断加强常委会的思想建设、作风建设和制度建设，发挥好常委会在政协组织中的领导作用、协商议事作用、模范带头作用，努力把政协常委会建成团结民主、求真务实、开拓进取、委员信任的领导集体。密切专委会和各界别委员的联系，增强界别的代表性和凝聚力，更好地发挥界别的特色作用。继续深入探索开展界别活动的内容和方式，加强与对口部门和各方面的交流与协作，切实发挥专委会在政协工作中的基础作用。进一步加强委员队伍建设，完善委员履职评价考核和激励机制，加大委员学习培训力度，拓展委员知情渠道，提高委员整体素质，充分调动委员履行职责的积极性和主动性。

*进一步加强基础工作。*充分发挥提案在委员履职中的主渠道作用，完善提案办理工作机制，加强办理协商和跟踪督办力度，推动提案更好落实。完善调研机制，创新调查方法，深化研究环节，提高建言质量。拓宽信息渠道，提高社情民意信息和微建议的时效和质量。继续加强对镇（街道）政协联工委的指导与督查考核，更好发挥"委员之家"的桥梁纽带作用。进一步健全委员活动小组和界别活动方式，加强保障，开展联合视察、调研和协商活动，使委员的个体优势和界别的整体优势结合更加紧密。进一步加强机关建设，巩固"两学一做"专题教育成果，不断加强干部队伍建设和作风建设，努力提高服务水平。

*进一步激发履职活力。*发挥政协代表性强、联系面广的优势，团结一切可以团结的力量，凝聚一切可以凝聚的智慧，激发一切可以激发的活力，努力营造心平气顺、融洽和谐的良好发展氛围。要加强与各团体、工商联和无党派人士的团结合作，建立健全交流沟通机制和参政议政平台，支持他们在政协会议上踊跃发表意见，积极为各界别、各人民团体和无党派人士知情明政创造条件。发挥大团结大联合优势，深入研究经济社会发展出现的新情况、新问题，选择事关社会和谐稳定的重大民生问题，积极开展监督、视察活动，并协助党委、政府做好协调关系、化解矛盾、增进共识的工作，不断发出政协好声音，传送社会正能量。

大事记

2018株洲高新区·天元区年鉴
ZhuZhou GaoXinQu·TianYuanQu NianJian

2017年株洲高新区·天元区大事记

1月

1月3日 中共湖南省委常委、统战部部长黄兰香一行到北汽株洲分公司、中车株机等单位进行“不忘合作初心，继续携手前进”专题教育“同心行”考察调研。

1月4日 国家发改委印发《关于建设通用航空产业综合示范区的实施意见》，拟在全国26个城市建设商务目的首批通用航空产业综合示范区，株洲入围成为先期开展试点示范城市之一。

1月11日 株洲·中国动力谷举行2017年首场项目签约会。签约项目29个，总金额181.18亿元。

株洲·中国动力谷2017年首场项目签约会

1月12日 中共湖南省委常委、常务副省长陈向群深入株洲高新区、天元区走访慰问老党员、困难职工和城乡困难居民，为他们送去新春关怀和温暖。

1月17日 株洲汽车博览园众创空间挂牌启动仪式在中国动力谷自主创新园举行。启动仪式上，汽博园众创空间与湖南汽车工程职业学院共建“大学生创新创业基地”签约并揭牌。

1月23日 株洲新区2017年产业招商和投资促进工作会议召开。会议发布2017年招商工作计划任务，实现新签约项目100个以上，其中亿元以上项目50个，10亿元以上项目3个，实现重点招商项目覆盖率70%以上。

▲ 天元区村镇建设开发(集团)有限公司揭牌成立。

▲ 株洲高科集团有限公司在株洲高新区中国动力谷自主创新园的众创大厦前坪举行株洲高科集团“国家级科技企业孵化器”揭牌仪式。中共株洲高新区工委副书记、天元区委书记周建光，天元区区长董巍，株洲高新区管委会副主任马立恒出席仪式。此为株洲市第一家公司制国家级孵化器。

1月24日 中共湖南省委副书记乌兰率省直相关部门负责人到区调研现代农业和美丽乡村建设。

▲ 举办株洲新区2017年新春团拜会，同叙新区事、共话新区梦。中共株洲高新区工委副书记、天元区委书记周建光，天元区区长董巍参加。

▲ 召开工委工作会议、区委五届三次全体会议暨工委区委经济工作会议。中共株洲高新区工委副书记、天元区委书记周建光，天元区区长董巍参加会议。

▲ 召开天元区反腐败协调小组会议。会议通报2016年纪检监察部门执纪审查工作情况，对《天元区反腐败协调小组工作机制》进行解读。

1月25日 中共株洲市委副书记、市长阳卫国带队深入天元区，对部分困难职工、残疾人、老年人进行春节慰问，送上节日的祝福。副市长顾峰，中共株洲高新区工委副书记、天元区委书记周建光，天元区区长董巍陪同走访慰问。

▲ 召开工委、区委领导班子“两学一做”专题民主生活会。中共株洲市委副书记、市长阳卫国全程参与指导。

2月

2月3日 中共湖南省委副书记、省长许达哲到区调研产业园区发展情况，实地走访株洲钻石切削刀具股份有限公司、株洲麦格米特电气有限责任公司等企业，强调要发挥好园区资源聚集作用，把园区打造成创新的高地、对外开放合作的平台。

▲ 春节上班第一天，天元区举行升旗仪式。中共株洲高新区工委副书记、天元区委书记周建光，天元区区长董巍及全体机关干部参加升旗仪式。

▲ 春节上班第一天，株洲高新区工委、天元区委理论学习中心组举行 2017 年第一次集中学习。

2 月 7 日 中共株洲高新区工委副书记、天元区委书记周建光主持召开工委委员会议、区委常委会议，专题研究落实工委、区委领导班子专题民主生活会问题整改工作。

2 月 10 日 召开株洲新区 2016 年度创新奖励暨 2017 年项目攻坚动员大会。会上颁发 2016 年度创新奖 1093.5 万元；对文明建设、人口和计划生育、综治维稳、安全生产、征地拆迁、治违控违工作先进单位和个人进行表彰；对 2017 年项目攻坚工作进行动员。

2 月 13—15 日 天元区政协五届二次会议召开。听取、审议和通过谈志明关于政协天元区第五届委员会常务委员会工作报告，审议通过政协天元区第五届委员会第二次会议决议。补选付细生为政协天元区第五届委员会常务委员。区长董巍在开幕式上讲话。中共株洲高新区工委副书记、天元区委书记周建光在闭幕式上讲话。

2 月 14—16 日 天元区五届人大二次会议召开。听取和审议区人大常委会主任程燕关于天元区人民代表大会常务委员会工作报告，区人民政府区长董巍关于政府工作报告。审议通过有关决议、决定。中共株洲高新区工委副书记、天元区委书记周建光在闭幕式上发表讲话。

2 月 14 日 国家发改委副主任胡祖才考察中车株机公司。

2 月 15 日 中共湖南省委常委、宣传部部长蔡振红考察调研北京汽车株洲分公司生产车间、技改扩能项目建设现场。

2 月 16 日 天元区召开区直属党（工）委书记履行基层党建工作责任述职评议会议。中共株洲高新区工委副书记、天元区委书记周建光现场点评并作总结讲话。

2 月 17 日 株洲市国土资源局局长何安国率领导班子及部门负责人到天元区，就 2017 年天元区发展建设所涉土地资源问题进行对接。

▲ 天元区鸿洋・湖景名城、群丰镇悠移农业园两大项目同时开工，率先在全市吹响“项目攻坚年”号角。

2 月 20 日 天元区五届纪委二次会议召开。中共株洲高新区工委副书记、天元区委书记周建光，天元区区长董巍参加会议。

▲ 株洲高新区、天元区召开会议，对《株洲市“十大文明行动”实施方案》安排部署。株洲高新区工委副书记、天元区委书记周建光，天元区区长董巍参加会议。

2 月 21 日 区长董巍率团赴宁波，考察中国中车宁波产业基地，就相关事宜进行洽谈。

2 月 21—22 日 中共株洲高新区工委副书记、天元区委书记周建光率队赴西安考察项目。

2 月 23 日 区长董巍率队赴厦门考察企业。

▲ 株洲市人大常委会党组书记、常务副主任刘光跃，市人大常委会副主任王建之，市人大常委会副主任、株洲高新区管委会主任李智，副市长何朝晖就株洲・中国动力谷情况开展调研，听取株洲・中国动力谷发展建设情况汇报。

▲ 中共株洲高新区工委副书记、天元区委书记周建光主持召开天元区村、社区“两委”换届选举工作专题会议，就推进村、社区“两委”换届选举工作进行安排部署。

2 月 24 日 天元区召开信访维稳“百日攻坚”暨党政联席扩大会议。中共株洲高新区工委副书记、天元区委书记周建光，天元区区长董巍参加会议。

3 月

3 月 3 日 中共株洲高新区工委副书记、天元区委书记周建光参加区委办党支部组织生活会。会上，周建光要求区委办当好“四手”，强化三种意识，高标准做好区委办工作。

▲ 天元区召开换届选举工作动员会。中共株洲高新区工委副书记、天元区委书记周建光出席会议并讲话。

▲ 中国动力谷企业成长学院第 38 期公益培训在区政府举行。湖南省政协常委、经济学博士吴金明教授主讲《2017 年经济形势与湖南动力产业发展》，来自联城集团、国投集团、南方阀门等企业 80 余位负责人参加培训。

3 月 6 日 株洲麦格米特的母公司——深圳麦格米特电气股份有限公司在深圳证券交易所挂牌交易（股票代码 :002851）。

▲ 北汽株洲基地 C40D 项目首台白车身下线。

3 月 6—8 日 株洲高新区工委副书记、天元区委书记周建光率团赴深圳、广州考察深圳思榕科技有限公司、深圳市贝尔信智能系统有限公司、中国长城科技集团和广州火炬中心，参加麦格米特上市仪式，与思榕科技、贝尔信就株洲基地建设进行磋商。

3 月 9 日中共株洲高新区工委副书记、天元区委书记周建光，天元区区长董巍分别带队深入街道社区，走访慰问天元区重点优抚对象。

▲ 召开天元区 2017 年“企业帮扶年”活动动员大会。会议对全区“企业帮扶年”活动进行安排部署。

3 月 15 日 中共株洲高新区工委副书记、天元区委书记周建光率专项督查组，对区文明城市、卫生城市创建工作进行现场督查。

3 月 17 日 中共株洲高新区工委副书记、天元区委书记周建光督查区项目建设情况，实地走访北汽株洲分公司二工厂项目、首鹏汇隆汽车板材加工配送及车身制造项目，要求全区各级各部门紧密配合，通力协作，攻坚克难，扎扎实实推动项目建设。

3 月 21 日 湘江七桥（渌口大桥）通车。全长 957 米，宽 28 米，双向 6 车道，总投资 3.35 亿元，是天元区与株洲县南洲新区之间的快速过江通道。

3 月 22 日 天元区召开“双创”动员大会。区长董巍要求 :全区上下团结一心，真抓实干，提振“双创”的使命感、责任感，确保“双创”工作任务落到实处。

3 月 23 日 株洲市人大常委会党组书记、常务副主任刘光跃率调研组到株洲·中国动力谷相关企业，就如何做好中国动力谷企业服务工作开展调研。

3 月 28 日 科技部副部长李萌调研天元区先进制造业发展情况。

▲ 区行政中心全自动环保立体停车场项目投入使用。此为目前国内最先进的智能化多出口圆形塔式立体车库，也是国内外同类车库存取车速最快的智能车库。该项目占地 260 平方米，高 13 层，共设机械停车位 100 个，平均 70 秒存取 1 台车。

3 月 29 日 中共株洲高新区工委副书记、天元区委书记周建光率团赴北京，考察中国钢研石墨烯电热膜及碳化硅产业项目。

3 月 30 日 天元区召开大战二季度奋力双过半动员暨新绩效考核管理办法启动大会。会议对《株洲高新区、天元区绩效考核管理办法（试行）》进行解读，并推出“1+N”体系新绩效考核管理办法。

▲ 2016 年度国家高新区门户网站推荐及综合影响力评估结果揭晓。株洲高新网从 125 个国家高新区门户网站中脱颖而出，荣获园区宣传领先奖。

▲ 天元区党务工作会议召开，部署安排全区党务工作。

是月 全国“两会”期间，“打造株洲·中国动力谷”成为全国人大代表提案之一，提请国家层面支持。

4月

4月1日 中共株洲高新区工委副书记、天元区委书记周建光带领300多名区直机关干部参与第39个全民义务植树及园林绿化进社区活动。

▲ 即日起，天元区按照7元一餐的标准，向农村义务教育阶段公办中小学校就读的注册学籍学生推出“免费午餐”。政策惠及群丰、雷打石、三门3个镇中小学校4557名学生。

4月5日 中共株洲市天元区马家河街道工作委员会、株洲市天元区马家河街道办事处挂牌成立。中共株洲高新区工委副书记、天元区委书记周建光，天元区人民政府区长董巍参加揭牌仪式。

4月6日 中央电视台财经频道《经济半小时》栏目播出特别报道《中国“芯”生存调查：高铁装上中国“芯”》，讲述中车株洲所生产IGBT芯片技术的故事。

4月7—8日 中共株洲高新区工委副书记、天元区委书记周建光率团赴东莞，就TDK手机摄像头马达项目与项目单位进行对接。

4月11日 中共株洲市委、株洲市人民政府成立株洲·中国动力谷建设领导小组。由市委书记、市人大常委会主任毛腾飞任领导小组组长，市委副书记、市长阳卫国任第一副组长。刘光跃、蔡溪、彭爱华、何剑波、田卫军、羊贵平、王建之、李智、杨胜跃、谭可敏、何朝晖、余明刚、谢高进任副组长。领导小组下设办公室，副市长何朝晖兼任办公室主任。领导小组下设8个专业组。

4月12—13日 中共株洲高新区工委副书记、天元区委书记周建光，天元区区长董巍赴株洲高科集团调研，实地走访汽车博览园、山体公园、万丰上院·湖韵别墅、专家公寓、众创酒店、文体中心和中央景观带，听取株洲高科集团相关负责人就旗下重大项目的前期构想、开发建设等情况汇报。

4月13日 由市政府与长沙银行主办，株洲高新区管委会、株洲市政府经济研究和金融工作办公室与长沙银行株洲分行承办的全面推进动力谷建设政银企合作签约仪式在高科·总部壹号举行。

4月17日 区委召开五届天元区委第一轮巡察工作动员部署培训会，对天元区委首轮巡察工作进行动员部署。

4月18日 中共天元区委副书记、区长董巍调研湖南股交所株洲分所，要求为企业提供更好的金融服务。

4月19日 天元区召开脱贫攻坚工作会议，传达省、市脱贫攻坚工作有关精神，对区脱贫攻坚帮扶工作作出部署。中共株洲高新区工委副书记、天元区委书记周建光要求全区埋头苦干，真抓实干，提前打赢脱贫攻坚战。

▲ 株洲高新区创业服务中心被共青团中央授予“全国青年创业示范园区”。

4月25—28日 2017年湖南（香港）投资贸易洽谈周在香港举行。株洲高新区引入资金206.7亿元。

4月26日 省委“两委”换届督查组对天元区泰山路街道大岭社区“两委”换届工作进行专项督查。

4月28日 天元区在全省率先开展村（社区）“两委”班子集体谈话宣誓。三门镇81名新当选的“两委”班子成员面向党旗和国旗宣誓，镇政府向40名村（居）委会委员颁发当选证书。

▲ 2017湖南株洲（深圳）动力产业对接暨市情推介会在深圳市举办。会议就株洲轨道交通、通用航空、汽车三大动力产业举行产业对接和推介。

5 月

5 月 5 日 株洲高新区、天元区召开城乡规划工作会议，就新区城乡规划工作进行专题讨论和部署。会议强调城乡规划要牢牢树立“园区像景区、城市像客厅、乡村像花园”的建设理念。

5 月 6 日 北京汽车株洲基地二工厂落成，全新绅宝 D50 轿车同时下线。中共湖南省委书记、省人大常委会主任杜家毫宣布工厂落成与新车下线，中共湖南省委副书记、省长许达哲讲话。

北汽二工厂落成暨全新绅宝D50下线

5 月 7 日 1000 余名参加全国企业家活动日暨企业家年会活动的企业家走进新区，感受“中国动力”。

5 月 9 日 株洲高新区、天元区组织区安监局、消防大队、区国土分局、区建设局等部门检查安全生产情况，召开专题会议，传达省、市安全生产紧急电视电话会议精神。

5 月 10 日 发布新的《株洲高新区瞪羚企业认定及扶持办法》。原《株洲高新区瞪羚企业扶持暂行办法》废止。

▲ 株洲·中国动力谷——时代电气股份有限公司研发的 JJC 型接触网检修作业车获得中国铁路总公司 16.88 亿元订单。

5 月 11 日 省关心下一代工作委员会副主任高锦屏到天元区调研关心下一代工作。

5 月 15 日 德国萨安州区域与交通部部长代表团 15 名外国友人考察调研中国动力谷自主创新园。

▲ 市委村（社区）“两委”换届选举督查组到天元区督查村（社区）“两委”换届选举工作。

5 月 18 日 株洲高新区、天元区召开“两学一做”学习教育常态化制度化和“基层党建提升年”活动推进会，并举行“党建领航”主题培训。

▲ 2016 年度湖南省科技奖励暨创新奖励大会召开。中车株洲电力机车研究所有限公司荣膺科技创新、产品创新、文化创新、管理创新 4 项大奖。

▲ 举行株洲高新区、天元区投融资促进协会揭牌仪式暨中小微企业融资首场对接会。

5 月 22 日 副省长向力力在市委书记、市人大常委会主任毛腾飞，市委副书记、市长阳卫国，副市长杨胜跃等陪同下到株洲高新区、天元区调研科技创新工作。

▲ 株洲市十五届人大常委会第四次会议第一次全体会议听取和审议“株洲·中国动力谷”建设情况汇报。会前，34 位市人大常委会组成人员，数名国、省、市人大代表，数家市直单位负责人分两组实地考察“株洲·中国动力谷”建设。

5 月 23 日 湖南高科园创一站式服务平台正式上线，为株洲市首个智慧园区管理平台。

5 月 24 日 天易科技城鹭湖智库新产品发布会暨智库联盟举行启动仪式。

5 月 26 日 中共株洲高新区工委副书记、天元区委书记周建光带队到茶陵县开展扶贫工作，深入界首镇红光村慰问 3 名“一对一”帮扶对象，检查脱贫攻坚工作成果。周建光表示：天元区一定努力完成对口帮扶工作任务，与茶陵携手打赢扶贫攻坚战。

▲ 天元区第二家食品安全快速检测中心挂牌成立。区长董巍出席仪式并为快检中心揭牌。

▲ 中国动力谷企业中车株洲电力机车发展有

限公司隆重举行首个院士工作站揭牌仪式。中国工程院院士、清华大学教授吴澄到现场，为“吴澄院士工作站”揭牌。

5月31日 中共株洲市委副书记、市长阳卫国，副市长杨胜跃走访新区火炬幼儿园，给小朋友们送礼物，表达“六一”的祝福。

是月 株洲首个智能立体停车场—株洲神农城智能立体停车场投入使用，拥有车位400个。该项目于2016年7月开工建设，总投资4.2亿元，建设分3期，4年内全部完成。

6月

6月1日 天元区在天元小学举行第67个国际儿童节庆祝活动暨天元区第三届“美德少年”颁奖仪式。中共株洲高新区工委副书记、天元区委书记周建光出席活动，向学生致以节日的祝福，并为“美德少年”颁奖。

▲ 中共株洲高新区工委副书记、天元区委书记周建光到群丰中学，送去“六一”节日问候和给孩子们赠送书籍。在学校食堂与孩子们一起共进免费午餐。

6月2日 株洲高新区、天元区首个支部主题党日。中共株洲高新区工委副书记、天元区委书记周建光，天元区区长董巍带头以普通党员身份，分别参加区委办党支部、政府办党支部首次主题党日活动。其他党员区级领导纷纷参加所在支部主题党日活动。

▲ 中车株洲所成功研制的“智能轨道快运系统（Autonomousrail Rapid Transit，ART）”（简称“智轨”）全新交通产品在天元区亮相。

6月3日 区长董巍带队赴茶陵县枣市镇侯泉村调研扶贫工作。董巍要求扶贫工作队和后盾单位要把扶贫工作做实做细，尽最大能力做好扶贫工作。

6月5日 株洲市人大常委会党组书记、常务副主任刘光跃调研国家新能源机动车产品质量监督检验中心（株洲分中心）项目建设情况。

6月6日 召开天元区安全生产“大排查大管控大整治”情况通报暨“安全生产月”动员部署大会。

6月8日 筹建国家轨道交通、新能源汽车知识产权运营中心（两个中心）项目合作签约仪式在株洲新区举行。省知识产权局党组书记、局长，省科技厅党组成员、副厅长肖祥清，市委常委、常务副市长何剑波，中共株洲高新区工委副书记、天元区委书记周建光，天元区区长董巍出席签约仪式。

▲ 区长董巍带队督查“双创”综合整治工作。董巍在督查中强调，要攻克创文、创卫中的老大难问题，建立起长效机制。

6月10日 “我要上全运，健康中国人”万人同跳广场舞活动在神农城广场举行。天元区30多个队伍近3000名广场舞爱好者将《今夜舞起来》跳出株洲韵味。活动现场，株洲籍羽毛球世界冠军郑波、总政话剧团国家一级演员《人民的名义》中省纪委书记田国富的扮演者翟万臣与现场市民进行互动。

6月13日 湖南股权交易所株洲分所与深圳证券信息有限公司正式签订战略合作协议。市委常委、常务副市长何剑波，市委常委、副市长田卫军，中共株洲高新区工委副书记、天元区委书记周建光出席签约仪式。

6月14日 湖南省人大常委会副主任李友志率执法检查组在市人大常委会党组书记、常务副主任刘光跃，市人大常委会副主任钟燕，副市长杨胜跃陪同下到天元区调研《中华人民共和国著作权法》贯彻实施情况。

6月15日 市政协主席蔡溪率省、市、县（市、区）三级政协委员到株洲高新区、天元区视察重点项目建设。市人大常委会副主任王建之，中共株洲高新区工委副书记、天元区委书记周建光，天元区区长董巍陪同视察。

▲ 全国政协常委、北京大学光华管理学院教授厉以宁，国务院参事、北京大学光华管理学院特聘教授徐宪平到株洲考察调研，并召开株洲·中国动力谷企业家代表座谈会。

6 月 16 日 省卫计委主任陈小春到天元区泰山路街道社区卫生服务中心调研基层医疗卫生体制改革工作。

▲ 天元区在神农城广场举行主题为“全面落实企业安全生产主体责任”的安全生产月宣传活动。

6 月 21 日 株洲高新区、天元区召开领导干部大会。会上宣布省委决定：任命周建光为株洲高新区党工委书记，提名朱振湘为株洲高新区管委会主任，提名免去李智株洲高新区管委会主任职务，同意株洲高新区党工委书记谢高进退休。

株洲高新区、天元区领导干部大会

▲ 株洲高新区、天元区召开书记专题会议听取第一轮巡察工作情况汇报。中共株洲高新区工委书记、天元区委书记周建光主持会议并讲话。株洲高新区管委会主任朱振湘，天元区区长董巍出席会议。会议专题听取区委 3 个巡察组第一轮巡察情况汇报，对巡察成果运用提出具体意见。

6 月 22 日 全国妇联副主席、书记处书记谭琳到天元区政务服务中心，对天元区生育保险和婚姻家庭纠纷化解工作进行调研。

6 月 23 日 《人民日报》01 版刊登《中国动力谷世界正瞩目——产自株洲的电力机车产品市场份额全球第一》的文章。

▲ 株洲市 2016 年度精神文明建设总结表彰暨深化文明城市建设大会上，天元区再次获评全市文明建设先进区。中共株洲高新区工委书记、天元区委书记周建光代表天元区作典型发言，区长董巍上台领奖，并递交全国文明城市建设责任书。

6 月 24 日 中国计算机学会青年计算机科技论坛（CCFYOCSEF、长沙）在株洲高新区管委会举办军民融合专题论坛。论坛吸引来自全国各地互联网及军民融合相关领域创新企业、政府部门、协会组织、高等院校等近百位代表参加。

6 月 26 日 天元区召开庆祝中国共产党成立 96 周年暨“两新”组织党建工作座谈会。会议介绍全区“两新”组织党建情况，安排部署推进“两新”组织党建工作。20 家非公有制经济组织和社会组织党组织书记代表参加座谈并交流经验。中共株洲高新区工委书记、天元区委书记周建光出席座谈会并讲话，株洲高新区管委会主任朱振湘主持座谈会。

6 月 27 日 中共湖南省委常委、统战部部长黄兰香到天元区调研指导“两学一做”学习教育常态化制度化工作，看望慰问贫困党员和老党员，与基层支部书记座谈，并为他们讲党课。

6 月 27—29 日 株洲高新区管委会主任朱振湘赴创业服务中心、天易集团、动力谷自主创新园、马家河街道调研。

6 月 28 日 株洲高新区、天元区园区党员服务中心正式启用。为新区建成的园区首家“枢纽型”党群服务中心。

6 月 29 日 中共株洲市委常委、宣传部部长聂方红以党代表的身份到天元区泰山路街道谢家冲社区，就社区党建工作进行调研，并慰问社区老党员。

▲ 政协株洲市副主席周雪辉以普通党员身份

到天元区嵩山路街道莲花社区参加在职党员进社区活动。

是月 中共株洲市委、株洲市人民政府通报2016年全市绩效考核结果。株洲高新区、天元区再次获评全市绩效考核一等单位，取得绩效考核工作全市一等单位“五连冠”。

7月

7月2日 中共湖南省委常委、政法委书记、省公安厅厅长黄关春到株洲高新区、天元区督查指导防汛工作，查看排洪抢险进展情况，看望慰问抢险人员，要求认清当前防汛严峻形势，切实增强防大汛、抗大灾的责任感、使命感，落实责任，科学调度，提升排洪能力，确保安全度汛。

7月4日 中共株洲高新区工委书记、天元区委书记周建光到株洲宏大高分子材料有限公司、株洲日望精工有限公司调研，了解企业发展现状，并就企业存在的困难和问题进行现场帮扶。

7月5日 株洲市人大常委会副主任李智以市、区党代表身份，到嵩山路街道尚格社区党代表工作室开展活动。

7月7日 株洲高新区、天元区召开灾后重建工作部署会。中共株洲高新区工委书记、天元区委书记周建光，天元区区长董巍出席会议。这一段时间，连降暴雨，6月22日—7月3日，湘江水位从33.55米上涨到43.06米，超警戒水位3.06米，超过保证水位0.06米，防汛等级升至Ⅱ级，在株洲防汛史上为第一次。

▲ 株洲高新区、天元区召开创文创卫迎复检工作部署会，对创文创卫迎复检工作进行部署。中共株洲高新区工委书记、天元区委书记周建光，天元区区长董巍出席会议并讲话。

7月10日 株洲高新区举行智能终端项目签约仪式。6家智能终端企业落户株洲高新区。

7月10—12日 中共株洲高新区工委书记、天元区委书记周建光率团赴江苏、上海等地，考察三胞集团有限公司、沃尔沃建筑设备（中国）有限公司、苏州和式设计营造股份有限公司，就项目合作、招商引资等方面的工作进行洽谈。

7月11日 株洲市机构编制委员会办公室和市城管局组成调研组，就天元区城管体制改革暨综合执法情况进行调研。

7月13日 株洲·中国动力谷国家战略课题研究初期成果讨论会在株洲高新区举行。会上，国务院发展研究中心专家就课题的初期成果进行介绍，与会领导就研究成果与专家们展开讨论和交流。

7月14日 天元区召开五届天元区委第二轮巡察工作动员部署会议，对推进巡察工作进行部署。

7月16日 湖南世鑫新材料有限公司高性能碳陶复合材料项目开工建设。

7月18日 时代电动发布自主研发的全球首款12米智能驾驶客车公开进行路试。

7月19日 电动汽车热点问题系列研讨会株洲活动会在株洲高新区、天元区举行。来自新能源汽车领域的众多“大咖”，围绕“新能源汽车电力电子技术”主题展开研讨。中国电动汽车百人会理事长陈清泰，中共株洲市委书记、市人大常委会主任毛腾飞，中国工程院院士、中车株洲所党委书记、董事长丁荣军等出席活动。

▲ “我新故我行——新的社会阶层人士助力中国动力谷”活动在动力谷自主创新园举行。中共湖南省委统战部副部长胡东风，中共株洲市委常委、统战部部长羊贵平，中共株洲高新区工委书记、天元区委书记周建光参加活动。

7月20日 中共株洲市委常委、市纪委书记赖馨正参观天元区廉政文化宣传月系列活动之一“新区清风·翰墨书香润天元”廉政文化书画展。

▲ 天元区召开区委五届四次全会暨 2017 年半年工作绩效讲评会，对上半年工作进行总结点评，部署下半年整体工作。

7 月 21 日 株洲长远智造股份有限公司、株洲润昌新材料股份有限公司举行挂牌仪式。

7 月 23 日 天元区启动“十大文明行动”志愿服务进社区活动，18 支志愿者队伍、200 多名志愿者走进社区，开展志愿服务活动。

7 月 27 日 株洲高新区与三胞集团关于全面推进新马 EBD 大健康产业建设合作签约仪式在高科·总部壹号举行。副市长何朝晖，中共株洲高新区工委书记、天元区委书记周建光，株洲高新区管委会主任朱振湘出席签约仪式。

7 月 28 日 中共株洲高新区工委、天元区委理论学习中心组举行集中学习。会上，传达市委全会、市政府全会等会议精神，观看《将改革进行到底》专题片，学习计划生育政策、廖俊波先进事迹和全国文明城市迎复审业务知识。

是月 科技部火炬中心发布国家高新区最新综合排名。株洲高新区在 146 个国家高新区和苏州工业园（共 147 个单位）中，跃升至第 23 位。知识创造和技术创新能力位列全国第 21 位、可持续发展能力列第 24 位。

8 月

8 月 1 日 天元区召开凿石片区征地拆迁工作会议，对凿石片区征地拆迁工作进行动员、部署和安排。

8 月 3 日 株洲市人大常委会党组书记、常务副主任刘光跃，市领导何剑波、钟燕一行到天元区调研创新创业工作。

▲ 天元区召开宣布区人武部党委第一书记任职大会。市委常委、军分区政委胡鹏飞宣读周建光为区人武部党委第一书记的任职批复。

8 月 7 日 区长董巍赴茶陵县枣市镇侯泉村开展帮扶工作，走访慰问 2 户因病致贫的贫困家庭，指出要进一步加大健康扶贫工作力度。

8 月 8 日 中共株洲高新区工委书记、天元区委书记周建光主持召开工委委员会议、区委常委会议。学习新华社发布的关于习近平总书记在省部级主要领导干部“学习习近平总书记重要讲话精神，迎接中共十九大”专题研讨班开班式上的重要讲话精神的新闻通稿，听取关于中央环保督察交办件处置情况的汇报。

8 月 9 日 市委副书记、市长阳卫国以党代表身份到泰山路街道张家园社区党代表工作室，接待党员群众。

▲ 清华大学天津高端装备研究院增材智造技术与工程研究所副所长、天津清研智束科技有限公司副总经理郭超考察调究株洲·中国动力谷。清研智束达成与株洲高新区企业湖南伊澍实业有限公司合作开发 3D 硬质合金打印技术协议。

8 月 11—13 日 株洲高新区管委会主任朱振湘率队赴珠海、佛山考察珠海信息港、碧桂园等项目，就项目合作、招商引资等方面的工作进行洽谈。

8 月 14 日 由中车电动自主研发、具有自主知识产权的“全程开放道路无人驾驶”智能驾驶客车路试，自动完成牵引、转向、变道等动作。

8 月 17 日《泛万丰湖文旅策划方案》专家评审会在高科·总部壹号举行。省内著名高校、大型旅游集团和规划主管部门 7 位专家，对 2 家单位编制的泛万丰湖文旅策划方案进行评审，形成策划方案深化完善的方向和泛万丰湖文旅开发下一步工作思路。

▲ 株洲高新区打造国家一流园区“一区四园”园区工作座谈会在株洲高新区举行。河西示范园、田心高科园、董家塅高科园、金山科技工业园共商发展，融合共建，努力打造国家一流园区。

8月18日 湖南龙创汽车技术有限公司开业仪式在中国动力谷自主创新园举行。中共株洲高新区工委书记、天元区委书记周建光，株洲高新区管委会主任朱振湘，天元区区长董巍参加开业仪式并为该公司揭牌。

8月21日 “株洲·中国动力谷”建设领导小组办公室第三次工作会议召开。轨道交通、航空、汽车、新材料等8个专业工作组通报产业基金的筹建情况。

8月22—24日 中共株洲高新区工委书记、天元区委书记周建光率团赴深圳、东莞等地，考察深圳市盛弘电器股份有限公司、东莞纽维数码科技有限公司，了解企业生产及经营状况，参加盛弘上市仪式。

8月23日 省委统战部副部长胡东风率新的社会阶层人士一行到株洲高新区考察调研中国动力谷。

8月24日 湖南省人大常委会原副主任、省政府原副省长、省老科协执行会长唐之享到天元区考察老科协工作，走访三门镇月形村和月福村。

▲ 湖南省“两新”工委办调研组一行到株洲高新区、天元区调研“两新”组织党建工作。深入园区党群服务中心和株洲科瑞变流电气有限公司调研。

8月25日 株洲高新区管委会主任朱振湘赴对口扶贫联系点攸县鸾山镇江冲村调研指导扶贫工作。

8月28日 全省抗洪救灾总结大会在长沙召开。株洲高新区、天元区获评2017年全省抗洪救灾先进集体。

8月30日 “两机”专项中国航发株洲航空动力产业园开工。中共湖南省委副书记、省长许达哲出席开工动员仪式并宣布开工。

▲ 株洲新区召开清理国家公职人员违规参与涉矿等经营性活动专项整治工作动员部署会。中共株洲高新区工委书记、天元区委书记周建光出席会议并讲话。

8月31日 2017年“院士专家株洲行”活动启动。23位院士专家走进中国动力谷，参观智能轨道快运系统示范线和动力谷自主创新园。当天株洲高新区与香港应用科技研究院举行项目对接会。中共株洲市委书记、市人大常委会主任毛腾飞，市委副书记雷绍业陪同考察。中共株洲高新区工委书记、天元区委书记周建光，株洲高新区管委会主任朱振湘陪同考察或参加对接会。

▲ 株洲高新区、天元区第五批“瞪羚企业”名单出炉。认定“瞪羚企业”12家，其中6家为新认定企业。全区已有“瞪羚企业”28家。

是月 位于栗雨休闲谷的健康公园开园。此为株洲新区首个建成投入使用的以健康为主题的公园。园区内设健康步道区、健康知识普及区、健身运动器材区、鹅卵石健身区等多个功能区。

9月

9月2日 天易科技城概念规划方案评审会在天元区举行。中共株洲高新区工委书记、天元区委书记周建光，株洲高新区管委会主任朱振湘，天元区区长董巍参加评审会。

9月4日 中共中央政治局常委、中央纪委书记、中央巡视工作领导小组组长王岐山到株洲·中国动力谷企业——中国中车株洲电力机车有限公司视察。

9月5日 中共株洲市委副书记、市长阳卫国在副市长何朝晖、株洲高新区管委会主任朱振湘陪同下督查株洲高新区、天元区工业企业，考察北汽二工厂和长城电脑，勉励企业做大做强，为推动株洲转型升级多做贡献。

9月6日 中共株洲高新区工委书记、天元区委书记周建光主持召开第13次工委委员会议、区委常委会议。听取全力做好中共十九大期间天元区信访维稳工作、纪委派驻纪检机构全覆盖改革及区委巡察办体制建设有关情况等工作汇报。

9月7日 由区创业服务中心与团市委合作承办的第四届“创青春”湖南省青年创新创业大赛商工组总决赛举行。副市长何朝晖，中共株洲高新区工委书记、天元区委书记周建光出席活动并为获奖选手颁奖。

▲ 天元区召开五届区委第二轮巡察工作书记专题会议，听取第二轮巡察综合情况汇报。

9月7—11日 株洲高新区管委会主任朱振湘率队赴北京、成都等地，考察北京鑫华源机械制造、首鹏汇隆钢材配送、成都置信实业等企业，就项目合作、招商引资等方面的工作进行洽谈。

9月8日 中共株洲市委副书记、市长阳卫国在副市长杨胜跃，中共株洲高新区工委书记、天元区委书记周建光，天元区区长董巍陪同下到新马小学看望慰问教师，为他们送上节日的祝福。

▲ 天元区庆祝第33个教师节颁奖典礼在建宁实验中学举行，102名优秀教师和先进教育工作者受到表彰。中共株洲高新区工委书记、天元区委书记周建光，天元区区长董巍参加颁奖典礼。

9月11日 副市长顾峰带队到泰山路街道大岭社区督查文明城市复检和文明社区创建工作。

9月12日 中共株洲高新区工委书记、天元区委书记周建光督查征地拆迁工作，现场查看滨江地块及中路社区高速公路两侧30～100米范围代征地情况，要求迅速掀起高潮，形成大拆迁态势。

9月13—14日 “志愿湖南行共筑中国梦”湖南省第二届青年志愿服务项目大赛总决赛暨颁奖典礼在天元区举行。市委副书记雷绍业，中共株洲高新区工委书记、天元区委书记周建光出席大赛颁奖仪式。

9月14日 湘江大道一期工程竣工通车。中共株洲市委书记、市人大常委会主任毛腾飞宣布该项目竣工通车，副市长何朝晖，中共株洲高新区工委书记、天元区委书记周建光，株洲高新区管委会主任朱振湘，天元区区长董巍参加通车仪式。

9月16日 由湖南省工商联青年企业家商会主办，市青年企业家商会承办的“2017年湖南青商第二届户外耐力赛”在天元区万丰湖公园开跑。该活动在“全球看湖南·青商聚株洲”口号引领下，邀请省内外16支青年企业家商会组队参赛，220余人参加。

9月17日 株洲·中国动力谷建设领导小组组长、中共株洲市委书记、市人大常委会主任毛腾飞主持召开领导小组第一次会议。听取株洲·中国动力谷建设领导小组办公室各产业工作组、部分企业和高校关于前段工作情况汇报，对工作中存在的困难和问题进行研究，对后段工作进行部署。

9月18日 国务院安委会督查组组长、国家安监管理总局监管二司监察专员王力争率督查组到天元区开展安全生产大检查综合督查。

9月19日 湖南省铁路工程机械电液控制工程技术研究中心、博士后科研流动站、院士专家工作站签约揭牌仪式在天元区举行。株洲市人大常委会副主任钟燕，中共株洲高新区工委书记、天元区委书记周建光参加仪式。

9月21日 湖南省首届“博士潇湘名企行”活动，第二站到株洲·中国动力谷，100余名博士感受“中国动力”。

9月22—23日 中共湖南省委书记、省人大常委会主任杜家毫，中共湖南省委副书记、省长许达哲率领产业项目观摩团到株洲考察重点企业和产业项目。杜家毫、许达哲一行现场见证株洲市政府与中国电子信息产业集团有限公司合作项目签约。

9月25日 “砥砺奋进的五年”大型成就展在北京展览馆举行。株洲高新区动力产业在其中亮相。

9月26日 北汽株洲分公司二工厂首款产品——全新绅宝D50量产仪式举行。中共株洲市委书记、市人大常委会主任毛腾飞，中共株洲市委副书记、市长阳卫国，北汽集团党委副书记、总经理张夕勇，北汽集团副总经理蒋自力，北京汽车党委副书记、总裁陈宏良，市领导何剑波、毛朝晖、何朝晖，中共株洲高新区工委书记、天元区委书记周建光，株洲高新区管委会主任朱振湘，天元区区长董巍出席量产仪式。

9 月 27 日 株洲高新区（天元区）投融资促进协会举行“金融服务三农产业，助力天元南部片区农业开发”——株洲农村商业银行涉农融资产品推介会。中共株洲高新区工委书记、天元区委书记周建光出席推介会。

9 月 28 日 湖南省未成年人检察理论与实践研讨会在天元区检察院召开。中共株洲市委常委、市政法委书记杨玉芳出席会议。

9 月 28—29 日 中共株洲高新区工委书记、天元区委书记周建光率团赴广州、珠海，考察广州禾田集团、珠海信息港，了解禾田集团的发展现状，并就进一步合作进行洽谈。

9 月 30 日 中共株洲高新区工委、天元区委理论学习中心组（扩大）举行集中学习。

是月 市、区人社部门联合举办 2017 年株洲高新区园区企业专场招聘会。66 家企业进场招聘，提供空岗信息 1783 个，进场求职人员 1000 余人次，有 300 多人达成就业意向。

10 月

10 月 1 日 中共株洲高新区工委书记、天元区委书记周建光到国庆假期信访工作室值班，调研信访工作，倾听来访群众意见。

10 月 2 日 “点击中国动力谷——第二届全国主流网络媒体看株洲”活动启动。全国 30 多家主流媒体走进株洲新区，点赞株洲 · 中国动力谷，总结推介株洲转型升级的蝶变之路。

10 月 9 日 2017 年中国中小城市科学发展指数研究成果对外发布。天元区在“全国创新创业（双创）百强区”中，排名第 95 位，在“全国新型城镇化质量百强区”中，排名第 83 位。

▲ 株洲新区区直机关、乡镇街道等 61 家单位干部职工在高新大厦前坪举行升国旗仪式。

▲ 株洲高新区企业发展服务中心揭牌，投入使用。

10 月 10 日 中国动力谷装备制造与现代热处理技术发展论坛在天元区举办。国内外现代热处理领域专家、学者以及相关企业齐聚株洲展开讨论。同日，省热处理技术与装备工程技术研究中心同日揭牌。

10 月 10—20 日 株洲高新区管委会主任朱振湘率队赴北京，考察中国建材集团、首鹏汇隆、中国蓝田总公司、联动优势等企业，就双方合作进行洽谈。

10 月 12 日 中共株洲市委副书记、市长阳卫国以普通党员身份，同市政府机关第一党支部党员到天元区罗学瓒烈士墓缅怀革命先烈，开展主题党日活动。

10 月 13 日 中共湖南省委离退休干部工委副书记、省直工委委员周松柏率省委离退休干部工委一行到天元区老干部局老年活动中心实地调研，督查《关于加强离退休干部经常性学习教育工作的意见》贯彻落实情况。

10 月 16 日 召开天元区脱贫攻坚工作推进会。中共株洲高新区工委书记、天元区委书记周建光与全体驻村帮扶工作队员集体谈话。

10 月 17 日 由中共株洲市委、株洲市人民政府主办，天元区委、区政府承办的“扶贫济困、践行友善”表彰募捐活动在天元区主会场举行。中共株洲市委副书记、市长阳卫国出席主会场活动并讲话。

▲ 中共株洲市委副书记、市长阳卫国率市直相

关部门负责人深入株洲新区调研汽车产业发展状况，与汽车企业代表座谈，谋划全市汽车产业发展，指出发展汽车产业，株洲高新区负有重大历史使命。

10月18日 中共株洲高新区工委书记、天元区委书记周建光率在家高新区工委、管委，天元区委、区人大、区政府、区政协领导，集中收看中国共产党第十九次全国代表大会大会开幕会直播盛况，聆听习近平总书记代表中国共产党第十八届中央委员会向大会所作的《决胜全面建成小康社会 夺取新时代中国特色社会主义伟大胜利》报告。

10月20日《株洲高新区·天元区志》稿评议会议在天台山庄召开。湖南省地方志编纂委员会党组书记、副主任易介南，党组成员、副主任邓建平，市志办主任李一平等30余名专家学者对志稿进行全面评议。区志通过市级评审。

10月20日—11月4日 中共株洲高新区工委书记、天元区委书记周建光率团赴安徽铜陵、上海、北京等地，考察江南文旅公司、首鹏汇隆等企业，拜访汽车研究院等企业，与企业进行洽谈。

10月23日 全球首列智轨列车在天元区智能轨道快运系统示范线上正式“开跑”。该智轨列车长31.64米，宽2.65米，满载车重51吨，最大载客数307人，最高时速70千米。

10月25日 株洲·中国动力谷国家战略课题组工作调度会在国务院发展研究中心举行。国务院发展研究中心副主任、研究员张军扩，中共十九大代表、株洲市委书记、市人大常委会主任毛腾飞，副市长何朝晖，株洲高新区管委会主任朱振湘参加调度会。

▲ 中共株洲市委副书记、市长阳卫国率副市长谭可敏及市发改、国土、规划等市直相关部门负责人到天元区调研重大项目推进工作。

10月27日 天元区召开卫生与健康大会。贯彻落实全国、省、市卫生与健康会议精神，安排部署当前和今后一段时期全区卫生与健康工作。

10月29日 省政协副主席、省科技厅厅长赖明勇一行到株洲调研科技创新助力精准扶贫工作，参观考察株洲·中国动力谷自主创新园，详细了解园区建设、规划布局、企业入驻等情况。

10月30日 株洲高新区、天元区召开传达学习中共十九大精神大会。株洲高新区管委会主任朱振湘传达中共十九大精神并讲话。

10月31日 株洲高新区管委会主任朱振湘率队考察猪八戒网项目重庆总部，了解猪八戒网双创平台运营模式及建设发展情况，洽谈创新创业示范区项目推进事宜。

11月

11月1日 株洲高新区管委会主任朱振湘以市党代表身份到泰山路街道家园社区党代表工作室，填写党代表履职承约，并对社区工作进行调研。

11月6日 “关心下一代家庭教育中国行”株洲站千场公益巡讲启动仪式在天元区举行。市领导雷绍业、杨胜跃，中共株洲高新区工委书记、天元区委书记周建光参加活动。

11月7日 湖南省人大常委会原副主任、省关心下一代工作委员会副主任高锦屏带队到天元区调研省第17次市州关工委主任会议现场参观点筹备工作。

11月8日 “天易杯”最美新区人颁奖仪式暨中国好人与湖南好人（株洲·天元区）交流活动在天元区举行。中共湖南省委宣传部副部长、省文明办主任刘进能，省文明办副主任熊科文，市委副书记雷绍业，市委常委、宣传部长聂方红，中共株洲高新区工委书记、天元区委书记周建光，株洲高新区管委会主任朱振湘参加活动，并为三季度湖南好人榜揭榜。

11月10日 神农城食品安全示范街在神农城沃尔玛前坪揭牌。

11 月 11 日 2017CKC 中国卡丁车锦标赛总决赛在株洲汽车博览园卡丁车国际赛场开赛，比赛历时两天。国家体育总局汽车摩托车运动管理中心主任、中国汽车摩托车运动联合会主席詹郭军宣布比赛开幕，中共株洲市委副书记、市长阳卫国致开幕辞。湖南省体育总会专职副主席冯湘江，市领导邓尚文、黄芳、杨胜跃、金继承，中共株洲高新区工委书记、天元区委书记周建光，株洲高新区管委会主任朱振湘，天元区区长董巍出席开幕式。

2017CKC 中国卡丁车锦标赛总决赛

11 月 13 日 中国动力谷与德国碳纤维复合材料谷签订《关于长期合作以及共同组织碳纤维谷 2018 年年度大会的意向》，双方明确建立战略合作伙伴关系以推动欧洲和中国在复合材料以及其应用领域的合作，并确定中国动力谷为碳纤维谷 2018 年年度大会中国的官方合作伙伴。

11 月 17 日 全国精神文明建设表彰大会在北京召开。会上，株洲高科集团有限公司获评第五届全国文明单位，天元区三门镇响水村获评第五届全国文明村镇。

▲ 中共株洲高新区工委书记、天元区委书记周建光到嵩山路街道、栗雨街道、马家河街道、群丰镇调研征地拆迁工作，并召开座谈会，研究部署下一阶段拆迁工作重点。

11 月 18—22 日 株洲高新区管委会主任朱振湘率队赴深圳、肇庆、江苏等地，考察深圳粤创控股集团、华品轨道、航天航星、江苏绿泰电子有限公司等企业，与企业进行项目洽谈。并参加第十九届中国国际高新技术成果交易会。

11 月 21 日 区长董巍率团赴苏州，考察苏州新海宜通信科技股份有限公司，了解企业相关情况，进行合作洽谈。

11 月 23 日 湖南省第十七次市州关工委主任会议在株洲召开。其间，中国关工委主任顾秀莲，湖南省关工委主任杨泰波，省关工委名誉主任沈瑞庭，省关工委副主任高锦屏、王四连、范多富、石玉珍、武吉海、黄祖示，市委书记、市人大常委会主任毛腾飞，市委副书记、市长阳卫国视察天元区关工委工作并点赞。

11 月 24 日 学习贯彻中共十九大精神市委宣讲团报告会在天元区举行。湖南省委讲师团特聘教授、市委宣讲团成员、市委讲师团主任许志汉作题为《坚持和发展新时代中国特色社会主义的政治宣言和行动纲领——学习领会中共十九大精神》的宣讲报告。中共株洲高新区工委书记、天元区委书记周建光主持报告会并讲话。

11 月 28 日 株洲高新区管委会主任朱振湘赴北京，参加 2017 年株洲（北京）项目对接暨市情推介会，并签约 2 个项目。

12 月

12 月 1 日 株洲高新区、天元区印发《关于鼓励引进培育“中国动力谷双创人才”的实施意见（试行）》。

12 月 4—5 日 株洲高新区管委会主任朱振湘赴珠海、广州等地，考察珠海信息港，拜访广东、陕西湖南商会会长，就株洲信息港项目落地进程等情况进行洽谈。

12 月 7 日 中国动力谷自主创新园文体中心开馆。文体中心占地 8000 平方米，总投资 6200 万元。

12 月 8 日 株洲高新区成立 25 周年，天元区建区 20 周年主题活动举行。80 余名曾在株洲新区工作过的领导干部和离退休老同志开展"重走新区路 献策动力谷"参观考察活动，亲身感受新区 25 年发展成就。

▲ 三胞集团新马生态社区、株洲信息港、猪八戒网株洲市"互联网 +"型创新创业综合示范区等 18 个项目在高科·总部壹号集中签约，项目总投资 380 亿元。

▲ 总投资约 1.5 亿元，总建筑面积 15703 平方米，展示面积 11325 平方米的株洲·中国动力谷展示中心正式开馆。

▲ 新能源机动车检测中心、天易科技大厦举行开工仪式。

▲ 天元区图书馆(动力谷科技图书馆)试运营，为株洲市首个"科技"图书馆。

12 月 11 日 天元区残联第三次代表大会召开。

12 月 11—15 日 中共株洲高新区工委书记、天元区委书记周建光率队赴天津、上海等地，考察天津力神电池股份有限公司、华泰汽车集团、上海机器人等企业，拜访上海交大、汽车研究院领导，与企业进行项目洽谈。

天元区图书馆试运营

12 月 12 日 湖南省人民政府副省长何报翔率省直有关部门负责人到天元区调研信访工作和开放型经济工作发展情况。

▲ 株洲市"马上就办、真抓实干"活动现场推进会在天元区召开。马家河街道在会上介绍经验，并接受实地观摩学习。

▲ 2017 年度株洲市县市区机关党建工作述职交流会在天元区召开。

12 月 14 日 区长董巍赴北京，拜访北京协同创新研究院，了解研究院的运营和项目研发落地的情况，就与株洲高新区的合作事宜进行沟通洽谈。

12 月 15 日 株洲集成电路产业发展调研座谈会在株洲新区举行。株洲市人大常委会党组书记、常务副主任刘光跃，中共株洲高新区工委书记、天元区委书记周建光，高新区管委会主任朱振湘出席会议。中车时代电气、湖南长城计算机、湖南格兰德芯、湖南恒茂高科、中车时代高新投资、上海临芯投资等企业负责人受邀参加座谈会。

12 月 19 日 中共湘潭市委书记、湘潭市人大常委会主任曹炯芳，市委副书记、市长谈文胜率湘潭市党政代表团在中共株洲市委书记、市人大常委会主任毛腾飞，市委副书记、市长阳卫国等陪同下到株洲·中国动力谷考察。

12 月 20 日 召开第十九次工委委员、区委常委会议。传达学习贯彻习近平总书记关于进一步纠正"四风"加强作风建设的重要指示精神，学习《习近平谈治国理政》第二卷，听取五届人大三次会议、政协五届三次会议筹备及河长制等工作汇报。

12 月 22 日 中共株洲高新区工委书记、天元区委书记周建光赴广州参加广东省商会年会，对接联络企业，收集招商信息资源。

12 月 22—25 日 株洲高新区管委会主任朱振湘赴大连、沈阳等地，考察大连环嘉集团、沈阳机床集团等企业，就尽快推进项目进展进行洽谈。

12 月 23—24 日 举行 2017 年天元区全民公益创新论道交流会。

12 月 25 日 株洲市党代表部分成员到中国动力谷自主创新园考察调研,就加快株洲·中国动力谷建设步伐建言献策。

12 月 26 日 湖南省委组织部人才工作处处长谢忠阳率长沙、株洲、湘潭等 7 个市委组织部分管人才工作领导到株洲新区调研。

▲ 孚能科技(株洲)新能源汽车动力电池、株洲市公安局交警支队车管所、株洲汽车交易中心 A 馆在株洲汽博园内开工、揭牌。

12 月 28 日 湖南长城计算机系统有限公司首批智能硬件下线。

12 月 29 日 株洲高新区工委工作会议、天元区委五届五次全体(扩大)会议召开。中共天元区委副书记、区长董巍主持会议。中共株洲高新区工委书记、天元区委书记周建光作《打造一流园区 建设幸福天元 加快实现更高质量更加全面发展》的工作报告,株洲高新区管委会主任朱振湘就抓好当前有关工作进行部署。

新区概述

2018 株洲高新区 · 天元区年鉴

ZhuZhou GaoXinQu·TianYuanQu NianJian

自 然 地 理

【区域位置】天元区位于株洲市河西，湖南省东部中段。东隔湘江与株洲市河东地区相望，南与株洲县古岳峰镇及龙船镇相邻，西与湘潭县接壤，北与石峰区以湘江为界，位于北纬27°31'05"～27°51'20"，东经112°59'18"～113°08'36"。境内有武广高铁和京港澳高速公路贯穿南北，交通便利，区位优势明显。

【水系水文】天元区境内有湘江从南、东、北依次环绕流过。湘江天元区段由三门镇湖坪村矮洲组入境，由马家河高塘社区井塘组出境，长47.95千米。境内另有中小河流57条，其中较大的有7条，分别是河流长度为11.2千米的万丰港、长度为6.46千米的泉水港、长度为7.86千米的小麦港、长度为8.23千米的王竹港、长度为12.3千米的沧沙港、长度为12千米的苍霞港及长度为4.38千米的罗家洲。湘江株洲天元段江面宽400～800米，水深2.5～3.5米，水利坡度0.102‰；枯水期水面宽约100米；年平均总径流量664亿立方米；水位、流量、流速平水期流量年平均值分别为34米、1800立方米/秒、0.25米/秒；历史最大值水位44.59米，最小值27.83米；流量历史最大值22250立方米/秒，最小值101立方米/秒。湘江两岸水文条件差异较大，右岸水流平缓且水浅，扩散稀释条件较差。

【气候特点】天元区位于湘东中、南部，纬度较低，受东亚季风影响很大，属亚热带季风湿润气候类型。冬季多为欧亚大陆干冷气团控制，北方寒流频频南下，造成雨雪冰冻，气候比较湿冷；夏季则多为低纬海洋暖湿气团影响，温高湿重；在春夏之交，正处在冷暖气团交替的过渡地带，锋面、切变线和气旋活动频繁，造成阴湿多雨，天气多变；而在盛夏期间，因副热带高压脊常控制湘东、湘中一带，酿成高温酷热，晴热少雨，蒸发强盛；秋季多受稳定的大陆高压控制，前一个月多秋高气爽天气，后一个月受冷空气影响，则多秋风秋雨天气。一年之中，一般1月最冷，7月最热，气温年较差在19.0℃～24.5℃之间。主要气候特点是：气候温暖，四季分明；雨热同季、暖湿多雨；热量充足，雨水集中；春温多变，夏秋多旱；严寒期短，暑热期长。

天元区多年平均气温17.7℃，多年平均降雨量1445.4毫米，多年平均日照时数1531.7小时。区内日最大降水量为157毫米，出现在2010年5月13日。年雨日数155.7天。年极端最高气温40.3℃，出现在2010年8月5日，年极端最低气温－6.9℃，出现在2008年2月3日。年平均雷暴日45天。无霜期长，在286天以上。

行 政 区 划

【建置沿革】1954年3月31日，湘潭县第一农场划归株洲市，改名株洲市园艺试验场，1954年5月30日又改为株洲市园艺场，隶属株洲市郊区。1988年10月6日，市园艺场部分地域属市级株洲新技术产业开发试验区。1992年2月10日，省政府批准株洲新技术产业开发试验区更名为株洲高新技术产业开发区，为省级开发区。

1992年12月19日，国家科委批复，株洲高新技术产业开发区为国家高新技术产业开发区。辖株洲市郊区园艺场和株洲市农科所所在地域。下辖渡口、隆兴、东湖、大坪、张家园、天台、徐家冲、新塘、莲花、桥头10个管理处。株洲高新区由中共株洲市委、株洲市人民政府领导。

1997年7月20日，株洲市人民政府以株政发〔1997〕31号印发《关于市辖区行政区划调整的通知》，撤销东区、南区、北区、郊区，调整设立天元区、芦淞区、荷塘区、石峰区，调整后的行政区划从8月1日实行。天元区辖泰山路、嵩山路2个街道办事处，马家河乡、群丰镇2个乡(镇)。1999年3月，马家河乡撤乡设镇。天元区由中共株洲市委、株洲市人民政府直接领导。

2011年1月，从株洲县划出雷打石、三门2个镇由天元区管辖。天元区辖4个镇、3个街道。北部、东部分别与石峰区、芦淞区隔江相望，南与株洲县古岳峰镇及堂市乡相邻，西与湘潭县接壤，总面积327.6平方千米。

【行政区划】2017年，天元区辖泰山路、嵩山路、栗雨、马家河4个街道，群丰、雷打石、三门3个镇，28个村，70个社区，8个管理处。

泰山路街道辖滨江、大岭、工大、徐家冲、文家冲、张家园、新塘、谢家冲、湘紫、云里、铁西、天台、家园、泰园、泰西、金锦、广场17个社区。

嵩山路街道辖佳美、尚格、花园里、白鹤、桥北、莲花、湘银、大坪、大湖塘、小湖塘、香山、隆兴、东湖13个社区，大坪、莲花、隆兴、东湖4个管理处(与大坪、莲花、隆兴、东湖4个社区两块牌子一套人马)。

栗雨街道辖栗雨、南塘、王家坪、永安、凿石、浅塘、月塘、湘湾、景园、中路10个社区。

马家河街道辖古桑洲、新马、农科、万丰、高塘、仙岭、泉源、大石桥、金龙、太高10个社区。

群丰镇辖白莲、长岭、高台岭、合花、江璜、栗山、妙泉、旗云、石塘、湘滨、湘云、响塘、新文、新塘、竹溪、新街16个社区。

雷打石镇辖砖桥、神龙、伞铺、建龙、新龙、凤凰山、沙江、养鲤、先锋、胜塘、胜利、盘石、霞石、铁篱14个村，沧沙、公道街、青石3个社区。

三门镇辖南江、月形、湖田、湖坪、响水、月福、苍霞、黄田、杨柳、松柏、株木、梽木、护塘、白石14个村，上节街1个社区。

人　口

【概况】2017年，天元区常住人口总户数89031户，275879人，2016年人口为85534户，267071人，增加3497户，8808人，分别增加4.1%、3.3%。总人口中，男性136849人，较2016年132816人增加4033人，增加3%，占人口总数的49.6%。女性139030人，较2016年134255人增加4775人，增加3.6%，占人口总数的50.4%。总人口中，17岁及以下58057人，占总数的21%；18岁至34岁62259人，占总数的22.6%；35岁至59岁108700人，占总数的39.4%；60岁及以上46863人，占总数的17%。

2017年度，全区出生4423人，较2016年3945人增加12.1%；死亡3131人，较2016年809人增加28.7%。省内迁入9639人，较2016年7454人增加29.3%；省外迁入1397人，较2016年795人增加75.7%。迁往省内2518人，较2016年1565人增加60.9%；迁往省外1002人，较2016年707人增加41.7%。（谭小松）

国民经济和社会发展

【概况】2017年，天元区地区生产总值(GDP)312亿元，增长8.5%，分别快于全国、全省、全市1.6个、1.5个、1.5个百分点，增速居全市第一，总量居全市第四，较上年前移一位。GDP总量占全市的比重12.1%，比上年提高0.1个百分点。其中，第一产业增加值增长4.0%；第二产业增加值增长6.6%；第三产业增加值增长10.5%。第三产业增加值增长快于地区生产总值增幅2.0个百分点。三次产业比重为3.7∶37.1∶59.2，一、二、三产业对GDP增长的贡献率分别为3.6%、45.3%和51.1%，第三产业对GDP增长贡献率超过50%。高新技术产品增加值增长15.1%，占地区生产总值比重31%；园区规模工业占全部规模工业比重94.9%。服务业增加值比上年增长10.5%，占GDP比重59.3%，对GDP增长贡献率51.1%，同比提高3.9个百分点。其中，交通运输、仓储和邮政业增加值15.2亿元，增长15.8%；批发和零售业增加值9.2亿元，增长1.7%；住宿和餐饮业增加值8.3亿元，增长6.3%；金融业增加值32.5亿元，增长8.7%；房地产业增加值19.2亿元，增长6.2%；营利性服务业增加值75亿元，增长17.9%；非营利服务业增加值25.6亿元，增长0.1%。一般公共预算收入78.7亿元，同比增长12.0%，总量稳居全市10县市区首位。完成税收收入61.7亿元，占一般公共预算收入的比重为78.5%，占比排全市第一；完成地方收入50.9亿元，同比增长10.9%。完成一般公共预算支出50.5亿元，增长16.0%，其中教育、卫计、社保等民生支出超过公共预算支出的比重70%，民生民利不断改善。

【农业和农村】2017年，天元区实现农林牧渔业增加值11.4亿元，增长4.0%。其中，农业增加值7.4亿元，增长3.4%；牧业增加值3.4亿元，增长4.9%。主要农产品生产基本稳定，肉猪出栏13.97万头，羊出栏1.64万头，家禽出笼144.4万羽，水产品产量0.56万吨。农村固定资产投资13.2亿元，实施“农村安全饮水”工程，解决35个村民小组的安全饮水问题；完成50千米村道硬化，安装路灯730盏，自来水改造530户；农村危房改造82户。建成农村公路安保设施35千米，加宽农村公路窄路15.3千米，建成农村客运招呼站10个，改造农村危桥1座、改造渡口3个，农村出行环境不断改善。全年农业产业化建设稳步推进，建设菜篮子工程26.67公顷，建设8个标准化种养示范基地，30个惠农服务中心；新建改造农村机耕道282千米；南部产业园建设加快推进，完成5个村重金属污染土壤生态修复休耕试点，启动8个美丽乡村创建，响水百花园等一批农业项目发展良好，首届乡村文化旅游节带动乡村旅游持续升温。

【工业和建筑业】2017年，天元区工业增加值增长7.0%，对GDP增长贡献率41%，拉动GDP增长3.5个百分点。实现规模工业增加值110亿元，增长8.3%，增速居全市第一，高于省、市平均水平1个百分点。园区规模工业增加值占全部规模工业比重94.9%，占比居全市第一；高新技术企业总数突破100家，高新技术产业增加值96.8亿元，增长15.1%。汽车制造业、轨道装备制造业、电子信息、金属制品、农副食品加工、电气机械和器材等6大主导产业增势较好，其中电子信息制造业增长72.8%，对规模工业增长贡献率31.4%；新能源汽车制造步伐加快，中车电动新能源客车整车销售近7000辆，行业排名第四，产品覆盖全国各地以及法国等国际市场，发布全球首款12米智能驾驶客车，电驱动系统市场销量稳居第一；金属制品业保持较快增长，全年增长24.2%。主营业务收入上台阶数量增多，主营业务收入过亿企业新增数量较多。130家规模工业企业中，主营业务收入过亿元以上企业40家，较2016年同期增加5家；主营业务收入5亿～50亿元企业11家，较2016年同期增加1家；主营业务收入过50亿元企业3家，较2016年同期增加1家。资质建筑业总产值51.2亿元，增长2.9%，实现建筑业增加值14.4亿元，增长3.1%；房屋施工面积217.2万平方米，其中新开工面积93.3万平方米；房屋竣工面积126.3万平方米。

【固定资产投资和房地产业】2017年，天元区完成固定资产投资464亿元，增长10.1%，总量继续保持全市第一。从经济类型看，公有制经济完成投资199亿元，下降3.1%，非公有制经济完成投资265亿元，增长22.6%，非公有制经济投资占总投资的57.1%。从三大重点领域投资看，106个房地产项目投资117.8亿元，增长25.4%，其中新增房地产项目29个，完成投资43亿元；完成工业投资100亿元，增长6.5%，其中新增5000万元以上工业投资项目16个，完成投资10.1亿元；基础设施投资163亿元，增长6.2%，占全区投资总额的35.1%。从5000万元以上项目来看，有5000万以上项目87个，个数居城区第一，完成投资199亿元。深入开展项目攻坚年活动，重点推进建设项目72个，完成投资134.6亿元。其中，省市重点建设项目开工36个、竣工20个。孚能新能源、国家新能源机动车检测中心等36个重点项目相继开工。风电产业园、立方新能源产业项目等20个重点项目竣工投产，为年度竣工任务目标的143%。长城智能硬件生产基地、中车智能轨道快运系统(ART)等项目加快实施，动力谷自主创新园一期、天易科技城自主创业园一期、新马金谷等项目基本建成，汽车博览园、月塘生态新城等重点片区加快开发，万丰湖生态公园完成提质改造，被评为省级水利风景区。商品房销售面积298万平方米，增长14.2%。其中，住宅销售面积266万平方米，增长14.7%。商品房销售额176亿元，增长35.5%。其中，住宅销售额149亿元，增长39.2%。基础设施加快建设，新马大道、湘江大道一期等主干道建成通车；改造19条小街小巷，打通7条城区断头路，完成6个公共绿地、小游园的提质升级。

【贸易、招商引资】2017年，天元区实现社会消费品零售总额146亿元，增长10.4%。批发业商品销售额128亿元，增长6.1%。零售业商品销售额129亿元，增长4.5%。住宿业营业额8.2亿元，增长7.1%。餐饮业营业额24.2亿元，增长10.2%。汽车4S店实现零售额44.3亿元，增长11.3%。石油及制品类实现零售额6.6亿元，增长11.3%。城乡居民人均消费支出比2016年增长7.6%，增速快于2016年1.9个百分点。构建“1+7”产业招商和投资促进政策体系，合同引资438亿元，到位内资68亿元、外资4.3亿美元。新签约项目96个。其中，10亿元以上投资项目7个，亿元以上项目47个。

【教育、科技、文化、体育】2017年，天元区有义务教育学校39所，在校学生35936人，在职在编公办教师1501人。投资3.92亿元的新马、尚格2所新校秋季如期开学。建成栗雨小学综合楼，新马中学完成场地平整，凿石小学主体工程加快建设。进城务工人员子女“零门槛”入学5060人，大班额班级从上学年的126个减少至74个，减少52个；在全市率先实施农村学生和教师“免费午餐”，率先为公办中小学和幼儿园提供“免费饮水”。初三毕业会考5A生162人，5A生总数居全市公办初中第一名。高新技术企业115家，实现高新技术产品增加值96.8亿元，增长15.1%。申请专利2130件，增长25%；授权1812件，增长38.1%。认定瞪羚企业28家，其中新认定6家，发放免息引导资金3900万元。新增7家省级创新平台和众创空间，新增4个院士工作站，共与21名两院院士、42名“千人计划”专家开展合作。全球首列智轨列车试运营，实现32项科技成果转化。完成农村免费放映公益电影540场，成功举办8场“欢乐潇湘·幸福新区”主题群众文艺会演，观众人数2.9万人次。组织开展专业培训、小型演出、文化交流、送戏下乡等活动近200场次。免费对80余支群众文艺团队开放文化馆活动场地和设施设备，惠及群众3万多人次。建筑总面积1800平方米的区图书馆实现免费开放，投入20余万元建成5处城市书吧，建成响水等一批特色基层综合文化服务中心。体育场地数量500个，体育总场地面积125.34万平方米，悠移庄园龙舟队代表株洲市参加湖南省第四届群众性龙舟赛，获得总成绩第三名。

【卫计和社会保障】2017年，天元区有各类卫生机构192个。其中，医院8个、妇幼保健院(所、站)1个、防疫站1个、卫生院及社区卫生服务中心7个。国家慢性病防控示范区省级复审顺利通过。新建嵩山社区卫生服务中心基本完成。基层医疗卫生单位、村卫生室全部实施基本药物制度。开展国医启蒙教育进校园活动，引进中医新药管疗法、扶阳罐项目。建立分级诊疗制度，与省市级多家医疗机构建立医疗联合体；免费为孕产妇产前筛查，农村适龄女“两癌”免费普查4550名；完成无偿献血2262人次，献血量约74万毫升。城乡基本养老、医疗保险覆盖率100%，企业职工基本养老保险在职参保人数49738人，城镇职工基本医疗保险参保人数27484人，城乡居民医疗保险参保缴费人数212525人，失业保险参保人数22286人，生育保险参保人数25844人，城乡居民养老保险参保人数67199人，各类被征地人员参加养老保险4.5万人。新建6家省级养老示范点、7所农村幸福院，新增养老床位31张。其中，南江村幸福院财政投入模式被推介为省级创新项目。继续实施特困人员特殊救助政策，发放救助金357万元、惠及150人。城市、农村低保月人均补助分别提标398元、191元。对30户贫困残疾人家庭实施无障碍设施改造、创业扶持城乡残疾人75名、为150名残疾人提供居家托养服务。城镇登记失业率为2.99%。零就业家庭动态援助100%，城镇新增就业5535人，新增农村劳动力转移就业413人，创业培训260人，扶持高校毕业生微创业52个，建设就业创业保障平台20个。组织开展SYB创业培训班8期260人，培育创业导师5名。通过小额担保贷款、微创业、门面补贴及升学奖励政策，兑现奖励、补贴1315万元，小额担保放贷360万元。

【资源、环境和社会安全】2017年，天元区万元规模工业综合能源消费量同比下降7.4%，实施碧水蓝天行动，落实“河长制”职责，拆除27家非法采砂场，加强城市黑臭水体治理，基本解决凿石港、陈埠港等污水直排问题，湘江天元区段水质稳定达到三类标准。完成沿河畜禽禁养区退养，关停养殖场36家，养殖户退养180户。太子奶生物水煤浆锅炉烧煤已改天然气、时代新材完成涂装技术改造和硫化车间除尘治理、亿丰新材完成大气综合整治项目，清退7家煤店，整治汽车喷涂企业10家。年内，发生各类安全事故22起，同比下降48%。死亡12人，下降14%，无较大以上事故发生。亿元GDP生产安全事故死亡率为0.038人/亿元；工矿商贸企业从业人员十万人生产安全事故死亡率为0；煤炭百万吨事故死亡率为0。开展“护老行动”“护苗行动”“秋风行动”、豆制品、工地食堂等23项食品药品专项行动，处理投诉举报近200起，立案81起。巡查食品药品生产经营单位8000余家次，办理《食品经营许可证》1542张，督促办理从业人员健康证9142张。划分22个食品药品监管网格化；建成2家高标准快检室，接受市民免费送检；天元中学成功创建省级食品安全示范学校。开展工资集体协商企业715家，工资集体协商协议签订率90%以上。接待处理劳动纠纷案件200多起。其中，协调解决100多起，涉嫌犯罪案件移交公安机关2起，涉案金额近700万元。受理劳动争议仲裁案件122件，涉案金额782万元。审查新增劳动合同572份、解除劳动合同431份。

【人口和人民生活】2017年年末，天元区常住人口32.84万人，户籍人口27.6万人。常住人口中，城镇人口26.06万人，乡村人口6.78万人，城镇化率79.35%。城镇居民人均可支配收入48538元，增长8.1%。农村居民人均可支配收入24927元，增长8.2%。其中，居民文教娱乐服务支出占居民消费总支出比重稳步提高，达到18.9%，较2016年提高0.2个百分点。人均现住家庭建筑面积58.4平方米，较2016年增加0.9平方米。　　（谢子兵）

“民生100”工程

【概况】 2017年，天元区承担“民生100”工程指标60项，其中省实事指标10项，市实事指标51项，内容涵盖就业增收、社会保障、素质提升、全民健康、安居宜居、畅通出行、安全管理和扶贫解困8个方面，业务范围涉及全区19个责任单位和部门。至年底，各责任指标如期完成。其中，创业培训、农村适龄妇女“两癌”免费检查、“三品一标”新认证数、为困难群众实施法律援助等20项指标超额完成工作目标。

一、以优化考核凝聚改善民生的合力。一是以高效响应下出民生工作“先手棋”。区考核办制定《2017年天元区“民生100”工程考核指标任务分解表》《2017年天元区“民生100”工程考核指标月进度分解表》《2017年天元区“民生100”工程工作考核办法》，经区政府常务会议审议通过，由区长董巍对各责任单位进行任务交办。二是以创新机制打好考核工作“组合拳”。创立“月+季+年”三位一体考核机制。实施月度小结、季度点评、年终大考考核方式，全面加大日常考核权重，创新性转“结果考核”为“过程管理”。从严考核“指挥棒”。组织工作培训、半年工作督查、重点项目调度、年终督查调研，由区委书记、管委会主任、区长亲自调度。对指标进度不力的责任单位下达督办函，按月记录信息报送、指令传送、进度情况等，形成当月日常考核计分表，公平公正落实考核，杜绝考核工作“纸上谈兵”。

二、以改善民生作为贯穿始终的核心。一是社会保障驱动新发展。将三门镇、雷打石镇第三、四年龄段纳入征地农民范围参加城镇职工养老保险，率先建立城乡居民养老保险丧葬补助金制度，追溯到2015年8月14日开始兑现。全区企业养老保险新增6477人。推行“园区企业养老保险费率试点”和“大学生费率试点”，惠及企业4家、新进毕业大学生31名。用活用足失业保险稳岗补贴政策，解决困难企业30家、失业保险稳岗和技能提升补贴1110万元，受惠人员24694人。通过小额担保贷款、微创业、门面补贴及升学奖励政策，兑现奖励、补贴1315余万元，小额担保放贷360万元，解决失地劳动力子女、下岗失业人员、退役军人、大学生等1242人实际问题。对接辖区适龄青年就业意愿和企业用工需求，组织举办“送岗下乡”“名企泰山行”等系列活动10场，提供供职单位数922个，搜集空岗信息4391个，推荐成功就业2410人。精心组织创业实例大赛、典型示范教育和创业讲座，推荐评选省级创新创业带动就业示范街道1个、示范社区2个，省“双百工程”优质初创企业1个，市“100创优工程”优质初创企业5个，个体工商户6个，公共就业创业服务示范平台14个。组织开展SYB创业培训班8期、260人，培育创业导师5名，新增城镇就业5535人，全区城镇登记失业率2.99%，强劲破解辖区“就业、招工”两难困境。二是立德树人展现新成效。大班额班级从上学年的126个减少到74个。投资3.92亿元的新马、尚格2所新校秋季如期开学，校园文化、硬件建设、投资总额、建设进度等在全市均遥遥领先，完成栗雨小学提质改造。实行“互联网+阳光招生”，进城务工人员子女“零门槛”入学5060人。在全市率先实施农村学生和全体教师“免费午餐”，率先为全区公办中小学、幼儿园提供“免费饮水”，继续开通多条教育公交专线；对建档立卡等家庭经济困难学生、幼儿资助实行全覆盖。三是文明天元呈现新气象。文化投入持续升级。建成天元区图书馆，实现免费开放，达到部颁三级标准。各镇、街道充分整合资源建设或升级基层文化站，启动嵩山文体活动中心建设，建成三门响水、群丰湘云等10个特色基层综合文化服务中心。文艺活动精彩纷呈。完成农村免费放映公益电影540场，举办“迈入新时代·谱写新篇章”区庆主题文艺晚会、“欢乐潇湘·幸福新区”等大型文艺会演。各镇、街道文化阵地精心组织策划“草根”文艺活动，泰山路街道群众文化艺术节、雷打石镇乡村文化艺术节等基层文化活动彰显基层特色。组织开展专业培训、文化交流、送戏下乡等活动近200场次。在线法援“全年无休”。借力全省平台“如法网”，完成全区7个公共法律服务工作站，100个公共法律服务工作点建设，公共法律服务中心按照O2O模式规范运行，打通法律援助便民服务“最后一公里”。受理各类法律援助案件283件。四是乡村振兴迈上新台阶。按3个层次整域推进8个村美丽乡村打造。新修通村通组公路20.87千米，基本实现通村、通组公路100%、村民入户道路98%硬化；整修山塘37处，新建、改建排灌水渠840米，安装路灯730盏，实现自来水入户530户；提高标准农田建设，旱涝保收农田耕地面积90%以上。安排专项资金560万元，整合各类资金近3000万元投入美丽乡村建设。开展农村重金属污染土壤生态修复，休耕试点落实342.16公顷。完成2016年度小农水重点县建设的日常施工管理及验收任务，完成投资1455.7万元。完成三门镇高岭村泉坝水闸和湖田村鲁家坝水闸进行除险加固，完成投资118.69万元。启动雷打石镇凤凰山村汤家坝水闸和新龙村中坝水闸除险加固2处工程项目施工，完成投资122.1万元。启动雷打石镇铁篱和三门镇月福农村安全饮水工程，完成投资385万元，受益人口4397人。拟定《天元区关于推进农业供给侧结构性改革实施意见》，确定“十大行动”之南部片区产业园建设方案。加快农业产业发展，将响水、新塘等村打造成为乡村旅游、特色种养、特色工贸专业村。根据各乡村产业优势，量身定制响水村优质稻、高丰佰莲等项目扶持方案。研究制定《加快推进旅游产业发展的实施意见》，提出推广都市旅游名片、汽车文化名片、乡村“三农”文化名片，明确全力打造国家级都市文化休闲特色旅游目的地目标。五是老龄事业释放新能量。完成6个省级养老示范点建设，新增床位23张；新建7所农村幸福院，三门农村幸福院覆盖率实现100%。其中“南江村幸福院财政投入模式”被推介为全省首家财政投入模式创新项目，形成样板效应。全面推开老年人养老服务基础信息采集，实施精准化社区养老服务。有会员900多人，开展服务2000多次。投入18万元，为城镇“三无”老人、农村“五保”老人、重点优抚对象、城乡低保老人、失独老人等特困老人1800人购买意外伤害险。

三、以思路创新聚焦民生领域的热点。一是在“脱贫治困”上动脑筋。提升城乡低保补助水平，城市低保月人均补助水平398元，农村低保191元。为失能特困人员发放特殊救助护理补贴，为768人次发放照料护理金55.38万元，并为特困人员购买住院医疗照料护理险。持续推进特困人员特殊救助工作，完成3批次特殊救助对象150余人，发放特殊救助金357.62万元。推出《株洲市天元区残疾人创业就业扶持奖励实施方案》，确定10名市级、65名区级创业扶持残疾对象，委托职业培训机构开展创业培训，组织评审和专家团队对扶持对象进行上门指导和帮扶。二是在“健康天元”上下功夫。建立分级诊疗制度，推动基层医疗机构与省直中医院、市中心医院等省、市级医疗机构建立医疗联合体，各基层医疗卫生单位、村卫生室全部实施基本药物制度，完成嵩山社区卫生服务中心新大楼基本建设，各基层医疗卫生机构组建家庭医生团队44个，对辖区内所有居民提供签约医疗服务。引进中医新药管疗法、扶阳罐项目及国医启蒙教育进校园活动。形成“小病在社区,大病进医院,康复回社区”就医新格局。推进孕产妇免费产前筛查工作,定期统计分析产前筛查人数、检查结果、妊娠结局追踪随访等全程数据信息。为农村适龄妇女(35 ~ 64岁)“两癌”免费检查,组织专家团队进村入户检查,有4550名妇女进行“两癌”免费普查。三是在“美好新区”上出真招。加快推进棚户区、老旧小区和农村危房改造,完成棚户区改造3134户、老旧小区改造364户和农村危房改造70户。推进9个农贸市场改造升级,建设改造2个农贸市场样板工程任务,金源、大湖塘农贸市场成为全市农贸市场的形象工程。提质改造城区市政设施,完善道路清扫保洁、市政维护、绿化养护“三位一体”的管理机制,实现城乡生活垃圾处理一体化。完成新一轮环卫市场化招标,将垃圾清运、中转站管养、河道保洁等工作全面推向市场,市场化合同总金额7400多万元;扶持志愿者服务团队,以“社区+社会组织+志愿者”本土化服务模式,调动全区20多家社会公益组织共万名志愿者活跃在各社区,积极配合社区开展帮助留守儿童、自闭症患儿等特殊群体的公益活动;借力互联网+发展趋势,城区居民养老保险在全市范围内率先实现互联网+缴费服务;率先在全国打造“小环境”O2O卫生治理项目,打通环境卫生线上线下市民参与渠道。四是在“质量安全”上争主动。开设免费检测平台,引入社会监管力量。全面铺开食品药品网格化监管,提升食品药品安全监督水平。全年完成监管网格11个,实际累计完成22个,实现全年目标的200%。加强农贸市场、大型超市食品安全的检测和监管,确保市区各大型超市、农贸市场快速检测全覆盖。完成农贸市场、大型超市食品安全的快速检测体系项目指标8家(农贸市场2家、大型超市6家),完成对天元南、北区的覆盖,快检体系进一步完善。全区农贸市场快检室每天对天元区2 ~ 3家城区学校、幼儿园食堂食品及食品原料进行抽样检测并详细记录,每月巡查84家城区学校、幼儿园,建立长效机制,从源头上保障广大师生饮食安全;围绕天元区大、中、小学校园,重点检查校园周边售卖学生用品的小商铺22所,打击制售假冒伪劣产品。开展多类目专项整治,立案查处产品质量案件4件、侵害消费者权益案件2件,罚款21.68万余元。

2017年“民生100”工程项目指标完成情况一览表

表1

事 项	序号	考核指标	工作目标	累计完成任务	完成目标的(%)	责任单位
就业增收工程(共9项)	1	▲新增城镇就业	4800人	5535	115.3	区人社局
	2	实现“零就业家庭”动态援助	100%	100	100	
	3	新增农村劳动力转移就业	250人	413	165.2	
	4	创业培训	210人	260	123.8	
	5	支持高校毕业生微创业	30名	52	173.3	
	6	创业扶持城乡残疾人	10名	75	750	区残联
	7	惠民综合服务中心(社)	30个	30	100	区农村工作局

续表1

事 项	序号	考核指标	工作目标	累计完成任务	完成目标的（%）	责任单位
就业增收工程（共9项）	8	扶持农机专业合作组织	3家	3	100	区农村工作局
	9	新建、维修、改造农村机耕道	250千米	282.26	112.9	
社会保障工程（共6项）	10	新增企业养老保险参保人数	2700人	7800	288.9	区人社局
	11	▲新增养老床位	23张	23	100	区民政局
	12	推进居家养老服务示范点	1个	1	100	
	13	确保城区城镇人均最低生活保障线标准	470元/月	470元/月	100	
	14	确保全市农村最低生活保障线标准	470元/月	470元/月	100	
	15	确保农村“五保户”年分散供养标准	5000元/年	5640元/年	112.8	
素质提升工程（共6项）	16	向民办幼儿园购买普惠服务工程	购买普惠性民办幼儿园园位4980个	4980	100	区教育局
	17	全面改善农村贫困地区义务教育薄弱学校基本办学条件	2所学校2个项目，总投资377万元	投资377万元	100	
	18	消除义务教育大班额	大班额比例从15.66%下降到10.41%	大班额比例从15.66%下降到9.51%	117	
	19	义务教育学位扩容计划	4所学校4个项目，完成总投资39467.5万元	完成投资39467.5万元	100	
	20	农村免费放映公益电影	540场	540	100	区文体旅局
	21	建设职工之家示范基地	1个	1	100	区总工会
全民健康工程（共3项）	22	▲孕产妇产前免费筛查	3000人	3000	100	区卫计局
	23	▲农村适龄妇女(35～64岁)“两癌”免费检查	4500人	4550	101.1	区卫计局、区妇联
	24	推进分级诊疗工作	政策体系逐步完善，医疗卫生机构分工协作机制基本形成，基层医疗卫生机构诊疗量占总诊疗量比例明显提升	已完成	100	区卫计局
安居宜居工程（共13项）	25	▲农村危房改造	70户	82	117.1	区建设局
	26	▲城市棚户区改造	3134户	3134	100	
	27	发放城镇低收入住房困难家庭住房租赁补贴	50户	336	672	
	28	推进老旧小区改造	1个	1	100	

续表1

事 项	序号	考核指标	工作目标	累计完成任务	完成目标的（%）	责任单位
安居宜居工程（共13项）	29	开展居民小区餐饮油烟、违法违规搭建、占道经营和夜间噪声污染综合治理，规范居民小区管理秩序	开展居民小区餐饮油烟、违法违规搭建、占道经营和夜间噪声污染综合治理，规范居民小区管理秩序	累计开展综合整治280次	100	区城管局
	30	新增住房公积金建制人数	4200人	9461	225	区政府办
	31	完善神农生态带建设	完成概念性规划设计方案	已完成	100	天易集团
	32	城区路灯节能改造	14036盏	根据株考发〔2017〕6号文件精神，该项目考核取消		区城管局
	33	美丽乡村示范村建设	1个	1	100	区农村工作局
	34	小型农田水利项目县建设	完成投资1240万元、山塘除险加固36口、渠道衬砌5.4千米、新建泵站10座、改造河坝1座、新建管道灌溉面积71.87公顷	已完成	100	区水利局
	35	▲解决农村人口安全饮水问题	0.32万人	0.32万人	100	区水利局
	36	加强湘江株洲城区段规范化管理	完成1个砂石转运基地建设	1	100	区水利局
	37	▲农村宽带网络升级改造	3个行政村	3	100	区产业局
畅通出行工程（共8项）	38	改造城区60条支路和小街小巷，打通群众出行“最后一百米”	14条	开工16，竣工16	开工率114.29%，竣工率114.29%	区建设局
	39	疏通交通堵点4个，缓解城市停车行车难题	黄河路拓宽改建（天台路—庐山路）	已竣工	100	区建设局
	40	规范中小学周边交通秩序管理	完善学校周边道路交通安全设施，落实护学岗护学制度，大力整治学校周边道路交通秩序，优化交通环境	达到进度	达到进度	区交警大队
	41	▲农村公路窄路加宽	15.35千米	15.35	100	区建设局
	42	▲农村公路安保设施建设	1千米	1	100	区建设局
	43	危桥改造	1座	1	100	区建设局
	44	建成农村客运招呼站	10个	10	100	区建设局
	45	渡运公交化改革，渡口渡船改造、公司化经营	1家渡运公司、1道渡口	已完成，已验收	100	区建设局

续表1

事 项	序号	考核指标	工作目标	累计完成任务	完成目标的（%）	责任单位
安全管理工程（共10项）	46	菜篮子工程建设	26.67公顷	26.67	100	区农村工作局
	47	标准化生产示范基地建设	8个	8	100	
	48	年抽检农产品总数	4000批次	5122	128.1	
	49	蔬菜等主要农产品检测合格率	97%以上	100	100	
	50	“三品一标”新认证数	5个	11	220	
	51	推进27个农贸市场改造升级，完成建设改造5个农贸市场样板工程	推进9个，完成2个	推进9个，完成2个	100	区商务局
	52	新增放心粮油网点	1家	1	100	
	53	全面铺开食品药品网格化监管，在市区建立40个监管网格，提升食品药品安全监督水平	11个	22	200	区食药监局
	54	加强农贸市场、大型超市食品安全的检测和监管，确保市区各大型超市、农贸市场快速检测全覆盖	5个	9	180	
	55	农村中小学校舍防雷工程	5所	5所	100	区教育局
扶贫解困工程（共6项）	56	资助家庭经济困难学生	500人	1370人	274	区教育局
	57	为困难群众实施法律援助	185件	295	157.8	区司法局
	58	帮扶救助困难职工	300人次	440	147	区总工会
	59	职工医疗互助	6000人	9647	160.78	
	60	城区范围内政府购买残疾人居家托养服务	150名	150	100	区残联
	61	贫困残疾人家庭无障碍设施改造	5户	15	300	

说明：1. 带▲为省重点民生实事项目

2. 第51项“推进27个农贸市场改造升级，完成建设改造5个农贸市场样板工程”待市相关单位分解后，由市为民办实事考核办另行文下达

株洲高新区工委·天元区委

2018株洲高新区·天元区年鉴
ZhuZhou GaoXinQu·TianYuanQu NianJian

株洲高新区工委·天元区委

【概述】2017年,中共株洲高新区工委、天元区委谋大局、重实干,完善顶层设计,理顺体制机制,推动改革创新,改善民生福祉,各项事业蓬勃发展。招商引资、项目建设、城市管理、治违控违、征地拆迁、教育强区、信访维稳等工作取得较好的成绩。

综合实力更高更优。2017年,株洲高新区地区生产总值从上年的722亿元增长到760亿元,增长6.5%。天元区地区生产总值、财政收入分别从上年的300.9亿元、70.1亿元增长到312亿元、78.7亿元。新增高新技术企业数、"四上"企业数全市第一。株洲高新区在全国146个国家高新区中综合排名跃升至第23位。天元区获评2017年度湖南省深化"放管服"改革真抓实干成效明显县市区,推进义务教育均衡发展工作力度大、措施得力、效果明显的县市区。

创新创业更宽更远。投入创新创业引导资金5亿元,新建国家新能源汽车检测中心株洲分中心、中德工业智能制造技术、龙创汽车设计等一批创新服务平台,中国动力谷自主创新园获批国家海智计划基地。修订完善"一带一轴四片区"(湘江风光带,神农绿轴,栗雨、新马、天易和南部乡村片区)总体规划、天易科技城概念规划,出台"石三门"现代农业公园方案,为南向发展打下基础。供给侧结构性改革系统推进,增量配电业务改革成功列入全国试点。推出长株潭地区最优"双创"人才政策,产业发展和投资促进"1+7"政策重磅出台。行政审批改革取得新突破,企业发展服务中心应运而生,"只进一张门"效果显现。园区财政体制进一步理顺,村镇建设公司成功转型。征地拆迁完成交地598.67公顷,总量全市第一,拆房面积创历史之最。

发展后劲更强更足。深入开展"两个年"(项目攻坚年、企业帮扶年)活动,实施对接引进500强(央企)、上市公司培育和引进、高校(科研院所)等"十大行动",与14名院士、15名"国家千人计划"专家深度开展创新项目合作。全年引资438亿元,引进项目96个,开工37个,竣工20个,新增规模工业企业25家,新增省级创新平台和众创空间7家。天台路金融街、高科·总部壹号金融中心功能日益完善,设立、参与基金和公司15家。全球首列虚拟轨道列车等高端科技产品在新区问世,株洲高新区确定为碳纤维谷2018年年度大会中国的官方合作伙伴。株洲·中国动力谷多次登上《人民日报》等国家级媒体,赢得世界瞩目。

生态建设更美更好。动力谷展示中心、图书馆、文体中心、人才公寓等园区配套高标准建成,万丰湖公园完成提质改造,被授予省级水利风景区。汽车博览园卡丁车赛场、汽车服务中心、展示交易中心陆续建成,全力抢占汽车消费后市场发展先机,占领产业链、价值链高端。扎实做好中央环保督察迎检工作,污水直排等问题有效整治。开展5个村重金属污染土壤生态修复。城市管理水平进一步提升,全国文明城市复审、国家卫生城市复核出色完成,为全市连获殊荣作出重要贡献。承办第三季度湖南好人发布仪式暨中国好人、湖南好人现场交流会,高科集团荣获全国文明单位,三门镇响水村荣获全国文明村镇。依法治区不断推进,网格化治理和"雪亮工程"全面铺开,信访维稳成效明显,安全监管持续加强,社会大局和谐稳定,连续9年保持湖南省"平安区"称号,获评湖南省"法治县(市、区)"创建工作先进单位。

民生福祉更多更全。"民生100"工程全面完成,民生支出占比70%。劳动保障平台进一步完善,被征地农民先保后征,开全省之先。新建6家省级养老示范点、7所农村幸福院,多层次、多元化养老服务体系不断完善。新马、尚格学校建成开学,在全市率先实施农村学生和全体教师“免费午餐”。首届神农中医药论坛成功举办,区域医疗联合体全面建立,优质医疗资源不断下沉。基层文化设施不断完善,公共文化服务体系逐步健全。新马大道、湘江大道一期等主干道建成通车,改造19条小街小巷,打通7条城区“断头路”,完成50千米村道硬化,城乡居民出行更加便捷。完成6个公共绿地、小游园的提质升级。8个美丽乡村整体推进,对口支持的茶陵县8个贫困村全面脱贫。全力迎战历史罕见洪峰,获评2017年度全省抗洪救灾先进集体。

党的建设更强更实。扎实推进“两学一做”学习教育常态化制度化,兴起学习宣传贯彻中共十九大精神的热潮,各级党组织和党员的“四个意识”(政治意识、大局意识、核心意识、看齐意识)、“四个自信”(道路自信、理论自信、制度自信、文化自信)得到全面加强。村居“两委”换届又好又快完成,“两新”组织(新经济组织和新社会组织)、“两个覆盖”(党的组织覆盖和工作覆盖)百日攻坚收效明显。园区“枢纽”型党群服务中心建成,村(社区)党群服务中心阵地规范、功能更全、服务更优。实行全员绩效考核,将工委、区委选人用人理念贯彻干部选拔任用全过程,提拔重用在经济建设、征地拆迁、信访维稳、招商引资等一线表现突出的干部,形成良好用人导向。牢牢把握意识形态领导权,认真组织工委、区委理论学习中心组集中学习,思想宣传工作取得新成效。管党治党“两个责任”(党风廉政建设责任制、党委负主体责任)抓紧抓牢,派驻监督实现全覆盖,巡察工作扎实开展,监察体制改革稳妥推进,坚持全覆盖零容忍,违纪违法案件查办力度不断加大,反腐败斗争压倒性态势正在形成,政治生态呈现新的气象。（徐 芳）

【工委、区委常委会议及重大决策】2017年1月至12月,中共株洲高新区工委、天元区委共召开工委委员会议、区委常委会议19次。

2月7日,工委委员会议、区委常委会议传达学习2月3日许达哲省长到株洲高新区调研座谈的讲话精神。会议强调,要认真贯彻落实省长指示要求,发挥园区资源聚集作用,把园区打造成创新的高地、对外开放合作的平台,为园区建设创造更好的发展环境。

2月28日,工委委员会议、区委常委会议学习传达全省村(社区)党组织和村(居)民委员会换届选举工作视频会议、全市村(社区)党组织和村(居)民委员会换届选举动员部署暨培训工作会议精神,听取区委组织部关于村(社区)“两委”换届选举工作有关情况的汇报。

3月18日,工委委员会议、区委常委会议听取关于株洲高新区成立25周年、天元区建区20周年系列活动筹备工作的汇报。会议指出,2017年是株洲高新区成立25周年、天元区建区20周年,也是中国共产党十九大召开之年,办好系列活动有利于凝聚全区上下共议发展、共谋发展、共推发展的动力,有利于提升新区在国内外的知名度和影响力,有利于推进基本现代化建设目标的实现。会议明确要坚持节俭、隆重的原则,围绕迎接中共十九大胜利召开主题,以建设株洲·中国动力谷为中心,突出创新理念,把系列活动办出高水平、高成效,促进全面开启基本现代化新征程的总目标。会议还听取了关于绩效考核办法实施动员大会筹备工作的汇报,审议株洲高新区、天元区“1+N”新绩效考核体系。会议强调,要建立健全绩效考核体系,健全奖罚分明的合理机制,形成鼓励干事创业、改革创新的鲜明导向。

3月26日,工委委员会议、区委常委会议听取关于入园工业项目土地使用及标准厂房租售、招商引资奖励办法两项政策的汇报,关于实施“双创人才”办法的汇报,关于创新发展引导资金管理、加快自主创新促进产业转型升级发展、瞪羚企业扶持三项政策的汇报,关于投融资促进奖补办法的汇报,关于引进创新创业团队项目政策的汇报。会议认为,株洲高新区产业招商促进系列政策的出台十分必要，既是贯彻落实《国务院关于扩大对外开放积极利用外资若干措施的通知》《国务院办公厅关于促进开发区改革和创新发展的若干意见》精神的需要，更是加快建设株洲·中国动力谷，推动园区产业发展，提高招商工作效率的需要。

5 月 16 日，工委委员会议、区委常委会议听取关于加强“两新”组织党建工作的汇报。会议认为，抓好“两新”组织建设是党建工作最大的亮点，也是最大的难点。要以此为突破口，抓出特色，抓出品牌，更好的助力园区经济的发展。会议强调，党建工作不仅是组织部门的事，更是各位工委委员、区委常委的事，必须高度重视，发挥好示范引领作用，不折不扣抓好对口联系“两新”党组织的党建工作，做好“领导联点、部门联支部”工作。

9 月 6 日，工委委员会议、区委常委会议听取关于区纪委派驻机构全覆盖改革及区委巡察办体制建设相关情况的汇报。会议指出，纪检派驻与巡察制度改革，是新形势下深入推进全面从严治党的重大举措，政策性强，涉及面广。会议强调，各部门、各单位必须进一步统一思想认识，加强组织领导，密切协调配合，确保该项工作在天元区取得实效。

10 月 20 日，工委委员会议、区委常委会议听取关于全面深化改革工作的汇报。会议强调，要以学习中共十九大报告为契机，认真贯彻落实中央、省委、市委全面深化改革精神，增强全面深化改革意识，不忘高新区成立初心，砥砺奋进、敢于担当，争做省、市全面深化改革的先行区和示范区。

11 月 10 日，工委委员会议、区委常委会议听取关于株洲高新区、天元区十大标志性事件的汇报。会议指出，十大标志性事件，是 1992 年以来涉及新区经济发展、体制改革、重大项目、民生改善等方面具有里程碑式意义和深远影响力的事件，既是对过去 25 年来的总结，更是对新区未来发展的指导。

11 月 27 日，工委委员会议、区委常委会议就学习宣传贯彻中共十九大精神进行专题辅导，并从意识形态、文化自信、民生保障、人才政策、乡村振兴战略等角度，听取学习中共十九大精神的体会发言。会议认为，中共十九大精神在全党、全国得到前所未有的广泛关注，掀起前所未有的学习热情，激发前所未有的工作干劲。会议强调，学习好、宣传好、贯彻好中共十九大精神是全区当前和今后一个时期的头等大事、中心工作、首要任务。

12 月 1 日，工委委员会议、区委常委会议专题审议《天元区深化国家监察体制改革试点工作实施细则（送审稿）》。会议指出，国家监察体制改革是以习近平总书记为核心的党中央作出的一项重大决策部署，是事关全局的重大政治体制改革，是对政治体制、政治权力、政治关系的重大调整，是推进国家治理体系和治理能力现代化的重大举措。会议认为，国家监察体制改革有利于整合反腐败资源力量，建立党统一领导下的国家反腐败工作机构，构建集中统一、权威高效的国家监察体系，实现对所有行使公权力的公职人员监察全覆盖，使依规治党与依法治国、党内监督与国家监督、党的纪律检查与国家监察有机统一。

12 月 20 日，工委委员会议、区委常委会议听取关于城市管理体制改革工作的情况汇报。会议认为，城市管理体制改革是中央、省、市深化改革的重要组成部分，是解决城市管理和执法“九龙治水”难题的有效举措。

12 月 28 日，工委委员会议、区委常委会议听取关于加强未担任领导职务科级干部管理办法的情况汇报。会议指出，近年来，一方面因“三超两乱”专项治理、政府机构改革、干部调整等因素，全区一批科级领导干部退出现职或改任非领导职务，这批干部资源未得到最大程度的发挥和使用，且个别领导干部存在担当意识弱化、不遵守规章制度等现象，造成较大负面影响；另一方面退出现职干部和新进干部所用编制双重叠加，导致区直单位行政编制超编情况十分严重。会议认为，实施未担任领导职务科级干部管理，是新区在人事制度深化改革上的重大举措，有利于加强干部队伍建设，解决编制受限、人才匮乏的问题。 （杨益军）

【重要会议活动】1月24日，中共株洲高新区工委工作会议、天元区委五届三次全体暨株洲高新区工委、天元区委经济工作会议召开。株洲高新区工委副书记、天元区委书记周建光作《全力打造株洲·中国动力谷 为率先实现基本现代化打下坚实基础》的工作报告，天元区区长董巍主持会议。

1月24日，全区反腐败协调小组会议召开。通报2016年纪检监察部门执纪审查工作情况，对《天元区反腐败协调小组工作机制》进行解读。株洲高新区工委副书记、天元区委书记周建光参加会议。

1月25日，中共株洲高新区工委、天元区委领导班子"两学一做"专题民主生活会召开。市委副书记、市长阳卫国全程参与指导。

2月16日，天元区直属党（工）委书记履行基层党建工作责任述职评议会议召开。株洲高新区工委副书记、天元区委书记周建光现场点评并作总结讲话。

3月30日，天元区党务工作会议召开。株洲高新区工委副书记、天元区委书记周建光，天元区区长董巍参加会议。

5月18日，"两学一做"学习教育常态化制度化和"基层党建提升年"活动推进会召开。

6月21日，株洲高新区、天元区领导干部大会召开。会上宣布省委关于周建光、朱振湘、谢高进、李智等职务任免的决定。市委常委，组织部部长彭爱华，株洲高新区原党工委书记谢高进，天元区区长董巍出席会议。

6月26日，全区产业扶贫对接动员会召开。株洲高新区党工委书记、天元区委书记周建光，株洲高新区管委会主任朱振湘，天元区区长董巍参加会议。

7月20日，天元区委五届四次全会暨2017年半年工作绩效讲评会召开。株洲高新区党工委书记、天元区委书记周建光，株洲高新区管委会主任朱振湘，天元区区长董巍参加会议。

7月28日，中共株洲高新区工委、天元区委理论学习中心组举行集中学习。株洲高新区党工委书记、天元区委书记周建光，株洲高新区管委会主任朱振湘，天元区区长董巍参加学习。

8月3日，宣布天元区人武部党委第一书记任职大会召开。市委常委，军分区政委胡鹏飞宣读周建光为天元区人武部党委第一书记的职务批复。株洲高新区党工委书记、天元区委书记周建光参加会议。

8月8日，天元区基层党建工作重点任务推进会召开。区长董巍参加会议。

9月7日，天元区委五届第二轮巡察工作书记专题会议召开。株洲高新区党工委书记、天元区委书记周建光，天元区区长董巍参加会议。

9月19日，天元区调度部署当前重要工作会议召开。株洲高新区党工委书记、天元区委书记周建光参加并主持会议，株洲高新区管委会主任朱振湘，天元区区长董巍出席会议。

10月16日，天元区脱贫攻坚工作推进会召开。株洲高新区党工委书记、天元区委书记周建光参加会议。

10月18日，株洲高新区党工委书记、天元区委书记周建光率在家的株洲高新区工委、株洲高新区管委会，天元区委、区人大、区政府、区政协领导，集中收看中共十九大开幕式直播，收听习近平总书记代表中国共产党第十八届中央委员会向大会所做的《决胜全面建成小康社会 夺取新时代中国特色社会主义伟大胜利》报告。

10月30日，株洲高新区、天元区传达学习中共十九大精神大会召开。株洲高新区党工委书记、天元区委书记周建光，株洲高新区管委会主任朱振湘参加会议并讲话。

12月12日，株洲市“马上就办、真抓实干”活动现场推进会在天元区召开。市委常委、市委秘书长、市“马上就办”办公室主任毛朝晖，天元区区长董巍参加会议。

12月29日，中共株洲高新区工委工作会议、天元区委五届五次全体(扩大)会议召开。株洲高新区党工委书记、天元区委书记周建光作《打造一流园区建设幸福天元加快实现更高质量更加全面发展》的工作报告，株洲高新区管委会主任朱振湘对抓好当前有关工作进行部署，天元区区长董巍主持会议。（徐　芳）

【区领导出访】 2月21日，天元区区长董巍率团赴宁波考察中国中车宁波产业基地，就相关事宜进行洽谈。

3月6—8日，中共株洲高新区工委副书记、天元区委书记周建光率团赴深圳、广州等地考察深圳思榕科技有限公司、深圳市贝尔信智能系统有限公司、中国长城科技集团和广州火炬中心，参加麦格米特上市仪式，与思榕科技、贝尔信就株洲基地建设进行磋商，进行相关商务拜访。

3月29日，中共株洲高新区工委副书记、天元区委书记周建光率团赴北京考察中国钢研集团石墨烯电热膜及碳化硅产业项目。

4月7—8日，中共株洲高新区工委副书记、天元区委书记周建光率团赴东莞，就TDK手机摄像头马达项目与项目单位进行对接。

4月25—28日，中共株洲高新区工委副书记、天元区委书记周建光率团赴香港参加2017年湖南(香港)投资贸易洽谈周活动。签下株洲恒大健康养生谷项目、汽车及汽车零部件产业战略合作项目、昌龙汽车零部件项目、新能源动力电池项目、轨道交通人防工程专用设备项目等重大项目，引资206.7亿元。

7月10—12日，中共株洲高新区工委书记、天元区委书记周建光率团赴江苏、上海等地，考察三胞集团有限公司、沃尔沃建筑设备(中国)有限公司、苏州和式设计营造股份有限公司等，就项目合作、招商引资等方面的工作进行洽谈。

8月11—13日，株洲高新区管委会主任朱振湘率队赴珠海、佛山等地，考察珠海信息港、碧桂园等项目，就项目合作、招商引资等方面的工作进行洽谈。

8月22—24日，中共株洲高新区工委书记、天元区委书记周建光率团赴深圳，考察深圳市盛弘电气股份有限公司、东莞纽维数码科技有限公司，了解企业生产及经营状况，参加盛弘上市仪式。

9月7—11日，株洲高新区管委会主任朱振湘率队赴北京、成都等地，考察北京鑫华源机械制造、首鹏汇隆钢材配送、成都置信实业等企业，就项目合作、招商引资等方面的工作进行洽谈。

9月28—29日，中共株洲高新区工委书记、天元区委书记周建光率团赴广州、珠海，考察广州禾田集团、珠海信息港，了解禾田集团的发展现状，就进一步合作进行洽谈。

10月10—20日，株洲高新区管委会主任朱振湘率队赴北京，考察中国建材集团、首鹏汇隆、中国蓝田总公司、联动优势等企业，就双方进一步合作进行洽谈。

10月20日—11月4日，中共株洲高新区工委书记、天元区委书记周建光率团赴安徽铜陵、上海、北京等地，考察江南文旅公司、首鹏汇隆等企业，拜访汽车研究院等企业，与企业进行项目洽谈。

10月31日，株洲高新区管委会主任朱振湘率队赴重庆考察猪八戒网项目，了解猪八戒网双创平台运营模式及建设发展情况，洽谈创新创业示范区项目推进事宜，确定框架战略合作协议，进行现场签约。

11月18—22日，株洲高新区管委会主任朱振湘率队赴深圳、肇庆、江苏等地，考察深圳粤创控股集团、华品轨道、航天航星、江苏绿泰电子有限公司等企业，与企业进行项目洽谈。出席第十九届中国国际高新技术成果交易会，重点参观机器人展厅。

11月21日，天元区区长董巍率团考察苏州新海宜通信科技股份有限公司，了解企业相关情况，为进一步合作进行洽谈。

11月28日，株洲高新区管委会主任朱振湘赴北京参加2017年株洲(北京)项目对接暨市情推介会，并签约2个项目。

12月4—5日，株洲高新区管委会主任朱振湘赴珠海、广州等地考察珠海信息港，拜访禾田集团总部、广东、陕西湖南商会会长，就株洲信息港项目落地进程等情况进行洽谈。

12月14日，天元区区长董巍赴北京拜访北京协同创新研究院，了解研究院的运营和项目研发落地的情况，就与株洲高新区的合作事宜进行沟通洽谈。

12月11—15日，中共株洲高新区工委书记、天元区委书记周建光率队赴天津、上海等地，考察天津力神电池股份有限公司、华泰汽车集团、上海机器人等企业，拜访上海交大、汽车研究院等，与企业进行项目洽谈。

12月22日，中共株洲高新区工委书记、天元区委书记周建光赴广州参加广东省商会年会，对接联络企业，收集招商信息资源。

12月22—25日，株洲高新区管委会主任朱振湘赴大连环嘉集团、沈阳机床集团等企业考察，就尽快推进项目进展进行洽谈。（徐 芳）

【领导到访】1月3日，省委常委、统战部长黄兰香到区进行“不忘合作初心，继续携手前进”专题教育“同心行”考察调研。

1月12日，省委常委、常务副省长陈向群到天元区进行春节慰问。

1月24日，省委副书记乌兰到区调研现代农业和美丽乡村建设。

2月3日，省委副书记、省长许达哲到株洲高新区调研产业园区发展情况，先后走访株洲钻石切削有限公司、株洲麦格米特电气有限责任公司等。

2月23日，市人大常委会党组书记、常务副主任刘光跃等市领导到株洲·中国动力谷区调研。

3月28日，科技部副部长李萌在省政协副主席、省科技厅厅长赖明勇，市委副书记、市长阳卫国陪同下到区调研先进制造业发展情况。

5月11日，省关心下一代工作委员会副主任高锦屏在市委副书记、市关工委名誉主任雷绍业陪同下到区调研关心下一代工作。

5月15日，市委村(社区)“两委”换届选举督查组到区督查村(社区)“两委”换届选举工作。

5月22日，副省长向力力在市委书记、市人大常委会主任毛腾飞，市委副书记、市长阳卫国陪同下到区调研科技创新工作。

5月31日，市委副书记、市长阳卫国，副市长杨胜跃走访慰问区火炬幼儿园。

6月27日，省委常委、统战部长黄兰香在市委书记、市人大常委会主任毛腾飞陪同下到区调研指导“两学一做”学习教育常态化制度化工作。

7月2日，省委常委、省委政法委书记、省公安厅厅长黄关春在市委书记、市人大常委会主任毛腾飞，市委副书记、市长阳卫国陪同下到区督查指导防汛工作。

7月10日，广东省文化厅原副厅长，巡视员杜佐祥率文化部督查组在市委常务、宣传部长聂方红陪同下到区就创建国家公共文化服务体系示范区工作进行督查。

7月11日，市编办和市城管局组成调研组到区就城管体制改革暨综合执法情况进行调研。

8月1日，省纪委第二纪检监察室主任易正良到区检查指导纪律审查安全及谈话室管理、运行工作。

8月3日，市人大常委会党组书记、常务副主任刘光跃，常务副市长何剑波到区调研创新创业工作。

8月17日，省地税局党组书记、局长周巧艺，党组副书记、副局长彭爱华在市委常委、市委秘书长毛朝晖陪同下到区调研园区党群工作做法和成效。

8月23日，省委统战部部副部长胡东风率新的社会阶层人士在市委常委、市委统战部长覃万成陪同下到区考察调研中国动力谷。

8月24日，省人大常委会原副主任、省政府原副省长、省老科协执行会长唐之享在市委副书记雷绍业陪同下到区考察老科协工作。

9月5日，市委副书记、市长阳卫国到区督查工业企业。

9月8日，市委副书记、市长阳卫国，副市长杨胜跃到区新马小学看望慰问教师。

9月18日，国务院安委会督查组组长、国家安全监管总局监管二司监察专员王力争率督查组在市委常委、常务副市长何剑波陪同下到区开展安全生产大检查综合督查。

10月12日，市委副书记、市长阳卫国，市委常委、副市长田卫军与市政府机关第一党支部党员一同到罗学瓒烈士墓缅怀革命先烈。

10月13日，省委离退休干部工委副书记、省直工委委员周松柏率省委离退休干部到区老年活动中心调研。

10月17日，市委副书记、市长阳卫国率市直部门负责人到区调研汽车产业发展状况。

10月25日，市委副书记、市长阳卫国率发改、国土、规划等市直相关部门负责人到区调研重大项目推进工作。

10月29日，省政协副主席、省科技厅厅长赖明勇到株洲调研科技创新助力精准扶贫工作，考察中国动力谷自主创新园。（徐　芳）

2017年中共株洲高新区工委、天元区委文件目录

表2

序　号	文　号	文 件 名
1	株高天委〔2017〕1号	关于印发《高新区工委、天元区委领导班子2016年度“两学一做”学习教育专题民主生活会整改方案》的通知
2	株高天委〔2017〕2号	关于调整工委、区委全面深化改革领导小组成员名单的通知
3	株高天发〔2017〕1号	关于印发《株洲高新区、株洲市天元区绩效考核管理办法(试行)》的通知
4	株高天发〔2017〕2号	印发《株洲高新区、株洲市天元区关于进一步从严管理监督干部的若干意见》的通知
5	株高天发〔2017〕3号	印发《关于加快自主创新促进产业转型升级发展的若干政策》的通知
6	株高天发〔2017〕4号	关于编印《实施高校(科研院所)对接行动方案》《实施500强(央企)对接行动方案》《实施上市公司培育(引进)行动方案》等十大行动方案的通知

续表2

序 号	文 号	文 件 名
7	株高天发〔2017〕5号	修改《关于加快自主创新促进产业转型升级发展的若干政策》的决定
8	株高发〔2017〕1号	关于印发《瞪羚企业认定及扶持办法》的通知
9	株天发〔2017〕1号	关于印发《马家河街道办事处机关及其事业单位主要职责内设机构和人员编制规定》的通知
10	株天发〔2017〕2号	关于印发《中共天元区委防范和处理邪教问题领导小组办公室（天元区人民政府防范和处理邪教问题办公室）主要职责内设机构和人员编制规定》的通知
11	株天发〔2017〕3号	转发《天元区委宣传部、天元区司法局关于在全区公民中开展法治宣传教育的第七个五年规划（2016—2020）》的通知
12	株天发〔2017〕4号	印发修改后《天元区委巡察工作办法》的决定
13	株天发〔2017〕5号	印发《天元区贯彻落实〈健康中国2030规划纲要〉加快推进健康天元建设实施方案》的通知

（徐 芳）

中共株洲高新区工委·天元区委办公室

【概况】中共株洲高新区工委办公室、天元区委办公室(简称“工委办、区委办”)加挂政策研究室、保密委员会(株洲市天元区国家保密局)牌子。核定行政编制10名(含工委、区委领导编制),其中区委办主任1名,副主任3名,全面深化改革领导小组专职副主任1名,机关后勤服务人员全额事业编制6名。领导和管理中共株洲市天元区委党史资料征集办公室,为正科级全额拨款事业单位,核定编制5名,其中主任1名。2017年年末,工委办、区委办实有在编人员12名。

2017年,中共株洲高新区工委办、天元区委办紧扣打造株洲·中国动力谷、建设幸福天元的工作主题,围绕中心工作,忠诚履职,扎实工作,各项工作取得新的进步。株洲市党委办公室系统“三满意”竞赛活动名列前茅。

【政策研究】2017年,工委办、区委办政策研究工作围绕区委全会报告、株洲·中国动力谷、全员绩效考核、现代农业发展、行政审批改革等开展调研20余次,形成一批调研成果。调研范围从区内扩大到全国各地,如到厦门、天津滨海新区、武汉东湖新区调研自贸区制度化便利化措施;到浙江、上海、江苏调研特色小镇建设。以文辅政。起草领导讲话、调研报告、署名文章综合性材料80余篇、40余万字,其中全会报告、“港洽周”讲话等得到领导一致好评。时刻关注中央、省、市以及全国主要高新区最新动态,编写35期《新区智库》,全方位多层次上接“天线”,掌握最新时事政治动态,为贯彻执行工委、区委发展思路发挥优质参谋作用。

【信息工作】2017年,工委办、区委办信息工作紧扣围绕中共株洲高新区工委、天元区委中心工作和社会热点、焦点。一是服务社会发展大局,不断提升信息采集力度、面度和深度。为提升党委信息服务领导、服务机关、服务基层的水平。二是强化信息报送力度，重点做好突发事件、信访维稳、园区工作和一些特色信息及调研信息的采编工作，强化紧急信息报送的职责，为事件处理赢得时间和主动。上报省、市信息700多条。其中，省办300多条，市委办400多条，紧急信息20多条，及时向中央、省、市传递天元好声音。无漏报、迟报、瞒报现象发生。

【督查工作】2017年，工委办、区委办督查工作全面推行“五问工作法，助推全区各单位马上就办、真抓实干，办出精气神、干出新成效。围绕全会报告各项任务分解以及常委会议、书记办公会等专题会议和重要会议议定事项，突出抓好经济发展升级考核、“12345”发展目标、征地拆迁、中央环保督查等重要事项和重点建设项目开展专项督查60余次，编发《新区督查》20期，办理市、区领导批办件34件，办结率100%。发挥网上问政平台作用，收到260余条，通过梳理名目，针对重点难点问题实地督查，将督查与马上就办两只手结合起来，推动新区决策落地生根。12月5日，全市“马上就办”活动现场推进会在天元区召开，马家河街道“五问工作法”的经验向全市推广。

【公文处理】2017年，工委办、区委办公文处理工作坚持以优质、高效服务为着眼点，秉承精细化、规范化、科学化的原则，严把政治关、政策关、文字关，规范送审关、签批关、校对关，做到处理及时、发放准确、分类归档。在文件的收、发、传、送、退等环节坚持做到程序化、规范化、制度化。全年收登、办理中央、省、市等上级文件454份，核发本级文件208件，收登、办理中央、省、市文件近1000份，无拖沓、遗失和泄密情况。整理编辑出台《株洲高新区、天元区公文处理工作手册(2017年版)》。历时半年多，搜集资料、整理编辑、征求意见，校核排印《中国共产党株洲市天元区第五次代表大会资料汇编》。

【规范性文件备案审查】2017年，工委办、区委办规范性文件备案审查工作秉承规范有序、优质高效的原则，实行目录管理和分类管理的工作标准，严格遵守《湖南省党内规范性文件备案规定》等规章条例，维护党内法规制度体系的统一性和权威性。全年工委办、区委办向上级部门报送规范性备案文件29份，内容涉及产业转型升级发展若干政策、绩效考核管理办法、从严管理监督干部的若干意见、瞪羚企业认定及扶持办法、鼓励引进培育“中国动力谷双创人才”的实施意见等领域，全部通过规范性文件审查，得到上级高度评价和肯定。

【党史工作】2017年，工委办、区委办党史工作不断创新工作思路，完善研究方法。率先在全市完成的《中国共产党株洲高新区、株洲市天元区历史(1992—2012年)》，荣获全市党史优秀科研成果(基本著作类)特别奖。申报的《新区百姓家规》荣获全省党史优秀科研成果(资政类)三等奖。与市委党史办共同承担的调研课题《株洲着力打造“中国动力谷”》编录在“湖南改革开放实录”重点课题·2016卷中。完成《2015年株洲高新区、天元区党委工作纪事》编纂工作。

【保密工作】2017年，围绕加强保密基础建设、抓好宣传教育、规范保密管理、强化监管服务，充分发挥保密工作“保安全、促稳定；保安全，促发展”积极作用。加强保密基础建设。规范完善保密机构和人员的设置配备，确保上级的决策部署落到实处。以“三大管理”(定密规范管理、涉密人员管理、网络保密管理)为抓手，做好涉密人员分类确定、上岗审查、在岗管理、出国(境)保密管理和离岗离职保密管理工作。组织开展全区保密工作自查，对全区涉密计算机进行摸底保密，确保万无一失。强化相关单位涉密人员培训，提升干部保密意识，常态化开展《中华人民共和国保密法》宣传教育，抓好学习保密常识，增强保密意识教育，巩固学习成果。按照业务工作谁主管、保密工作谁负责原则，认真落实《机关单位保密自查自评工作规则（试行）》，推动全区保密自查自评工作制度化。强化监管服务。对全区废旧文件、内部资料等进行全区性清理、销毁。规范对机要文件的登记、传阅、存储、保管、销毁等环节的管理。利用现有设备，做好门户网站的日常保密搜索工作，开展重点骨干网络保密管理专项检查。严格堵塞泄密漏洞，确保各个环节的安全保密，杜绝发生各类泄密事件。

【机要工作】 2017年，工委办、区委办机要工作切实履行密码通信保障职责，为党委提供高标准、高效率、高水平的密码通信服务。制定切实可行的《2017年度天元区党政密码工作要点》，严格执行密码通信工作制度和值班制度。收到的每份秘密文件，进行编号登记，每份文件都有单独唯一编号，确保机要秘密文件在传阅过程中的安全性和查阅过程中的可操作性。全年接收密电122份、明电574份。所有文件在收、传、阅过程中无一例错办、漏办、压误电报和失（泄）密事故。

【会务接待】 2017年，工委办、区委办倡导会务接待树新风，始终做到围绕大局、规范管理、密切配合、精心运作。全年承办区委全会、创新奖励暨项目攻坚动员大会、全区党务工作会及工作会等大型会议20场次，牵头把关各类调度会、工作调研会、项目决策委员会议及“两学一做”、产业扶贫对接动员会等各类会议约60场次。围绕工委、管委会、区委、区政府的中心重点工作，统筹协调区“四大家”办公室、相关职能部门及街道、镇，圆满完成会议会务、考察参观等各项接待任务60批次，3600余人次。其中，完成中国企业家年会、神农中医药论坛、“跨入新时代谱写新篇章”等中央、省级以上大型接待近30场次。（徐　芳）

2017年中共株洲高新区工委办、天元区委办文件目录

表3

序号	文号	文件名
1	株高天办发〔2017〕1号	印发《株洲高新区、天元区绩效考核管理实施细则（试行）》《株洲高新区、天元区绩效考核管理创新创优工作评价办法（试行）》《株洲高新区、天元区重点工作调度讲评实施办法（试行）》的通知
2	株高天办发〔2017〕2号	印发《株洲高新区、天元区领导班子和领导干部综合考核评价办法（试行）》的通知
3	株高天办发〔2017〕3号	印发《关于推进“两学一做”学习教育常态化制度化的实施方案》《中共株洲高新区工作委员会、中共株洲市天元区委常委会落实“两学一做”学习教育常态化制度化的十条措施》的通知
4	株高天办发〔2017〕4号	印发《关于加强和改进党委（党组）理论学习中心组学习实施细则》的通知
5	株高天办发〔2017〕5号	印发《株洲高新区、天元区聘（派）用人员管理暂行办法（试行）》的通知

续表3

序号	文号	文件名
6	株高天办〔2017〕1号	关于邀请市领导出席2017年中国动力谷首场签约大会的请示
7	株高天办〔2017〕2号	关于分解2017年全区征地拆迁工作计划任务的通知
8	株高天办〔2017〕3号	关于调整《株洲高新区、天元区2017年“项目攻坚年”活动实施方案》的通知
9	株高天办〔2017〕4号	关于印发《工委书记、区委书记批示件办理工作规定》的通知
10	株高天办〔2017〕5号	关于召开株洲中国动力谷创新展示中心布展方案研讨审查会的请示
11	株高天办〔2017〕6号	关于印发《株洲高新区、天元区2017年“企业帮扶年”活动实施方案》的通知
12	株高天办〔2017〕7号	印发《关于鼓励引进培育“中国动力谷双创人才”的实施意见》的通知
13	株高天办〔2017〕8号	关于印发《天元区委书记履行基层党建工作责任述职评议整改落实方案》的通知
14	株高天办〔2017〕9号	关于印发《株洲高新区、天元区2017年“基层党建提升年”活动实施方案》的通知
15	株高天办〔2017〕10号	关于印发《中共株洲高新区工委、天元区委常委会2017年党风廉政建设主体责任分工》和《中共株洲高新区工委、天元区委常委会2017年党风廉政建设主体责任任务分解》的通知
16	株高天办〔2017〕11号	印发《关于进一步加强和改进城乡规划工作的实施意见》的通知
17	株高天办〔2017〕12号	印发《关于进一步规范全区基层党组织归口管理的意见》的通知
18	株高天办〔2017〕13号	印发《关于贯彻落实省委“451”工程和市委“一谷三区”总任务 全力实施“十大行动”的通知》的通知
19	株高天办〔2017〕14号	印发《株洲高新区(天元区)产业招商考核方案》的通知
20	株高天办〔2017〕15号	印发《株洲高新区(天元区)产业投资促进工作绩效考核奖励实施办法(试行)》的通知
21	株高天办〔2017〕16号	关于调整株洲高新技术产业开发区、株洲市天元区机构编制委员会成员的通知
22	株高天办〔2017〕17号	关于做好2018年度党报党刊发行工作的通知
23	株高天办〔2017〕18号	关于邀请市领导出席株洲高新区、天元区“喜迎新时代、谱写新篇章”主题活动的请示
24	株高天办〔2017〕19号	印发《关于鼓励引进培育“中国动力谷双创人才”的实施意见(试行)》的通知
25	株高天办〔2017〕20号	关于印发《株洲高新区、株洲市天元区“中国动力谷双创人才”申报、评审工作细则(试行)》的通知
26	株高天办〔2017〕21号	关于邀请市领导出席株洲高新区、天元区“迈入新时代、谱写新篇章”系列活动的请示

续表3

序 号	文 号	文 件 名
27	株高天办〔2017〕22号	关于拟邀请市领导出席签约客商接待晚宴的请示
28	株天办发〔2017〕1号	印发《关于完善法律援助制度的实施方案》的通知
29	株天办〔2017〕1号	关于2016年度全区计划生育工作考核评估与奖惩情况的通报
30	株天办〔2017〕2号	印发《关于认真做好全区村(社区)党组织和村(居)民委员会换届选举工作的实施方案》通知
31	株天办〔2017〕3号	关于印发《天元区信访维稳"百日攻坚"活动实施方案》的通知
32	株天办〔2017〕4号	关于印发《2017年度天元区防汛抗旱总预案》的通知
33	株天办〔2017〕5号	印发《天元区全面实行河长制实施方案》的通知
34	株天办〔2017〕6号	关于请求解决天元区城镇退役士兵父母所属央企、市直机关等单位安置问题的请示
35	株天办〔2017〕7号	关于设立中共株洲市天元区委巡察工作领导小组及其办事机构的通知
36	株天办〔2017〕8号	关于成立天元区反恐怖工作领导小组的通知
37	株天办〔2017〕9号	印发《天元区委巡察工作实施办法(试行)》的通知
38	株天办〔2017〕10号	关于印发《天元区安全生产大排查大管控大整治百日行动实施方案》的通知
39	株天办〔2017〕11号	印发《天元区关于支持民办教育发展的实施意见(试行)》的通知
40	株天办〔2017〕12号	印发《关于推进"互联网+监督"工作实施方案》的通知
41	株天办〔2017〕13号	印发《关于进一步规范全区机关事业单位职数设置和管理的意见》的通知
42	株天办〔2017〕14号	关于天元区委巡察机构工作情况的报告
43	株天办〔2017〕15号	印发《天元区深化监察体制改革试点工作有关单位责任分工》的通知
44	株天办〔2017〕16号	印发《2017—2021年区委巡察工作规划》的通知
45	株天办〔2017〕17号	印发《被巡察党组织配合区委巡察工作规定》的通知
46	株天办〔2017〕18号	关于印发《天元区安全生产事前问责规定(试行)》的通知
47	株天办〔2017〕19号	关于印发《天元区政协微建议工作办法(试行)》的通知
48	株天办〔2017〕20号	印发《天元区村(社区)工作目标管理考核办法》的通知

(徐　芳)

纪检·监察

【概况】株洲高新区纪律检查工作委员会、株洲市天元区纪律检查委员会和天元区监察局合署办公，履行党的纪律检查和政府行政监察两项职能。2017年，区纪委内设5个科室，分别是办公室、党风政风监督室、信访室、纪检监察室、案件审理室，设置4个派驻纪检组，分别是：派驻工(区)委办纪检组、派驻财政局纪检组、派驻人社局纪检组、派驻法院纪检组，领导和管理天元区预防腐败警示教育中心1个事业单位。全年纪检工作以党章党纪党规为遵循，认真履职，全区政治生态不断优化，党风政风持续好转，反腐败斗争压倒性态势已经形成并巩固发展。

【区纪委五届二次全会召开】2月20日，中共天元区五届纪委二次全会召开。会议由区委副书记、区长董巍主持，株洲高新区工委副书记、天元区委书记周建光出席会议并讲话。会上，天元区委副书记张见平宣读2016年度全区党风廉政建设责任制考核结果通报。中共株洲高新区工委委员、纪工委书记，天元区委常委、纪委书记许剑鸣作题为《坚守政治定位，持续精准发力，推动全面从严治党向纵深发展》工作报告。会议强调：要按照天元区第五次党代会精神和工委、区委要求，抓住严肃党内政治生活这个重点，瞄准营造山清水秀政治生态这个目标，强化党内监督，加强纪律建设，深化标本兼治，狠抓责任落实，从严管好队伍，推动全面从严治党向纵深发展，为推进“一谷三区”、实现“两个走在前列”，发挥“四个作用”，建设“幸福天元”，提供坚强的纪律保证，以优异成绩迎接中共十九大召开。工委委员、区委常委，株洲高新区管委会、区人大常委会、区政府、区政协领导班子成员；区人民法院院长、区人民检察院检察长及分管纪检工作负责人；区纪委委员；平台公司主要负责人；区直各单位党政负责人，各镇(街道)党政负责人；区监察局副局长、各派驻纪检组组长，区纪委监察局机关干部，各基层纪(工)委、高科集团纪委、天易集团纪委、公安分局纪委书记、副书记、委员，区直各单位党组纪检员；各村(管理处)、社区(居委会)书记、主任计300余人参加会议。

【落实“两个责任”】2017年，区纪委监察局开展“两个责任”(党委负主体责任，纪委负监督责任)落实情况专项检查2次，开展随机督查11次，发出督办函和情况反馈23件，对存在问题原汁原味进行反馈，督促整改。对领导干部廉政谈话情况建立台账，实施动态管理，全区50多名处级以上领导干部实施例行廉政谈话1023人次，约谈130人次。各基层单位领导干部实施例行廉政谈话1769人次，约谈115人次。制定考核细则，开展党风廉政建设工作年度考核，将党风廉政建设作为重要内容纳入区绩效考核，以及人大代表、政协委员选拔考察，督促“两个责任”全面生效落实。

【选人用人廉政把关】2017年，区纪委监察局规范党风廉政建设意见征集工作程序，做好拟提任党员干部的廉政审查，对8批次167名拟提任党员干部出具廉政鉴定材料，有效预防“带病提拔”“带病上岗”等问题。加强对领导干部廉洁自律情况的监督管理，建立党员领导干部廉政台账，严格落实领导干部个人事项报告制度，严肃查处3起党员干部违规操办婚丧喜庆事宜问题，全年全区党员及领导干部主动上交红包礼金42万余元。严格执行各级纪委书记、副书记提名和考察以上级纪委会同组织部门为主规定，全区各级纪检监察机关提拔调整干部38人次，均严格落实提名、考察和廉政意见征集程序要求。抓好换届纪律与换届风气监督，对516名村(社区)

党组织委员和649名村(居)委会委员候选人初步人选进行资格联审，取消候选人资格17人。换届期间接到举报16起，均快查快结，及时通报，给予党内严重警告处分1人，警告处分3人，行政拘留1人，确保换届风清气正。

【派驻机构全覆盖】 2017年，天元区推进派驻机构全覆盖，发挥“探头”作用。根据派驻机构改革要求，积极落实派驻改革工作要求，选优配强派驻工作人员，实现派驻监督全覆盖，圆满完成改革任务，覆盖51个区直单位。其中，派驻人社局纪检组，归口管理教育局、文化体育和旅游局、建管办、民政局、两型办、人防办、卫计局、残联、档案局、司法局、政务服务中心。派驻财政局纪检组，归口管理产业局、招商合作局、城乡建设局、动力谷科技创新服务中心、发改局、企业服务中心、统计局、创业服务中心、村镇开发建设公司、商粮局、水利局、土地储备中心、征管办、农村工作局。派驻法院纪检组，归口管理检察院、城管局、信访局、审计局、治违大队、安监局。派驻工委办(区委办)纪检组，归口管理政府办、组织部、宣传部、统战部、政法委、反邪办、人大机关、政协机关、编办、老干部局、机关事务服务中心、机关工委、总工会、工商联、妇联、团区委。年内，4个派驻纪检组处理问题线索30余条，给予党纪政纪立案19人。

【巡察全覆盖】 2017年，天元区推进巡察工作改革，彰显“利剑”震慑。加强巡察工作的系统规划，重点围绕职能定位开展工作，制定印发《中共株洲市天元区委巡察工作办法》等文件，按要求设立巡察办和两个专职巡察组，配齐专职人员，建立45人的巡察组组长、组员人选库，巡察工作体制机制更加健全。年内，开展3轮常规及异地交叉巡察，开展对巡察反馈意见整改落实情况专项督查，区内6个被巡单位召开整改专题会议29次，整章建制45条，追回资金65.4万余元，发现并移送问题线索40条。

【国家监察体制改革】 2017年，国家推进监察体制改革试点工作。天元区坚决贯彻中央决策部署，精准对标，严格落实上级精神，成立由区委书记担任“施工队长”的领导小组，出台实施细则，制定改革时间表和路线图，确保如期完成机构设置、人员转隶、选举任命、合署办公等试点工作。

【纪律审查】 2017年，全区各级纪检监察机关坚持有腐必反、有贪必肃，以坚决的态度和果断的措施有效地减少腐败存量，遏制腐败增量，反腐败斗争压倒性态势得到坚决巩固。全年全区各级纪检监察机关处置问题线索217件，立案109件，结案109件，涉及乡科级干部22人，给予党纪政纪处分103人，分别同比增长416.7%、289.2%、289.2%、450%、281.5%，五项数据增长幅度均位居全市前列。区人民检察院立案侦查贪污贿赂、渎职侵权等职务犯罪案件11件23人；区人民法院判决职务犯罪案件4件7人。7个基层单位全面完成谈话室标准化建设，坚持安全文明办案，实现执纪审查零违纪、零事故，“走读式”谈话突发事件零发生。

【信访工作】 2017年，区纪委监察局规范信访处理程序，继续推进三级信访网络建设，全年受理信访举报线索100件，接待群众来访286人次，分别同比增长28.2%、40.9%。

【运用监督执纪“四种形态”】 2017年，区纪委运用监督执纪“四种形态”(经常开展批评和自我批评、约谈函询，让“红红脸、出出汗”成为常态；党纪轻处分、组织调整成为违纪处理的大多数；党纪重处分、重大职务调整的成为少数；严重违纪涉嫌违法立案审查的成为极少数)处理210人次，其中第一种形态103人次，占49%；第二种形态72人次，占34.3%；第三种形态24人次，占11.4%；第四种形态11人次，占5.3%。

【互联网+监督】2017年，区纪委监察局积极推进“互联网+监督”平台建设，对7个镇(街道)98个村(社区)开展“三资”(资产、资金、资源)清查，实行财务公开。加强对民生、扶贫等领域项目资金监管，公开民生资金4.46亿元。对“互联网+监督”平台比对发现的民生资金领域185条问题线索进行核查交办。

【整治“雁过拔毛”式腐败问题】2017年，区纪委监察局开展“雁过拔毛”式专项整治，全年立案51件，给予纪律处分48人，组织处理18人，追缴违纪资金90.29万元，清退24.2万元，通报曝光典型案件5件30人次。

【违规征订教辅材料专项整治】2017年，区纪委监察局开展违规征订教辅材料专项整治，立案审查4人，党纪处分4人，对全区28所中小学的教辅材料返回折扣款合计45.5万元进行清查追缴。

【“四风”问题和作风建设专项检查】2017年，区纪委监察局盯住关键节点和重点领域开展“四风”(形式主义、官僚主义、享乐主义和奢靡之风)问题和作风建设专项检查，开展明察暗访50余次。制定下发《关于严明会议纪律的通知》，开展会议纪律监督20余次。查处“四风”和违反中央八项规定精神违纪违规问题23起，立案77件，纪律处分74人，通报典型案例10起，发出会风会纪通报7次，曝光21人次。

【“治陋习、树新风”专项整治行动】2017年，区纪委监察局开展“治陋习、树新风”专项整治行动，全年查处违纪违规问题57起126人，立案81人，给予党纪政纪处分78人，诫勉谈话18人，提醒谈话14人，批评教育16人。

【公职人员涉矿经营性活动专项整治】2017年8月起，区纪委监察局开展清理国家公职人员违规参与涉矿等经营性活动专项整治。全区参与自查自纠公职人员3026人，核查有经营情况的32人，督促17人退出相关经营性活动，退出金额5600万元。对1名违规参与相关经营性活动的公职人员立案调查并给予政纪处分。

【违规公款购买消费高档白酒问题专项整治】2017年8月起，区纪委监察局开展违规公款购买消费高档白酒问题专项整治，共立案查处17人，给予纪律处分17人，收缴资金14.15万元。

【专项督查】2017年，区纪委监察局围绕全区经济发展大局，结合“马上就办、真抓实干”要求，紧盯不作为、慢作为、乱作为开展专项监督检查，确保中心工作不折不扣落到实处。开展环保领域突出问题专项治理，对34件中央环保督察组交办问题和突出环境问题的整改进行督查，问责5人。开展招投标问题专项监督检查，对违规招投标问题严肃问责，立案查处4人，给予党纪政纪处分4人，诫勉谈话2人。开展征地拆迁、治违控违及扶贫攻坚领域专项监督检查，对工作中履责不到位、监督不力的党员干部严肃问责，函询2人，立案查处2人，给予党纪处分1人，诫勉谈话1人。

【“新区清风”廉洁文化系列活动】2017年，区纪委监察局积极开展舞台表演、文学书画、微电影、公益广告四大版块廉洁文化优秀作品评选活动，组织200多幅优秀书画作品在神农大剧院展出，举办“新区清风”廉政知识抢答赛暨优秀作品展示晚会，全区有千余名党员干部参加。参加市纪委“清风株洲”廉政文化系列活动，有8个作品获奖，获奖舞台剧和微电影参加全市“清风株洲”晚会展演，天元区获评优秀单位。

“新区清风”廉洁文化系列活动

【纪检队伍建设】2017年，区纪委充分发挥“纪检讲坛”学习平台作用，采取专家授课、干部讲课、业务交流、案例剖析等方式，开展业务培训8场次，500余人次参加培训，抽调10名纪检干部到上级和本级纪委跟班学习，参与办案，纪检干部的业务能力和政策理论水平明显提升。对纪检监察干部违纪违规问题坚决查处，严防“灯下黑”。年内，受理纪检监察干部信访举报3件，实施函询1人，提醒谈话2人。自觉接受各界监督，聘请党风政风社会监督员10名，通过《株洲新区》报“新区清风”栏目和相关会议，定期向社会公布重大决策、重点工作和大案要案查处等情况，增强纪检监察工作透明度。（黄　华）

组 织 工 作

【概况】中共株洲市天元区委组织部为株洲高新区党工委、天元区委主管组织、干部和人才工作的工作部门，归口管理机构编制委员会办公室、老干局。

2017年，区委组织部内设办公室、组织组、干部组，领导和管理党校、人才工作办公室、党员教育中心、党代表联络办公室4个事业单位，有干部13人。全年按照“讲政治、重公道、业务精、作风好”的要求，全心全意服务党员、服务干部、服务人才，强化担当作为，以马上就办的实干精神，为凝聚中国动力，建设幸福天元提供坚强的组织保证。（叶军明）

【干部人事制度改革】2017年，区委组织部健全领导班子议事决策机制。全面落实《党委(党组)讨论决定干部任免事项守则》，规范干部任免决策程序，明确在干部任免重大问题上发扬党内民主的程序和途径，推进决策的科学化、民主化。继续实施常委会和全委会票决制，坚持集体民主决策，对99名拟提拔的科级干部以及拟任命的镇、街道与区委、区政府重要工作部门党政正职进行常委会票决，对24名拟任命的镇、街道与区委、区政府重要工作部门党政正职在全委会上进行票决。制定《株洲高新区、天元区领导班子和领导干部综合考核评价办法(试行)》和《关于进一步从严管理监督干部的若干意见》，起草聘派人员管理办法、未担任领导职务的领导干部集中管理办法等制度，完善干部管理监督和综合评价体系，强化管理考核结果运用。参与制定《株洲高新区、天元区绩效考核管理办法(试行)》，将干部绩效考核成绩与领导班子排名、干部薪酬待遇双挂钩，凸显绩效考核的激励作用。出台干部容错纠错制度，为勇于改革、敢于担当的干部担当，鼓励和支持干部干事创业。（张思伟）

【统筹推进干部队伍建设】2017年，区委组织部健全制度规范干部选拔任用工作。严格执行《党政领导干部选拔任用工作条例》，规范遵守选任工作报批制、考察责任制等干部选任制度，从严推进领导干部选任工作。全区调整干部8批271人次，其中提拔54

人、调任28人、交流67人，程序规范有序、群众高度公认、社会广泛认可。落实“六重六用”（重忠诚、用有信念的干部，重本领、用有能力的干部，重责任、用有担当的干部，重奉献、用有激情的干部，重实干、用有业绩的干部，重清廉、用有品行的干部）、“一个有机会、三个没有机会”（让想干事、能干事、干成事的干部有更多机会，让素质水平与发展要求不相适应的干部没有机会，占了岗位不干事的干部没有机会，把说了当做了、把做了当做好了的干部没有机会）用人导向，注重选拔使用在党的建设、经济建设、征地拆迁、综治维稳、招商引资、招才引智等全区中心工作和重点工作中表现突出的干部，先后有25名表现突出优秀干部被选拔到重要领导岗位。针对青年干部储备不足情况，面向社会组织开展公务员遴选、选调生招录、事业单位工作人员招聘等活动15次，引进近400名品行正、素质高、能力强、作风好的青年干部充实到机关事业单位。（张思伟）

【干部教育培养】2017年，区委组织部注重干部培养，创新培养模式，提升干部队伍素质和能力。组织选派15名优秀干部参加中青班、科干班、公务员班等5个专题调训班，组织55名干部参加“学习贯彻中共十八届六中全会精神”集中轮训等20个专题培训班。调整充实干部网络教育学员库，组织全区677名干部开展网络教育学习，建立干部网络教育督查通报制度，定期督查各党委、党组开展干部网络教育培训情况，全区干部学习完成率100%，成绩位列全市前列。强化实践重点培养优秀干部，选派40多名优秀干部派驻到征地拆迁、信访维稳、精准扶贫、产业攻坚、招商引资等中心工作和重点工作一线，在重点工作实践中磨炼干部作风。选派7名新招录选调生在乡镇工作综合性岗位锻炼，并安排选调生到所在村(社区)兼任党支部副书记或主任助理，在为民服务实践中提升选调生综合素质。（张思伟）

【干部监督管理】2017年，天元区全面完成消化超职数配备干部任务。制定全区超职数配备干部整改消化实施方案，采取干部退出现职、岗位调整、职务任免等多种方式，加快推进“三超两乱”（超职数配备干部、超机构规格提拔干部、超审批权限设置机构，擅自提高干部职级待遇、擅自设置职务名称）专项治理工作。7月，全面消化98名超职数配备的领导干部，在全市率先完成消超任务。严肃换届风气，联合区纪委等部门，利用“12380”电话、信访、网络和短信“四位一体”综合举报受理平台，加强村(社区)两委换届督查，建立换届举报专办制度，确保全区村(社区)两委换届风清气正。组织开展全区领导干部因私出国(境)证件清理工作，完成917名科级以上干部信息备案，组织上交因私出国(境)证件805本，筛查出国(境)纪律2000余条，坚决杜绝个人违规持有证件和不经审批擅自出国(境)行为。加强干部档案系统整理，完成《决策系统》《目录系统》两套干部档案系统升级更新，整理完成干部档案947本，在全市干部人事档案工作专项督查中获得优秀等次。加强干部信息核查力度，实行“凡提必核”，对拟提拔和重用的59名干部的“三龄两历一身份”（“三龄”：年龄、工龄、党龄；“两历”：学历、工作经历；“一身份”：干部身份）等信息进行全面审查，纠正提拔任职1人，开展合规性审查11人，切实发挥干部档案信息核查在干部选拔任用过程中的作用，防止“带病提拔”“带病使用”。（张思伟）

【“两学一做”学习教育常态化制度化】2017年，在全区各级党组织和广大党员内推进“两学一做”（学党章党规、学系列讲话，做合格党员）学习教育常态化制度化。15名工委委员、区委常委践行学习讨论“十个带头”（株洲高新区工作委员会、天元区委常委会发挥好引领示范作用，带头抓好“两学一做”学习教育统筹部署；带头提高工委、区委中心组学习和个人学习质量；带头参加支部组织生活和支部主题党日活动；带头高质量地开好民主生活会；带头经常性地开展谈心谈话；带头落实领导干部讲党课制度；带头落实直接联系服务群众制度；带头严格执行中央八项规定、省委九项规定、市委若干规定和工委、区委有关规定；带头完善党委工作机制；带头践行“马上就办”）。县处级以上党员领导干部以普通党员身份带头参加所在支部“主题党日”活动，开展“干部成长感恩谁”“学习贯彻中共十九大精神”等主题讨论，全区各级党组织和广大党员掀起学习贯彻中共十九大精神的热潮。“线上”，以用好用活“红星云”为抓手，打造智慧党支部，促进全区各级党组织和党员自觉使用信息推送窗口和网上支部、云端服务等功能。“线下”，统一印制1万余本“两学一做”学习笔记本和“口袋书”，实现党员人手一本，便于党员随时随地学习。紧扣“学”的内容、“做”的标准、“改”的要求，坚持学用结合、知行合一，坚持“主题党日+”，坚持融入日常，严在经常，确保“两学一做”高效能实施，高质量推进。省委常委、统战部部长黄兰香到区专题调研指导，并给农村党员干部讲党课，对天元区“两学一做”予以充分肯定。株洲高新区党工委、天元区委领导班子召开2017年民主生活会，党工委书记、区委书记周建光代表区委常委班子作对照检查发言，并带头作个人对照检查发言，主动接受批评，其他班子成员依次开展批评与自我批评。市委书记毛腾飞对此次民主生活会点评为“开得严肃，开得成功，富有成效”。（刘爱涛）

【落实基层党建各项任务】2017年，区委组织部以“基层党建提升年”为载体，继续推行“一线支持”“一线帮扶”“一线投入”的“三个一线工作法”，把农村、街道社区建设成为宣传党的主张、贯彻党的决定、领导基层治理、团结动员群众、推动改革发展的坚强战斗堡垒。党工委、区委书记周建光主持召开11次常委会和6次专题调度会研究调度党建工作，带动县级干部、党组织书记和区级党代表等1000多人参加“领导联点部门联村”“在职党员进社区”“党代表进工作室”等工作，解决村(社区)干部待遇、离职村干部生活补助等20余个问题。推行“两提一考”工作机制，增拨700多万元提高村(社区)运转经费和干部待遇，社区、村运转经费平均提高至58.8万元/年、31.5万元/年。出台村(社区)目标管理考核办法，安排160万元对村(社区)进行全方面考核。在全市率先推进村(社区)规范化建设的基础上，再投入160万元重点对10个合并村党群活动室进行改扩建，拨付140余万元为800多名离任村干部发放生活补贴。圆满完成村(社区)换届选举工作，98个村(社区)选举产生614名新一届“两委”干部，班子年龄、学历、性别结构明显优化。开展党建领航主题培训，组织赴长沙学习村(社区)党建工作，实现党组织书记和“两委”干部培训全覆盖。建立换届选举后矛盾隐患排查“一村(社区)一策”机制，对村(社区)“两委”班子运行情况进行监测分析，全区选派21名科级党员干部担任软弱涣散基层党组织和合并村的“第一书记”。省委巡回督查第二组在开展村(社区)换届选举风气巡回督查中，对天元区给予“又好又快”的评价。开展“一支部一主题、一特色一品牌”创建活动，创新“党建+”理念，打造服务型社区，建设一批基层党建示范点和党建创新项目。大岭社区创新推出“520”服务平台，即“五个一”(一张积分卡、一支联盟队、一个义诊团、一个服务站、一个工作室)、两个阵地(党员阵地、统战阵地)以及零距离服务，帮助群众解决实际困难；家园社区创建“微剧场”，由文艺爱好志愿者为行动不便的困难人员上门表演丰富多彩的节目；响水村推进“美丽乡村”建设，以创建“五好”党总支为目标，通过“党组织+公司+农户”的发展模式，引导农户转变观念，调整农业结构，大力发展特色产业，村级集体经济从“输血式”向“造血式”迈进；白鹤社区创建“最美红袖章”义务巡逻队，劝导不文明行为，调解邻里纠纷、排查安全隐患。“一支部一品牌”的创建打造了和谐的党群关系，更好地便民利民惠民。组织17名区直属党(工)委书记按照“简要讲成绩、重点谈问题”要求进行口头述职，述职考核结果作为评价党(工)委领导班子和党(工)委书记的重要依据，并对各党(工)委党建工作存在的问题进行一对一反馈，强化履职责任，激发履职动力。天元区在2017年度县市区委书记履行基层党建工作责任述职评议考核中被评为“好”等次。（刘爱涛）

【全面推进“两新”党建工作】2017年，天元区以“星火正燎原”为主题，探索建立“12345”工作模式、“1+2+N”管理体系和“1+1”联系机制，着力提升“两新”组织党建“保障力”。开展“两新”组织“两个覆盖”“百日攻坚”行动，全区新建非公有制经济组织党组织121家、社会组织党组织40家。同时推动30名区级党员领导联系35家“两新”组织先后开展讲党课30余次，帮扶慰问困难党员54人次，帮助企业解决困难191个，实现“两新”组织与新区发展同频共振。按照“十有”(有场地、有机构、有队伍、有设备、有活动、有制度、有经费、有资料、有氛围、有成效)标准，创建12个市级、24个区级“两新”组织党组织规范化建设试点。全面启用园区“枢纽型”党群服务中心，设置党建成果展示区、党员群众活动区和公共事务服务区3个功能区、1个园区党校和7个功能室，既全方位展示全区园区党建发展情况，又为区域内党组织和党员提供活动阵地、党员教育培训等“一站式”服务，发挥培育、交流等综合服务平台功能。（刘振华）

【党员教育工作统筹推进】以落实《2014—2018年全国党员教育培训工作规划》及其实施意见为指导，以发挥拓展站点教育综合功能、创新党员教育方式为重点，统筹推进党员教育工作。围绕推进“两学一做”学习教育常态化制度化的主线，以学习宣传党章党规、中共十九大会议精神、习近平总书记系列重要讲话精神为主要内容，通过推广“红色讲堂”、推进“三微”教材和《先锋颂》学习、打造“指尖上的课堂”等举措创新党员学习教育方式，形成教育常态。全区各级党组织打造“红色讲堂”示范点6个，建立党员、党建工作微信群200余个，微信公众号80个，实现学习全覆盖。同时，投入12万元对全区的18个村(社区)站点设备进行更新换代，进一步完善终端站点学用制度，扎实抓好远程教育终端站点整改提升。搭建载体，推动党员教育创新发展。出台《用好用活红星云打造智慧党支部实施办法》，要求支部活动内容实时上传，以达到实时监控、量化评估、综合分析、改进工作的目标。紧扣“最美扶贫人”主题，以马家河街道高塘社区党委书记罗平的典型事迹为蓝本，拍摄了电教片《信仰》，获全市专题片创作竞赛二等奖；推介郭新宇和谢勤建先进事迹完成《大岭社区谢勤建：群众的需求就是我们努力的方向》《社区“领头雁”郭新宇》等《先锋颂》节目，并组织全区的党员干部收看学习，积极打造身边典型，传播党员正能量。（陈　瑶）

【人才管理改革实验区建设】2017年，区委组织部以人才工程为重点，大力创新工作举措，全力推进中国动力谷人才管理改革实验区建设。中国动力谷自主创新园获批国家海智计划工作基地、创新创业带动就业省级示范基地、省级创业孵化基地。人才引入持续发力，先后有罗安、吴澄、桂卫华3个院士在园区企业设立或筹建院士工作站，欧阳晓平、姚熹、马伟明等10位院士以及齐欢、朱强、刘正白3位国家千人计划专家分别带领的专家团队相继入驻园区企业。全年累计跟进各类创新创业项目和平台项目150余个，签约项目44个。培育新增4家规模以上企业(研发中心2家)。截至2017年，全区拥有各类人才13万余人。其中，建立合作关系的两院院士26名，国家“千人计划专家”50名，市科技领军人才29名，“双创”人才216名。 (叶军明)

【出台“中国动力谷双创”人才政策】2017年，株洲高新区、天元区制定出台《关于鼓励引进培育“中国动力谷双创人才”的实施意见(试行)》，设立人才专项资金5000万元，重点引进和培育重点产业领域创新创业人才。根据人才特点，将人才分为5个层次，分别可获得100万元、75万元、50万元、15万元、10万元创新创业资金补贴，累计最高可获得260万元奖金支持。首次将全日制硕士研究生和全日制本科学历的优秀青年人才和获得高级技师、技师资格证的高技能人才纳入支持范围，分别可获得3.6万元、2.4万元不等的生活补贴。根据层次不同，相关人才最高可获60万元、最低可获4万元购房补贴。对出版高水平学术著作或参加国内外高水平学术交流互动的提供资助。 (叶军明)

【专家公寓投入使用】株洲高新区专家公寓位于动力谷自主创新园仙月路900号，2015年5月开始建设，占地面积1.08万平方米，总投入8000万元,2017年年底投入使用。株洲高新区专家公寓为湖南省最高标准专家公寓，有38~124平方米不等的6种户型，124套房间，为到区创新创业的各类专家团队本人及家庭提供居家服务。只要符合“双创”人才政策的高层次人才均可享受6~15个月不等的免费拎包入住、酒店式管理服务。 (叶军明)

【优化人才发展环境】2017年，区委组织部成功协办“院士专家株洲行”活动，签约合作项目3个。成功举办第三届“新区大学生暑假夏令营”活动，吸引来自清华、北大等高校100余名高校学子到区实践；首开“新区青年论坛”活动，邀请机关、企业等领域4位新区青年典型代表与全区机关干部、企事业单位400余人分享读书心得、创业经验、职场感悟，点燃新区青年干事创业的新激情。 (叶军明)

【人才服务】2017年，区委组织部在株洲高新区企业发展服务中心设立人才服务窗口，实现人才申报“即时受理，限时办结”机制。组建一支专业化的人才服务专员队伍，增强新区人才服务工作力量，提升人才服务工作水平，实现人才服务网格化全覆盖。加强部门联动，协调落实领导小组成员单位职责，部门联动形成整体合力。出台人才服务的配套政策，为12位专家提供就医“绿色通道”服务，为51名人才提供健康体检服务，帮助解决高层次人才子女就学和配偶就业问题11件。5月，组织16名高层次人才赴外疗休。 (叶军明)

宣传工作

【概况】2017年，中共株洲市天元区委宣传部有干部16人。下设文联、文明办、办公室、新闻宣传组、理论教育组；领导和管理《株洲新区》报编辑部、区委网信办、区委外宣办(区政府新闻办)3个事业单位。主要负责全区意识形态工作责任制的落实，理论学习、理论宣传和理论研究工作，组织开展全区性的思想政治工作，指导、协调全区的新闻报道和对外宣传、网络宣传工作，负责突发事件的舆情应急处理工作，制定精神文明建设的规划、措施，指导、部署群众性精神文明创建活动的开展，全区的党报党刊发行工作，指导、协调开展辖区内的群众性文化活动。

2017年,区委宣传部坚持正确导向,强化政治领导,强化保障措施,将意识形态工作和宣传思想工作抓在手中、扛在肩上、落在实处。意识形态有规矩。研究制定出《落实党委(党组)意识形态工作责任制操作流程》和《株洲高新区、天元区党委(党组)意识形态工作责任制考核办法》,突出有责必履、问责必严,形成责任落实连环效应。理论教育有深度。工委、区委理论学习中心组完成规定的七大主题12天中心组学习任务。新闻宣传有影响。紧扣中共十九大宣传、"1+7"产业招商政策体系、"扶贫攻坚"等主题展开系列宣传,在中央电视台、《人民日报》、新华社、湖南卫视、湖南经视等省以上媒体刊(播)稿件200余件,极大提升了株洲高新区对外知名度。文明建设有成果。天元区连续5年获评全市文明建设先进区,中共株洲高新区工委书记、天元区委书记周建光在全市文明建设总结表彰大会上作典型发言。天元区为株洲市再次荣获全国文明城市承担了三分之二以上的复查测评项目,并圆满完成任务。舆情引导有力度。出台《网信工作考核办法》,形成以区网信办为枢纽,辐射机关各部门、镇、办事处、社区的全覆盖网军队伍。文化建设有进展。围绕"我们的节日",组织群众元宵喜乐会,开展文明祭祖、龙舟赛等民俗活动,吸引2万余名市民的参与。

【意识形态工作】2017年,区委宣传部严格落实意识形态工作责任制,逐步建立健全党委统一领导、党政齐抓共管、宣传部门组织协调、有关部门分工负责的工作格局,形成各司其职、各负其责、主动担当、忠诚履责的强大合力。一是组织领导坚强有力。工委委员、区委常委会议先后7次听取区委宣传部对意识形态及宣传思想工作的汇报,及时分析研判辖区内意识形态领域形势,安排部署工作。二是第一责任人履职到位。中共株洲高新区工委书记、天元区委书记周建光多次专题听取研究意识形态工作,在年初的区委全会上,将意识形态工作纳入全会报告进行专题部署,并在全区创文创卫迎检部署会等其他全区性大会上,多次要求全区各党委(党组)书记切实负起政治责任和领导责任,守护好意识形态这块"责任田";对一些重大敏感舆情及时作出批示,做到重要工作亲自部署、重要问题亲自过问、重大事件亲自处置。三是责任体系分工明晰。研究制定出《落实党委(党组)意识形态工作责任制操作流程》《株洲高新区、天元区党委(党组)意识形态工作责任制考核办法》,突出有责必履、问责必严,形成责任落实连环效应;明晰责任规范,根据党委主体责任、第一责任人责任、直接责任人责任、"一岗双责"4个方面的责任落实情况,将意识形态工作责任量化为20项具体考核指标,设置15条负面清单,通过逐条细化考评标准,科学安排分值比例,为贯彻落实意识形态工作责任提供了遵循。四是研判考核齐头并进。工委、区委统揽全局、协调各方,将意识形态工作要求融入全区各部门日常工作,作为扣分性指标纳入全区全员绩效考核中,压实各条战线各个部门抓意识形态工作的责任;区委宣传部认真履行责任,及时加强意识形态领域分析研判,建立意识形态领域情况分析研判小组、会商机制等,定期分析研判意识形态领域存在的情况,解决存在的问题;组织开展对各基层党委(党组)意识形态工作专题督查,排查问题,管好各类阵地;落实属地管理责任,加强对各部门、网站、微信公众号、移动客户端、论坛等管理把关。辖区意识形态领域形势平稳可控。

【理论学习教育】2017年,中共株洲高新区工委、天元区委理论学习中心组学习时间13天,平均参学率95%,先后邀请湖南省委讲师团特聘教授、株洲市委讲师团主任许志汉、浙江大学环境与资源学院院长刘维屏、江苏省政府研究室顾问卢水生等专家教授进行专题讲课，中心组成员撰写理论文章和调研报告98篇。组织全区学习贯彻中共十九大精神集中宣讲报告会。组织开展工委、区委理论学习中心组成员带头学习宣传中共十九大精神，并开展组织一次集中宣讲、举行一次面对面座谈会、撰写一篇心得体会、开展一次帮扶活动、解决一批实际问题、形成一份调研报告的“六个一”活动。组织工委、区委宣讲团，分赴17个区直属党(工)委各开展1场宣讲，在7个镇、街道各进行1场座谈交流。推进习近平总书记系列重要讲话精神的学习宣传，在社区、学校、企业等开展“好声音讲坛——讲话精神进基层”百姓微宣讲活动300余场次。

【新闻宣传】 2017年，区委宣传部紧扣中共十九大宣传、“1+7”产业招商政策体系、“扶贫攻坚”“株洲高新区25周年、天元区20周年”等主题开展系列宣传，在中央电视台、《人民日报》、新华社、湖南卫视、湖南经视等省以上媒体刊(播)稿件200余件，提升了株洲高新区对外知名度。9月25日，由中宣部和国家发改委等部门联合举办的“砥砺奋进的五年”大型成就展开展，区委宣传部组织拍摄的标有“株洲·中国动力谷”字样的中车株机公司城轨车间的大型图片，作为传统产业改造步伐加快升级的代表陈列在第二展区，并在9月26日《人民日报》巨幅刊登。《株洲新区》元旦扩至对开八版后，出版44期、352个版面、2000余篇稿件、约170万字。落实《新闻奖励制度》和《辖区单位信息报送纳入绩效考核制度》，激发各单位、各部门新闻信息报送积极性。“株洲新区发布”微信公众号元旦正式推出起，关注人数近6000人，发布212次共683条信息，阅读总数27万余人次。株洲高新网完成第五次改版，共发布信息2977条，腾讯、凤凰、新华网等国家级网络平台转发株洲新区信息530余条。

【精神文明建设】 2017年，天元区连续5年获评全市文明建设先进区。中共株洲高新区工委书记、天元区委书记周建光在全市文明建设总结表彰大会上作典型发言。天元区为株洲市再次获得全国文明城市承担三分之二以上复查测评项目，并圆满完成任务。承办湖南好人榜三季度发布仪式暨“中国好人与湖南好人”(株洲·天元区)现场交流活动，中国文明网首次对该类活动进行同步现场直播。通过开展“十大文明行动”志愿服务进社区，扎实推进“十大文明行动”落细落小，提升群众知晓率、支持率。组织开展第三届美德少年评选，建宁实验中学蒋润婕、天元中学赵锦涛、雷打石学校唐水、泰山学校肖佳为、白鹤小学贺诗琪、天台小学李若楠、栗雨小学李晨曦、天元小学李冠绮、金龙小学许罗涵亦、新马小学杨金彤10人获评美德少年，开展首届“天易杯”最美新区人评选表彰，陈爱红、张家满、林勇、刘珺、彭超、罗娟、李鹏、黄仲明、李惠庆、金卫星10人获评最美新区人；推荐无偿献血志愿者田颖获评湖南省道德模范提名奖；积极做好身边好人推荐工作，田颖、周智仁、张少辉3人获评中国好人、周智仁、彭水明、龙田义3人获评湖南好人。开展文明单位创建提升工作，株洲高科集团获评全国文明单位、三门镇响水村获评全国文明村、株洲市儒学会获评全国最佳志愿服务组织、泰山路街道家园社区获评省最佳志愿服务社区、泰山路街道文家冲社区志愿者林勇获评全省最美志愿者。积极推进“母婴室”建设，在神农城、武广西站等10余处公共场所设立“爱心母婴室”。

【舆情引导】 2017年，区委宣传部出台《网信工作考核办法》，形成以区网信办为枢纽，辐射机关各部门、镇、办事处、社区的全覆盖网军队伍。在全区企业、社区、机关单位和学校开展主题为“网络安全为人民、网络安全靠人民”的“网络安全宣传周”活动。

开展各项网上治理专项行动，处置关闭一家利用境外服务器仿冒区城管局的网站，举报网络违法和不良信息1245条。坚持24小时值班制度、网上舆情处置制度，完成上级交办的跟帖、评论、监控等任务。年内，编发网络舆情动态34条，处置率100%，上报涉市、涉区舆情4585条，成功处置突发舆情1起，确保全区舆情平稳可控。

【举行湖南好人榜发布仪式暨“中国好人与湖南好人”交流活动】 11月8日晚，湖南好人榜2017年三季度入选名单发布仪式、“天易杯”最美新区人颁奖仪式暨中国好人与湖南好人(株洲·天元区)交流活动在天元区举行。中共湖南省委宣传部副部长、省文明办刘进能，中共株洲市委副书记雷绍业，中共株洲市委常委、宣传部长聂方红，中共株洲高新区工委书记、天元区委书记周建光，株洲高新区管委会主任朱振湘等领导与全省14市州好人代表，以及天元区上百名群众共同参与现场交流活动。94名湖南好人、10名最美新区人获表彰，潘尧生、田颖、杨颖、汤子华、张少辉的事迹感动全场。中国文明网、湖南卫视、湖南经视、《湖南日报》、湖南文明网、株洲电视台新闻综合频道、《株洲日报》《株洲晚报》等多家媒体对活动进行报道。

【“株洲高新区25周年、天元区20周年”系列宣传】 株洲高新区、天元区“迈入新时代 谱写新篇章”系列活动，邀请新华社、中新社、人民网、中国网、中高新传媒、《中国高新技术产业导报》《中国高新区杂志》、腾讯网、湖南卫视、湖南经视、《湖南日报》(新湖南)、红网、华声在线、《株洲日报》《株洲晚报》、株洲电视台、株洲发布、株洲新闻网、株洲新闻广播电台、株洲交通广播电台、株洲新区等22家媒体单位通过电视、报刊、广播、网络和手机移动平台对活动进行多角度、全方位的宣传报道。截至2017年年底，共计刊播重要稿件100余篇(件)，包含国家级媒体发稿20余篇，省级媒体发稿30余篇，市级媒体发稿50余篇。

【“欢乐潇湘·幸福新区”群众文艺会演宣传】 2017年“欢乐潇湘”活动开展以来，区委宣传部督促和协调，召开工作部署和协调会，做到镇、街道、机关、学校、企业等各个层面全覆盖。7场次的“欢乐潇湘·幸福新区”群众文艺会演，吸引150支群众文艺团队和协会组织、2000余名演员参加演出，3万余名社区居民在家门口观看演出。展演活动中，注重文化活动思想性，将全过程与开展全市“创文”“创卫”复检、公共文化示范区创建和天元区廉政文化建设工作宣传结合起来，用文艺演出形式与社区群众面对面地宣传和交流。

【中国好人与湖南好人】 张少辉，2017年10月孝老爱亲类中国好人。1951年出生，株洲市天元区人，普通农民。1976年嫁入夫家便开始照顾“爬行”叔叔，40余年，不离不弃，用勤劳和善良温暖着整个家庭。

田颖，2017年3月助人为乐类中国好人。1960年10月生，株洲市天元区人，中盐湖南株洲化工集团有限公司退休职工，12年献血99次，累计献血5.8万毫升，志愿服务时长3044.5小时，是全市女子献血冠军。

周智仁，2017年5月助人为乐类中国好人。1958年1月生，株洲市天元区人，株化集团退休职工的他，12年义务献血61次，7年坚持志愿服务时长1368小时，是社区里的“株洲好邻居”。

彭水明，2017年6月助人为乐类湖南好人。1957年11月生，株洲市天元区人，自2004年开始，他带领着“湖湘文化志愿者协会”成员挖掘并保护株洲的历史文化，十余年的坚持与守护，让彭水明被称为“城市文化的守望者”。

11月8日，湖南好人榜发布最美新区人颁奖现场

龙田义，2017年11月见义勇为类湖南好人。1991年1月生，株洲市天元区人。2017年8月6日，见陌生男子摔倒，头上鲜血直流，他立刻冲到伤者身前，做胸外心脏按压和人工呼吸，为随后的抢救争取宝贵时间，路人纷纷为他点赞。（涂 丹 钟睿怡）

统战工作

【概况】 中共天元区委统战部有在职干部8名。内设机构有综合办(加挂归侨侨眷联合会办公室牌子)、党外知识分子联络办。

2017年，区委统战部以中共十八届六中全会和中共十九大精神为指引，认真贯彻落实中央、省委、市委统战工作及相关会议精神，以率先实现基本现代化为目标，以打造中国动力谷为中心，围绕全面实施创新驱动、四化同步、绿色发展、共建共享“四大发展战略”，全力团结广大统一战线力量建设“幸福天元”。《凝心聚力“十三五”——打造新的社会阶层人士统战工作示范基地》获株洲市统战工作实践创新成果奖，《网络宗教的发展态势及加强引导管控问题的研究》获得株洲市优秀统战调研成果奖。组织开展的两个“四同创建”工程分获市级授牌的“同心园区”和“同心项目”。

【凝心聚力“十三五”行动】 2017年，区委统战部根据《天元区2016—2020年凝心聚力“十三五”行动实施方案》，一步一个脚印，继续推进行动实施。强化园区统战基础工作。3月，开展园区统战对象摸底、建档工作，重点调研中国动力谷、留学生创业园、中小企业创业园内重点企业、重点对象。6月21日，就园区统战工作情况向省委统战部调研组领导汇报，得到与会领导的高度肯定。年内，协助动力谷成长学院开展企业发展论坛活动5次，为中小企业发展积聚力量。加强宣传报道。围绕凝心聚力“十三五”行动为主题上报新闻稿件、信息宣传、建言献策40余条，采纳30余条。其中，《天元区多措并举帮扶非公企业降低运营成本》全文刊载在“三湘统战网”上，《天元“四完善四提高”帮扶企业发展》全文刊载在“湖南统战”并同步发布在“三湘统战”公众微信群，得到省、市领导高度肯定。

【民主党派参政议政】 2017年，天元区范围有民建、民革、致公党、九三学社、民盟、农工党、民进7个民主党派组。其中，设立天元区工委的5个。有51个民主党派支部(含工业大学、中心医院、株洲二中等单位)，合计700余人。天元区统战系统注重在为各民主党派和各界人士搭建交流平台、强化课题调研、参政议政等方面下功夫，充分发挥统战工作作用，着力服务新区发展大局。抓培训学习凝聚广泛共识。先后送培归国留学生代表陆京等到省社科院、市委党校学习6人次，开展以会代训及利用参观交流等形式组织学习30余人次。聘请董古等5人分别担任法检两院、政府机关行风评议员。抓课题调研凝聚统战智慧。4月20日，组织全区民主党派支部主委、基层分管领导召开课题调研协商会议，拟定“统一战线服务创新引领开放崛起战略研究”等6个重点课题、35个参考课题调研计划书。收到调研课题申报45个，做到辖区内民主党派基层组织全覆盖。年内，收到

调研论文37篇，评选出一等奖5篇，二等奖8篇、三等奖7篇，发放调研奖励资金2万余元。年内，启动开展“贯彻发展新理念转型升级补短板”讨论调研活动，促进各民主党派调研献计献策、参政议政。

【党外干部及党外代表人士工作】2017年，区委统战部认真做好统一战线工作对象的关心培养、安排使用、评价推荐等工作。高度重视和关心党外干部，在年内多次干部人事任用提拔交流中，涉及党外干部10余人次。全区党外干部48人。其中，副处级7人，占处级总数10%；科级41人，占科级总数8%。其中，担任区直部门正职4人（区卫计局、区农村工作局、区“两型”办、区档案区志局）。工商联换届中，统战部组织召开专题会议研究解决非公经济代表人士安排使用问题，制定措施，坚持“一个入口，一套标准、凡进必评”原则，做好秦光月等8名新进委员综合评价工作。配合或主导做好罗平、盛颖、戴永红等10余名省、市、区三级代表、委员资源人选综合评价工作。经考察评价，推荐天元区在深圳的2名优秀企业家为深圳株洲商会会员。

【深入推进“同心工程”】2017年，区委统战部认真贯彻落实中共中央统战部及各民主党派共同发起，以“同心同德、同心同向、同心同行”为宗旨，以关注和服务经济社会发展及民族民生问题为重点的“同心工程”。区委、区政府将“四同创建”（同心项目、同心园区、同心社区、同心乡村）纳入年度中心工作，安排创建专项经费20万元，进一步完善《天元区“四同创建”工作考核评比办法》和考核指标体系。年内，成功创建市级同心工程2个，民建天元总支创建“同心爱心购”项目获评市级同心项目；中国动力谷自主创新园获评市级“同心园区”。同时，培育区级同心项目2个，向省、市申报同心创建创新项目1个。11月2日，山东省淄博市博山区统战系统一行10余人到区就“同心工程”开展学习交流。协助民建天元总支开展“中国动力谷杯同心书画展”；邀请各民主党派专职副主委赴中国动力谷自主创新园，协商共建天元区“同心工程”实践基地；引导民盟、农工党支部参与“同心社区”创建，开展点对点关爱孤寡老人活动。继续引导泰山路街道大岭“同心社区”完善“520(我爱你)”微信服务平台，畅通社情民意收集渠道。

【非公经济助力脱贫攻坚】2017年，区委统战部着力抓好非公经济统战工作，积极发挥引领服务、桥梁纽带作用。全区非公经济实现增加值160亿元，占全区比重48.2%，相比2016年增长17亿元。全区非公经济完成固定资产投资213亿元，占全区全社会固定资产投资比重45%，全区非公经济实现规模工业总产值220亿元，占全区的49.5%。非公经济实现规模工业增加值70.3亿元，占全区的50.2%。年底，天元区工商联连续第4年被评为全国“五好”县级工商联。通过区工商联牵头，组织40余家企业和非公经济人士深入天元区对口联系的炎陵县、茶陵县8个脱贫帮扶点，开展发展产业、助学、就业、购买农产品等多种形式的扶贫帮困行动，有关非公经济企业和非公经济人士累计投入资金、物资、捐款等30余万元。协调服务民建天元支部与茶陵县思聪乡清水村结对开展“同心公益购”，通过帮助该村组织销售富硒大米，推进产业扶贫和贫困乡村的自身“造血脱贫”能力，得到市委统战部肯定。

【知联工作】2017年，天元区调整充实区党外知识分子联谊会组织。5月19日，天元区党外知识分子联谊会一届三次理事会议在高新大厦会议中心多媒体厅召开。工委委员、区委常委、区委统战部长周玉智应邀出席会议并讲话，区委统战部常务副部长贺文华应邀参加会议，并作届中人事调整说明。区知联会副会长、常务理事、理事、特邀嘉宾等50人参加会议。会议选举大汉·惠普信息产业园总经理刘娟为区知联会会长，增补株洲市儒学会会长童心为区知联会副会长。吸收2名政治素质好、社会责任感强、符合条件的知识分子为该会理事。9月，区委统战部原副部长袁艳芳不再担任常务副会长，由区委统战部副部长曾小平任常务副会长。11月15日，区知联会组织20余名理事前往醴陵渌江书院等地开展学习贯彻中共十九大精神“文化自信本地行”活动。

【民族宗教工作】 2017年，区委统战部坚持加强为辖区民族宗教事业管理服务，为维护新区民族团结、宗教和睦、促进新区经济发展、社会稳定发挥积极作用。制定“天元区宗教领域反恐维稳工作预案”“重大宗教活动应急方案”。5月、7月、9月，先后结合防汛抗洪、迎接中共十九大召开等重点工作，多次单独或协同消防、安监、水利、镇(街道)等单位对辖区少数民族门店、宗教活动场所安全隐患进行排查、检查并督促整改。向市委统战部、民族宗教事务局上报《自查报告》《需要党委、政府重视和解决的困难和问题》等材料；完成辖区内28名享受民族优惠政策考生资格认定初审工作；与相关职能部门协调解决辖区内涉及民族宗教方面的困难和问题2起。11月20日，区编办发文规范天元区民族宗教机构设置。区委统战部不再保留区民族宗教事务局牌子，将区民族宗教事务相关行政职能划入区人民政府办公室，在区人民政府办公室加挂区民族宗教事务局牌子，核定专职副局长1名(副科级)。

【台侨相关工作】 2017年，区委统战部积极推动港澳台侨海外统战工作，对辖区内港澳台侨海外统战资源进行摸底、梳理，落实有关政策和工作举措。利用春节、中秋节走访慰问少数民族、宗教界、台侨领域困难对象和归国留学生代表40余人次。贯彻上级台办各项工作部署，服务台胞台属、招商引资、基础调研等工作。开展侨联基础工作、机构建设调研，对辖区侨情侨力，尤其是归国留学生群体进行摸查，对区侨联副主席兼秘书长进行调整，推动区侨联机构单列改革工作。推荐以刘钊为代表的6名归国创业留学生作为“市侨商会”代表，其中2人当选常务副会长。

【举行“我新故我行——新的社会阶层人士助力中国动力谷”活动】 7月19日，“我新故我行——新的社会阶层人士助力中国动力谷”活动在天元区举行，100多名来自市、区的私营企业、外资企业的管理人员和技术人员、中介组织和社会组织从业人员、自由职业人员、新闻媒体从业人员参加活动。市委统战部长羊贵平主持活动并讲话。活动当天，全市首家“新的社会阶层人士统战工作示范基地”在园区新动力众创空间揭牌成立。省委统战部副部长胡东风，中共株洲高新区工委书记、天元区委书记周建光出席活动，并为基地揭牌。（易治国）

省委统战部副部长胡东风在市委常委、统战部部羊贵平，中共株洲高新区工委书记、天元区委书记周建光，区委常委、统战部部长周玉智陪同下参观众创空间

机关党建

【概况】 中共株洲市天元区直属机关工作委员会(简称“区直机关工委”),是中共天元区委的派出机构,下设机关党建宣教中心。负责区直机关党的建设,区直机关工会联合会、区直机关团工委工作。2017年,机关工委有在编人员5人。管辖区直机关党组织62个,党员734名。

2017年,区直机关党建按照“党建领航、机关先行”的要求,围绕“服务中心,建设队伍”两大任务,以迎接和贯彻落实中共十九大精神为主线,紧扣工委、区委工作大局,认真贯彻落实区第五次党代会精神,旗帜鲜明讲政治,理直气壮抓党建,机关呈现新气象。在2017年度株洲县市区党建工作述职考核中排名第一,在天元区履行基层党建责任考核中等次为“好”。获评2017年度天元区文明建设先进单位、2017年度天元区征拆征收工作先进协作单位。

【组织建设】 2017年,区直机关工委结合区绩效考核和“两学一做”常态化制度化要求,将区直机关各支部进行分类设置,组织开展“迎接十九大,创‘五好’支部”活动,制定《区直机关“五好支部”考评标准》34条,推进机关支部标准化建设。经过综合评定,区纪委监察委党支部、区委组织部·编办联合党支部、区委宣传部党支部、区委政法委党支部、区政府办党支部、区产业发展局党支部、区财政局机关党支部、区人大机关党支部、区人民法院第一党支部、区人民检察院第一党支部、区直机关工委党支部、区老干局机关党支部、区残疾人联合会党支部、区发展和改革局党支部、区民政局党支部、区审计局党支部、区机关事务服务中心党支部、区档案区志局党支部、区城市建设和管理委员会办公室党支部等19个党支部被评为“五好支部”。

自主编制《区直机关党建工作业务指导手册》,开展组织委员培训6次,支部书记培训4次,培训500余人次;分别在3月、9月、11月对区直机关所有支部开展全覆盖式集中调阅核实3轮次。党员信息管理实现全国联网,机关红星云登录使用率92.5%。严格审查支委班子人选,指导和督促42家支部及时开展改选补选工作。逐月发布党建工作要点提示,区直机关党建责任空前压实。各党支部自觉落实“三会一课”、主题党日活动等基本制度,结合主题党日活动,机关党员志愿服务近3000人次。按月交纳党费,年收取并上缴党费38.9万余元。

【承办全市机关党建工作述职交流会】 12月12日,株洲市县市区机关党建工作述职交流会在高科·总部壹号三楼会议中心3号会议室召开。此次会议由天元区直机关工委承办,并作经验发言。会上,天元区直机关的“互联网+党建”新模式经验介绍,获市直机关工委充分肯定。中共株洲高新区工委副书记、管委会主任朱振湘参加会议。

【党员发展】 2017年6月、11月,区直机关工委分别联合栗雨街道办事处、城管局党委举办入党积极分子、党员发展对象培训班。培训采取理论学习与实践锻炼相结合的方式进行,有效提升培养对象的理论素养和党性修养,鼓励从思想上和行动上不断向党组织靠拢。年内,储备培养向飞等7名入党积极分子,发展刘家豪、柳刘花、罗尚3名预备党员,龙静等7名预备党员按期转正。

【区直机关宣传教育】 2017年,区直机关工委敏锐捕捉大事要事、热点焦点,以机关工委微信公众号为主阵地,通过“元元课堂”“元元动态”推送习近平总书记重要讲话等系列微课和支部主题党日活动专题56篇。7月4日,以美篇形式宣传机关干部防汛救灾工作，引发广大党员共鸣，获得点击6000余次。9月2日，独家全程微信直播新区廉政知识竞赛，吸引点击5000余次。9月29日—10月12日，组织“祝福十九大，我们一起接力”微寄语征集活动，区直机关超过65%的党员干部踊跃参与，形成“线上线下”互相呼应的党建工作局面。10月24日，《株洲日报》C2版整版、11月27日《中国高新技术产业导报》A6版专版分别报道天元区“互联网+”机关党建新模式。

【理论中心组集中学习】 5月19日，区直机关理论中心组在株洲高科·总部壹号三楼二会议室组织开展推进“两学一做”学习教育常态化制度化工作、“基层党建提升年”活动、“党建领航”主题培训班暨理论中心组集中学习会议。中共株洲高新区工委委员、天元区委常委、工委办(区委办)主任杨宇作《大力推进‘党建+’，实现机关党建和业务工作双促进》主题讲话。市委党校老师吴南海作《在“两学一做”中激活信仰》专题讲座，有效推进区直机关党的建设和全面从严治党工作。8月25日，在高新大厦会议中心多媒体厅组织开展区直机关理论学习中心组的集中学习。中共株洲高新区工委委员、天元区委常委、区纪工委书记许剑鸣作《深刻认识准确把握率先垂范推进全面从严治党向纵深发展》主题讲课。

区直机关理论中心组集中学习

10月12日，在高新大厦会议中心多媒体厅组织集中学习。会议特邀市委讲师团副主任教授丁建平作《书写中国特色社会主义新篇章——学习习近平总书记“7·26”讲话精神》为主题的专题讲座，从党代会前总书记重要讲话的启示中认识“7·26”重要讲话的重大意义和准确把握习近平总书记“7·26”重要讲话精神实质两个方面对当前的世情、国情、党情进行阐述，为党员干部上了一堂深入、系统、精彩的党课。11月24日，在高新大厦会议中心会议厅集中学习，省委讲师团特聘教授、株洲市委宣讲团成员、市委讲师团主任许志汉作《坚持和发展新时代中国特色社会主义的政治宣言和行动纲领——学习领会中共十九大精神》专题讲座。中共株洲高新区工委书记、天元区委书记周建光作《中共十九大精神》专题辅导，鼓励全区党员干部不忘国家级高新区成立的初心、牢记使命，锐意进取、务实重干，把新区真正建成创新的引领区、产业转型的示范区、深化改革的先行区，推动全区各项工作再上新台阶。(龚湘华)

机构编制

【概况】 株洲市天元区机构编制委员会办公室(简称“区编办”)为区机构编制委员会的常设办事机构，负责全区行政体制和机构改革、行政审批制度改革、事业单位分类改革、机构编制的日常管理和事业单位登记管理工作，既是区委工作机构，又是政府工作部门，列入党委机构序列。2017年，区编办内设综合办公室，核定行政编制为4名。归口管理区事业单位登记管理局和区机构编制信息中心。区事业单位登记管理局为正科级全额拨款事业单位，核定编制1名。区机构编制信息中心为副科级全额拨款事业单位，核定编制3名。

2017年年末，株洲高新区管委会设“五局一室一中心”。即办公室、产业发展局、财政局、劳动人事局、开发建设局、招商合作局、创业服务中心（株洲留学人员创业园）。

天元区委工作部门11个。即区纪委、区委办、区委组织部、区委宣传部、区委政法委、区委统战部、区委巡察办（含巡察组）、区委（区政府）防邪办、区直属机关工委、区编办、区信访局。区老干部局作为党委管理的直属事业单位。

天元区人民政府工作部门18个。即株洲高新区管委办（区政府办）、株洲高新区产业发展局（天元区经科信局）、株洲高新区（天元区）财政局、株洲高新区劳动人事局（天元区人社局）、株洲高新区开发建设局（天元区城乡建设局）、区发改局、区教育局、区民政局、区司法局、区城管局、区农村工作局、区文体旅局、区卫计局、区审计局、区商务和粮食局、区安监局、区统计局、区水利局。此外，区人民防空办公室，既是区国防动员委员会常设办事机构，也是区政府人民防空工作主管部门，列入区政府工作部门序列，不计入政府工作部门个数。

【机构编制管理】 2017年，区委出台《关于进一步规范全区机关事业单位职数设置和管理的意见》，规范全区机构职数管理。将机构编制实名制新数据库作为编制管理的重要抓手，联合各部门进行全面核准，切实加强编制和人员管理，有效控制机关、事业单位超编进人。通过联合审计部门对全区行政事业单位的机构编制督查，增强各单位负责人机构编制法制化意识。通过完善制度建设、加强编制控制、开展督查调研等手段，实现株洲新区机构编制完善和规范。2017年，新设机构6个，撤销机构3个，升格机构1个。成立株洲高新区企业发展服务中心、区委巡察办、区委（区政府）防范和处理邪教问题办公室、株洲高新区天元区预防腐败教育警示中心、区调研督办中心、区机构编制信息中心；撤销区行政审批代理服务中心、区蔬菜技术推广站、区教育局教育后勤服务中心；升格区教育科学研究室。截至2017年末，株洲高新区、天元区有区直党政群机关43个，区属事业单位79个，基层镇（街道）7个，基层事业单位51个，总计行政编制（含政法专项）570名，事业编制2953名。

【行政管理体制改革】 2017年，区编办全力推进行政管理体制改革工作。一是纪检派驻体制改革。撤销派驻党政群机关纪检组3个，设置纪检派驻组4个，设置巡察组2个。二是城管综合执法体制改革。8月，启动区城市管理综合执法体制改革，组织对区工商、公安、建设、城管、民政、镇街等单位调研，确立天元区城管综合执法体制改革思路。出台《天元区城市管理综合执法体制改革实施方案》。三是城区街道管理体制改革。组织各街道开展街道、社区职能划分情况调研，撰写调研报告上报市编办。就深化城区街道管理体制改革的实施意见征求各街道意见和建议，并组织街道主任到市编办进行座谈，为改革的顺利推进奠定良好的基础。四是监察委体制改革。11月，天元区推广监察委改革试点工作，由区编办统筹做好相关编制人员转隶、职数核定和职能划转工作，转隶区人民检察院13名政法干部和编制到区监察委。

【“放管服”改革】 2017年，全区深入推进“简政放权、放管结合、优化服务”改革。一是推动株洲高新区企业发展服务中心成立，设置为株洲高新区直属事业单位，搭建服务园区企业、优化审批机制的企业服务平台，更好提升服务园区企业的办事效率，高效释放新区体制机制活力，改善新区营商环境。二是开展行政许可标准化建设。联合区政府办、企业发展服务中心、政务服务中心等单位对全区相关单位283项政务事项进行梳理，按照标准化要求编制193项政务服务事项的办事指南。三是开展“减证便民”工作。在全区摸底村(社区)级开具证明事项，并在全区98个村(社区)公示取消175项不必须的证明事项及19项保留证明事项，明确村(社区)应开具证明的范围。2017年，天元区被湖南省人民政府评为深入“放管服”改革真抓实干成效明显的县市区，在全省通报表扬。

市机构编制办调研高新区园区“放管服”改革情况

【“云上编办”试点】 2017年，区编办开展“云上编办”试点工作。一是完成全区机关事业单位“云上编办”系统配置，将全区203个机关事业单位纳入“云上编办”系统。二是录入机关事业单位的“三定”规定，按照此前由区委、区政府印发的“三定”文件，将203个单位的“三定”规定录入系统。三是完成全区权力清单和责任清单的录入。组织全区有关单位录入“云上编办”系统“权力清单”378条，“责任清单”273条。

【事业单位登记管理】 2017年，区事业单位登记管理局认真做好网上名称管理，严格依法规范登记。全区120个事业单位参加年检，年检率100%，变更手续56个单位，年限到期更换法人证书2个。认真做好统一社会信用代码赋码工作。重点推进事业单位法人登记信息核查工作，按照区直系统、教育系统、卫计系统顺序，安排各类各单位办理时间，完成43家单位信息纠错更新。

【网上域名管理】 2017年，为保护群众合法利益，维护机关事业单位网络形象，集中开展网上域名更新验证、缴费和网站挂标工作。全区机关事业单位均有自己网上域名，全区机关事业单位网站均进行挂标工作，挂标率100%。（刘昌坤）

老干部工作

【概况】 2017年，天元区老干部工作紧扣“凝聚中国动力，建设幸福天元”主题，准确把握全面从严治党要求，以党建工作为龙头，切实加强离退休干部经常性学习教育，积极引导离退休干部为党和人民事业增添正能量，坚持“以人为本、服务优先，落实待遇、管理到位”的理念，用心用情为老干部办实事、解难事，实现“让区委区政府放心，让老干部开心”的工作目标。获得株洲市县市区老干部工作年度绩效考核第一名、天元区年度绩效考核一等单位。

2017年，天元区老干局内设办公室、财务室、活动中心管理办公室，工作人员10人，管理离退休干部81人(区本级76人，企业代管1人，教育系统4人)，其中离休干部10人，退休干部71人，平均年龄69岁。

【落实老干部政治待遇】 2017年，天元区在全市率先落实湘办发〔2017〕32号、湘老干〔2017〕33号文件精神，加强离退休干部党组织建设。株高天工纪〔2017〕10号明确区关工委、区老年大学、区老年体协、区老年保健协会和区老年科协5个老字号机构负责人全部由退休老领导担任，区“四大家”负责人分别联系5个老字号工作。定期组织老干部理论学习。组织集中学习中共十九大精神、全国省市老干部工作会议精神、区五届五次全会暨经济工作会议精神等，专题讲座8次。利用老干部活动中心电教室，运用信息化手段为离退休干部网上学习提供导学服务、个性化学习推荐，集中培训3次。组织老干部参加春节团拜会、区庆等市区重要活动6次。组织“走红色里程，受党性教育”系列活动——湖南党史陈列馆、长沙雷锋纪念馆和岳阳平江起义纪念馆、长沙杨开慧故居等参观活动。开展“点赞新区新变化、喜迎中共十九大”系列活动——走进幸福新农村·三门镇响水村、园区党群服务中心、天易科技示范城、新马学校等园区项目考察活动等。

【保障老干部生活待遇】2017年，天元区落实离休干部津补贴、护理费提标、遗孀生活补贴等经费。提高老干部体检费用标准，并将“体检套餐”调整为老干部自由选择个人体检项目。为老干部祝寿78人次，慰问住院老干部36人次，元旦、春节、“七一”“八一”、重阳节等节日上门走访慰问老干部297人次。接待老干部来电来信来访152人次，协助4位老干部家庭处理后事，发放一次性抚恤金72.19万元。加大对高龄、体弱、患病和困难老干部家庭的关爱帮扶力度。对因病住院的老干部，按照常规住院、手术探视、绝症探视等不同标准进行慰问。对因重大疾病导致自负医疗费高的老干部给予特殊慰问帮扶。

【离退休干部党组织建设】2017年，天元区老干局认真抓好党组织阵地建设。设置党员会议室、学习室、活动室、支部办公室等，支部各项制度上墙，建立党务公开栏，开辟老干部“喜迎中共十九大微寄语”“学习中共十九大报告心得体会”专栏。严格执行“三会一课”制度。落实离退休干部党支部“三会一课”纪实管理办法，全年召开12次离退休干部党支部支委会议，召开9次党员大会，组织讲党课6次，开展交心谈心、民主评议党员活动1次。根据老干部特点和兴趣爱好采取学习、讨论、参观、调研等形式开展主题党日活动7次。组织老干部党员慰问区敬老院61名高龄老人，走访三门镇湖田村、雷打石镇先锋村(党代表联络村)、嵩山路街道香山社(党代表联络社区)30名困难老党员，送去近万元慰问物资和1.5万元慰问金。利用“红星云”、三湘老干部微信公众号等信息平台引导老干部唱响主旋律，传播好声音。

【党风廉政建设】2017年，天元区老干局严格落实“马上就办、真抓实干”，推行“五问工作法”，机关干部人人认领局共性考核任务，结合岗位职责明确个性考核内容，做到工作任务落实到人，圆满完成全年工作目标。全面落实党风廉政建设责任制，强化“党政同责”“一岗双责”，落实“三重一大决策”制度，对活动中心专项经费、老年人活动专项经费、单位大额度资金使用，都由班子成员集体研究决策。区纪委派驻纪检组成立后，专门邀请纪检组成员参加班子会议，报告专项经费使用情况。开展“纠四风”“违规消费高档白酒”“违规参与涉矿等经营性活动”等清查和整治活动。组织学习《关于新形势下党内政治生活的若干准则》《中国共产党党内监督条例》等相关规定。全年召开专题研究部署会议15次，组织案例剖析、党纪条规学习10次，开展廉政谈话5次。认真执行中央八项规定、省委“九条规定”和市委、区委若干规定，严控“三公”经费支出，领导班子成员以身作则，做到遵纪守法、廉洁自律、务实踏实，全年实现服务对象“零投诉”、干部队伍“零违纪”目标。

【关工委工作】2017年，天元区关心下一代工作委员会与区文明办等成员单位联合在全区青少年中开展“我的中国梦”主题教育活动。开展关心下一代示范点创建。全区7个村(社区)参与示范点创建活动，三门镇月福村和泰山路街道大岭社区两个市级示范点创建工作全面达标。完善关爱帮扶机制。为区内23名青少年争取4.6万元爱心帮扶款，组织部分区政协委员赴市儿童福利院开展慰问活动。

【全省第十七次市州关工委主任会议在株洲召开】11月23日，全省第十七次市州关工委主任会议在株洲召开。中国关工委主任顾秀莲、省关工委主任杨泰波、市委书记毛腾飞、市长阳卫国等国家、省、市领导出席会议。区关工委主任粟建华、区老干部局局长韩非、区老干部局副局长、区关工委秘书长贺振宁参加此次会议。嵩山路街道小湖塘社区四点半课堂和检察院未检中心关心下一代工作，获得顾秀莲及省市与会领导高度肯定。下午，189名与会人员参观天元区嵩山路街道小湖塘社区关工委、区检察院未检中心。

全省第十七次关工委主任会议在株洲召开

【老年大学工作】2017年，天元区退管办老干部活动中心纳入区老年大学分校，对退管办老年人开放颐乐园老干部活动中心电教室、每周三课堂、门球场等，促进优势互补和资源共享。全年完成书法绘画、时事政治、国学知识、法律知识、健康保健、手工剪纸、电脑知识等32次，800人次参加学习。组织老干部学员参与“点赞新变化·喜迎十九大”“新区清风·翰墨书香润天元”“新区记忆·老旧照片征集”“廉政知识竞赛”“微寄语”“贯彻发展新理念转型升级补短板”等主题活动，创作书画作品40幅，提交“金点子”14条，撰写理论文章5篇，主题征文6篇，寄语献言76条。

【老年体协工作】2017年，天元区老年体协组队参加市直机关门球联赛、市妇女门球赛分获第二名，市健身气功精英赛获团体第二名、市广场舞展示交流赛获优胜奖、市城区中老年垂钓竞技交流赛分获个人总重第一和个人单尾重量第二。全年承办全市老年人象棋、围棋、桥牌比赛。举办天元区“月月乐”门球赛8次，共15个代表队参加。

【老年体协工作经验推向全国】8月，天元区老年体协在全国2017年友好城市老年人体育协会协作会议上作典型发言(天元区是唯一的县区级老年体协发言代表)。近年来，天元区委、区人民政府高度重视老年人体育工作，安排专门工作人员，为老体协工作正常运转提供组织保证。社区普遍建立老年人工作机构，做到有组织、有队伍、有经费、有场地、有活动。全区初步建立起以区老年体协为主体，镇、街道为枝干，村、社区为脉络的3级联动的老年体育活动网络。区财政投入2000余万元建成设施齐全、功能多样的区老年活动中心。内设教室、会议室、茶吧、健身房、乒乓球室、棋牌室、练歌房、图书阅览室等多功能活动室，外设2块标准草地门球场、羽毛球场等场地。区老干局组织指导先后成立老年健身辅导站、门球协会、钓鱼协会、书画协会、腰鼓队、秧歌队、太极拳协会、老年广场舞队、健身球队、柔力球队等多个老年群体组织。百人“打腰鼓、扭秧歌、打太极、齐健身”的场面成为天元区一道亮丽的风景线。

(粟　叶)

信访工作

【概况】天元区信访局为中共天元区委办公室、天元区人民政府办公室共同管理的正科级行政机关，属区委工作机构序列，主要职责为接待和处理群众来信来访，承办上级机关和区委、区政府领导交办、拟办的信访事项，检查、督促、参与协调处理信访突出问题。2017年，区信访局内设办公室、督查办公室。下辖全额拨款事业单位——天元区人民来访接待中心(信访大厅)。区信访局机关行政编制3名，区人民来访接待中心事业编制4名。

2017年，区信访工作以深入推进信访工作制度改革为主线，紧紧围绕落实信访工作责任制，畅通信访渠道，完善信访工作机制，推动群众合理诉求及时就地解决，为促进新区社会和谐稳定发挥重要作用。年内，接待群众来信来访1178批3231人次。完成中共十九大、全国“两会”“一带一路”高峰论坛等多个特护期间的接访劝返工作。其间，天元区信访工作经验由市联席办向全市推介。天元区先后获得株洲市中共十九大信访维稳安保工作先进单位、株洲市全国“两会”特护期驻京信访维稳劝返工作先进单位、株洲市信访维稳“百日攻坚”活动第一名。

【领导接访】2017年，天元区出台《关于继续开展领导干部接访工作的通知》。每周星期一轮流安排一名副区长到区信访大厅值班接访，安排一区直部门陪同领导接访。每周星期三实行约访制度，当周值班副区长对曾经接访的重点人员、重点信访事项及包案对象认为有必要的进行重点约访、回访。中共株洲高新区工委书记、天元区委书记周建光，天元区人民政府区长董巍分别带头在人民来访接待中心接待来访群众。坚持采取重点约访、专题接访、带案下访等多种方式接待来访群众，积极引导信访群众依法逐级走访。年内，区领导接待来访群众142批556人次。

【积案化解】2017年，天元区制定《关于重新明确易某其、匡某某等47件信访积案包案领导的通知》。按照一个案子、一名领导、一个班子、一套办法、一包到底“五个一”的要求，先后将筛选出的信访积案，实行区领导包案。年内，对6大类12个突出问题重新明确责任，对47件信访积案重新进行交办。区人民政府区长董巍、区委副书记张见平带头包案，21名区委、区政府领导主动认领，6个镇(街道)和17个区直部门共同负责，形成一级抓一级，层层抓落实的工作格局。先后妥善化解包括中央四部委交办的龙某在内的13件全区影响较大的信访积案。

【信访联席会议】2017年，进一步完善联席会议议事规则、程序，坚持每月定期研究部署信访工作、解决信访突出问题，不定时进行专项督导检查，推动各单位协作配合。区委常委会议、区政府常务会议和区党政联席扩大会议先后专题研究信访问题。全年区信访联席会议专题研究信访突出问题23次。区委书记周建光、区长董巍多次参会并对全区信访维稳百日攻坚、领导干部值班接访、信访积案领导包案和特护期的接访劝返等工作都作出指示。

【网上信访】2017年，区信访局全力推进网上信访综合平台建设，把来访、来信、网上投诉等不同形式反映的信访事项，在网上统一流转，真正让“数据多跑腿，群众少跑路”。年内，区信访信息系统办理中央、省、市、区群众来信、来访、网上投诉584件次，信访总量同比下降6%。其中，来访153批次、来信77件次、网上投诉273件次、网上建议66件次，领导信箱15件次，及时受理率97.1%、按期办结率95.9%、群众满意率99.0%、参评率69.9%。网信占比61.1%。

【逐级走访】2017年，区信访局规范信访事项受理办理程序，积极引导群众依法逐级走访，全面推行群众上访“一册通”做法，压实信访工作责任。先后印发群众上访“一册通”2万份，制作逐级走访指南、逐级走访知识解读等2000份。强化国家、湖南省《信访条例》宣传，积极营造依法办信访氛围。

(张绍治　罗　丰)

天元区人大常委会

【概述】2017年，天元区人民代表大会常务委员会内设正科级办事机构1个：办公室；区人民代表大会专门委员会(正科级)3个：法制委员会(加挂内务司法工作委员会牌子)、财政经济委员会(加挂财政预算工作委员会牌子)、城乡建设环境资源保护委员会；区人大常委会工作委员会3个：选举任免联络工作委员会、教育科学文化卫生体育工作委员会、农业工作委员会。区人大机关定行政编制22名，机关后勤服务人员事业编制4名。

2017年，区人大常委会以中共十八大、十九大精神和习近平新时代中国特色社会主义思想为指引，深入贯彻落实区委第五次党代会、区委五届三次、四次全会等会议精神，始终坚持党的领导、人民当家作主、依法治国有机统一，依法履行宪法和法律赋予的各项职权，人大工作呈现出勃勃生机和活力。全年召开常委会会议7次、主任会议16次，听取和审查专项工作报告24项，作出决议决定7项；提出审议意见8项，圆满完成区五届人大二次会议确定的各项目标任务。

【第五届第二次会议】2月14—16日，天元区第五届人民代表大会第二次会议在高新大厦会议中心举行，会议审查和批准区长董巍代表区政府作的《政府工作报告》；审查和批准区发展和改革局局长徐清林受区政府委托书面提交的《株洲市天元区2016年国民经济和社会发展计划执行情况的报告与2017年国民经济和社会发展计划草案的报告》；批准区政府提出的2017年国民经济和社会发展计划；审查和批准区财政局局长陈文君受区政府委托书面提交的《株洲市天元区2016年区级财政预算执行情况的报告和2017年区级财政预算草案》；批准区人民政府提出的2017年区级财政预算；审查和批准区人大常委会主任程燕受区人大常委会委托所作的《株洲市天元区人民代表大会常务委员会工作报告》；审查和批准区人民法院院长杨瑞斌所作的《株洲市天元区人民法院工作报告》；审查和批准区人民检察院检察长刘仕明所作的《株洲市天元区人民检察院工作报告》。审议通过有关决议。闭幕式上，中共株洲高新区工委副书记、天元区区委书记周建光发表讲话。

【决定重大事项】2017年，区人大常委会不断增强谋大事、议大事的能力，修改完善《区人大常委会议事规则》《区级政府预算审查监督办法》等，推进重大事项决定的规范化、制度化、常态化。深入开展调查研究，就城中村2017年棚户区改造拆除新建项目实行政府购买服务、开展第七个五年法治宣传教育等事关全区发展大局的重大事项作出决议、决定，确保党的主张通过法定程序转化为全区人民的共同意志和行动。

【人事任免】2017年，区人大常委会严把任免关，制定《天元区人大常委会人事任免办法》，完善和规范任前法律考试、任前发言、审议表决、向宪法宣誓等制度，增强任免工作公开、透明和权威性。依法任命政府工作部门主要负责人24人次，依法任免国家机关工作人员81人次，依法补选市区两级人大代表11人，对区法院、区检察院42名首次遴选入额法官、检察官进行职务报备及任命，为经济社会发展提供组织保障和人才支持。

【监督工作】2017年，区人大常委会紧紧围绕区委重大决策、政府重点工作、群众密切关注的热点难点开展监督，监督工作的针对性、时效性明显增强。围绕经济运行加强监督。重新修订《区级政府预算审查监督办法》，对预算编制、预决算审查、预算调整、审计监督等内容进行统一规范。支持审计部门开展监督，听取半年计划发展、预算执行情况报告。

召集政府组成部门18家一级预算单位，就2018年预算编制情况进行座谈调研，广泛收集意见和建议，及时整理反馈到区政府。其中，就“各部门党建专项经费预算编制统一标准”提出可行性建议，区政府在2018年预算编制中予以采纳。

常委会听取和审议区法治宣传教育工作情况汇报，建议区政府切实实施好法治宣传教育第七个五年规划，细化工作举措、健全责任体系、强化保障措施、加强监督检查，积极构建党委领导、人大监督、政府实施、部门各负其责、社会共同参与的体制机制。听取区法院、区检察院、天元公安分局、天元交警大队半年工作报告。组织25名区人大代表对5件与民众生活联系较为密切、具有一定争议或有一定影响力的案件进行听审、评议。

常委会组成人员及部分人大代表分成5个评议小组，对区政府审计、人社、卫计、水利、城乡建设等5项工作进行专项评议。在为期2个月的走访调查中，共召开座谈会14次，发放征求意见表近600份，搜集意见、问题125条。区五届人大常委会第六次会议对5项工作进行满意度公开测评，测评结果在“株洲高新网”进行公示。针对评议中发现的问题与不足，常委会对区政府及其有关部门发出审议意见书5份，提出“提高审计监督层次”“加强医保基金管理”“加强镇卫生院和村卫生室建设”“加强水利工程的管护和监管”“拓宽点亮天元筹资渠道”等20条整改意见并督促限期整改。

主任会议成员实地参观公安分局治安防控中心及侦查实战中心

省、市、区人大上下联动，继续开展“农产品质量安全行”“民族团结进步行”“农民健康行”“环保世纪行”“司法公正行”等活动。围绕教育均衡、健康天元、食品安全、社会保障以及城乡建设等民生事项，科学选题，适时运用执法检查、视察调研、代表建议、专题询问等多种监督方式，推进一批民生热点问题的解决：专项督查新马、尚格、凿石等新建学校建设项目，以主任会议纪要的形式提出具体整改措施，要求教育主管部门及承建单位在保证建设质量的前提下加快建设进度，兑现区政府对广大人民群众的承诺；持续跟进“健康天元”工程实施情况，针对该工程涉及面广、任务重、要求高等现状，提出建立强有力的各部门协调机制和全社会参与的工作机制、鼓励民营资本兴办健康产业、促进大健康产业发展等审议意见；密切关注城乡建设与环境保护，对武广西站站前交通和管理问题提出整改意见，经过反复督查，违章占道等乱象得到全面整治。听取区环保分局工作汇报，推动中央环保督察反馈问题的整改落实。

【助推产业发展】2017年，区人大常委会紧扣全区产业布局选定议题，开展调研视察，助推产业转型升级。围绕如何有效破解中小企业发展瓶颈，主任会议成员视察中国动力谷自主创新园、株洲麦格米特电气有限责任公司等，就政府如何加大扶持力度、加强融资监管等提出审议意见；围绕如何培育和壮大新型农业经营主体，主任会议成员视察株洲事达种养殖专业合作社蔬菜生产基地、湖南慕她生物科技发展有限公司，就造就新型农业就业的农民队伍，推进农业供给侧结构性改革提出建议；围绕如何推动现代休闲农业发展，常委会组织部分人大代表进行专题调研，提出培育企业文化，发掘特色产品，探索建立教育、科技、文化、旅游和农业相结合的发展新模式等建议，得到区政府及有关部门重视并采纳。

【对口帮扶】2017年，区人大常委会积极响应市委、区委安排，扎实做好帮扶联系点茶陵县湖口镇浣溪村和党建联系点苍霞村的对口帮扶工作。区人大常委会主任、副主任及相关委办每月一次深入浣溪村，严格按照“五个一”(即拉一次家常、宣讲一次政策、核算一次收入、实现一个微心愿、搞一次卫生)要求进行调研走访，有效解决贫困户用水、就医、出行等10来个问题，新建2.6千米村级公路。组织区建设局、区教育局2个后盾单位及代表企业在提供就业、农产品采购、教育培训、公益活动、产业扶贫等方面进行对口帮扶，帮扶专项资金160多万元。

【信访工作】2017年，区人大常委会把受理群众信访申诉作为履行监督职能、增强监督实效的重要渠道和了解民意、关注民生、促进和谐的重要工作来抓，按照人大信访工作相关规定，找准症结，及时跟进重点、难点、复杂的信访件，妥善分析研究处理，减少重复访、越级访信访件。受理各类信访申诉案件15件次，接访19人次，积极督促有关部门解决群众反映强烈的问题。

【代表工作】2017年，区人大常委会不断完善代表参与培训、联系选民、督办建议、履职激励等机制，积极引导和支持代表参与国家和社会事务的管理，有效调动代表为发展献计、为和谐出力、为人民代言的履职热情。

为让新一届代表尽快熟悉人大工作的基本理论、方法和程序，掌握人大工作的规律和特点，正确有效地代表人民履行好职权，组织代表分2批赴深圳、厦门开展履职培训，开设如何审议各项工作报告、开展好闭会期间活动，如何撰写议案、建议、批评和意见等课程。为区有史以来规模最大、范围最广、效果最好的代表培训。雷打石镇人大主席团创新管理和学习的方法，在闭会期间对代表实行“微管理”，利用微信平台把学习内容上传微信群，要求代表认真学习，做好笔记。并通过微信分享，让代表交流学习心得与履职经验，形成常学习、常互动的常态化培训机制。围绕转型升级补短板主题活动，各基层代表团开展调研，形成调研报告、理论文章、“金点子”材料20多篇。采取多种形式组织市、区、镇三级代表开展视察调研近30次，主题涉及振兴乡村经济、重点项目建设、人才引进、征地拆迁等，推动热点难点问题的解决。建立常委会不驻会委员联系工作委员会制度，人大常委会主任、副主任及委办主任联系基层代表团制度以及驻区市人大代表联系基层代表团制度。坚持邀请代表列席区人大常委会会议、参加执法检查等重要活动，继续实行人大代表联系人民群众制度。延伸代表工作触角。在全市率先推行代表工作站进社区。年内，在泰山路街道铁西社区、三门镇上节街社区建立社区代表工作站，方便代表与选民近距离沟通，面对面交流。

区五届人大二次会议以来，共收到人大代表有关园区建设、生态环境、社会事业、城市管理等方面的建议81件。为提高建议办理的效率和效果，创新工作方法，坚持集中交办、巡回督办与日常督办相结合，并选取其中6件作重点督办件，主任会议成员带领相关委办对重点建议办理情况深入到单位进行专题督办，加强与代表沟通，不断提高建议办理满意率。代表建议全部办结，办理态度满意率100%，办理结果满意率98.8%。如《关于改造张家园社区低排渠建议》，经过连续跟踪督办，启动该低排渠的清理改造工程，困扰张家园社区居民10多年的生活难题得以解决。出台建议办理考核办法，并将建议办理情况纳入区直部门绩效考核。

【基层人大工作】2017年,区人大常委会积极联系、指导和支持基层人大开展工作。泰山路街道代表团组织代表视察湖南工业大学、牛形山长者照护之家、天台工业园等,就园区发展、社区建设、居民养老等问题献计献策。嵩山路街道代表团组织7位区人大代表向选民面对面述职,有效落实人大代表接受选民监督的要求。栗雨街道代表团组织代表开展园区项目建设调研,视察园区企业和征拆指挥部,监督政策执行落实情况,维护群众合法权益。群丰镇代表团围绕工程建设、社会综合治理等重点工作,组织代表视察评议,促进镇经济社会和谐发展。马家河镇代表团组织代表开展"一帮一"活动,帮助困难群众解决生产、生活等方面的问题。三门镇代表团组织代表参与政府中心工作,推动湘江大道二期、特色小镇、美丽乡村建设等项目的进程。雷打石镇代表团组织市、区、镇三级代表视察建龙村,就该村因煤矿关停引起的缺水问题提出建议,得到区政府及相关部门的高度重视,助推几百名人民群众饮水难的民生工程提早实施。

【机关自身建设】2017年,区人大常委会扎实开展"两学一做"专题教育活动常态化制度化,认真落实党风廉政建设责任制,开展主题党日活动,机关党的建设和党风廉政建设明显加强。充分发挥机关支部作用,使党建工作与人大业务工作紧密结合,将学习计划和党员活动安排细化到月。坚持常委会、主任会议和机关例会学习制度,不断加强党纪法规、政策理论、人大业务等学习培训。在区五届人大常委会第六次会议上专题组织常委会组成人员、区镇(街道)人大干部学习贯彻中共十九大会议精神。组织机关干部赴浏阳、平江等地开展革命传统教育,开展"干部成长感恩谁"主题讨论、参观廉政书画展等活动,不断坚定理想信念,筑牢信仰根基。对区人大常委会工作制度及机关管理制度进行修改完善,出台人大常委会4大类22项规章制度,持续推动人大机关改进作风,努力建立程序规范、运行高效、充满活力的工作机制。抗洪抢险期间,区人大常委会迅速组织全体机关干部奔赴抗洪一线,并号召全区各级人大代表在各自岗位上投入抗洪抢险,兑现"人民代表为人民"的承诺。深入开展创文创卫迎复检、企业帮扶年、重点项目联系工作。参与指导全区公益创新论道交流会。积极响应市委、区委安排,扎实做好帮扶联系点茶陵县浣溪村和党建联系点苍霞村的对口帮扶工作。区人大常委会主任、副主任及相关委办每月一次深入茶陵县湖口镇浣溪村,严格按照"五个一"要求进行调研走访,有效解决贫困户用水、就医、出行等10多个问题,新建2.6千米村级公路。

区人大机关支部全体党员在胡耀邦纪念馆重温入党誓词

(唐周凝)

株洲高新区管委·天元区人民政府

株洲高新区管委·天元区人民政府

【概述】 2017年，是株洲高新区成立25周年、天元区建区20周年。株洲高新区管委、天元区政府以率先开启基本现代化为目标，以打造株洲·中国动力谷为中心，攻坚克难，奋勇争先，较好完成了主要目标任务。株洲高新区营业总收入、技工贸收入双双突破2000亿元大关，实现快速增长，在全国146个国家高新区中排名第23位，较上年前进5位。天元区实现地区生产总值339亿元，增长8.5%；完成固定资产投资464亿元，增长10%；完成公共预算收入78.7亿元，增长12.3%；实现社会消费品零售总额146.6亿元，增长9%，基本现代化建设取得良好开局。着力构建“1+7”产业招商和投资促进政策体系，招商引资取得新突破，合同引资438亿元，到位内资68亿元、外资4.3亿美元，新签约项目96个，其中投资额10亿元以上项目7个，亿元以上项目47个，孚能新能源动力电池、火炬安泰等一批好项目进区。“民生100”工程全面完成，民生支出超过公共预算支出的70%，城乡居民人均收入增长8%。

【2017年政府常务会议】 1月11日，研究国民经济和社会发展计划编制情况。通过2016年度安全生产、文明建设、计划生育(含计生协)、综治维稳、依法行政等工作表彰奖励方案。同意继续开展领导干部值班接访和信访积案领导包案工作。研究2017年株洲高新区、天元区财政收支预算草案，要求区财政局加强对单位预算工作的管理考核和业务指导。

1月25日，同意成立天元区环境保护委员会，通过《株洲市天元区环境保护工作职责规定》《株洲市天元区环境保护责任追究办法》《天元区突出环境问题和环境信访问题整改方案》，完善后行文印发。强调落实最严水资源管理制度，区直相关单位要按照《株洲市实行最严水资源管理制度考核办法》的要求，配合做好迎接考核工作。市政、学校、供水等有关部门，要加大优质供水解决方案的筛选和储备力度，保障供水用水的安全可靠。

3月16日，通过《株洲市天元区2017年国家卫生城市提升工作方案》，同意成立天元区国家卫生城市提升指挥部办公室，3月实质性启动迎接国家卫生城市复审各项工作。研究部署启用机关事业单位养老保险新系统有关具体工作。同意将所有双管单位的领导班子成员纳入高新区绩效考核范围。通过《天元区征地拆迁工作考核实施细则》，根据会议意见修改后，提请区委常委会议研究。研究天元区城市交通畅通行动及旧城改造提质行动有关工作，明确“两个行动”所有项目由区建设局统筹，配套资金原则上不增加财政预算，通过项目贷款或者PPP方式弥补资金缺口，财政安排中长期的还款计划；要求各镇街道、各相关单位密切配合，确保工程进度、质量和施工安全。

3月31日，通过《天元区治理违法建设考评办法》《天元区强制拆除行动划分及明确责任领导方案》和《天元区治理“三乱”工作考核办法》，进一步完善后行文下发。通过《天元区城市管理考核评比办法》，将河道保洁的有关内容纳入城市管理考核评比范畴；区级财政投入的考核奖励基金由200万元增加至400万元；同意设立城管公安警备室；由高科集团和区建设局共同负责，加强对栗雨休闲谷的管养和经营。通过《天易科技城自主创业园工程PPP项目实施方案》及相关配套法律文件。通过《株洲高新区、天元区2017年“项目攻坚年”活动实施方案》《株洲高新区、天元区2017年“项目攻坚年”活动领导小组组成人员》和《株洲高新区、天元区2017年“项目攻坚年”活动专业攻坚组设置及职责分工》等文件，根据研究意见修改完善后发文。同意将闲置的南塘小学和原新马小学改建成公办幼儿园。

4月24日，通过《天元区生态文明建设体制改革实施方案》和《天元区碧水蓝天三年行动实施方案》，报区委常委会研究审定；明确暂由区两型办牵头推进生态文明建设体制改革工作。通过《2016年天元区“民生100”工程工作考核结果及奖惩兑现方案》《2017年天元区“民生100”工程考核指标任务分解和月度工作进度安排》《2017年天元区“民生100”工程工作考核办法》。通过《天元区2017年中小学招生工作实施方案》，修改完善后以区政府办名义发文。同意近期召开2016年度建议提案办理工作总结表彰暨2017年度建议提案交办工作会议，同意将2017年建议提案办理考核结果纳入承办单位的年终绩效考核内容。通过区政府2017年法治政府建设工作计划。

5月27日，研究禁毒有关工作。同意在区政府设立区禁毒办，要求健全禁毒工作联席会议机制，推动成立天元区禁毒协会，将禁毒有关工作纳入考核；同意面向社会补招19名社区戒毒（康复）专职工作人员；同意提高禁毒工作经费预算。通过《株洲市天元区人民政府关于落实〈株洲市人民政府办公室关于进一步培植有效财源促进财政增收的通知〉的推进方案》。通过《株洲高新区天元区财税收入征管绩效考核奖励办法》。研究推动成立高新区统计局。通过《天元区“四上”企业申报入统实施方案》和《2017年天元区“四上”企业工作任务分解》，提请区委常委会议研究。同意《支持民办教育发展的意见》，修改完善后，提请区委常委会议研究。

7月18日，同意安排8个美丽乡村创建，并给予资金支持。通过《肇事肇祸精神病监护奖励县市区实施细则》。研究总结抗洪抢险有关工作，要求加强灾后水利设施更新修复工作。同意对区矛调办的职能、机构、人员及管理进行调整，区矛调办作为区征管办临时内设机构，由区征管办保障其机构运转。同意白鹤小学尚格分校建设专项资金方案，由财政局统筹安排。同意提高天元区辅警及巡防队员经费保障标准。通过《天元区全民参保登记工作实施方案》。

9月5日，通过《“食品安全示范街、示范店”创建方案》和《天元区2017年食品安全Ⅳ级事故应急演练方案》，同意建设天元区食品安全移动应用展示平台。通过《天元区园区违法建设整治方案》《天元区治理违法建设考评办法》。同意成立武广西站联合管理办公室。通过《天元区“三供一业”分离移交工作实施方案》。同意由城管执法大队以服务外包的形式，购买城管市容环卫监督服务，解决城管执法大队人员不足的问题。通过嵩山卫生服务中心装修及搬迁经费预算。同意设立教育教学质量综合评价绩效考核奖，完善具体考核办法，报区委常委会审议。同意新马小学、尚格小学各配备1名校医。同意启动工业园视频监控建设工作，明确由政务中心作为业主单位。通过生态红线划定方案修改建议，完善后再报区委常委会审议。

10月13日，研究项目建设有关工作。通过《天元区政府法律顾问管理办法（试行）》，要求各基层单位健全法律顾问队伍。通过《2017年天元区碧水蓝天行动工作考核办法》，梳理完善后报区委研究。研究《天元区关于进一步培植有效财源促进财政增收工作推进考核办法》，要求进一步完善考核办法。同意区政府常务会会议建立重点工作完成情况通报制度。

10月26日，通过《天元区办理“12345”市长热线（信箱）、“28112345”区长热线工作制度》。通报近期重点安全责任事故情况，要求领导带队检查要落实“四不两直”要求，同意开展安全生产监督与应急救援创新建设科研课题研究。通过《株洲市天元区贯彻落实〈健康中国2030规划纲要〉加快推进健康天元建设实施方案（征求意见稿）》，完善内容后报区委常委会审议。同意村镇集团公司组织架构方案、集团理事会(董事会)和子公司管理人员方案。通过《天元区财政企业社保基金存款竞优方案》,根据社保资金管理办法的要求进一步完善后,以区政府名义下发。研究国土有关工作,要求创造条件,启动实施耕地增减挂钩项目。

11月23日,研究项目预算调整,要求区财政局将乡村公路大修、陈埠港排水渠道改造、三门镇污水处理厂等重大项目预算调整向区人大汇报审批。同意对村务公开栏的大小、标识、材质、制作、字体等做统一要求。通过《全区村(社区)开展"一定二考三挂钩"目标管理考核办法》,修改完善后提交区委常委会议审定。研究退役士兵安置、成立新社区和调整部分社区行政区域、公益性公墓建设等工作。同意成立污染源普查领导小组,推动第二次污染源普查工作开展。通过由村镇公司、三门镇锦源公司、响水农业公司共同组建石三门农业发展有限公司的方案。通过《株洲市天元区财政专项资金分配审批管理办法》,修改完善后,以区政府的名义发布实施。通过《天元区关于深入推进农业供给侧结构性改革的实施意见》,修改完善后,提交区委常委会研究审定。

12月14日,区长董巍对区政府党组成员、区政府组成部门、各基层单位负责人开展集体廉政谈话。通过《天元区人民政府常务会议工作规范》,明确涉及经费问题的议题,先组织专题会议研究,再报政府常务会议研究。通过《关于深入推进城市管理和综合执法体制改革的实施方案(草稿)》,提交区委常委会审定后,再报市委、市政府。通过《天元区行政许可标准化事项通用目录(送审稿)》和《天元区公共服务事项目录(送审稿)》,完善后,由区政府行文印发。研究株雷路大修改造和"点亮天元"等工程建设,同意按"县、乡主干道区投区建村管+村道村投村建区补"的模式,分三年(2017—2019年)全部完成"点亮天元"工程建设。研究《天元区2018年投资重点项目库》,修改完善后,报区委常委会研究。通过《2018年度财政收支预算(草案)》,修改完善后,报区委常委会研究。

【区长办公会议】 1月25日,研究天易集团项目建设有关问题。同意天易集团作为天易科技城自主创业园一期H地块(总部研发区),K地块(物流区),自主创业园二、三期市政道路,自主创业园智慧园区项目,五云峰片区科技大道,凿石中学、凿石小学周边五条道路、黄山西路(规划152路—神农大道)、长江西路高压走廊防护绿带工程(湘芸路—神农大道段)、株洲市博美馆(艺术中心)建设工程(土建、机电扫尾、装饰布展工程)的业主和建设主体。

2月28日,召开天元区环卫充电桩建设协调会。通过环卫充电桩建设方案和20处环卫电动车站点建设选址,要求第一批建设的8处站点于3月20日前建设完成,全部建设任务于6月30日前完成。建设项目资金由亿华公司和天元区城市管理奖励基金承担,资产归环卫处所有。

3月21日,召开"高丰佰莲现代农业田园综合体"项目协调会议。同意项目落户天元区三门镇,明确项目规划纳入三门镇"多规合一"整体规划和南江村规划。区委、区政府成立"高丰佰莲"项目服务小组,支持项目建设,给予政策倾斜和支持。

3月24日,召开湖南长城株洲高新区智能硬件生产基地项目合同研讨会。根据合同,由湖南天易集团先行垫付产业发展扶持资金2000万元给项目方,之后由区财政综合考虑与天易集团的结算问题。合同中涉及的其他费用,如物流补贴、出口创汇补贴、人才奖励等由区招商局牵头进行梳理和统筹,形成初步意见供决策。

4月6日,审查《天元区土地利用总体规划(2016—2020年)》和《群丰镇、雷打石镇、三门镇土地利用总体规划(2006—2020年)(2016年调整完善方案)》。原则通过上述《规划》,由技术单位根据会议意见进行修改完善,按规定程序上报审批。

4月21日,召开天元区城区污水直排湘江综合治理专题会议。研究凿石港临时排污泵站、工业大学片区污水排放、隆兴管理处闸口排放污水、河西污水处理厂二期工程启动建设和其他排污口的排污等问题,明确分别由水利局、建设局、环保分局等部门牵头,在2017年6月30日前制定具体方案,下半年开始进行全面的实施。2年内全面、彻底解决城区污水直排湘江问题。

5月9日,研究人社有关工作。同意建立天元区城乡居民养老保险丧葬补助金制度,从2015年8月14日起启动补助。同意将原园艺场退休管理人员春节生活补助费在原来的4000元/人/年基础上增加到10000元/人/年。

5月12日下午,召开白鹤小学尚格分校建设专题会议。同意由株洲市天元区人民政府与湖南尚格置业有限公司签订《白鹤小学尚格分校建设补充协议之二》,同意建设工程费用4000万元超出部分由区政府全额承担,区教育局委托造价单位编制好工程造价预算书,区财政评审中心提前介入,尽快出好财政评审审定结果,做到精准测算,控制成本。尚格置业所出资金原则上要汇入区教育局账户。项目建设兜底资金由区财政局在新增地方债务资金中安排,项目建设追加的建设资金,报政府常务会、区人大会议审定。要求严格按计划落实项目进度时间节点,保证2017年秋季开学。

5月17日,研究高塘社区湘江沿河绿心区域混凝土搅拌站违规建设问题的整改工作。对中央环保督察组发现的"(高塘社区)银力混凝土搅拌站无任何审批手续、在绿心区域违规建设"以及群众举报"鹏达实业公司从事混凝土搅拌手续不合法"等问题,按照"停产拆除、恢复生态、另址重建"的整改思路,成立高塘社区湘江沿河绿心区域混凝土搅拌站违规建设问题整改工作领导小组,要求相关部门密切配合,确保6月25日前整改到位。

5月26日,研究三门污水处理厂和天元区法院审判法庭建设工作。由三门镇作为项目业主,尽快启动三门镇污水处理厂的选址、方案、论证等前期工作,力争年内实现动工,要求做好项目的包装策划工作,全力争取上级补助资金。积极支持法院审判法庭建设。法院审判法庭建设力争一周之内完成立项,区财政局提出资金筹集意见。

6月14日,专题研究天元区人民法院审判大楼建设费用问题。项目估算投资4566.3万元,由区人民法院积极向上级争取筹集资金2400万元,每年筹集800万元,分三年实施,不足部分由财政分年度统筹安排。该项目首选PPP形式实施,由财政局负责执行,发改、建设等部门协助。

6月26日,召开群丰砂石场建设工作会议。同意成立天元区砂石经营管理有限公司。通过《关于成立天元区砂石经营管理公司的方案》《关于天元区群丰镇砂石场经营权拍卖的方案》《天元区群丰砂石场经营权拍卖公告》《天元区群丰砂石场经营权出让协议》。砂场建设项目的资金由区村镇建设开发有限公司自筹解决。

7月31日,研究供销社改革、畜禽养殖污染治理等工作。通过《天元区深化供销合作社综合改革实施方案》和《惠民综合服务中心民生工程项目实施方案》,同意安排专项经费,建设惠民综合服务中心(镇级)。通过《关于天元区畜禽禁养区退养工作的通告》《天元区畜禽禁养区退养工作实施方案》《天元区畜禽养殖污染防治工作实施方案》,明确禁养区范围、退养对象、退养补助要求和标准等事项。

8月4日,研究PPP项目有关问题。同意天易科技城自主创业园工程PPP项目和天元区栗雨新马园区学校PPP项目实施方案及相关配套法律文件。同意神农城景区存量项目和中国动力谷自主创新园大一期存量项目采用存量 PPP 模式实施。

8 月 8 日，研究绿心区域银力、鹏达两家违规混凝土搅拌站搬迁另建工作。同意将马家河街道金龙社区 4 公顷“两安”用地作为银力、鹏达两个搅拌站临时生产用地，允许企业先进行临时建设。调规到位后，支持银力、鹏达两家企业在土地交易市场上直接摘牌。两家搅拌站必须确保 8 月 31 日前完成自拆搬迁。同日，研究三门镇白石水厂建设、经营等有关情况。同意预拨 50 万元用于办理白石水厂不动产登记、消毒设备改造、应急发电机购置。同意从 2018 年到 2022 年，财政每年安排 200 万元的预算用于农饮水建设。同意雷打石镇、区水利局和雷打石水厂三家单位进行协商，采取租赁等方式解决雷打石水厂问题。同意区水利局采用单一来源方式采购白石水厂的经营服务。同时追加拨付 2016 年和 2017 年同类费用各 35 万元。

8 月 11 日，研究提高教师队伍待遇、解决学生出行困难等事项。明确由区编办和区教育局核实 2017 年上半年学校实际缺编人数，区财政局根据文件认定的缺编人数追加相应经费。明确今后区聘教师统一通过劳务派遣的方式进行管理。同意由财政局追加或调整 2017 年教师体检经费，2018 年起纳入财政预算。同意由财政据实拨付教师招聘费用。明确由产业局牵头，统筹解决全区教育公交专线的问题。同意追加 2017 年教师工作午餐经费，2018 年起列入财政预算。同意设立教育教学综合质量奖励专项经费。

8 月 14 日，研究机关办公楼建设审计有关问题。明确由区财政局负责，进一步推进办证工作，原建设指挥部协助，在 2017 年年底前将国土证和产权证办好，并及时结转固定资产。

8 月 16 日，研究棚改项目融资问题。同意将区内的棚改项目按照“政府购买服务”的方式进行推进，要求严格按相关政策和程序办理，明确金融机构放款前需满足的条件。

8 月 17 日，研究社会养老保险问题。同意将天易科技城项目、现代农业产业园项目范围内（雷打石镇、三门镇全域）第三、四年龄段人员，以被征地人员身份参加职工养老保险。区划前有关遗留问题，由区财政局汇总，专程向市政府汇报。同意区社保中心增加 2 名劳务派遣用工指标。

8 月 19 日，研究陈埠港排水渠（陈埠港污水直排湘江）建设相关问题。明确陈埠港排水渠道改造项目，由市水务集团作为项目建设业主，天元区负责项目建设的腾地工作。项目投资估算 3200 万元，采取中央政策性补助资金及市、区财政资金三方筹措方式，区政府月底前先期安排 300 万元启动资金。

8 月 21 日，研究株洲市城市建设发展集团有限公司关于收购株洲市天元区国信财富小额贷款有限公司有关事宜。同意株洲市城市建设发展集团有限公司收购株洲市天元区国信财富小额贷款有限公司 82.5% 股权。

8 月 22 日，召开旧城提质行动工作调度会。通过《2017 年株洲市天元区旧城提质行动实施方案》。明确相关平台公司要在 2017 年 10 月底之前全面完成市政府下达的 2017 年棚户区拆除新建工程计划任务，区城管局在 9 月份实现德政花园小区开工建设，区商务和粮食局做好金源农贸市场改造竣工验收工作，区拆违大队要完成辖区内 25 万平方米存量违法违章建筑拆除。

8 月 23 日，研究政务中心有关工作。同意以政府购买服务的形式，委托劳务派遣公司聘用 1 名文明劝导及咨询引导便民服务专岗人员，招录 2 名信息网络运管专业技术人员和门户网站信息编辑审查维护人员。从 2018 年开始，新增人员经费纳入区级财政年度预算。要求建立区政府门户网站信息发布审核机制。

8 月 28 日，研究特大洪峰期防汛抢险的补助问题。按照国家防总文件及国家法定假日加班补助规定要求，明确本次防汛特护期值班补助标准，强调严禁借机违规发放津补贴。

9月4日，召开天易科技城自主创业园招商专题会议。同意自主创业园新引进镍钴锰复合氧化物三元材料项目，区政府协调市、区规划、环保部门支持，力争将该项目用地调整为二类工业用地。由湖南天易集团依法依规办理相关调整手续。

9月5日，召开南部片区现代产业园区工作会议。同意安排243万元财政资金支持南部片区现代产业园区建设工作，由区农村工作局按照招投标程序，尽快确定规划设计公司和咨询服务公司。

9月7日，研究促进财政增收、财政投资评审、引入社会资本合作实施办法等事项。讨论《规范政府投资项目预结算评审管理的补充规定》《天元区进一步培植有效财源促进财政增收工作推进考核办法》《社保基金存款竞优方案》《天元区引入社会资本合作实施办法》《园区财政投入政策实施办法(方案一)》《株洲市天元区财政专项资金分配审批管理办法》等文件，修改完善后报政府常务会议审批。同意预安排拨付栗雨休闲谷修缮项目和湘江直排治污整改项目资金。

9月9日，研究水利有关工作。同意安排专项资金，对全区部分山塘、渠道、水坝等水毁工程进行修复，对老陈埠港排渍站进行提质改造，对全区的排渍机埠及闸门进行更新、修复，对白沙园和湘滨堤防险段进行除险加固，对三门镇湖坪段堤岸进行护岸，雷打石镇盘山段(含观音岩)进行护岸，对凿石污水处理提升泵站进行维护。同意对三门砂场进行整治。同意《河长制工作方案》《2017年防汛抢险救灾表彰方案》。

9月11日，研究重金属污染土地综合治理王家坪片区工程项目。明确在未经环评审核通过前，该项目先行停工。处理场地重新选址工作由天易集团负责，区环保分局配合。

9月26日，召开群丰砂石基地项目建设工作会议。明确项目建设用地总量控制在6～8公顷之间，由村镇建设开发(集团)公司负责报批。考虑码头建设环评难以通过，不新建码头。由村镇公司牵头召集高兆公司、区水利局等单位协商，在10月1日前确认砂石基地图纸和建设方案。同日，召开“小环境”运行调度会。明确村镇投资公司在与道迩科技成立的合资公司中所占的股份转让给高科集团。道迩公司、高科集团要加强对接与磨合，提高“小环境”程序运营水平。

9月27日，召开学校建设项目调度办公会。明确今后有关学校建设方面的重大事项，由区委、区政府主要领导牵头组织以专题会议的形式进行审议、决策。关于学校设计方案的评审，由业主单位牵头组织评审会议。按PPP模式建设的学校项目，区教育局要提前介入，会同业主单位将装备、精装修、文化建设等建设内容及经费一并纳入设计任务书，完善项目总投资的估算。由教育局研究地下停车场和标准游泳池建设方案。同日，召开“国务院安委会第13综合督查组交办隐患专题研究会议”。明确对交办的隐患要依法依规进行处罚，加强整治，做到“一隐患一档案”。整改工作必须在10月20日前完成，逾期未完成整改任务的，将启动问责程序。是日，研究民政有关工作。通过《天元区加快发展养老服务事业的实施方案》，报区政府审定后印发。同意成立天元区社区服务用房建设领导小组，安排预算资金，加快整改社区服务用房建设不达标的问题。同意启动道路命名规范工作，通过《天元区城市道路命名管理办法》。同意建设高新区、天元区社会组织公益服务中心，并给予建设经费支持。明确公益性简易公墓选址建设有关要求。同意解决天元区目前代管的16名无军籍的军休职工享受公务员医疗待遇问题，并为其补缴参保费用。同意民政部门采取政府购买服务的形式，策划、举办天元区幸福老人节系列活动。

9月29日，研究污水直排湘江问题。明确2017年12月30日前完成凿石港截污工作；12月25日前完成黄山路污水提升泵站扩容建设，达到运行状态。

10月10日，召开征拆征收和控违治违工作讲评会议。要求尽快执行新政策实施办法。要求稳步推进滨江地块、市民中心、治污项目、湖南工大二期等一批续征和遗留扫尾项目。同意在治理非法砂场工作上，加强对村和社区的考核力度。

10月13日，审议天元区园区亮化设计方案。同意天元区园区亮化设计方案。

10月26日，研究雷打石镇建龙村的灌溉和村民饮水短缺问题。同意将建龙村纳入农村安全饮水工程供水范围，争取春节前完工。同意新建和改造两座拦水坝以增加蓄水能力，要求尽快启动建设。同日，专题研究园区公交、教育公交专线线路运营补贴及中国动力谷形象宣传推广等事项。同意T62路、T72路、教育公交专线线路调整及运营补贴支付方案。同意在黄花机场对株洲高新区和中国动力谷进行形象宣传。

10月26日，召开龙洲路安置点建设工作专题会议。明确龙洲路安置点由村镇公司负责开发建设，由城发集团预付1000万元作为建设资金。

10月27日，专题研究湘江新城消防站、新马工业园消防站项目建设工作。明确天元区消防大队为项目业主单位，项目建设由天易集团、高科集团负责管理。财政投资额度和强度参考栗雨消防站标准，装备建设按年购置，逐步配齐的方式，力争在年底开建，2018年底完成。

10月30日，研究部署取缔小义子河鱼馆工作。明确由建管办牵头，相关部门配合，11月10日前对小义子河鱼馆下达执法文书，12月31日前取缔到位。

11月6日，研究设立株洲安联网络小额贷款有限公司的相关事项。同意株洲安联网络小额贷款有限公司将注册地和经营地设在天元区，天易集团全力协助做好公司落地保障工作。

11月7日，召开群丰过渡砂石码头安全整改会议。通过群丰过渡砂石码头整改方案，整改费用由群丰过渡砂场业主承担，11月25日完成整改施工。

11月9日，研究部署依法取缔小义子河鱼馆、农村环境综合整治、畜禽禁养区退养等工作。明确11月底完成取缔小义子河鱼馆。由区建设局、区城管局（环卫处）、区水利局、区两型办等部门加快农村环境综合整治工作，并做好相关迎检工作。明确相关部门和基层单位成立工作组，严格执行退养补贴政策。同日，研究部署特护期（2017年10月16日—2018年3月15日）大气污染防治相关工作。明确道路扬尘污染防治、渣土扬尘污染防治工作由区城管局牵头负责，工地扬尘污染防治工作由区建设局牵头负责，降尘设备采购由区城管局（环卫处）牵头负责。露天烧烤油烟污染防治由区城管局牵头负责，餐饮门店油烟污染防治、工业废气偷排整治由环保天元分局牵头负责，违法采挖山砂整治工作由区建管办、国土天元分局、公安天元分局、环保天元分局等部门负责，垃圾焚烧专项整治工作由各镇、街道牵头负责，公路治超工作由区建设局牵头负责，各单位要高度重视、齐抓共管、主动作为，确保打好冬季空气污染防治硬仗。是日，研究部署园林绿化养护招投标相关工作。要求尽快完成新增路段绿化的移交工作。同意下一期绿化养护工作的预算价（上限值）参照2016年财政绿化养护工作的指导价执行。同意成立天元区绿化养护招投标工作领导小组。

11月11日，受区长董巍委托，召开三门镇湿地公园及配套设施选址工作专题会议。明确项目的建设性质为污水处理湿地公园，选址于天元区三门镇镇政府西北上街社区后侧，争取年内启动项目建设。

11 月 17 日，专题研究卫生计生有关工作。明确由区卫计局拿出三门镇卫生院现址扩建改造和选址新建两套方案，报区政府常务会议研究。同意安排泰山社区卫生服务中心办公楼新增电梯及用电改造费用、全区预防性体检费和卫生检测成本费，追加雷打石镇卫生院新增防雷设施费用，追加区卫计系统防汛救灾资金。

12 月 1 日，召开天元区图书馆建设工作专题会议。明确天元区图书馆通过政府购买服务方式确定运营公司进行管理，经费纳入财政预算。同意按实核定拨付 2018 年图书馆的工程、设备尾款以及按实新增的项目经费。同意将新增书籍采购资金纳入财政预算。

12 月 5 日，专题研究 2017 年经费调整安排有关事项。同意从新增地方债中，安排劳动路建设、污水处理厂建设及配套管网工程、新马工业园和湘江新城消防站、栗雨消防站等项目建设经费。

12 月 6 日，研究部署群丰镇长岭工业园遗留废渣综合治理项目。明确群丰镇人民政府为该项目的业主单位，由环保天元分局负责项目全程监管，项目指定由株洲市亿丰新材料有限责任公司负责组织实施，12 月动工。

12 月 8 日，研究北京汽车股份有限公司株洲分公司占用绿心用地近百亩建设成品停车场的整改工作。要求北京汽车股份有限公司株洲分公司在 12 月 20 日前按《湖南省长株潭城市群生态绿心地区保护条例》整改到位。

12 月 13 日，专题研究科技兴安特色小镇建设事项。明确由规划分局根据国家特色小镇建设要素拿出 2 ~ 3 套用地选址方案，由安监局出台科技兴安特色小镇创建方案，由现代服务业招商组跟进科技兴安特色小镇项目建设。

12 月 19 日，研究村镇公司有关事项。研究存量安置房、砂石经营管理和三门镇响水村的建设工作。同意区财政在 2018—2020 年，每年安排 3000 万元作为注册资本注入公司。明确镇（办）的国有资产和集体资产由村镇公司统筹运作。明确 2018 年公司的重点项目是三门镇和响水村美丽乡村建设、金龙建材工业园、王家坪社区安置用地开发建设。

12 月 28 日，召开生态绿心地区采矿项目关闭退出工作专题会议。要求 12 月 30 日前，将关闭决定送达群丰镇竹溪社区竹溪实业有限公司和马家河街道金龙社区金龙片石厂，进行公示，并按照省里“六个不留”（不留井口、不留设备、不留工棚、不留人员、不留供电线路、不留危爆物品）标准整改到位。（周高林　张　宏）

2017 年株洲高新区管委、天元区政府文件目录

表 4

序号	文　号	文 件 名
1	株高天政发〔2017〕1号	关于印发《株洲高新区、株洲市天元区引进创新创业团队项目办法（试行）》的通知
2	株高天政发〔2017〕2号	关于印发《株洲高新区、株洲市天元区入园工业项目土地使用及标准厂房租售相关优惠政策（试行）》的通知
3	株高天政发〔2017〕3号	印发《株洲高新区、天元区关于进一步规范政府投资项目预结算评审管理的补充规定》的通知

续表4

序号	文 号	文 件 名
4	株高政发〔2017〕1号	关于印发《株洲高新区中国动力谷创新发展引导资金管理办法》的通知
5	株高政发〔2017〕2号	关于发行永续PPN的决议
6	株高政发〔2017〕3号	关于印发《株洲高新区金融服务实体经济奖励办法》的通知
7	株天政发〔2017〕1号	关于印发《天元区突发公共事件总体应急预案》的通知
8	株天政发〔2017〕2号	关于成立长株潭南环线高速公路项目协调领导小组的通知
9	株天政发〔2017〕3号	关于印发《株洲市天元区妇女发展规划(2016—2018年)》和《株洲市天元区儿童发展规划(2016—2018年)》的通知
10	株天政发〔2017〕4号	关于印发《天元区引入社会资本合作实施办法》的通知
11	株天政发〔2017〕5号	关于建设株洲市天元区安置房建设项目及其安置计划的通知
12	株天政发〔2017〕6号	关于修订株洲市天元区安置房建设项目及其安置计划的通知
13	株天政发〔2017〕7号	关于印发《天元区财政企业社保基金存款竞优方案》的通知
14	株天政发〔2017〕8号	关于印发《天元区突发环境事件应急预案》的通知

（周高林　张　宏）

株洲高新区管委、天元区政府办公室

【概况】株洲高新区管委办公室、天元区人民政府办公室既是管委、政府组成单位，又是办事机构。株洲高新区管委会办公室、天元区人民政府办公室(简称“管委办、政府办”)两块牌子、一套人马。2016年起，加挂区政府法制办、区政府金融工作办公室、区政府禁毒办、区政府优化办、区政府食安办等牌子。2017年，管委办、政府办内设综合调研科、督查科、秘书信息科、接待科、应急管理科5个职能科室。主要职能是负责管委会、区政府会议的准备和组织协调工作，负责安排领导的公务活动，办理领导交办的事项；负责管委会和区政府的文件和领导文稿的起草、校核、印发工作，负责文书处理、档案管理工作。研究、审核管委会、区政府各部门以及各镇、办事处向管委会、区政府的请示、报告和反映的重要问题，提出处理意见报领导审批；及时、准确向上级报送信息，反映有关动态；负责重大方针政策、重要工作部署和领导重要批示、批件和贯彻落实情况的督促检查工作，组织办理人大代表和政协委员有关建议、提案；负责统筹规划全区推进依法行政工作，全区规范性文件审查报备工作，负责行政执法监督工作，承办申请区人民政府行政复议的案件；代理区人民政府的参与行政、民事应诉工作；完成高新区党工委、管委、天元区委、区政府交办的其他工作。

【综合调研】2017年，管委办、政府办撰写或审核各类工作报告、会议讲话、汇报材料100余篇。其中，《政府工作报告》《向达哲省长调研汇报材料》《全市创新人才大会上的发言》等材料得到主要领导高度评价，在国家级刊物发表文章1篇，在《株洲日报》《调查与研究》发表署名文章6篇，在省级会议作典型发言1次，在市级会议作典型发言3次。先后多次开展专题调研，并起草《株洲高新区建设一流园区的报告》《关于推广自贸区经验，推进服务便利化的报告》等5份调研材料，部分得到市委书记毛腾飞批示，并转化为领导决策成果。全年累计收集政务要情信息1636条，上报政务信息632条。

【政务督查】2017年，管委办、政府办坚持将督查督办贯穿全年工作，实现“事事有着落，件件有结果”。一是上级督查高效督办。针对中央环保督查、国务院安全生产大检查、省政府重点工作督查等督办反馈的问题，做到及时部署、全程督办、限时办结。二是领导批示件、交办件实行专项督办。每半月对领导批示件、交办件的办理情况进行汇总报告，特别重要的事项做到一事一报、立办立报。累计办理区长交办件、领导批示件385件。三是重点工作定期督办。调整管委例会、政府常务会体系，将重要经济指标、项目攻坚、项目建设、考核指标、例会议定事项的完成进度，纳入会议通报和部门考核。四是中心工作跟踪督办。紧扣区重点项目和中心工作，持续开展督查，发现问题及时通报，推动各项决策和部署的落实。

【依法行政】2017年，管委办、政府办稳步推进法治政府建设。制定《2017年度法治政府建设工作计划和考核方案》。贯彻政府常务会议学法制度，组织以《党政主要负责人履行推进法治建设第一责任人职责规定》为主要内容的学习研讨，进一步深化广大领导干部对依法行政工作的认识。健全重大行政决策咨询制度，区法制部门负责人列席区政府常务会议14次，为政府重大决策提供法制保障。落实法律顾问制度，制定《区法律顾问管理办法》，完善法律顾问工作体系。审查招商引资等各类合同协议58件，合同金额200余亿元，最大限度降低或避免法律风险。成功举行重大行政决策听证会，推进行政决策法治化、民主化、科学化。充分发挥行政复议行政调解职能，办理行政复议案件9件。精心组织政府应诉，办理行政诉讼案件33件。

【法治工作】2017年，管委办、政府办严格规范行政执法，着力强化执法监督。完善政府部门行政权力清单，协助区编办督促部门及时将目录上传至政府网站供群众公开查阅。指导各执法单位及时修订完善行政处罚裁量权基准，规范行政处罚自由裁量权。组织全区96名行政执法人员参加考试，严格行政执法人员资格管理发布区政府规范性文件5件，审查清理往年的规范性文件4件，及时纠正或撤销与法律法规相抵触的规范性文件，从源头上确保法律法规的正确实施。建议提案办理工作取得新突破。办理市、区人大代表政协委员建议提案176件，办理态度满意率100%。办理的1件市建议《关于加快株洲市河西中心片区09单元(三十三区)建设的建议》获评年度株洲市优秀办理件，周洲获评年度株洲市办理先进个人。

【办文办会】2017年，管委办、政府办规范优质完成公文办理。严格落实控制公文数量，提高公文办理效率，认真做好公文的收发、阅办、归档。收到文件3000份，均严格按照国家保密制度登记收文，及时按程序传阅、催办、归档。制发文件606件。细心细致安排会议活动。对每次会议和活动的安排，力求认真细致、严谨规范，做好预案、精心组织，确保会议活动顺利进行。召开各类会议605次。

【接待工作】 2017年，管委办、政府办圆满完成许达哲省长视察、省审计厅经济责任审计、市政协“项目攻坚年”视察、市人大创新创业调研、企业发展服务中心挂牌、中国·株洲2017CKC中国卡丁车锦标赛总决赛、“迈入新时代，谱写新篇章”主题活动、“12·26”集中开竣工等各种活动的方案制定及联络接待工作，做到细致周到和零差错。周密高效地完成兄弟单位学习考察接待任务30批次，400余人次。

【应急管理】 2017年，管委办、政府办严格落实24小时值班制度，完成元旦、春节、国庆、中共十九大等重要时间节点的值班应急、信访维稳等工作，及时向领导报告区内突发事件及处置情况。重新编制印发《天元区突发公共事件总体应急预案》等应急预案，开展食品安全事故应急演练、环境突发事件应急处置演练、卫生应急技能竞赛(演练)，参加株洲市高层建筑灭火救援大演练。加强基层应急管理规范化和应急避难场所建设，印发《关于开展基层应急管理规范化建设的通知》《关于做好基层应急管理规范化建设迎检验收工作的通知》等文件，完善“12345”市长热线(信箱)、“28112345”区长热线工作制度。年内，共受理市长热线(信箱)转办件4555件，市级考核成绩在县市区排名第一。

【公车改革】 2017年，管委办、政府办出台系列规范文件，建立车辆封存移交处置、参改机构和人员范围、补贴发放范围、司勤人员安置等整套制度。全区涉改车辆173台，封停、报废、拍卖等方式清理89台，保留车辆84台。组建公车平台公司，严格执行用车逐级审批制度，严格按政策对54家单位734人发放车补，提高公车运行效率，节约行政成本。公务出行节约351万元，节支率18.9%。年底，启动国有企业车改工作。 (周高林　张　宏)

2017年株洲高新区管委办公室、天元区政府办公室文件目录

表5

序号	文　号	文 件 名
1	株高天政办发〔2017〕1号	关于印发《株洲高新区、株洲市天元区实施知识产权战略行动计划(2017—2020)》的通知
2	株高天政办发〔2017〕2号	关于印发《株洲高新区、株洲市天元区工业项目招商引资奖励办法》的通知
3	株高天政办发〔2017〕3号	关于下达天元区凿石港片区黑臭水体治理(污水直排湘江截污)工作任务通知
4	株高天政办发〔2017〕4号	关于进一步做好政务信息报送工作的通知
5	株高天政办发〔2017〕5号	关于印发《管委会、区政府重点工作月度评价考核方案》的通知
6	株高天政办发〔2017〕6号	关于进一步加强办公室工作的通知
7	株高天政办发〔2017〕7号	印发《关于落实〈株洲市人民政府办公室关于进一步培植有效财源促进财政增收的通知〉推进方案》的通知

续表5

序号	文 号	文 件 名
8	株高天政办发〔2017〕8号	关于印发《天元区2017年四季度和2018年一季度项目建设计划安排》的通知
9	株高天政办发〔2017〕9号	关于印发《株洲高新区企业发展服务中心(行政审批代理服务中心)主要职责内设机构和人员编制规定》的通知
10	株高政办发〔2017〕1号	关于统计执法检查整改报告
11	株高政办发〔2017〕2号	关于印发《株洲高新区百项科技成果转化行动方案》的通知
12	株高政办发〔2017〕3号	关于成立瞪羚企业管理工作领导小组的通知
13	株高政办发〔2017〕4号	关于印发《瞪羚企业科技引导免息周转资金项目评审暂行办法》的通知
14	株高政办发〔2017〕5号	关于印发《高新区河西示范园经济和科技主要考核指标责任分解》的通知
15	株高政办发〔2017〕6号	关于成立株洲高新区长株潭国家自主创新示范区发展空间规划编制工作领导小组的通知
16	株高政办发〔2017〕7号	关于印发《株洲高新技术产业开发区统计工作规则》的通知
17	株高政办发〔2017〕8号	关于印发《2017年高新区园区工作考核主要指标责任分解》的通知
18	株高政办发〔2017〕9号	关于印发《株洲高新区加快自主创新促进产业转型升级发展实施细则》的通知
19	株天政办发〔2017〕1号	关于印发《株洲市天元区食品安全事故应急预案》的通知
20	株天政办发〔2017〕2号	关于成立天元区环境保护委员会的通知
21	株天政办发〔2017〕3号	关于印发《天元区环境保护工作职责规定(试行)》的通知
22	株天政办发〔2017〕4号	关于印发《天元区突出环境和环境信访问题整改方案》的通知
23	株天政办发〔2017〕5号	关于成立天元区农村危旧土坯房改造工作领导小组的通知
24	株天政办发〔2017〕6号	关于印发《天元区2017年环保目标责任书任务分解表》的通知
25	株天政办发〔2017〕7号	关于印发《天元区计划生育特殊困难家庭扶助关怀工作实施细则》的通知
26	株天政办发〔2017〕8号	关于开展应急管理规范化建设的通知
27	株天政办发〔2017〕9号	关于进一步加强应急信息管理及报送工作的通知
28	株天政办发〔2017〕10号	关于印发《2017年天元区动物疫病强制免疫计划实施方案》的通知
29	株天政办发〔2017〕11号	关于印发《株洲市天元区突发重大动物疫情应急预案》的通知
30	株天政办发〔2017〕12号	关于印发《区政府领导批示件、交办件办理工作规则》的通知
31	株天政办发〔2017〕13号	关于印发《株洲市天元区人感染H7N9禽流感防控应急预案》的通知

续表5

序号	文 号	文件标题
32	株天政办发〔2017〕14号	关于调整天元区打击和处置非法集资工作领导小组成员及增设行业主管(监管)部门处非工作组的通知
33	株天政办发〔2017〕15号	关于成立天元区“智慧株洲”电子眼建设及联网工程领导小组的通知
34	株天政办发〔2017〕16号	关于印发《株洲市天元区2017年优化经济发展环境工作要点》的通知
35	株天政办发〔2017〕17号	关于做好2017年度无偿献血工作的通知
36	株天政办发〔2017〕18号	关于印发《株洲市天元区政府办公室开展“马上就办、真抓实干”活动及推行“五问工作法”实施方案》的通知
37	株天政办发〔2017〕19号	关于印发《天元区畜禽养殖污染整治大排查活动实施方案》的通知
38	株天政办发〔2017〕20号	关于印发《天元区国家慢性病综合防控示范区迎复评工作方案》的通知
39	株天政办发〔2017〕21号	关于印发《天元区2017年中小学招生工作实施方案》的通知
40	株天政办发〔2017〕22号	关于印发《天元区碧水蓝天三年行动实施方案(2017—2019年)》的通知
41	株天政办发〔2017〕23号	关于印发《天元区2017年农业保险工作实施方案》的通知
42	株天政办发〔2017〕24号	关于成立打击侵犯知识产权和制售假冒伪劣产品工作领导小组的通知
43	株天政办发〔2017〕25号	关于印发《株洲市天元区推进知识产权建设强县工作实施方案》的通知
44	株天政办发〔2017〕26号	关于印发《天元区对口茶陵县产业扶贫实施方案》的通知
45	株天政办发〔2017〕27号	关于印发《天元区农村低保认定清理整顿工作方案》的通知
46	株天政办发〔2017〕28号	关于印发《天元区危险化学品安全综合治理实施方案》的通知
47	株天政办发〔2017〕29号	关于印发《株洲市天元区突发地质灾害应急预案》的通知
48	株天政办发〔2017〕30号	关于印发《株洲市天元区财税收入征管绩效考核奖励办法》的通知
49	株天政办发〔2017〕31号	关于印发《天元区清理规范政府举债融资行为工作方案》的通知
50	株天政办发〔2017〕32号	关于印发《天元区城乡居民基本养老保险丧葬补助金实施办法》的通知
51	株天政办发〔2017〕33号	关于印发《天元区全民参保登记工作实施方案》的通知
52	株天政办发〔2017〕34号	关于印发《天元区2017年下半年超限超载运输集中整治方案》的通知
53	株天政办发〔2017〕35号	关于成立天元区行政审批制度改革工作领导小组的通知
54	株天政办发〔2017〕36号	关于印发《天元区2017年美丽乡村建设实施方案》的通知
55	株天政办发〔2017〕37号	关于印发《天元区深化供销合作社综合改革实施方案》《天元区惠民综合服务中心民生工程项目实施方案》的通知

续表5

序号	文 号	文件标题
56	株天政办发〔2017〕38号	天元区2017年黄标车淘汰工作实施方案
57	株天政办发〔2017〕39号	关于印发《天元区畜禽禁养区退出工作实施方案》的通知
58	株天政办发〔2017〕40号	关于印发《天元区畜禽养殖禁养区退养工作实施方案》的通知
59	株天政办发〔2017〕41号	关于印发《天元区加强农村留守儿童关爱保护工作的实施意见》的通知
60	株天政办发〔2017〕42号	关于印发《2017年株洲市天元区旧城提质行动实施方案》的通知
61	株天政办发〔2017〕43号	关于印发《天元区建议提案办理工作考核办法(试行)》的通知
62	株天政办发〔2017〕44号	关于印发《三门砂场整治实施方案》的通知
63	株天政办发〔2017〕45号	关于印发《天元区治理“三乱”及取缔非法洗砂场工作方案》的通知
64	株天政办发〔2017〕46号	关于印发《天元区“三供一业”分离移交工作实施方案》的通知
65	株天政办发〔2017〕47号	关于印发《关于落实食品安全党政同责的实施意见》的通知
66	株天政办发〔2017〕48号	关于印发《天元区关于进一步培植有效财源促进财政增收工作考核办法》的通知
67	株天政办发〔2017〕49号	关于印发《2017年天元区碧水蓝天行动工作考核办法》的通知
68	株天政办发〔2017〕50号	关于印发《规范天元区村务公开栏工作的实施方案》的通知
69	株天政办发〔2017〕51号	关于印发《天元区政府法律顾问管理办法(试行)》的通知
70	株天政办发〔2017〕52号	关于印发《株洲市天元区公益性简易公墓建设和管理暂行方案》的通知
71	株天政办发〔2017〕53号	关于印发《天元区城市道路命名管理办法》的通知
72	株天政办发〔2017〕54号	印发《关于在市场体系建设中建立公平竞争审查制度的实施方案》的通知
73	株天政办发〔2017〕55号	关于印发《天元区“万步有约”职业人群健走激励大奖赛活动实施方案》的通知
74	株天政办发〔2017〕56号	关于印发《天元区财政专项资金分配审批管理办法》的通知
75	株天政办发〔2017〕57号	关于印发《天元区行政许可标准化事项通用目录(2017版)》的通知
76	株天政办发〔2017〕58号	关于印发《天元区公共服务事项目录(2017版)》的通知
77	株天政办发〔2017〕59号	关于印发《株洲市天元区加快中医发展实施方案(2017—2020年)》的通知
78	株天政办发〔2017〕60号	关于印发《株洲市天元区落实粮食安全省长责任制考核办法》的通知
79	株天政办发〔2017〕61号	关于印发《株洲市天元区集中治理农民工工资拖欠问题工作方案》的通知

（周高林 张 宏）

民 政 工 作

【概况】天元区民政局是天元区政府主管社会行政事务的职能部门，承担着全区救助救济、五保供养、优待抚恤、自然灾害救济、基层政权和社区建设、行政区划、地名、勘界、殡葬管理、收养登记、社团登记、婚姻登记和老年事业、社会福利事业、慈善事业、敬老院管理等工作职能。

2017年，区民政局内设综合办公室、基层政权社区建设股、救灾救济股、优抚安置股、社会救助股5个股室。下设天元区敬老院、天元区慈善工作办公室、天元区老龄工作委员会办公室3个二级事业单位，有干部职工16名。天元区获评湖南省农村社区建设示范区，天元区敬老院获评湖南省敬老文明号。

【城乡最低生活保障】2017年，天元区有城市低保对象1409户2056人，农村低保对象625户1011人。8月，按照城乡低保补助水平比上年提高10%的标准提标。天元区城市低保月人均补助398元，农村低保191元。为4.71万人次发放城乡低保金1441.5万元。

【特困人员救助】2017年，天元区对特困人员常规救助后仍然存在特殊困难，或现有救助政策难以有效覆盖的生活特别困难、生存特别艰难的人员，给予特殊救助。特殊救助托底保障标准3万～20万元，由区领导小组成员单位上户核实相关情况，报领导小组联席会议集体研究确定救助金额。所有被救助家庭原则上只救助一次。特困高中、大学生的救助标准按高中生5000元/年，大学生8000元/年给予困难补贴。年内，天元区有特困人员727人，其中分散供养646人，集中供养81人。11月，开展特困人员提标工作，农村分散供养特困人员月基本生活标准从470元提高到625元，农村集中供养、城市特困人员从564元提高到625元。建立特困人员护理保险制度，为全区城乡特困人员购买医疗护理保险。将分散供养全护理、半护理特困人员纳入区特殊救助护理补贴发放范围，对失能特困人员进行生活自理能力评估，按800元/月发放照料护理金。全护理、半护理集中供养特困人员分别按800元/月、400元/月下拨照料护理金到所在敬老院，为768人次发放照料护理金55.38万元。

【城乡医疗救助】2017年，天元区对因病致贫、致困，生病以后丧失劳动能力，承担不起高额医疗费用的困难人群，进行门诊救助、住院救助，资助医疗对象参保参合。年内，为7542名低保、“五保”对象参保参合88.48万元，为2352名困难群众发放医疗救助金405.5万元，发放门诊医疗救助卡530张26.5万元。

【临时救助】2017年，天元区对遭遇突发事件、意外伤害、重大疾病或其他特殊原因导致生活陷入困境，其他社会救助制度暂时无法覆盖或救助之后基本生活仍有严重困难的家庭或个人，给予应急、过渡性救助。每户每年救助一般不超过2次，做到一事一审批，单次不超过6000元，年累计最高封顶线1万元。年内，天元区城乡特困人员月供养水平提高到625元。镇、街道临时救助审批额度从500元提升到1000元，为655人次发放临时救助金106万元，临时救助标准居全市第一。

【阳光清查行动】2017年，天元区实现精准救助、阳光救助，做好“应保尽保、应退尽退”。制定《天元区农村低保认定清理整顿工作方案》，按要求清理农村低保中的“拆户保”“违规保”等问题，清退不再符合保障标准的城乡低保对象1255人，新增75人。全面开通使用居民家庭经济信息核对系统，将社会救助工作与核对信息系统有机结合，确保救助对象精准无误。

【社会福利】2017年，天元区切实改善残疾人生活状况，保障残疾人基本生活权益。认真做好困难残疾人生活补贴和重度残疾人护理补贴，补贴标准60元/人/月。区民政局为全区8706人次发放残疾人“两项补贴”242.8万元，为15名孤儿发放救助金2万余元。出台《天元区加强农村留守儿童关爱保护工作的实施意见》，完善农村留守儿童关爱保护责任体系，建立部门联席会议制度，由区法院、区检察院、区综治办、区教育局、天元公安分局、区民政局、区司法局等26个部门和单位组成。建立评估帮扶机制，对于监护人经济困难且符合有关社会救助、社会福利政策的，民政及其他社会救助部门及时将其纳入保障范围。健全留守儿童和困境未成年人信息库，对儿童的求助申请实行即时在线接听和登记受理。全年募集慈善款235.7万元，组织开展送温暖、送爱心活动、慈善助学等活动10余次，为区内城乡特困居民发放“金叶慈善医疗卡”60余张。

【养老服务设施建设】2017年，区民政局完善以居家为基础、社区为依托、机构为补充的养老服务体系。完成嵩山路街道大坪社区居家养老服务示范点、嵩山路街道东湖社区居委会养老服务范点、泰山路街道谢家冲社区居家养老服务示范点，雷打石镇凤凰山村居家养老服务示范点、雷打石镇新龙村居家养老服务示范点、三门镇苍霞村居家养老服务示范点等6个省级养老示范点建设，新增床位31张。在三门镇响水村、杨柳村、护塘村、白石村、松柏村和雷打石镇先锋村、神龙村新建7所农村幸福院。三门镇农村幸福院覆盖率100%。截至年底，全区建设农村幸福院21所，覆盖率75%，被列入省、市第一批农村幸福院建设达标区县。

【老龄工作】2017年，区民政局认真做好高龄津贴上户核查及发放管理工作，保障高龄津贴按时、足额发放，为5594名80岁、90岁、100岁以上老人发放高龄补贴330.33万元。区政府出资16.2万元，为城镇“三无”老人、农村“五保”老人、重点优抚对象、城乡低保老人、失独老人等特困老人1800人购买意外伤害险，保险公司对病故、住院的15人赔付1.8万余元。区民政局向市老龄办申请老年优待证办理权限下放至各乡镇。群丰、雷打石、三门3个镇办理老年优待证752本，占全区办证总数56%。

区民政局组织慰问百岁老人

【优抚安置】2017年，区民政局积极开展对优抚对象的慰问活动，发放慰问金90余万元。发放各类优抚补助1011万元，发放优抚医疗补助12.3万元，为1～6级伤残军人购买城镇职工医保6.7万元，为重点优抚对象购买城镇居民医保6810元。安置退伍义务兵、转业(复员)士官432人，发放义务兵优待金375.3万元，立功受奖奖励金0.9万元，发放退役士兵自主就业金122.1万元，自谋职业金13.5万元。接待各类优抚对象2000人次，接待安置信访对象11人，基本解决退役士兵安置遗留问题。安置4名转业士官。

【村(社区)管理考核】2017年，天元区为激发村(社区)干部队伍活力，强化村(社区)干部责任意识、发展意识和服务意识，出台《天元区村(社区)工作目标管理考核办法》。建立"一定二考三评四挂钩"考核机制。"一定"：定工作目标任务；"两考"：对村(社区)完成月度和年终工作目标任务的情况进行综合考核；"三评"：考核对象自评、组织考评和群众测评；"四挂钩"：考核结果与绩效工资(或年终绩效奖金)、全年工作目标管理考核奖励、村(社区)评先评优、工作人员任免直接挂钩。

年底，按照《天元区村(社区)工作目标管理考核办法》，评出泰山路街道大岭社区、泰山路街道张家园社区、嵩山路街道白鹤社区、嵩山路街道隆兴社区、栗雨街道中路社区、马家河街道高塘社区、群丰镇湘云社区、雷打石镇胜塘村、三门镇响水村、三门镇月形村10个优秀等级村、社区。评出泰山路街道的广场社区、文家冲社区、家园社区，嵩山路街道的湘银社区、东湖社区、桥北社区，栗雨街道的景园社区、浅塘社区，马家河街道的金龙社区、大石桥社区，群丰镇的新塘社区、白莲社区、妙泉社区，雷打石镇的凤凰山村、先锋村、胜利村、沧沙社区，三门镇的湖坪村、松柏村、月福村20个良好等级村、社区。评出60个合格等级村、社区。对"优秀"等次的社区和村分别按8万元/个和5万元/个的标准进行奖励。对"良好"等次的社区和村分别按5万元/个和3万元/个的标准进行奖励。对"合格"等次的社区和村不奖不罚。

【村(居)"两委"换届选举】2017年上半年，天元区组织开展2017年村(居)两委换届选举工作。区、镇(街道)两级成立村(社区)"两委"换届选举工作领导小组，建立区级领导联系指导换届选举工作制度，各镇(街道)党(工)委组成联系指导组，镇(街道)干部实行包片联系负责制，形成层层抓责任，级级抓落实的工作机制。召开专题调研座谈会，对"两委"组织情况和换届意向"两委"职数配备、村(社区)干部待遇、基层运转经费等情况深入研究分析。区、镇两级均召开换届选举动员部署暨培训工作会议，培训人员1500余人次。严格把关，55人取消候选人资格。6月28日，全区98个村、社区全部完成换届选举工作。村委会选民总数54105人，参加投票选民数53569人，参选率99%，村(居)两委当选人数445人。换届后，"两委"职数明显精简，班子结构明显优化，一大批"在状态、有激情、敢担当"的人才进入"两委"班子。28个村共选出村委会成员82人，平均年龄46岁；其中女性36名，占44%；大专及以上学历31名，占38%；35周岁以下11人，占13%；70个社区共选出居委会成员363人，平均年龄42岁，大专及以上学历296名，占82%；女性219人，占60%；35周岁以下138人，占38%。

【社会组织管理】2017年，出台《天元区2017年度社会公益组织评审办法(试行)》，对积极参与全区社会公益事业的社会组织给予资金支持。召开天元区2017年度社会公益组织评审会，经各社会公益组织自评、社会组织专业评审委员会综合评定，天元区湖湘文化志愿者协会、天元区文家冲社区志愿者协会、株洲市爱心志愿者联合会3家社会组织被评为一类，给予5万元奖补资金。天元区艺术协会、天元区健康志愿者协会、天元区空灵岸爱心敬老协会、株洲市同心社会服务中心、株洲市慈航爱心助老公益协会、株洲树德公益事业发展中心、天元区泰和同心公益协会共7家社会组织被评为二类，给予3万元奖补资金。株洲市康复者量化研究发展基金会、株洲市天元区青年创业者协会2家社会组织被评为3类，给予2万元奖补资金。中共株洲高新区(天元区)投融资促进协会支部委员会、中共株洲市天元区(高新区)长跑运动协会支部委员会经区委组织部选定为党建阵地建设示范点，各安排补助经费1万元。其他党支部各安排补助经费8000元。

全区有20家社会公益组织活跃在各社区，社区志愿者和社会工作者，积极配合社区开展针对留守儿童、自闭症患儿等人群的心理咨询活动、心理健康讲座等公益活动。其中，泰山路街道家园社区被评为湖南省2017年度最佳志愿服务社区。文家冲社区志愿者协会荣获省第二届青年志愿服务项目大赛总决赛金奖。

【株洲首届全民公益创新论道交流会】12月23—24日，天元区全民公益创新论道交流会举行。活动主题为“高举旗帜跟党走践行公益结对行”。活动由天元区政府、株洲日报社、市人大常委会三湘农民健康行组委会办公室主办，区委组织部、区委宣传部、区人大常委会三湘农民健康行组委会、区民政局、区文明办、团区委、嵩山路街道承办。100多家株洲社会公益组织共同交流探讨志愿服务工作和面临的困境以及对公益之路的一些思考。其间，举办“生命自主·健康互助”分享会、“2017：走向全民公益”“圆桌会：公益论道”等活动，成立“公益天元记录者俱乐部”。活动除在天元区政府设主场外、还在相关健康社区设公益讲座分场。活动得到国内、省内各大媒体报道。

举行株洲首届全民公益创新论道交流会宣誓

【社区服务用房建设】 天元区从2016年始实行《株洲市天元区社区服务场所提质改造三年行动计划(2016—2018)》，对个别具备新建或改扩建条件的城市社区进行提质改造。2017年，全区新建社区服务用房3个，分别是群丰镇石塘社区、泰山路街道新塘社区和嵩山路街道香山社区。提质改造后的社区，功能布局完善，制度完善，统一标识，有效推进了社区服务用房建设。

【第二次全国地名普查】 2017年，天元区第二次全国地名普查领导小组召开全区普查工作动员会，制定下发《株洲市天元区人民政府关于开展天元区第二次地名普查工作的通知》《株洲市天元区第二次全国地名普查实施方案》等文件，区财政安排专项资金80万元用于地名普查，开展以“搞好地名普查，助力中国梦想”等为口号的宣传工作，组织全区地名工作者和地名普查联络员进行动员会、业务培训、视频会，300人次参加培训。开展《天元区最美地名故事》征稿活动，增强全社会对地名文化遗产的保护意识。普查工作中采用GPS技术和图解法相结合的办法进行测量，做到图解法精确到秒，实测法精确到0.1秒，有效确保了数据信息的精准度。最终普查采集到11个大类54个小类地名，完成6635个地名及480个地名标志内外业核查及数据库建设。整理地名普查纸质档案11070条，并将地名档案信息录入电子系统，做到档案规范化、信息化管理。4月9日，天元区地名普查以97分的成绩通过省普办的验收，成为全省第一家验收通过单位。

【出台《天元区城市道路命名管理办法》】 2017年，出台《天元区城市道路命名管理办法》，明确道路分类标准、道路命名、更名申报流程，对道路命名原则制定严格标准。对全区路牌设置样式，要求原则上采用国家《GB17733-2008地名标志》标准设立。启动道路命名规范工作，对全区不规范的道路进行清查，清查出有27条不规范城市道路。新命(更)名金华路、慈善路、庐建路3条道路。

【行政区划工作】2016年9月28日，株洲市人民政府批准同意增设马家河街道办事处。2017年，区民政局着力完成从栗雨街道析置出马家河街道工作。按照区域规整原则，将浅塘社区与南塘社区划分到栗雨街道。按照主要交通要道为界原则，以京珠高速为界划分栗雨街道和马家河街道。按照辖区管理范围基本对等原则，划分给栗雨街道、马家河街道各10个社区。按照园区规整原则，将中路社区划归栗雨街道以保证栗雨工业园的完整性，将月塘划归栗雨街道以保证月塘生态新城、汽配园的完整性。析置后的栗雨街道辖栗雨、王家坪、南塘、凿石、永安、浅塘、月塘、中路、景园、湘湾10个社区，区域面积近30平方千米，总人口8.8万人，街道办事处驻王家坪社区。析置后的马家河街道辖古桑洲、新马、农科、万丰、高塘、仙岭、泉源、大石桥、金龙、太高10个社区，区域面积35.97平方千米，总人口7.06万。街道办事处驻仙岭社区。

【界线管理】2017年，天元区与芦淞区共同对双方13.08千米边界线、2个界桩点进行实地逐点逐段核查。清除界桩周围杂草，维护清洗界桩，拍摄界桩照片，排查并妥善处置边界纠纷隐患，推进平安边界创建。

【行业协会商会脱钩】2017年，区民政局对全区行业协会商会开展脱钩工作，按照上级相关文件要求，取消行政机关(包括下属单位)与行业协会商会的主办、主管、联系、挂靠关系。脱钩围绕机构分离，规范综合监管关系；职能分离，规范行政委托和职责分工关系；资产财务分离，规范财产关系；人员管理分离，规范用人关系；党建、外事等事项分离，规范管理关系展开。按照“应进必进、一个不漏”要求，制定整改方案，明确责任人，召开专项培训会。8月，完成天元区羽毛球协会、天元区内部审计协会、天元区餐饮业行业协会、天元区王家坪白菜苔协会、天元区合花无公害蔬菜食品协会、天元区风景园林绿化行业协会、株洲市高科企业联合会、天元区新安居建材商会、天元区、株洲高新区长跑运动协会、天元区武术协会、天元区徒步登山协会等11家行业协会、商会脱钩工作，提前保质保量完成脱钩任务。

【婚姻登记】2017年，区民政局打造“绿色通道婚登”，开通网上预约登记服务。办理结婚登记1966对，离婚登记802对，补发离婚登记证71个。婚姻登记合格率100%，办理收养登记1例。建立和完善婚姻登记信息数据库，录入婚姻登记数据2768条。

【殡葬管理】2017年，区民政局加强殡葬管理，推动绿色殡葬、移风易俗。出台《株洲市天元区公益性简易公墓选址和管理暂行方案》，方案规定公益性简易公墓建设的选址原则、建设标准和公墓管理要求。启动群丰镇农村公益性公墓建设，下拨50万元专项资金。同时，完成雷打石镇集中治丧场所改建任务，对雷打石镇公道社区奔鹿瓷厂职工集中治丧点(厂房原用于雷打石镇附近居民集中治丧)进行提质改造，先期下拨12万元启动经费至雷打石镇公道社区。

【救灾减灾】6月下旬至7月初，天元区受强降雨过程影响，全区范围内洪涝灾害严重，全区受灾17847人，紧急转移安置1272人，农作物受灾2037公顷，倒塌房屋68户211间，直接经济损失4800余万元。面对大险大灾，工委区委、管委政府领导带头轮班值守防汛救灾指挥部，驻守防汛一线指挥，各级党政机关领导干部、抗洪群众日夜坚守，排除险情，转移安置群众。区民政局认真核查灾情，实行“24小时零报告制度”，与水利、国土等部门组成灾情统计小组，发放给灾民棉被664床，棉衣50件，9万余元的米、油，将爱心企业价值近9万元捐赠救灾生活物资紧急运送至灾区。下拨80万元至各个镇(街道)用于汛期救灾。发放住房恢复重建补助及冬春临时生活困难救助资金113.4万余元，救助人员788人次，233户。雷打石镇沧沙社区获评2017年湖南省综合减灾示范社区，群丰镇湘云社区、三门镇上节街社区获评2017年株洲市综合减灾示范社区。(易梓西)

劳动人事和社会保障

【概况】2017年，株洲高新区劳动人事局、天元区人力资源和社会保障局(简称“区人社局”)内设综合科、人事管理科、社会保障科、争议调解仲裁科4个科室，归口管理社会保险中心、人才人力管理服务中心、机关退休人员管理办公室、劳动保障监察大队4个机构，在职干部职工71人。主要负责全区公务员管理、人事工资福利、劳动行政管理与监察、劳动仲裁、人才人力资源管理服务、劳动就业培训、社会保险、机关退休人员管理与服务、省为民办实事及市民生“100工程”督查考核等各项工作。年内，区人社局获评湖南省城乡居保经办管理服务工作优秀单位、湖南省城乡居保信息宣传工作优秀单位、株洲市绩效评估优秀单位、株洲市公共就业创业服务示范平台、株洲市优秀劳动监察大队、天元区建设文明城市工作先进单位、天元区计划生育综合治理工作红旗单位、天元区抗洪救灾先进集体、天元区维稳工作先进单位。

【预征地农民待遇提高】2017年，三门镇、雷打石镇第三、四年龄段纳入征地农民范围参加城镇职工养老保险，先保后征，主动对接辖区银行提供优惠利率的“农民养老保险贷款”，以“预征地农民身份、个人自愿、全额缴费、补建补缴”方式最大限度的帮助预征地农民参加城镇职工养老保险，参保缴费2630人，人均每月养老金待遇从100元提高到1100元。

【城乡社会保障】2017年，全区企业养老保险参保人数新增9796人，新增参保人数和基金收缴量均为全市第一。率先建立城乡居民养老保险丧葬补助金制度，并追溯到2015年8月14日开始兑现，补发放丧葬补助费约100万元。调研农垦养老保险接转企业养老保险问题，与省市协调，为下步接转奠定可靠基础。妥善解决原园艺场退休人员参照事业单位退休生活补助费待遇集访问题。

【创业就业】2017年，区人社局主动对接辖区适龄青年就业意愿和企业用工需求，组织举办“送岗下乡”、园区企业专场招聘会、“名企泰山行”及嵩山路街道大型招聘系列活动10场，累计提供供职单位数922个，搜集空岗信息4391个，推荐成功就业2410人。组织创业实例大赛、典型示范教育和创业讲座，示范引领“大众创业、万众创新”，推荐评选省级创新创业带动就业示范街道1个、示范社区2个，省“双百工程”优质初创企业1个，市“100创优工程”优质初创企业5个，个体工商户6个，公共就业创业服务示范平台14个。组织开展SYB创业培训班8期、260人，培育创业导师5名，新增城镇就业5535人，全区城镇登记失业率2.99%，破解辖区“就业、招工”两难困境。

“春风行动”麦格米特专场招聘会

【人才优化】2017年，区人社局创新机制保障队伍活力，首创赴“双一流”高校设点引才11名。设法解决用人难题，考录选调公务员44人，赴高校、面向社会招聘事业单位工作人员76人，招聘、选调教师207人，卫计系统招聘34人，解决区内部分单位人员急缺的问题。增强基层人才储备，输送“三支一扶”(大学生在毕业后到农村基层从事支农、支教、支医和扶贫工作)人才5人、选聘党建专干18人，企业发展服务中心招派28人。推陈出新，转“聘”为“派”，指导完成公安辅警招派计划250人，综治网格员招派计划257人，城管座席员招派计划12人，环保分局招派计划4人。

【民生工程办理】2017年，天元区承担的“民生100”工程各项指标均超额完成，获城区排名第一。创新机制，强推考核，创立以月度小结、半年点评、年终排队相结合的“三位一体”考核机制，转“结果考核”为“过程管理”，得到省市考核部门的肯定并在《湖南绩效》上刊登。积极履责，全力调度，扎实开展业务培训、进度督查、项目调度和督办调研。广泛宣传，打造品牌，开设《天元区“民生100”工作简报》，全面通报进度情况、工作要点和亮点，想方设法为日常沟通“建渠搭桥”。年内，省市级刊物或媒体报道天元区“民生100”工作56次，区级网站、报刊172次，获得《湖南绩效》上稿信息加分。

【劳动者权益保护】2017年，区人社局开展工资集体协商企业715家，签订率90%以上，确保劳动关系零事故，营造双赢环境。通过与公安、法院、检察院联合处置劳动案件，侵犯劳动者权益案件得到严厉打击。调查处理劳动纠纷案件200余起，立案调查131起，其中协调解决100余起，涉嫌犯罪案件移交公安机关2起，移交法院10余起，涉案金额近700万元。调裁结合，妥善处理劳动争议仲裁案件122件，涉案金额782万元。主动出击，对重点领域主动巡查，审查新增劳动合同572份、解除劳动合同431份，有效做到预警前置。

【机关退休人员管理】2017年，区人社局把领导的关怀落到“五个必访”(老同志生病必访、满十生日必访、新春佳节必访、生活困难必访、丧葬大事必访)上。走访慰问老同志136人次、12万余元。成立唱歌、跳舞、柔力球、太极拳、门球、乒乓球、棋牌等娱乐队，用丰富多彩的老年活动展现新区独有的退管特色，营造261名机关退休人员愉悦氛围。

【社会保障改革】2017年，区人社局聚力推进医保支付方式、社会保险管理体制、机关事业单位养老保险制度改革，完成全区102家单位、在职人数2469人、退休人数942人的数据审核、导入系统审核通过，正式启用新系统上线运行。稳步开展公车改革工作，联合初审48家参改单位人员情况，及时完成42名司勤人员安置到岗。科学规范岗位动态管理，推进事业单位岗位设置，审核教育系统岗位设置异动人员477人、卫计系统岗位设置异动人员15人。组织对区内聘用人员“五险”(养老保险、医疗保险、失业保险、工伤保险和生育保险)和合同签订情况进行督查，出台《聘(派)人员管理办法》，对区聘人员和派用人员的管理进行完善和规范，规定区聘人员数量只减不增、不再新增，派用人员从严从紧控制，机关事业单位、镇(街道)聘(派)人员额度原则上不得超过核定编制数的10%。区聘人员年龄男性不得超过55岁、女性不得超过50岁。派用人员年龄要求原则上首次派用年龄不得超过45周岁，男性年满55周岁、女性年满50周岁不得继续派用，原则上要求大专以上学历。区聘人员在管理、辅助性岗位基本工资2400元/月，在专业技术岗位基本工资不超过3400元/月，月度绩效工资1000元按月度考核结果发放，年度考核合格以上，年终考核奖金按5000元标准发放，基本合格的奖金按合格等次50%发放，不合格的不予发放奖金。严格按照国家有关政策规定落实区聘人员“五险一金”，即城镇企业职工养老保险、工伤保险、医疗保险、生育保险、失业保险和住房公积金。各用人单位不得超额度申报和使用聘(派)用人员，不得违反规定和程序擅自聘(派)用人员，不得擅自提高或降低聘(派)用人员的工资标准和待遇。

【服务企业】 2017年，区人社局为破解招工难瓶颈，主动对接湖南工业职业技术学院签订框架合作协议；拓宽人力资源渠道，与沅陵县、溆浦县、凤凰县人力资源和社会保障局分别签订劳务合作协议；搭建线上平台，建成“新区人力资源管理工作者QQ群”服务企业平台，直接为辖区企业和人力资源管理工作者提供政策咨询、劳动案例研讨等服务；探讨解惑企业热点难点，组织新近入园企业和规模企业召开座谈会，上门解读园区企业费率优惠等政策，了解企业用工需求，为企业用工提供指导，最大限度用好现有政策服务企业，率先在园区推行“园区企业养老保险费率试点”和“大学生费率试点”，惠及企业4家、新近毕业大学生31名。用活用足失业保险稳岗补贴政策，解决困难企业30家、失业保险稳岗和技能提升补贴1110万元，受惠人员24694人。以小助大，通过小额担保贷款、微创业、门面补贴及升学奖励政策，兑现奖励、补贴1315余万元，小额担保放贷360万元，有效解决失地劳动力子女、下岗失业人员、退役军人、大学生等1242人的实际问题，增强困难企业和特殊群体稳岗竞争力。

【基金征缴监管】 2017年，天元区基金征缴6.19亿元，养老失业保险基金累计结余10.5亿元，被征地人员社会保障基金累计结余4.35亿元。以强化内控为抓手，依托社会保险基金监督软件，加大非现场监督工作力度，开展社会保险基金专项检查，严格执行社会保险基金安全问责制，确保基金(资金)安全完整和规范运作率100%。

【人社队伍建设】 2017年，区人力资源和社会保障团队始终坚持把强班子、带队伍、抓作风作为队伍建设的重点，着力建设高效、务实、廉洁的团队。狠抓廉洁树形象，压实主体责任，落实“一岗双责”、意识形态建设和党风廉政建设责任制，树牢班子成员及党员干部的廉洁从政意识，打造人社干部新形象。突出学教促提升，充分运用微信、QQ、红星云等新兴媒体，开展“两学一做”学习教育和互动式党务活动，实现“线上线下”互动交流，组织举办集中学习10次，800余人次党员干部参加学习。开展支部书记讲党课竞赛。组织开展“高温送清凉”“党建领航接地气，社保服务进社区”“真情慰问暖人心”“喜迎十九大，向党说句心里话”等主题党日活动。推行“五问工作法”点评机制，每月由党代表、人大代表、政协委员、局班子成员组成测评团，对干部个人工作进行评价和打分，提升团队效率和执行力。

【结对帮扶促脱贫】 2017年，区人社局采用班子成员“一帮一”结对方式，与帮扶户建立常态联系，充分发挥部门职能优势，定期赴茶陵县枣市镇侯泉村贫困户家中开展帮扶，向全局党员干部发出“生命可贵，爱心无价，为贫困癌症患者李清朱捐款倡议书”，开展“扶贫济困践行友善”的捐款活动，2次捐款金额1.13万元，为其解决就业咨询、农作物销售、易地搬迁等问题。采取“合作社+农户”运作模式，计划投入120万元开发建设11.33公顷脐橙种植基地。侯泉村57.5千瓦的光伏发电站正式并网发电，新增村集体经济收入5万余元/年，安装路灯100盏。投入62.5万元建设资金解决28个小组村民安全饮

用水问题。签订结对12户贫困家庭脱贫协议书，取得阶段性扶贫成果。（罗小清）

政务服务

【概况】 天元区政务服务中心是区政府对外展示形象最有代表性的窗口单位。2016年，机构改革后加挂“区电子政务中心”牌子，核定全额拨款事业编制12人，实际在岗4人。2017年8月，以政府购买服务方式招录5名工作人员，在岗人数9名。承担全区政务服务、政务公开以及电子政务等工作。

区政务服务中心原进驻单位有社保、就业、民政、城管、卫计6大类别。为打造服务亮点，拓展传统政务服务项目与内容，积极对接区食药局、残联及综治中心，调整服务窗口、腾出办公房屋，在原有基础上增设食药便民服务窗口2个和残联、综治中心心理咨询室各1处，为辖区群众提供政务服务的同时，提供一定的社会人文服务。年内，区政务大厅受理业务13768起，办结13756起，共服务群众31万人次，满意率100%；受理各类业务咨询9800余起，满意率100%。（邓 波）

【政务公开】 2017年，区政务服务中心全面推进政务公开，加强社会监督管理。一是在政府门户网站公开权力清单、责任清单和负面清单，并建立健全清单动态调整公开机制。设置重大工程项目信息、保障性住房信息等专栏，公开和群众切身利益相关的信息，保障群众知情权。二是全面推进管理公开。对安全生产、环境保护、市场监管、扶贫等领域管理信息加强监督，利用浮动窗口公布举报电话，接受社会监督。三是全面推进结果公开。及时公布规范性文件，加大决策解读力度，全面公开政府财政预决算信息和专项资金使用情况，对行政许可和行政处罚开设专栏进行双公示。四是及时做好依申请公开和区长信箱回复工作，全年受理依申请公开8起，回复区长信箱13起，均在规定时间内给群众满意答复。（邓 波）

【电子政务】 2017年，中心协同中国电信株洲分公司分期完成7家基层单位及9家双管单位电子政务外网连通工作，电子政务外网覆盖全区绝大部分单位。配合区委办结合涉密网建设对机房进行改造，调整拓扑结构，理顺逻辑关系，做好地址管理，完善涉密网及电子政务内网各项管理制度。全面启动并完成区内电子政务建设情况调研，探明情况、摸清底细，为来年全面启动“互联网+”网络平台建设提供决策依据。10月8日，天元区电子政务中心正式挂牌。（邓 波）

【区政府门户网站建设】 2017年，区政务服务中心全力保障区政府门户网站正常运行，查找修复后台BUG29余处，修改网站断链、错链912个，上传网站、微博微信信息260余条，修改错别字278个；向市政府门户网站上传信息183条，做到内容更新准确及时，运维管理安全有序，省政府网站绩效考核排名56名，提升48个名次。（邓 波）

【制度建设】 2017年，区政务服务中心注重强化部门内部党务、业务、事务、财务以及政教、纪律等规章制度建设，以“建好制度，立好规矩，把规章制度建设贯穿到各个领域，落实到制约和监督权力各个方面，发挥规章制度激励约束作用”为依据，以“精当、务实、管用”为方向，以“直面现实问题、解决实际困难、破解制约瓶颈”为路径，以“立得住、行得通、管得了”为目标，先后制定出台“三会一课”和民主评议党员等6项党务制度，环卫保洁和印信使用等8项内务制度，统一制式服装和首问首接等10

项业务制度，“三重一大”和廉政谈话等5项纪律制度、财务管理、财务内审以及规范经费支出范围和报销程序等3项财务制度，切实做到用制度管人、管事、管物。区政务服务系统全面推进“讲规矩、讲安全”工作，制定出台专门的部门议事规则、办事规程和活动规范3项制度，设置安全隐患查治温馨提示牌10处、添置安全风险管控文化宣教栏2个、购置安全事故防范资产性设施20个，开辟专区设置“五问工作法”月度报表公开专栏，坚持做到部门事项月初预安、月末销号，有效形成“马上就办、真抓实干”的工作氛围。（邓　波）

【工会活动】9月6日，区政务服务中心获区直机关工委批准成立部门工会。9月28日，选举产生区政务服务中心工会首届委员、主席、女工委员。10月27日，结合区文明办“我们的节日·重阳”主题活动，开展“尊老敬老志愿服务”工会活动，上门走访慰问群丰镇弱困老人16名，配套送出被褥、衣服、食品等物资。通过创新运用“送温暖、献爱心”和“关注健康、增进友谊”等活动载体，创造气氛活泼、身心轻松的工作环境，增强工会组织吸引力和凝聚力，增进干部职工归属感和荣誉感。（邓　波）

【刘睦平带队到区政务服务中心督查】9月7日，人社部社保中心综合处处长刘睦平带队到天元区政务服务中心督查人社系统社保经办机构窗口单位作风建设工作。区长董巍、株洲高新区副主任罗克俭、区人社局局长齐艳辉陪同。

刘睦平一行详细询问社保经办窗口日常工作运转及实施“五制”（首问责任制、责任追究制、限时办结制、服务承诺制、一次性告知制）、“五公开”（办事人员身份公开、办事承诺公开、办事流程公开、办事职责公开、办事标准公开）、“三亮明”（亮明身份、亮明承诺、亮明形象）情况，向工作人员了解社保业务经办流程，并随机对前来办事的群众进行满意度调查。查阅日常工作台账，了解基层社保平台的建设情况。督查组对天元区社保中心各险种统一运行一站式办公环境、完善的便民设施及规范热情的窗口服务给予肯定，并要求窗口工作人员要扎扎实实转作风，不断优化服务流程，提高服务效率，让群众真真切切感受到作风转变带来的好处。（尹　昱）

【谭琳到区政务服务中心调研】6月22日，全国妇联副主席、书记处书记谭琳在省妇联主席姜欣，副主席王邵刚、张媛媛，市委副书记雷绍业等陪同下到天元区政务服务中心对生育保险和婚姻家庭纠纷化解等工作开展调研。调研组先后实地走访区政务服务中心大厅社保窗口和婚姻调和机构“等等吧”。在社保窗口，谭琳详细了解株洲的生育保险情况，怎么参保、怎么缴费、怎么报销生育费用等。在“等等吧”，吧主“小毛姐姐”详细讲述“等等吧”成立3年来的运行情况，3年接受咨询1800多对、2800多人次，为120多对濒临分手的夫妇化解了婚姻危机。谭琳对对天元区的经验、做法给予充分肯定，表示要将天元好经验、好做法带回去。她希望每一个婚姻登记处、每一个法院的旁边都设有这样的“等等吧”，避免两口子因一时冲动而离婚。（尹　昱）

机关事务管理

【概况】天元区机关事务服务中心为区政府直属正科级全额拨款事业单位。2017年，区机关事务服务中心内设综合办、物业管理股、财务股3个职能股室，核定编制11名。负责高新大厦及附楼、会议中心、火炬大厦的物业管理以及物业公司的监管和考核，协调物业公司和各部门的工作。对机关食堂和超市监管，提升服务质量。负责高新大厦大院办公部门的行政后勤服务。

【党风廉政建设】2017年，区机关事务服务中心强化服务意识，扎实推进机关党建工作。结合集中组织、个人自学、红星云等多种形式召开学习贯彻及研讨会34次。5月起，开展支部主题党日活动9次。深化落实“两个责任”，制定落实两个责任实施细则，建立责任清单制度，明确党组领导班子、党组主要负责人、领导班子成员主体责任，将党风廉政建设目标责任细化分解到位，定期分析研判党风廉政建设和反腐败工作情况特点并做出有针对性的部署，定期向上级党组织和纪检监察机构报告责任落实情况；各单位负责人主动领取“量身定制”责任清单，将落实党风廉政建设责任细化到事、具体到岗、责任到人，确保履责有任务、尽责有标准、问责有依据，构建横向到边、纵向到底的责任体系。严格执行党风廉政建设任务分解的主体责任，始终以严的要求和严的标准抓班子、管队伍、作示范。全方位开展党风廉政建设和反腐败斗争，确保实现“零违纪”目标。

中心开展“九九重阳节 浓浓敬老情”主题党日活动

【办公场地改造】2017年，区机关事务服务中心完成各办公场地改造装修工作。完成主楼十楼所有办公室改造和办公设备、多媒体智能化系统的安装，并及时交付使用。按要求完成部分领导办公室和集中办公区改造工作。配合区政法委网格化管理建设工作，协助相关部门搬迁和办公室清理工作，解决其屋面漏水问题。按期完成会议中心报告厅改造工作，牵头完成区纪委、监察委等多家单位的办公室调配等系列工作，按期交付原展厅改造办公室用房。

【物业管理】2017年，区机关事务服务中心重服务、勤履责，优化机关物业管理服务质量。将所辖部门负责人纳入“五问”工作法例会。每月听取各单位工作汇报后由分管领导提问质询并严格考核。建立机关事务管理微信群，及时通告各类情况，实现24小时动态管理。加强员工培训，所辖部门组织各类工作培训27次。提高机关管理服务水平，每季度开展一次满意度调查，面向机关单位征集调查问卷412份，满意度98%。扩大巡逻监控范围，24小时守岗监控，严格执行来访人员登记制，有需要时对来访人员全程跟进服务。对进出大厦的物品进行仔细检查并执行“放行单”制度，提高办公楼安全性。年内，参与各种大型会议活动礼宾接待、治安防范、交通维护等工作80余次。各项紧急任务保障率99%，重大活动保障满意率98%以上。注重绿化保洁。完成机关办公区绿化植被的全面防虫、修剪、清理等各类维护56次，主楼大厅地面、天台玻璃、外墙、地下车库等各办公区域大型清洁174次。强化设施日常维护，及时做好中央空调机组、升降电梯、直饮水设备、会议室音响和显示屏等设备、监控系统、消防设施的维护保养，确保机关大楼的正常运转和安全。年内，各类综合维修3270项，维修合格率、及时率100%。高质量提供会务服务，其中重要会议服务151场。

【食堂管理】2017年，区机关事务服务中心针对机关食堂排队时间长的现象认真整改，在过渡期间调整为两排就餐窗口，减少就餐排队时间。启用“互联网+明厨亮化”监控系统，同步建立食堂餐饮卫生每日巡查制度。安装点评机，收集机关干部用餐意见，发现问题及时整改。定期公示食材样品、配料来源及入口食材的检测报告，保证菜品新鲜可口和多样化，每周对食堂菜单进行审核，确保菜品不重复。定期开展厉行节约宣传工作，积极推行光盘行动，杜绝浪费行为。

【公务用车管理】2017年，区机关事务服务中心全力配合公务用车制度改革，启用公务用车平台，加强高质服务、安全出行。先后制定实施《天元区公务用车服务管理平台管理办法》《天元区公务用车服务管理平台司勤人员管理制度》《天元区公务用车服务管理平台司勤人员考核制度》《天元区公务用车服务管理平台司勤违章处理办法》4个相关管理制度和办法。公车管理平台安全出车2559趟，行车27万余千米。制定和实施机关大院车辆出入停放管理方案，对区政府大院停车位进行全部翻新，在主楼地下车库安装道闸，指导车辆有序停放。完善使用区政府后坪、火炬大厦前坪立体停车库130多个停车位，配备专人管理和服务。年内，纠正违规行驶、停放车辆1150台次，开具发放违章停车通知单近百份，加锁处理335台次。修建区政府后山便道，倡导就近居住机关干部上下班多步行少用车。（刘　平）

档案区志

【概况】2017年，天元区档案区志局与天元区档案馆为一个机构、两块牌子，属区政府直属的正科级全额拨款参公事业单位。档案区志局(馆)现有在职工作人员7名，局机关设“三室一馆”，办公室、业务股、地方志办3个股室，区级综合档案馆。局(馆)主要履行全区档案工作行政管理、档案管理、地方志工作三大块工作职责。

2017年，档案区志局一是认真做好档案工作。年内，接收各类档案12183卷。其中，文书档案941卷，退伍军人档案1726卷，婚姻档案1324卷，会计档案7097卷，科技档案1095卷，新增馆藏数量23%以上。目录数据库232327条，其中案卷目录21250条，卷内目录122553条，归档目录88524条。年内，新增数字化档案扫描约9.5万页。精心组织、策划编印《档案政策法规选编》3000份下发到区直机关、各镇、街道、企业，中、小学校、幼儿园。在全区范围内开展“档案——我们共同的记忆”主题活动，向省、市、区报送信息62条，被市级媒体采用2条。二是努力做好地方志工作。《株洲高新区·天元区志》稿通过市级评议。时间短、质量高，得到省地方志办公室主要领导高度评价，被称之为“天元速度”。《株洲高新区·天元区年鉴(2017)》由方志出版社审定首次全国公开出版发行。区庆画册《火炬之光耀新天》顺利出版，为株洲高新区成立25周年、天元区建区20周年庆典贡献智慧和力量。编辑出版《株洲高新区、天元区地方志工作动态》4期。年内，区档案区志局被评为2017年度全省档案宣传工作先进单位、株洲市档案工作先进单位、株洲市地方志工作先进单位、天元区文明建设先进单位。区档案区志局曾令华撰写的《浅谈第二次档案事业体制发展做法》获2016—2017年度(全国)经济建设与科学发展理论实践成果特等奖，并刊载于国家级社科图书《和谐中国与小康建设》上。

【依法治档】2017年，档案区志局联合区人大内司委、区政府法制办等部门于9月4—12日、10月10—12日对全区57个立档单位开展档案行政执法检查工作。档案区志局下发《关于开展2017年档案行政执法检查的通知》，采取现场查看资料、座谈了解情况的形式进行。检查发现：全区依法治档意识明显增强，管理机制比较完善，档案专(兼)职人员工作认真负责，档案收集及时、整理利用符合相关要求，档案安全管护条件逐步改善，档案管护“八防”措施基本落实。检查中未发现档案丢失、档案泄密事件和档案损毁等达到行政处罚的违法行为。但仍存在一些问题，对问题较多的单位下发《行政执法检查限期整改通知书》，提出整改建议。所有资料形成档案执法检查案卷，并将行政执法检查结果在全区进行通报。

【档案宣传教育】 6月9日，是“国际档案日”。区档案区志局以此为契机，开展档案宣传教育活动。下发《关于开展2017年“国际档案日”系列宣传活动的通知》，开展“档案——我们共同的记忆”宣传和征文活动，将宣传挂图发放到各镇、街道(社区)，张贴在人员密集的地方，进行宣传。征集征文28篇，征文汇编装订成册，遴选5篇优秀征文上报市档案局。编印《档案政策法规选编》3000份下发到区直机关、各镇、街道、企业，中、小学校、幼儿园。组织全区57个立档单位参观《走进西藏——株洲对口援藏档案展》活动展览。开展档案法律法规知识有奖竞赛活动，完成竞赛试题300份。年内，向省、市、区报送信息62条，被市级媒体采用2条。

开展档案宣传教育活动

【档案业务培训】 4月18日，为加强档案的管理和收集、整理等工作，提高各单位档案资料归档工作的质量和档案人员的业务能力，区档案区志局举办有80余人参加的全区专(兼)职档案人员业务培训班，邀请市档案局业务指导科副科长李琼瑜就文书档案管理进行授课及培训；同时，组织11名档案员参加省档案局举办的2期4次业务培训班。通过培训，提高了全区档案人员业务和管理水平。

【档案规范化建设管理】 2017年，档案区志局加强档案管理规范化建设。一是对高科集团、天易集团、保障住房、建设局45个建设项目资料的收集进行督促和业务指导。二是对土地确权档案进行业务指导。先后5次与区农村工作局的工作人员一起去档案外包服务公司，对农村土地承包经营权确权登记、颁证资料的收集整理工作进行跟踪指导，主动地与区扶贫攻坚领导小组办公室衔接，与区驻茶陵县帮扶的8个工作队取得联系，就扶贫资料的收集整理工作提出要求。三是示范镇创建工作。4月，区档案区志局召开班子成员会议，专题研究创建示范点选点工作，选定雷打石镇为创建示范点。区档案区志局业务股人员多次去雷打石镇进行业务指导，10月17日，雷打石镇顺利通过株洲市档案工作示范乡镇验收组验收，成为天元区第一个档案工作示范乡镇。四是规范化管理创建工作。将规范化管理创建工作由机关延伸到企业，将国有独资企业高科集团、民营企业悠移山庄纳入规范化管理创建单位。12月，株洲高科集团、悠移山庄分别通过档案工作规范化管理湖南省特级、湖南省一级验收。

【档案信息开发利用】 2017年，区档案区志局以档案信息资源为基础，根据社会对档案信息需求，对档案信息进行挖掘、整理、加工，及时有效地传播档案信息。一是申报《DARMS平台服务器安全升级》计划书，投入经费21万元用于添置档案信息数字化平台建设软、硬件设施，为区档案系统平台接入互联网做好准备。二是精心组织编印《档案政策法规选编》，编写档案利用典型事例7例。三是利用QQ工作群等工作平台征集各镇、街道红军档案、知青档案。征集建宁实验中学、天元中学、马家河中学、群丰中学、三门中学、雷打石学校、株木中学7所中学校训档案。四是坚持每周5个工作日对公众提供档案免费查询服务，建立查询登记台账，做好利用效果登记。年内，接待来电来访1500人次，查借阅档案3000卷，复印用纸2万余张。

【档案资源建设】 2017年，区档案区志局加强档案资源建设。一是新增馆藏档案。年内，接收各类档案12183卷。二是收集县级领导公务活动档案。收集工委(区委)周建光书记《春秋一载·岁月华浓》履新一年的工作掠影画册，区人大常委会主任程燕、区人民政府区长董巍、区政协主席谈志明公务活动资料。三是与人大、政协衔接，收集天元区第五届人民代表大会第一次会议资料(一)(二)(三)(四)册和天元区第五届人民代表大会第二次会议资料(一)(三)册；收集政协天元区第四届委员会《光辉历程》《天元问政》《委员风采》及政协天元区第五届委员会第一次会议资料汇编。主动联系中国动力谷科技创新服务中心负责人，指导中国动力谷科技创新服务中心将5年来的重要资料收集整理，编印、出版《中国动力谷自主创新园简报》《株洲·中国动力谷年鉴(2017)》。四是重视机构改革档案的处置和管理工作。先后6次派人到马家河街道办事处对其撤镇建街道的档案工作进行督促指导，对档案的安全保管保护向单位负责人提出具体要求。对财政局改制企业债权债务档案进行督促指导、整理归档。原卫生局、计生局合并后，接收原卫生局1997—2015年档案。五是及时上报国家、省重点档案保护和开发项目。收集1张华国锋同志与湖南省参加全国第二次农业学大赛会议全体代表的合影照片和1张民国时期冯中证地契，对照片与地契加以修复装裱，扫描成电子照片。

【《株洲高新区·天元区志》稿通过市级评审】 10月20日，《株洲高新区·天元区志》稿评议会议在天台山庄举行。湖南省地方志编纂委员会党组书记、副主任易介南，党组成员、副主任邓建平，县市志工作指导处处长隆清华、副处长李章进；株洲市地方志编纂委员会办公室党组书记、主任李一平，党组成员、副主任陈北宏等省、市地方志工作领导和专家以及相邻县市区地方志办的专家、学者，中共株洲高新区工委副书记、天元区委副书记、天元区人民政府区长董巍，天元区人大常委会主任程燕，政协天元区委员会主席谈志明，天元区主管地方志工作副区长蒋智及全区各镇街道、区直机关各单位、市直驻区双管单位主要负责人120余人出席会议。会议分开幕式和志稿评议两个阶段举行，分别由杨宇和陈北宏主持。董巍致欢迎辞，蒋智作《株洲高新区·天元区志》稿编修情况汇报，省、市地方志编委会领导易介南、李一平在会上讲话。开幕式后进行资料留存和志稿评议。省、市地方志委领导、专家、学者经过评议认为:《株洲高新区·天元区志》稿编纂指导思想明确，政治观点鲜明，框架结构基本合理，内容基本完整，篇目设置符合要求，叙述朴实流畅，资料丰富，时代、区域特色浓郁。但也存在个别

《株洲高新区·天元区志》稿评议会议

标题设置欠当，个别篇章内容资料不翔实，数据不准确，图表少，表述不严谨及感情化、套话、空话等问题。区志稿经修改完善后可以出版发行。

【《株洲高新区·天元区年鉴(2017)》首次公开出版】《株洲高新区·天元区年鉴(2017)》编纂工作2月全面启动，至9月由方志出版社公开出版发行。该年鉴全面、系统、真实地记述2016年株洲高新区、天元区的自然、政治、经济、军事、文化的基本情况和社会发展重大事件、重大活动、重要成果。全书设特载、重大事件纪要、大事记、综述、株洲高新区工委·天元区委、天元区人大常委会、株洲高新区管委、天元区人民政府、政协天元区委员会、群团·工商联、法治、国防、经济监督管理、农业与农村工作、工业、商贸·招商·金融、财税审计、建设·环境保护、园区建设、社会事业、街道·镇、人物、荣誉谱、重要文件选登、统计资料24个部类，刊登彩色图片135张，共592千字。该年鉴有别于历年编辑出版的年鉴。一是首次公开出版。株洲高新区、天元区前5部年鉴均为内部出版，2017年年鉴首次实现由国家级方志出版社公开发行，全面实现国家、省、市要求一年一鉴、公开出版要求。二是设计编排更精美。封面改变过去用图片的方式，以蓝色为基色，配以年鉴名称烫银，使封面更具美感，文稿内容采用双色印刷，部类开页使用专页配照片，增加视觉冲击。三是内容更完善。该年鉴在社会事业部类增加科学技术，在金融类目中增加概述，在人物部类设置株洲高新区、天元区领导班子成员简介，不但使年鉴内容更加全面，而且更具史料价值。四是出版周期更短。该年鉴2月启动，4月底完成初稿。5月完成编辑总纂，6月完成编排，7月完成出版社初审、复审、终审，9月出书，比原计划出书时间提前1个多月。

【编辑出版区庆画册】2017年，是株洲高新区成立25周年、天元区建区20周年。制作区庆宣传画册是株洲高新区成立25周年、天元区成立20周年系列活动之一。档案区志局根据区庆领导小组安排，负责区庆纪念画册《火炬之光耀新天》编辑任务。为按时保质完成工作任务，档案区志局组织人员精心策划，全区各单位积极配合，编排人员认真编纂、反复修改、数易其稿。11月底，区庆画册《火炬之光耀新天》印制出书。该画册设序言、概况、大美新区、动力新区、生态新区、幸福新区、和谐新区等篇幅，刊登文字近万字，照片200余张，其中航拍照片40余张，图文并茂地从多方位、多层面、多视度展现株洲新区的发展变化和取得的辉煌成就。

【娄底市志办到区学习修志经验】11月23日下午，经省志委推荐，娄底市志办主任聂建平一行5人在株洲市志办副主任陈北宏的陪同下到区学习交流地方志工作，并对《株洲高新区·天元区志》编修工作进行详细了解。

座谈交流会上，天元区副区长蒋智为客人们的到来致欢迎辞，档案区志局局长田江萍介绍了《株洲高新区·天元区志》的编修情况，并分享在志书编纂过程中组建编纂班子、开展业务培训、纳入绩效考核、印发地方志工作动态等方面的具体措施及作法。聂建平一行表示株洲高新区、天元区2年多时间编修出区志送审稿并通过市级评议评审，这样的编纂进度在全省乃至全国都是少有的，其经验和做法值得借鉴，对推进娄底市第二轮修志工作带来很多启示，这次交流收获很大。区档案区志局党组书记李立新及区志主编刘建军等相关人员参加座谈。（曾令华）

政协株洲市天元区委员会

【概述】政协株洲市天元区第五届委员会(简称“区政协”)有区政协委员168名。其中主席会议成员7名，常务委员19名，设置界别24个。区政协机关设置区政协办公室、提案法制委员会、经济科技委员会、文化教育卫生体育委员会和学习联络群团委员会。2017年，区政协常委会团结全体政协委员，认真贯彻落实中共十八大、中共十九大精神，紧紧围绕“凝聚中国动力，建设幸福天元”主题，扎实履行政治协商、民主监督、参政议政职能，充分发挥协调关系、汇聚力量、建言献策、服务大局作用，为天元区经济社会发展作出了积极贡献。

【政协天元区五届二次会议】2月13—15日，政协株洲市天元区第五届委员会第二次会议在高新大厦会议中心会议厅举行。会议听取和审议政协株洲市天元区第五届委员会常务委员会工作报告；听取和审议政协株洲市天元区第五届委员会常务委员会关于提案工作情况的报告；听取和协商《天元区人民政府工作报告》《天元区2016年国民经济和社会发展计划执行情况及2017年国民经济与社会发展计划(草案)的报告》《天元区2016年财政预算执行情况和2017年财政预算(草案)的报告》《天元区人民法院工作报告》《天元区人民检察院工作报告》。补选付细生为政协株洲市天元区第五届委员会常务委员。开展委员培训，表彰先进，审议通过政协株洲市天元区第五届委员会第二次会议决议。区长董巍在开幕式上讲话；区委书记周建光在闭幕式上讲话。

【表彰先进】2017年，区政协根据《政协株洲市天元区委员会优秀委员、先进委员活动组、优秀委员活动组组长、优秀提案、优秀调研报告评选办法》《政协株洲市天元区委员会政协联工委考核办法》等有关规定，通过考核评比，区政协五届一次常委会议审议通过。《关于基本现代化研究的调研报告》等20篇调研报告分别获奖；政协株洲市天元区嵩山路街道联络工作委员会和政协株洲市天元区三门镇联络工作委员会被评为先进基层联工委。

【政治协商】2017年，区政协充分发挥人民政协作为协商民主重要渠道作用，注重政协工作与党政工作的深度融合，顾大局、议大事、献良策，助推新区科学发展。

区政协五届二次全会上，委员们认真讨论“一府两院”工作报告，审议通过区政协常委会工作报告和提案工作报告，协商补选区政协常委等重大事项。全体委员紧紧围绕园区建设、产业发展、城乡发展、生态环境等中心工作提出提案106件，意见建议60多条。《区政协五届二次全会对区政府的建议》得到区委书记周建光的高度评价和批示，要求“管委、区政府逐条明确领导牵头，形成实施方案(或意见)，并做好反馈”。召开全区政情通报会，听取区委、区政府上半年全区党建工作情况和区域经济、社会事业发展情况通报，为委员及各民主党派基层代表知情明政创造条件。政协常委发挥带头作用，立足本职岗位协商建言。田江萍委员提出《尽快让“自然学校”扎根株洲》，胡光委员提出《关于在公开招标中延长公共绿地养护项目合同周期的建议》，得到市委书记毛腾飞等领导批办。

区政协常委会进一步完善4个专委会与区委区政府工作部门的对口联系制度，各专委会主动加强与对口单位的联系沟通，组织委员就“美丽乡村”建设、城市规划管理、推动传统文化继承与发展、加快高新区服务业发展、委员提案办理等事项进行专题协商，既促进各部门工作的完善，又给委员提供更多的参政议政机会。经科委开展“优化非公经济发展法治环境”专题协商，组织区产业局等区直部门和非公有制企业代表召开“圆桌会议”，召集经济一组、经济二组委员协商讨论，实地走访非公经济企业26家，网络问卷87份，在政企间搭建交流互动的“连心桥”，推动职能部门完善政务服务体系，落实扶持政策。

【民主监督】2017年，区政协认真贯彻落实中共中央《关于加强和改进人民政协民主监督工作的意见》精神，抓住全区工作中的热点、难点问题，融协商、监督、参与于一体，深入实施民主监督。精心组织主席会议成员视察活动，实地走访区直单位，从不同角度提出意见建议。关注司法改革，视察法检两院，建议其做维护社会公平正义的表率、为辖区发展保驾护航的表率、清正廉洁的表率、勤奋好学的表率、善监督敢监督的表率；关注产业发展，走访园区企业，提出优化发展环境、加大宣传力度、增大产业投入、增强服务意识、减轻企业负担等建议；关注教育工作，走访新建的新马、尚格学校，建议继续加强教师队伍建设、逐年解决教师缺编问题、充分利用社会资本为天元区教育服务。

提案是委员履行职责的最直接、最有效的方式。五届二次会议以来，收到委员提案106件，立案86件，同比做到质、量齐升。创新实施民主评议提案办理工作，4个专委会分别牵头对区城管、交警、教育、建设4个提案承办大户(共46件，占全部提案的53%)开展民主评议，通过听取汇报、查看资料、走访群众、委员视察、现场评分等方式，促进了办理。86件提案办复率100%，《关于处理街道上“僵尸车”的建议》《尽快调整天元区驾考模拟考试路线》《加强对民办幼儿园的监管》《建立食品药品便民快速检测站》等一大批民生实事得到有效解决，委员们对提案办理结果满意度进一步提升。“加大泛万丰湖文化产业建设”提案，工委、区委书记周建光、管委会主任朱振湘等领导高度重视，亲临《泛万丰湖文旅策划方案》专家评审会现场，并作出指示；承办单位高科集团、文体旅局在分管副区长组织下，与城区组委员进行多次座谈交流、现场调研，提案中的建议得到有效转化和落实。

【集中委派民主监督组】2017年，区政协向区产业局、区公安分局、区交警大队、区治违大队等10个单位集中委派民主监督组，委派期为2年。区政协切实加强联系指导，监督小组认真开展监督，寓监督于支持之中。被监督单位积极配合，主动听取民主监督小组建议和意见，改进工作作风，提升服务质量，达到良性互动、促进工作目的。区产业局专门腾出办公用房，将《受派单位工作职责》等制度上墙，设立监督组“阳光台”，全面接受监督；区民政局邀请监督组参加民政资金安排工作会议，听取建议。10个监督小组认真开展工作，成效初显。驻交警队监督组主动作为，针对城区停车位设置的科学性、规范摩托车和电动车管理的重要性、加强农村交管工作的紧迫性等民生问题，多次提出建议，得到交警队的积极回应和落实。

【参政议政】2017年，区政协1办4委、8个委员活动组、7个镇(街道)政协联工委申报课题22个，撰写调研报告22份，为助推新区科学发展建净言、出实招、献良策。“美丽乡村”调研组会同区建设局、农村工作局、水利局和有关镇(街道)，通过实地察看、听取汇报、座谈讨论等方式，对三门、雷打石、群丰等3个镇的美丽乡村建设情况进行全面视察，并赴“湖南省美丽乡村示范点”银田村学习交流，撰写的《关于推进天元区“美丽乡村”建设的调研报告》获得市政

政协天元区委员会全体会议成员视察新马小学

协一等奖。委员们及时捕捉带有苗头性、倾向性问题，及时反映不同阶层、不同利益群体的意见84篇。其中《株洲经济可持续增长需做强制造业产业链》《非公企业女职工劳动保护面临的新问题不容忽视》《尽快解决普惠性幼儿园发展困境》等7篇社情民意得到市政协刊发(部分报送到省政协)，引起市委、市政府的高度重视，市直部门逐一答复并办理。

【委员主体作用发挥】2017年，区政协稳步推进自身建设，致力于提高履职能力、优化服务质量，内强素质、外树形象，各项工作更加规范有序。机关组赴株洲市儿童社会福利院进行调研，看望孤残儿童，送去生活用品；城区组开展“学习先进高新区”“走进公检法机关”等主题活动，为园区建设、司法机关的发展献计献策；农业组开展履职培训，集体学习全国各级“两会”精神，集体协商提案撰写、履职规定等工作；政法组开展“走进城管大队”等系列活动，为城市管理等工作出谋划策；教育文体组对辖区学校走访调研，为新区教育均衡发展务实建言；医卫组考察市中心医院等地，围绕“分级诊疗”课题多次开展集体分析讨论，撰写调研报告；经济一组对全市工业旅游情况实施网格化实地调研，学习考察省外工业旅游示范点，为株洲市工业旅游建言献策；经济二组提交提案、社情民意39篇，开展株洲高新区企业信息化建设调研，对300家企业进行实地走访，发放问卷和网络调查问卷，形成质量较高的调研报告。

【参与中心工作】2017年，区政协围绕全区中心工作，为促进经济社会发展出实力、干实事。主席会议成员按照区委的统一部署，深入一线，靠前协调，挂联重大项目10个，联系重点企业12个。机关干部积极协助区“创文”复评、信访维稳、综治民调等工作，为新区发展尽心尽力。各专委会走访全区政协委员，征求意见建议，收集社情民意，了解履职情况，发挥委员主体作用。拓展协商渠道，推进“政协云”运用，连通省、市、区级政协的远程协商全面推开，委员“政协云”安装率100%。协助区委、区政府出台《天元区政协微建议工作办法(试行)》，进一步拓展委员履职途径。

【扶贫帮困】2017年，全区政协委员充分发挥联系群众的“桥梁”“纽带”作用。牵头开展结对帮扶茶陵县毛芫冲村工作，协力打赢脱贫攻坚硬仗。派驻干部驻村担任第一书记指导精准脱贫，机关干部对口帮扶贫困户71户。召开产业帮扶捐赠活动，联合后盾单位、非公企业送去帮扶款133万元。张智洪等100多名区政协委员积极参与产业扶贫、教育扶贫、科技扶贫、医疗扶贫、文化扶贫、生态扶贫、为环卫工人捐款等各具特色的帮扶活动，既解燃眉之急，也谋长远之计。

【政协自身建设】2017年，区政协加强对镇(街道)政协联工委的指导。7个基层联工委组织辖区委员，完善“委员之家”建设，积极履职。嵩山路街道联工委积极提交提案、社情民意、宣传稿等28篇，并邀请专家对委员提案进行现场指导和解惑；栗雨街道联工委精心组织“美丽乡村”调研，通过考察学习，借鉴外地先进经验；马家河街道联工委邀请辖区委员参加每月的绩效和“五问工作法”讲评会议，通报重点工作进展，听取意见建议；泰山路街道联工委邀请政协委员参加“党建领航、幸福泰山”活动，评选“最美社区”等五个“最美”；三门镇联工委召集各村书记、主任举行调研座谈会，听取民生民意，结合党政中心工作撰写提案7件、调研报告1篇；雷打石镇联工委开展“增强党性修养，提高履职能力”专题培训，学习井冈山精神，进一步增强责任感；群丰镇联工委开展“创新驱动谋发展，助推集体经济”专题调研，借鉴先进做法和经验。 (龚寻芳)

社会团体

2018株洲高新区 · 天元区年鉴

ZhuZhou GaoXinQu·TianYuanQu NianJian

◎ 天元区总工会

◎ 共青团天元区委员会

◎ 天元区妇女联合会

◎ 天元区工商业联合会

◎ 天元区残疾人联合会

天元区总工会

【概况】株洲市天元区总工会为群团机构。核定机关行政编制3名，机关后勤服务全额拨款事业编制1名。内设办公室、职工维权帮扶中心和经费审查委员会。

2017年，全区工会组织1921家(其中区域性、行业性工会组织72家)，有职工近10万人。其中，工会会员8万余人。区总工会直管区直机关工委、栗雨街道、马家河街道、嵩山路街道、泰山路街道、群丰镇、雷打石镇、三门镇、中小企业促进园、留学人员创业服务中心、高科集团、天易集团、教育系统、卫计系统、城管系统、产业局等16个工会联合会。区总工会获评株洲市2017年度工会工作先进单位。

【召开四届二次全会】10月31日，天元区总工会召开第四届委员会第二次全体会议，会议由王雁清主持。主要内容为补选天元区工会委员会委员、天元区总工会主席、副主席。会议选举董运喜、曾湘明为天元区工会委员会委员，董运喜为天元区总工会主席，曾湘明为天元区总工会副主席。

【集体工资协商】2017年，区总工会全面推动工资集体协商全覆盖，全区签订工资集体协商协议107份，覆盖企业473家，完成市总工会要求滚动签订率80%以上的任务。

【工会法人证核发】2017年，工会法人证和工会组织机构代码证合二为一。天元区辖区内的工会申领新证直接由天元区总工会办理。为方便基层工会申领新证，区总工会选定每周二、周四为办证日，并在政府门户网站公布办证时间及流程。新成立的工会可提前备齐资料在办证日到区总工会办理，基本实现“最多跑一次”。年内，核发新证39份。

【工会干部培训】5月5日，区总工会举办工会业务培训班，重点针对区工会系统的财务管理和职工医疗互助金申领业务进行培训，各级基层工会主席和财务人员26人参加培训。12月21日、22日，区总工会在中国动力谷B区D栋举办全区工会主席、工会系统财务、经审工作人员政治业务素养培训班，148人参加学习。培训班由省总工会经审办(经费审查办公室)主任简向前、市总工会党组书记谭鑫华、市总工会基层工作部部长黄晓燕、市总工会经审办胡亚东等省市工会领导为学员授课，授课内容为工会改革动员、解读《基层工会经费收支管理办法》、坚持以“职工之家”标准加强基层工会组织建设、工会经审知识等。授课结束后全体参训人员到万丰湖进行拓展训练。

【职工之家建设】2017年，区委、区政府“民生100”工程将建设职工之家示范基地作为区总工会新增考核指标。区总工会与株洲高科集团公司工会共建的新区职工之家于7月底挂牌。挂牌后的新区职工之家设有羽毛球场、网球场、乒乓球场、桌球室、健身房等，为职工提供高质低价的文体休闲娱乐活动服务。年内，新区职工之家与天元区天元小学职工之家获评株洲市模范职工之家示范基地。

【职工医疗互助】2017年，全区参加住院医疗互助项目职工6373人，缴纳互助金38.24万元。参加女职工特殊疾病保障项目职工3274人，缴纳互助金3.27万元。超额完成“民生100”工程下达的参加职工医疗互助活动不少于6000人考核指标。

【困难职工帮扶】2017年春节期间，区总工会开展“送温暖”慰问困难企业、困难职工、劳动模范、一线职工活动，为356名困难职工发放帮扶慰问金17.8

万元。8月，开展“金秋助学”活动资助困难职工家庭子女3人，发放助学金1万元。区总工会与区委宣传部、区人社局等相关部门在全区高温作业行业开展“夏日送清凉”活动，向环卫工人、建筑行业农民工、高温车间操作工等一线劳动者发放10万余元防暑降温清凉物资包和西瓜等慰问品。牵头组织开展株洲国家扶贫日“扶贫济困、践行友善”活动，募捐善款157.34万元。组织开展“中医药精准扶贫”活动，邀请北京专家、教授为区直机关干部、村社区居民开展讲座，开展国医进课堂活动。

【行业矛盾纠纷调解】2017年，工委、区委推出《株洲高新区、天元区绩效考核管理办法(试行)》的“1+N”体系新绩效考核管理办法，在新考核体系里，区总工会认领的重点中心工作为建立行业矛盾纠纷调解流程及规范，及时排查、调处、上报行业内矛盾纠纷，确保行业内矛盾纠纷及时有效化解。区总工会将建立健全行业矛盾纠纷调解组织、机构及流程的规范化与开展创建劳动关系和谐企业、工业园区活动、建立劳动关系协调组织工作同步推进。截至年底，区总工会所辖16个基层工会组织全部建立劳动关系协调组织暨行业性、专业性调解组织。区总工会还协同区人社局等相关部门调处劳资纠纷3起。

【职工文化】2017年，区总工会建立健全“工会主导、企业主体、职工主角”职工文化模式。鼓励支持基层工会开展春游、登山、健身等多样化的群众性文体活动。5月，区总工会联合泰山路街道基层工会开展以“快乐新区人，健康伴我行”为主题的湘江徒步活动，近300名干部职工参与。10月，联合区文体旅局组织开展“新区运动会”。联合区疾控中心举办免费送体检活动，与株洲市心理咨询师协会合作举办免费送讲座活动。

【工会经费收管用】2017年，区总工会开展工会财务人员专题培训学习，加强工会经费收管用工作。完成市总工会下发的税务代征工会经费1825万元收缴任务。通过收缴系统完成财政划拨21.65万元，完成财政划拨工会经费任务。严格按工会经费收支管理办法管理工会经费，坚持专项经费专用，严格审批，杜绝工会经费管理出现违规现象。

【劳模管理】5月，区总工会组织表彰、慰问“五一劳动奖章”获得者、株洲新区先进工作者和劳动模范23名。为给劳模提供更好后续服务，对全区劳模情况进行摸底登记，逐一核实各劳模户籍信息、评选时间、评选机构及劳模本人身体健康情况。对区内22名困难劳模开展春节慰问，发放慰问金1.45万元。

【筹备首届“中国动力谷杯”劳动竞赛】12月，区总工会筹备开展首届“中国动力谷杯”劳动竞赛，评选“50名新区工匠”“100名优秀员工”“十佳劳动班组”和“十佳劳动班组长”活动。以镇(街道)工会联合会、系统(园区)工会为单位，设16个分赛区，竞赛活动围绕技术创新、工作质量、安全生产、文明礼仪、优质服务和办事效率等内容，在生产经营企业、城市建设和管理领域、服务行业、机关事业单位和窗口服务单位等各行各业中广泛开展。成立株洲高新区、天元区“中国动力谷杯”劳动竞赛及评选活动领导小组，组长由中共株洲高新区工委书记、天元区委书记周建光任组长，天元区委副书记张见平任副组长。成员单位由区委宣传部、区劳动人事局、区产业发展局、区总工会、区直机关工委等组成。办公室设在区总工会，董运喜任办公室主任。株洲高科园创公司工会受区总工会委托，承担此次活动日常工作。 (韩靖宇)

共青团天元区委员会

【概况】 共青团株洲市天元区委员会(简称“团区委”)内设团区委办公室、天元区希望工程和株洲市天元区青年联合会办公室。核定书记职数1名,副书记职数1名,为全额拨款行政编制2名。

2017年,团区委有下级组织197个。其中团委7个,团工委5个,团总支8个,团支部177个。全区35岁以下青年7813名,团员3299名。年内,新发展学生团员350名。收缴团费10074.12元,其中上缴7875元。

一、切实引领青年、凝聚青年。在“五四”“六一”、建队日等重要时间节点,深入开展主题团日、队日和宣传月活动,引领青少年向上向善。开展青少年法治宣传教育、假期自护教育、12355阳光行动等专项服务活动,增强青年的法治意识、自护意识、维权意识。组织青年团员参观禁毒警示教育基地,提高青少年对毒品危害的认识,增强青少年抵御毒品的能力。联合区文体旅局举办的“书香天元 悦读人生”活动,引导青年和市民重视阅读、享受阅读。

二、深化服务青年品牌项目。开展第三届株洲新区大学生暑期社会实践营活动,为青年人才和株洲新区架设沟通和交流的桥梁。协办“新区·新青年·新时代”天元区新进选调生交流会。联合区工会、区妇联举办株洲新区第六届单身青年联谊会“致青春”美的专场和北汽专场,为新区单身青年搭建了沟通与交友平台。联合区文明办举办的“蓝丝带行动——手牵手,‘星星的孩子’不孤单”活动,为2名自闭症儿童募集半年康复训练善款。开展共青团筑梦计划“盛夏光年 不说再见”大型慈善音乐节,募得善款5万余元,资助11名准大学生。组织青年志愿者开展和参与走访天元区特殊救助人员、“学雷锋”活动、“N+1青春集市”、中国企业家年会一对一服务、“小环境”程序启动仪式、株洲市“6·26”国际禁毒日大型主题宣传活动、神农医药文化产业发展论坛、“湖南好人”发布会、全民公益创新论道交流会、创文创卫、防汛值班、区庆等活动,进一步打造新区青年志愿服务品牌。

“蓝丝带行动”关爱自闭症志愿者活动

三、充实团组织专业服务力量。推行“团干部+社工+志愿者”工作模式,做好青年社会组织的联系、服务、引导工作,不断完善覆盖重点群体,重点场所、重点环节的青少年事务社会工作服务体系。配合区民政局启动“公益天元·三社联动”活动,参与制作公益项目手册,加大与青年社会组织在公益服务领域共同设计和开展活动的力度。推进“青年之家”建设。打造美的时代广场、株洲西高铁站候车室2家青年之家。

四、夯实团的基层基础工作。强化各级共青团学习教育、组织生活、实践活动,评选一批区级“团员先锋岗”。理顺教育团工委、少先队相关工作阵线。继续夯实基层团组织规范化建设,完成团报团刊征订、团费收缴等基础性工作。完成村(社区)团组织换届选举。全区95个村(社区)团组织完成选举换届。积极推荐200余名35岁以下的“合适青年”参加村(社区)“两委”换届选举,有106人进入到“两委”班子。积极争取领导重视与支持,村(社区)团组织共青团工作经费列入2018年区级财政预算,每个村(社区)不少于5000元。

【春节期间送温暖系列活动】1月21日，组织天元区青年文明号集体在小年夜开展“N+1”帮扶温暖慰问活动，给三门镇月形、月福敬老院12位“五保”老人送上生活慰问品，给她们包饺子，与她们聊天谈心，一起吃小年夜饭。1月23日，与群丰镇团委联合开展“青春志愿行温暖回家路”春运期间志愿服务行动，30名来自各个行业不同年龄的青年志愿者与青少年志愿者参与，为回家过年农民工送上一杯杯热茶，帮助他们搬运行李，送上200份新春大礼包。1月12—31日，开展共青团关爱农民工子女志愿服务活动，对12名农民工子女予以慰问，送上慰问金6000元。

【希望工程“一元捐”活动】4月25日—5月8日，团区委开展天元区2017年度希望工程“一元捐”活动，15所学校积极参与，募集善款36735.5元，全部上缴到株洲市青少年发展基金会。

【召开共青团工作总结会】1月18日，团区委召开2016年度全区共青团工作总结会，18名基层团组织书记、7名社会组织单位负责人参会。会上，团区委以奖励金形式为基层共青团颁发年终工作考核奖与创新项目奖。其中，群丰镇团委、嵩山路街道团工委、三门镇团委评为一类单位，分别奖励5500元；泰山路街道团工委、栗雨街道团工委、雷打石镇团委评为二类单位，分别奖励4500元；区城管局团总支、中建信和地产团支部、易达酒业团支部获得创新项目奖，分别奖励1000元。

【“雷锋家乡学雷锋”集中志愿服务活动】3月3日，上午积极协助开展株洲市“雷锋家乡学雷锋”集中志愿服务活动，协调组织33家市属团组织在长江广场站集中提供医疗义诊、政策咨询、金融服务、卫生清洁、免费维修小型家电、义剪等志愿服务，150名志愿者参与志愿服务。下午开展天元区“青春集市”学雷锋志愿服务主题活动，号召爱心企业和青年志愿者开展义卖，征集8家爱心单位参与义卖项目，包括手工甜点、株洲明信片、老花眼镜、多肉植物、苹果等，筹集善款2045.8元。购买奶粉、书本、玩具等物资送到2名困难青少年手中。

【村（社区）团组织集中选举换届】3月10日，召开天元区村(社区)团组织集中选举换届工作动员部署会，出台实施方案和指导手册，明确换届选举的目标任务和方法步骤。4月1—10日，天元区村(社区)团组织集中选举换届。4月10日—6月30日，团区委落实元区村(社区)团组织集中选举换届后续规范工作。全区98个村(社区)选举出313名团支部委员，团支部书记中35岁以下年龄88名，占92.6%，30岁以下年龄40名，占42%，党员72名，占75.7%。

【五四青年节系列活动】4月，开展2016年度天元区“五四红旗团委”“五四红旗团支部(总支)”“优秀共青团干部”“优秀共青团员”评选活动。经各级团组织评选推荐，团区委决定授予共青团泰山路街道工作委员会等5家单位“五四红旗团委”称号；授予共青团天元区嵩山路街道花园里社区支部委员会等8家单位“五四红旗团支部(总支)”称号；授予凌丹等26人“优秀共青团干部”称号，授予陈婷等48人“优秀共青团员”称号。5月3—10日，团区委组织基层团组织集中开展“庆祝建团95周年”五四青年节主题活动，各基层团组织绽放青春活力，如天元公安团总支的防毒拒毒宣传活动、天易集团团委的五四表彰暨趣味运动会、株洲新奥的青年无偿献血行动以及中学学生团员入团仪式等。

【株洲新区第六届单身青年联谊会】2017年，举办株洲新区第六届单身青年联谊会。5月20日，以“致青春·原来你还在这里”美的专场。11月11日，“致青春，缘来是你”北汽职工专场，吸引700余名单身男女报名参加活动，经过星座奇缘、爱情摩天轮、疯狂麦克风等环节，男女嘉宾相识、相倾心，最后有10余对单身男女浪漫牵手，成功脱单。

【株洲新区大学生暑期社会实践营】7月11—21日，团区委联合区委组织部组织举办株洲新区第三届大学生暑期社会实践营活动，招募60名来自国内外的优秀大学生参与，持续11天，走访政府、企业等单位20余家，让更多的大学生认识新区、感受新区、体悟新区。举办首届株洲新区青年论坛，为青年人才和株洲新区架设沟通和交流的桥梁。

【举办“盛夏光年 毕业再见”大型慈善音乐节】8月8日，举办“盛夏光年 毕业再见”大型慈善音乐节，由株洲市二中流行音乐社发起，邀请株洲市各个高中乐队与长沙知名说唱乐队登台演出，通过现场募捐与天元区“N+1”帮扶平台项目认领，为11名优秀困难大一新生筹集善款5万多元。

“盛夏光年 毕业再见”大型慈善音乐节

【选举出席共青团株洲市第十六次代表大会代表】8月9日，召开天元区出席共青团株洲市第十六次代表大会代表选举会议，应到人员43人，实到39人。经投票，冯易立、冯馨慧、李佩窈、何滔、陈浩昌、罗庭玉、罗倩妮、罗璋、周瑜、郝陆游、舒伟、潘航等12人当选为天元区出席共青团株洲市第十六次代表大会正式代表。

（龚 思）

天元区妇女联合会

【概况】株洲市天元区妇女联合会(简称“区妇联”)是中共天元区委群团办事机构。2017年，区妇联内设办公室(加挂“区双学双比”协调领导小组办公室和区妇女儿童工作委员会、区巾帼建功领导小组办公室牌子)。核定行政编制3名。

2017年，区妇联在全市率先完成《天元区妇女发展规划(2016—2020年)》《天元区儿童发展规划(2016—2020年)》制定和出台工作。5月底，完成村、社区改革；6月底，完成镇、街道妇联组织改革，完成区、镇(街道)、村(社区)三级妇联干部、执委和优秀女性的信息库建立。全区7个镇(街道)、98个村(社区)妇联同步完成换届，共选举执委委员1386人，推选出主席93人、兼职副主席186人。确保妇女参政议政实现100%村(社区)“两委”班子中至少有一名以上妇女干部。11月，组织全区100余名新当选基层妇联主席进行两天封闭式培训。

2017年，区妇联对4550名农村适龄妇女“两癌”进行免费检查服务。免费检查确诊宫颈原位癌1例、宫颈癌1例、乳腺癌1例，3名患者均分别在市妇幼保健院和市中心医院接受治疗。联合市妇幼保健院为城区困难妇女发放500张免费检查卡。针对特难“两癌”患者开展慰问，发放3万元慰问金。10月联合区城管开展救助“两癌”女性专场募捐活动。举办“手牵手，星星的孩子不孤单”关爱自闭症志愿者活动，为孩子们准备了爱心礼物，年底对部分自闭症孩子进行慰问。在颐景园开办妈妈读书会项目，该读书会从最初只有几位妈妈参加，1年多时间增加到50多位妈妈带孩子共读的读书会。召开亲子家庭教育、青少年辩论赛、读书分享会等26期，发放科学、家教书籍50套。开展母乳喂养促进工作，联合株洲市母乳促进会，进驻泰山路大岭社区。举办提升女性素质各类培训班5期。组织机关、企事业单位的妇女开展健康普查。开展“家风家训大讨论”寻找“最美”系列活动，共评选出各类优秀家庭362户，各类最美女性60名。

【召开“三八”表彰大会】 3月8日，区妇联在区政府举办“三八国际妇女节107周年”表彰大会，对2016年在各条战线上有突出贡献先进集体和先进个人进行表彰。授予天元区国库集中支付核算中心、高新幼儿园、高铁西站“巾帼文明岗”荣誉称号，授予李浩等18人“关心支持妇女工作好领导”荣誉称号，授予周敦奎等8人“落实妇儿发展规划先进个人”荣誉称号，授予杨曦等13人“妇儿工作先进个人”，授予颜嵘等14人“平安幸福家庭”荣誉称号，授予杨献忠等6人“最美贤内助”荣誉称号，授予杨碧琼等28人“巾帼敬业明星”，授予胡新键等14人“优秀志愿服务明星”荣誉称号，授予朱新艳等8人“宣传工作先进个人”荣誉称号，授予汪建梅等25人“最美娘家人”荣誉称号，授予易桂香等7人“热心公益优秀女企业家”荣誉称号。联合株洲高科集团妇联举行以“四艺生活，大雅高科”为主题的职工女校成立庆典暨“三八”妇女节文化活动，并为株洲高科集团“建宁雅集”职工女校成立授牌。

【利用网络开展妇女工作】 2017年，区妇联通过株洲女性网发布各类动态信息414篇，省潇湘女性网发布各类动态信息74篇、株洲新区网84篇、《株洲日报》2篇、《今日女报》6篇、《株洲新区报》99篇。每月向“我推荐我评议身边好人”网站推荐好人信息10篇。开通区妇联女性微信群——“说说吧”线上交流平台，主旨在线交流科学家教、亲子故事、女性修身养性等内容，在线交流女性数127人。建立“她代表”线上、线下工作室；联合《株洲新区》报编辑部开办《株洲新区》报“她时代·新雅韵”专栏，专场讲述新区女性的魅力故事，新区优秀女性的真善美。

【妇女技能培训】 5月，区妇联联合农村工作局组织各村、社区科技女能手50人到江苏学习。8月，在群丰镇举办女性技术培训班2期，人数500多人，通过培训使其均掌握1～2门新技术。群丰镇利用示范基地进行示范推广，利用现有的葡萄、西瓜等种植技术在全镇广大妇女群众中广泛推广现代农业，使她们取得较好效益。

【独具特色婚调平台】 区妇联“等等吧”作为全国首个独具特色的婚调平台得到众多媒体的关注和领导的重视。2017年，接待各类来访人员300余对次，调解100余对。年内，全国妇联副主席、书记处书记谭琳一行对“等等吧”平台进行调研，对其为家庭矛盾调解做出的贡献予以肯定。

“恋恋吧”作为交友公益婚恋平台，依托团区委、区总工会、基层妇联组织，联合开展大型交友活动5次，11次中小型活动，参与活动的单身男女2000余人，组织37对单身男女进行一对一相亲派对活动。6月17日，区妇联与市妇联联合608所，在三门镇响水村组织50名单身男女，开展丰富多彩的联谊活动。11月11日，携手电台1012在神龙公园举行“情菊·闻香而来单身派对”活动。

“说说吧”开展女性释压沙龙、心理辅导课程20余次，专门为8位女性做心理辅导，受到好评。在雷打石镇养鲤村一退休夫妇家，成立株洲市首个集学习、娱乐、服务为一体“特色妇女儿童之家”。

【禁毒活动】 2017年，区妇联发放禁毒宣传资料万余册，派发禁毒宣传单1000余份、完成调查问卷

1000余份、新增关注禁毒公众号群众1000余人。联合“妈妈禁毒联盟”开展活动；开展禁毒帮扶，对3位吸毒女性家庭的妈妈、妻子、子女及本人进行上户心理辅导和慰问；开展妇联系统禁毒宣传教育，组织所有基层妇联主席进行禁毒知识培训，观看禁毒教育视频。

【妇女维权】2017年，区妇联接待来电来访1200多例。深入探索“社区+志愿者+社工”社会服务新模式。区妇联指导推进泰山路街道文家冲社区妇联开展各类活动30多次，调解矛盾纠纷50多起，建立专业化志愿者队伍90多人。9月，由文家冲社区引导创建的“幸福文家冲，邻里一家亲”社区服务项目，在湖南省第二届青年志愿服务项目中获得金奖。依托综治维稳平台，建立基层妇联妇儿维权岗，为30余名妇女提供法律援助、化解涉及妇女儿童的各类矛盾140余起。申报2例省级妇女维权案例，为妇女儿童的合法权益维护提供翔实的参考。（彭晓钰）

天元区工商业联合会

【概况】天元区工商业联合会(简称“区工商联”)是中共天元区委领导的天元区工商业界组成的人民团体和民间商会(天元区工商联又称天元区总商会)，是区委和区政府联系全区非公有制经济人士的桥梁和纽带，是区政府管理全区非公有制经济的助手，是政协天元区委员会的重要组成部分。2017年，区工商联有工作人员7名，内设综合部、经联会员部、宣教党建部。会员总数946个，较2016年增长57个。其中团体会员10个(街镇商会7个、园区商会2家，行业商会1个)；企业会员590个(大型企业会员4个，中型企业会员98个)；个人会员336个。辖区内95%规模以上企业均入会。辖区镇、街道建立有基层商会组织，各级行业组织覆盖区内主要产业。12月8日，区工商联连续4年获评全国“五好”(领导班子好、会员发展好、商会建设好、作用发挥好、工作保障好)县级工商联。年内，获评天元区2017年度建设文明城市工作先进单位、天元区计划生育综合治理工作红旗单位。

【思想政治引领】2017年，区工商联紧扣主题，深化思想引导。做好非公人士思想政治工作，是始终贯穿工商联工作始终的生命线。按照全国工商联开展理想信念教育实践活动的部署要求，在组织非公经济代表人士做好规定动作的同时，通过执委会议、常委会议、主席会议等各类会议，逐步实现商会事务的民主决策，及时学习中央重要会议精神，积极引领着全区非公有制经济人士不断完善思想政治工作载体，努力建设一支听党话跟党走的非公有制经济人士队伍。5月27日，组织执常委中年轻一代民营企业家和全体机关干部收看全国年轻一代民营企业家理想信念报告会电视电话会议。9月27日，召开区工商联五届五次主席(会长)会议。组织全体副主席(会长)、基层分会会长、机关干部学习中共中央、国务院9月25日公布的《关于营造企业家健康成长环境弘扬优秀企业家精神更好发挥企业家作用的意见》，内容要求企业家结合自身及情况进行学习交流。区委常委、统战部长周玉智出席并讲话，希望企业家从坚持创业、加大创新以及加强社会责任感三个方面提高自身素质，为新区经济发展做出贡献。

【参政议政】2017年，区工商联组织引导区内各级人大、政协中的非公经济代表人士，撰写建议和提案，多数提案建议紧扣天元区经济社会发展现状，为党委政府的工作提供有力支持。认真组织非公经济代表人士参加《政府工作报告(征求意见稿)》专题协商会，提高其综合素质和参政水平。推荐黄娅琪、张立存、张邵根、张俊杰、戴永红、王洪波、罗超7名非公有制经济代表人士增补为区政协委员。

【组织建设】 2017年，区工商联积极培育和发展特色商会组织，做好商会发展规划。年内，召开执委会议2次、常委会议2次、主席会议4次。增补张岳南、田光、刘娟、谢一铭、姜君、谢国泉6名副主席、副会长，李海泉、姜凌、何新敏、陈灿星、邹志伟、管卫国、秦光月、温玉祥、郭自元、李航、陈江涛、罗金波12名执委。本届执行委员会人数规模71人。建立区领导和工商联机关工作人员与基层商会对口联系制度，指导基层商会工作，10个基层分会全部完成换届选举工作。

【对外交流】 2017年，区工商联组织常执委外出考察，赴兰州、四川等地开展商会交流、合作对接活动，学习“百年老店”的品牌意识和“工匠”精神。与慈利县工商联(总商会)缔结为友好商会，加强各地工商联(总商会)之间交流与合作，相互学习，相互借鉴。走访株洲市温州商会等优秀商会，学习借鉴先进经验，推进“四好”(班子建设好、团结教育好、服务发展好、自律规范好)商会建设工作。

【产业扶贫与济困】 2017年，区工商联组织全区40家企业参与对口茶陵县8个贫困村的产业扶贫活动，结合企业自身优势和帮扶村产业布局，有蝶依斓、大汉惠普等23家企业各自向对口帮扶村捐资153万元，用于光伏发电、花椒种植示范园、蔬菜种植示范园等产业帮扶项目。积极组织辖区内14家企业参加株洲市举办的“扶贫济困、践行友善”活动，累计捐款83万余元。开展“为特困户送年货”“金秋助学”等活动，为100多户困难家庭送去温暖，扶助贫困学生85多人。

天元区对口茶陵县产业扶贫企业对接动员大会

【服务非公企业】 2017年，区工商联坚持每月定期会员企业走访制度。结合市、区“企业帮扶年”活动，了解企业最新经营状况，帮助企业解决在生产经营和发展中遇到的困难和问题，征询企业的意见和建议，服务非公经济健康发展。及时向各常执委企业和会员企业发放政策宣传资料150份，让他们及时了解相关惠企政策。组织和选送20多名非公经济代表人士到浙江大学、市委党校充电培训学习，提升非公经济代表人士综合素养。选树培育先进和典型，用身边事教育感染身边人。株洲佳满康复医院董事长张家满被评为十大“最美新区人”之一。投稿150余条，在《中华工商时报》《工商大观》等全国及省市区各大媒体网络推介天元区非公企业和非公经济人士。借助省政协“优化非公经济发展法治环境”重点课题调研活动，利用区法院“公众开放日”、区检察院开展的“检察开放日”等平台，积极为企业排忧解难，引导非公经济人士强化法治意识，营造非公经济良好环境。

【非公企业党建】 2017年，全区有489家非公经济组织建立235个中共党组织(党委3家，独立支部201个，联合支部31个)，覆盖率100%。督导非公企业党组织开展党建工作，慰问企业困难党员、老党员。成功创建日望精工、肯特硬质合金、新时代输送等党建示范点。指导株洲时代驾校、湖南大碗先生2

家非公企业组建党支部。组织非公企业党组织支部书记贺建权、张国顺、张富良、刘曼丽参加区“两新”组织党建工作座谈会，交流党建工作经验。（梁 坤）

天元区残疾人联合会

【概况】天元区残疾人联合会（简称“区残联”）为独立核算的正科级单位。下辖天元区残疾人劳动就业服务中心、天元区残疾人辅助器具服务站。2017年，天元区有持证残疾人4653人。

【康复服务】完成白内障筛查79人，白内障手术53例，成功率100%。对372名贫困精神病人给予每人1000元的服药补贴。发放高靠背轮椅、普通轮椅、拐杖、盲杖、助听器、手杖等辅助器具262件。

【残联换届】2017年，区残联严格落实中国、省市残联安排部署，全面完成村（社区）残协、镇（街道）残联、区残联三级残疾人组织换届工作。12月10—11日，召开天元区残疾人联合会第三次代表大会。

嵩山路街道残疾人联合会第三次代表大会

【组织建设】2017年，区残联开展残疾人工作示范镇（街道）、示范村（社区）创建活动，三门镇和湘银、铁西、砖桥等9个村（社区）创建成功。完成三门镇和雷打石镇撤并之后的32个村（社区）残协及专职委员改选工作，并对专职委员开展上岗前集中业务培训。

【“民生100工程”】2017年，区残联积极实施“城区范围内政府购买残疾人居家托养服务”项目，为150名残疾人提供家政、按摩等居家托养服务，服务次数3600余次。贫困残疾人家庭无障碍设施改造30户。扶持城乡残疾人创业10名。

【残疾人创业就业扶持】2017年，区残联在全市率先出台区级残疾人创业就业扶持奖励方案，完成创业扶持75人，重点帮扶10户残疾人家庭创业，辐射创办企业、个体户、种养殖、网店微商等行业，成为在全市亮点和特色工作，得到省市表彰，并作为典型在全省教就工作会议上进行经验交流。先后组织区内130多名残疾人参加残疾人专场招聘会和企业招聘会，推荐残疾人就业55人次。开展“盲人按摩进社区”工作，重点扶持4家按摩店。

【社会保障】2017年，区残联配合做好困难残疾人特殊生活补贴和重度残疾人护理补贴工作，3870人次受益。组织和帮助城乡残疾人加入基本养老保险和基本医疗保险，建立健全残疾人参保台账，夯实残疾人参保统计、信息管理等基础性工作。

【社会救助】2017年，区残联在春节、全国助残日期间组织慰问特困残疾人890余户。继续实行“连千村帮万户”工程，重点帮扶三门镇湖田村和该村5户贫困残疾人家庭。

【0～7岁残疾儿童抢救性康复】2017年，区残联先后组织31名残疾儿童到株洲市康复医院、贝贝佳语

训中心、语翔语训中心、同心圆等康复机构训练，实现残疾儿童抢救性康复“应训尽训”。

世界自闭症关注日、世界唐氏综合征日爱心活动

【教育、就业】 2017年，区残联积极推进残疾儿童入学，扶助贫困残疾人及子女高中生、大学生50名。举办两期“定岗培训”班，其中一期为30余名企业残疾员工进行素质提升，一期推荐19名残疾人走上工作岗位；开办二期创业培训班，免费培训残疾人135名。

【信访、维权】 2017年，区残联加大残疾人法律法规宣传力度，积极开展法律援助服务，接待来访90余人，无一起残疾人侵权案件。机动轮椅车燃油补贴惠及615名残疾人，为125名残疾人办理好爱心乘车卡。

【文化宣传】 2017年，天元区助残志愿服务联络站组织和指导4个残疾人专门协会开展“星星蜜糖手拉手，爱心城铁伴你行”“聋人拔河比赛”“盲人定向行走”“守交规保安全”等各类助残志愿活动7次。各类媒体先后对康复、就业、培训、组织、文化等各项工作进行报道，发表报道30余篇。（唐　妍）

法 治

2018株洲高新区·天元区年鉴

ZhuZhou GaoXinQu·TianYuanQu NianJian

政法委及综治

【概述】2017年，中共天元区政法委员会与天元区社会管理综合治理委员会办公室、中共天元区委防范和处理邪教问题领导小组办公室(2017年9月起机构单列)合署办公。其中天元区委防范和处理邪教问题领导小组办公室归口区委政法委管理。区委政法委内设办公室和执法监督室。下辖正科级事业编制单位——天元区维护社会稳定工作领导小组办公室(简称“区稳定办”)，有在职人员12名，核定行政编制9名，事业编制3名。年内，区委政法委获评市国家安全工作先进单位、区创建文明城市建设工作先进单位。

2017年，区委政法委从改革发展稳定大局出发，化解矛盾纠纷和不稳定隐患，解决一批事关群众切实利益的信访问题，处置18起涉稳突发事件。严格落实重大紧急信息报送制度，在重点时期、敏感时段实行信访、维稳动态“零报告”和领导带班值班制度，打赢全国“两会”“一带一路”高峰论坛、香港回归20周年、建军90周年、金砖国家领导人会晤、全国企业家活动日暨中国企业家年会、第十九届中国老年合唱节、中共十九大等重点活动信访维稳安保硬仗，确保“2·17”“6·4”“8·1”重点敏感时段的安全稳定，有效处置“善心汇”“E租宝”“邻避问题”群体、部分军队退役人员等多起规模到市、赴省集访，圆满完成中央、省级领导来株视察的重大安全保卫工作。获得市全国“两会”特护期驻京信访维稳劝返工作先进单位，市中共十九大维稳安保工作先进单位，市信访维稳“百日攻坚”活动第一名等好成绩。

【平安创建】2017年，区委政法委制定并实施全区新的社会治安综合治理考核体系，社会综合治理意识和综治力度得到显著加强，在全省社会治安公众满意度调查中，天元区排名全市城区第一。深入开展“十大”平安创建活动。以“平安校园”“平安社区”“平安家庭”“平安医院”“平安企业”活动为载体，坚持营造浓厚的平安创建宣传氛围。通过电视、网络、悬挂标语、发放宣传单等形式加大宣传力度，增强广大干部、群众熟知平安创建、支持平安创建、参与平安创建的自觉性、主动性。公、检、法、司等单位联合街道(镇)在全区人口密集的地方集中开展宣传活动，100余场，2万余人，先后收集和整理群众意见、建议300余条，排查和化解矛盾纠纷、为群众办好事、实事等500余件次。加强义务巡防。坚持专业巡防与义务巡防相结合，统筹安排“红袖章”力量与巡防力量的布局，将“红袖章”力量安排到巡防力量薄弱的路段、部位，做到信息互通、力量互动、工作互补，减少防范盲区，有效挤压犯罪。坚持人防与技防相结合，根据“雪亮工程”建设要求，配合全市建设进度，完成新建监控视频1352个、223家单位通过更新升级并网，通过视频监控，密切关注社会面治安状况，实时发送预警信息，形成人防、技防、物防“三防”并进的格局。“红袖章”与公安机关专门力量相互配合，共同开展巡逻防范工作，形成“白天见警察、夜间见警灯、随处可见‘红袖章’”的良好局面。完成综治中心规范化建设。严格按照《社会治安综合治理综治中心建设与管理规范》国家标准，积极探索区、镇(街道)、村(社区)三级综治中心规范化建设，初步建成以综治中心为龙头、以基层成员单位为依托，资源高度整合、贴近实战实用的一体化综合工作平台。区、镇(街道)两级综治中心全面建成，98个村(社区)综治中心按照国标建成率达50%以上。

【护航经济发展】2017年，区委政法委联合区公安、检察院、法院、司法局、交警、消防各单位持续开展打击整治非法集资、摸排整治“砂霸”等专项行动，成功侦办涉案资金12.9亿元的“8·30”众财非法集资专案，摧毁2个垄断施工材料经营的“砂霸”团伙，依法打击违法团伙成员13人，妥善处置群体性事件7起。反贪部门立案14件16人，侦查终结并移送起诉6件7人，反渎部门立案7件13人，侦查终结并移送起诉3件9人。

【矛盾调解】 2017年，区委政法委人民调解工作实施网络化管理，7个镇(街道)、98个村(社区)全部建有调委会，行业性专业性调委会8个，调解组织113个，专、兼职调解员496人，信息员1004人，将民间纠纷化解在基层，调处各类矛盾纠纷754件，调处成功率99%。落实矛盾纠纷多元化解机制，构建“三调联动”(人民调解、司法调解、行政调解)大格局化，发挥区联合调委会、驻法院调委会、驻检察院调委会、道路交通调委会等8个调委会作用，开展“三调联动解纠纷，防控风险促发展”专项调解活动，及时调处交通、消费、物流、劳动用工和医疗卫生工作中出现的矛盾纠纷，行业和专业调委会调处矛盾纠纷315件，调解成功率99%，无民转刑或因调处不力引起的群体性事件。

【网格建设】 2017年，区委政法委严格按照《城乡社区网格化服务管理规范》(国家标准)，统筹协调推进网格化建设。规范划分网格。全区以村、社区为单位，根据辖区面积、人口规模、服务管理事项，按照“完整性、便利性、均衡性”和全覆盖、无缝隙等原则，将辖区98个村、社区划分为220个网格。综治和网格化指挥中心一体运行。区、镇(街道)、村(社区)三级均设立网格化服务管理中心(站)，与同级综治中心一体运行，各项软硬件设施基本配备到位。科学配备工作力量。区委、区政府明确将网格化服务管理职能划入区政务服务中心，明确1名班子成员专

区政法委书记一行赴常德学习网格化先进经验

职具体负责网格化工作，组织招聘4名事业编制工作人员。科学制定工作规范。科学制定区、镇(街道)、村(社区)三级网格化服务管理中心(站)职责规范，完善网格任务流转办理的闭环工作流程。

【公正司法会商平台】 2017年，区委政法委出台《公正司法会商机制(意见稿)》，对于重大疑难案件通过会商平台提前进行研判、协调，统一法律认识和尺度，保障法律的正确实施，维护司法公正。对典型个案跟踪督办，对执法检查中发现的问题及时采取措施纠正，保证政法各单位严格执法。

【法治天元建设】 2017年，天元区的公安、检察院、法院、司法等部门在辖区3镇、4个街道采取设立宣传点、法律服务咨询台等方式，送法下乡、送法进社区、送法进园区，发放宣传资料30余万份，2700余人次接受法律服务和法律咨询。区检察院、司法局等单位分成6个送法小分队，将中共十九大精神及法律法规送到村组和企业。组织开展“依法决策示范领导班子、法治机关、法治企业、法治学校、依法办事示范窗口”评选创建活动，全区70%以上的村(社区)基本达到“民主法治示范村(社区)”建设标准。全区72个单位采取会议学习和网上学习相结合方式，根据各自职能，组织部门学法，增强全区干部法

治素养。年内国家工作人员学法考试全区考试合格率100%。倡导警校共建，加强青少年法治教育，为全区37所中小学校聘任37名专业素质好、责任心强的政法干警担任中小学校的法制副校长和辅导员，法制副校长深入全区37所中小学校进行法制讲座37堂。银海学校开展的“中小学生模拟法庭”活动被评定为全省法治文化建设示范项目。

【“双一流”窗口竞赛】 2017年，区委政法委牵头开创“一流服务、一流窗口”竞赛考核，寓队伍建设于窗口竞赛之中，打造素质过硬的政法队伍。考核对象为政法机关面向服务对象的部门与科室。考核内容主要分为纪律规定、群众关注的问题以及业务多发问题为标准。具体包括作风纪律、廉政建设、群众是否满意、群众有效举报、业务规范等方面。通过“双一流”窗口竞赛，营造你追我赶、不甘落后良好态势，有效地调动政法各部门工作人员积极性，政法队伍形象不断提升。在2017年上半年全省综治“民调”中，天元区综治成绩在全市排名第三，城区排名第一。（周刘诣）

公 安

【概况】 株洲市公安局天元公安分局(简称“天元公安分局”)内设工会、纪委、办公室、政工室、警保室、法制大队、国保大队、治安大队、刑侦大队、禁毒大队、经侦大队、网安大队、巡警大队，下辖泰山路派出所、嵩山路派出所、马家河派出所、群丰派出所、栗雨派出所、新塘派出所、雷打石派出所、三门派出所，共有干警308人。2017年，天元区各项公安工作和队伍建设取得长足发展，实现打击处理刑事犯罪嫌疑人数和现行刑事破案数持续上升，刑事警情数、治安警情数、8类严重暴力犯罪(故意杀人、故意伤害致人重伤或者死亡、强奸、抢劫、贩卖毒品、放火、爆炸、投毒罪)全面下降，37项公安绩效评估工作均达标的优异成绩，天元区连续9年保持湖南省平安区称号。

一、维护国家安全能力持续提升。通过落实“大研判、大管控、大排查、大演练”4大维稳战役、天元公安分局“连民心、促稳定”活动、局领导轮班带队驻京接访劝返、印发宣传资料依法警示震慑等具有针对性的举措，多次超前掌握涉军群体、征地拆迁户、“众财”“善心汇”非法集资案参与人等重点群体试图赴省进京上访、大规模聚集等内幕、预警信息390条，劝返、劝退上访人员280人次，成功侦破“6·3”“1·15”等国保专案，防范化解重要节点和时段的风险隐患，确保“两节两会”“一带一路”高峰论坛、中共十九大防护期间赴省进京非法上访“零登记”，维护了全区社会大局平稳。

二、服务发展大局能力持续提升。全力服务区委、区政府中心工作，推进“项目攻坚年”“企业帮扶年”活动，积极配合相关部门参与拆迁拆违、治砂等行动140余次，出动民(辅)警3600余人次。深入开展整治重点工程施工秩序、打击整治非法集资等专项行动，成功侦办涉案资金12.9亿元的“8·30”众财非法集资专案，摧毁“砂霸”团伙2个。通过推行派出所、巡警双处警和所队专案侦办等过硬举措，依法严厉打击非访、非法阻工、堵路人员58人(其中刑事处罚19人，治安处罚18人，教育训诫等其他处理21人)，妥善处置群体性事件9起，依法对邹某等涉嫌扰乱公共秩序的违法人员予以刑事、行政强制措施，为辖区经济社会发展筑起坚强有力的安全屏障。

三、打击防范犯罪能力持续提升。先后组织“强打击、促民调”百日攻坚、“集打斗争”“冬春攻势”等一系列专项行动，不断提升打防效能。全年打击处理刑事犯罪嫌疑人646人，较2016年上升25.68%；破获各类现行刑事案件896起，现行刑事案件破案率 24.06%；命案侦破率保持 100%。先后侦破百万文玩被盗案、公安部督办微信诈骗专案、“维托”国际医疗美容诈骗团伙、“2·11”恶性抢劫案等一批重大案件。强化巡警及派出所 110 接处警民警夜间街面巡逻盘查、岗亭联勤执守等举措，不断提高见警率、管事率、采集率、碰撞率、抓获率，巡逻现行抓获各类违法犯罪人员 207 名。年内，刑事发案 3712 起，较 2016 年下降 12.23%，其中入室盗窃、盗窃机动车案件分别同比下降 40.08%、19.01%。

四、深化警务改革能力持续提升。加快推进“4+X”中心警务改革进程，推动传统警务向现代警务转型升级。先后投入 160 余万元高标准建成指挥情报中心、治安防控中心、侦查实战中心、新闻舆情中心、执法监管中心和 4 个派出所综合指挥勤务室，并制定一系列相配套的运行及考核机制，实现情报信息的集约整合，指挥调度的高效精准，警情处置的支援联动，为增强打防控管成效提供支撑保障。

五、严格规范执法水平持续提升。推行以办案积分制为基础的执法档案管理，核发积分奖金 23.84 万元，激发民警想办案、多办案、办好案热情。强化民警执法能力建设，所队领导、主办侦查员、法制员 100% 通过中级执法资格考试，9 名民警通过高级执法资格考试。投入 20 余万元建立分局执法监管中心，推行刑事案件办理“三统一”（统一审核、统一出口、统一入口），全面落实局领导带队旁听庭审、执法过错责任追究等制度，不断提升执法管理水平，杜绝有案不立，办关系案、人情案等执法突出问题，执法办案质量进一步提升。

六、整体素质和作风形象持续提升。深入学习宣传贯彻中共十九大精神和习近平新时代中国特色社会主义思想。充分发挥党建引领作用，持续推进“两学一做”（学党章党规、学系列讲话，做合格党员）学习教育制度化、常态化，健全完善党委、支部书记讲党课、“三会一课”（定期召开支部党员大会、党支部委员会和党小组会，按时上好党课）等党的组织生活制度，广大民警“四个自信”（道路自信、理论自信、制度自信、文化自信）和“四个意识”（政治意识、大局意识、核心意识、看齐意识）不断增强，干事创业的激情和奋进拼搏的动力持续提升，先后涌现出全省优秀人民警察何雁波、“最具魅力所队”巡警大队、“身边最美警察”谭春阳等一批先进典型。落实全面从严治党治警要求，对 6 名所队领导、民警进行追责，全区没有发生民警重大违法违纪和重大涉警负面舆情。

【破获贩毒案】 1月3日凌晨，天元禁毒大队经过缜密侦查成功破获一起贩卖毒品案，抓获涉毒嫌疑人 4名，缴获毒品冰毒麻古 10余克。

天元禁毒大队从打击零包毒品犯罪着手，充分利用作战平台，获取零包贩毒案件线索：天元区和一宾馆内有人吸毒。接到举报后，副大队长陈耀带领民警在和一宾馆 1130 房抓获涉嫌吸食毒品的欧某（男，25 岁，攸县人）。当晚在欧某的配合下民警抓获贩毒人员文某某（男，29 岁，株洲县人），并从其身上搜出 2 小包毒品。经突审，文某某交待其上线为袁某某。办案民警随即赶到南航宾馆在 3048 房内抓获贩毒人员袁某某（男，28 岁，邵阳人）和吸毒人员王某（男，27 岁，天元区人），从袁某某身上搜出 6 小包毒品，王某身上搜出 2 小包毒品。

【摧毁涉恶团伙】 1月6日凌晨，刑侦大队经过缜密侦查，联合分局各所队在天元区夜韵 KTV 进行突击检查，抓获8名寻衅滋事、非法拘禁、故意伤害犯罪嫌疑人，成功摧毁一个恶势力犯罪团伙。

1 月 6 日凌晨 2 时许，刑侦大队多警联合，在副局长曾晓明带领下，对位于株洲湘江一桥附近的夜韵 KTV 进行突击查处，现场带回 50 余名涉嫌违法犯罪人员，通过甄别、辨认，成功抓获“8·17”皇家凯歌寻衅滋事以及刘某被非法拘禁案的阮某、晏某、罗某、李某甲、李某乙、谢某、林某、李某某等8名犯罪嫌疑人。

经查，2016年5月5日凌晨，阮某、晏某伙同王某某等15人从天元区招投标大厦13楼咖啡店将受害人刘某非法拘禁长达4个小时，其间多次对刘某实施殴打并敲诈勒索刘某1.8万余元。另查明，2016年8月17日03时许，受害人余某、吴某等人在天元区皇家凯歌KTV消费娱乐后，因给男公关小费一事和男公关等人发生纠纷，进而引发肢体冲突，阮某（KTV经营者）、晏某（KTV经营者）、罗某（KTV经营者）等人纠集近20人持凶器对受害人进行殴打，导致余某轻伤一级，李某轻伤一级，冯某轻微伤。经审讯，犯罪嫌疑人阮某、晏某、罗某等人对上述犯罪事实供认不讳。

【抓获网上逃犯】2月16日，嵩山路派出所根据预警信息迅速处警、耐心守候，抓获一名岳阳警方追捕的网上逃犯。2月16日中午13时许，嵩山路派出所接到报警信息，称在天元区某宾馆701号房有一网上逃犯入住该酒店，要求民警立即处警。接到警情后，民警迅速赶至该宾馆，但此时网上逃犯马某并未在房间内，民警立即对宾馆房间周边进行便衣守候，于16时许将返回宾馆房间的马某当场抓获。

经查实：犯罪嫌疑人马某于2016年5月与中南黄金冶炼供销部签订购买精炼渣合同。在此期间马某勾结该公司内部职工，通过人为降低售出的精炼渣含金量的方式，以明显低于市场价格购买高价含金量精炼渣，非法牟利5万元。2017年1月，马某被岳阳平江县公安局列为网上逃犯。

【向卫东一行督导天元区禁毒工作】3月2日，国家禁毒办副主任向卫东率国家禁毒督导组一行3人在省公安厅副厅长、省禁毒委副主任、省禁毒办主任李介德，省公安厅禁毒总队总队长、省禁毒办常务副主任唐国栋，副市长、市公安局党委书记、局长李晓葵，市公安局副局长、市禁毒委副主任、市禁毒办主任凌娅等省市领导的陪同下到天元区调研督导禁毒工作。天元区委常委、政法委书记、天元区禁毒委常务副主任何登科，天元公安分局副局长、天元区禁毒办主任刘塘文及相关部门负责人参加调研。督导组一行实地考察天元区群丰镇社区戒毒康复工作办公室，并在群丰镇政府会议室召开座谈会，观看群丰镇社区戒毒康复工作视频短片，听取天元区禁毒委常务副主任何登科、群丰镇镇长谌华关于社区戒毒康复工作情况汇报。向卫东一行对天元区社区戒毒康复工作给予肯定，并就如何围绕吸毒人员开展网格化治理以及如何将社区禁毒、社区康复工作落到实处进行调研。他要求进一步加深对禁毒工作的认识，综合施策，全面深化禁毒社会化工作，形成党政主导、各部门齐抓共管的工作局面。

【捣毁地下“六合彩”窝点】3月8日，三门派出所成功捣毁一处地下赌博窝点，抓获涉赌人员7人。

3月8日8时许，三门派出所接到群众举报，称在天元区某小区内有人从事地下“六合彩”违法活动。接到举报后，民警迅速前往现场，当场查获卖码写单人员刘某某（男，47岁，株洲县人）和买码人员陈某某（男，46岁，株洲市人）、罗某某（男、52岁、株洲市人）、韦某某（女、39岁、广西人）、肖某某（女、55岁、株洲县人）、文某某（女、51岁、株洲县人）、李某某（女、53岁、临湘市人），民警随后将该7人口头传唤到三门派出所。经审查，7名涉赌违法人员对参与地下“六合彩”赌博的违法事实供认不讳。

【集中开展法治宣传日活动】4月28日，天元公安分局组织法制、政工、刑侦、治安、禁毒、经侦等相关部门在天元超市前庭广场和泰山路街道滨江社区集中开展法制宣传活动。分局党委副书记、副局长赵和参加宣传活动。

活动中，天元公安分局通过 LED 屏滚动温馨提示、悬挂醒目主题横幅、展示禁毒教育板报、免费发放普法宣传手册、现场提供法律问题咨询等形式，向辖区群众面对面地讲解法律专业问题、禁毒识毒知识、安全防范事项，强调了知法、守法、懂法、用法的重要意义，增强群众的守法意识和安全防范意识，深化群众自觉守法、遇事找法、解疑靠法的法治思维。此次活动，天元公安分局出动警力 30 人，社区禁毒专干 5 人，发放宣传资料 2000 份，接受群众咨询近百人次。

【追回50万元被骗款】4月28日，天元公安分局刑侦大队成功规劝诈骗犯罪嫌疑人投案自首，破获合同诈骗案件一起，为受害人追回50万元被骗财物。

4 月 12 日，受害人王某某到天元公安分局刑侦大队报案称 :2016 年 12 月初，其通过朋友介绍认识犯罪嫌疑人卢某某(男，37 岁)，卢某某谎称湖南华天集团公司与攸县人民政府签订开发攸县华天城项目的协议，其可以促成王某某与湖南华天集团公司签订合作协议。王某某轻信后与卢某某签订有效期为 3 个月的协议，并向卢某某支付 100 万元保证金。事后，受害人王某某发现湖南华天集团与攸县人民政府所签订的协议早已作废，在事情败露后卢某某只返还王某某 30 万元，王跃明多次催卢某某还款未果。4 月 28 日，在刑侦大队民警劝说下，犯罪嫌疑人卢某某到公安机关投案自首并如实供述自己虚构事实诈骗王某某 100 万元保证金的犯罪事实。同时主动归还受害人王某某的 50 万元并承诺 1 个月内归还剩余 20 万元。

【“五四”青少年防毒拒毒主题宣传】5月4日，天元公安分局在炎帝广场集中开展了禁毒法制宣传教育，旨在加强青少年法律意识，强化对毒品危害的认知，切实提高广大青少年及家长们识毒、拒毒、防毒、禁毒能力。此次主题宣传活动以“防毒拒毒，从我做起”为主旨，紧紧围绕新时期广大青少年、校园学生及其家长如何提高对毒品危害的认识，如何更好地了解毒品的相关知识，如何提升自身拒毒禁毒能力，如何组建起防毒禁毒的“朋友圈”等主题进行集中宣传。公安分局政工室、禁毒大队以及热心禁毒宣传的网安大队教导员胡践红、治安大队民警潘雪云等带领禁毒社会化的工作人员和志愿者，变静态展示为动态交流，通过摆放识别毒品(系仿真模型)要领、散发禁毒手册、结合案例释疑、添加微信QQ等方式向群众宣讲毒品危害、推广禁毒知识、牢固拒毒共识、宣传健康理念。通过宣传，还集中展示近年来禁毒工作取得的成效，宣传方式和工作效果得到辖区群众认同和点赞。

【快速破获“5•15”故意杀人案】5月23日，天元公安分局在市公安局刑侦支队、技侦支队、图侦支队的支持下抓获犯罪嫌疑人殷某某，破获一起故意杀人案。

5 月 15 日凌晨 1 时许，天元公安分局刑侦大队接到报案称 :天元区金彩明天小区一麻将馆老板李某某被人用刀捅死。接报后刑侦大队立即赶往现场，经初查 :5 月 15 日凌晨 40 分许，犯罪嫌疑人殷某某(男，46 岁，石峰区人)在麻将馆内因嫌老板拿烟的速度慢，双方发生言语、肢体冲突，后嫌疑人殷某某到家中携拿尖刀返回该麻将馆门口将受害人李某某当场捅死后潜逃。案发后，市、区两级公安机关立即启动命案侦破机制，成立由刑侦支队、网技支队、图侦支队、天元分局刑侦大队、网安大队抽调精干力量组成的“5 · 15”专案组，迅速开展侦破工作。5 月 23 日 16 时许，专案组通过视频追踪发现 5 月 20 日嫌疑人往天马驾校内一废弃厂房方向逃窜后不见踪迹。专案组经过研究决定对该厂区及周边进行地毯式搜查，同时封锁所有进出通道。19时许，专案组民警在该厂区第一栋闲置房的二楼发现嫌疑人殷某某并成功将其抓获。经审讯，犯罪嫌疑人殷某某对其持刀杀害受害人李某某的犯罪事实供认不讳。

【破获一起聚众斗殴致人死亡案】 6月30日，天元刑侦大队在市公安局刑侦支队配合持下，连续抓获6名犯罪嫌疑人，破获一起聚众斗殴致人死亡案件。

6月22日23时许，万某某与罗某某在天元区某KTV发生冲突，后双方纠集多人在天元区耀华农贸市场附近打架，导致李某重伤后不治身亡。6月27日案件移交刑侦大队后，刑侦大队抽调精干力量成立专案组，专案组民警通过大量的调查发现犯罪嫌疑人吴某某(男，25岁，炎陵县人)、曾某(男，26岁，株洲县人)、王某某(男，41岁，株洲市人)，殷某(男，30岁，株洲市人)、袁某(男，26岁，株洲市人)、刘某某(男，38岁，株洲市人)、刘某(男，30岁，株洲市人)等人有重大作案嫌疑。6月30日，专案组相继将犯罪嫌疑人吴某某、曾某、王某某、殷某、袁某、刘某某等6人抓获。经查，6月22日晚，犯罪嫌疑人王某某接到易某某的电话称“漫老板”出事了后，王某某纠集殷某、袁某、刘某某等人赶至天元区耀华农贸市场附近，随后王某某一方7人和对方李某一方6人发生斗殴，其中李某被对方的吴某某用刀捅成重伤，送医院后身亡。

【快速破获强奸抢劫案】 9月12日，天元刑侦大队抓获一名犯罪嫌疑人刘某某(男，32岁，陕西西安人)，快速破获一起强奸、抢劫案。

9月7日凌晨4时许，天元刑侦大队接到受害人报警，称当日凌晨其在天元区长江北路某宾馆房间与微信男性朋友见面时被该男子强奸并被逼迫告诉微信支付密码。随后，该男子从微信中转走受害人1.02万元，并抢走受害人2部手机。接报后，刑侦大队领导高度重视，立即指示迅速开展调查，并通过调查锁定犯罪嫌疑人的准确信息。9月12日，民警在芦淞区某网吧将正在上网的嫌疑人刘某某抓获。经审讯，犯罪嫌疑人刘某某对上述犯罪事实供认不讳。

【“旅馆业”问题查处行动】 12月3日，嵩山路派出所召集全体民警、辅警开展对辖区旅馆业集中清查整治行动。此次清查辖区宾馆69家，重点检查各宾馆实名登记情况、入住情况以及消防设施是否完好，营业执照是否齐全，监控是否能正常使用，通过此次清查，对有问题的宾馆、场所全部责令其整改到位，消除安全隐患。

【打掉吸贩毒团伙】 12月29日，三门派出所成功打掉一个吸贩毒团伙，抓获涉毒犯罪嫌疑人3名。12月28日，三门派出所接到群众举报，称在天元区某出租房内有人正在吸毒。接到报警的三门派出所立刻组织警力前往该出租房，当场抓获正在吸毒的糜某某(男，43岁，贵州省毕节市人)、邵某某(女，44岁，贵州省毕节市人)，随后依法将两人传唤至公安机关。通过审讯深挖，糜某某供出其下线吴某(男，24岁，湘潭县人)。29日凌晨1点左右，三门派出所经过3个小时的蹲守成功将前来购买毒品的吴某抓获。

(魏 腾)

交 通 管 理

【概况】 株洲市公安局交通警察支队天元大队(简称“天元交警大队”)为株洲市公安局交通警察支队所属正科级下属机构。2017年，天元交警大队内设办公室、交通法制宣传中队、交通事故处理中队、交通秩序管理中队、第一执勤中队、第二执勤中队、第三执勤中队、第四执勤中队、第五执勤中队9个副科级单位，民警59人，中共党员56人，协警53人、辅警39人，管辖555.7千米城乡道路，区内51395台机动车和86942名驾驶员。主要负责天元区道路交通安全管理工作，包括纠正和处理各类交通违法，道路交通事故的勘察处理，专业客货运企业、车属单位的车辆及驾驶员实行安全管理，对交通参与者进行交通管理法律法规的宣传与教育，维护道路交通秩序，对公路上发生的刑事、治安案件及群体性事件、突发事件进行先期处置。

2017年，天元交警大队以“压事故、保畅通、强队伍、创满意、促发展”为工作主线，坚持依法履职，深化改革创新，大力推进公安交警基础信息化、警务实战化、执法规范化、队伍正规化建设，全力确保新常态下全区道路交通安全、有序、畅通。天元交警大队荣获“2017年度天元区安全生产工作先进单位”“天元区维护稳定工作先进单位”“天元区政法工作先进单位”称号。

天元交警大队第四执勤中队中队长黄波文获评湖南省人力资源和社会保障厅和湖南省公安厅共同授予的全省优秀人民警察，民警陈智敏获株洲市公安局授予的全市公安机关中共十九大安保维稳工作成绩突出个人三等功，易世玉获评株洲市公安局授予的第三次专项奖励个人三等功，陈贤义获评株洲市公安局授予的全市公安机关综合奖励个人三等功。

【春运道路交通安全工作】2017年春运从1月13日开始，至2月21日结束，为期40天。为切实做好春运期间道路交通安全管理工作，天元交警大队组织召开春运动员大会，制定交通安全管理实施以及应急方案，严格落实值班备勤制度，始终保持三分之二的警力在岗在位。依托春运临时检查点，对过往客运车辆逢车必查，严防客运车辆超员、超速、疲劳驾驶等严重交通违法行为。组织开展春运零点行动和4次统一行动日活动，强化辖区道路交通秩序管理工作，严查各类交通违法行为。利用电视台、报纸、广播、网络、QQ群、微博等媒介发布辖区实时路况信息和安全出行提示，引导驾驶人和旅客合理选择出行方式、时间和路线，避开车流高峰，避免车流、客流过度集中。民警深入辖区客运站场，用展出典型事故案例展板、播放交通安全专题教育片等形式掀起春运交通安全宣传高潮。春运期间，天元交警大队出动警力2000余人次，警车400余辆次，检查客运车辆2500余辆次，查处各类交通违法行为8808起，其中超员13起，酒后驾驶32起，涉牌涉证516起，校车违法20起，违停4751起，辖区未发生长时间、大面积交通堵塞，圆满完成春运道路交通安全管理各项工作任务。

【淘汰黄标车】2017年，淘汰黄标车(指排放水平低于国一排放标准的汽油车和国三排放标准的柴油车)工作是省委、省政府2017年重点工作之一，也是市委、市政府“民生100”工程重点项目，事关改善空气质量，完成“十三五”节能减排任务。为确保按时完成市政府下达的天元区2017年淘汰黄标车任务，天元交警大队积极向区政府报告，协调组织交警、环保、乡镇街道等单位召开黄标车淘汰工作推进会。成立3个攻坚小组，主动对接各镇、街道指导协调黄标车淘汰工作。通过电话沟通、上门走访、座谈会等多种方式向黄标车使用单位和黄标车车主宣传淘汰政策，分析利弊得失，告知报废流程，使黄标车车主主动配合将车辆报废。年内，天元区淘汰黄标车646台，完成市委、市政府下达任务的100%。

【武广株洲西站交通秩序维护】武广株洲西站是株洲城市建设的一张名片，天元交警大队高度重视武广株洲西站的交通秩序维护，多次组织召开队务会，研究交通组织方案。在警力十分紧张的条件下，抽调10多名警力每日从8：30至23：30驻守武广株洲西站，做到“列车不出站，交警不撤离”，并对周边道路实施巡逻疏导，严查的士长时间乱停乱靠在高铁站出口处候客接客现象，严纠社会车辆随意停放造成的交通混乱现象，严管公交客运车辆不按规定进站停靠，造成其他车辆出入不通，引发交通拥堵、交通秩序混乱现象。彻底改变过去武广株洲西站交通混乱的局面，没有再出现因交警管理不到位引发的拥挤、拥堵等现象。

【“两站两员”建设】 2017年，天元交警大队积极协调区政府各部门以及各镇，推动在每个镇设立交通安全管理站和劝导站，聘请交通安全管理员和劝导员的“两站两员”建设，充分利用“两站两员”平台，深入农村客运站、幼儿园及农村集镇开展“两站两员”交通安全宣传活动。活动中，民警与“两站两员”人员重点针对客运车、微型面包车等重点车辆开展义务劝导，向驾驶员、行人发放交通安全宣传手册及宣传资料，宣传驾乘摩托车戴安全头盔、自觉做到不超员、遵守交通信号灯、安全驾驶等文明交通行为，坚决抵制无证驾驶、酒后驾驶、驾乘报废车辆上路行驶等严重交通违法行为，提醒驾驶员加强学习、遵守交通法规。民警对校车安全状况进行检查，并就校车安全驾驶、安全设施配备等问题，提出具体要求。活动期间，开展“宣讲下乡”活动14次，发放宣传资料12750余份、播放警示教育视频光碟，为群众提供各类交管服务咨询2630余人次，检查车辆1510台。

【交通智慧警务建设】 2017年，天元交警大队全面排查长江路等主干道的交通拥堵问题，对黄河南路、泰山路等改建道路的交通组织进行重新调整，在长江南路、天元大桥引桥等路段设置中心隔离护栏，改善天元区道路交通组织，优化群众出行。开展智能交通建设，区内增加20个电子警察点位，使全区点位数增加到57处。全区换装1352个高清数字信号摄像头(含人行道)。通过升级改造，强化交通信息大数据分析研判，实现对交通安全的精准管理，使天元区道路交通管控能力得到大幅提升，全区道路通行环境得到有效改善。

【道路交通安全隐患排查及治理】 2017年，天元交警大队强化交通安全源头管理，发挥联动联治，开展道路交通安全隐患排查。坚持每月排查一次道路交通安全隐患路段，对排查出来的道路交通安全隐患采取交办制、台账制、销号制、通报制“一单四制”管理。通过全面排查辖区交通安全隐患，民警详细掌握辖区道路状况、交通流量。深入查找易发、高发交通事故隐患，将安全隐患登记在册，制定整治方案，明确整治责任，完善道路交通安全防护设施。将需要区政府协调整改的隐患上报区政府解决。年内，排查出道路交通安全隐患60处，其中市级督办安全隐患2处。

【重点车辆安全监管】 2017年，天元区有幼儿园67所，中小学校38所，校车115辆；专业客运公司2家，客运车87辆；渣土运输公司7家，渣土运输车350辆；危化品生产企业1家，危化品运输车12辆；物流公司2家，物流运输车25辆；公交公司2家，公交车1140辆。天元交警大队强化对重点车辆驾驶员的安全教育，严格重点车辆驾驶员资质审查，与辖区渣土车运输公司签订安全生产责任状13份；与客运车辆驾驶员签订安全生产责任状176份；与校车、园车驾驶员签订安全生产责任状202份，严格督促相关企业和驾驶员落实交通安全主体责任。

【“礼让斑马线”活动】 2017年，天元交警大队开展“礼让斑马线”活动，传导文明交通意识。以发放倡议书和志愿劝导服务形式，积极开展活动。在城区向过往车辆发放《礼让斑马线》倡议书，打造“礼让斑马线”巨大声势，号召广大驾驶员积极“礼让斑马线”，尊重行人过马路优先权益，养成文明驾驶习惯，行经斑马线时，自觉减速行驶，遇行人正在通行时，主动停车让行。利用现有交通监控视频抓拍“礼让斑马线”车辆，录入审核，对不礼让斑马线的违法行为进行集中整治，实时通过媒体予以曝光。年内，查处各类不文明驾驶行为3000余起。

【交通安全秩序整治】 2017年，天元交警大队以危险品运输车辆、校车、大中型客货运输车辆、工程运输车辆和摩托车为重点，对辖区交通乱源进行集中整治，先后组织开展“重点交通违法行为百日会战”“道路交通安全大排查大管控大整治百日行动”等大型整治行动。年内，开展各类交通秩序专项整治行动110起，纠正违法行为114375起，其中现场执法39801起，非现场执法74574起，暂扣机动车2722台，查获饮酒后驾驶机动车202起，刑事拘留4人，行政拘留185人。

安全隐患排查

【“护学岗”顺畅学生出行】 天元交警大队切实加强辖区学校周边交通安全的管理，每年春秋季学校开学后，对辖区10余所中、小学校全部安排民警进行早晚护学，10余年来风雨无阻。2017年，出动警力2500余人次。科学优化校园周边交通组织方案，对天台小学、白鹤小学等学校周边道路实行高峰限时单向通行。加强与学校联系沟通，促成天元中学、泰山小学采取错峰上下学制度，多种措施保证广大师生顺畅出行和安全出行。年内，白鹤小学护学岗被省交警总队评为湖南省文明交通标兵护学岗。

【防汛抢险】 6月22日至7月2日，株洲市出现超强降水过程，10天累计降水428.9毫米。7月3日20时许，株洲市出现洪峰水位43.06米，超警戒水位3.06米，湘江沿岸多处出现险情。天元交警大队快速反应、启动应急预案。5分钟内集合4个巡逻中队的警力对滨江北路五桥北匝道口至君山路口路段进行交通管制，排除险情。积极配合群丰镇政府等部门，安排警力24小时对滨江南路相关路段进行交通管制，在建宁大桥下及小麦港路段放置反光锥筒，开启警灯昼夜值守，做到“人轮岗，岗不离人”。抗洪抢险过程中，大队领导以身作则，靠前指挥，带头坚持在抢险第一线，民警、协辅警服从命令、听从指挥、不畏困难、不计得失，展示招之能来、来之能战、战之能胜、团结拼搏的优秀团队形象。

【快速处理路面下沉塌陷险情】 7月6日上午11点半，群众反映在天元区滨江北路与神农大道交汇处斑马线附近有一处路面下沉，天元交警大队马上派警力赶赴现场查看情况，并对下沉路段进行交通管制，禁止车辆及行人通过。为避免发生意外，安排警力将滨江北路奥林匹克大道至神农大道路段拉上警戒线进行交通管制。10分钟后，下沉路面发生塌陷，出现一个大的坑洞。天元交警反应迅速，作出正确处理，虽地面塌陷但未造成人员伤亡。

【24小时内侦破肇事逃逸案】11月12日晚上11点，天元交警大队接到报警电话，称小车在天元大桥下桥处轧到地上的一个行人。民警赶到现场后发现，一辆牌照为湘B9***3的红色广本小车停在由东往西的直行车道，车下压着一名中年男子，一辆自行车已被碾成两段。据小车驾驶员蒋某称，在他下桥时，因车没有减速，当看清前方躺着的人时已经无法采取避让措施，直接轧了过去。蒋某打电话报警后，马上拿出车内的千斤顶把车子顶起来将伤者许某抬出，但其因伤势过重死亡。经过查看蒋某的行车记录仪，民警确定行人许某在被碾压前确实已经倒在地上，至于他是自己倒地还是被撞倒地，只能进一步调查确认。

11月13日，民警调取周边路段的监控以及长泰广场高清摄像头抓拍的车辆相片，确定肇事车是一辆没有悬挂牌照的白色现代小车，驾驶员是一名戴眼镜女子，副驾驶上还坐着一名男子。民警走访4S店了解到，肇事车型已于2016年停产，从分销人员处了解到购车女性是外地人，从未来过株洲。该线索断后，民警决定从源头出发，研究该车的行车轨迹并还原事发过程。经调取监控，民警确认12日晚8时，白色现代小车出现在监控里，停在天元大桥北侧辅道的三岔路口，但因是死角并未看到驾驶员下车后的路线，直到晚上11时，小车再次启动离开。就在其驶上机动车道数米的变道过程中，车辆的左侧反光镜处与当时骑自行车从天元大桥下桥的许某发生剐蹭致其摔倒在地，但小车未作停留直接离开了现场，半分钟过后，蒋某驾驶小车从天元大桥下来后直接从倒在地上的许某身上碾压过去……

根据小车当晚停留的时间，副大队长张灿晖猜测，事发前小车停车地点很可能就是驾驶员的落脚点，11月13日晚上9点，张灿晖围绕疑似落脚点附近进行排查和走访，在一小区道路上找到一辆疑似肇事车辆。通过车身左侧的划痕以及车内仪表台上的摆件与抓拍照片对比，民警确定这辆无牌白色现代小车就是他们寻找的肇事逃逸车辆。民警通过车内一包裹上的联系电话，巧妙利用侦查手段将肇事逃逸驾驶员李某抓获归案。李某交代，因自己是近视，发生事故后她也不清楚有多严重，想着自己还未取得驾驶证，而小车也没有悬挂牌照，在侥幸心理以及朋友唆使下，李某最后驾车逃离现场。

【货运车辆超限超载运输治理】2017年，天元交警大队为强化重点车辆管理，保护公路基础设施，区交警大队在区政府的统一部署下，联合区城乡建设局、各镇人民政府等部门开展集中联合整治货运车辆超限超载运输行动。通过设置临时治超点，交警、路政、各镇政府、各镇派出所安排24小时联合值班执法，对货运车辆超限超载严格执法。年内，检查车辆3600台次，处罚各类违法行为500余起。(张 伟)

公 安 消 防

【概况】2017年，天元区公安消防大队(简称“区消防大队”)下辖天元、栗雨2个中队，共93人。其中现役干部15人，现役战士50人，政府专职消防员16人，消防文员12人。大队配备执勤车辆15台(水罐消防车2台、水罐泡沫消防车3台、压缩空气泡沫消防车2台、抢险救援消防车2台、16米高喷消防车1台、32米云梯消防车1台、行政车2台、后勤保障车2台)。区消防大队列管消防安全重点单位107家，政府专职消防队1个，微型消防站164个，易燃易爆危险品场所10家，高层建筑624栋，地下建筑5栋，城市综合体1处，社会福利机构6家。

【灭火救援】2017年，区消防大队共接警出动322次(含增援)，出动车辆503次，官兵3115人次，抢救被

灭火救援

困人员34人，疏散58人，抢救财产价值919.58万元。围绕实战化全员岗位练兵活动，以高标准定位、强态势推进、全方位提升，参加市消防支队业务技能大比武中获得团体最佳成绩。通过开展攻坚组集中训练、比武竞赛等途径，苦练人员搜救、强攻灭火、堵漏排险等专业技能，提升队伍的攻坚克难能力。按照“练为战”要求，加大训练强度，灵活训练模式，将训练场向辖区延伸，着重强化“六熟悉”（熟悉辖区交通道路、水源情况；熟悉重点单位数量、分布；熟悉辖区内主要灾害事故处置的对策及基本程序；熟悉重点单位建筑物使用及重点部位；熟悉重点单位内部的消防设施情况；熟悉重点单位的消防组织及灭火救援任务分工情况）和实战演练，全年熟悉单位300余家，对全区931个市政消火栓和8个城中村96个消防栓进行维护保养和登记造册，制定完善重点单位灭火救援预案107份，开展建筑消防设施调查测试专项行动6次，参与组织市减灾委举办的地震演练、株洲市神农城高层建筑灭火救援大演练、神龙城大型城市综合体灭火演练、株洲市化危场所拉动演练等各类演习100余次。

【队伍建设】2017年，区消防大队以创建“全省站排头、全国争一流”的消防队伍为目标。依托“一句话”微课堂、廉政教育馆、网络心理咨询中心等平台，突出抓好警示教育、尊干爱兵、遵纪守法3个方面的教育。大队党委中心组专题学习11次，大队党委书记、副书记讲党课12次，专题教育讲课23次，组织座谈讨论会6次，观看教育片10次。

【防火监督】2017年，天元区政府在消防安全工作上层层抓落实，召开全区消防工作会议，签订年度消防工作责任状，明确年度消防工作目标，并将消防工作纳入各级任期责任目标和年度工作计划。建立镇（街道）消防安全委员会成员单位季度考评，政府按考评结果实施奖惩，推动政府领导常态化督导检查消防工作。区政府先后召开专题消防工作会议8次，区人民政府领导带队开展消防安全检查行动6次，切实解决消防工作中重大问题。年内，相继开展冬春火灾防控、消防产品专项清理、夏季消防安全检查、高层建筑等一系列消防专项检查和安全生产大检查工作。着力推动社会单位消防安全“四个能力”（检查消除火灾隐患能力；组织扑救火灾能力；组织人员疏散逃生能力；消防宣传教育培训能力）建设，推进街道乡镇网格化管理和消防安全重点单位“户籍化”管理工作。完成132个“城中村”及无人管小区的消火栓安装。开展平安社区、小区创建工作，推进乡镇街道办对社区小区消火栓排查整治工作，形成各个环节消防工作有人抓、有人管的良好局面，从源头上控制火患。全年检查单位4128家，发现火灾隐患6677处，督促整改隐患6645处，临时查封单位81家，责令“三停”单位37家，整治销案重大火灾隐患4处，罚款125万余元，拘留3人，审核、验收建筑工程37个，接处市长热线和各类举报投诉200余起，为辖区经济发展和社会稳定创造良好消防安全环境。

【消防宣传】2017年，区消防大队采取政府购买“外包”服务模式开展消防宣传培训。围绕《全民消防安全宣传教育纲要》的宣传贯彻，集中开展“3·15”

产品宣传活动、暑期安全教育活动、119消防宣传日等宣传活动。先后设置消防横幅、板报、宣传画、宣传标语等1.1万条(份)。采取“线上”“线下”消防教育培训模式外包,线下培训100余场,培训人员2万余人,线上消防常识发稿80余篇,点击量10万余人次。积极开展社区消防宣传大使、消防宣传示范社区评选表彰活动和“全民消防我代言”大型公益活动,营造全民关注、共同参与良好氛围。 (叶 彦)

法 院

【概况】 株洲市天元区人民法院(简称“区法院”)有政法专项编制57个,工勤编制3个。2017年,实有政法专项编制人数55人,工勤编制人数2人,区征管办借调事业编制人数9人,聘用人员103人。

2017年,区法院围绕“凝聚中国动力、建设幸福天元”工作主题,坚持公信立院、人才兴院、科技强院、从严治院。在新收案件数量继续大幅上升,审判执行任务十分繁重,复杂新类型案件不断增多巨大压力下,全院干警勇于担当,直面挑战,全面完成审判执行各项任务。共受理各类案件8023件,审执结6861件,同比上升18.29%和33.74%,人均结案数位居全市法院第一。有19起案件当事人送来锦旗和感谢信,执行工作局获评全省法院先进集体、立案庭获评区文明窗口。1件行政案件入选湖南法院知识产权司法保护十大典型案例,非诉执行局局长黄威获株洲市“五一劳动奖章”。

【刑事审判】 2017年,区法院刑事审判坚持惩恶扬善,打防并重,全力维护社会和谐稳定。受理刑事案件488件,审结450件,结案率92.21%。严厉打击“两抢一盗”等侵犯人民群众生命财产安全的犯罪行为以及贪污受贿、非法吸收公众存款等经济类犯罪。其中办理非法吸收公众存款案件6件,涉案金额2.30亿元,集资参与人数1400余人。坚持“宽严相济”刑事司法政策,树立惩罚犯罪与保障人权并重、实体公正与程序公正并重等刑事司法理念,与各政法机关互相配合,互相制约,及时沟通,确保刑事案件质量。坚持打击犯罪与化解矛盾并重,加大附带民事诉讼赔偿案件调解力度,附带民事部分调解及自动履行率99%。严厉打击拒不执行法院生效判决、裁定等违法犯罪行为,对拒不履行判决、裁定的当事人移送公安机关立案侦查3案5人,以拒不执行判决、裁定罪判处1人有期徒刑。

【民商审判】 2017年,区法院主动适应经济社会发展新常态,以社会主义核心价值观为指引,注重促进经济发展和服务民生相结合,充分发挥民商事审判在平等保护、促进诚信建设、维护交易安全等方面的重要作用,倡导诚实守信、制裁违约失信。受理各类民商事案件2616件,结案2375件,结案率90.79%。妥善审理涉及民工工资、食品安全、金融秩序等关涉民生的案件,化解矛盾纠纷,维护公序良俗。

【行政案件审判】 2017年,区法院重视行政审判在依法治国中的重要作用,认真贯彻新修订的《中华人民共和国行政诉讼法》,回应群众关切,解决“民告官难”问题,监督行政机关依法行政,促进司法与行政良性互动。受理行政案件213件,结案160件,通过推动实行庭前沟通协调机制、行政机关负责人出庭应诉制度,着力搭建官民对话平台,助推依法行政。组织开展“项目攻坚年”和“企业帮扶年”等专项活动。为华品轨道、动力谷赛道项目、963项目、“三个中心”(夕阳红文化艺术中心、青少年活动中心、妇女儿童活动中心)、市民中心、神农大道、湘江大道等各类重点工程项目提供法律服务,确保多个重点工程项目顺利交地,共执结非诉行政执行案件7件。

【案件执行】 2017年，区法院围绕“用两到三年时间基本解决执行难问题”工作目标，多管齐下解决执行难。借力现代化信息平台，利用最高人民法院搭建的执行指挥、查控系统，破解“被执行人难找、执行财产难寻”难题。将执行人信息公开平台与社会信用体系对接，公布失信被执行人名单，对失信被执行人进行信用监督、警示和惩戒。年内，在市区繁华地段及株洲电视台曝光失信被执行人808人次，司法拘留36人，让失信被执行人处处受限，藏无可藏、躲无可躲，促使被执行人主动履行生效判决。执结各类案件1661件，执结标的3.74亿元。开展“金秋亮剑·服务金融安全”等专项执行活动，为华夏银行、唐人神集团、湖南中车时代电动汽车股份有限公司等一批金融机构和重点企业挽回经济损失1.4亿余元。

【“一站式”诉讼服务】 2017年，区法院以人民满意为标准，不断拓展服务功能，完善诉讼服务中心窗口便民设施，健全工作制度，为当事人提供“一站式”诉讼服务。配置电子显示屏、信息查询系统，充分运用信息技术为当事人提供方便。加强诉讼指导，通过发放诉讼指南、风险告知、廉政监督卡等形式，引导当事人正确行使诉权。加大司法救助力度，依法为困难当事人缓减免交诉讼费45.26万元，让经济困难的群众打得起官司，发放司法救助金77.84万元。建立多元化纠纷解决机制，强化人民调解、行政调解与司法调解“三调联动”，形成调解合力，及时把矛盾纠纷解决在内部、化解在基层、消除在萌芽状态，最大限度地预防和减少矛盾激化。“三调联动、诉调对接”做法及经验在全省法院作专题推介。

【司法公开】 2017年，区法院按照最高人民法院建设“智慧法院”要求，完善阳光司法平台和数字法庭的建设，提高审判执行工作透明度，开展庭审网络直播10次，并与网民实时互动交流，促进司法公开透明。在中国裁判文书网公开裁判文书4646篇，公布信息1954条。通过微信公众号实时推送重大案件审理执行情况。建立案件审限变动备案、审批制，将案件审限变动情况纳入审判流程管理和绩效考核，严格控制对延长审限的审批。借助信息化建设，全面深化司法公开，提升司法公信力。

【审判队伍建设】 2017年，区法院坚持党的领导，把思想政治建设作为首要任务，扎实推进“两学一做”学习教育常态化制度化。开展主题演讲比赛、庆国庆迎中共十九大联欢会以及党建帮扶等形式多样的主题党日活动，将支部建在法庭，激发党员责任感和使命感。通过抓党建、带队伍、促审判，实现干警队伍政治素质、业务素质、执法水平、改革成效和司法公信“五个提升”。坚持以审判为中心的价值取向，统筹推进司法改革。提请区人大常委会任命报备首批23名入额法官，并组织入额法官向宪法宣誓。完成入额法官工资套改以及人员、资产情况摸底核实工作，全面做好省以下法院人财物统一管理前期准备工作。按照“让审理者裁判、由裁判者负责”要求，实行主审法官和合议庭负责制，落实办案质量终身责任制、错案责任倒查问责制。加强对一线办案力

举行首批入额法官宪法宣誓仪式

量倾斜力度，形成审判人员全力办案、院庭长带头办案合力，有效化解积案。完善审判委员会运行机制，让审判委员会重归宏观指导位置。加大审判权公开运行力度，通过信息公开有效监管审判每一阶段。推进实施案件繁简分流机制，实现简案快审、繁案精审，提升司法质效。深化执行方式创新，加快推进执行财产处置力度，建立网络司法拍卖标的物询价工作机制，规范网络司法拍卖活动，节约司法拍卖成本，提高对执行标的物的处置效率。坚持向制度要审判效率，完善各项工作制度。制定和完善党组会议事制度、学习制度等，使每个班子成员都能严于律己、以身作则，自觉按制度办事。坚持从优待警，从严管警。完善请销假制度、岗位目标绩效管理考核实施办法、书记员管理办法等，用制度管人管事，提高管理水平和司法绩效。制定完善送达规则、审判流程跟踪督查办法、廉洁公正司法基金奖惩办法等，规范干警司法行为。开展集中清理积案百日办案竞赛活动，将各部门办案任务分解并纳入岗位目标绩效考核，责任到人、跟踪督办、限期消化，实行每月考核通报、季度兑现、奖优罚劣，120件18个月以上长期未结案件得以审结。 （张轶强）

检 察 工 作

【概况】2017年，株洲市天元区人民检察院（简称“区检察院”）有编制53个，其中政法专项编制50个，事业编制3个。有在职干警39人。区检察院内设办公室（含人民监督员办公室和研究室）、政治工作办公室、反贪污贿赂局、反渎职侵权局、公诉科、未成年人刑事检察科、侦查监督科、检务督察室、监察室、控告申诉科和举报中心、民事行政检察科、监所检察科、检察技术科、法警大队、职务犯罪预防科、案件管理中心16个科局室队。

2017年，区检察院受理公安机关报捕案件258件362人，受理人数同比增长38.17%，批准逮捕220件292人。受理审查起诉案件527件848人，受理人数同比增长32.3%，依法提起公诉403件615人。其中办理涉毒案54件71人，集中打击盗窃、抢劫、抢夺等侵财类犯罪案件174件241人。坚持打防并举，深入推进职务犯罪预防工作，共立案查办贪污、贿赂、渎职等职务犯罪案件14件21人。严厉打击严重刑事犯罪，维护社会和谐稳定，强化诉讼监督职能，维护司法公正和社会公平正义。秉持刑法谦抑原则，对犯罪情节轻微的刑事案件依法不批捕74人、不起诉111人，依法适用未成年人刑事检察案件特别程序，作出附条件不起诉8人，不批捕17人，促成当事人达成刑事和解33件。侦查监督部门对公安机关发出立案监督8件，追捕8人，纠正侦查违法27件次；公诉部门纠正漏犯10人，纠正漏诉40人，纠正侦查活动违法25件次，纠正审判活动违法4件。监所部门强化监督效果，创建全省首个刑事执行检察社区矫正监督工作档案室，建立动态监督档案，实现对社区矫正对象的全程监督，向司法局等单位发出纠正违法通知书4份和检察建议书6份。率先在全市实现辖区驻公安机关派出所检察室全覆盖，区检察院“延伸监督触角，实现监督全覆盖”的工作模式获得省人大内司委高度肯定。最高人民检察院发布中共十八大以来检察创新成果32强榜单，区检察院作为用创新精神诠释湖湘检察的湖南省唯一代表榜上有名。年内，区检察院先后获得湖南省、株洲市“两型”机关示范单位，连续5年蝉联株洲市文明单位。

【职务犯罪侦查与预防】2017年，区检察院坚决贯彻中央依法惩治腐败的重大部署，坚持凡腐必反，工作中既“打虎”又“除蝇”。一是积极查办职务犯罪案件。立案侦查贪污贿赂犯罪案件7件9人，起诉4件4人。立案侦查渎职侵权犯罪案件7件12人，起诉3件7人。集中力量查办新网工程领域渎职犯罪窝案11人，其中5人为正科级干部，为国家挽回经济损失500余万元。立案查办了株洲市工商系统内李晋宏涉嫌滥用职权案。二是加强联合办案新机制。在查办新网工程领域窝案系列案、工商系统内滥用职权、受贿串案系列案时，反贪反渎合署办公，实行涉罪并查，形成更强执法办案合力，开创查办职务犯罪案件的新局面。三是注重加强职务犯罪预防。区检察院帮助相关部门行业分析职务犯罪的特点、发案原因，并提出预防对策。运用行贿犯罪档案查询系统，开通行贿犯罪查询“绿色通道”，为全区工程、项目招投标提供行贿犯罪档案记录查询3500余人次，有效防止有行贿犯罪前科的企业及个人参加到招投标活动中。

【刑事检察】2017年，区检察院强力推进刑事检察工作促进新区和谐稳定。以维护社会稳定为首要任务，以人民群众对社会平安的需求为导向，突出打击刑事犯罪。全年侦查监督科受理公安机关报捕刑事案件258件362人，受理人数同比增长38.17%，批准逮捕220件292人。其中共批捕盗窃案86件100人；贩毒案27件36人；故意伤害案24件29人；强奸案4件4人；抢劫案8件13人；共向公安机关发出立案监督8件，追捕8人，纠正侦查违法27件次，公安机关均已回复并纠正。公诉科受理移送审查起诉案件527件848人，受理人数同比增长32.3%，提起公诉403件615人。其中办理涉毒案54件，集中打击盗窃、抢劫、抢夺等侵财型案174件。公诉部门创建“公诉课堂”，每周组织专题学习，召开检察官联席会议42次。健全诉侦协作机制，与公安机关定期召开联席会议，就办案中的普遍性问题和疑难个案中的证据事项进行交流讨论10次。积极与区法院、公安沟通衔接，探索实践轻刑快办案件模式，办理案件22件23人。出台《公诉部门综合考核管理办法》，推行检察官量刑建议工作质量考评，针对重点案件做出预判，提出量刑建议，结合法院判决结果进行考评，提升建议的针对性和准确性。区检察院公诉部门在全市公诉人论辩赛中获评一等奖。

【未成年人刑事检察】2017年，区检察院积极探索符合未成年人检察特点的“捕、诉、监、防”一体化工作模式，倾力打造“检爱护航青春，同心点亮未来”工作品牌，自觉承担起预防青少年犯罪、保护青少年合法权益的社会重任。为涉罪的236名未成年人建立专门档案，通过走访、电话、QQ群、微信群等方式开展跟踪回访，再犯罪率仅为0.8%。扩大办案工作区规模，将办公楼二楼整层设为未成年人检察办案工作区。在天元区敬老院成立未成年人德育观护基地，定期组织涉罪未成年人参加志愿服务、接受法律教育、参与亲情互动，将观护帮教工作常态化、长效化。2017年，未检科共受理公安机关移送审查起诉67件100人，提起公诉45件62人，不起诉17件22人，附条件不起诉3件8人，附条件不诉考验期满后不诉8件10人。

【检务督查和案件管理】2017年，区检察院检务督查室和案件管理中心采取合署办公形式，积极探索和完善工作机制，提高案件质量，促进执法规范化建设。年内，受理案件817件，其中补送更正62件；不予接收案件0件；送案审核839件，继续保持不符合管辖受案零记录。接收并录入判决书、批捕回执等外来文书1036份。区检察院案件管理中心创新“主动推送案件程序性信息”服务模式，打造高效便民服务平台。通过案件信息公布平台，公开案件程序性信息784条、重要案件信息24条、生效法律文书453份。坚持定期更新案件显示屏，案件显示屏滚动播出批捕案件、公诉案件、重报案件、办结案件律师接待等5项内容，及时对外展现全院案件办理的实时动态。检务督查室对办结的反贪案件、反渎案件、民行案件、刑事申诉案件“四类案件”纸质卷进行评查，并对不捕、不诉案件纸质卷进行抽查，严格落实执法办案质量奖惩机制和《优秀案件评选奖惩办法》，形成《月度案件质量评查通报》，将问题进行提炼、归纳，提出纠正措施，做到当月评查和及时反馈。年内，评查各类纸质卷宗案件895件，无明显瑕疵案件636件，占评查数71.06%。存在不同程度各类问题534处，涉及259件案件，占评查数28.94%，发现的问题反馈后及时整改到位。

【守护民生】 2017年，区检察院积极履行检察主责，护航生态环境建设。树立“绿水青山就是金山银山”理念，充分运用法律监督职能，注重依法打击生态环境领域犯罪。起诉涉嫌非法采矿、滥伐林木等破坏环境资源犯罪2件3人。完成中央环保督察组交办的盛景砖厂排放烟雾，生产噪声扰民，群丰镇、三门镇辖区非法洗砂破坏山体植被，虾乡餐饮店油烟扰民5起怠于履行监管职责案，对相关部门提出督促履职检察建议5份，收到有效回复5份，涉案企业得到处罚和有效整改。针对湘江沿岸饮用水源保护区内排水口违规排放问题，区检察院及时对住建部门发送检察建议后，住建部门对排水口及时整治封堵，并提出规划升级城市排水管网确保湘江饮用水水源安全。2017年7月1日，检察机关提起公益诉讼制度全面实施。区检察院高度重视该项工作，召开天元区公益诉讼联席会，区人大、环保、国土等21家部门就凝聚合力、保护公益达成共识。天元区委、区政府制定下发《关于支持检察机关依法开展公益诉讼工作的意见》。建立健全公益诉讼案件线索统一收集、移送、管理和研判机制，突出办理人民群众反映强烈的案件，发挥好守护民生、保护公益的检察职能。依法审查起诉信用卡诈骗、合同诈骗等破坏市场经济秩序犯罪22件78人。重点打击严重危害民生民利的涉众型经济犯罪，依法办理黄石山等47人涉嫌集资诈骗、非法吸收公众存款案，批准逮捕29人，提起公诉40人。延伸检察服务，先后在辖区7个镇、街道设立检察联络室，主动参与辖区征地拆迁、信访维稳、突发事件处置。成立全市首家驻公安派出所检察室，实现辖区驻所检察室全覆盖，打通服务群众“最后一公里”。

【检察队伍建设】 2017年，区检察院以“督查+通报”强作风。采取定期检查、不定期抽查的方式对全院干警到岗情况、办公秩序、工作纪律、廉洁作风等内容进行全方位督促检查。继续推行《勤政廉政保证金》制度，高标准严要求规范干警行为。开展纪律作风检查85次，检查结果形成通报每周发送至各部门。以“晨会+五问汇报会”强责任。出台《晨会制度》和《五问工作法实施方案》。各部门每日召开晨会、党组每周召开例会、全院每月召开“五问工作法”汇报会，邀请人大代表、政协委员、人民监督员、基层群众代表参加。全年开展“五问工作法”汇报会7次，21名检察业务骨干接受各界代表的质询和测评。落实《创建全国先进基层检察院目标管理考核办法》《优秀案件评选奖惩办法》等激励措施，奖优罚劣、奖勤罚懒，督促全院干警敢于担当、勇于创新。以“办案组+考核”强队伍。组建员额检察官与检察官助理或书记员的办案组织19个，切实突出员额检察官主体地位，做到“独立办案、独立负责”。严格落实员额检察官考核制度，规范司法行为，积极探索并实行检察机关内设机构扁平化管理，优化整合办案资源，提高业务工作水平。

【承办“全省未成年人检察理论与实践”研讨会】 9月28日，区检察院组织召开“全省未成年人刑事检

全省未成年人刑事检察理论与实践研讨会在区检察院召开

察理论与实践”研讨会，来自北京师范大学、上海市浦东区人民检察院、湖南省法学会、湖南省人民检察院等有关领导和专家学者，以及株洲市委政法委、市法院、市公安、市妇联、市司法局、团市委、湖南工业大学等有关领导齐聚该院，从未成年人检察理论与实践探索、少年司法保护研究、未成年人检察改革与未成年人检察职能研究等方面进行研讨。此次研讨会紧贴未检工作实际，扣准了未检工作中遇到的焦点问题，形式上由浅入深，帮助大家解决实际工作中的疑虑，为进一步做好未成年人保护工作、未成年人刑事检察工作提供有效实践经验和重要理论基础。北京师范大学刑事诉讼法研究所所长、刑事诉讼改革研究中心主任、博士生导师宋英辉教授在研讨会上指出，办理未成年人案件应遵循少年司法的规律、应养成少年司法的思维方式，并讲授未成年人保护与犯罪预防体系构建需要努力的方向。

【顾秀莲到院视察指导工作】11月23日，全国人大常委会原副委员长、中国关心下一代工作委员会主任顾秀莲与省级老领导等100余人在市委书记毛腾飞，市委副书记、市长阳卫国等领导陪同下到院视察指导未成年人检察工作，顾秀莲主任对区检察院未检工作的创新性做法给予高度赞扬。
（彭雅愉　申亮亮）

司法行政

【概况】天元区司法局主要负责全区法治宣传、基层人民调解、法律援助、法律服务、社区矫正、安置帮教等业务工作。2017年，区司法局系统有干部职工38人，其中政法专项编制21人(区政府办借调2人)、事业编制1人、区聘1人、区政府购买社会服务专职人员17人。区司法局内设办公室、宣教股、基层股、社区矫正股、法规股。下辖区法律援助中心，区法建办、区联合调委会在司法局设办公室。下设泰山、嵩山、栗雨、马家河、群丰、雷打石、三门7个司法所，炎帝、嵩山2个法律服务所，归口管理中兴、百杰、湘东3个律师事务所。

2017年，天元区司法行政工作围绕全区中心工作，积极开展法治宣传、人民调解、社区矫正和安置帮教、法律援助、法律咨询等工作，全面完成年度工作任务。天元区获评湖南省法治县(市、区)创建活动先进单位。区司法局获评全国人民调解宣传工作先进单位、株洲市司法局综合评比先进单位，天元区建设文明城市工作先进单位。5名干部获得市、区级荣誉。

【普法依法治理】2017年，区司法局积极组织开展普法依法治理工作。4月，区委、区政府转发《天元区委宣传部、天元区司法局关于在全区公民中开展法治宣传教育第七个五年规划(2016—2020)》，区人大出台《关于开展第七个五年法治宣传教育的决议》。全区按照“谁执法谁普法”责任制要求，全面落实“七五”普法工作。积极组织开展法治宣传、干部学法用法、青少年普法工作，提高大众和青少年法律意识，增强全区干部法治素养。全区2697人依托“如法网”，分3批次参加干部学法用法考试，参学率100%、合格率99.8%。发放宣传资料50万余份，接受法律服务和法律咨询1000余人次。9月底，区司法局在湘银社区完成法治文化广场建设。

区司法局参与市司法局组织的国家“宪法日”宣传活动

【人民调解工作】 2017年，区司法局以化解矛盾促和谐为目标，充分发挥调解职能作用，积极开展矛盾纠纷排查调处工作，有效维护社会和谐稳定。完善矛盾纠纷多元化解机制，健全区联合调委会、镇(街道)调委会、村(社区)调解小组的调解网络，形成人民调解工作大格局、大网络。坚持月排查调处工作制度，充分发挥专业、行业调委会作用，开展矛盾纠纷排处“专项攻坚”活动，及时调处交通、消费、物流、劳动用工和医疗卫生工作中出现的矛盾纠纷，有效维护社会和谐稳定。基层调委会和行业、专业调委会共调处各类矛盾纠纷1295起，成功率98%以上，全年无一起民转刑案件。

【法律援助】 天元区公共法律服务中心建成运行后，形成以区级中心为龙头，镇(街道)工作站为基础的公共法律服务体系。2017年，全区有7个镇(街道)公共法律服务工作站、98个村(居)公共法律服务工作点，实现全区公共法律服务全覆盖。积极开展法律援助和法律咨询等法律服务工作，满足困难群众法律需求，维护弱势群体合法权益。受理各类法律援助案件296件。

【社区矫正】 2017年，区司法局健全完善社区矫正工作各项制度，规范社区矫正中心管理，重新制定大厅值班、入矫宣告、点训、集中教育等工作程序，落实排查清理、入矫报到、思想汇报、定期走访等工作措施，有效预防和控制脱管漏管和重新犯罪。4月，区司法局与株洲市同心社会工作服务中心签订“同心携手，风雨彩虹”之社区矫正人员社工支持计划，由社工专项团队为社矫对象的学习教育、公益劳动、心理辅导、行为纠正等方面提供服务，增强社矫对象的法律、规则意识和价值感。5月开始，每月集中时间组织服刑人员进行队列训练、唱响红歌、朗诵《弟子规》、手语操等训练，全面统一规范社矫人员的行为。接收社区矫正对象800人，累计解除555人，在册服刑人员245人，在册刑释人员62名，衔接率、监管率、寄送率、帮教率均100%。 (谭勇军)

军事

2018株洲高新区·天元区年鉴

ZhuZhou GaoXinQu·TianYuanQu NianJian

国　防

【概况】 2017年7月1日，国防和军队调整改革后，株洲市天元区人武部仍为正团级单位。内设军事科、政治工作科、保障科。区人武部下设基层武装部12个，98个村级(社区)民兵营。

一、思想政治工作明显加强。2017年，区人武部围绕迎接、学习、宣传、贯彻中共十九大精神这条主线，狠抓政治工作落实。同步参加上级组织的集中学习和研讨交流，落实个人自学，干部职工坚定维护核心、坚决听从指挥的思想根基进一步牢固。认真落实“两学一做”常态化制度化学习，扎实开展“维护核心、听从指挥”主题教育，组织开展“坚决贯彻主席训令、忠实履行神圣使命”教育和“学强军思想、讲强军故事、干强军事业”群众性主题实践活动。坚决肃清郭伯雄、徐才厚流毒影响，始终做到遵纪守规。紧紧扭住党委班子建设不放松，针对人武部新班子调整，及时召开党委民主生活会，深入基层检查调研，广泛收集采纳各镇(街道)建议意见21条，有效缩短工作磨合期。创新形式抓民兵思想政治工作，联合区委宣传部，以嵩山路街道香山社区和泰山路街道新塘社区为重点，全面推开民兵学习习近平系列讲话活动。协调《湖南日报》、湖南卫视对辖区“全国红军小学爱国主义军事体验基地”进行国防宣传报道，接受省国教办、市国教委第五批湖南省国防教育基地命名评选验收。年内，新闻报道上稿21篇，其中《解放军报》上稿3篇，《中国国防报》上稿3篇，湖南卫视、省国防教育频道等上稿16篇。区人武部被湖南省军区评为新闻报道先进单位，政治工作科科长彭林被湖南省军区评为新闻报道先进个人。

二、战备训练成效显著。区人武部始终突出军事训练的中心地位，部领导率先垂范，现役干部年度军事训练考核合格率100%，副部长胡喜林被湖南省军区评为军事训练先进个人。9月，三门镇武装部长贺谌华在湖南省军区参加新任职专武干部集训，被湖南省军区评为“优秀学员”。10月下旬，50名民兵骨干参加湖南省军区防空分队战术演练考核。年内，完成民兵训练4期358人，100%完成训练任务。11月16—17日，部长陈雪勇、政委徐兆纯接受省军区年度军事训练考核成绩优异。

三、综合保障更加有力。区人武部坚持党委理财，认真落实新政新规。年初分两次将所有出租门面全部收回，按要求全部停止对外有偿服务。针对民兵武器仓库墙体漏水、温湿度控制不当等薄弱环节，改造升级民兵武器仓库硬件设施。聘请专业人员维修器材，严格落实登记统计和周检查制度，武器装备管理水平明显提高。

四、基层建设更加强化。全区在2016年完成42个村级民兵营阵地建设的基础上，年内推动56个村级民兵营阵地建设。湖南工业大学、太子奶集团、市中心医院3个单位武装部办公室、国防教育室、器材库建设达标。

【国防动员】 2017年，区人武部按照“党委主导、军队主筹、国动委主管、政府主抓、部门(企业)主办”的工作格局，年初调整完善国防动员领导机构。9月，利用国防动员潜力调查系统，军地多个部门联动，全面开展潜力核查，初步掌握辖区可动员的物资、装备、器材等潜力底数。创新模式抓好新兵回访工作，突出区委、区政府征兵职责，积极发挥基层武装部长和政府征兵领导小组的职能作用。成立由镇(街道)武装部长、武装专干和政审专干组成的新兵回访队伍，第一时间准确掌握新兵在部队情况，及时跟进做好思想工作。鼓励新兵立志报国，在外安心服役，中共株洲高新区工委书记、天元区委书记周建光寄语，给每位新兵一封《致新兵战友的一封信》和赠送一支英雄牌钢笔，并由各回访组送至每一名新兵手中。

训练前动员

【党管武装】 2017年，天元区将武装工作全面纳入区委、区政府议事范畴，纳入经济社会建设的“总盘子”。工委、区委书记周建光，天元区人民政府区长董巍、常务副区长李征兵带着责任、带着感情关注国防和军队建设。上半年，区委议军会专题研究支持军队改革的措施和办法。8月，召开人武部党委第一书记的任职命令大会，区里科以上干部全部参加。各镇(街道)武装部阵地按要求配齐各类战备物资和专业器材，规范各类制度和管理模式，其中群丰和马家河达到一流标准。区人武部联合区政府出台《民兵营(连)阵地规范化建设三年规划(2016—2018)》，采取试点先行、点面结合、分步实施、阶段验收的办法，投入经费120万元用于表彰奖励验收达标的村(社区)民兵营(连)。积极维护军人军属合法权益。解决雷打石镇1名现役军人家中房屋重建问题。积极支持驻地建设，人武部拿出有限的工作经费拨付扶贫资金10万元，社区创文创卫资金5万元，资助银海小学5万元，帮助醴陵市沩山村脱贫12户37人。副部长胡喜林入围湖南省“百名扶贫人物”评选。

【召开武装工作会议】 2月，2017年度天元区武装工作会议在区政府会议中心召开。会议总结2016年武装工作，表彰2016年度先进单位和个人，区人武部被湖南省军区表彰为全面建设先进单位、株洲军分区表彰为军事训练、安全管理先进单位，雷打石镇武装部、群丰镇武装部、栗雨街道武装部被株洲军分区表彰为先进基层武装部；王攀、汪光程、陈雪飞被株洲军分区表彰为优秀专武干部。部署新年度武装工作。会议由政委彭书红主持，部长文忠于作工作报告，区委常委、常务副区长李征兵出席会议并讲话。新的一年，人武部系统改革全面铺开，新编制新体制即将下达，军民融合深度发展，作风建设持续深入。面对新的形势、新的任务、新的要求，要主动“看齐对表”，增强政治定力，落实具体工作。会议强调全体干部职工和民兵预备役人员要自觉把思想统一到党中央、中央军委和习主席的战略决策上来，统一到上级的系列指示要求上来，切实增强拥护支持改革的思想认同、政治认同、情感认同，积极主动迎接改革，深度发展军民融合，持续用力整改作风，确保各项建设有力有序有效推进、年度各项工作任务圆满完成。

【征兵工作】 2017年，区人武部深入湖南工业大学举行征兵启动仪式、拍摄征兵宣传片、举办主题班务会、建立大学生征兵互动宣传队。征兵工作全面展开后，广泛利用网站专栏、报纸杂志等各类载体，在公共场所开展征兵宣传，在全社会形成了投身军营、报效祖国的浓厚社会氛围。针对本地和异地就读大学生体检时间不一、入伍新生和毕业生离校时间不一等实际情况，设立大学生体检绿色通道，做到随到随检。首次进行役前训练。为提高新兵对部队的适应性，从9月4日至8日用5天时间，组织新

举行株洲市2017年首批入伍新兵欢送仪式

兵在雷打石镇株洲市示范性综合训练基地进行役前训练。新兵到部队后，针对入伍新兵独生子女多、怕苦怕累思想重及大学生新兵思想活跃等特点，及时与新兵家长和所属部队接兵干部、带兵干部骨干沟通。结合新兵分配到15个部队的实际，区分9个方向，派出由基层武装部长、武装专干、征兵领导小组干部组成的工作人员18名，对新兵进行回访。回访期间向部队领导了解情况，组织新兵进行集体谈心教育，鼓励新兵携笔从戎，安心军营建功立业。

【全民国防教育宣传】2017年，区人武部积极深入党政机关、学校、企业、社区开展国防教育宣传。先后5次到湖南工业大学组织国防知识讲座。利用节假日等时机在小湖塘社区等单位组织国防教育影片巡回播放。6月21日，区国教委在炎帝广场组织大型国防教育宣传活动，制作宣传板报36块，张贴宣传标语横幅40余条，发放国防教育宣传册2万余份，吸引众多群众和社会团体参观。组织全体干部、民兵代表和应征青年300余人参加株洲市庆祝建军90周年书画作品展览开馆仪式，参观展览作品。做好全民国防教育日宣传，完成“全民国防教育万映计划”开展的“国防万映、家书载梦”活动，参加升国旗仪式和祭拜流芳公园烈士等活动。

【国防教育基地建设】2017年，区人武部组织协调对辖区“全国红军小学爱国主义军事体验基地”的宣传。7月10日，位于区雷打石镇的株洲市示范性综合实践基地被批准为全国红军小学建设工程爱国主义军事体验基地。全国共5所，湖南仅此1所。8月10日，《湖南日报》华声在线以《我省第一个红军小学爱国主义军事体验基地落地株洲》为题进行大幅报道，搜狐网、教育网等网站进行转载。8月13日，湖南卫视新闻联播进行报道。11月中旬，迎接市国防教育委员会检查考评。12月7日，省军区政治工作局副主任、省国教办主任谭柏林对其命名验收。

【抢险救灾】2017年清明节期间，区人武部紧急出动现役干部及民兵62人，车辆4台、救援装备4套，到雷打石镇胜利村扑灭山火，经过2个小时的扑救，成功扑灭突发山火面积近7公顷。6月29日—7月5日，株洲遭受持续暴雨期间，区人武部组织出动民兵600余人，车辆15台次，冲锋舟12艘次，在湘江沿岸、三门镇政府附近执行抗洪抢险任务，共加固河堤1000余米、转移被困群众400余人。区人武部被评为湖南省军区抗洪救灾先进集体，保障科长杨欢获评2017年度株洲市抗洪救灾先进个人。职工易维获评2017年度天元区抗洪救灾先进个人。

【精准扶贫】醴陵市沩山镇沩山村是上级赋予区人武部的精准扶贫结对帮扶点。2017年，部党委始终高度重视做好扶贫工作，专门安排1名干部定期驻村，配合扶贫工作队开展工作。坚持每月上门慰问6户结对帮扶贫困户，及时了解他们的需求，积极主动帮助解决困难问题，共解决村扶贫资金6万元，贫困户慰问物资价值1万余元，资助贫困生学习生活费、学习用品3万余元。12月11—15日，醴陵市沩山村接受省扶贫验收工作组的脱贫检查，顺利摘帽脱贫。

【涉军涉网专项整治行动】2017年，区人武部开展涉军涉网专项整治行动。协调国安、网监部门开展对内部人员涉网情况清查教育，整治违法违规涉军网站和新媒体账号专项行动。健全与地方公安、国安、网监等部门的联系协调机制，确保情况信息的准确掌握和突发事件的有效应对。清理回收各类文件70余份，资料、书籍20余本，各类存储介质6个。

【开展“百日安全”活动】按照上级统一部署，9月19日至12月31日，区人武部开展“百日安全”活动。重点抓好人、车、枪、弹、密管理。每月组织一次安全大检查，每季度至少组织一次安全形势分析，严格落实各类安全工作制度。对武器仓库进行维修，对营区监控系统进行升级改造，对关键岗位人员进行政治审查，规范值班执勤和车辆出入管理，加强营门警卫防护器材配置，修改完善应急处突预案，落实应急处突民兵分队力量，确保单位安全稳定。

【新营院建设】 区人武部新营院选址于马家河街道办事处泉源社区蜈蚣组，武广客运站以北、长江西路以南、湘芸路以西，开发总用地面积26751.87平方米。7月，区人武部先后3次与市建设局协调，2次向区委区政府专题汇报，组织相关单位召开现场办公协调会4次，推动新营院的建设。至年底，完成临时道路构筑、低压、高铁电杆迁移、场地平整、地理勘察、招标核准、规划方案审批、招投标、设计图纸、灌溉水处理等事项。11月2日，新营院动工建设。

【黄跃进到区调研检查】 9月25—26日，湖南省军区司令员黄跃进到株洲专题调研高校思想政治工作、检查国防教育落实情况。25日下午，黄跃进听取湖南工业大学党委书记唐未兵关于学校学习贯彻落实全国和全省高校思想政治工作会议精神，加强党建和思政工作的专题汇报。随后，黄跃进一行到学校国防教育办公室、陶醴园等进行实地走访和调研。26日上午，黄跃进出席湖南工业大学师生代表学习贯彻全国、全省思想政治工作精神座谈会。黄跃进充分肯定湖南工业大学思想政治工作，认为学校思想政治工作思路清、措施实、抓得紧，保证学校沿着社会主义办学方向健康发展。黄跃进强调，思想政治工作是高校的大事，更是全党和全社会的大事，功在当代，利在千秋，只能加强不能削弱，只能前进不能停滞，只能积极作为不能被动应付。他要求一要进一步提升政治站位，增强做好思想政治工作的责任感、紧迫感；二要坚持改革创新，增强针对性和时效性，因事而化、因时而进、因势而新地做好高校思想政治工作。

【郭辑山到区指导工作】 4月25日，湖南省军区副司令员郭辑山少将到区人武部检查指导新年度工作开展情况，调研新编制体制运行情况。郭辑山充分肯定区人武部各项工作稳步推进，单位确保安全稳定。强调要继续加大教育力度，以习近平主席重要讲话和党中央、中央军委系列指示精神为指导，以军委下发的改革要点为基本教材，扎实开展思想政治工作，引导干部职工坚决听党指挥、坚决拥护支持改革、坚决服从组织安排、正确对待转改去留。同时抓好统筹协调，注重安全管理，确保各项工作有条不紊扎实推进。（彭　林）

人民防空

【概况】 2017年，天元区人民防空办公室（简称“区人防办”）认真贯彻落实第七次全国人民防空会议精神及中共十九大精神，按照“战时应战、平时服务、应急支援”的职能要求，强化使命担当，做好国防动员的各项工作，服务经济建设、服务城市发展、服务党委政府中心工作。区人防办获评株洲市2017年度人防工作先进单位、天元区国防动员委员会先进单位。

【空警报与工程维护管理】 2017年，区人防办新增设2台防空警报，防空预警范围进一步增大。坚持维护好辖区内所有防空警报器，确保每年“11·1”的防空警报试鸣正常鸣放。做好辖区内防空地下室的工程维护，确保战时功能不受任何影响，做到每月巡查一次，每季度抽查一次，做好维护记录、音影同步记录，做到责任到人，与每个工程单位负责人签订责任状，共同维护好人防工程的安全使用。

【人防宣传教育】 2017年，区人防办组织在校师生、社区、企业机关人员结合“11·1”防空警报试鸣活动进行防空袭疏散演练。在新增防空警报器的文家冲社区，组织该社区居民150余人进行演练活动，市人防办派驻大型人防通信指挥车在演练现场同步转播传输省、市人防指挥中心。给辖区中小学校配发各种防护器材及防空防灾资料。探索人防宣传教育进机关的有效途径和方法，将人防发展史、法律法规及防空防灾知识制作成宣传展板，在区文化墙进行展览。

人防宣传教育进学校

【人防行政执法】2017年，区人防办接到株洲日望精工有限公司项目退费请示后，会同市人防办认真仔细地审阅并研究，因企业原报批为倒班房，且该地块为工业用地，企业虽然有省住建厅、省财政厅批准的公共租房备案批复，但规划审定的功能为“倒班房”，不是公租房，所以该项目不能免缴易地建设费，该费用不能退。经反复与企业沟通后，做通该企业的工作。9月1日，开展人防工程巡查过程中，发现武广国际学苑内7栋与9栋之间的单建人防工程出入口违规修建垃圾站。该行为违反《湖南省人民防空工程建设与维护管理规定》的其中两条，区人防办立即对武广国际项目部下达整改通知书，要求该单位对该垃圾池进行填埋，将该处恢复平地，并限期上报整改措施与方案。11月20日，接市人防办关于武广国际学苑车位投诉电话，区人防办立即安排人员前往，经与该社区物业负责人沟通后，无法联系到投诉人，社区人防地下室车位以租赁的形式供客户使用，并未出售人防车位。

【人防训练】5月，区人防办在市人防办组织下参加“株防 —2017”跨省指挥通信演练，途径常德、宜昌、孝感、岳阳4市，往返2000多千米。6月，区人防办在市人防办的组织下，参加跨市支援湘潭片区人防演练，完成机动指挥通信系统、指挥所的开设与撤收，北斗卫星系统、短波、超短波、无线宽带图传、视频会议等通信系统操作使用，同时接受省人防办指通考核演习。

【人防易地建设审批】2017年，区人防办先在区政务服务中心窗口开设人防易地建设审批。10月，转至区企业发展服务中心开设窗口，根据新成立区企业服务中心“只进一张门，只跑一次路”的总体目标，认真梳理优化人防行政审批服务指南清单，为园区企业提供更加便捷的服务，每起报批项目均在时限内按时完成，全年无超时、投诉等情况发生。(程保民)

经济监督管理

2018株洲高新区·天元区年鉴

ZhuZhou GaoXinQu·TianYuanQu NianJian

发展改革

【概况】 天元区发展和改革局(简称“区发改局”)是宏观经济社会综合管理部门,主要负责拟订国民经济和社会发展中长期规划、年度计划,促进宏观经济总量平衡、结构优化、物价稳定,推进经济体制改革,主要日常工作包括固定资产投资、项目攻坚、全面小康指标监测、政府投资项目立项审批以及园区工业项目以外的企业投资项目核准备案、招标核准、价格监管、价格鉴证服务等工作。2017年,区发改局内设办公室、规划发展室(加挂环资和能源办公室牌子)、重点前期办(加挂重点项目稽查牌子)、物价室,核定行政编制11名(含物价4人)。

2017年,株洲高新区营业总收入、技工贸收入双双突破2000亿元大关,实现快速增长,在全国146个国家高新区中排名第23位,较2016年前进5位。天元区地区生产总值完成312亿元,同比增长8.5%。工业经济6大主导产业实现产值400亿元,中小企业产值增长15%。高新技术企业总数突破100家,电子信息、新材料、新能源产业同比增长50%以上。第一、第二、第三产业结构比为3.7∶37.1∶59.2,现代服务业占比提高4.6个百分点。

【全面小康指标监测】 2017年,天元区继2015年实现全面小康之后,继续实施全面小康指标监测,全区全面小康实现程度96.3%,小康社会实现程度在2016年基础上得到巩固和提升,排名全省前列。协调推进我区全面建成小康社会达标程度主要工作措施:一是全面对接新监测考评指标体系。依据省、市文件精神和要求,对接新监测考评指标体系,认真比对新旧指标体系,找出不同点。将4个新增指标纳入监测。其中,包括1个新增指标单位人民检察院。召开工作推进会,20个指标单位全部参加,就新监测考评指标体系进行培训。二是及时调整小康工作机制。20个指标单位出现分管领导和工作人员变动,区小康办认真做好对接,确保每个指标一把手知情,专人负责。三是全区经济发展建设形势良好助推小康实现程度提升。全区主要指标呈现良好增长态势。

【项目攻坚】 2017年,全区深入开展“项目攻坚年”活动。区项目攻坚年办公室设在区发改局。一是强化督查考核促进度。加强综合协调,领导部门服务,强化项目调度,做好项目月度进度调度工作。完善项目攻坚考核办法,建立考核问责机制,明确服务领导和服务责任单位责任。组织重点项目集中开竣工活动5次,掀起项目建设新高潮。牵头安排72个重点项目,完成投资134.6亿元。孚能新能源、国家新能源机动车检测中心等36个重点项目相继开工。风电产业园、立方新能源产业项目等20个重点项目竣工投产。长城智能硬件生产基地、中车智能轨道快运系统(ART)等全区指令性项目加快实施。“中国动力谷”科技创新集聚区和汽车博览园等省重点项目投资计划圆满完成。二是强化问题交办解难题。以问题为导向,攻坚克难,全力推进项目建设。对项目建设中出现的重大问题,由区级联系领导牵头,有关部门和项目业主单位参加,共同研究解决。实行问题交办制度,明确任务内容和完成时限,交由有关责任单位承办,并将情况报送“项目攻坚年”

2月17日,栗雨鸿洋·湖景名城项目开工仪式

活动领导小组办公室。三是向上争取资金保需求。完成投资7498万元，实际到位中央预算内资金2204万元。基本完工项目1个，3个在建设中。年内，天元区获评株洲市“项目攻坚年”活动先进县市区。

【固定资产投资】 2017年，天元区完成固定资产投资464亿元，增长10.1%，总量继续保持全市第一。公有制经济完成投资199亿元，下降3.1%，非公有制经济完成投资265亿元，增长22.6%，非公有制经济投资占总投资的57.1%。106个房地产项目投资117.8亿元，增长25.4%。其中，新增房地产项目29个，计划总投资121亿元，完成投资43亿元。完成工业投资100亿元，增长6.5%。其中，新增5000万元以上工业投资项目16个，完成投资10.1亿元。完成基础设施投资163亿元，增长6.2%，占全区投资总额的35.1%。有5000万元以上项目87个，数量居城区第一，完成投资199亿元，项目户均规模2.7亿/个，投资额以及户均规模居全市第一。

【行政审批改革】 2017年，株洲高新区构建“1+7”产业招商和投资促进政策体系，招商引资取得新突破。天元区深化“放管服”改革，成立全省首家企业发展服务中心，提供“一窗受理、后台审批、限时办结”行政审批服务。开展行政许可标准化建设，编制区级公共服务事项目录89项。推进“减证便民”工作，取消证明事项175项。增量配售电业务改革取得阶段性成果，成为全国第二批改革试点。成立投融资促进协会，搭建科技金融服务平台，设立株洲动力谷产业发展投资母基金，投融资体制改革取得新突破。年内，完成立项审批服务项目113个，招投标核准服务项目58个。推动城管体制改革，完成行政机关公务用车制度改革，农村土地确权等其他改革有序推进。

【价格监管】 2017年，区发改局认真落实价格认证、监控和管理，提升价格综合服务能力。一是逐步建立公平竞争环境，释放市场主体活力。出台《关于在市场体系建设中建立公平竞争审查制度的实施方案(征求意见稿)》。二是积极高效开展价格认证工作。完成各类价格认证案件137件，涉案标的额384万元，涉案鉴证准确率100%。三是积极开展专项调查、成本监审和价格监测和重点加强重要节假日价格监控。包括中小学教辅材料收费、安置房定价成本摸底调查和蔬菜生产、生猪养殖成本调查，为各级政府部门决策提供参考。开展重点商场的重点商品、教育收费和药品价格及医疗服务收费3个领域监管。受理价格投诉举报案件25起，处理职业举报人12358平台投诉案件20起。四是全力引导企业诚信合法经营。完成“百城万店无假货示范街”天台路43家明码标价示范单位挂牌工作。（陈　智　王　龙）

2017年天元区项目申报情况一览表

表6

序号	项目名称	资金类型		资金到位时间	指标文号
		中央、省级	市级		
1	湖南利德电子浆料新能源汽车有机硅研发产业化项目	省预算内	—	2017年9月26日拨付到利德电子浆料公司	湘发改投资〔2017〕194号下达60万元
2	新马动力创新园公租房二期配套基础设施项目	中央预算内	—	2017年10月10日拨付到业主单位(株洲高科发展有限公司)	株发改发〔2017〕111号下达800万元

续表6

序号	项目名称	资金类型		资金到位时间	指标文号
		中央、省级	市级		
3	月塘社区城中村配套基础设施项目	中央预算内	—	2017年10月10日拨付到业主单位(株洲天易建设发展有限公司)	株发改发〔2017〕111号下达800万元
4	湖南天易众创孵化器有限公司天易科技城公共服务平台建设项目	中央预算内	—	2017年11月18日拨付到业主单位(株洲天易建设发展有限公司)	湘发改投资〔2017〕629号下达604万元
5	高远电池年产5.4亿瓦时锂电池产业化项目	中央预算内	—	2017年12月8日拨付到高远电池	湘发改投资〔2017〕608号下达1050万元
6	中车时代电动汽车动力系统集成能力建设	中央预算内	—	2017年12月8日拨付到中车时代电动汽车	湘发改投资〔2017〕457号下达1005万元
7	旭阳机电年产300台铁路钢结构桥梁检修设备建设项目	中央预算内	—	2017年12月8日拨付到旭阳机电公司	湘发改投资〔2017〕608号下达1005万元
8	株洲精工硬质合金高性能精密硬质合金切削刀具项目	中央预算内	—	2017年12月26日拨付到精工硬质	湘发改投资〔2017〕608号下达826万元
9	神农大道A段城中村配套基础设施项目	中央预算内	—	2017年12月29日拨付到业主单位(株洲天易建设发展有限公司)	株发改发〔2017〕155号下达1601万元和湘发改投资〔2017〕725号下达800万元合计2401万元
10	株洲弗拉德5000吨高温锂电池石墨材料产业化项目	中央预算内	—	2017年12月30日拨付到株洲弗拉德公司	湘发改投资〔2017〕998号下达3075万元

(陈　智　王　龙)

工商行政管理

【概况】 株洲市工商行政管理局株洲高新技术开发区分局(简称“天元工商分局”)为市工商行政管理局副处级派出行政机构,与株洲市工商行政管理局天元分局合署办公。2017年,天元工商分局设有办公室、人事教育科、财务基建科、政策法规科、消费者权益保护科、市场(合同)规范管理科、企业和个体经济监督管理科、网络交易监督管理科、商标广告监督管理科、企业注册科、纪检监察室、公平交易科、个体私营经济发展指导中心、消费者委员会、信息中心、机关总支、工会等17个科室和群团机构。下辖黄河北路、长江南路、王家坪、雷打石4个工商所。有干部职工101人(包含退休21人),其中行政人员编制72名,机关后勤编制5名,事业编制3名。

2017年,天元工商分局认真贯彻落实全市工商行政管理工作会议及区“两会”精神,积极适应经济发展新常态,进一步深化商事制度改革,强化市场主体后续监管,创新消费维权机制,以创建文明单位为载体,全面加强队伍建设,致力创造全区工商行政管理工作新业绩,为新区经济发展营造公平竞争的市场环境。积极响应区委、区政府号召,立足工商职能,在全区开展“企业帮扶年”活动,深入推进商事制度改革,不断优化准入环境,促进市场主体健康快速发展;切实转变监管理念,创新“双随机、一公开”新型监管方式，突出监管重点，强化监管效能，做好市场秩序的“守护神”；创新消费维权机制，提升消费维权效能，积极构建有利于促进发展的和谐消费环境。2017年，天元工商分局被评为湖南省烟草市场综合治理工作先进集体、株洲市工商行政管理工作先进集体、天元区计划生育综合治理工作红旗单位。被中共天元区委、区人民政府推荐为株洲市文明建设先进单位。

【注册登记管理】2017年，天元工商分局在全面实施企业“五证合一”和个体工商户“两证整合”的基础上，自9月28日起，按照《湖南省人民政府办公厅关于加快推进“多证合一”改革的实施意见》，整合20个部门30个涉企证照项目，全面实施“多证合一”登记改革。从2014年1月1日起新设立的5161户企业，基本更换为“多证合一”的营业执照。全面推行企业名称自主申报改革，落实冠省名、市名下放的受理审核工作。3月1日起，实行企业简易注销改革。10月16日起，全面推行企业登记全程电子化工作。10月25日，天元工商分局发放株洲地区首张“全程电子化”营业执照。年内，企业新设立1719户，较上年同期1507户增长13%；变更注销迁入3359户，较上年同期2473户增长35%；个体户设立登记3516户，较上年同期4333户减少18%。

天元工商分局发出全市首张电子营业执照

【企业帮扶】2017年，天元工商分局开展“企业帮扶年”活动。及时处理市长热线·企业服务专线、区委区政府交办的各类企业问题，办结率100%。帮助株洲欧格瑞传动股份有限公司、唐人神集团股份有限公司、万豪酒店、神农大剧院、长城电脑等9家企业解决涉及工商行政管理的实际问题。跟踪落实明月湖老年公寓、善心汇等各类交办件，对一些影响稳定的隐患消除在萌芽状态。积极走访企业宣传指导，服务商标兴区工作。年内，天元区申请注册商标585件，累计总申请量6571件。为能更便捷地帮助园区企业，天元工商分局注册大厅于10月9日整体搬迁至区政府企业发展服务中心。服务税源培育和保护，做好个转企和小升规工作。帮助株洲贝特尔教育管理有限公司、湖南凹凸育才教育咨询有限公司、株洲银熊文化发展有限公司(中传影城)、湖南联合工程管理有限公司等4家小企业升级成规模企业，帮助延年酒店、达一广告、汉方国药中医馆等32家个体经营户转型为企业。

【强化企业信用监管】2017年，天元工商分局以信用监管为手段维护公平竞争的市场秩序。严格按照《湖南省市场监管部门“双随机”抽查工作实施办法》文件规定，建立“双随机、一公开”监督检查机制。年内，录入执法人员库的行政执法人员48名，通过“双随机”系统随机抽取209户企业、440户个体工商户和3户农民专业合作社进行抽查，所有抽查结果全部通过国家企业信用信息公示系统对社会公示，公示率100%。强化企业信用监管。建立经营异常名录管理制度、严重违法失信企业名单管理制度等，对失信企业采取相应措施予以限制，使失信企业“一处违法，处处受限”。至年末，被列入经营异常名录企业905家。促进涉企信息归集共享。按照“谁产生、谁提供、谁负责”原则，严格落实“双告知、一承诺”制度，切实做好政府部门间涉企信息归集共享，实现市场主体登记注册部门、行政审批部门、行业主管部门及其他部门之间信息互联互通、实时传递和无障碍交换，达到信息共享、协同监管、联合惩戒、共筑诚信的目的。天元工商分局牵头组织国家企业信用信息公示系统(湖南)软件使用培训，邀请区政府信息中心、公示系统开发企业技术负责人授课，组织开展专题业务培训，区食药分局、公安分局、环保分局、民政局等23个单位参加。

【企业个体户年报】2017年，天元工商分局积极规划部署，推进年报公示工作有序开展。多次召开年报工作推进会，传达省、市局年报工作要求，安排部署分局年报工作，提出明确要求。通过在窗口、办事大厅等处张贴年报公告，发放宣传手册及年报须知、电话告知、短信提醒、上门催办和吊销僵尸企业等多种方式，加快年报工作进度。热心指导企业、个体户年报录入公示。在窗口主动指导企业和个体户填报年度报告，对前来窗口办事咨询的企业和群众提供面对面指导，耐心介绍、仔细讲解，手把手操作演示工商部门网上年度报告系统，帮助企业规范操作信息公示流程，准确、及时完成年报录入公示。深入企业、个体户进行现场操作演示，指导市场主体使用企业信用信息公示系统，帮助市场主体学会操作年度申报。年内，天元区企业应年报6101户，完成年报5188户，年报率85.04%；个体工商户应年报14933户，完成年报14126户，年报率94.60%；农民专业合作社应年报119户，完成年报111户，年报率93.28%。

【消费者权益保护】2017年，天元工商分局严格按照株洲市工商行政管理局强化“12315”消费投(申)诉平台建设要求，认真打造工商“12315”消费投(申)诉品牌效应，畅通市局、分局与工商所的消费者申诉举报案件系统，做到受理及时、流转接收及时、分流转办及时、处置及时、反馈及时，确保消费者申诉举报案件“事事有落实，件件有回音”。年内，受理转办各类消费者投诉案件1033起，办结1033起，办结率100%；受理举报案件259起，办结259起，办结率100%；受理投诉咨询774人次，答复率100%，为消费者挽回经济损失144.17万元。3月15日，分局在天虹超市广场组织烟草局、天虹超市等单位开展“3·15”国际消费者权益日宣传活动。活动现场发放宣传资料1500余份，接受消费者咨询500余人次。

天元工商分局在天虹广场开展消费维权宣传活动

【市场规范管理】2017年，天元工商分局组织开展无照经营专项整治、网络市场监管专项整治、虚假违法广告专项整治、红盾质量维权专项行动、校园周边环境整治专项行动和打击商标侵权专项行动等各项整治100余次。立案查处各类案件40件，其中产品质量4件、商标侵权3件、虚假违法广告6件、合同违法2件，不正当竞争6件、无照经营13件、其他案件6件，罚没入库金额66.3万元。清理整治无照经营2706户，引导办照2605户。积极参与砂场整治，对株洲正和建材有限公司进行立案调查取证，并依法移交公安、国土部门处理。

【打击传销】2017年，天元工商分局坚持打防并举的原则，做到露头就打、打早打小，始终保持打击传销高压态势。年内，在湖南工业大学、湘银社区、香山社区等地开展打击传销宣传活动4次，发放打击传销宣传资料5万多份，制作宣传板报和横幅20多幅，查处传销人员聚集窝点15处，驱散传销人员120多人次，对4名受骗参与传销人员实施救助。

【“红盾护农”专项整治】 2017年，天元工商分局和各个工商所细分监管责任，将监管区域和监管职责分解到人。督促每户农资经营户按要求建立进销货台账、签订《质量承诺书》，每销售一批产品，农资经营户都向农户出示一张信誉卡。年内，巡查农资经营户51户28人次；发放宣传资料200余份，制作公示牌和承诺书102块，定做台账本300本、信誉卡3000张，宣传国家和有关部门的政策法规规章。5月，在三门镇查获假冒复合肥10吨。

【打假护牌】 2017年，天元工商分局查处侵犯“剑南春”注册商标专用权、房地产制作安装伪造厂名厂址防盗门等案件。根据辖区内企业请求，针对平台上较多的假冒网店和假冒商标商品，分局派出执法人员前往阿里巴巴总部所在地杭州市余杭区市场监督管理局协调网络销售企业侵权行为，下架违规侵权商品40余个。牵头组织“百城万店无假货”示范街的建设，对天台路示范街进行检查督促，亮照经营，商品明码标价。指导辖区农贸市场开展诚信经营宣传教育活动，确保亮照悬照。彻底清查湖南工业大学、白鹤小学等11所学校周边劣质床上用品、文具、赌博玩具。

【产品质量监管】 2017年，天元工商分局加强流通领域商品质量监管。加大对集贸市场、专业市场、商场、专卖店的商品质量和经营行为监管力度，严厉查处销售不合格商品案件，努力营造安全放心消费环境。全年检查天元超市、沃尔玛超市、天虹、麦德龙等大中型商场4个，街道门面服装店78家，城郊接合部的服装店26家，检查发现抽检不合格清单上的服装实施下架。6—7月，开展建材市场产品质量专项检查，检查经营户371户，行政指导48户，责令改正27户。

【精准扶贫】 2017年，天元工商分局到炎陵县水口镇青林村开展精准扶贫工作，领导班子成员结对帮扶贫困户16户，并派1名党员干部驻村扶贫。至2017的两年中，分局协调、筹集帮扶资金30余万元，帮助村里开展基础设施和文化阵地设施建设。　（肖　玲）

国土资源管理

【概况】 2017年，株洲市国土资源局天元分局(简称“天元国土分局”)内设征地拆迁所、执法监察大队、分局办公室、土地业务管理股、园区股(与土地业务管理股两块牌子一套人马)、矿产测绘管理股、雷打石国土中心所、群丰国土中心所、嵩山国土中心所。有正式干部职工42人，其中正科级8人，副科级17人，中共党员32人。天元国土分局为株洲市国土资源局派出的正科级单位，接受株洲市国土资源局和天元区政府的双重领导。其职能是对区辖范围内的国土资源进行管理，确保全区耕地保有量和基本农

副区长蒋智(左三)赴马家河金龙片石场检查安全生产工作

田保护面积不减少，审批进区项目的建设用地、非农建设用地、临时用地，组织镇村企事业单位用地；办理征地拆迁有关事务，维护国土资源管理秩序，审批村民建房，负责农田基本建设整治项目的申报和管理，管理矿产资源和预防、治理地质灾害，收取土地收益金。

2017年，天元国土分局围绕“四强”的工作思路，凝心聚力，务实进取，有效保障天元区经济社会又好又快发展。一是强效能保发展，切实做实项目保障文章。精准投放用地指标，强化报批调度和批后监管，平稳推进征地拆迁，全面实施“阳光拆迁”。批回项目用地28宗，总面积134.27公顷，完成48个项目的交地任务，总交地面积598.67公顷，确保汽车博览园等一批重点项目用地需求。二是强法治重监管，切实做实资源保护文章。严格落实基本农田保护措施，推进高标农田建设，强化执法监察，开展卫片执法、打非治违、闲置土地和新开工项目清理工作，2016年度天元区卫片执法检查通过省国土厅验收。三是强基础促规范，做实民生服务文章。扎实开展全区土地变更调查、村民建房审批发证等地籍工作，不断优化矿政管理，强化安全监管和地灾防治，地质灾害实现“零伤亡”“零事故”。四是强素质树形象，做实队伍建设文章。开展廉政跟踪回访，推进支部“两学一做”深化，开展“马上就办”和株洲市文明单位创建活动，助推队伍素养提升。

【坚守耕地红线】 2017年，天元国土分局抓制度促管理，组织区、镇(街道)、村组、村民层层签订基本农田和耕地保护目标责任状，制作并发放2015—2020年永久基本农田到户责任卡3900份，完成天易科技城内基本农田调出工作，调出基本农田20.47公顷，确保天元区耕地保有量不低于7487.93公顷，基本农田保护面积不少于4622公顷。2月，启动省级项目三门镇响水村和月福村高标准农田整治，先后完成可研、设计、施工、监理等工作。响水村项目建设规模163.8公顷，投资368.55万元。

【建设用地管理】 2017年，天元国土分局高效调度强化土地报批。每月组织各用地单位召开报批工作会，通报项目用地报批进展情况，对已落实用地指标且符合土地利用总体规划的项目，明确资料上报时限及有关要求，及时沟通解决土地报批中存在的问题。上报省厅窗口受理项目44宗，总面积296.05公顷，其中批回28宗，总面积134.27公顷，待批16宗，面积161.79公顷。

【征地拆迁】 2017年，天元国土分局积极推行现场督查工作机制，征拆所所长、副所长不定期赴项目现场，对一线人员政策落实、工作纪律、工作作风等方面情况进行监督检查。制定项目实时更新进度表，对拆迁进度数据进行及时更新汇总。严格实行组长分片负责制和工作人员挂牌上岗制，坚持“5＋2”(5天工作日＋2天双休日)、“白＋黑”(白天＋黑夜)连续作战精神，强势推进项目进度。实现湖南工业大学第三期、罗湖塘普通商品房一期、湘江大道服务区(城中村)项目、马家河中学教育用地、株洲汽车博览园(含新能源汽车检测中心等)、新马工业园储备地块、通讯及电器专用连接器生产基地项目、温泉路储备地块、新马北路、三级赛道二期等48个项目交地，面积598.67公顷。完成1748个房屋编号的算账补偿，22宗项目的概算评审和估算编制工作。拆除已签字房屋1468栋。

【执法监察】 2017年，天元国土分局细抓日常动态巡查，开展土地动态巡查300余次，发现并制止土地违法案件30余宗；狠抓打非治违，发现并制止违法开采砂石行为38起，制止13起，立案查处25起，扣押非法开采设备30余台，罚款42.6万元；与区拆违大队拆除违章建筑607处，面积27.06万平方米。对2016年度天元区卫片执法检查确定的违法图斑34个，面积10.54公顷(含耕地0.73公顷)，全部查处整改到位，催缴罚款21.75万元，移送区拆违大队拆除建筑物、构筑物3.95万平方米，没收建筑面积1016平方米。清理疑似闲置土地64宗，其中销号44宗，报市国土局清理13宗，认定闲置7宗。清理合法新开工项目20宗，面积454.4公顷，清理违法新开工项目7宗，面积10.79公顷，对所有违法新开工项目均下达停工通知书，其中立案查处1宗。

【矿产资源管理】2017年，天元国土分局规范矿产资源开发秩序，完成4家矿山年检工作，开展矿山安全生产大排查13次，超深越界检测4次，配合相关部门对龙岩煤矿实施关闭，主导关闭扶椅山采石场并复绿。

【地籍管理】2017年，天元国土分局开展全区土地变更调查，对316个土地变更调查图斑进行实地核查，完成资料上报。踏勘村民建房200余户，审批并发放用地批准书260份，颁发集体土地使用证3本。完成不动产登记房屋所有权注销登记15户，集体所有权登记2户，完成集体土地上房地一体调查扫尾工作。签订24个测量标志点委托保管责任书，每季度开展巡查1次，确保保护完整。

【地灾防治】2017年，天元国土分局强化汛期地灾隐患点的巡查及值守工作。分局班子成员带班实行24小时值班制度，邀请专家对辖区隐患点开展巡排查12次，编制并上报汛期巡查简报及应急调查速报，新增地质灾害隐患点警示牌6块。重点做好雷打石盘石村新屋组山体滑坡隐患治理及住户的撤离转移工作。完成雷打石镇空灵寺崩塌隐患点的应急处置项目验收。

入户做好地灾隐患点群众的转移撤离工作

【建设用地增减挂钩】2017年，天元国土分局为优化农村土地利用结构，提高节约用地水平，以打造精品样板为目标，启动三门镇、雷打石镇5个增减挂钩拆旧复垦试点项目。作为株洲市首个增减挂钩项目，在缺乏工作经验、流程不够完善的情况下，克服重重困难，先后完成项目方案制定、天元区财政投资评审、项目招投标、竣工测量、验收等系列工作。为确保工程质量，强化项目施工现场督查调度，主动邀请市国土局土地整理中心人员到现场进行检查指导，针对提出的整改意见，积极整改。8月，完成施工，通过省级验收。同时，以服务区域经济为目标，强化对增减挂钩的政策研究，逐村对增减挂钩后备资源进行调查摸底，调查出全区增减挂钩后备资源86.34公顷。(陶　瑶)

土地储备

【概况】株洲高新技术产业开发区土地储备中心(简称“区土地储备中心”)为正科级全额拨款事业单位，接受株洲高新区、天元区和市国土资源局的双重领导。全面负责编制园区范围内工业用地和配套经营性用地储备计划，并组织实施土地报批、出让等前期开发工作以及市土地储备中心授权的其他工作。2017年，内设办公室和业务室，有工作人员8名。

【土地报批】2017年，区土地储备中心完成土地报批159.54公顷。其中，物流用地(一)9.07公顷、物流用地(二)10.22公顷、五矿二期补报5.56公顷、仙月大道储备1.98公顷、万丰湖储备地块(二)3.13公顷、万丰路2.94公顷、仙月环路3.4公顷、新马大道储备6.03公顷、新东路2.89公顷、新马工业园物流(三)19.7公顷、新马工业园北部工业地37.8公顷、新能源检测中心9.27公顷、长江西路限价商品房地块(一)10.67公顷、长江西路限价商品房地块(二)3.07公顷、西环线西辅道1.6公顷、马家河学校6.73公顷、湘云路4.26公顷、乐山大道储备地5.37公顷、株洲市可编程控制器及变频器研发生产基地项目(增减挂钩)15.85公顷。

【土地出让】2017年，区土地储备中心完成土地出让共119.14公顷、出让土地成交额26.58亿元，其中商业地挂牌94.46公顷。包括天台园4A区0.80公顷、新马EBD地块(一)16.62公顷、新马EBD地块(二)11.93公顷、新马EBD地块(三)5.29公顷、新马EBD地块(四)10.36公顷、48区5.12公顷、新马EBD地块(五)9.10公顷、新马EBD地块(六)6.80公顷、4S店片区0.48公顷、4S店片区0.66公顷、博古山路普通商品房一期7.50公顷、栖山普通商品房地块(一)6.41公顷、栖山普通商品房地块(二)5.05公顷、栖山普通商品房地块(三)8.34公顷。工业地挂牌24.68公顷，包括昌龙汽车附件3.79公顷、力焯通信4.27公顷、自主创业园A地块4.28公顷、自主创业园D2地块3.69公顷、自主创业园F2地块1.77公顷、自主创业园I地块6.88公顷。

【建立土地储备信息库】2017年，区土地储备中心在全市(区、县)级率先组织建立土地储备信息库管理系统，建立精准化、台账化、可视化、动态化的管理机制，切实提高土地运营水平。至年底，信息库建设系统已投入使用，完成基础数据的导入，并针对实际使用情况，对系统功能进行优化。　(朱文强)

征地工作协调管理

【概况】2017年，天元区征地工作协调管理办公室(简称“区征管办”)内设综合管理室、财务评审室、安置管理室、征地管理室，有工作人员49人。

2017年，天元区纳入株洲市考核集体项目40宗，面积397.13公顷。“百日攻坚”新增项目8宗，面积87.47公顷。纳入株洲市考核国有项目5宗，5.76万平方米。截至12月31日，全区累计完成签字1827户、签字面积91.35万平方米，完成拆房1577栋、拆房面积78.85万平方米。完成集体部分交地56宗，交地面积615.13公顷，完成国有征收交地7宗，征收房屋面积6.25万平方米。年底，天元区综合考核中排名全市第一。

【凝心聚力推拆迁】2017年，区征管办切实加强对征拆征收项目的协调调度，坚持周工作例会、政策会审和联合办公机制，及时研究解决项目存在的困难和问题。基层责任单位党政一把手、职能部门负责人坚持靠前指挥、身先士卒，强化对工作的督查、调度，成为全区推动征拆征收工作的新常态。截至年末，全区组织各类调度会100余次(含国有房屋征收调度会)，政策会审会50余次，合署办公80余次，答复和解决疑难问题50余例。

征拆任务动员会

【拆迁新政策试点】3月22日，市政府颁发新征地拆迁政策株政发〔2017〕5号文件，房屋征收补偿与人员安置补助分离，取消“人均不足120平方米面积补差”，规范房屋合法性、安置人员资格及建房资格认定，要求各县市区将征地拆迁补偿安置政策、过程和结果进行全面公示，并建立村级集体经济组织成员台账和集体研究决策机制。新政策出台后，分别在群丰镇、雷打石镇、三门镇和天易科技城二期、湘江大道二期等征拆项目中全面铺开，通过全区上下的共同努力，天易科技城和湘江大道成为全市新政策实施项目首个签字破冰的项目，推进势头强劲，每天均有3~5户签字。截至年末，天易科技城二期完成80%签字任务，湘江大道二期完成60%签字任务，新的实施细则与原有政策从审核批复到指导工作实践实现“无缝对接”。

【政策宣传培训】2017年，区征管办为保证工作人员在执行新政策过程中不走样，不出差错，会同国土、规划、征拆所等部门，组织全区从事征地拆迁的工作人员开展对新政策、司法程序等方面集中学习。通过学习培训讨论，针对新政策中新的补偿标准、新的安置措施如何有效指导全区征地拆迁工作，如何切实维护被拆迁群众的合法权益，如何规避和缩短新老政策交替的“磨合期”等一系列问题研究出解决方案。加大新政策宣传力度，制作宣传横幅，安排宣传车在各个指挥部来回播放新政策内容，实现新政策家喻户晓、人人皆知。

【推行“阳光拆迁”】2017年，区征管办要求基层责任单位和项目指挥部实施“阳光拆迁”，新政策实施项目同步做好阳光公示每个环节工作，做到公示透明彻底。公开天元国土分局、区征管办、指挥部监督举报电话，对出榜资料及补偿表进行公示，充分保障被征拆群众的知情权、参与权、监督权。新政策实施以后，加大力度做好被征拆群众思想工作，与其交流、交心、交朋友，做好答疑、解释工作，赢得群众的理解和支持。全市第三季度“阳光拆迁”考核中，天元区排名第一。

【征拆征收项目“清零”行动】2017年，区征管办制订切实可行的督查方案和考评考核办法，坚持做好项目日信息报送、周督查调度、月讲评通报等各项工作。倒排时间自我加压。按照全市年初计划安排，天元区有6宗，76.69公顷“清零”任务，全区将各“清零”计划任务倒排，每个项目均明确1名区级联系领导、1名基层责任单位负责人、1个工作班子、1套工作方案，全区20多个项目指挥部全部处于满负荷工作状态，上下联动，全面完成6宗、76.69公顷“清零”任务。

【依法拆违】2017年，区征管办加大司法拆除和行政拆违工作力度，及时研究解决问题。对67户被征拆户下达补偿告知，对30户被征拆户下达限期腾地通知书，执行行政拆违138起，执行司法拆除2起。

（成　歆）

食品药品监督管理

【概况】株洲市食品药品监督管理局天元分局(简称“天元食药分局”)是株洲市食品药品监督管理局的派出机构。2017年，天元食药分局内设办公室、法监室、食品室、药械室、嵩山所、群丰所、泰山所，有在编工作人员28名，公益性岗位聘用制人员4名。主要负责天元区市局监管之外的食品生产、食品经营、餐饮、药品、医疗器械、保健食品、化妆品安全监管工作。年内，天元食药分局以“效能提升年”为主题，坚持多措并举，注重创新发展，在监督抽检、稽查办案、创新工作方式、提升监管效能，强化天元区食品药品安全总体保障，确保全区未发生一起重大食品安全事故。天元区政府、天元食药分局分别获得2017年度株洲市食品药品安全工作先进单位。

【专项整治】2017年，天元食药分局结合创文创卫、针对群众反映强烈的突出问题，先后开展护苗行动、“清网行动”、护老行动、“秋风行动”、工地食堂、两节两会、年夜饭、肉及肉制品质量安全监管、未经检验检疫(白板肉)或经检验检疫不合格的肉类及其产品、禽流感(H7N9)疫情防控、豆制品、河边鱼店、禽畜水产品、农村食品安全、食用油安全、冷链药品、城乡接合处及农村药品安全、医疗器械流通、特殊药品及两非药品等专项整治行动。巡查食品药品生产经营单位8000余家次，张贴公示牌1000张，发放宣传标语8000份，购置灭蝇灯900盏，制作防蝇网500米。办理“食品经营许可证”1542张，督促办理“从业人员健康证”9142张。

【示范创建】2017年，天元食药分局结合“文明餐桌行动”，深入开展示范创建活动，将天元中学成功打造成株洲市区唯一的省级食品安全示范学校。天元区神农城珠江南路段成功创建食品安全示范街，指导29家餐饮企业(食堂)获评天元区文明餐桌行动示范单位(店)。通过示范创建，提升食品行业整体水平。

【快检体系建设】2017年，天元食药分局完成祥云、多米新2家农贸市场、沃尔玛超市、天虹超市、株百天元超市、株百栗雨店、麦德龙超市、株百珠江超市6家大型超市快检室建设，实现全区农贸市场和大型超市食品快检全覆盖。在此基础上，推进快检职能升级，推动快检室走进学校食堂，并建立长效机制。每个农贸市场快检室每天对天元区2—3家城区学校、幼儿园食堂食品及食品原料进行抽样检测，确保每个月将84家城区学校、幼儿园巡查一遍，从源头上保障广大师生饮食安全。

【网格化建设】2017年，天元食药分局推进基层日常监管责任网格化，坚持条块结合、以块为主、全面覆盖、重点突破的日常监管工作思路，学习和依托“数字城管”的网格系统，摸清辖区监管底数，制定网格划分方案，完成22个网格划分，确定网格监管责任人，明确各级网格人员职责。

【食品安全信息平台建设】2017年，天元食药分局充分利用好互联网共享平台，依托政府电子政务系统，开发专用管理软件，形成监管部门和快检系统互联互通、共享共用的食品安全检测信息系统平台。与此同时，还建立检测信息的统一管理和公示机制，要求监管部门及时收集好检测结果并做好汇总审批工作，将汇总后的检测信息上报上级部门，利用互联网平台(政府网站、检测系统平台APP等)向社会公开。做好公示信息的分类，建立公示平台的子目录，让天元区的食品安全检测信息不仅能做到有据可查、有源可溯，也能被公众方便快捷地查询。

【稽查办案】2017年，天元食药分局成立区人民检察院驻分局检察联络室，建立联络工作制度，强化行刑衔接。进一步扩大案件来源、加大案件查办力度，始终以最严厉的处罚保持稽查办案高压态势。年内，天元食药分局立案84起，结案75起，罚没款入库51万余元。其中查办重大案件2起，移送司法机关2起，查办网络案件1起。

【应急演练】2017年，天元食药分局承办2017年国家示范性Ⅱ级食品安全事故应急演练(天元区分现场)暨2017年天元区食品安全Ⅳ级事故应急演练。由天元食药分局牵头，天元区食安委各部门参加配合，模拟株洲迪诺曼高科公司职工中午在公司食堂就餐后出现食物中毒现象，通过各部门的迅速反应、有效配合，顺利完成食品安全事故应急演练的开展和拍摄工作。

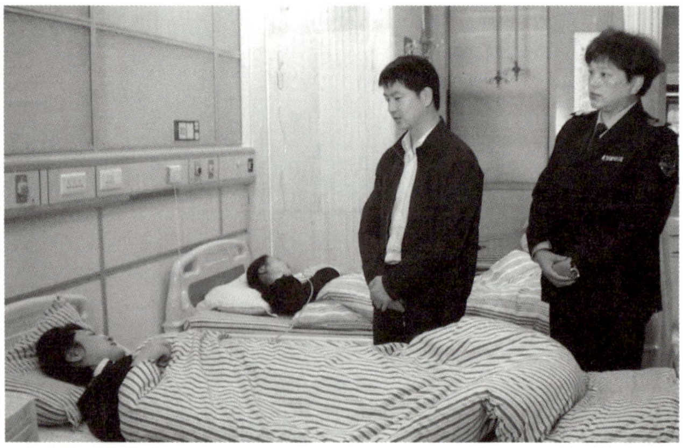

区长董巍(右二)参与2017年国家示范性Ⅱ级食品安全事故应急演练

【队伍建设】2017年，天元食药分局认真落实党风廉政建设“两个责任”(主体责任和监督责任)，严格遵守中央、省委、市委改进作风相关规定和市局作风建设九条禁令，深入开展“马上就办”活动，严格落实“五问工作法，作风建设步入常态化。建立案件合议委员会审议制度，做到每案必审，严把办案程序的合法性、适用法律的准确性。组织开展多次业务培训，按时完成干部职工在线学习，全体干部职工顺利通过普法考试，整体专业水准提升。以全面加强党的建设为统领，以深入贯彻落实中共十九大精神为契机，组织3次专题研讨，有效提升全体党员干部的政治意识、大局意识、核心意识和看齐意识。（周芷薇）

统　计

【概况】2017年，天元区统计局内设办公室、统计股，有工作人员16人。全年统计工作紧紧围绕工委、区委提出的“12345”工作目标，按照“精准统计、精准服务”要求，以夯实园区统计基础、全力推进联网直报、管控统计数据质量为中心，提高服务能力、依法治统计、健全队伍管理，较好地完成各项统计调查任务。2016年度，天元区火炬计划统计工作获评科技部火炬中心先进单位。

【夯实园区统计基础】2017年，天元区统计局出台《株洲高新区园区统计工作规则》《统计制度》，压实河东三园(董家塅高科园、田心高科园、金山工业园)以及部门统计责任；定期召开一区四园统计会，保持与河东三区统计局、三园区常态化沟通渠道，确保报好报准报齐各项数据；建立高新区园区统计联络群、园区企业统计工作服务群，做好业务答疑指导和监测数据质量。加强统计服务。吃透国家高新区、省级产业园区新的考核办法，强化对园区统计报表方法制度的研究，及时提供有效预警分析。主动对接重点行业、重点企业，争取应统尽统，全面应对火炬计划统计改革。

【推进联网直报】2017年，天元区400多家“四上”直报企业上报率、直报率、验收合格率、审核通过率“四率”均100%。每月联网直报之前，提前谋划做好预警预测分析，统计协作配合更加紧密。建立“四上”企业申报工作群，分专业制作申报工作流程图以及所需资料目录，做好现场核实、资料收集、数据审核。5月，启动城乡住户样本轮换。区统计局完成样本小区确定、绘制小区示意图、编制建筑物清查及住宅名录、业务培训等前期工作，全区100多名普查人员深入3个镇、街道，5个调查点800多户家庭的2000多人进行入户调查，根据摸底调查结果抽取常规记账户，50户记账户开展试记账工作。

【第三次农业普查】2017年，天元区第三次全国农业普查工作严格遵守省、市规定的时间完成入户登记、数据录入、审核修改、数据验收等普查阶段性工作。1月1日起，历时两个多月，全区300多名普查指导员、普查员，启动“5+2”“白+黑”模式，完成农户28086户、规模户243户和农业经营单位158家、涉及68个村社区和6个镇、街道的入户登记、录入、审核工作，先后完成改错近10万条。强化数出有据，做好普查登记数据与清查数据差异的记录与修改说明，做好普查数据与农业年报的衔接。加强部门对接，梳理和细化农业年报数据中与普查关联指标并及时反馈各镇、街道农普办，为普查登记提供参考。组织力量开展普查数据核查，天元区通过市农业普查办公室事后质量抽查。

【管控统计数据】 2017年，天元区统计局狠抓统计数据质量。严格执行数据质量评估办法，规范数据上报流程，强化对数据协调性、逻辑性、匹配性审核，切实提高直报数据质量。定期开展统计数据质量核查，重点投资项目核查严格执行入库投资项目实地核查、电话抽查制度，统计名录大清查做好直报平台与企业自查数据比对，从源头上管控数据质量。狠抓统计教育宣传。加强统计执法检查力度，结合统计巡查巡访制度，加大对项目、企业检查力度，做好统计宣传及业务指导，营造和谐统计环境。组织400多家“四上”企业参加全市联网直报统计员业务培训，近400名统计员参加统计岗位网络在线教育，提升统计队伍综合素质。狠抓统计预警预判。采取提前介入，超前谋划，在月度、季度关键时间节点上，对GDP、投资、工业等重要指标进行预警分析，通报指标完成进度，为全区指标考核排位工作争取主动。狠抓统计数据解读。利用《株洲新区》报及公众号、区政务信息网，开展统计数据解读服务。按时按质提供统计公报、统计月报、统计年鉴等产品，积极开展统计调研分析，为领导、社会公众提供翔实的统计咨询。

（谢子兵　杨　静）

安全生产监督

【概况】 2017年，天元区安全生产监督管理局(简称“区安监局”)内设局办公室、危险化学品及烟花爆竹监管股、矿山及行业综合协调股(加挂职业安全健康监督管理股牌子)、天元区园区安全管理办公室(加挂天元区安全生产应急管理办公室)，有行政编制8名，事业编制4人，为区人民政府组成部门。主要职责是代表政府行使全区安全生产综合监管职责，负责煤矿、非煤矿山、危险化学品、烟花爆竹和工贸企业的安全行政许可及日常安全监管，组织事故调查处理，协调事故应急救援，组织安全宣传教育培训，承担区安委会办公室的日常工作。区安全生产委员会办公室设局办公，承担全区安委会日常组织协调工作。在全市2017年年度安全生产工作考核中，区安监局获得优秀单位，张正根、邓婵娟、莫艳琼获得2017年度全市安全生产工作先进个人。

2017年年末，天元区有危险化学品生产企业1家和批发经营企业33家、烟花爆竹批发企业各1家、其他工业企业429家。年内，天元区发生安全生产事故22起，死亡12人，直接经济损失212.36万元。其中道路交通事故7起，死亡9人，直接经济损失3.21万元；火灾事故13起，死亡1人，直接经济损失14.76万元；工矿企业事故1起，死亡1人，直接经济损失98万元；其他事故1起，死亡1人，直接经济损失96万元。

【健全监管体制】 2017年，天元区建立以区政府主要领导为主任、常务副区长为常务副主任和其他政府分管领导为副主任、部门负责人为成员的区安全生产委员会，基层单位相应设置工作协调机构，形成全区较为完善的安全生产工作管理网络；区委常委会议、区政府常务会议多次专题研究安全生产工作，解决重大具体问题。区长、分管常务副区长多次现场召开安全隐患治理专题办公会议，现场研究处理重大安全隐患问题；区委中心学习组将《中华人民共和国安全生产法》《中华人民共和国职业病防治法》及有关安全法律法规纳入重要学习内容，组织开展专题学习活动。修订完善区安全生产监管责任季度考核办法，成立4个区安全生产常年检查组，加大安全生产日常和突击性检查工作力度，形成常规考核检查督查机制。对镇(街道)基层单位、区安委会成员单位、全区安监系统人员分季、分层次考核，并将安全生产纳入各成员单位区月(年)度绩效考核内容，考核结果经区安委会研究批准后，由区安委办印发考核情况通报并进行奖励，区政府拨付考核专项经费64万元，实行奖优罚劣。区领导、各级各部门党政主要领导以身作则，率先垂范，组织开展200多次检查督查行动，有针对性地解决具体安全隐患。

【企业安全生产主体责任年活动】 2017年，是全国全面落实企业安全生产主体责任年。为推动落实安全生产责任，天元区结合实际情况，以“安全生产月”活动为契机，以“全面落实企业安全生产主体责任”为主题，聚焦安全生产领域改革发展、监管执法、事故预防和安全法规等内容，开展系列宣传教育活动。建立天元区安全生产工作微信群和“天元安全”公众号；投入20多万元开展“安全生产月”宣传，与市安监局联合在神农广场举行题为“全面落实企业安全生产主体责任年”的集中咨询日活动，在西环线和株洲西站附近醒目位置设立“全面落实企业主体责任”公益广告牌。各成员单位开展各类应急演练活动并进行《中共中央国务院关于推进安全生产领域改革发展的意见》宣讲，营造全社会关注安全生产的良好氛围。区安监局获得湖南省2017年“安全生产月”活动优秀组织奖。

“安全生产月”宣传活动现场

【安全生产排查管控整治】 2017年，为深刻吸取“5·7”攸县黄丰桥镇吉林桥煤矿气体中毒事故教训，贯彻落实5月8日省、市安全生产紧急电视电话会议精神以及国务院安委会6月30日下发的《关于开展全国安全生产大检查的通知》文件要求，天元区以“百日攻坚，立行立改”“大排查大管控大整治”专项整治行动为抓手，对大检查行动进行部署，制定下发《关于立即开展全区安全生产大排查大管控大整治专项行动的通知》《天元区安全生产大检查工作方案》《天元区安全生产大排查大管控大整治百日行动实施方案》。6月6日，召开全区安全生产“大排查大管控大整治”情况通报暨“安全生产月”动员部署大会，要求区安委会成员单位按照“管行业必须管安全、管业务必须管安全、管生产经营必须管安全”和“属地管理”的原则，迅速行动，对所有行业领域、所有生产经营建设企事业单位(含停产单位)和人员密集场所开展“全方位全覆盖零容忍”拉网式大检查，摸清安全隐患和薄弱环节，堵塞安全监管漏洞，强化安全生产措施，有效防范和坚决遏制重特大事故发生。为组织召开全区安全生产大检查“回头看”工作部署会议，制定并下发《关于切实做好十九大和国庆期间安全生产工作的通知》《关于开展安全生产大检查“回头看”的通知》。截至11月底，区安监局派出检查人员104人次，检查生产经营建设单位51家，排查发现隐患246处，其中重大隐患6处，责令停产停业1家。

【安全生产执法零容忍】 2017年，区安监局按照“谁主管、谁监管”“谁许可审批、谁监管”的原则，根据市、区统一要求，编制本部门年度安全生产监管执法计划，并根据计划严格开展执法检查，对在检查中发现的非法违法行为实行严处罚、零容忍。年初烟花鞭炮专项整治行动中，对4家非法经营烟花鞭炮的单位各处以2万元罚款。对湖南太子奶集团生物科技有限责任公司未按要求对有限空间的现场负责人、监护人员、作业人员和应急救援人员进行安全培训处以5万元的行政处罚。对发生围墙坍塌事故并造成1人死亡、1人受伤的湖南尚格置业有限公司处以20万元罚款。对湖南地建集团基础工程公司处以20万元罚款。对未按规定参加安全培训、未办理危险化学品经营许可证变更登记等违法行为除责令其限期整改外，还根据相关法律规定进行行政处罚罚款。截至11月底，区安监局出动执法人员258次，检查生产经营单位125家，下达执法文书109份，经济处罚66.08万元，责令停产企业3家。

【国安委综合督查安全隐患】 2017年，按照《国务院安全生产委员会关于开展全国安全生产大检查综合督查的通知》部署要求，9月18日，国务院安委会安全生产大检查综合督查第13组对天元区落实安全生产工作责任、严格安全监管执法、问题隐患整改、开展专项整治和严肃追责问责等情况开展全面的检查与督查。针对国务院安委会督查组在检查中发现的2处安全隐患，区安监局在检查当日即分别对湖南湘瓷科艺有限公司下达《现场处置措施决定书》，责令该企业立即停产停业整顿，并于当日晚间对该企业停产的生产线电闸和设备装置进行查封；9月29日、10月17日约谈该企业负责人，并依法给予10万元处罚。唐人神快育宝公司接到国务院安委会第13督查组的现场交办后，立即将有毒有害气体检测仪送至相关检验部门进行检验，并着手购买便携式粉尘、噪音检测设备。10月20日，区安监局联合市安监局到该公司开展联合检查发现，该公司完成隐患整改。10月23日，国务院安委会督查组到区开展安全生产大检查“回头看”，区安监局细致做好迎检各项事务的部署安排，没有被约谈或追责现象。

【燃气“打非治违”联合执法行动】 2017年，天元区7个基层单位均有擅自设点无证经营、使用不合格、报废、超期未验钢瓶等现象，存在严重安全隐患。天元区安监局在没有行政执法权的情况下主动作为，充分调动街道、社区力量，对辖区范围内开展燃气专项整治行动。8月17日、10月30日，区建设局牵头组织市燃气办、区安监局、区工商分局、区公安分局、各镇、街道等相关单位两次开展联合执法行动，取缔非法经营液化气配送点5家，查处瓶装液化气瓶161个。

【“兴安科技小镇”项目】 2017年，区安监局针对市、区不同行业生产经营单位安全生产方面的特点、现状以及各地发生的事故案例，以课题研究形式，对安全生产监管网络信息化建设、常态化安全教育培训机制、事故应急救援三个方面展开研究，邀请国家级参研单位对该课题进行论证。8月、9月、11月、12月召开课题研讨会。至年底，此课题得到中信建设投资发展有限责任公司支持，该公司拟投资50亿元围绕环境建设、设施建设、安全保障和支持体系建设以及安全产业建设等方面打造“兴安科技小镇”，项目选址已上政府专题工作会议。（任雯婷）

农业与农村工作

2018株洲高新区·天元区年鉴

ZhuZhou GaoXinQu·TianYuanQu NianJian

农　业

【概况】 株洲市天元区农村工作局是株洲市天元区人民政府组成部门，办公地点位于株洲大道北1号高新大厦二楼。2017年，区农村工作局内设办公室、农企办、林业办、畜牧水产办4个职能室。下设农村经济管理服务站、产品质量安全监督检验检测中心、农业技术推广服务中心3个副科级二级机构，有工作人员32人。其中，在岗在编27人，临聘人员5人。2017年度，天元区获评湖南省美丽乡村建设先进县市区、株洲市农业机械化目标管理考核先进单位。区农村工作局获评全省农机行风政风建设先进单位。

2017年，天元区粮食播种面积8400公顷，总产量6.2万吨；蔬菜生产面积1400公顷，蔬菜总产量2.3万吨；全区生猪出栏12.5万头，存栏5.53万头（母猪存栏0.4万头）；牛出栏0.07万头，存栏0.05万头；羊出栏1.2万只，存栏0.7万只；家禽出笼96万羽，存笼44.8万羽。水产品产量5280吨。农副产品加工企业48家。休闲农庄农家乐58家。其中，国家四星级、省五星级2家，省四星级3家，市级星级9家，经营总收入1.812亿元。农林牧渔业总产值15.13亿元，同比增长4.1%；农民人均可支配收入25226元，同比增长8.5%。

【森林防火】 2017年，区农村工作局加强巡山护林力度、野外火源和用火管理，从源头上减少火灾发生可能性。加强宣传力度。下发《关于切实做好春节期间森林防火工作的通知》《关于切实加强清明节期间森林防火工作的通知》，组织森林防火宣传车在全区巡回宣传6天，督促各镇、街道在主要进山路口书写固定永久性宣传标语300余条，张贴在主要马路边和中、小学校附近。加强组织领导。召开森林防火工作紧急会议，明确各镇、街道护林防火指挥部责任。签订森林防火责任状，以各镇（街道）一把手为森林防火第一责任人，加强镇、村、组三级联防网络建设，使森林火情预防和扑救工作井然有序。加强防火监测。完成湖南省森林公安局湖南省中北部地区森林防火应急通信系统建设（天元区数字超短波基站部分的工程安装调试）。完成天元区森林防火项目（2016—2025年）申报工作。年内，发生山火1起，受损森林面积0.1公顷。

【植树造林】 2017年，区农村工作局完成中央投资“防护林工程”和“裸露山地”补植补造任务。完成义务植树造林6.67公顷。协助市林业调查规划设计队检查验收长防林补植补造工作。完成绿心保护责任状中6.67公顷造林和26.67公顷林地改造任务。

【惠农政策落实】 2017年，区农村工作局认真落实粮食直补、退耕还林、渔船燃油等各项惠农政策。发放粮食直补资金1420万元。发放公益林资金159.86万元，退耕还林40.51万元。发放禁渔期生活补贴22.32万元。开展养殖户涉农保险工作，提高农户、养殖户对自然灾害抵御能力。

【农村机耕道改建】 2017年，区农村工作局印发《天元区“民生100”农村机耕道新建维修改造项目实施方案》，多渠道做好宣传发动，积极引导各镇农办和村民参与和支持机耕道建设。新建、维修、改造机耕道282.26千米。

【惠农服务中心（社）建设】 2017年，市供销社下达30个惠农服务中心（社）建设任务到天元区，全市城区建设任务全部下到天元区。7月，将供销社职能从区商务和粮食局调整到区农村工作局负责。区农村工作局主动与市供销社对接，做到选址布局合理，门牌标识统一，服务内容精准，日常管理规范。年内，建设镇级中心社1个，示范社29个。

【美丽乡村示范村建设】2017年，天元区分3个层次对8个村进行美丽乡村打造。雷打石镇铁篱村为示范村。三门镇响水村作为带动三门镇美丽乡村整镇推进示范村，按省级美丽乡村示范创建村标准打造。三门镇株木村、群丰镇新塘社区为重点村，按市级美丽乡村示范创建村标准打造。雷打石镇先锋村，三门镇南江村、苍霞村、月福村为特色村，按区级美丽乡村示范创建村标准打造。美丽乡村示范村建设围绕5个美（布局美、环境美、产业美、生活美、风尚美）标准，积极争取农田水利、公路交通、环境整治、沼气建设等项目，用市场运作办法，让社会各类组织和个人投资参与美丽乡村的基础设施和社会事业建设。区财政安排专项资金560万元，对美丽乡村创建任务村进行资金支持。2017年，天元区美丽乡村建设工作被评为全省美丽乡村建设先进县市区。雷打石镇铁篱村、群丰镇新塘社区被授予“株洲市美丽乡村”荣誉称号。

美丽乡村示范村建设

【“三品一标”认证】2017年，区农村工作局继续坚持一手抓现代农业园区和农村主导产业发展，一手抓农业标准化生产，强力推进“三品一标”（即无公害农产品、绿色食品、有机农产品、农产品地理标志）认证，将“三品一标”认证作为推进现代农业发展、保障农产品质量安全、增强农产品市场竞争力的抓手，助力现代农业发展。年内，完成“三品一标”认证11个，分别是株洲事达种养专业合作社生产的黄瓜、芹菜、莴笋、辣椒、茄子、南瓜、豇豆、红球甘蓝、花椰菜、葱、青蒜。

【标准化生产示范基地建设】2017年，按照《株洲市农业委员会办公室关于组织申报市级农业标准化示范基地的通知》要求。经基地自愿申请，区农村工作局推荐初审，市农委对基地环境、生产过程、管理体系、产品认证、产业化带动、诚信经营等方面进行现场考察和评定，全区完成7个标准化生产示范基地建设。分别为株洲事达标准化生产示范基地、株洲市天元区起航生态种养农民专业合作社、株洲恒盛田园种植基地、湘胜特种养殖专业合作社、株洲众民生态农业种养殖专业合作社、悠移农业科技发展有限公司、岳峰种养殖农民专业合作社、响水农业实业发展有限责任公司。

【蔬菜生产】2017年，天元区蔬菜生产面积1400公顷。其中，半年菜面积933.33公顷，常年蔬菜面积466.67公顷；有大小17个蔬菜生产基地。其中，有8个无公害蔬菜生产基地，3个绿色食品生产基地。全面完成“民生100”菜篮子工程26.67公顷。加强生产监管，建立各蔬菜基地安全生产档案，发放蔬菜生产档案表500余份，在合花、南塘、湘云、月形等蔬菜基地选择100户菜农示范，让菜农对在生产过程中使用的种子、农药、肥料等农资进行全面记录。

【土地确权】天元区是全省48个农村土地承包经营权确权登记颁证县区之一。2017年，为确权工作全面推进的关键之年。通过对各镇（街道）动员、强化督查和跟踪、现场指导，确权外业指界工作基本完成，并进入第二轮公示、纠错、数据整理、汇交阶段，完成应指界数1147个，土地确权数据全部汇交到省确权办。至年底，已进行部分制证和发证工作。

【重金属污染治理】 2017年，天元区重金属污染治理项目主要为做好休耕工作。全区休耕试点落实342.16公顷，试点区域为三门镇范家洲、松柏、燕子、湖田、月福5个行政村。区、镇、村层层签订基本农田保护和管理责任状，加强灌排沟渠、田埂、机耕道等农田基础设施和农田的维护修整。在重金属污染耕地上开展深翻耕、种植绿肥和耕地维护等多项措施，确保粮食生产高产优质，农民增产增收。5个休耕试点村的绿肥生长情况良好。

【农技推广】 2017年，区农村工作局举办蔬菜技术培训、农产品检测培训、养殖技术培训等农技培训11期，培训人员1320人次。加大宣传力度，深入田间地头，向农户发放农产品质量安全知识、科学种养殖方法、病虫害防治等宣传资料1460份。

【农产品质量安全保障】 2017年，天元区成立农产品质量安全领导小组，形成"一把手亲手抓，分管领导具体抓，业务机构分工协作抓"的工作机制。年初，区政府与各镇(街道)、各镇(街道)与各村(管理处)层层签订了责任书。加强宣传力度，印发宣传资料4000份，举办培训班2期，出动宣传车辆4天次，提高农民群众农产品质量安全意识。完善区级农产品质量检测平台，新增分光光度计、农残速测仪、速测箱等检测配套设备，提高检测效率。年内，抽检农产品4934批次，合格率100%。

【精准扶贫】 2017年，为确保茶陵县4个镇8个村如期实现脱贫目标，天元区在2016年安排5支扶贫工作队基础上，2017年增派3支工作队驻村，对口帮扶茶陵县4个镇8个村，贫困户277户955人。按照区委、区政府提出的"健康扶贫、产业扶贫和教育扶贫"工作思路，各工作队多渠道筹资建设惠民工程，帮助村里抓好村道、自来水入户、山塘被覆、村级文化广场、学校、村卫生室等基础设施建设，使村民出行更方便，饮水更安全，就医更便利，文化娱乐生活更丰富，脱贫摘帽步伐加快。

【依法行政】 2017年，区农村工作局加大法律法规宣传力度。清明期间，组织森林防火宣传车在全区巡回宣传一周，发放1200余份禁火通告，提高全民防火的忧患意识。"安全生产月""法治宣传日"活动期间，制作宣传展板3块，发放《中华人民共和国农产品质量安全法》《中华人民共和国农村土地承包法》等法律资料2250份。办理征占用林地28宗，征占用林地面积65.12公顷。配合市农委、市林业局、市畜牧水产局等上级主管部门开展联合执法行动8次，配合市农业委开展农资打假活动5次。

【农事纠纷调处】 2017年，区农村工作局切实抓好动物防疫、森林防火、农机和渔业生产安全工作，确保不发生重大疫情、重大火灾事件和重大安全事故。接待群众来访21起60余人次，调处纠纷15起，确保全区农村和谐稳定。

【养殖环境污染治理】 2017年，由区农村工作局牵头，委托株洲市规划设计院制定《株洲市天元区畜禽养殖区域划定专项研究》。并举行专家、各职能部门、各镇(街道)负责人、分管领导听证会。6月底，正式完成"三区(禁养区、限养区、适养区)"划定。开展畜禽养殖污染整治，制定《天元区畜禽养殖污染整改大排查活动实施方案》，对全区养猪养牛存栏10头以上，肉鸡、蛋鸡存笼100羽以上，养羊存栏20只以上，鸭、鹅存笼200只以上的养殖户进行全面摸底，并对排污情况进行登记、拍照存档，对不符合排放标准的发整改通知。同时，通过面对面交流及发放资料，宣传养殖污染整治意义、作用、目的。 （李 晶）

水　利

【概况】株洲市天元区水利局是株洲市天元区人民政府主管全区水行政工作的部门。2017年,内设办公室、水政水保股、工程技术股。下辖二级机构区农村排渍站、区防汛抗旱指挥部办公室,天元区移民管理办公室,区杨柳水库管理所(天元区抗旱服务队),有在职人数为40人。主要职能为统一管理全区水资源,负责水资源调查、监督和保护。管理全区河道、堤防、水库及水利设施。负责全区防汛抗旱、大中型水库移民、水土保持、水利机电排灌、工业园区排污、水环境保护等工作。

2017年年末,天元区水利基础设施主要有湘江防洪大堤47.95千米,其中山峦挡水3.15千米,人工堤防43.31千米,防洪墙1.5千米。上游南至株洲县堂市湖塘闸,下游北至湘潭县马家屋场。有排渍机埠32处、装机容量6329千瓦。抗旱机埠98处,装机容量1847千瓦。高中低排水渠48条,中型水库1座,总库容1118万立方米。小(1)型水库1座,总库容104万立方米。小(2)型水库23座,总库容403.92万立方米。山平塘5202口,总库容3201万立方米。

【农田水利建设】2017年,全区投资水利建设7931万元,增速6.46%。一是完成2016年度小农水重点县建设任务。完成该项目的日常施工管理及验收工作,2个标段完成投资1455.7万元。二是完成小河坝整治项目。完成"小河坝整治三年行动计划"中第二个年度的工作任务,对三门镇高岭村泉坝水闸和湖田村鲁家坝水闸进行除险加固,完成投资118.69万元。10月,启动雷打石镇凤凰山村汤家坝水闸和新龙村中坝水闸除险加固2处工程项目施工,完成投资122.1万元。三是完成小(2)型水库除险加固工程。对苦竹塘水库和大鱼塘水库除险加固,完成投资177.13万元。天元区水库安全管理得到市级水库管理奖励资金6万元。四是完成农村安全饮水工程。启动雷打石镇铁篱农饮水工程和三门镇月福农饮水工程管网延伸项目。

【防汛抗旱】2017年,区水利局制定《天元区防汛抗旱总预案》。在《株洲新区报》和高新网上公布全区湘江大堤、涵闸、小(2)型水库等重点部位的防汛行政责任人和防守责任人。严格实行24小时领导带班值班制,严格落实各项防汛物资准备。6月22日—7月6日,株洲市强降雨过程和湘江泄洪,株洲市防汛应急响应曾提升至二级,为株洲防汛史上第一次。全区累计降雨量400毫米以上,湘江水位由6月22日的33.55米上涨到7月3日的43.06米。区政府迅速成立区防汛抢险指挥中心,区长董巍坐阵指挥,紧急筹备成立隐患排查处置、督查督导、应急救援、卫生防疫和灾情统计5个工作小组,各小组按职责分工开展工作。对被渍水围困的小麦港调配排水设备,对出现江水倒灌的陈埠港调配格宾笼、棉被、块石、卵石、吊车、挖机等设备材料堵口,对出现管涌的栗雨白沙园调配砂卵石和沙包堵口。经过连续4天3夜的紧急调度和抢险,全区未出现重特大险情,未发生人员伤亡。天元区人民政府被省委、省政府

召开抗洪抢险应急调度会

评为2017年全省抗洪救灾先进集体，天元区水利局被市委、市政府评为2017年全市抗洪救灾先进集体。

【“河长制”与水政执法】2017年，中央、省、市全面推行“河长制”工作。天元区制定出台全面推行河长制的实施方案，在各镇、街道河流起始处设立河长公示牌。建立区域与流域相结合的河长制体系。由区委书记担任“第一河长”，区长担任“总河长”，设立天元区河长制委员会办公室，各镇（街道）、村（社区）一把手分别任同级总河长，明确河长制成员单位职责，保障各项任务措施的落实。建立定期河长会议、信息共享、信息报送、工作督察、考核问责和激励、验收等6项制度。开展河长制巡河工作，实地察看河流健康状况，发现问题及时解决，并就巡河中发现的问题实行督察、督办。8月26日，组织对天元区砂石经营权的拍卖工作，10年的砂石经营权以7200万元价格成功拍卖。成立天元区砂石管理公司。拥有2条年产300万~500万吨的砂石生产线，建设工作有序开展。

【农村饮水安全】2017年，区水利局组织对三门镇月福农饮水工程和雷打石镇铁篱农饮水工程2个标段实施农村饮水巩固提升，解决饮水不安全人口4300余人。10月26日，为解决建龙村居民生活生产用水紧缺的问题，区政府召开专题会议，将雷打石镇建龙村纳入农村安全饮水工程供水范围，启动在建龙村新建和改造2座拦水坝。对三门白石水厂划定饮用水水源保护区。

【水库移民工作】2017年，天元区有水库移民2147人。年内，完成2017年“一卡通形式”移民直补资金126.84万元。完成2016年基础设施项目收尾工作，投入资金190万元，完成项目21处，其中道路交通建设6.5千米、水利基础设施建设3处、渠道整修3.9千米、文化教育5处、生态种养殖合作社3处、护岸工程2处。争取株航公司资金9万元，对三门撇洪渠进行灾后修复。完成三门镇湖坪村护岸工程的勘测。

【杨柳水库管理】2017年，区水利局完成杨柳水库渠道维修工程12处。7月19日，对全长89.1千米的杨柳灌区抗旱渠开函抗旱。年内，抗旱用水时间85天，用水量460万立方米，平均每天用水量5.5万立方米，提供抗旱设备20台。完成对主坝和2座副坝的管理和养护，完成4次草皮杂草的护理和其他卫生清理，确保水库环境卫生和水质达标。

【编制农村饮水十三五规划实施方案】2017年，区水利局根据国家发改委、水利部等6部委《关于做好“十三五”期间农村饮水安全巩固提升及规划编制工作的通知》和湖南省水利工程管理局《关于做好“十三五”期间农村饮水安全巩固提升县级实施方案的通知》要求，结合市水利局农村饮水规划，制定天元区农村饮水提质增效规划目标和建设任务。4月，工作小组对天元区“十二五”规划的工程建设、运行管理以及天元区部分水质、水量、方便程度、保证率不达标的农村，进行现场调查以及资料收集。5月底，编制完成《湖南省株洲市天元区农村安全饮水巩固提升工程“十三五”实施方案》。“十三五”实施方案布局为全区设2个供水区，分别是白石水厂供水片区及城市管网供水片区，巩固提升全区2.96万农村人口安全饮水问题。（姜　婷）

工 业

2018 株洲高新区 · 天元区年鉴

ZhuZhou GaoXinQu·TianYuanQu NianJian

◎ 产业发展

◎ 工业企业选介

北京汽车股份有限公司株洲分公司

唐人神集团股份有限公司

株洲时代新材料科技股份有限公司

株洲千金药业股份有限公司

湖南炎帝生物工程有限公司

株洲钻石切削刀具股份有限公司

湖南中车时代电动汽车股份有限公司

株洲麦格米特电气有限责任公司

株洲时菱交通设备有限公司

产 业 发 展

【概况】株洲高新区产业发展局负责组织编制全区发展高新技术产业和推动科技进步的中长期规划和年度计划，参与对经济和社会发展有重大影响的跨部门、多学科的综合性项目的论证和决策，参与编制重大科技工程和科技基地的建设规划；负责国家级和省级各类计划项目的申报、推荐与管理工作，为发展高新技术产业和全区科技进步多渠道争取上级资金支持；归口管理园区的产业规划、项目申报、科技与产业统计以及高新技术企业评审认定工作，协调解决园区在项目引进、开发建设和产业发展过程中出现的有关问题；负责电子信息化建设、软件产业和电子信息服务业的管理工作；负责编制全区工业发展规划并组织实施；负责工业、通信业的能源节约和资源综合利用；审核、申报和安排国家工业和信息化部、省、市经济和信息化委员会安排的节能、资源综合利用项目；负责创新创业政策的制定，负责企业研发机构的培育、高端人才及科研创新团队与科技中介服务机构的引进，负责公共服务平台建设管理服务等。

2017年，株洲高新区规模以上工业总产值1679.9亿元，技工贸收入2180亿元，高新技术企业产值1287.9亿元。天元区有规模以上企业141家，规模以上工业总产值440亿元，同比增长8%，规模工业增加值增速8%，增速保持全市第一；新增规模企业21家，高新技术企业33家。年内，轨道交通产业产值159亿元，同比增长10.5%左右；汽车及配套产业产值140亿元，同比下降30%以上；生物医药企业产值25亿元，同比增长22%以上；硬质合金企业产值38亿元，同比增长12%；电子信息、新材料、新能源产业增长速度达到同期增长50%。为企业申报智能制造、工业转型升级、军民融合产业发展等国家省市项目120余个，争取项目资金4000余万元。

2017年天元区规模工业企业一览表

表7

序号	单位名称	序号	单位名称
1	南车株洲电力机车研究所有限公司风电事业部	11	株洲汇隆实业发展有限公司
2	株洲北汽汽车系统科技有限公司	12	湖南炎帝生物工程有限公司
3	株洲天瑞精密钣金有限公司	13	株洲欧格瑞传动股份有限公司
4	株洲首鹏汇隆钢材加工配送有限公司	14	株洲齿轮有限责任公司
5	湖南海特汽车部件有限公司	15	株洲石英化玻有限公司
6	湖南特科能热处理有限公司	16	株洲精工硬质合金有限公司
7	株洲明益鑫轨道交通装备制造有限公司	17	湖南铁道职业技术学院天一实业有限公司
8	湖南中车时代电动汽车股份有限公司	18	株洲联宇电气有限公司
9	湖南太子奶集团生物科技有限责任公司	19	株洲南方机电制造有限公司
10	湖南科瑞变流电气股份有限公司	20	株洲中车轨道交通装备有限公司

续表7

序 号	单 位 名 称	序 号	单 位 名 称
21	株洲市锦波实业有限责任公司	47	株洲时代新材料科技股份有限公司
22	株洲市康美牙科器材有限公司	48	株洲中车铁路科技有限责任公司
23	湖南千金卫生用品股份有限公司	49	湖南湘怡中元科技有限公司
24	唐人神集团股份有限公司	50	株洲桓基铁路电子电器有限公司
25	湖南维格磁流体股份有限公司	51	株洲时菱交通设备有限公司
26	株洲红龙电工有限公司	52	株洲华美钨合金有限公司
27	湖南唐人神西式肉制品有限公司	53	株洲新奥燃气有限公司
28	株洲市四兴机械有限公司	54	湖南长城计算机系统有限公司
29	株洲太昌电子信息技术股份有限公司	55	湖南天桥利亨停车装备有限公司
30	湖南千金协力药业有限公司	56	株洲蓝石精密制造有限公司
31	湖南永盛新材料股份有限公司	57	株洲通达铁路电机有限公司
32	株洲锻压机床有限公司	58	湖南利德电子浆料股份有限公司
33	株洲智荟生物科技有限公司	59	湖南利德集团股份公司
34	株洲新时代输送机械有限公司	60	株洲湘火炬汽车灯具有限责任公司
35	株洲科锐硬质合金有限公司	61	株洲振邦科技实业有限公司
36	株洲斯特高新材料有限公司	62	湖南康琪壹佰生物科技有限公司
37	湖南中普技术股份有限公司	63	株洲日望精工有限公司
38	湖南德力通电梯有限公司	64	株洲市绝缘材料有限责任公司
39	株洲市瑞邦医疗器材制品有限责任公司	65	湖南中政数码科技有限公司
40	株洲南方阀门股份有限公司	66	株洲广义电子技术有限公司
41	株洲时代电子技术有限公司	67	株洲华安机车产品新技术开发有限公司
42	株洲艾美新材料有限公司	68	株洲九方制动设备有限公司
43	湖南真创环保科技有限公司	69	湖南湘依铁路机车电器股份有限公司
44	株洲嘉成科技发展有限公司	70	湖南生命伟业环保科技股份有限公司
45	株洲楚天硬质合金股份有限公司	71	株洲钻石切削刀具股份有限公司
46	株洲田龙铁道电气股份有限公司	72	湖南亿华新能源车辆有限公司

续表7

序号	单位名称	序号	单位名称
73	湖南光华荣昌汽车部件有限公司	99	株洲旭阳机电科技开发有限公司
74	株洲嘉毅汽车部件有限公司	100	株洲国铁实业有限公司
75	湖南澳维环保科技有限公司	101	株洲中达特科电子科技有限公司
76	延锋汽车饰件系统株洲有限公司	102	湖南天鹰钻机制造有限公司
77	湖南株洲颐丰防腐工程有限公司	103	株洲金鼎硬质合金有限公司
78	株洲明日硬质合金有限公司	104	株洲鸿新实业有限公司
79	博戈橡胶塑料(株洲)有限公司	105	株洲科力特新材料有限公司
80	株洲海纳川汽车底盘系统有限公司	106	株洲华通科技有限责任公司
81	株洲盈定自动化设备科技有限公司	107	株洲市汉森化工有限公司
82	株洲市微朗科技有限公司	108	株洲肯特硬质合金有限公司
83	湖南振球消防实业有限公司	109	株洲三新包装技术有限公司
84	株洲元创精密科技有限公司	110	株洲力慧科技有限公司
85	湖南昌龙汽车附件有限公司	111	株洲新瑞永成汽车部件有限公司
86	株洲悍威磁电科技有限公司	112	湖南奥尼德斯汽车零部件有限公司
87	株洲天一焊接切割有限公司	113	株洲宏大高分子材料有限公司
88	湖南高远电池有限公司	114	株洲合力电磁技术有限公司
89	株洲麦格米特电气有限责任公司	115	株洲立众精制科技有限公司
90	株洲富力达硬质合金有限公司	116	株洲瑞特机车配件有限公司
91	株洲鼎端装备股份有限公司	117	株洲凯创技术有限公司
92	株洲天一自动焊接装备有限公司	118	株洲渌珀新材料有限公司
93	株洲天桥舜臣选煤机械有限责任公司	119	株洲菲斯罗克光电技术有限公司
94	湖南中威制药有限公司	120	湖南澳普利发门窗系统有限公司
95	株洲佳邦难熔金属股份有限公司	121	湖南华品轨道交通有限公司
96	株洲凯天环保科技有限公司	122	株洲长河电力机车科技有限公司
97	湖南大辰环保科技有限公司	123	株洲扶阳医疗器械有限公司
98	株洲铭山科技有限公司	124	株洲东成工具有限公司

续表6

序号	单位名称	序号	单位名称
125	株洲华信精密工业股份有限公司	134	株洲天利铁路机车车辆配件有限公司
126	株洲大禹恒基新材料有限公司	135	湖南立方新能源科技有限责任公司
127	中建五局建筑节能科技有限公司	136	众普森科技(株洲)有限公司
128	湖南宝钢车轮有限公司	137	株洲三特环保节能股份有限公司
129	湘煤立达矿山装备股份有限公司	138	湖南阿提斯智能装备有限公司
130	株洲市宏利达塑胶电子科技有限公司	139	株洲市亿丰新材料有限责任公司
131	湖南德润有色焊材科技有限公司	140	株洲航电枢纽空洲水电站
132	株洲瑞德尔冶金设备制造有限公司	141	株洲恒盛田园农副产品有限公司
133	株洲凯丰实业有限公司		

（陈 林）

【“企业帮扶年”活动】 2017年，区产业发展局作为区“企业帮扶年”活动办公室，牵头制定2017年天元区“企业帮扶年”活动方案，安排60家企业作为全区重点帮扶对象，收集企业反映问题240个，第一时间以交办函的形式交到相关部门。承办问题192个，办结问题190个，办结率99%。每月报送主题活动资料、每月大事件、动态信息等。与株洲日报社合作，设立“企业帮扶年”活动专栏，对全区企业帮扶工作进行集中宣传。

【企业公益培训】 2017年，中国动力谷企业成长学院结合企业帮扶年的要求，加大办学的深度、强度、广度，开展公益大讲堂9期，累计开展46期。开展安全生产讲座、安全生产巡诊、知识产权专题培训、湘江法务圈法律培训等活动。高科园创公司紧贴园区企业实际需求，自筹资金组织开展车间班组长培训。服务企业1000余家，为企业节省经费超1000万元。

（陈 林）

工业企业选介

北京汽车股份有限公司株洲分公司

【概况】 北京汽车集团有限公司（简称“北汽集团”）是中国五大汽车集团之一，2017年《财富》世界500强排名第137位。

北京汽车股份有限公司株洲分公司（简称“株洲分公司”）始建于2009年，是北京汽车第一个自主品牌乘用车基地，产能规划50万台（2017年可达35万台产能），是中南地区最大的整车制造工厂之一。北京汽车株洲分公司共有2个工厂，位于株洲市区西北区栗雨工业园内，紧邻湘江，占地约166.67公顷，有员工约3000人。

株洲分公司依托北汽集团60年的乘用车工艺技术积累，传承北京奔驰、北京现代等合资车企全球顶尖技术管理精髓，已具有国内领先的冲压、焊装、涂装、总装4大工艺及小型发动机的生产制造能力。国家提出《中国制造2025》行动纲领后，株洲分公司以株洲基地二工厂建设为契机，通过将现代信息技术与制造系统的深度融合，规划建设了一座具有“智能、透明、互联、绿色”属性的整车制造工厂，实现传统燃油车和新能源车共线生产，具备柔性应对未来汽车市场大规模个性化定制需求的能力。主要产品涵盖传统燃油车、新能源汽车及小型发动机。

【省领导到公司调研】 1月24日，中共湖南省委副书记乌兰在中共株洲市委书记、市人大常委会主任毛腾飞，市委副书记、市长阳卫国，市委副书记雷绍业陪同下到北京汽车株洲分公司生产车间走访调研。她勉励株洲分公司，充分发挥好龙头企业的集聚效应，助力株洲产业升级发展，聚焦品牌战略发展，不断开创发展新局面。

2016年，汽车湘军保持上扬态势。而北京汽车株洲分公司更是强势崛起，产能利用率超过100%，年产量突破20万辆大关，创历史新高；绅宝X25、威旺M50F等多款产品广受市场青睐；年度按计划推进四个平台，共计11项新产品项目如期SOP；技改扩能项目实现158天主体厂房结构封顶……

走进总装分厂生产车间，行至产品展示区，乌兰在纯电动SUV—EX260、全能高端MPV—威旺M50F等展车前，详细询问产品的生产工艺、市场销售价格及产量等情况。看到感兴趣的车型，她还饶有兴趣的打开车门，仔细查看车内的细节。

“北京品牌汽车是很多人童年的记忆，刻在我们的脑海中，这就是无形的品牌优势。”沿着总装厂生产线一路走来，乌兰与株洲分公司党委书记、总经理高建军亲切交流，鼓励企业要抢抓发展机遇，敏锐把握市场前沿动态和产业发展趋势，不断提升产品品牌的综合竞争力，努力谋求更大发展。乌兰还建议说，株洲分公司作为株洲汽车产业的龙头企业，要以技改扩能项目投产、新车型导入为契机，打造一批更具竞争力的明星产品，提高市场占有率，发力高端市场。

2月15日，中共湖南省委常委、省委宣传部部长蔡振红在省委宣传部常务副部长、省委副秘书长李发美，省委宣传部副部长杨金鸢，中共株洲市委书记、市人大常委会主任毛腾飞，市委常委、秘书长毛朝晖，市委常委、宣传部长聂方红等领导陪同下到北京汽车株洲分公司生产车间、技改扩能项目建设现场走访调研。

走进株洲分公司总装车间，首先映入眼帘的是社会主义核心价值观24字内容，企业发展历程、党建文化等展板摆放整齐，蔡振红边走边看边问，并频频点头。蔡振红鼓励株洲分公司主动对接“中国制造2025”，加快自动化、智能化、信息化建设，提升品牌影响力，继续积极推进企业文化建设。来到展车区，蔡振红仔细打量着造型精致的各款展车，听完介绍后，他还坐进一辆绅宝X25的驾驶席，体验驾乘乐趣。技改扩能项目建设现场，蔡振红听取项目建设进度和推进计划，并给予充分肯定。

株洲分公司是北汽集团在外埠的第一个自主乘用车基地，也是集团自主品牌乘用车的核心业务单元。2016年，株洲分公司成绩单亮点纷呈：年产量突破20万台大关，超出设计产能，创历史新高；纯电动车EX200、北汽自主品牌首款A级高端MPV威旺M50F等先后下线；技改扩能项目快速推进，主体厂房结构实现158天封顶；“北汽星火、潇湘铁军”党建品牌内涵持续丰富；企业文化落地升级，翻开“创业·发展”文化的“新篇章”。

11月27日，中共湖南省委常委、长沙市委书记胡衡华率长沙市党政代表团在中共株洲市委书记、市人大常委会主任毛腾飞等陪同下到株洲考察、调研。代表团到株洲基地二工厂生产车间，了解制造工艺、产品生产、市场销售等情况，并点赞全新绅宝D50，称其“做工很精致、性价比高”。对株洲分公司通过在车间打造党员活动阵地等形式，让党建走进基层、走进车间的党建创新给予高度评价。

【总装分厂获“全国工人先锋号”】5月3日，北汽集团召开“五一表彰大会”。会上，株洲分公司总装分厂团队获得“全国工人先锋号”。该团队有1061名员工，平均年龄27岁。

总装分厂以公司“向人民军队学管理，为自主品牌铸铁军”为载体，率先推行军事化管理模式，并落实各项工作之中。全员行动一致、攻坚克难，从安全生产、生产组织、质量控制、创新创效、团队建设等方面全面发力，锻炼出一支业务精、听指挥、朝气蓬勃、勇于担当的队伍。

【全新绅宝D50下线】5月6日，北京汽车株洲基地对标“中国制造2025”标准规划建设的二工厂项目正式落成，北汽绅宝2.0时代——绅宝D50正式下线。中共湖南省委书记、省人大常委会主任杜家毫，湖南省委副书记、省长许达哲，北汽集团党委书记、董事长徐和谊等领导见证这一历史性时刻。

徐和谊在致辞中表示：“北京汽车株洲基地二工厂，将为打造京湘合作新典范、腾飞株洲新产业起到积极的作用。今天在这里下线的北汽绅宝全新D50，则是我们在这块创新的土地上打造出的梦想之作。未来，在株洲基地的大力支持下，我们还将以制造服务型与创新型企业的转型思路全面推动D50以及北汽系列产品的不断迭代，推动北汽自主品牌2.0的实力进化。”

【慰问110名受洪灾员工】6月下旬—7月初，株洲出现连续性强降雨天气，平均降雨量破历史极值，多地严重受灾。在打好防汛避险保卫战的同时，株洲分公司组织工会干部奔赴全省各地慰问受灾员工，送去大米、食用油等生活物资和慰问金。

两周时间，党委、工会干部慰问足迹遍布株洲市区、醴陵市、株洲县、湘潭市区、湘乡市等地区，确保慰问资金及时送到受灾员工手上，帮助他们灾后重建。7月中旬，株洲分公司党委、工会完成对全部110名受灾员工的慰问。

【北京市国资委到株洲分公司调研】8月23—24日，北京市国资委党委京外企业党建工作调研组，到株洲分公司，调研基层党建工作。调研组由北京市国资委副巡视员荀永利任组长，企领一处、党群处、宣传处相关工作人员参加调研。通过查阅资料、现场走访、实地察看、听取汇报等方式，调研组详细了解公司党建、经营情况，并给出“高、精、尖、严、细、实”的评价。北汽集团党委常委、工会主席张辉陪同调研。

【2600余名员工竞赛场上“亮绝招”】9月13日，株洲分公司2017年度“工于技·匠于心”职工技能大赛总结表彰会举行。株洲市人大常委会副主任、市总工会主席王建之，市总工会副主席冯辉、胡建明，北汽集团党委常委、工会主席张辉等领导出席。

2017年，职工技能大赛设有点焊工、车身装调工、油漆修补工、汽车维修工、汽车装调工、叉车驾驶员等16个工种，并结合全新绅宝D50精品工程展开，参赛职工超过一线蓝领职工总人数90%，2600余人。最终63名选手脱颖而出，分获一、二、三等奖。该届技能大赛被纳入株洲市“技能月”活动和株洲市“技能天下”职业技能电视大赛中，作为行业、企业专场举行。

【绅宝D50量产】9月26日，北京汽车株洲分公司二工厂的首款产品、北汽绅宝2.0时代的开山之作——

全新绅宝D50实现量产。中共株洲市委书记、市人大常委会主任毛腾飞，市委副书记、市长阳卫国，北汽集团党委副书记、总经理张夕勇，北汽集团副总经理蒋自力，北京汽车党委副书记、总裁陈宏良等出席量产仪式。

张夕勇表示：正式实现量产的全新绅宝D50，既是北汽自主品牌2.0产品时代的开山之作，也是北汽集团进入轿车市场的“拳头产品”。将这款战略车型放在株洲生产，体现株洲基地作为全集团南方基地的重要战略地位，表明北汽集团立足潇湘大地共谋发展的决心。

【助力精准扶贫】 11月7日，株洲分公司党委书记、总经理高建军，党委副书记、纪委书记、工会主席杨明，党委委员、财务总监马学义赴茶陵县腰潞镇左江村慰问困难群众，并向该村捐赠5万元结对帮扶慰问金。

左江村地处腰潞镇西北部，为山田多林的典型山区，村集体经济薄弱，属于省级贫困村，人均年收入只有1800元，全村人口1609人，其中贫困人口272人。株洲分公司是该村精准扶贫攻坚单位之一。株洲分公司扶贫队的足迹记录着精准扶贫中的“株洲脉搏”。白菊滞销，株洲分公司就组织、鼓励领导干部、职工积极采购“高山白菊茶”，帮忙解决滞销难题；逢年过节贫困老人无儿女相伴，株洲分公司工作人员就登门看望，送去慰问金、粮油等。截至2017年年底，5户结队贫困户均已搬入新居。 （黄 进 彭 晟）

唐人神集团股份有限公司

【概况】 唐人神集团股份有限公司(简称“唐人神集团”)是我国最早专注于生猪全产业链经营的首批农业产业化国家重点龙头企业之一，构建“饲料、养猪、肉品”三大产业一体化经营的核心竞争力。集团在全国15个省市拥有80余家子公司，年饲料生产能力800多万吨，肉制品加工能力10万吨，年生猪屠宰能力100万头。“骆驼”牌饲料、“唐人神”肉品先后荣获中国驰名商标。2017年，唐人神集团实现销售收入137亿元，比2016年增长26%；有员工5000多人，其中具有大专以上文化程度的专业技术人员占员工总数的35%以上。根据世界品牌实验室(World Brand Lab)公布的2017《中国500最具价值品牌》报告，唐人神品牌价值54.38亿元，位列中国品牌价值500强第438位。集团跨入全国制造业500强企业、全国饲料行业前十强企业、全国肉类行业前十强企业。由湖南唐人神肉制品有限公司与中国肉类食品综合研究中心联合实施的“中温肉制品微生物杀灭及控制关键技术研发”项目，获评2013—2015年度中国食品工业协会科学技术奖一等奖。

【获评全国十大领军饲料企业】 12月9日，中国饲料工业协会第七次会员代表大会在北京召开。会上表彰一批中国饲料工业协会先进集体和先进工作者，唐人神集团获评2016年全国十大领军饲料企业。会议还选举产生中国饲料工业协会第七届理事会会长、常务副会长、副会长、秘书长。唐人神集团创始人兼首席执行官陶一山当选为常务副会长。

【乌兰到唐人神集团考察】 1月24日，中共湖南省委副书记乌兰到唐人神集团考察。在国家认定技术中心门口，集团创始人兼首席执行官陶一山详细汇报了技术中心的五大核心技术：种猪基因研究中心、动物营养研究中心、肉品工程技术中心、兽医远程诊断中心和产品质量检查中心。乌兰对集团实施生猪全产业链经营保障肉品安全，通过“公司+农场”带动农民增收，年销售收入达到100亿元给予高度赞扬。

【国家肉制品加工产业科技创新联盟成立大会在集团召开】2月15—16日，国家肉制品加工产业科技创新联盟成立大会在唐人神集团总部四楼会议室隆重召开。会议审议通过联盟章程，组建联盟理事会及秘书处，形成运行机制与协同创新模式，对研究产业发展战略与重大技术需求、加快推动肉制品加工产业科技创新发展和借力资本推动肉制品产业快速转型发展等工作进行深入研讨并达成合作共识。

国家肉制品加工产业科技创新联盟是由唐人神集团牵头，依托中国肉类食品综合研究中心，联合湖南农业大学、中南林业科技大学、湖南省畜牧兽医研究所、邵阳学院和浙江瑞邦智能装备股份有限公司共同成立的全国性、行业性、非营利性的社会团体。其目的是充分利用大学、科研院所和企业现有科研条件和产业优势，组建一个集“产、学、研、用”的综合体，重点围绕中式传统肉制品、休闲肉制品、预制菜加工、营养与健康产业技术创新的关键问题，开展技术合作，突破产品制造中加工工艺，营养与健康保障领域的重大关键技术，共性技术和前沿技术，及产品开发、产业发展战略研究，形成重要的产业技术标准，推进中式肉制品工业化生产步伐，提升中式传统肉制品的核心竞争力。同时借鉴西方发达国家的先进技术和设备，不断改进生产工艺，研发成套肉制品加工设备、提高产品生产工业化水平，实现战略联盟、资源互补、产研结合、共同发展。

【于康震考察唐人神展厅】4月18，由中国饲料工业协会、全国畜牧总站主办的2017中国饲料工业展览会在福州海峡国际会展中心开幕。展览会以“转型升级调结构，创新发展铸品牌”为主题，吸引近20个国家和地区以及国内400多家饲料加工、饲料原料、饲料机械、畜禽养殖等企业参展，展会规模创历史新高。农业部副部长于康震到唐人神展厅，对唐人神在2016年饲料行业同比增长持平的背景下，实施生猪全产业链战略，饲料销量增长30%，集团利润增长147%的业绩给予充分肯定。

【建立唐人神院士工作站】9月26日，中国工程院院士印遇龙在唐人神集团总部四楼会议室与唐人神集团执行总裁兼养猪事业部总裁陶业达成一致，建立“中国科学院亚热带农业生态研究所——唐人神院士工作站”，陶业兼任院士工作站站长。

唐人神集团与中国科学院亚热带农业生态研究所将本着“优势互补、互惠互利、共同发展”的原则，组建技术合作平台，结成战略合作伙伴，充分发挥中国科学院亚热带农业生态研究所的技术、人才、研发优势和唐人神集团生猪产业链的优势，提升自主创新能力，并将科技成果转化为生产力，提高公司在饲料营养、生猪饲养、肉品加工等方面的技术优势和核心竞争力，为推动我国生猪生态养殖和肉品安全事业发展做出贡献。

【唐人神位列中国民营企业制造业500强】8月24日，全国工商联主办的2017中国民营企业500强在济南发布。唐人神集团2016年实现收入109.5亿，在2017中国民营企业制造业500强中排名第314位。10月18日，由世界肉类组织、中国肉类协会主办的2017中国国际肉类产业周在青岛国际会展中心开幕。在2017年中国肉类食品行业强势企业颁奖典礼上，唐人神获评中国肉类综合实力十强企业。（邓祥建）

株洲时代新材料科技股份有限公司

【概况】中车株洲时代新材料科技股份有限公司（简称“时代新材”）总部位于株洲市天元区海天路18号，总部园区占地8.07公顷，下属30多个子公司。公司主要从事减振降噪、轻量化等高分子材料的研究开发及工程化应用，产品延伸到橡胶、塑料、复合材料、功能材料等多个领域，产品主要应用于轨道交通、汽车、新能源和特种装备等领域。公司生产基地遍布全球，在五大洲10个国家建有海外研发和制造基地。成为销售规模过百亿元的创新型、全球化、信息化的高科技制造企业。

2017 年，时代新材面对波诡云谲的全球形势，全面深化的国内改革开放，积极推进两化融合、流程变革、转型升级；轨道交通减振降噪产业实现多点突破，在亚太地区领先全球竞争对手；风电叶片产业践行“两海战略”，累计获取订单 1848 套；居民消费拉动产业相比国家投资拉动产业发展向好，销售收入占比首次过半，达到 53% 以上，公司设定的产业战略转型目标初步达成。年内，营业收入 113.99 亿元，母公司利税 1.3 亿元。公司在职人员 7335 人，返聘 4 人。中车时代新材行业地位再次提升，排名居第 15 位。位居橡胶制品行业十强企业。凭借“顶层简明和基层精益的‘1+X’质量管理模式”获得“湖南省省长质量奖”。旗下株洲时代电气绝缘有限责任公司获评株洲市首家湖南省绿色工厂、下属子公司博戈（BOGE）较上一财年排名提升两位，首次跻身下萨克森州企业前 50 强。总经理助理兼轨道事业部总经理唐先贺、总经理助理兼技术中心主任陈忠海分别获得首届中国橡胶制品行业“十大杰出企业家”和“十佳优秀科技人才”称号。

【市场突破】3月，时代新材获得西班牙CAF公司挪威高速车机场快线、波士顿地铁项目扭杆订单，实现CAF公司从低速到高速涵盖低地板车、城市地铁、城际列车、高速列车等车型的全面覆盖，成为CAF公司在全球扭杆系统首选及核心供应商。联合铁科院、铁科首钢、中铁隆昌组成的海外扣件联合体(FSCR)获取加拿大埃格林顿轻轨项目。4月，时代新材获取新加坡地铁汤姆森线2万套轨道减振器订单。5月，时代新材与美国GE公司交通运输集团签订为期11年的印度机车项目供货合同，将为该项目提供20余种产品，合同金额近亿元人民币。6月，中标盾安华创5兆瓦、7兆瓦海上风电机组样机叶片项目，开辟和挺进海上风电叶片市场。8月，时代新材简支梁支座中标郑万铁路湖北段项目，订单金额7658万元。叠加6月获得的郑万铁路湖北段、重庆段连续梁支座项目，累计获得郑万铁路桥梁支座产品订单1.3亿元。8月10日，时代新材与三一重能有限公司签订风力发电叶片供货合同，合同金额达9074万元。9月，时代新材与湘电风能有限公司签订多个2兆瓦风力发电叶片销售合同，合同总价2.8亿元人民币，时代新材由此成为湘电风能最大的叶片供应商；获得韩国Rotem悉尼项目空气弹簧全部订单，实现空气弹簧在韩国市场的零突破，公司一二系悬挂产品在韩国轨道市场也达到全面覆盖状态，整体项目金额近3000万元；海外子公司博戈获得大众MQB平台踏板箱批量订单，产品将在博戈(上海)青浦工厂生产。12月，取得长客墨尔本地铁项目65列车订单，集成供应空气弹簧、系统杆件、金属橡胶件等产品。

【助力“一带一路”援非建设】2017年，时代新材助力“一带一路”援非建设，为肯尼亚蒙内铁路维护工程车提供集方案设计、产品研发、工艺匹配、施工管理、检测服务于一体的内装服务，致力于成为高端轨道车辆内装系统解决方案提供者。公司轨道车内装产业利剑出鞘、初试锋芒，形成销售6000万元，新市场、新团队、新基地，成功打造轨道交通产业新拼图。

【国内首例碳纤维增强重卡平衡梁轴套】2017年，中车时代新材成功开发出国内首例碳纤维增强重卡平衡梁轴套，具有质量轻、机械强度高、耐磨性好以及免维护等优点，产品顺利通过福田戴姆勒某重卡车型1.8万千米路试考核，并取得首批订单。该产品的成功开发填补国内非金属材质平衡梁轴套的空白，奠定时代新材高性能工程塑料在商用车领域应用的技术优势，同时拓宽公司在国内重卡市场的发展空间。

【国内首台风电叶片抛磨智能机器人】6月，中车株洲电力机车研究所有限公司与华中科技大学联合，共同为时代新材"量身定做"国内首台风电叶片抛磨智能机器人，该智能机器人成功应用于59.5米型号和56.5米型号叶片的表面抛磨。据现场长期实验测算，智能机器人每天能连续作业20小时，效率约等于10余名员工协同作业，打磨成本大幅下降。机器人抛磨区域平均粉尘浓度直接降低50%以上。

践行"中国制造2025"，新材风电叶片智能制造再升级

【收购"中铁宏吉"】10月26日，时代新材与中车株洲电力机车研究所有限公司签署《股权转让合同书》，时代新材以8579.92万元价格，收购中车株洲所所持襄阳中铁宏吉工程技术有限公司100%股权。

【唐先贺获评首届中国橡胶制品行业"十大杰出企业家"】唐先贺，男，1965年6月出生，1996年加入时代新材。唐先贺主创管理创新、管理提升项目10余项，主持(或参与)国家级项目2项、省部级项目2项，南车级项目1项，获株洲市科技奖2项，南车级科技奖2项，省部级科技奖1项。其中作为"863"项目轨道扣件系统用高分子部件课题组组长，该项目的成果转化，大批量运用于国内各客运专线。如武广、胶济、沪杭等线，成果创造利润年均5000万元。作为时代新材轨道交通市场的主要开拓者之一，从事经营管理工作近20年，在市场开拓、技术创新等方面取得一系列突出业绩。"十二五"规划期间，唐先贺及其班子成员，率领事业部团队累计实现销售收入72亿元，创造净利润8亿元，为中车时代新材顺利完成目标起到中流砥柱作用。

【陈忠海获评首届中国橡胶制品行业"十佳"优秀科技人才】陈忠海，1963年9月出生，男，中共党员，教授级工程师，1984年7月毕业于山东化工学院(今青岛科技大学)橡胶工程专业。1984年毕业后在化工部乳胶研究所任化工部乳胶研究所技术员、研究室主任，其间于1987年至1988年在日本长崎化学所任研修员。1996年任职于时代新材料，先后任中车株洲所时代新材副总经理兼桥梁事业部总经理，现任公司总经理助理兼技术中心主任。陈忠海长期从事高分子材料的研究及在轨道交通、能源装备和工程机械领域的工程化应用工作，主持国家"863"计划项目轨道交通减振用高性能复合弹性结构材料的研究，作为核心成员参与国家"863"计划项目、科技支撑项目、重点产业振兴项目等多项科研工作；主持建立完善质量管理体系及精益生产管理体系，帮助时代新材完成弹性元件、空气弹簧等产品的技术积累及市场开拓，使公司科研实力与生产管理水平都得以不断提升。主持研发的铁路用桥梁支座CKPZ、房屋减隔震产品、阻尼器等减隔震支座系列产品攻克多项技术难关，在武广高铁、乌海黄河特大桥等国家重点工程批量应用，项目累计实现销售收入近30亿元，利润近6亿元。注重知识的积累，发表论文数十篇，申请发明专利十余项(授权3项)，还获得株洲市青年科技奖、中国南车第三届管理专家、中国中车首届管理专家、中车株洲所“十一五科技项目特等奖”、中国南车第一届“企业管理创新成果二等奖”等称号。（段泽铮）

株洲千金药业股份有限公司

【概况】 株洲千金药业股份有限公司(简称“千金药业”)是湖南省制药行业龙头企业之一。公司创建于1966年，注册资本34875万元。1993年，进行股份制改造。2004年，在上海证券交易所上市(股票代码600479)。2005年，“千金”商标被评为中国驰名商标。

2017年，千金药业旗下有10家控股子公司，员工约7000人。经营范围涵盖中成药、化学药、卫生用品、医药批发及零售，中药材种植和加工、酒饮、化妆品、娱乐等领域。母公司及子公司有片剂、胶囊剂、颗粒剂、丸剂、煎胶剂、散剂、溶液剂等12种剂型，22条自动化生产线、122项药品注册批件和215项专利技术，有13个医药品种被列入《国家基本药物目录(2012版)》、41个药品入选《国家基本医疗保险、工伤保险和生育保险药品目录(2017版)》。公司获评国家技术创新示范企业、农业产业化国家重点龙头企业、中国主板上市公司价值百强企业、中国制药工业百强企业全国文明单位。“千金”品牌连续十年被评为“健康中国·品牌榜”妇科用药第一品牌，品牌价值75.02亿元。

2017年，母公司及子公司实现合并经营规模37.52亿元(其中工业经营规模18亿元)，实现利税6.01亿元，销售规模、实缴税收均位居湖南省制药行业前列。集团总资产达33.1亿元。千金药业入选2017湖南企业100强、制造业企业50强、服务业企业50强三大榜单，千金药业位列2017湖南企业百强第77位，制造业企业50强第37位。

【两个产品入选国家医保目录】 2月21日，人力资源和社会保障部公布《国家基本医疗保险、工伤保险和生育保险药品目录(2017年版)》(简称“医保目录”)千金药业生产的妇科断红饮胶囊成功入选。时隔8年，妇科断红饮胶囊成为千金药业独家品种妇科千金片(胶囊)、补血益母丸后又一精尖品种。千金药业子公司千金协力药业自主研发的“水飞蓟宾葡甲胺片”同时进入2017版国家医保目录乙类产品。

【蝉联“健康中国·品牌榜”妇科用药第一品牌】 8月18日，“西普会”盛大发布2017“健康中国·品牌榜”，千金药业妇科千金片(胶囊)再次入选妇科用药首推用药。至此，千金药业凭借在妇科用药领域的营销实力和品牌影响力，已连续3年蝉联“健康中国·品牌榜”妇科用药品牌榜首。

【“千金净雅”荣获中国卫生巾十大品牌】 12月20日，由中国品牌排行网主办。效菘世纪(北京)网络技术有限公司承办的“2016年度中国卫生巾十大品牌评选”活动完美落下帷幕。千金卫生用品生产的千金净雅妇科专用棉巾荣登“2016年度中国卫生巾十大品牌”。该活动以稳定大型企业发展、带动行业品牌化发展为目标，以促进民族品牌为主题，面向所有行业所有品牌开放，评选以公众网络投票、资质审核及消费者商誉评价为指标。

【两药品荣登2017“中国制药·品牌榜锐榜”】 11月7—10日，第29届全国医药经济信息发布会在江苏常州召开。会议公布2017“中国制药·品牌榜锐榜”榜单，千金湘江药业生产的湘江·缬沙坦胶囊、千金协力药业生产的艾普丁·恩替卡韦分散片榜上有名。

【“千金”品牌价值75.02亿元】 12月18日，《品牌观察》杂志社联合中国品牌研究院等国内200多家机构揭晓“2017第十一届中国品牌价值500强”榜单。全国56家药企上榜，湖南省仅5家。“千金”榜上有名，品牌价值75.02亿元。品牌价值评估模型体系涵盖品牌价值评估考评指标，包括年营业收入、营业利润、行业属性、行业地位、品牌历史等，符合品牌价值评估国际标准。

【千金药业获湖南省创新企业文化建设十大品牌】 12月26日，湖南省企业文化促进会第七次会员代表大会暨2017年创新企业文化发展大会在长沙召开。大会表彰2016—2017年度企业文化建设先进模范单位与个人。千金药业获评“2016—2017年度湖南省创新企业文化建设十大品牌”，千金药业党委书记、董事长江端预荣获“2016—2017年度湖南省创新企业文化建设十大功勋人物”。会上，江端预应邀参加主题论坛，就如何“坚定企业文化自信，增强企业发展驱动力”与中联重科副总裁孙昌军，湖南永雄资产管理集团高级顾问、专职党委副书记李振宇同台交流。（王温柔）

湖南炎帝生物工程有限公司

【概况】 湖南炎帝生物工程有限公司(简称“炎帝生物”)是上海三湘投资控股有限公司于2005年5月全资注册设立的子公司，注册资金8000万元。成立以来，秉承炎帝先祖“厚德载物，济世为怀”的精神，推广“诚信、健康、富足、友爱、快乐”为主题的5H企业文化，以“创造美好生活”为使命，生产经营保健品、化妆品、生活用品等系列优质产品，面向全球消费者提供个人健康管理服务。2011年10月10日，获得“中华人民共和国直销经营许可证”，成为中国第29家直销企业。公司严格遵守《直销管理条例》《禁止传销条例》，坚定不移地走以“产业+资本”为双引擎、“直销+健康管理”为双平台的可持续发展的道路。完善制度，加大基础建设、科技研发投入，提升服务平台品质，致力于维护消费者的合法权益及履行企业社会责任。

2017年，炎帝生物销售总额4.39亿元，利润总额5417.68万元，净利润4605.036万元。

【健康管理中国行走进千家万户】 1月7日，健康管理中国行大爱之旅2017启动仪式于株洲总部掀起，拉开2015年以来第三次炎帝健康管理“长征”序幕。4月30日，安全抵达第156站陕西汉中，在这座历史名城留下“千里走单骑，健康传中国”的年度休止符。3年合计里程10万多千米，参与人数10万人次，有效地宣扬健康管理理念和企业文化，促进市场健康发展。

炎帝健康管理中心架构创立4年多来，加强与中医专家王琦合作与知识转化，累计有46家健康管理中心遍布大江南北为广大消费者提供健康服务，通过科学化、程序化、规范化的日常管理和操作流程，不断加强健康管理的内部建设和服务标准的提升。逐渐形成炎帝特色的中医健康管理竞争优势，有效地促进市场业绩持续稳健增长。

【微藻生物工程技术研发中心】 2月20日，炎帝生物《稀有微藻葛仙米的培植、深加工技术的研究与产业化》项目获得2016年度株洲市科技进步奖一等奖。2017年8月，湖南省科技创新平台与人才计划(平台类)项目公示中，炎帝生物获得湖南省微藻生物工程技术研究中心称号。该中心将由炎帝生物承建、湖南省科技厅统一归口管理、具有自我良性循环发展机制的科研开发实体。工程技术研究中心科技含金量极高，同一领域全省仅有一家，是科技口的一块“金字招牌”。该中心还享有三大优惠政策：省科技厅在科技计划中优先立项支持；研制开发的新产品优先推荐列入省、国家级重点新产品计划和其他计划等；对于公司上市、融资、贷款有很大作用。厅长贺修铭高度肯定炎帝生物发展成果，他寄语炎帝生物“要在微藻研究领域进一步科学发展，创新求是，为行业的进步做典范”。研究中心申请国家政府项目10项，其中省级5项，市级3项，区级2项，全年申请费用合计145万。知识产权方面，2017年，获得5项国家发明专利授权，申请7项发明专利，其中2项为国际专利，另有10项发明专利已进入实质审查阶段。研发中心积极与美国哈佛大学、普渡大学、浙江大学、江西中医药大学、中国中医科学院等科研院校、实验室进行合作交流，致力于资源整合和研发创新的新突破和新收获。

【常德子公司获评国家高新技术企业】4月初，炎帝生物继2011年起持续多年获得国家高新技术企业称号之后，旗下常德炎帝生物科技有限公司也通过国家高新技术企业资格认证，公示认证号为GR201643000624。

常德公司自2011年成立，在产品研发、生产、营销、基地建设等方面取得长足进步，尤其在高虫草素菌种培育、葛仙米管道式培植模式上取得突破性进展。2017年，通过并购整建和资源整合，构建和完善平台内控体系，其中机构设置、职能定位且各项管理制度均已确定和有效实施，二期工程常德项目方案在规划设计中。

【百亿级吞吐量物流自动化配送立体库】2017年5月，炎帝生物百亿级物流配送立体库整个系统仓库封顶，12月基建完工。占地面积8051平方米，建筑面积18150平方米，立体库区层高23.6米。立体货架区10400个立体货位。配合其他先进的软硬件设备进行高效运作。物流配送中心建成并投入使用后，人均日分拣量指标、人均吞吐量、仓库单位面积能耗、仓库面积产值、容积利用率等指标均处于国内领先地位。

【打造特色新零售模式】5月6日，炎帝生物与上海临港漕河泾康桥商务绿洲正式签约，购买入驻园区一期，总面积7622.24平方米，将建设成为全球新零售中心及研发中心，布局全球建立市场制高点。新零售的定位、理念、使命及内部说明培训已完成。新零售的品项规划、采购流程等相关工作正在紧密规划梳理中。

(田国谦)

株洲钻石切削刀具股份有限公司

【概况】株洲钻石切削刀具股份有限公司(简称“公司”)成立于2002年6月，是中国五矿集团有限公司旗下中钨高新材料股份有限公司的子公司，位于株洲高新区内，注册资本74193.57万元，是国内领先的硬质合金切削刀具综合供应商。作为湖南省高新技术企业、国家创新型企业、国家火炬计划重点高新技术企业、全国刀具标准化技术委员会数控刀具组组长单位，公司引领和推进国内硬质合金切削行业的发展。公司研发中心是硬质合金国家重点实验室的核心组成部分，自主研发、授权专利的数量居国内硬质合金切削刀具制造企业之首，其中多项核心技术达到国际领先或国际先进水平。先后承担国家“高档数控机床与基础制造装备”科技重大专项课题8项，合作参与课题15项，课题涵盖航空航天、模具制造、汽车行业、高速铁路、能源工程等多个应用领域，取得系列具备自主知识产权的研究成果，大部分成果成功实现产业化。公司能为客户提供各种标准的和非标准的物理涂层、化学涂层、金属陶瓷和超硬材料等牌号的高精度车削、铣削、镗削、钻削、切断切槽和螺纹铰削加工的数控刀片及配套刀具、硬质合金整体刀具及工具系统，并能根据客户的不同需求生产各类切削工具，为机械加工制造提供整体配套解决方案。公司产品远销60多个国家和地区。

2017年，公司遵循“提质增效，全力突破”工作基调，突出重点客户、重点市场和重点产品营销。制定研发人员参与营销的奖励办法，调动研发人员参与营销的积极性；与重大终端客户建立新的合作关系；在轴承加工、工程机械加工、模具加工等重点市场取得明显突破，产品销量增长40%以上；产品质量稳步提升。以优化品质、改进工艺、提高效率为重点，持续推进CTPM活动，营造全员参与活动良好氛围。坚持以“产品外观和性能零缺陷，尺寸零公差”为标准，制定和提高产品质量标准，各大类产品合格率稳步提升。坚持以市场需求为导向，建立科研课题库，有32项课题入库；PLM产品生命周期管理系统成功上线，实现与CRM系统、工艺质量系统、SAP系统的集成，实现市场、生产、研发信息共享，提升产品研发效率。初步构建新的材质牌号体系；针对不同加工对象，开发新牌号、新槽型。以承担国家重大专项科研课题为契机，提升公司整体配套能力，建成30台国产五轴工具磨床应用示范线、汽车发动机典型零件加工刀具应用示范线，刀具品种国产化率超过90%。在汽车、航空、航天等关键领域实现配套收入1700万元，同比增长30%。公司牵头承担的2项国家重大专项科研课题完成验收，与西北工业大学合作设立航空零部件高效切削联合实验室，组织举办航空航天刀具应用技术研讨会，成功参加北京第十五届中国机床展等系列大型展会。全年申请专利41项，获得专利授权56项，荣获株洲市科技进步奖1项、株洲市科技创新奖1项、湖南省科技进步入围奖1项。

【党建工作与绿色发展】 2017年，公司贯彻落实新时代党建工作要求，党的建设得到全面性加强。组织召开公司第一次党员代表大会，所属各党支部进行换届选举，规范党群工作部门编制和职责，党建工作的组织保证全面强化。组织干部、党员认真学习中共十九大精神、《中国共产党章程》和习近平新时代中国特色社会主义思想等内容，干部、党员的思想基础全面夯实；落实党风廉政建设责任制，完善制度，加强教育，强化监督，严格执行中央“八项规定”和中钨高新纪委“十条禁令”，党风廉政建设全面加强。强化宣传舆论引导，丰富员工文化生活，积极开展困难员工帮扶活动，思想政治工作全面深化。刀具一厂党支部被评为中国五矿“先进基层党组织”，刀片一厂被评为中钨高新“先进单位”，刀片一厂异型加工班被评为中国五矿“百强班组”，江爱胜被评为中国五矿“劳动模范”。年内实现无重大伤亡事故，各项污染物达标排放。

【许达哲率队到公司调研】 2月3日，中共湖南省委副书记、省长许达哲率队到株洲市调研产业园区工作，第一站就来到公司。许达哲一行参观公司刀片一厂、研发中心产品展示厅及切削实验室，肯定公司的发展并叮嘱：“要持续加大研发力度，提升技术水平，力争世界第三，希望你们发展得更好！”

【蔡铁乐到公司参观】 3月14日，国际钨协秘书长蔡铁乐(Dr.BurghardZeiler)先生到公司参观。蔡铁乐一行先后参观公司数控刀片生产厂、研发中心产品展示厅和切削实验室。双方就国际和国内钨业现状、发展趋势及双方以后合作方向等深入交流。

【赵华林到公司考察】 6月30日，国有重点大型企业监事会主席赵华林到公司考察。赵华林一行参观刀片一厂、研发中心产品展示厅及切削实验室。公司总经理李屏向赵华林一行详细介绍了数控刀片的生产工艺流程，公司产品在汽车、航空、重型工业及模具行业的应用。赵华林对公司的发展及成绩给予肯定。

【3个项目获株洲市科技奖励】6月4日，株洲市召开创新与人才工作大会。公司“超细晶粒整体硬质合金及可换式铣刀研发及产业化”项目获株洲市首届科技创新奖；“高性能硬质合金深孔麻花钻及螺旋孔棒材的开发与产业化”项目获株洲市科技进步一等奖；公司专利“不等螺旋角立铣刀ZL201010565807.1”获2016年度株洲市专利一等奖。

【梁枫到公司参观考察】11月30日，中国金属切削刀具技术协会理事长、中国机床总公司总裁梁枫来访公司。梁枫一行参观刀片一厂、刀具一厂、刀具二厂、研发中心切削实验室及产品展示厅。梁枫表示：“公司的设备、生产、管理等方面的水平都非常高，十分震撼，不愧是国内行业的老大！”双方就中国刀协的发展、地方刀协如何与中国刀协结合等问题进行深入探讨和交流。

【举办“航天刀具应用技术研讨及客户体验”活动】12月6日，公司举办“航天刀具应用技术研讨及客户体验”活动。来自北京动力机械研究所、湖北三江航天红阳机电有限公司、沈阳机床优尼斯、北京航空航天大学等15家航天制造企业的专家、教授及客户代表齐聚一堂，共享航天刀具盛事。“航天刀具应用技术研讨及客户体验”活动以国家重大专项为契机，旨在进一步加强株洲钻石与国内各大航天用户企业的了解，探讨航天制造技术和发展动态，共同推动行业发展。 （汤 蓉）

公司举办“航天刀具应用技术研讨及客户体验”活动

湖南中车时代电动汽车股份有限公司

【概况】湖南中车时代电动汽车股份有限公司(简称“中车电动”)依托中国中车强大的科技实力，打造新能源汽车从IGBT元器件到驱动电机、电池管理系统等关键零部件以及动力系统平台和整车制造的新能源汽车的产业链条，成为全球独具特色新能源汽车全能选手。中车电动是承担国家“863”节能与新能源汽车重大课题最多的企业，涉及电机、电控、电源、动力系统集成、电动整车集成、电动整车试验与运营管理等全纵深的技术领域。截至2017年，总计销售新能源汽车整车3万余台，销售驱动电机系统、充电机等关键零部件10万余台(套)。中车电动成功为2008年北京奥运会、2009年上海世博会、2010年广州亚运会、2014巴西世界杯提供高品质产品和服务。2015年，公司纯电动客车服务男篮亚锦赛。

2017年，中车电动新能源客车整车销售6328辆，行业排名第四，占比9.29%，产值跨越50亿元。市场不仅辐射北京、上海、广州、深圳、江苏、浙江、福建、山东等省市，更挑战东北、新疆、山东、四川、海南等极端环境市场，产品覆盖全国各地。获得法国、新西兰、马来西亚、白俄罗斯等客户称赞。中车电动系统产销近3万套，累计销量10万套，市场占有率第一。打造出行业内最新一代TP5控制总成、客车智能驾驶控制平台两大明星系统，并在系统优化、产品研发、基础及前沿技术探索方面成绩显著，为我国新能源汽车产业创新驱动注入新动力。

【中车电动成立十周年】7月18日，中车电动在成立十周年之际，举办“新产品·新技术·新战略”发布会。

不仅发布全球首款12米智能驾驶客车，代表我国新能源汽车智能驾驶技术走在全球前列。同时，中车电动还发布第五代纯电驱动系统平台“T”动力。该平台集八大核心功能于一身，具备高性能、高可靠性、高安全性。发布面向未来十年的“32332”战略，以中车电动的发展历程为基础，向业界和社会大众解读我国新能源汽车产业，从技术验证到产业规模化的艰辛卓著，致力于打造中国中车产业新名片。

【首发全球第三代纯电动智能驾驶客车】 8月，“中车电动第三代智能驾驶”公开路测活动在株洲天元区举行。这辆车周身共有8个传感器，其中高精度组合惯导定位系统，实现“厘米级别”的高精度定位，获得近200家媒体空前密集报道。

【智能工厂全新起航】 12月，脱胎于系统事业部的中车电动系统分公司与行业见面。作为中车电动未来布局的核心，从无到有、从有到优，全面智能化的中车电动系统生产线，充分体现灵活应变的特点。中车电动智能化工厂造就多项行业领先：中国自动化程度领先的新能源商用车电控产品专用生产线、行业唯一一个恒温、恒湿、无尘制造车间(洁净度10万级，相当于医疗器械生产车间的洁净水平)、全生命周期的信息化管理系统能力、年产能5万套电驱动产品。

(田英鸽)

株洲麦格米特电气有限责任公司

【概况】 株洲麦格米特电气有限责任公司(简称“株洲麦格米特公司”)成立于2010年12月，位于株洲高新区栗雨工业园，占地面积8.59公顷，系深圳麦格米特电气股份有限公司全资子公司。公司为消费电子、工业自动化以及各行业定制电源客户提供节能、环保的电气与控制产品。株洲麦格米特公司2014年10月投产，完成投资3.8亿元，有员工约1600人，其中技术专家和研发工程师200余人，全自动贴片生产线(SMT)11条，全自动插件生产线(AI)7条，组装(PA)生产线25条。

2017年，株洲麦格米特公司产值9.14亿元，利税总额5286.31万元，净利润3474.9万元，研发经费支出总额4408.73万元，年末资产总额10.56亿元。

【许达哲等省市领导到公司考察调研】 2月3日，株洲麦格米特公司开工的第一天，省委副书记、省长许达哲，省委常委、纪委书记傅奎，省委常委、政法委书记、公安厅厅长黄关春，副省长、秘书长杨光荣等一行在市委书记毛腾飞及市长阳卫国等领导陪同下，参观麦格米特电气全球制造中心(株洲)。麦格米特董事长童永胜、副总经理李升付、副总经理方旺林陪同参观，并由童永胜向领导详细介绍株洲基地创新、发展以及增长的动力。2月15日，省委常委、宣传部长蔡振红在市委书记毛腾飞的陪同下莅临麦格米特株洲基地参观，株洲基地总经理李升付陪同参观，并向客人详细介绍公司发展情况。3月9日，副省长陈飞、省副秘书长易佳良、省科技厅党组书记童旭东等一行领导在副市长何朝晖、中共株洲高新区工委书记、天元区委书记周建光等领导的陪同下考察株洲麦格米特公司。

【深圳麦格米特公司深交所挂牌交易】 3月6日，随着洪亮的钟声响起，深圳麦格米特电气股份有限公司成功在深圳证券交易所挂牌交易，证券代码：002851。公司普通股股份总数为1.77亿股，其中4450万股于当日起上市交易流通，发行价12.17元/股。董事长童永胜、中共株洲市委副书记、市长阳卫国，华林证券总裁陈永健等多位领导出席上市仪式，与深圳证券交易所代表、各界友人一同见证麦格米特发展新里程碑。

深圳麦格米特公司深交易所挂牌交易

【麦格米特与南方技校人才战略合作暨技能人才实训基地揭牌】12月14日，麦格米特与南方技校人才战略合作签约暨技能人才实训基地揭牌仪式在株洲基地隆重举行。中共株洲市委常委、组织部部长羊贵平为技能人才实训基地揭牌并作重要讲话。中共株洲市委组织部副部长、市人社局局长蒋湘晖主持签约和揭牌仪式。 (郑都群)

株洲时菱交通设备有限公司

【概况】株洲时菱交通设备有限公司(简称“时菱公司”)成立于2005年4月8日，位于株洲市天元区海天路9号，是由株洲中车时代电气股份有限公司(简称“时代电气”)与日本三菱电机株式会社(简称“三菱电机”)共同出资组建的一家合资公司。主要从事城市轨道交通装备所使用的电气产品的设计、开发、制造、销售和售后服务。产品有两类：一类为城市轨道交通类，包括牵引变流器(VVVF)、辅助电源装置(SIV)、车辆信息管理系统(TIMS)及辅助设备等。另一类为准高速、高速列车类，包括牵引变流器(CI)、辅助变流器(APU)、列车信息监控系统(MONITOR)及辅助设备等。2011年，公司通过ISO 14001环境体系认证。2016年，通过国际铁路行业标准IRIS认证。2017年，公司在岗员工306人，其中研究生5人，大学本科学历133人。销售收入9.43亿元。

【首个专利申请】2017年，由时菱公司设计人员完全自主研发设计的驱动电路通过国家知识产权局的专利申请。该项专利是首次以公司名义申请成功的一项专利，它是公司设计研发水平由消化吸收引进的先进技术到自主研发创新的一个分水岭，也是时菱公司设计水平不断提高的重要里程碑。

【获区安全生产工作先进单位】2017年，时菱公司围绕“安全第一，预防为主，综合治理”安全管理方针，完善安全管理机构与程序。在公司内部每月实施“安全巡查”，对指正事项进行整改，对安全隐患进行排查，做到安全管理无死角；面向外部按时向上级管理部门(区安全管理委员会、区消防大队)提交各类管理文件和报表。为加强职业安全卫生管理，组织全体员工开展形式多样的教育培训，全年无安全生产事故，也没有新增职业病例。获评天元区2017年度安全生产工作先进单位。

【线束班获评时代电气质量信得过班组】时菱公司线束班负责地铁以及中高速车的线束制作，班组成员平均年龄28岁，女工人数占91%，成员团结友善、作业效率高、质量意识强，是一支富有凝聚力和服务意识的团队，曾多次参加三菱电机的全球技能比武并获得优异的成绩。该班组全面推行班组“五大员”(安全员、政治宣传员、技术培训员、考勤员、材料员)管理，实行岗位一年轮换制，让组员掌握各类线束制作技能，为公司培养3名优秀作业人员。班组内部提倡“第一次把事情做对”理念，围绕第一次把事情做对开展活动，有效节约工时成本，提高工作效率。4月，线束班荣获“2016年度时代电气质量信得过班组”。 (廖桥辉 骆丽璇)

商贸·招商·金融

2018株洲高新区·天元区年鉴
ZhuZhou GaoXinQu·TianYuanQu NianJian

商贸·粮食

【概况】株洲市天元区商务和粮食局(简称“区商粮局”)是天元区人民政府主管全区内外贸易、国际经济合作、粮食(含食用植物油)流通和粮食储备的工作部门。机关行政编制7名,后勤全额拨款事业编制1名,内设办公室,内贸办、外经贸办,粮食行业发展指导和调控办公室4个职能股室。下设全额拨款事业单位天元区军粮供应办公室,核定编制2名。

2017年,区商粮局紧紧围绕全市“创新驱动、转型升级”战略,秉承“商务就是服务”的宗旨,真抓实干,奋勇争先,较好完成各项任务指标要求。天元区全年实现社会消费品零售总额146.32亿元,同比增幅10.4%。实现外贸进出口总额14.6亿美元,完成年计划(13亿美元)的112.4%,总量排名全市第一。年内,区商粮局获评株洲市商务工作先进单位、株洲市商务工作(外贸)先进单位、株洲市商务工作(外经)先进单位、株洲市粮食工作先进单位;天元区建设文明城市工作先进单位。

【“天元商务”微信公众平台】区商粮局创新服务和培训流通领域企业模式。2017年10月,“天元商务”微信公众平台服务全区商贸企业。采用微信建群和平台推送两种方式,将天元区范围内各类流通领域企业纳入微信群中。通过为天元区各大企业量身打造“专属名片”,结合不定期开展“指尖消费节”等方式,促进各类企业主动进行登记。截至12月底,制作并推出“企业名片”100多张,开展“指尖消费节活动”100多次,微信群中已有近200家企业加入。通过“新店推荐”和“政策扶持”等栏目,为区内有特色和优秀的企业进行重点宣传推介。整理各类优惠和政策为有需要的企业进行直接指导。共为10多家企业申请省市区各类专项资金。通过整理市区相关招商、企业帮扶的优惠政策,优化招商环境和商贸流通环境。通过积极的“新店推荐”,直接帮助企业解决推广和销售的问题。11月中旬,重点宣传三门镇残疾人种养殖合作社,通过帮助企业建立土特产微信群、指导其开展线上线下优惠活动等方式,一周内帮助该企业完成销售额1万多元。利用微信公众平台,及时将“安全生产”“党建知识”等内容制作成图文并茂版面,发布到微信公众平台上,号召各类企业利用身边的“零碎时间”开展学习,既不给企业增加负担,又增添学习的乐趣,对企业开展思想引导。通过“招商天元”宣传全区的招商投资和产业发展政策,向企业积极推介“神农绿轴文化体育集聚区”“湘江风光带休闲娱乐集聚区”等省市区重要商贸流通领域的规划概念。

【精准服务企业】2017年,区商粮局为把“企业帮扶”落到实处,线上线下齐发力,指导企业明晰战略定位和发展规划,帮助企业梳理在产业链中发展的方向和重点,通过多种渠道帮助企业做好宣传与推广工作,解决企业在发展过程中遇到的难题。首先在“线下”,积极开展政策宣讲,深入走访联系企业。10月,协助株洲泰运商贸有限公司和株洲中众达汽车销售有限公司申请现代服务业发展专项资金,充分发挥市现代服务业发展专项资金的引导作用。其次在“线上”,区商粮局充分利用新媒体平台的优势,通过微信公众平台帮企业牵线搭桥,实现信息和资源共享,提供更多合作发展的机会。“企业名片”专栏为各个领域的企业打造专属电子名片,一张小小的图片便包含公司LOGO、地址、电话、营业范围和微信二维码等丰富信息,用便捷化的形象宣传和信息流通、提高企业知名度。“新店推荐”专栏和“消费节活动”专栏两个子菜单相辅相成,充分发挥商务部门职能优势,通过推介最新优惠活动形式引导广大消费者群体参与活动,认识并关注组织活动的企业,帮助企业在用户心中建立良好形象。

【培育“四上”企业】2017年，区商粮局重视“四上”企业申报工作，认真贯彻落实市、区政府培育“四上”规模企业工作会议专题部署，积极开展“四上”企业审核确认。通过公众信息平台、政府门户网站及时向区内企业宣传相关政策，公布最新优惠政策，帮助区内符合条件的企业认真完成申报工作。年内，指导湖南恒汇达生态农业服务有限公司、株洲鸣杨体育用品有限公司、湖南高科耕食饭堂餐饮管理有限公司、株洲四方威凯新材料有限公司、中众达汽车销售公司、泰运商贸有限公司、湖南芳舍酒店、迎君饭店、鑫威达汽车销售公司、东湖雷克萨斯汽车销售公司11家企业完成“四上企业”申报工作并获通过，完成年度工作任务的137.5%。

【加油站安全生产大检查】2017年，区商粮局进一步加强加油站安全监管，规范加油站安全生产条件。9月7—11日，区商粮局党组书记、局长何玲宁带队，副局长黄坚及内贸办工作人员对全区加油站(点)开展安全生产大检查，确保各站(点)管理规范、生产安全。检查组重点检查泰山、南园、株交中心、长江北路、仙岭、天易6个加油站，认真查看加油站卸油区、加油区、储存罐区等重点部位，详细查阅隐患排查台账、培训记录、安评报告、安全管理制度、人员资质、加卸油安全管理、施工安全管理、消防设备管理、散装汽油销售、应急救援预案等资料。检查情况来看，各加油站(点)安全责任制落实到位，安全管理较规范。

【行业协会与行政机关脱钩】2017年，区商粮局根据《关于公布天元区行业协会商会脱钩名单(第二批)的通知》精神，认真开展行业协会与行政机关脱钩工作。与区商粮局符合脱钩条件的有1家行业协会(天元区餐饮业行业协会)。区商粮局协助大中华餐饮管理有限公司办理天元区餐饮业行业协会申请注销各项手续，按时间节点办好该协会脱钩工作，实现独立自主办会。

【农贸市场建设改造】2017年，区商粮局启动全区9家农贸市场建设改造工程。区商粮局作为农贸市场标准化建设改造工作的主要责任部门，制定实施方案，成立领导小组，明确具体责任人，实行专人对接指导，一对一服务，确保市场标准化建设改造中每天有人指导，时刻有人服务。学习取经，取长补短。区商粮局组织区内部分农贸市场负责人赴芦淞区贺家土市场参观学习。注重熟食“三防”(防鼠、防蝇、防尘)，家禽宰杀分离改造。对照标准，严把质量关。区商粮局在市场施工改造前将《株洲市农贸市场建设与管理规范》发放至市场建设改造业主手中，要求严格按照规范要求进行施工，确保项目质量。改造过程中，不定期对照规范要求进行督查，发现不符合规范要求立即要求推倒重建。金源市场的活禽宰杀分离区改造3次返工。为确保市场标准化改造质量过关、符合规范要求，达到《国家卫生城市标准》，区商粮局多次邀请市卫生局、市食药监局、市商务和粮食局等单位专家对全区市场标准化建设改造情况进行现场指导，并根据专家的意见进行完善，力争打造精品工程。截至12月底，全区参与标准化建设改造的农贸市场全部通过市商务和粮食局验收。

【金源成为农贸市场标准化改造样板市场】2017年，根据《关于做好2017年农贸市场建设改造工作的通知》文件精神，天元区推荐金源、大湖塘农贸市场作为2017年农贸市场建设改造项目，两市场建设改造工作如期完成。其中，金源农贸市场将活禽区域划分为宰杀、鲜肉、关活禽的3个彼此隔离的空间，熟食区达到无菌环境，市场内过道整洁、菜品摆放规范，秩序井然，成为株洲市农贸市场标准化改造的样板市场。

【成品油零售加油站年检】3月10—17日，区商粮局为规范成品油市场秩序，加强对成品油经营企业的管理，对辖区17家加油站进行年度检查。经审核及现场查看，17家加油站资料齐全，管理规范。2016年，17家加油站共销售汽油63237吨，柴油14217吨。加油站的运营逐步向规范化、制度化方向发展。

【建议、提案办理】2017年，区商粮局收到区五届人大二次会议建议办理件4件(李海泉代表提出的《关于尽快建设栗雨工业园区农贸市场的建议》，谭希平代表提出的《关于兴建集中农贸市场的建议》，姜恒石、李朝光代表提出的《关于取缔马路集市修建农贸市场的建议》，胡舒霞代表提出的《关于解决安置小区“菜篮子”问题的建议》)，区政协五届二次会议提案交办件4件(张定富等5位委员提出的《在三门镇境内建设一家规范化农贸市场取缔马路市场》，张定富等8位委员提出的《取缔马路市场，促进城乡一体化发展》，刘佑恩委员提出的《建议在三门镇王石坳盖建一个赶集场所》，吴琼英委员提出的《关于规范家政服务行业的提案》)。上述8件均为主办，另有1件为协办。为办理好9件提案、建议，区商粮局多次召开专题会议安排布置办理工作，将案件的办理回复列入重要议事日程，主要负责人亲自牵头办理。选配政治素质高、政策水平好、业务能力强的工作人员负责具体办理工作。对每件承办件认真加以分析，掌握背景情况，紧扣关键内容，理清办理思路；深入调查研究，从实际出发制定办理计划，积极组织实施。由于承办的案件大多超出区商粮局职权范围，对于此类不能解决的案件，当面做好真实诚恳、有理有据的解释工作。对呈送代表和委员的书面答复及附件都对语句、格式进行仔细审核。区商粮局局长何玲宁带领工作人员于7月15日、9月18日、10月8日分批将书面答复件当面送交到每一位代表和委员手中，并详细向他们介绍区商粮局工作人员的办理全过程。同时表示，区商粮局将在代表、委员们的监督、支持下不断开创商务和粮食工作的新局面，恳请大家一如既往地支持区商粮局的工作。代表、委员都对区商粮食局的办理工作表示非常满意。

【株百在天元区新开两店】5月26日，株洲百货股份有限公司庐山店开业。庐山店是株百第10家门店，位于庐山路和长江路交汇处，株百庐山店共3层，配有600多个车位的停车场，负一楼为精品超市，一、二楼为时尚百货，全场营业面积为1.35万平方米，经营品牌300多个，单品数量3万多个。有职工400余人，管理层领导6名，党员22名。开业至12月底，合计销售8338万。

9月22日，株洲百货股份有限公司第11家店——工大店开业。工大店是株百全资分店。地处天元区泰山路神农生态城区域，营业面积3800平方米，经营日用百货、鞋服文体、洗涤洗化、生鲜蔬果、酒水饮料、食品奶粉、粮油、调味调料约2万个单品和百多个品类。

株百工大店开业

【社会粮油供需平衡调查】根据株洲市商务和粮食局关于做好《2016年粮食流通统计年报和社会粮油供需平衡调查工作的通知》要求，天元区商粮局于2017年1月启动全区2016年度社会粮油供需平衡调查。历时1个多月，区商粮局工作人员上户走访调查城镇居民18户，农村居民12户，抽取收集完整统计数据、对调查数据进行整理、复查、录入、审核、汇总、进行粮油供需平衡调查报表的汇编工作，保质保量，按时完成全市调查数据的上报工作。

【区级储备粮轮换】2017年，区商粮局根据市商务和粮食局下达的储备粮轮换计划、收储制度等政策的调整，提前谋划、抢抓先机，将所有入库的粮食都按照国家粮食质量标准进行收购。

11月9日，区商粮局局长何玲宁带队走访湖南神龙米业有限责任公司醴陵林田收购点、株洲县淦田收购点，对2017年区级储备粮的轮换情况开展现场验收。经检查，天元区2017年1000吨区级储备粮全面完成轮换任务，新购早稻672.25吨、晚稻327.75吨数量真实，质量良好，全部验收入库。

【粮食质量测报采样】2017年，区商粮局根据《国家粮食局关于做好2017年粮食质量安全检测工作的通知》要求，由副局长黄坚牵头，在各镇农办协助下，完成对辖区内2017年早稻收获粮食质量测报28个样本、晚稻15个样本的采集工作，采集的早稻样品及时送至市商务和粮食局粮油质量检测站进行检测分析，检测结果作为天元区2017年收获粮食质量安全的主要依据。

【新增一家"放心粮油"示范店】　2017年，株洲市商务和粮食局下达天元区年内新建1家"放心粮油"示范网点任务，并纳入全市"民生100"实事工作考核。区商粮局成立实事工作领导小组，明确由一名副局长主抓此项工作。领导小组工作人员经常蹲点企业，指导企业按照《株洲市放心粮油示范企业申报条件》逐条整改完善。12月，湖南海联粮油科学技术有限公司通过株洲市放心粮油示范工程领导小组验收通过。区商粮局提前完成2017年新增1家放心粮油网点的任务。

【落实粮食安全省长责任制】2017年，区商粮局严格落实省市粮食安全会议精神。制定全区粮食加工企业粮食生产安全责任书，对全区加工企业开展一系列关于消防、质量、生产安全专项行动，做到安全工作有人抓、有人管、有人办，规范全区粮油产品市场秩序，维护居民粮食安全。年内，组织9次针对全区加工企业的安全生产、节日安全大检查，确保辖区内无粮油生产、经营事故发生。

【粮食政策法规宣传】2017年，区商粮局利用安全生产宣传月、《粮食流通管理条例》宣传周、食品安全宣传日等组织开展粮食流通政策法规宣传活动，以群众喜闻乐见的方式，向广大市民宣传国家惠农惠民政策和买粮、储粮常识，让广大粮食经营者、市民对粮食政策法规有更深更新的认识，努力营造合法经营、公平竞争、依法管粮的良好氛围。年内，开展宣传活动5次，悬挂宣传横幅15条，摆放宣传展板8块，接受群众现场咨询2500人次，发放宣传资料8000余份。

【粮食收购资格许可】2017年，区商粮局严格对照《粮食流通管理条例》，把好收购许可证发放关。既放开收购市场，多元收购主体并存，又不滥发滥放收购资格许可证，规范粮食收购市场。年内，对原12家粮食收购许可证进行核查，其中审核新增1户(金饭碗米业)，审核换证2户，核查注销2户，重新确认具有粮食收购资格的企业11户。

【粮食(托市)收购】2017年，天元区粮食收购工作以强化粮食收购服务为主题。积极开展优质服务，组织农民有序卖粮，避免农民卖粮排长队，减少等候时间，搞好延时服务，多开头、快接卸，加快收购入库进度，不让农民卖过夜粮。严格执行国家收购政策和质价标准，不收人情粮，不过人情秤，不弄权勒卡、不刁难送粮农民。各收储库点设立样品台，坚持公开、公平、公正原则，落实敞开收购政策，对农民交售符合质量标准的稻谷做到应收尽收，不限收、不拒收，敞开收购，让农民卖明白粮、放心粮，不打白条。年内，社会粮食收购17315吨，其中早稻收购2735吨，保护价收购4230吨。（陈灿华）

招商引资

【概况】 株洲高新技术产业开发区管理委员会招商合作局（简称“区招商局”）内设综合科、投资促进科、项目管理科3个科室。下辖投资促进中心和深圳招商处。主要工作职责为招商引资工作。

2017年，区招商局按照“招商引资是第一菜单”及“项目引进居首要地位”的工作原则，积极创新招商思路、完善招商机制、优化招商环境，进一步强化招商力度，狠抓工作落实。完成内联引资到位资金64.07亿元，同比增幅16.87%；完成到位外资3.70亿美元，同比增幅14.77%，总量和增幅排名全市第一。实现新签项目101个，其中亿元以上项目49个，2亿元以上项目29个，10亿元以上项目12个，20亿元以上5个，累计合同引资额479.85亿元。完成招商项目开发30个，开展小分队招商104次。获得湖南省人民政府办公厅通报表扬。

【长城电脑配套企业对接会】 3月16日，湖南新一代信息技术产业园长城电脑配套企业对接会在深圳长城石岩基地成功举办。株洲高新区管委会副主任陈远瑞、姚永告，中国长城信息终端、湖南长城公司副总经理王先毅，及数十位企业领导出席会议。

会上，株洲高新区向全国数十家来自电子信息等领域的企业领导介绍株洲新区投资环境。湖南新一代信息技术产业园对招商新政策做了专题推介，新优惠政策涵盖税收、基金扶持等8个方面，新入驻园区购、租厂房的生产型企业均能享受此项新政策优惠。与会各方就株洲长城电脑项目的发展前景及株洲产业环境、相关政策进行深入探讨与交流。与会企业家们对入驻湖南新一代信息技术产业园表现出浓厚兴趣，纷纷表示要来株洲新区参观考察。

【“港洽周”招商】 4月25日，2017年湖南（香港）投资贸易洽谈周香港工商界知名人士恳谈会在香港万丽海景酒店举行。由天元区委书记周建光带队，区招商局、株洲高科集团等部门组团参加。

战略合作和重大项目签约仪式上，株洲高新区与广州恒大集团现场签约株洲恒大健康养生谷项目，合同引资200亿元，将建设国际领先的健康生活圈“恒大·健康小镇”，围绕长者，创建全新理念的“1+N”（家＋养老、养生、医疗、抗衰老、医学美容等）防、治、养相结合的全生命周期的健康生活方式。集全球大型养老社区的精粹融为一体，全新打造颐养园、长乐园、康益园、亲子园“四大园”及其综合配套设施，构筑老人向往的养老养生胜地。配套设施包括配有健康中心、星级酒店、会议中心、商业街、美食街、酒吧街、KTV等，提供全方位服务。

4月28日上午，在深圳举办的2017湖南株洲（深圳）动力产业对接暨市情推介会上，株洲高新区现场成功签下汽车及汽车零部件产业战略合作项目、昌龙汽车零部件项目、新能源动力电池项目和轨道交通人防工程专用设备项目4个重点产业项目。加上在香港签订的株洲恒大健康养生谷项目，此次港洽周，株洲高新区累计吸引投资206.7亿元。

【中国企业家年会招商】 5月6日，2017全国企业家活动日暨中国企业家年会大会在神农大剧院举行。来自全国各地的1000余位企业家齐聚一堂，围绕“弘扬企业家精神，振兴实体经济”主题深入研讨，积极找寻振兴实体经济新路径。

中共株洲市委书记、市人大常委会主任毛腾飞、国务院国资委行业协会商会党建工作局副局长方长安、工业和信息化部原党组成员路金波先后致辞。省委副书记、省长许达哲讲话，中国企业家联合会、中国企业家协会常务副会长兼理事长朱宏任作主旨演讲。中共株洲高新区工委副书记、天元区委书记周建光，天元区区长董巍出席会议。

会上，举行株洲市投资合作项目签约仪式，其中孚能新能源株洲电池PACK工厂、湖南长城智能硬件生产基地、工信部五院赛宝株洲研究院3个项目签约落户株洲新区。

【构建“1+7”产业招商和投资促进政策体系】 4月，株洲高新区从产业发展、招商引资、双创人才、双创团队、金融创新、企业扶持等方面，进一步细化产业门类政策，系统构建“1+7”产业招商和投资促进政策体系，形成产业发展的政策“洼地”。政策上，株洲高新区设立总规模5亿元的中国动力谷创新发展引导基金，在金融服务、土地出让、厂房租售、水电气配套、交通物流服务等方面均提供了完备的要素保障。为促进项目早落地、早开工，早建设、早见效，高新区从项目洽谈、跟踪、签约、建设直至投产，为入园企业提供“集中受理、全程代办、流程管理、限时办结”的一条龙服务。为切实解决入园企业员工在教育、医疗等公共服务方面的后顾之忧，株洲高新区积极增加优质学位资源，推行现代化医疗卫生服务，引导优质医疗资源向企业延伸。同时，在各园区提供蓝领公寓、人才公寓、公共食堂等生活配套设施，并对高端人才发放购房和生活补贴。通过有力的资金扶持政策，支持和推动新区高新企业的发展，并形成示范效应，吸引着更多的企业入驻。

【参加“高交会”】 11月19日，株洲高新区管委会主任朱振湘陪同毛腾飞书记赴深圳参加第十九届“高交会”，重点参观机器人展厅。株洲高新区招商合作局局长聂敏林等陪同参会。机器人展厅由深圳机器人协会主办，该协会的企业镭神拟以协会投资形式，与湖南天易集团合作对人工智能产业园进行开发。

【参加湖南新能源汽车产业创新与发展峰会】 11月14—16日，由湖南省商务厅投促局组织承办的湖南新能源汽车产业创新与发展峰会在长沙举行。

会上，天元区统战部部长周玉智、株洲高科集团总经理王洪宇及中国动力谷科技创新服务中心主任鲁俊代表株洲高新区分别与湖南昌龙汽车副件有限公司、陕西邦华新能源动力有限公司及湖南中车时代电动汽车股份有限公司代表签订项目入园合同。

【株洲（北京）项目对接暨市情推介会】 11月28日，2017年株洲(北京)项目对接暨市情推介会在北京湖南大厦召开，省政府驻北京办事处党组书记、主任王晓鸣，商务部投资促进事务局副局长张玉中，市委副书记、市长阳卫国出席活动。株洲高新区管委会主任朱振湘全程参加。

推介会上，株洲市发布30个重点招商项目，涵盖城市综合开发、生态建设和环境保护、旅游、教育、文化等领域。其中株洲高新区5个项目。株洲高新区签约两个项目：第四代建筑技术项目：由新疆天

株洲(北京)项目对接暨市情推介会

地集团和湖南四为共同投资45亿元，打造第四代建筑示范中心、第四代建筑专利技术营销中心、第四代建筑智能化配套研发中心、建筑大数据科研中心、第四代建筑车载电梯研发中心、城市垂直绿化研发中心、第四代建筑新能源研发中心。项目建成后，将依托省内一流的园区环境引进中车集团、北汽集团专家研发型项目入驻园区，形成以动力产业产学研和以第四代建筑为核心的6大科技配套的新型产业园区。立体停车库研发、生产、运营项目：由北京鑫华源投资4亿元，建设智能立体停车设备车间、研发、办公楼等，项目用地10公顷，预计投产后销售收入可达8亿～10亿元。

期间，朱振湘还与中国通号集团总裁尹刚、北京京煤集团副总经理孙德刚、北京鑫华源机械制造公司董事长孙书寨、新疆天地集团董事长郑天瑞、总经理刘忠等共商发展大计。

【举办项目集中签约仪式】 12月8日，株洲高新区举行重大招商项目集中签约仪式，新马生态社区项目、株洲信息港项目和猪八戒网“互联网+”型创新创业综合示范区项目等18个项目进行集中签约。中共株洲市委副书记、市长阳卫国出席仪式并讲话。中国工程院院士宋君强、刘友梅，株洲市领导何剑波、黄芳，中共株洲高新区工委书记、天元区委书记周建光，株洲高新区管委会主任朱振湘等参加签约仪式。

此次进行集中签约的18个项目总投资380亿，其中100亿元以上投资项目1个，70亿元以上项目1个，50亿元以上项目1个，10亿元以上投资项目4个。

（蔡华章）

株洲高新区2017年签约亿元以上项目情况表

表8

序号	项目名称	项目投资方	项目基本内容	总投资（亿元）	项目用地规模（公顷）	签约时间（年月）
1	昌龙汽车零部件项目	(上海)欣成祥汽配有限公司	因发展所需，拟购地5公顷投资年产1万 套汽车大梁、汽车内饰、汽车线束项目。项目预计实现年销售收入2.3亿元，利税 5268.8 万元	1.6	5	2017.01
2	中车时代电动汽车系统产业化新建项目	湖南中车时代电动汽车股份有限公司	公司拟将现有系统业务独立，设立子公司并入驻动力谷自主创新园，形成5万台(套)/年系统及其零部件生产、试验能力。新增智能驾驶、交通大数据等项目由子公司组织实施，致力于将子公司建设成为国内新能源汽车系统领域技术实力最强、规模最大、效益最好的标杆企业	5	1.5	2017.01

续表8

序号	项目名称	项目投资方	项目基本内容	总投资（亿元）	项目用地规模（公顷）	签约时间
3	进口大众4S店	湖南德顺汽车贸易有限公司	购买汽车博览园范围内0.66公顷商业用地建设进口大众4S店	1	0.66	2017.01
4	新能源动力电池项目	陕西邦华新能源动力有限公司	该司拟在湖南投资建设新能源动力电池pack基地。项目计划分2期实施，一期先租赁1万平方米厂房进行动力电池pack生产，二期拟购买4～6.67公顷工业用地，建设动力电池pack线和电机、电控生产基地	2.1	1	2017.04
5	新能源动力电池项目	孚能科技(赣州)有限公司	该司在高新区购买工业用地6.67公顷，建设年产50万辆车用锂离子动力电池Pack厂。项目建设期约18个月。项目一期产品主要为北汽株洲分公司配套。项目达产后产值可达400亿元，税收10亿元	10	6.67	2017.05
6	中车智能轨道快运系统(ART)项目	湖南中车时代电动汽车股份有限公司	公司在动力谷建设智轨列车及智轨快运系统研发、生产基地。预计项目投产后产值可达20亿元	50	65.93(一期厂房51375平方米)	2017.08
7	新能源汽车电机控制系统项目	北京宏达天恒科技有限公司	公司拟将新能源汽车电机控制系统业务整体搬迁至天元区，拟购买创意独栋作为研发试制基地	1	购买2010平方米厂房。	2017.12
8	宝为汽车模具项目	深圳宝为科技有限公司	在长株潭购地自建生产基地	3	标准厂房4000平方米，3.33公顷购地	2017.12
9	安格朗汽车零部件项目	河北安格朗汽车科技有限公司	公司拟在高新区购地3.33公顷，建设车身冲压线、焊接线、车身钣金件及焊接总成生产基地，主要为北汽配套	1.5	0.71	2017.01
10	立体停车库研发、生产、运营项目	北京鑫华源机械制造有限责任公司	公司计划与株洲高科集团、株洲汇隆实业公司合作，建设智能立体停车库研发、智能制造、运营项目	4	10	2017.11
11	轻合金半固态铸造成形技术研发产业化项目	湖南海姆斯科技股份有限公司	该公司计划在株洲高新区动力谷自主创新园，投资1亿元，建设轻合金半固态铸造成形技术研发产业化项目。项目以发动机支架、刹车闸片卡钳产业化等为市场切入点，后续拓展汽车关键零部件的研发，逐步实现半固态铸造成形技术在汽车零部件研发制造的规模化应用	1	办公场地400平方米，标准厂房约2500平方米	
12	科威汽车零部件项目	株洲科威材料技术有限公司	科威公司拟投资约1.2亿元，拟购地3.33公顷，建设轨道交通配件、新能源汽车配件、电子等产品生产基地	1.2	3.33公顷，其中一期2公顷	2017.12

续表8

序号	项目名称	项目投资方	项目基本内容	总投资（亿元）	项目用地规模（公顷）	签约时间
13	昌龙ART智轨零部件项目	(上海)欣成祥汽配有限公司	该项目拟由湖南昌龙汽车附件有限公司新增投资，主要为株洲中车时代ART智轨列车项目配套。项目计划总投资1.6亿元，新增用地2.67公顷，建设年产2000台套ART智轨列车车架、内饰产品生产项目。项目建成后，预计年销售收入2.3亿元，上缴税金1600万元	1.6	2.67	2017.12
14	汽车博览园形象店二期日丰汽车贸易项目	株洲日丰汽车贸易有限公司	经营吉利品牌	0.5	0.31	2017.08
15	中车株洲投资控股(中产投)项目	中车株洲投资控股有限公司	拟将公司总部设在株洲高新区，选址高科·总部壹号，后期拟购地33.33公顷，投资15亿~20亿元建设游乐装备产业园项目，并计划在动力谷引进高端人才孵化相关产业项目	15	总部0.122公顷	2017.01
16	株洲南方机电制造有限公司	株洲南方机电制造有限公司	计划在天易科技城自主创业园J地块，规划面积7000平方米，定制12000平方米的厂房，并与中机国际工程设计研究院合作成立科研院所，总投资2亿元，计划年产值1.2亿元，税收1200余万元	2.5	0.7	2017.01
17	中小型航机与燃机研发及试验平台研制产业化项目	中科航空动力科技有限公司	中科航空动力公司与高科集团共同发起设立中科航空动力装备制造研究院有限公司，建设中小型航机与燃机研发及试验平台研制产业化项目。项目建设期5年，建成达产后可完成350千瓦涡轴发动机的研发，具备年产200台发动机的生产能力以及试验平台的研制，实现年销售收入9亿元，利税总额1.08亿元，成为国内最大的中小型航机/燃机及试验平台建设企业	8.1	7.33公顷工业地(定向开发厂房)和2公顷商业地	2017.01
18	轨道交通人防工程专用设备生产制造基地建设项目	广州市巨安人防工程有限公司	该项目规划为湖南中部轨道交通人防产业基地。主要产品为地铁隧道防淹门、隧道正线防护设备(区间隔断门)、进(排)风机密闭门、钢结构防护密闭门、钢筋混凝土门及防电磁脉冲门等。建设期约8个月，项目建成后预计年平均销售收入约1.13亿元、年平均利润总额约3438万元、年平均净利润约2613万元、年平均纳税总额约1205万元	2	3.4	2017.04
19	湖南乐华制动科技有限公司	湖南乐华制动科技有限公司	公司系铁道部定点生产DK-1型制动机系统的专业企业，主要产品为各类机车制动机及配件、机车电器配件及电机配件	1	租赁2000平方米厂房	2017.04

续表8

序号	项目名称	项目投资方	项目基本内容	总投资（亿元）	项目用地规模（公顷）	签约时间
20	株洲市湘威实业有限公司	株洲市湘威实业有限公司	机电设备、电子产品、机车配件销售；铁路机车车辆配件制造	1.5	预计购买动力谷F3栋厂房4000平方米	2017.09
21	株洲南电科技有限公司	株洲南电科技有限公司	主营轨道交通设备、机电设备	1	购买电商产业园的B2单层厂房2313.93平方米	2017.06
22	年产30万张带洁便器的智能护理床(椅)	湖南奥飞智能医疗器械股份有限公司	本项目计划总投资3.34亿元建设年产30万张带洁便器的智能护理床(椅)生产基地，首期用地3.33公顷，预留2～3.33公顷，可分开提供，项目达产后总营业收入109.5亿元	3.34	定向开发厂房	2017.09
23	株洲市杰曼科技股份有限公司	深圳市杰曼科技股份有限公司		1.5	动力谷4.2期定制厂房5000平方米	2017.08
24	中车株洲电力机车有限公司机车运用保障服务分公司项目	中车株洲电力机车有限公司	机车配件销售、技术升级改造、检修维保及产品运用技术服务等，远期规划产业规模预计不低于50亿元/年	1	前期总部壹号2441.62平方米写字楼	2017.11
25	株洲市航天航星增材制造产学研项目	深圳市增材制造工业设计研究院	航天航空飞行器发动机核心零部件、叶轮机核心零部件、飞行器机体结构件、核电发电机组 、舰船核心零部件、结构件的制造/修复与再制造；新型散热器的制造、修复；一体化传感器的制造；3D快速打印模具及修复(包括高端标牌3D快速打印制造)；原型产品快速3D打印与设计；增材制造工程化工业设计服务及软件开发；真空激光焊接；3D打印创意创新教育与科普教育课教服务及教具开发、教案制定服务	1.2	租赁4483.4平方米厂房	2017.12
26	长航时飞艇创新研发中心	达天飞艇(宁夏)有限公司	一期计划投资5000万元，5年内集聚50名研发人才，建设国际化的飞艇创新研发中心。主要研制飞艇、系留艇。实现新型飞艇预销售，完成销售收入4000万元，税收680万元，2021年实现新型飞艇规模化应用，完成销售收入1亿元，税收1700万元；二期投资1亿元建设飞艇工业园，占地6.67公顷，为飞艇生产及试飞提供场地。	1.5	租赁研发中心场地，面积另行协商约定	2017.12
27	株洲高新区服务轨道交通产业链	中车财务有限公司	株洲高新区管委会以轨道交通产业链服务平台的模式，以各种有效金融手段积极推动域内轨道交通核心企业的应收账款回收及引导轨道交通上游供应商的集聚，促进轨道交通产业链产品销售	10		2017.12

续表8

序号	项目名称	项目投资方	项目基本内容	总投资（亿元）	项目用地规模（公顷）	签约时间
28	湖南光智通信光电器件生产线及配套建设项目	湖南光智工程技术有限公司	项目主营产品和服务：光电收发器生产、销售、服务；光纤通信元器件和光纤通信设备及配套系统的技术开发、生产、销售、服务；货物进出口、技术进出口	1.5	5	2017.01
29	湖南长城智能硬件生产基地项目	中国长城科技集团股份有限公司	建设高端智能硬件生产基地	2	原有用地	2017.05.06
30	赛宝株洲研究院	中国赛宝实验室	中国赛宝实验室拟在株洲建设赛宝株洲研究院，场地需求3000平方米，购置仪器设备100台/套。项目建设周期为1.5年	1.2	0.3	2017.05
31	信息港	禾田投资集团	以“信息港”为载体的科技地产开发模式，孵化、培育互联网、高新技术企业。初步选址天元区天易科技城范围内，北至创业大道、东至乐山大道、南至创业五路、西至创智路，项目用地面积约86.27公顷，净用地面积50.8公顷。分两期供地，其中一期供地26.93公顷，二期供地23.87公顷最终以挂牌出让面积为准	70	项目用地面积86.27公顷，净用地面积50.8公顷	2017.12
32	超广色域显示屏项目	台湾爱绿显示科技有限公司	项目总投资60亿元建设自主研发中心和制造总部 其中前期投入15亿元，融资15亿元。前期投入包含：设备投入8亿元，厂房投入4亿元，流动资金3亿元，选址在天易科技城二期，地块范围33.33公顷土地	60	33.33	2017.12
33	中国动力谷自主创新园(二) 时代风电项目	株洲高科发展有限公司	项目位于株洲市天元区新马西路中国动力谷自主创新园二期内，总建设面积9.8万平方米，其中厂房总建筑面积约5.8万 平方米(含生产办公区3层，化学品库500 平方米及其他房屋建筑)，堆场总面积约4万平方米	3.3	21.33	2016.01.27
34	湖南中铼工业科技有限公司	湖南铼因铼合金材料有限公司	该公司是全球唯一一家对稀有战略金属铼(Rhenium)元素拥有全产业链的高新技术企业，拥有自主研发知识产权、专业加工技术和产业能力，其产品广泛应用于航空航天、武器军工、高温装备、半导体设备、精密电子、石油化工等领域，具有极高的科技含量与附加值	2	0.34厂房	2017.01

续表 8

序号	项目名称	项目投资方	项目基本内容	总投资（亿元）	项目用地规模（公顷）	签约时间
35	中南大学粉末冶金研究院碳陶新材料	中圣集团	中南大学粉末冶金研究院拥有一批先进的粉末冶金工艺设备与检测仪器，先后开发10多项产品，实现碳陶复合材料在航空、武器装备、能源、交通运输和动力机械等多个领域的应用。高速列车碳陶制动盘已通过时速420km/h的1:1的台架考核，已在国家铁路总公司立项，并与中车2个主机厂签订应用协议；已成功装备我国新一代坦克，出口的MBT-2000和MBT-3000装备本项目的碳陶制动盘；上海磁悬浮成功应用本项目的碳陶复合材料滑撬	2	定制厂房4.67公顷 预留3.33公顷	2017.07
36	电池正极材料	升华科技	镍钴锰复合氧化物即三元正极材料，属于国家“863计划”“973计划”重点支持领域，与深圳沃特玛、光宇集团、南都电源、中航锂电等国内知名电池企业有深度合作，升华科技在天易科技城拟建设年产3000吨三元正极材料项目	1.1	0.68	2017.09
37	湖南机动车检测技术有限公司项目	湖南机动车检测技术有限公司(筹)(控股方：上海机动车检测认证技术研究中心有限公司)	项目位于株洲高新区汽车博览园北片区，总用地面积10.8公顷，总投资3.82亿元。该公司主营新能源商用整车和电池、电机及电控等新能源检测汽车零部件检测项目，满足新能源商用车及其零部件专项试验的标准要求和其他强制性检验标准	3.819	10.8	2017.09
38	湖南第四代建筑 研发示范基地	湖南四为高新科技有限公司、新疆天地集团有限公司	园区规划占地面积21.8万平方米，规划计容建筑面积约54.6万平方米。致力于打造株洲地区首个高起点的产城融合的科技地产项目。形成电子信息、软件开发、电子商务、生态环保、建筑节能和现代服务为主的产业集群，成为株洲成长创新型企业最集中和产城融合发展的示范区域	45	21.87	2017.10
39	ITO先进靶材项目	株洲火炬 安泰新材料 有限公司	项目分三期建设，第一期建设规模为年产120吨ITO烧结靶材生产线和一条金属靶材加工生产线。本期建设估算投入总资金为3.5亿元，其中固定资产投资2亿元、流动资金投资1.5亿元。第二期建设规模为年产180吨ITO烧结靶材和一条金属靶材生产线。本期建设估算投入总资金为3亿元，其中固定资产投资1.5亿元、流动资金投资1.5亿元。第三期建设规模为年产200吨ITO烧结靶材生产线和一条金属靶材生产线。本期建设估算投入总资金为3.5亿元，其中固定资产投资2亿元、流动资金投资1.5亿元	10	4.67	2017.10

续表8

序号	项目名称	项目投资方	项目基本内容	总投资（亿元）	项目用地规模（公顷）	签约时间
40	恒大御景天下项目	恒大地产集团长沙置业有限公司	总建筑面积120万平方米，包括高层电梯房、情景洋房、幼儿园	70	44.2	2017.03.22
41	天元区规划28区商住地(华茂房产)	株洲华贸地产有限公司	28区3公顷出让地位于株洲大道东侧，紧邻红星美凯龙和大江观邸、莲花小区，与体育中心仅一路之隔。地块交通区位优势明显，周边成熟商业、住宅片区已经经稍有规模。地块由华茂集团摘牌以后，拟进行约12万平方米的商住开发	8	3.3	2017.01.11
42	中天恒基(春藤小镇三期项目)	湖南中天恒基房地产开发有限公司	该公司计划在武广片区开发春藤小镇三期商住	9.2	7.67	2017.06.28
43	高丰佰莲项目	村镇、马家河街道、新高集团、兆丰公司、罗平、罗建军、刘述泉	以现代农业田园综合体打造新农一、二、三产业融合业态，打造“线上+线下+基地+农民”的规模化产业链。主要为循环综合农业、创意综合农业、休闲健康农业	5	300	2017.05
44	碧桂园玖玺台项目	湖南省碧桂园地产有限公司	总建筑面积136万平方米，9栋高层精装电梯洋房	10	5.12	未签约，直接竞拍土地
45	恒天易开新能源汽车租赁公司	恒天易开软件科技股份有限公司	投放新能源汽车6000辆、建设充电桩口1.2万个、改造建设租赁点500个、停车位2.4万个	10.12	全市免费提供1.2万个停车位(包括县市区镇)	2017.08.31
46	株洲市MRO工业品在线采购平台		以线上+线下形式企业入驻。线下入驻150家企业，线上入驻400家企业。线下企业可实现产品展示、商贸交易、仓储管理、物流配送、售后服务；线上可实现免费找货、对接商家、发布采购、精准匹配、找到货源等功能	1.5	0.3公顷以内	2017.07
47	北京裕农蔬菜生切项目	北京市裕农优质农产品种植公司	供应全省肯德基、麦当劳等大型食物销售公司，年产值6000万～8000万元	1.5	0.5	2017.12.8
48	亲水龙舟项目	湖南楚舟体育文化发展有限公司	在湖南株洲、常德、郴州和广东、河南、广西、福建等全国各省、市，开展龙舟赛、开游艇等系列“亲水”活动，打造龙舟运动、龙舟平台、龙舟文化等项目，形成水上运动健身品牌	1	0.67	2017.12.08
49	待定	湖南尚裕投资有限公司	高层电梯房	10	6.8	未签约，直接竞拍土地

（蔡华章）

金 融

【概况】2006年6月，株洲高新区金融服务中心(简称“区金融中心”)成立。2017年，在编在岗人员9人，聘用人员3人。

2017年，株洲高新区金融工作深入贯彻国家金融政策及市、政府的决策部署，促投放、抓改革、优环境，全面贯彻落实《关于加快金融业改革发展的实施意见》《株洲市“十三五”金融业发展规划》《株洲市人民政府办公室关于金融支持小微企业健康发展的实施意见》《株洲市人民政府关于加快发展现代保险服务业的实施意见》等文件精神，坚持“金融先行”战略，加强辖内金融服务业发展规划，支持金融产业加快发展，解决融资难问题，促推地方金融发展和企业挂牌、上市，发挥社会“稳定器”和经济“促推器”作用。2017年年末，辖区有国有及股份制商业银行机构20家，证券营业部12家，保险公司23家，融资性担保公司5家，小额贷款公司4家。主导管理基金3只，参与管理的基金或投资公司4家，参与投资的基金或投资公司3家。

【构建金融集聚核心区】株洲高新区、天元区重视金融集聚区建设工作，专门成立由区长任组长、管委会(区政府)分管领导任副组长、相关部门负责人为成员的株洲高新区(天元区)金融服务业集聚发展工作领导小组。2017年，区金融中心积极配合市金融办开展金融集聚区调研工作，通过现场走访了解银行机构发展状况及规划构想，完成辖区金融机构分布图等原始资料的制定和收集，并安排专人跟踪服务银行选址、搬迁、装修等具体事宜。天元区已发展成为株洲市金融机构种类最齐全、数量最多的区域。

【成立投融资促进协会】5月18日，成立株洲高新区(天元区)投融资促进协会。协会由株洲农商行作为主发起人，长沙银行、株洲高科集团等5家机构联合发起，承担政府综合协调金融机构服务实体经济的第三方机构抓手职能，通过定期开展银企座谈会、融资企业路演、企业挂牌上市辅导培训等专题活动，进一步促进株洲高新区投融资主体之间的交流对接，丰富政府金融服务手段，创新银企合作模式，提升金融服务效率。

【搭建政企对接桥梁】2017年，区金融中心深入开展“企业帮扶年”活动，始于企业之求，终于企业之需，制定翔实的工作方案，使帮扶切实落地。通过认真走访全面把握企业需求，实行“一企多策”，对一个企业各方面的问题，多个扶持政策并行，多个部门协调，“量身定做”、科学制定融资方案。组织专人上门对接企业80多次，收集整理园区各企业融资需求信息100多条。通过全方位、多途径的服务方式，园区企业融资成效明显。年内，成功帮助10多家企业融资，助推融资金额6940多万元。区金融中心的企业帮扶工作受到媒体报道18次。

【融资渠道扩展】2017年，区金融中心深入开展与光大银行、北京银行、时代金桥融资租赁公司、上海普兰金融服务公司等省内外金融机构合作，突破将银行作为单一融资渠道的局限，实现为中小微企业提供除银行资源以外的融资租赁和票据融资方式。科技银行不断开发信贷产品，创新融资业务模式，增加股权质押贷、助保贷、瞪羚企业贷、农业科技银行、创业贷等。科技银行有合作金融机构9家，年内新增光大银行和北京银行、时代金桥融资租赁3家，合作范围由单一银行扩展至融资租赁行业，信贷风险补偿基金规模9000万元，为打造“综合金融服务平台”奠定基础。全年科技银行累计向243家企业提供授信282笔，授信总额约11.98亿元，贷款余额3.67亿元。截至2017年12月末，辖区内19家银行对园区工业企业融资余额为28.68亿元，各金融机构支持高科集团各项融资余额233.48亿，较年初新增44.90亿；支持天易集团各项融资余额151.49亿，较年初新增14.49亿。其中：区政府平台公司直接融资余额161.43亿元，增速21.3%。中心通过不断优化服务，确保融资规模的稳步增长，切实解决园区企业融资需求，达到吸引金融资源入区的效果，优化株洲高新区金融资源配置。

【鼓励企业上市】2017年，区金融中心结合全区实际，制定《株洲高新区实施上市公司培育和引进行动方案》，对辖区内未来5年企业上市工作提出总体要求和工作目标，成为区十大行动方案之一。积极组织园区企业参与株洲市2017年拟挂牌及拟上市后备企业遴选，20家企业进入拟上市后备企业名单，18家企业进入拟挂牌后备企业名单。年内，新增上市公司2家，新增新三板挂牌企业1家，新增湖南股交所标准版挂牌企业8家。发放上市补贴380万元。至2017年年末，株洲高新区有上市公司8家，新三板挂牌企业13家，湖南股权交易所标准板挂牌企业10家。

【引导企业直接融资】2017年，区金融中心大力支持平台公司、省股交所株洲分所挂牌企业开展直接融资。平台公司利用非公开发行私募债、中期票据、短期融资融券等产品实现直接融资96亿元。鼓励湖南股权交易所株洲分所积极开展可转债的研究，制定可转债的相关业务规则，报送给省政府金融办、省证监局备案。组织湖南股权交易所株洲分所合作开展2017年株洲专场路演会暨“投融直通车”发布会，为园区企业打造全新的在线投融服务平台，为高新区12家企业实现融资5200万元。

【母基金带动投资】2017年，区金融中心在中国动力谷创新创业投资联盟的基础上，新设立“株洲动力谷产业发展投资母基金”，总规模30亿元，重点筛选高端装备制造，重点关注新材料、环保节能等产业领域，带动银行等金融机构进一步提高对企业融资的支持力度。至年底，辖区主导管理基金3只，参与管理的基金或投资公司4家，参与投资的基金或投资公司3只。累计投资企业50家，投资金额近4亿元。

【启动“融担小贷”行业承诺机制】2017年，区金融中心率先启动“融担小贷”行业“强化自律、规范运营、防范风险”承诺机制，委托信誉好、实力强、业务熟、经验足的会计师事务所全程参与“融担小贷”行业专项审计和常规监管，确保金融监管服务工作的规范化、制度化、常态化。年内，全区4家融资性担保公司累计新增担保贷款3803笔，担保贷款累计新增18.4亿元，期末担保贷款2502笔，担保余额15.2亿元；4家小额贷款公司累计新增贷款47笔，贷款余额新增0.73亿元，期末贷款215户，贷款余额4.30亿元。

【金融账户实名制】2017年，区金融中心要求辖区内银行机构根据中国人民银行要求对金融账户开展实名制管理。账户实名制将从法律上保护支付用户的财产安全并明确债权债务关系，减少网络支付的资金被盗等风险隐患，有利于提升网络支付信息追溯和责任追查的效率，促进网络法治化的实现和网络经济的可持续发展。

【处置和打击非法集资】2017年，区金融中心创新并坚持“非法集资防处工作向服务金融业务工作转变”的理念，健全“宣传教育、防患查控、信息掌控、思想稳控”等运转机制，组织开展多形式、多场次、多层面的处非宣传培训系列活动。实行“涉非接访维稳轮值、紧急突发事件24小时值守”等管理制度，先后劝访“株洲众财、华泰基金”等赴市进省涉非群体10余批次，近800人次。协同区纪检、组织部门在全区范围内全面推进严禁党员领导干部和国家工作人员参与非法集资活动的“七不准”（不准组织、从事、参与非法集资，不准组织、从事、参与民间违规借贷活动，不准利用职权或职务上的影响向他人（单位）无偿或明显低于正常利息借款，不准利用职权或职务上的影响向他人（单位）出借资金收取高额利息或者谋取其他不正当利益，不准为组织、从事、参与非法集资、违规借贷及其他非法融资等活动提供或者变相提供保护，不准通过非法融资、委托理财等形式非法牟利，不准煽动、组织、参与非法集资诉访群体非法维权及其他违纪违规行为）自查自纠工作，有效杜绝党员领导干部和国家工作人员从事、参与非法集资或充当“保护伞”行为。制定出台《调整天元区打击和处置非法集资工作领导小组成员及增设行业主管（监管）部门处非工作组的通知》，构建并完善“涉非”维稳问题事前预防、事中监督、事后处置为一体的工作机制，处非稳定工作始终做到提高认识、提早准备、提前介入。区金融中心在株洲市防范、打击和处置非法集资工作综合考评中，以99.5分位列第一名。（刘　勇　杨　焰）

株洲农村商业银行

【概况】 2017年3月29日，株洲农村商业银行股份有限公司（简称“株洲农商银行”）挂牌开业。总部位于株洲市珠江北路199号，其前身为株洲市城郊农村信用合作社联合社和株洲市天元区农村信用合作联社。服务范围为株洲市天元区、芦淞区、荷塘区、石峰区以及云龙示范区，有在岗从业人员574人。内设董事会办公室、监事会办公室、办公室、市场拓展部、网络金融部、投资银行部、信贷管理部、计划财务部、运营管理部、信息与产品开发部、合规风险部、人力资源部、稽核审计部、资产管理部、行政保卫部、纪检监察室16个部门。下辖1个营业部、41个支行及29个离行式自助网点。截至2017年12月末，全行各项存款余额135.95亿元，贷款余额49.01亿元。全年累计发放各项贷款50.92亿元，实现总收入8.04亿元，实现经营利润3.49亿元，上缴各项税费1.26亿元。

2017年，株洲农商银行获评湖南省农村信用社（农商银行）“最美农信人”服务礼仪大赛三等奖、株洲市第26次税收宣传月优秀单位、株洲高新区金融服务实体经济奖励70万元、株洲高科企业联合会颁发的2017年度最佳公益慈善企业奖、株洲市广播电视台和株洲市红十字会联合颁发的2017年向日葵助学计划公益团体。

【株洲农商银行挂牌开业】 3月29日，由株洲市城郊农村信用合作社联合社、天元区农村信用合作联社合并组建的株洲农村商业银行股份有限公司正式挂牌开业。湖南省农村信用社联合社党委书记、理事长张志军出席开业仪式，并与市委书记、市人大常委会主任毛腾飞，市委副书记、市长阳卫国，市人大常委会党组书记、副主任（正厅级）刘光跃，市政协主席蔡溪，株洲农村商业银行党委书记、董事长刘运年共同启动开业水晶球。

开业仪式由中共株洲市委常委、副市长田卫军主持，株洲银监分局负责人周云宣读开业批复，株洲农商银行党委书记、董事长刘运年，市委副书记、市长阳卫国先后致辞，省农信联社党委书记、理事长张志军作重要讲话。开业仪式上，株洲农商银行党委书记、董事长刘运年代表农商行向茶陵县洣江街道办事处新渡里村、炎陵县霞阳镇龙上村、醴陵市官庄乡大横江村、炎陵县鹿原镇金花村、炎陵县策源乡朝阳村、茶陵县龙虎种植农民专业合作社等6个贫困村捐赠100万元。株洲农商银行党委副书记、副董事长、行长钟海飚分别与天元区政府、芦淞区政府、荷塘区政府、石峰区政府、云龙示范区管委会、市国投集团、市城发集团、南方宇航、联诚集团、云田花木签署授信融资协议,累计授信额365亿元。

省联社、株洲办事处负责人,株洲农商银行筹建工作小组成员单位负责人,市内各行政区负责人,市直单位主要负责人,株洲县级行社负责人,董事会、监事会成员及股东代表,农商银行客户代表,农商银行班子成员、部室负责人、支行行长和员工代表以及新闻媒体记者共计300余人应邀出席仪式。

株洲农业商业银行挂牌开业

【何剑波到株洲农商银行调研】 9月5日,中共株洲市委常委、常务副市长何剑波率市经金办、市财政局、市人社局、市国税局、市地税局、市房产局、市住房公积金中心、人民银行株洲中心支行、株洲银监分局、省联社株洲办事处、国投集团、金融服务集团等部门负责人到株洲农商银行进行实地调研,并召开调研座谈会。会议由市委常委、副市长田卫军主持。此次调研座谈会着重帮助解决株洲农商银行转型发展过程中面临的实际困难。会上,株洲农商银行党委书记、董事长刘运年对工作情况进行汇报,与会的各部门、各单位就请求支持的事项依次作表态发言。

何剑波对株洲农商银行为株洲市经济社会发展所做的贡献给予充分肯定。指出在政策法律法规允许的范围内,政府及各职能部门将进一步加强与株洲农商银行的沟通,着力营造良好的金融发展环境,全力支持株洲农商银行加快发展。他要求农商行要服务于政府性投融资公司,做大规模;要服务中小企业,赢得市场;要在规范政府性融资中抢占先机;要规范管理,防控风险,保证银行信用。副市长田卫军强调,政府各职能部门与株洲农商银行要按照会议精神,积极展开工作对接,切实加强政银合作,着力解决中小微企业融资困难,全力推动地方经济又好又快发展。

【株洲农商银行党委成立】 4月12日,中共株洲农村商业银行股份有限公司委员会成立,党委班子由7名党委成员组成。党委书记刘运年,党委副书记钟海飚,党委委员肖江生、王晓红、谢俊峰、陈武来、欧阳昌盛。株洲农商银行共有党员253名,其中在职党员194名,退休党员59名。设15个基层党支部,其中机关支部7个,基层支行支部7个,退休党员支部1个。

【成立株洲农商银行团委】 6月21日,共青团株洲农村商业银行股份有限公司第一次代表大会在株洲农商银行四楼三号会议室召开。团市委书记梁天琛、市团委组织部副部长刘辉、省联社株洲办事处副主任郭月平、株洲农商银行董事长刘运年、行长钟海飚、董事会秘书邓美及全体团员代表参加会议。

会议在庄严的国歌声中拉开序幕,首先由共青团组织部副部长刘辉宣读关于成立共青团株洲农村商业银行股份有限公司委员会申请的批复,接着通过《选举办法》、监票人及计票人建议名单。随后,由全体团员代表投票选举产生共青团株洲农村商业银行股份有限公司第一届团委委员,并从团委5名委员中选举产生团委书记、副书记,邹自强当选团委书记、欧阳颗星当选团委副书记。

【金融产品创新】2017年，株洲农商银行借助金融科技和大数据手段，做好线上贷款项目的前期调研和产品设计讨论，线上线下相结合，不断降低运营和风险成本；积极创新供应链金融产品，参与北汽分公司和中车电动上游供应商定制型金融服务方案宣讲会，定制订单贷、应收贷、银团贷产品；与株洲高科火炬非融资性投资担保有限公司开展合作，共同研发小微企业基金补偿贷、创业贷、质保贷等产品，业务从天元区推广到荷塘区和芦淞区。

【获利率互换市场交易资格】11月10日，株洲农商银行获得利率互换市场交易资格，即日起可参与利率互换交易。利率互换(interestrateswap)，也称利率掉期，一种互换合同，指两笔货币、债务额(本金相同)、期限均相同的资金，但交易双方分别以固定利率和浮动利率借款，为降低资金成本和利率风险，双方做固定利率与浮动利率的调换。株洲农商银行利率互换交易资格的获得，将改变以往单一持有的投资模式，能够对利率风险进行有效对冲。此外利率互换的杠杆效应，对该行降低融资成本，优化资产负债结构的管理，丰富投资品种结构，增加盈利渠道等方面均具有重大意义。

【履行社会责任】2017年，株洲农商银行持续深化普惠金融，积极开展“送金融知识进社区”“金融知识普及月”等宣传活动，将金融服务和金融知识送进千家万户；向全市6个贫困村捐赠100万元，筹集全行员工爱心扶贫捐款23.3万元，开办助农服务点6个，开展扶贫走访活动10余次，致力于打通惠农和扶贫金融服务“最后一公里”；利用株洲高新区(天元区)投融资促进协会、银企融资对接会等平台，带头履行好相关权利义务，积极交流经验，充分展示株洲农商银行良好服务形象。

【服务客户】2017年，株洲农商银行相继制定针对性强、个性化的服务方案积极对接园区、协会、商会，举办涉农融资产品推介会和金融服务对接会，推进与天元区南部片区涉农企业及株洲市中小微企业商会、株洲市女企业家联合会等商会的合作。开展“访、问、优”活动，走访1.24万户，新增贷款投放513户，新增“三小”(小额农户贷款、小额商户贷款、小微企业贷款)用信额度4288万元；根据支行上报的存量和拟开发存、贷款大客户名单以及筛选的株洲百强企业名单，由总行领导带头开展大客户走访活动，共走访客户63户，新增开户36户，收集融资需求及反馈建议56条，营销贷款8.2亿元。

【党员干部警示教育】2017年，株洲农商银行强化员工法律意识、合规意识和自律意识，筑牢思想防线，提升党员干部拒腐防变能力，确保全行安全合规经营。11月2日上午，株洲农村商业银行董事长刘运年带领班子成员、支行行长、部室总经理共52人参观株洲市桥头堡廉政反腐教育基地，开展警示教育，接受廉政“洗礼”。在展示厅，顺着讲解员的解说，先是参观“历史之镜、廉政之规、覆车之鉴、株洲之为”4个展区，通过投影感应、液晶显示、触控互动等大量高科技设备，系统展示中国共产党反腐倡廉的历史进程，各个时期违纪违法典型案例，揭示当代腐败现象的发展趋势和思想根源；随后，在一楼报告厅集中观看廉政警示专题片《蜕变的大树》，震撼心灵，发人深省。

【合规经营管理】2017年，株洲农商银行创新工作机制，完善内控案防制度，围绕省联社“合规管理年”活动要求，积极组织开展与合规管理有关的培训，切实增强全行员工的合规意识、风险意识、案防意识。强化检查监督，紧盯关键制度、关键岗位、关键人员，加强对薄弱环节、案件多发领域风险排查，全年开展各类检查112项(次)，发现问题211个，下发整改通知书54份，提出整改意见127条，已整改问题160个。针对实际工作中内控案防问题进行合规(风险)提示，下发4份合规(风险)提示函。落实违规违纪人员责任追究，切实做到令行禁止，全年处罚违规人员297人次，积分400分，执行经济处罚87人次，金额18177元。

【员工教育培训】2017年，株洲农商银行制定《农商行员工培训管理办法》《员工培训考核办法》《培训学习常态化实施方案》等6个培训制度，丰富外派培训、内训师授课培训、常态化学习培训、营销分享学习、体验式警示教育等培训形式，实现员工内部培训、外派培训、自我培训的协调推进。全年组织开展各类培训62期，培训员工6481人次。

【湘江风光带公益健步行活动】7月29日上午，株洲农商银行在株洲河西湘江风光带组织公益健步行活动。此次活动，既是株洲农商银行党委纪念中国共产党成立96周年与推动"两学一做"常态化制度化活动内容之一，更是加快推进株洲市洪灾后生产自救，共建株洲美好大家园的具体行动。150多名员工兵分两路，一路向北，步行至五桥河西段；一路向南至四桥河西段。农商行员工们将路面、河畔沙滩、草坪中的塑料瓶、废弃包装袋、烟蒂、纸屑等夹起放到垃圾袋中，将洪水过后留下残物收集堆放到垃圾桶处统一处理，还湘江母亲河一个卫生整洁的环境。

此次公益健步行活动不仅是健康环保的活动，更是一次扶贫帮困之旅。株洲农商银行将健步行活动与株洲广播电台"向日葵助学计划一步一捐"公益活动结合到一起，所有员工每天行走的步数积累在一起，转换成公益里程，每1万步10元，捐赠给那些需要帮助的寒门学子。

【举办首届职工运动会】10月14日，株洲农商银行举办"喜迎十九大·首届职工运动会"，激励员工以更高的热情，更优的业绩向中共十九大献礼。本次运动会以"健康运动、快乐工作"为主题，以"增进感情、团结协作、全员参与"为目的，利用周末时间，除临柜、值班人员外，鼓励全员参与。来自机关部门以及各支行近200名员工参加运动会。本次运动会设环绕神农湖徒步走和拔河比赛2个项目，共17个代表队分别参加徒步和拔河比赛，运动会上对每个项目的前5名分别给予表彰奖励。

【网点"电子眼"与公安机关联网】株洲农商银行作为全市治安保卫重点单位，为进一步加强社会治安综治维稳工作，确保一方金融平安。2017年，根据株洲市公安局"智慧株洲"电子眼社会单位视频联网项目领导小组工作要求，主动融入"智慧株洲"电子眼建设，在辖内39个营业网点出入口、内部公共部位、人员聚集部位重新安装高清镜头，将视频图像整合接入全市"智慧株洲"电子眼建设及联网工程视频图像联网管理平台，承担治安重点单位在建设"平安株洲"，维护社会治安大局平稳的社会责任，增强自身案防水平。 (周彪林)

财税审计

2018株洲高新区·天元区年鉴

ZhuZhou GaoXinQu·TianYuanQu NianJian

财 政 工 作

【概况】株洲高新区财政局和天元区财政局按“一套班子、两块牌子”履行双重职能。2017年，区财政局内设综合法规科、园区财管科、预算科、行财科、企业财务管理科、国库科、社保科、信息管理科、国有资产管理科9个职能科室，归口管理非税收入征收管理办公室、国库集中支付核算中心，财政投资评审中心、乡镇财政服务中心4个二级机构，在职干部职工48人。主要负责贯彻执行国家财税方针政策，深化财税体制改革，组织全区财政收入，编制财政预算并组织执行，管理财政性经济发展支出，预算绩效管理，政府投资项目评审管理，国有资产管理，全区会计管理，镇办财政业务指导，区政府采购管理，区本级财政工资统发等各项工作。年内，区财政被评为湖南省文明单位、株洲市财政目标管理考核优秀单位。

区财政局获评省文明单位

2017年，全区一般公共预算收入完成78.66亿元，为年度预算的104.9%，比上年增长（下同）12.3%。其中：税收收入突破60亿元，完成61.7亿元，增长18%，税收收入占一般公共预算收入的比重为78.5%，较上年提升3.8个百分点。地方收入50.9亿元，为年度预算的105.8%，增长6.6%。全区完成一般公共预算支出50.5亿元，增长16%。年内，全区收入总量、收入进度、收入增幅和税收占比在全市各县市区中均位列第一。全区政府性基金收入完成4.94亿元，完成政府性基金支出0.69亿元（不含调入一般公共预算安排支出）。全区国有资本经营预算收入完成4000万元，调入一般公共预算统筹安排支出。全区完成社会保险基金预算收入1.84亿元，完成社会保险基金预算支出1.33亿元。

【支持发展】2017年，区财政全力助推重点项目建设。重点支持中国动力谷的建设，动力谷展示中心、图书馆、文体中心、人才公寓等园区配套高标准建成，万丰湖公园完成提质改造，汽车博览园卡丁车赛场等陆续建成，产城一体建设顺利推进。争取到位园区新增基础设施投资项目融资省级贴息资金1230万元。投入创新创业引导资金5亿元，助推国家新能源机动车检测中心株洲分中心等一批创新服务平台的新建，兑现产业政策体系奖励补助扶持资金1.81亿元，人才专项经费投入5000万元，为区“1+7”产业招商和投资促进政策体系和“双创”人才政策的实施提供坚实的财力支撑。严格落实减税降费政策和面向小微企业的税收优惠政策，减轻企业税费负担。为北汽、湘水湾项目、万豪酒店等争取上级优惠政策资金支持2700余万元。

【民生保障】2017年，区财政牢固树立和强化以人民为中心的共享发展理念，民生支出占比超70%。一是教育支出完成3.7亿元。重点支持新马、尚格学校建设。专项投入900万元保障农村义务教育阶段学生和全体教师免费午餐、公办中小学幼儿园3万多名师生安全饮水惠民项目。投入学校装备经费近1600万元。二是社会保障和就业支出完成9.8亿元，同比增长14%。支持率先启动实施机关事业单位养老保险制度改革和企业、机关和城镇居民养老待遇提标。全面落实失业保险稳岗补贴政策。连续3年每年安排精准扶贫专项资金1000万元，对个人最高托底救助金20万元。持续推进80岁以上老人健康补助普惠制度和养老服务体系建设。创新“南江村幸福院财政投入模式”，在省内外得到推介。三是医药卫生支出完成1.3亿元。支持推进国医、慢病防控等项目，加大投入保障孕产妇产前免费筛查和“两癌”免费检查两项省级民生实事项目、“基层医疗机构设备购置三年行动”的实施，推进新农合与城镇居民医保制度整合，城乡居民大病保险制度实现全覆盖。四是文化体育与传媒支出完成4937万元。重点支持文化城区创建和图书馆建设，基层文化设施不断完善，公共文化服务体系逐步健全。五是农林水和镇(街道)事务支出完成2.7亿元。重点支持改善农村道路、水利等基础设施和“美丽乡村”建设。全年对基层村、社区投入4000余万元，区财政每年对村、社区的投入标准大大超过省市标准。全面落实强农惠农政策，发放各项惠农补贴2445万元。六是支持打好“环境治理”攻坚战。专项投入超7000万元用于支持污水处理、镇(街道)垃圾直运等生态建设支出。

防汛守堤期间，开展党建领航爱心捐赠活动

【预决算公开改革】2017年，根据新《中华人民共和国预算法》规定和省市财政有关文件精神和工作部署，按要求在规定时间内完成区本级财政预决算和“三公”经费预决算的公开。同时，印发《关于做好2016年部门决算公开工作的通知》《关于做好2017年区直部门预算公开工作的通知》至全区各部门，指导预算单位按规定要求公开部门预决算和“三公”经费预决算。

【预算绩效管理】2017年，区财政紧扣财政资金“绩效观”，预算绩效管理工作实现“三个全覆盖”，即全区所有预算单位均纳入预算绩效评价范围；2016年度安排到单位的所有财政资金(以决算数为准)全部纳入部门整体支出和专项支出绩效自评范围；2017年所有专项资金(业务性专项除外)均纳入绩效监控范围，其中选取农村水利建设等12个项目纳入财政重点监控范围，绩效监控资金超过1.49亿元。为促进预算绩效管理工作取得实效并加强结果运用，委托第三方对“点亮天元”“小河坝改造”等8个项目开展财政重点评价，为下年度预算安排提供重要依据。

【政府债务管理】2017年，株洲新区置换地方政府债务5.95亿元，争取到位新增债券资金1.33亿元。严控政府债务增量，规范政府举债融资行为，有效管控政府债务风险。财政部核定2016年株洲新区综合债务率38.84%，为绿色安全等级。

【政府采购和投资评审工作】2017年，株洲新区完成采购规模2.16亿元，节约率15.1%。借助园区企业政府采购服务平台，帮助企业中标26个项目，其中省外项目6个，中标金额4.2亿元。建立区政府投资项目工程造价咨询及财务审计中介机构库，制定《关于进一步规范政府投资项目预结算评审管理的补充规定》。完成118个项目的预、结算评审，送审金额6.6亿元，审减金额0.39亿元，审减率5.8%。

【财政管理】2017年，株洲新区不断提升依法理财和财政科学化精细化管理水平。加强专项资金管理。制定出台总的财政专项资金分配审批管理办法，为进一步规范全区财政专项资金的管理提供制度依据。基本完成全区行政事业单位的资产核实和处置工作。完善资产管理信息，对实物资产实行“一物一卡一条码”管理。组织全区60家预算单位全面完成内部控制基础性评价和2016年度行政事业单位内部控制报告。大力支持“互联网+监督”改革，做好91项民生资金数据采集和录入工作，强化对民生资金的监管。（谭 慧 张 佳）

【资产清查】2017年，区财政局按照《财政部关于印发〈行政事业单位资产清查核实管理办法〉的通知》精神，在2016年全区行政事业单位资产清查工作成果的基础上，2017年开展资产清查的核实工作，对各单位资产清查中的固定资产盘盈、固定资产盘亏、毁损及待报废资产情况进行核实和资产报废、资产报损的审批核销工作，最终对盘盈资产(总额：3077.05万元)进行登记入账，对盘亏及待报废资产处置金额1400多万元。此次清查，核实全区各单位自2004年以来资产实际情况，摸清全区行政事业单位家底。通过资产核实、资产处置和会计账务调整等工作，使各单位做到账账相符、账实相符。通过设置单位资产管理员岗位，切实加强行政事业单位资产管理，做到资产有专人管理，避免单位资产管理上的缺位。同时，为实施资产“一物一卡一条码”管理，实现资产管理和预算管理相结合打下基础。

【公车改革】2017年，根据省、市公车管理部门的指示精神，扎实推进公车改革工作。一是对全区各单位进行“黄标车”的清理，至10月底已按上级要求全部清理到位；二是对全区公车管理进行专项检查，主要内容涉及公务用车管理制度建设情况、车辆安全检查情况、公务用车使用情况、公务用车喷涂标识情况以及超标车、进口车的清理、更换等，进一步加强公务用车使用管理，有效杜绝派车程序不规范、车辆维修保养不及时等安全问题发生。三是做好全区2017年公车改革参改单位取消车辆的处置工作，通过对全区取消车辆信息的全面统计、核对核实、车辆评估、拍卖及报废，处置车辆89台，其中拍卖73台，报废16台，车辆处置收入247.6万元全部入库，车辆处置工作完成。（唐槐鲜）

2017年天元区一般公共预算收入完成情况一览表

表9　　单位：万元

收入项目	金额	收入项目	金额
一般公共预算收入	786637	一、地方收入	509019
其中：税收收入	617114	地方税收收入比例(%)	66.7
非税收入	169523	(一)税收收入	339496
税收收入比例(%)	78.45	1. 增值税	93119

续表 9

收入项目	金额	收入项目	金额
其中：改征增值税	49467	（二）非税收入	169523
2. 营业税	1288	1. 专项收入	12894
3. 企业所得税（28%部分）	27529	其中：排污费收入	—
4. 个人所得税（28%部分）	12503	教育费附加	12519
5. 资源税（75%部分）	18	2. 行政事业性收费收入	3480
6. 城市维护建设税（70%部分）	17483	3. 罚没收入	752
7. 房产税	13905	4. 国有资本经营收入	—
8. 印花税	6952	5. 国有资源（资产）有偿使用收入	152294
9. 城镇土地使用税	12627	6. 其他收入	103
10. 土地增值税	30917	二、上划中央收入	223575
11. 车船税	—	三、上划省级收入	54043
12. 耕地占用税	2752	附：国税部门征收	325416
13. 契税	120403	地税部门征收	304217
14. 其他税收收入	—	财政部门征收	157004

（谭慧　张佳）

2017年天元区一般公共预算支出完成情况表

表10　　单位：万元

支出项目	金额	支出项目	金额
一般公共预算支出	504667	6.文化体育与传媒	4950
1.一般公共服务	49698	7.社会保障和就业	21428
2.国防	10	8.医疗卫生	13737
3.公共安全	8409	9.节能环保	1073
4.教育	37511	10.城乡社区事务	331099
5.科学技术	17468	11.农林水事务	10854

续表9

支出项目	金额	支出项目	金额
12.交通运输	201	17.住房保障支出	1211
13.资源勘探电力信息等事务	2517	18.粮油物资储备事务	39
14.商业服务业等事务	304	19.其他支出	604
15.金融支出	5	20.债务付息支出	3547
16.国土海洋气象等	2		

（谭慧　张佳）

国家税务

【概况】 2017年，株洲市天元区国家税务局(简称“区国税局”)在职干部职工112人，其中公务员106人，事业干部4人，工勤人员2人。区局内设13个科室，下辖1个税务分局。负责辖区7861户企业、7377户个体户的税收征管。其中一般纳税人2754户，年纳税(国税部分)500万元以上的大户114户。年内，组织税收收入32.62亿元，同比增收11.99亿元，增长58.2%，收入增长额连续3年居全市第一。减免各税额10.53亿元，出口退税2.43亿元，小微企业受惠面100%。获得2017年湖南省全面推开营改增工作先进区县单位、湖南省国税局2016—2017年度先进集体、2016—2018年全省依法办事示范窗口单位、2017年全市国税系统绩效先进单位，2017年株洲高新区、天元区绩效考评一等单位、2017年度天元区建设文明城市工作先进单位。

【税收征管】 2017年，区国税局严格执行征管质量考核及责任追究制度，征管基础和征管改革质效双提。积极推行实名办税制度，“实名认证”纳税人11279户，占比75.9%。建设“智慧税务局”，推广电子税务局和网上、掌上办税厅，实现互联网与税收工作的有机融合。年内，网络申报40473笔，占比46.78%。推进商事制度改革，办理“多证合一”企业6712户，占办证企业90%。

【“营改增”政策辅导】 2017年，区国税局开展“问需求优服务促改革”大辅导，全面走访辖区内6523户纳税人，辅导企业充分了解“营改增”税收政策。利用“百日千户”活动进行专项辅导，由48名业务骨干组成13个辅导小组，对146户纳税人进行“一对一”的辅导，确保应抵尽抵、应收尽收。以视频培训方式开设4期“营改增”培训课程，参培企业759户。利用第26个税收宣传月活动，组建税收业务专家团队，对100多户纳税人进行“营改增”政策宣讲，现场答疑解惑。

【国地合作】 2017年，区国税局联合区地税局开展信用等级评定工作，营造诚信纳税氛围，参加评价企业5785户，分别评定A类企业60户，B类企业2106户，C类企业408户，D类企业265户。通过银税互动，为B级以上纳税人提供信用评价服务，帮助28户企业取得银行贷款645万元。对2户共管户纳税人协同开展风险应对，涉及税款1098.81万元。年内，召开国地税联席会议5次，就信息互享、“一窗一人一机”办税模式、国地税单管户核实、数据清理等方面达成

18项共识。9—11月，先后对3批国地税单管户20余个指标上万条数据逐户进行清理，确保不重管不漏管，减轻纳税人负担，提高纳税遵从度。

【税收宣传月活动】4月10日，区国税局、区地税局与中国动力谷自主创新园联合启动第26个税收宣传月，举办以“深化税收改革、倡导诚信纳税、助力企业发展”为主题的税收政策答疑会，设置2处政策咨询点，发放宣传资料500余份，联合答疑50余条。天元区人民政府常务副区长李征兵出席启动仪式，中国动力谷100多户中小科技型企业负责人、财务主管、技术人员参加宣传月启动仪式各项活动，株洲电视台等主流媒体进行相应报道。

第26个税收宣传月启动仪式

【纳税服务】2017年，区国税局以“放管服”（简政放权、放管结合、优化服务）改革为推手，积极探索优化营商环境，创新服务手段。增设办税服务窗口4个，配备执法记录仪5台，保证办税网络畅通。定期检查消防设施，消除办税场所安全隐患。3月1日，区国税局“一窗一人”办税模式正式运行，业务办结时间和等待时间缩短2~7分钟。区国税局积极落实国务院六项减税措施，通过电子显示屏、微信公众号、纳税人学堂等多渠道推送政策内容、办理流程和辅导资料，深入重点企业“一对一”帮助纳税人准确理解减税政策。11月，区国税局购置3台自助办税设置，方便纳税自行办理税收业务，纳税人通过自助办税机领购发票1000多份，开具发票200多张。区国税局在市国税系统县市区局满意度调查中排名第四。

【依法治税】2017年，区国税局聘请19位社会特邀监察员不定期对纳税服务、行风政风等进行明察暗访，召开4次监察员座谈会，收到合理化建议和意见18条。采取“走出去、送上门”的形式，上门拜访辖区税源企业50户，广泛收集纳税人办税中的疑问和建议，现场协调解疑涉税问题82个，针对9户发票用量较大的企业，辅导财务人员规范开具发票，现场查验缴销企业自印发票5万余份，帮助纳税人解决实际问题。区国税局办税服务厅获评2016—2018年全省依法办事示范窗口单位。

【国税队伍建设】2017年，区国税局秉承“以人为本”的队伍建设理念，创建学习型税务机关，激发活力，提高整体素质。年内，取得“三师”证书干部8名，占全局干部比例7.2%。“三师”参考人数28人，占全局干部总人数的25%，13人通过20门单科考试。副科（分局）长交流11名，一般干部交流22名，通过分批分次逐步交流轮岗，副科（分局）长2年内交流面91%，一般干部交流面90%。提拔2名优秀青年干部任副科长。年内，完成工作纪实1.6万余篇，纪实率100%。借助网络微博、“助老、助残、扶幼”活动，传播天元文明，区国税局团支部被团市委授予“五四红旗团支部”称号。

【青年文明号开放周】6月26日始，区国税局开展为期两周的“青年文明号开放周”活动。便民服务上门、文明劝导、税法宣传、团员青年与退休老干部开展“一对一，心连心”交流思想等，充分发挥青年干部示范导向和文明先锋作用，以青春力量助推国税事业的发展，以实际行动践行“为国聚财，为民收税”理念。

【国税文化建设】2017年，区国税局撰写的《北汽集团株洲分公司税收贡献率低的原因分析和建议》《地方政府对北汽集团的投入与税收贡献的对比分析》《营改增对商业银行的影响及应对政策》《珠宝首饰零售行业税收管理存在的问题及对策》4篇调研文章被湖南省国税通讯和株洲市国税通讯采用，1幅《税收宣传》摄影作品被中国税务报采用。在《株洲日报》发表题为《天元国税深化‘放管服’》《国务院6项减税政策惠及株洲》《税官上门答疑》《我市征收首笔中外合作办学非居民企业税收》《营改增大红包持续释放多重红利》《天元区国税局创建普法教育示范教育基地》6篇新闻稿件，市国税通讯采用信息24篇，编发天元国税通讯28期。在市国税局组织的“喜迎十九大，共筑税务梦”摄影、书法比赛中，荣获相机组金奖、优秀奖，手机组金奖、银奖和优秀奖。（石文静）

2017年区国税局分税种完成情况一览表

表11　　单位：万元

项目	本年入库	上年同期入库	同比增减额	同比（%）
一 工商税收合计	326157	206173	119984	58.20%
(一)两税合计	259977	171151	88826	51.90%
1. 增值税	248061	146485	101576	69.34%
2. 消费税	11916	24666	-12750	-51.69%
(二)企业所得税	66180	35022	31158	88.97%

（石文静）

地方税务

【概况】株洲高新区(天元区)地方税务局(简称“区地税局”)有在职干部95名，内设机构10个(4个管理科、6个内设科室)，直属机构2个(办税服务厅、稽查局)，派出机构2个(第一税务分局、第二税务分局)。年内，区地税局完成各项地税收入18.33亿元(不含契税)。其中税及两费16.97亿元，剔除2016年营业税进行同比，累计增收1.93亿元，契税完成12.04亿元。

2017年，是全面“营改增”后的第一年，“营改增”之后的影响全面爆发。区地税局积极主动开展地税征管转型探索，并取得阶段性成果。队伍建设、文明创建工作稳步推进，省文明单位再次创建成功。

2017年天元区分税种入库情况一览表

表12　　　　单位：万元

税种	2017年累计	较2016年同比增减额	较2016年同比增长（%）
总收入合计(不含契税)	183282.53	20452.25	12.83
税及两费	169727.19	18710.88	12.68
一、纯税合计	158413.67	19563.75	14.43
营业税	3462.19	0.00	0.00
企业所得税	33101.84	3266.98	10.95
个人所得税	33798.83	8169.63	31.88
资源税	24.22	19.74	440.70
城市维护建设税	15779.83	-1090.71	-6.47
房产税	13902.14	2641.63	23.46
印花税	6622.52	1429.09	27.52
土地使用税	18038.30	3459.57	23.73
土地增值税	30917.31	4818.92	18.46
车船税	14.39	7.48	108.27
耕地占用税	2752.10	-3158.58	-53.44
二、费金合计	24868.86	1158.52	4.89
教育费附加	6834.80	-344.23	-4.79
地方教育费附加	4478.72	-291.45	-6.11
其他罚没收入	39.80	25.28	174.08
社会保险基金	9652.53	1155.12	13.59
残疾人就业保障金	789.79	423.42	115.57
工会经费	1839.86	67.05	3.78
防洪保安资金	1233.37	123.33	11.11
三、契税	120402.56	30628.18	34.12
四、个人代开	1974.86	-364.28	-15.57
五、增值税	256.01	78.01	43.8

（金小涵）

【税收分析】 2017年，区地税局分线分组分专题开展税源走访，做好税源调查测算，加大对重点企业、重大基建项目、优惠政策享受等重要信息的分析，研判预测税源增减变化，牢牢把握组织收入的主动权。重点税源入库贡献平稳，入库千万以上的企业有20户，共入库5.2亿元，对税收贡献34%。

【国地税合作】 2017年，区地税局全面落实“一窗一人”办税，办理国税业务约1.5万笔。不断完善和融合业务流程，简并和优化报送资料，降低纳税人办税成本。与天元区国税局组织“税收宣传月”“纳税服务日”等活动，召开税企座谈会，广泛开展大走访活动，扩大税务宣传，提高纳税人遵从度和满意度。

【征管转型】 2017年，区地税局针对“营改增”后地税主体税种缺失、税源管理难度加大等问题，扎实推进征管转型。成立风险管理机构和纳税评估分局，选优配强风险管理团队。调整征管范围，将原来由税务分局管辖的企业划给税源管理科室，保留1个税务分局负责个体户和乡镇企业管理，与天元国税天易分局管辖范围吻合。强化土地税收征管，通过集中清查、专项检查、严格督查，入库土地增值税、土地使用税、耕地占用税5.17亿元，契税12.04亿元。抓好个人所得税申报管理，年所得12万元以上的自行申报人数2567人，同比增长21.4%，创历史新高。规范行政事业单位管理，截至年底，登记行政事业单位347户，入库税款6915.83万元。扩面个体户征收管理，个体总定税户844户，较上年增长34.61%。

【纳税服务】 2017年，区地税局开展“企业帮扶年”和“问需求、优服务、促改革”等活动，深入企业实地走访调研，为企业解决实际问题。抓好优惠政策的落实落地。为47户困难企业减免房产税、土地使用税1592.71万元，为189户小微企业减免企业所得税246.43万元，为9户高新技术企业办理企业所得税免税备案1417.84万元，为13户工业企业办理研发费加计扣除优惠备案3872.25万元。

区地税局办税大厅获纳税人赠锦旗

【干部队伍建设】 2017年，区地税局严抓绩效管理。对全年工作进行细化，按月自查，按季开展绩效考核，对纳税人投诉、党风廉政问题、税收执法不作为等行为实行一票否决制。通过严抓绩效考核，促进作风改善和工作效率提高，涉税审批事项办结时间比法定时限缩短30%以上。坚持每周五下午开展全员培训，组织干部参加市地税局举办的各类培训，提升干部综合能力。3人获得市局荣誉，1人获得市局推荐上报全省优秀税务工作者。组织50岁以下干部参加全国税收知识竞赛，15人成功进入复赛。培养“三师”（税务师、注册会计师、司法考试）人才、业务骨干，1人通过律师资格考试，28人报考税务师、注册会计师考试，学习氛围越来越浓。

【党的建设】 2017年，区地税局认真开展中心组、支部学习，支部书记“讲党课”“述党建”成为常态。

加强基层党支部标准化建设，建立党员活动室，积极开展主题党日活动6次。严格执行“三会一课”(定期召开支部党员大会、党支部委员会和党小组会，按时上好党课)、党员量化考核等制度，每季度召开1次党建专题工作会议，协调解决党建重点、难点问题。强化“一岗双责”(既要抓好分管的业务工作，又要以同等的注意力抓好分管部门的党风廉政建设，把反腐倡廉、案件防范工作与业务工作同研究、同规划、同布置、同检查、同考核、同问责，真正做到“两手抓、两手硬”)，使党风廉政建设和反腐败工作始终保持应有的力度。层层签订廉政责任状，定期组织全员廉政学习，营造廉洁从税良好氛围。围绕作风建设突出问题抓早抓小，常抓不懈，形成“逢节必查、按周抽查、突击检查”的作风巡查和明察暗访工作模式。开展“四风”(理想信念动摇，宗旨意识淡薄，精神懈怠；贪图名利，弄虚作假，不务实效；脱离基层，脱离实际，不负责任；铺张浪费，奢靡享乐，以权谋私，腐化堕落)方面提醒谈话2人次，对24名干部进行经济处罚，累计扣发奖金14320元。（金小涵）

审　计

【概况】天元区审计局(简称“区审计局”)为天元区政府工作部门，正科级行政单位。2017年，区审计局内设办公室、经济责任审计办公室、财政财务收支审计组，核定行政编制7名、后勤事业编制1名。下辖全额拨款事业单位为天元区建设项目审计监督中心，核定事业编制6名，会计核算未单列。年末，区审计局(含二级机构)实有在编人员10人。主要职责是贯彻执行国家、省、市有关审计工作的方针、政策和法律法规，拟订全区审计工作基本规划、发展规划和专业领域审计工作规划，以及年度审计计划并组织实施，会同有关部门拟订审计、财政经济及有关制度和办法并监督执行，对直接审计、调查和核查的事项依法依规进行审计评价，作出审计决定或提出审计建议。具体负责政策落实情况跟踪审计、财政审计、政府投资审计、经济责任审计、企业审计、民生审计，以及专项资金、财政财务收支审计和审计调查等，并指导和监督内部审计工作。

2017年，区审计局完成审计项目139个，为年初审计项目计划的149.46%，查出主要问题金额22.02亿元，其中：违规金额1.06亿元，管理不规范金额20.96亿元。审计处理处罚金额4.56亿元。审定工程结算造价21.69亿元，核减工程造价0.45亿元。审计促进整改落实有关问题资金4.23亿元，促进资金拨付到位0.28亿元。提交审计报告和审计专项调查报告144篇，提出针对性审计建议76条，审计信息、建议被区主要领导批示5篇，在区政府门户网站公告审计结果报告1篇。年内，区审计局选送审计评比项目获湖南省审计厅表彰审计项目奖、获株洲市审计局优秀审计项目奖，2项审计技术成果分获湖南省审计厅应用奖和鼓励奖。

【财政审计】2017年，区审计局组织对区本级2016年度财政预算执行和其他财政收支情况进行审计，并延伸审计区教育局、区信访局和区交管站等3个部门预算执行单位。重点审计政府重要决策部署、重大政策执行情况、财政收支的真实合法效益情况、积极财政政策落实情况，并注重从机制、体制和制度建设以及管理层面提出审计意见和建议，促进区财政进一步提高依法理财水平。通过审计，查处和反映主要问题金额15.99亿元，提出审计建议12条。同时，将财政审计与经济责任审计、政府投资审计等多种审计形式相结合，不断丰富财政审计的广度和深度。依法代表区政府向区人大常委会作工作报告，获得人大代表们的满意评价。

【政府投资审计】 2017年，区审计局政府投资审计继续以“揭露问题、规范管理、提高绩效、维护安全”为目标，重点抓好融资平台公司，镇、街道，以及相关职能部门的工程结算和竣工决算审计，严肃查处项目建设中的高估冒算、挤占挪用和损失浪费行为，如实反映项目建设程序不规范、超计划投资等突出问题，积极发挥审计监督和服务作用。一是为政府节约大量建设资金。完成工程结算审计项目124个、竣工决算审计项目2个，审定工程造价21.69亿元，核减工程造价0.45亿元，核减率为2.05%，审计查出违规和管理不规范金额0.64亿元。二是前移审计关口，加强事前、事中监督服务。如参与区亮化改造工程项目材料市场询价，将灯具主材施工报价6500余万元，核减至1900余万元。三是强化内部管理，提升审计工作质量。严格执行政府投资审计“三审”终审制度，对政府投资项目审计统一调度安排，建立审计限时办结制度，将审计时限和审计质量直接与审计人员个人绩效挂钩。加强对区内备选中介机构的管理，建立中介事务所季度约谈制度，对初审误差率大于3%、复审误差率大于2%的相关中介机构负责人和主审人员进行集中“约谈”，严格兑现项目外委合同超标处理处罚约定。

【经济责任审计】 2017年，区审计局完成对区城管局、区教育局、区信访、区司法局、区交管站等单位5名领导干部经济责任审计(其中：任中审计1人、离任审计4人)，审计查出主要问题金额3.37亿元(违规金额0.11亿元，管理不规范金额3.26亿元)。按照区委、区政府的部署和区委组织部的委托，实现对领导干部经济决策责任、经济执行责任、经济管理责任、经济监督责任和执行廉政规定情况(即“四责一规定”)的全面监督。审计内容上，注重以审计财政财务收支为主转向审计重大经济决策、重要经济政策执行和重要经济事项管理；审计评价上，注重力求客观评价被审计领导任期取得的实绩和在经济运行中存在的问题；审计方法上，注重完善与被审计领导干部在审前调查、现场审计、审计签证、审计报告征求意见和审后整改阶段的“五个主动沟通”。同时，以审计情况专报、审计要情、审计信息等形式，向区政府反映审计发现的问题，区主要领导作出批示，促进问题立整立改，实现对领导干部的有效监督。

【民生审计】 2017年，区审计局以“促进政策落实、维护群众利益”为目标，进一步强化民生审计理念，加大对关系民生的专项资金审计力度。年内，完成民生和专项资金审计项目4个，查出主要问题金额2亿元。重点关注城乡低保、社保、医疗、保障性住房等民生和专项资金管理和使用状况，认真开展审计和审计调查。一是采取“上审下+交叉审”的方式，完成2016年度荷塘区保障性安居工程跟踪审计。重点对棚户区改造、保障性住房分配和管理情况进行审计，主要发现安居工程专项基金使用效率不高、公租房竣工后长期闲置等问题，同时对历年来审计发现问题的整改工作进行跟踪检查，有力地促进各项惠民政策措施的贯彻落实和制度完善。二是完成天元区2016年度上级专项资金审计调查项目以及三门镇、雷打石镇敬老院2016年财务收支情况审计，重点审计调查59家镇、街道、区直预算单位，以及相关企业专项资金分配、使用、结余和效益情况，审计查出上级转移支付专项资金预算编制不完整、指标下达不及时、项目付款审核把关不严、村及社区专项资金管理缺乏监督，以及挤占、滞留专项资金等问题，审计报告经区主要领导批示，进一步促进规范专项资金监管，制定出台《株洲市天元区财政专项资金分配审批管理办法》。

【内审工作】 2017年初，天元区内部审计协会(简称“内审协会”)作为政府脱钩试点机构，按照相关程序和要求，完成内审协会政府脱钩工作，实现机构、职能、资产财务和人员管理分离，转变政府职能。

根据内审协会章程规定，由理事会罢免原会长后，选举鲁如飞为新会长，产生新一届理事会。区审计局加大对内部审计工作业务指导，派出审计干部对区内审协会、区招商产业组、区巡查组、区教育局等部门负责人及财务人员200多人进行财经法规知识业务培训，促进各部门规范财务管理行为。各部门、各企事业单位内审工作取得成效。株洲高科集团公司、湖南天易集团公司、区教育局等单位进一步健全内审机构，完善内审管理制度，积极开展财务收支及内部控制审计、工程审计，促进提高财政资金使用效益和企业经营效益。

【审计厅协审工作】5月下旬，湖南省审计厅派出审计组到株洲高新区、天元区，对谢高进任中共株洲高新区工委书记及天元区委书记、李智任株洲高新区管委会主任、董巍任天元区人民政府区长期间的经济责任履行情况进行审计。8月下旬，省审计厅派出审计组对天元区政府性债务进行审计。其间，区审计局先后抽调审计人员7人次协助省审计厅派出审计组开展审计工作。历时5个月时间，审计人员在省审计厅派出审计组的带领下共同实施审计项目，充分发挥审计专长，如质如期地完成指派的现场审计工作任务。

【党风廉政建设】2017年，区审计局严格落实“一岗双责”，推进审计机关党风廉政建设。一是加强组织领导，明确从严治党主体责任。完善由党组书记、局长任组长的党风廉政建设领导小组，明确分工，互相配合，按照“谁主管，谁负责”的原则，明确责任主体，层层签订党风廉政建设责任书，把党风廉政建设任务和责任落实到每个科室和各个环节，严格责任追究，上下联动，形成党风廉政建设工作的整体合力，并将党风廉政建设工作融入到审计监督当中，和其他工作一起部署，一起检查，一起考核，一起落实。二是健全监管制度，强化监督检查。完善局机关制度和部门行政权力清单，建立健全效能考评、责任追究等制度。以问题为导向，认真查找党风廉政建设方面的问题并进行积极整改，建立健全审计机关风险预防机制。落实审计项目审前公示、廉政监督员监督和审计回访制度，不定期开展廉政审计监督检查，确保审计干部廉洁从审，维护审计的严肃性、权威性。三是加强学习教育，打好廉政“预防针”。加强对党章党规、习近平总书记系列讲话以及廉洁自律相关规定的学习，提高党员干部廉洁自律的自觉性。开展正反两方面典型教育，以先进人物为镜，查找不足，缩短自己与先进的差距，组织参加红星云学习，集中观看警示教育视频等，促使党员干部严守政治纪律、廉政纪律，增强责任意识，确保审计人员清正廉洁。四是落实廉政谈话制度，常念廉政“紧箍咒”。围绕党员干部工作、纪律、作风等方面容易出现的问题，做到早预防、早提醒。紧盯重点时间、重点环节，特别在进点审计前或节假日等关键时期，通过开展约谈提醒、廉政承诺、审前进点廉政谈话等工作，增强落实党风廉政建设责任制的自觉性，规范审计行为。年内，签订党员承诺书11份，开展任前谈话2人次，集体谈话4次，继续保持零投诉、零举报、零违纪的局面。五是强化审计监督，发挥惩治和预防腐败作用。局班子成员深入审计一线，从事具体审计业务工作，突出重点资金、重点部门、重点领域审计，发挥审计在党风廉政建设和反腐败工作中的作用。抽调审计人员参与区内巡察和区外交叉巡察工作，跟进巡查项目，开展业务咨询。配合纪检部门开展节假日“纠四风”“雁过拔毛”式腐败和“治陋习、树新风”等专项治理工作。派出审计人员参与村、社区换届选举巡回督导、农村“三资”（“三资”指农村集体经济中的资金、资产和资源）和村级财务大检查工作，积极配合完成监督检查工作任务。（张荐钧）

城乡建设·环境保护

2018株洲高新区·天元区年鉴
ZhuZhou GaoXinQu·TianYuanQu NianJian

◎ 城乡规划

◎ 城乡建设

◎ 城市管理

◎ 城建管理协调

◎ “两型社会”建设

◎ 违法建设治理

◎ 村镇建设

◎ 环境保护

城乡规划

【概况】2017年，株洲市规划局天元分局(简称“规划天元分局”)内设2个科室，有6人。年内，核发月塘安置小区建设用地规划许可证，用地面积11770.06平方米。开发建设项目验线63处、建筑面积389.52万平方米；验收16处、建筑面积119.72万平方米。村民建房踏勘460户，发证275本。

2017年，规划天元分局积极推动召开株洲高新区、市规划局建设项目工作联席会，就项目问题具体解决方案形成会议备忘录并上报市委办公室。与天易集团就需要规划服务重点项目进行对接，并就相关情况上报市规划局专题会议研究落实。完成株洲市“两岸一线”美化亮化工程项目和违法建设调查统计工作，其中天元区相关范围内有湘江沿线城中村改造项目36679.92平方米，市政工程项目86037平方米，房屋美化靓化项目(立面面积)5184平方米，绿化景观项目194259.6平方米；违法建设222处、建筑面积70274.36平方米。雷打石镇龙洲路征拆项目集中安置点选址报市规划局业务例会审查通过并出具蓝色线图，项目用地面积51291.4平方米。年内，配合区教育局，开展《株洲市天元区中小学校布局规划》的调规工作。参与三门镇、雷打石镇“多规合一”下的总体规划成果评审。

【依法拆违控违】2017年，规划天元分局拆除永久性砖混建筑物33处，计建筑面积52206.22平方米。简易结构建筑313处，建筑面积63416.44平方米。控制违法建设110处，建筑面积24304.37平方米。服务项目建设260处，建筑面积168118.528平方米。

【规划工作协调】2017年，规划天元分局参与环卫充电桩建设选址的协调、天泰家园外立面变更审查、天元区畜牧养殖禁养限养适养区域的划定、龙洲路拆迁安置点项目规划设计讨论、湘江大道服务区(群丰)安置点建设前期工作、沪昆南移线相关工作协调、株洲海事职业学校建设协调、天元区畜禽养殖区域规划成果审查，株洲众民香料产业科技园现场办公，提供规划咨询。完成环保督查交办的南园加油站等项目调查及回复。 (刘国旺)

城乡建设

【概况】株洲高新技术产业开发区开发建设局作为高新区管委会内设机构，与天元区城乡建设局一个机构两块牌子，为区人民政府工作部门。主要负责局属城区市政工程建设及水、电、气、通信等配套协调工作，农村公路建设管理；园区工业项目建设协调和服务，及区重点建设项目的协调、调度、督查和考核；园区内工业项目及市政项目施工许可审批、发证和建工统计工作，指导全区乡镇规划工作；全区安置房建设管理，配合开展全区保障性住房、农村危房改造、棚户区改造等工作，协调安置房办证历史遗留问题；全区园林绿化养护工作及市政基础设施日常管理和养护。2017年年末，天元区城乡建设局内设综合科、工程管理科、规划管理科、建设管理科、住房保障科、市政园林管理科6个科室，归口管理区重点建设工程管理办公室、区交通公路管理站、区市政工程维护处。局机关有工作人员23人(在编人员19人，区聘1人，局自聘人员3人)，重点办3人，交管站14人，市政工程维护处57人。

【市政建设】2017年，天元区市政工程维护处完成管辖范围内天台路、长江路、黄河路、珠江路等153条，497.8万平方米城市主、次干道的日常维护工作。4—7月，完成栗雨湖94立方米的木质休闲设施大修。5—7月，完成西环线7945平方米沥青路面中修。是年，根据中央环保督察组环保督查组的工作要求，完成新东路隆兴闸口的污水截流工程、湘山路排口污水截流及雨污分流改造工程、黄河南路枫溪大桥西侧雨污分流改造工程、君山路污水截流工程、珠江路污水截流工程、株洲市中心医院(风景亭)处污水直排湘江等污水综合治理工作，顺利完成中央环保督察组环保督查迎检工作。

【基础设施建设】 2017年，全区完成市政建设工程投资约10.2亿元，新建和改造城市道路29.87千米，新马大道、万丰路、栗塘路等主干道建成通车，城市道路网格化更加完善。修通及改造19条支路和小街小巷，打通规划6路、规划8路等7条断头路，梳通黄河北路交通堵点，城市交通微循环更加顺畅。

通车后的规划6路

【乡村路网构建】 2017年，天元区加快乡村路网构建，完善农村交通功能。全年财政投入补助资金1000万元，完成月福村(唐家—小坪组)、建龙村(桂花组—S313)等24条村道硬化及铁篱村(若公组—敏公组、枞树组—胜利组)等2条窄路加宽里程合计50千米。投入200万元，完成S331湘新线、Y028金龙—石塘、Y042苍霞—护塘、Y044胜塘—砖桥、Y048沙江—伞铺5条农村公路35千米道路安保设施建设。实现农村公路养护常养率100%，路况优良90%以上。

【旧城提质行动】 2017年，天元区实施旧城提质行动，不断提升城市品质。根据市委、市政府下达的目标任务，全区涉及棚户区改造、历史文化特色街区保护工程、老旧小区综合整治等8大工程建设。一是棚户区改造。改造计划任务3134户，改造面积约120万平方米，责任单位为株洲高科集团、湖南天易集团及3家市级平台公司，已完成3134户，完成改造面积120万平方米，完成投资约47.5亿元。二是杜甫草堂历史文化特色街区保护工程。项目业主为湘江集团，天元区做好配合工作，年内已完成征地拆迁、可研批复、区域规划环评批复、规划委员会对方案的批复、初步设计、投资概算专家评审和桩基施工图设计等工作，防洪评价和专项环评等工作已展开。三是德政花苑老旧小区综合整治。责任部门为区城管局，年内已完成小区楼道内仿瓷、屋顶防水、外墙粉刷、路面做硬化、休闲广场的建设等综合整治任务工程，共投入资金540多万元。四是金源农贸市场和大湖塘农贸超市综合改造工程。责任部门为区商务局，年内已完成改造并验收。五是开展“三供一业”物业移交社区改造工程。责任部门为区城管局。根据前期工作协议，河西铁路职工家属区物业管理分离移交工作由区政府组织实施，已完成该项目物业移交改造工程的可行性研究、立项、勘察设计招标核准和勘测设计公开招标，该项目勘察、设计工作全面推进；市邮政公司物业移交改造工程已委托专业设计单位进行勘测、设计；株洲电信、移动、株化(中盐)等单位的“三供”分离移交改造工程的设计、预算编制等工作已完成。六是“两岸一线”景观靓化工程。责任部门为区建设局，滨江北路国安局门面、怡园小区、株洲大桥和天元大桥桥头美化亮化提质工作已全部完成，完成投资约140万元。七是18条小街小巷拉通提质工程。责任部门为区建设局，年内18个项目全面开工，竣工项目17个，完成新建和改造道路总里程6.87千米，完成年度投资1.39亿元。八是拆违控违专项整治工程。责任部门为区拆违大队。年内已控制和拆除违法建设29.8万平方米。

【园区规划编制】2017年，区城乡建设局按照“多规合一”工作要求，编制完成三门、雷打石两镇总体规划，并获得市政府批复。统筹推进新马片区、天易片区、神农绿轴片区、南部农业示范园控规等11项城乡规划编制工作。新马片区的新马科技园控制性详细规划、汽车博览园控制性详细规划均已按照计划编制完成并获得市政府批复。万丰湖片区文化旅游规划、天易片区的五云峰片区控制性详细规划、天易科技城控制性详细规划形成初步规划成果；神龙绿轴片区的神农绿轴控制性详细规划、特色商业街规划、园区产业规划已完成初稿。南部农业示范园控规的“十大行动”之南部片区产业园整体产业规划基本完成。天台科技园城市设计形成规划成果和开发建设方案。

【规划施工许可审批】2017年，全区依规审批发放“建设用地规划许可证”10本，共核发用地面积92.1万平方米；“建设工程规划许可证”15本，建筑总面积54.6万平方米，“施工许可证”31份，审批建筑面积62.64万平方米，工程总造价21.74亿元。

【住房保障】2017年，天元区保障性住房建设按照“公开、公平、公正”“自愿自主”的原则，加快农村危房改造进度。年内省下达天元区农村危房改造任务为20户，纳入市“民生100”任务为70户，已完成87户。市房产局下达天元区公租房分配任务1015套，已分配1158套，完成率114%。督促各责任单位完善历年公租房分配方案、分配台账及档案整理工作。城镇低收入住房困难家庭住房租赁补贴申报50户，实现发放补贴336户。

【园林绿化】2017年，天元区实施绿荫行动，营造生态宜居家园。建设项目6个：万丰湖生态水系续建、新丰路、神农大道A段、小湖塘社区游园、安泰安置小区和兴湖家园安置小区林荫停车场。创建项目5个：慧谷阳光小区、区老干局2家创建省级园林式小区及单位、华晨御园、早安华晨、栗雨香堤3家创建市级园林式小区。截至年底，5个创建项目完成。6个建设项目竣工5个，竣工率83.33%，另1个已开工建设。

【重点建设项目管理】2017年，天元区城乡建设列入株洲市重点建设的项目37个，开工建设36个，占年计划的102.8 %，竣工项目21个，完成投资141.5亿元，占年计划134.6亿元的105.1%。

【城建固定资产投资】2017年，天元区城乡建设局固定资产投资计划118亿元，其中市政基础设施建设18亿元，房地产开发项目100亿元。截至年底，完成固定资产投资139.53亿元，占年度目标的118.25%。其中市政基础设施建设完成投资21.73亿元，占年度目标的120.72%；房地产开发完成投资117.80亿元，同比增长15.65%；全区商品房销售面积297.51万平方米，同比增长14.03%。

【村庄规划】2017年，天元区围绕实现镇村到城区的半小时交通圈，调整县、乡、村道交通网络规划，重点突出村道与县、乡主干道的对接，打造村村通和组组通道路。年内，完成35公里农村安保设施建设，设置护栏、警示桩、反光镜、减速带、标志标牌等，提高道路安全行车条件。完成三门镇牛路口危桥拆除重建，完成农村公路提质改造22.249千米，新建农村客运招呼站10个，行政村客运班车通达率100%。

【点亮天元工程建设】2017年，天元区持续推进并优化“点亮天元”工程建设。在三门、雷打石、群丰等3镇33个村(社区)部分村民集中居住点路段组织实施“点亮天元”工程建设60.5千米，安装路灯1210盏，有效改善道路夜间行车和百姓夜间出行无亮问题。 (胡 盈)

城市管理

【概况】 天元区城市管理和行政执法局(简称“区城管局”)内设办公室、考核办、综合办证中心、业务法规室4个科室，下辖城管执法大队、环境卫生管理处、物业管理处、数字城管监督指挥中心、会计核算中心5个二级机构。编制170人，实有139人。主要职责是负责全区道路、广场、公共场所的市容监察、卫生清扫保洁、协调指导辖区内物业管理和全区数字化城市管理的监督、指挥、调度等。

2017年，区城管系统率先启动“小环境”O2O项目，将垃圾清运、河道保洁、中转站管养全面实行公开招投标，保洁机械化作业覆盖实现100%。开展“强转树”(强基础、转作风、树形象)、“文明城管”专项行动，为株洲城管获得全国先进单位做出贡献。牵头武广西站联合管理办公室工作，组建动力谷城管中队，重点区域综合管理得到加强。启动铁路生活区“三供一业”(供水、供气、供电和物业管理)分离移交、完成德政花苑小区旧城提质和21个老旧小区改造。率先在全市出台《天元区城管体制改革工作方案》，全面理顺城市管理体制机制。2017年，天元区城市管理总奖金、总分数株洲市排名第一，获评株洲市城市管理优秀城区。 (吴意勋)

【“两创”复审迎检】 2017年，是株洲市创国家文明城市复检、创“国家卫生城市”复审之年。3月，区政府制定《天元区2017年国家卫生城市提升工作方案》，成立以区长任第一指挥长的国家卫生城市提升工作指挥部，实行“每日通报、每周考核、每月点评”，督查整改问题、落实迎检责任；对照要求，区城管系统先后组织开展占道宣传牌、车辆乱停放、渣土扬尘、乡镇“大清扫、大清洗、大整治”、街道社区楼道“牛皮癣”清理等专项整治行动120多次，由城管、公安、办事处等多部门联合现场办公，妥善解决居民小区、城中村、城郊接合部垃圾积存等市容“顽疾”，全面提升辖区环境卫生水平；协调辖区门店电子显示屏均打上创建标语，累计在株洲大道沿线等路段设立创建类大型标语6条，宣传牌382块，营造良好的“两创”氛围；作为株洲市测评迎检主战场，区城管系统组织21支应急队伍处理各类应急事项300多起，确保以最佳状态完成测评迎检任务，为株洲市高分通过“两创”复审做出突出贡献，获得株洲市“两创”复审城管工作一等奖。 (吴意勋)

【考评奖惩重心下移】 2017年4月，经区政府常务会议审议，对城市管理考核奖励基金进行提标，由原来的450万元增加到800万元，为株洲市投入保障力度最大的区；根据市委、市政府的总体要求和区委、区政府的指示精神，经多方征求意见，制定《天元区城市管理考评办法》，将全区45个社区和所有物管小区考核纳入区级考评体系；按照“管理网格化、考核标准化”的总体要求，将主城区划分为24个责任网格，日常由7名专职考评员全天候现场考评，结合城市管理信息化系统、现场抽样、督查督办等多项考评结果进行月度奖惩，当月成绩通过区政府公众号、《株洲新区》报等渠道公布，接受群众监督，实现考核管理重心下沉到街道、社区、网格；建立微信考评处置调度群，统筹全域城管紧急调度、下发整改通知、工作联络等工作，全年交办处理市、区领导交办件、市长热线、“马上就办”、市民电话和网络投诉等1.2万余件。 (唐晓琛 吴意勋)

【环卫市场化运作】2017年，区城管局引入PPD项目理念(即通过政府和社会资本合作，鼓励私营企业、民营资本参与公共基础设施建设)，将环卫市场化作业标段由原6个增加至7个，其中清扫保洁项目4个、垃圾清运2个、河道保洁1个，率先将垃圾清运、中转站管养、河道保洁等环卫工作推向市场；3月，通过公开招标，择优通过宏达物业、信诚环保等6家环卫企业，共配备市场化从业人员983人、作业车辆及设备205台、垃圾打捞船3艘，全面完成辖区环卫保洁任务。　　(易爱辉　吴意勋)

【打造环卫机械化清扫示范区】3月，天元区为提升环卫精细化作业水平，推进智慧城管建设，在原有环卫机械化配置(清洗、清扫车55台、清运车21台、收集车51台)的基础上，经新一轮环卫市场化招投标，在全市先行引入纯电动清扫车78台，环卫机械化作业覆盖率100%,全区机动车道、人行道采用电动清扫车进行环卫保洁，有效减轻一线环卫劳动强度，确保基层作业安全，全年未发生一例因环卫清扫作业而引发的交通安全事故。　(易爱辉　吴意勋)

【“小环境”020卫生治理项目】2017年，天元区积极探索“互联网+环境治理”新模式，率先打造“小环境”020卫生治理项目，通过“线上+线下”多项活动，引导市民养成良好的环保生活习惯，从源头改善市容环境。6月24日，项目启动，线上通过有奖举报，发动市民使用“小环境”APP拍照上传路面脏乱现象，协助环卫清扫处理垃圾6.2万余次；线下在湘江风光带、主要商场等地开展现场颁奖、快递盒回收等主题活动40余次，广泛邀请市民关注并参与城市环境治理，其中扫描垃圾桶二维码领红包等活动，邀请4万余名市民关注“小环境”APP，全年7万多人关注。　　(易爱辉　吴意勋)

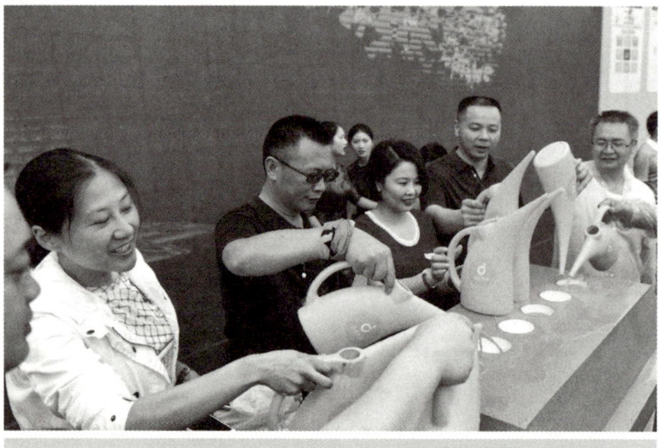

“小环境”020卫生治理项目启动

【成立武广西站联合管理办公室】株洲武广高铁西站作为株洲重要的交通枢纽，每年承担着运送250余万人次旅客的出行任务，由于地理位置特殊，各种管理乱象频发，严重影响株洲“窗口”形象。3月10日，针对西站管理难题，由天元区政府牵头，成立武广西站联合管理办公室，设办公室主任1名(从城管大队抽调)，工作人员3名(从环卫处工作人员中临时借用)。各单位驻西站执法人员分别为：公安分局8人(民警2人，辅警6人)；交警大队驻西站中队12人(民警2人，辅警10人)；市交通局8人(执法处4人，运管处4人)；市公交公司2人；区城管大队2人。

通过整治规范，公安训诫喊客拉客扰乱公共秩序人员203名，拘留14名；交警查纠各类交通违法行为4098起，其中酒后驾车3起；交通局执法处处罚非法营运车辆36台，罚款36万元，查处非法安装出租车计价器干扰装置行为20起以及其他违规行为200余车次；城管处罚人行道违规停车54台，查处流动摊贩50人次，清除乱堆乱放10余处，清理卫生死角6处，清理“牛皮癣”230处，经各部门配合及努力，初步扭转武广西站“九龙治水”的局面，有力打击喊客拉客、非法营运、乱停乱放和流动摊贩等违法违规行为。　　(吴意勋)

【城市管理和综合执法体制改革】2017年，按照市委、市政府的统一安排部署，8月天元区成立城管体制改革工作小组，编办、城管、建设、法制等多个部门相互配合，开展城管体制改革各项工作。抽调专门人员，安排办公场地，负责城管体制改革工作，率先在全市县市区制定《天元区关于深入推进城市管理和综合执法体制改革的实施方案(草案)》。在多次跟市、区相关部门沟通，广泛征求意见基础上，经过11轮修订，最终形成《方案(草案)》。12月《方案(草案)》经区政府常务会和区委常委会审议通过，并报市政府、市编办、市法制办和市城管局，市级相关部门提出修改意见，由市城管局汇总并代拟批复意见，待市政府审批发文后实施。

根据《方案》,2018年9月底前完成市本级、县市区城市管理领域的机构综合设置，实现城市管理执法人员制式服装的统一和住房城乡建设领域部分行政处罚权的集中行使。2020年12月前，全市城市管理执法体制和管理机制基本理顺，全区的城市管理法律法规和标准体系基本完善，机构和队伍建设明显加强，保障机制初步完善，现代城市治理体系初步形成，城市管理效能大幅提高，人民群众满意度显著提升。 (吴意勋)

【城管执法】2017年，区城管局执法大队以住建部“强转树”专项行动，文明城管行动为抓手，全面践行“721”文明执法理念(70%的问题用服务手段解决、20%的问题用管理手段解决、10%的问题用执法手段解决)，变被动管理为主动服务，变末端执法为源头治理，巩固提升辖区市容管理。一是加强文明执法。率先使用“钉钉”手机办公软件，利用移动互联网终端提升工作效率；强化执法保障，先行达到“两人一仪”(2名城管队员，1台执法记录仪)配备要求；在嵩山、泰山2个中队设立信息采集站，对执法证据保存归档，推进执法过程全记录，全年累计处罚违章7393起，未发生一例行政复议和行政诉讼案件。二是下沉执法重心。主城区24个责任网格，全面实行网格长负责制；建立嵩山、泰山、栗雨3个市容中队办公室，与街道城管中队开展联合执法；7月，成立中国动力谷城管中队，在万丰桥设立执法岗亭，进一步规范万丰湖及金马新谷、高塘周边的工地扬尘和违规施工管理，减少扬尘和路面污染；市政中队加强建筑工地、渣余土运输集中管理，处置跨区复杂案件41起。三是注重自身宣传。联合《株洲日报》向市民征集城市管理“金点子”，收集意见、建议230多条，首创城管漫画，制作廉政格言警句、图片60多幅；组织“城管体验日”活动，邀请学生、画家、市民等参与体验城管工作，获得良好社会反响；发布“夜宵地图”“西瓜地图”，设立便民西瓜疏导点8处，提升市民对城市管理的归属感和满意度；全年在省、市、区各级媒体宣传报道210余篇，其中城管队员帮助河北沧州瓜农先进事迹获《人民日报》点赞。 (言米娜　吴意勋)

【环境卫生】2017年，区城管局围绕“两创”迎检总目标，全面加强督查，落实环卫物业公司“日考评、周反馈、月评比”，清运生活垃圾12万吨；成立20人应急队伍，提升处置突发事件效率，处理市长热线、数字终端等应急事件1239起；加大环卫设施投入，率先改造辖区10座垃圾中转站除臭系统，完成18座公厕空气净化设备安装，翻新修复16座公厕和9座垃圾中转站；在全市率先采购新型雾炮抑尘车，对城区主次干道和施工工地进行降尘处理，有效缓解

天元城管在全市率先引进防尘雾炮抑尘车

道路扬尘污染。2017年，天元区环卫专项考核总成绩全市排名第一。（易爱辉 吴意勋）

【数字城管】2017年，根据市城管局指挥中心统一安排与部署，城市4区采集员上收市指挥中心统一管理。区城管局将28名上收的信息采集员按科室分组划定责任，由区数字指挥中心全面做好人员思想和服务工作，率先在全市顺利完成采集员移交接；在全市首次试用无人机开展数字信息采集和城管考核，对改善数字城管通过电子监控探头、采集员步巡等方式开展巡查，提升效率提供参考；完成违规夜宵摊点、违规设置地锁等重大集中摸底采集行动，共采集和受理市民投诉案件18.8万余件，充分利用信息采集原始数据，对各处置单位进行考评，按期处置18.7万余条，按期结案率99.5%，全年数字城管专项考核总成绩、总排名均居株洲市首位，其中6个月考核单项成绩全市排名第一。（马 江 吴意勋）

【"三供一业"分离移交】2017年，为推进驻区中央和省属大中型国有企业分离办社会职能供水、供气、供电和物业管理(简称"三供一业")工作，区政府出台《天元区"三供一业"分离移交工作实施方案》，明确责任和任务，计划在2019年12月前完成铁路生活区、烟草公司等5个国有企业职工住宅小区"三供一业"分离移交，全面实现中央和省属大中型国有企业住宅小区物业管理市场化、专业化、社会化。（罗青松 吴意勋）

【老旧小区旧城提质改造】2017年，区城管局按照《株洲市老旧小区旧城提质改造三年行动计划(2017—2019年)》要求，启动德政花苑小区改造项目，并纳入2017年"民生100"工程，项目总概算投资546万元，惠及小区300余户居民。12月，全面完成小区内的楼底、墙面的防水、下水道等设施改造，并通过财政、发改、监理等单位验收。（罗青松 吴意勋）

【物业管理】2017年，区城管局指导并监督香山美境、畅园小区等5个小区成立业主委员会，组织物管工作培训2场；修订完善《天元区物业管理处考评考核办法》，强化全区134个物业公司月度考评，进一步规范物业考核监管；积极调解阳光花园电费遗留和小区电表改造等矛盾纠纷456起、处理德政花苑改造等信访件5份。完成电信小区、莲花宿舍等21个老旧小区路灯、门禁、监控等基础设施改造，并逐步推进小区引进物业公司管理或业主自治工作。（罗青松 吴意勋）

【农村环境综合治理】2017年，区城管局完成群丰、三门、雷打石3个镇垃圾运输设备的招标、采购和验收交付，共配备新式垃圾运输车9台、欧盟桶2080个，完善农村环境治理基础设施建设。开展"六乱"(乱扔吐、乱停放、乱张贴、乱滴洒、乱拉挂、乱穿马路)等专项整治行动70余次，群丰镇响塘、长岭农贸市场周边，三门大道和街道，雷打石伞铺街等重点区域市容环境明显改善。（吴意勋）

【精准扶贫】2017年，区城管局按照扶贫工作要求，制定完善帮扶措施，对雷打石镇胜利村、嵩山路街道大湖塘社区的困难党员和困难群众实行对口帮扶。建立健全结对备案制度，坚持资金帮扶、技术扶持、信息助力相结合，城管局班子成员一对一帮扶茶陵县马江镇毛芫冲村16户贫困户，先后投入40万余元对毛芫冲村亮化、蔬菜基地建设进行精准帮扶，增加农民创收渠道。（吴意勋）

城建管理协调

【概况】株洲市天元区城市建设和管理委员会办公室(简称"区建管办")为正科级全额拨款的区政府

直属事业单位，核定人员编制8名，实有7名正式编制人员，1名区聘人员，3名单位自聘人员。区建管办内设综合办（“马上就办”办公室）、督查考核办公室、创建工作办公室。主要负责组织、协调、调度、考核全区各相关单位对违法建设的防控和拆除工作，协调全区湘江保护和治理工作，负责全区城市创建综合整治工作及各项创建工作达标的组织实施。

【治违控违】2017年，全区组织强制行动149次，其中一级拆违行动115次，二级拆违行动26次，三级拆违行动5次，司法拆除行动3次，控制和拆除违法建设775处，面积34.89万平方米，超额完成2017年度株洲市绩效考核中拆除25万平方米违法建设的任务，全市排名第一。

治违控违无人机集中交付

【湘江流域治理和保护】北京汽车股份有限公司株洲分公司、株洲肯特硬质合金有限公司、株洲振邦科技实业有限公司、株洲市新华硬质合金实业有限公司等4家企业清洁节能、株洲高新区河西示范园废水收集管网、农村环境综合整治等项目提前完成。湘江株洲城区段砂石码头规范化建设于2017年10月提前完成。湘江保护和治理工作获政绩考核全市排名第一。

【“三乱”专项治理】2017年，区建管办将治理乱砍、乱挖、乱采工作机制调整为“国土执法、公安保障、建管考核、平台自控、镇办有责、齐抓共管”，进一步调动“三乱”整治专业组工作积极性。面对湘江沿岸砂场全线关停和新砂场迟迟未能投运的形势，查扣非法盗挖设备60台，立案40起，罚款70.7万元，各项成绩数据较上年上升近40个百分点，全区治砂形势平稳可控。

【依法取缔非法砂场】2017年，区建管办借中央环保督查组在湘督查契机，积极主动协调各职能部门，以最坚决的态度、最严格的制度、最有力的措施，对全区35家非法洗砂场进行全面、彻底、干净的肃清。通过强大思想攻势督促自拆26家，多次组织行动强制拆除9家。

【治违考评办法】4月13日，天元区人民政府以天政函〔2017〕7号文件印发《2017年天元区治违考评办法》。考评办法共5章14条，从考评机构、考评对象、考评内容、考核奖罚等方面作出明确规定。新增高科集团、天易集团、区建设局作为考核成员单位，对园区及周边的违法建设巡查和拆除工作进行严格考核；对违建拆除进行加分，奖励拆除多、拆得快的单位。年内，全区拆违面积比2016年超出13.85万平方米。对7个基层单位的考核实行月度考核和讲评，月度兑现。2017年度治违考核结果：第一名，群丰镇；第二名，栗雨街道；第三名，雷打石镇；第四名，三门镇；第五名，泰山路街道；第六名，马家河街道；第七名，嵩山路街道。

（王　军）

“两型社会”建设

【概况】株洲市天元区“两型社会”建设综合配套改革领导小组办公室(简称区“两型”办)为天元区人民政府专门负责管理辖区内“两型社会”建设综合

配套改革工作的正科级全额拨款事业单位。主要负责全区“两型”社会建设改革试验中的规划(方案、计划)编制、政策研究、两型项目策划和建设协调、综合配套改革的策划和推动、两型示范单位创建的指导和督促考核、低碳清洁技术的推广、生态绿心保护协调等工作。区“两型”办核定事业编制5名。

2017年,区“两型”办在全区推广省级“两型”综合示范片区创建经验模式。召开全区“两型”示范创建工作部署会议,制订并下发《天元区2017年“两型”示范创建工作计划》,推进“两型”集成创建。组织并指导湖南长城计算机系统有限公司、中国动力谷自主创新园等23家区级“两型”创建单位,株洲神农太阳城分布式能源匹配系统等17个项目、30户家庭创建。通过考核验收,天元小学被评为省级“两型”示范单位,株洲市神农城两型宣传教育基地获评省、市“两型”示范项目,“互联网+废旧物资资源回收利用”获评省级清洁低碳技术推广项目,中国动力谷自主创新园获评市级“两型”园区。20家单位获评区级“两型”创建单位,30户家庭获评区级“两型”家庭。年内,争取省、市、区级“两型社会”建设补助资金365万元。

【绿心保护】《长株潭城市群生态绿心地区总体规划(2010—2030年)》确定,天元区所辖群丰镇、栗雨街道、马家河街道的部分区域,总面积16.83平方千米为生态绿心区域。2017年,区“两型”办积极做好绿心保护与发展工作。组织召开绿心工作会议,制订下发2017年天元区绿心保护工作计划,组织签订绿心保护责任状,更新维护绿心保护标识标牌。组织相关责任单位不定期对绿心地区违法违规行为进行巡查,及时发现问题,及早整治和恢复生态。协调株洲高科集团公司、湖南天易公司、规划等单位和部门,对绿心总体规划方案进行局部修改。年内,完成绿心区域农村环境综合整治项目工程,改造古桑洲社区、金龙社区、石塘社区等293户污水处理设施以及新增集中式污水处理设备,新建太阳能光伏路灯348盏,绿化村道5千米,点亮天元1千米。

【生态文明建设】2017年,区“两型”办制订《天元区“碧水蓝天”三年行动实施方案(2017—2019年)》《天元区“碧水蓝天”三年行动考核办法》。成立以区长为组长,分管副区长为副组长的碧水蓝天行动领导小组,领导小组办公室设在天元区“两型”办。印发《天元区生态文明建设体制改革实施方案(2017—2020年)》。积极推广清洁低碳技术。全面推动“互联网+废旧物资资源回收利用”省“两型”重点支持项目。组织50场以旧换绿进社区活动,回收废旧物资200余吨。

【文化宣传】2017年,区“两型”办重点建设宣传教育基地。基地集“两型”成果展示、科普教育、文献查询于一体,成为群众性的综合展馆。组织开展全区节能宣传周活动,免费发放“两型”知识漫画读本1万余册,环保购物袋3万余个,“两型”知识问答1万余份。组织开展“天元两型、你我同行”主题宣传活动,开展“节能有我·绿色共享”节能宣传周,举办“低碳环保健步走”、寻找“我们的节能达人”等系列宣传活动,在株洲网开辟“两型”社会建设网络专题,开设“两型创建”“两型项目”“两型政策”“两型知识”等板块,组织宣传报道50余篇。

【项目攻坚】2017年,区“两型”办调研三门镇建立农业现代化与新型城镇化协同发展小镇项目建设。该项目为天元区“项目攻坚年”活动重点建设项目,建设期3年,已于年内开工建设。主要实施村级主干道维护,特色小镇和响水村相关项目建设等。“两型”办重点在示范单位创建和项目建设等方面进行支持和推进。三门镇月福村、湖田村、上节街社区获评天元区“两型”示范创建单位。(于 芳)

违法建设治理

【概况】2017年，天元区治理违法建设协调监察大队(简称“区治违大队”)执法人员63名，编制人员6名，协管员57名。内设办公室、考核办、财务室3个科室，下辖泰山中队、嵩山中队、栗雨中队、马家河中队、群丰中队、三门雷打石中队6个中队。年内，控制和拆除违法建设34.89万平方米，超额完成2017年度株洲市绩效考核中拆除25万平方米违法建设任务指标。

【“两岸一线”整治】2017年，天元区对湘江两岸和长株潭城际铁路沿线(简称“两岸一线”)的整治范围是湘江西岸滨江路内侧及河堤外侧50米，石峰大桥至建宁大桥区域。区治违大队第一时间派专人对范围内的违法建设进行调查摸底并积极消化存量、控制新增违法建设。年内，通过组织行动在“两岸一线”范围内拆除新增、存量违法建设近3万平方米。

【拆除高架桥下违法建设】2017年，区治违大队联合京珠高速谭耒段高速公路警察，对栗雨街道中路社区京珠高速公路高架桥下面1处违法建设进行鉴定调查。该违法建设建在高速公路高架桥的正下方，面积2000平方米，严重影响高速公路安全。区治违大队组织二级拆违行动，对该违法建设进行强制拆除，并把所有障碍物进行清理，消除了安全隐患。

【协调转移德政花园变电站】天元区德政花园小区内一变电间严重影响业主生活，法院判决撤销该变电间产权。2017年，天元区组织协调会议，通过3次协调会、征求业主意见后，市电业局做出最佳处理方案，转移变电站。区治违大队全程参与，积极配合该变电间的转移及拆除工作。

【湘江保护治理】2017年，区治违大队按株洲市湘江保护和治理领导小组办公室要求，对天元区湘江河堤段进行清查，发现4处棚屋和8处菜地对湘江饮用水水源有影响。区治违大队人员坚守工作岗位，完成影响湘江饮用水水源棚屋、菜地的整治工作。

【拆除住宅小区违法建设】2017年，区治违大队组织行动对保利花园、山河景园、滨江一村、中建御山和苑、湖景名城、恒大华府、栗雨香堤、花园二村、丽景滨江、珠江花园别墅等住宅小区内多处违建进行拆除。对奥园养生城小区内20余处违建、天泉一品沿江护坡2240平方米的违建、黄山路泰山名城小区7间占地200平方米的无证门面进行拆除。

【整改燃气管道违法建设】2017年，针对历史形成压占燃气管道的违法建设情况，区治违大队积极与燃气公司、电业局等单位多次协商，制定详细的整改方案，完成对栗雨街道栗园、嵩山路街道竹山小区、广厦新村、武装部宿舍、嵩办宿舍、泰山路街道圆方路散户等24处压占燃气管道存在安全隐患违建整改工作。

【依法拆除满江红违法在建项目】2017年，天元区金德工业园内建起1个5000多平方米的大型物流配送中心。经区治违大队现场勘验调查该项目为满江

满江红拆违现场

红放心食材物流配送中心。建设过程中，该项目没有取得国土、规划、建设、环保等部门许可。区治违大队对其下达停工通知书，责令停工整改。之后，天元区相关部门多次现场联合执法，要求市场建设方停止违建行为，均被置之不理。区政府组织公安、治违、城乡建设、街道等多个部门300余执法人员联合执法，进行三级拆违行动，通过2台挖机，1台炮机不间断的作业，4个小时将满江红5125平方米在建违法建筑依法拆除。

【非法砂场整治】2017年初，区政府组织相关职能部门对全区范围内的所有非法洗砂场进行拉网式的排查。区治违大队积极配合，开展非法砂场的整治工作。11月27日，组织行动对群丰镇新文社区虎形组1处砂场再次拆除。年内，区治违大队通过各职能部门配合，累计拆除非法砂场30余处，有的非法砂场拆除次数达两三次。

【卫片执法】2017年，区治违大队结合卫片监测到的图斑，开展卫片执法工作。积极开展宣传，全面发动，提高群众对卫片执法检查工作的认识，动员群众自行拆除违法建设。开展集中行动，拆除雷打石镇、群丰镇、马家河街道、栗雨街道内共13处违法建设图斑。

【依法行政】2017年年初，区治违大队遵循依法、依规、依程序的原则，规范控违拆违工作程序。对于新增违法建设，要求中队规范巡查台账记录、影像证据、不低于3次以上做工作记录等资料。加强与法制办、规划、国土等单位的沟通协调，理顺拆违程序，严格按照行政执法程序要求处置违法建设。组织全体队员认真学习规划、国土等法律法规，邀请专家授课并聘请法律顾问，增强队员法律知识，为治违大队全面完成工作目标奠定扎实思想业务基础。

【拆除新增违法建设】2017年，汽车博览园赛事项目、博古山路项目、博古山普通商品房项目、博古山AB区储备用地项目、天易科技城续征项目、乐山大道项目、高科集团拟征地项目、响浅路项目、湘江大道二期等项目相继启动，区治违大队以全天候的工作模式，加派人员对项目区域开展巡控，坚决控制新增违法建设。年内，拆除新增违法建设13.06万平方米。

【服务项目建设】2017年，区治违大队积极配合项目处置存量违法建设。配合项目指挥部上门做违建户思想工作，下达法律文书320余户，通过耐心细致的思想工作与法律文书的震慑作用，促成户主主动配合算账签字。联合建管办、国土、规划、公安，组织一、二、三级拆违行动，对干扰征拆工作的“钉子”违建户依法依规予以严厉打击。年内，区治违大队在服务项目中拆除存量违法建设21.83万平方米，比2016年多拆除4.73万平方米。 （殷　平）

村镇建设

【概况】2017年1月23日，株洲市天元区村镇建设开发有限公司（简称“区村镇建设公司”）挂牌成立，其前身是株洲市天元区保障住房开发建设有限公司。区村镇建设公司是株洲市天元区政府为统筹全区城乡发展，加快生产安置用地开发，推进新型城镇化建设而设立的国有独资公司，注册资金10亿元。公司定位为全区生产安置用地的开发商、南部片区的总体运营商、美丽乡村的引导者。公司内设综合协调部、工程建设部、融资财务部、报批报建部、营销策划部、合约审计部6个部门。下辖株洲市天元区砂石经营管理有限公司、株洲鑫石置业有限责任公司2家全资子公司，株洲景秀建设开发有限公司、株洲市石三门农业发展有限公司2家控股子公司，有员工60余人。2017年年末，公司资产总额16.2亿元，完成投资5.1亿元，实施建设项目14个，融资5.2亿元，房产销售收入1.45亿元。

【南部片区美丽乡村建设】2017年，区村镇建设公司致力以响水田园综合体为重点，打造“石三门”国家农业公园，整体推进南部片区美丽乡村建设。完成编制《幸福新响水田园综合体概念规划》，规划面积9.38平方千米，通过深度挖掘响水村的旅游休闲功能，逐步推进产—村—人融合，居—业—游共进，利用农村土地产权制度改革，实现育产业、美乡村、富农民的有机结合，打造产业美、人文美、环境美的株洲南部最美田园综合体，拟按PPP模式推动项目建设。投入1500万元完成百花园提质改造主体工程。启动商业配套服务设施建设，园区占地面积28.67公顷，种植花卉品种210多种，主要以百合、荷花等为主打品种，桃花、杜鹃花、迎春、月桂、冬青、海棠花、女贞、积壳、浦葵、桂花、罗汉松等为辅品种，采用播种、大棚培植、扦插、嫁接等繁殖技术，年产花卉数万盆。举办“花海节”广迎四方游客，接待游客量60万人次。

【重点项目建设】2017年，区村镇建设公司基本建成小湖塘社区公园，重点建设金龙建材园等项目。主要开发天泰家园房产项目。

小湖塘社区公园项目：位于天元区嵩山路街道小湖塘社区中心地带，西为建业路，北临湘春路，总用地面积12210平方米，总投资9020万元，其中绿地面积7952平方米，绿化率65.1%。公园分养老、医疗、文体3个主题功能区，辐射天元区机关小区、鑫地小区、嵩源小区、城市风景、德政花苑等众多居住小区。建成后，将解决附近社区居民就近开展卫生医疗、养老、文化健身活动，真正让市民享受“推窗见绿，出门赏景，起步闻香”的生活。至2017年年底，完成景观工程施工。

金龙建材园项目：位于天元区马家河街道金龙社区，北邻株洲大道，东邻新马西路，南邻湘莲大道，总占地面积29.33公顷，总投资约3亿元，致力打造成为株洲市一流的以环保节能化、工艺先进化、建设规范化的新型建筑材料为主导的集约型建材生产基地。至年底，基本完成三通一平工程。

天泰家园房产项目：位于天元区湘山路180号，总用地面积3979平方米，计94套房屋，总建筑面积15477平方米。8月底，完成主体工程验收。年底，交付使用。

【财务融资】2017年，区村镇建设公司ABS项目长城证券信托受益权资产支持专项计划发行，总规模3.5亿元，期限5年。该专项计划基础资产为保障住房公司建设的安泰安置小区二期、泉源安置小区一期、兴湖家园二期3个项目。其间，面对日益严峻的融资环境，公司积极争取北京银行1.2亿元贷款项目，综合成本率6.5%，远低于市场平均。至年底，完成放款8000万元，用于保障房开发建设。

【规范管理】2017年，区村镇建设公司出台《三重一大事项管理规定》《合同管理制度》《报销付款财务审核规定》《资金管理制度》《公开招标投标管理办法》等系列制度，进一步强化公司经营管理。

【新设群团组织】11月2日，区村镇建设公司举行团支部第一次会议和工会第一次会员代表大会。选举第一届团支部书记和第一届工会委员会委员。选举徐珺为共青团支部书记；选举陈大文、曾建军、杨亚辉、罗海燕、刘杰5人为工会委员会委员，陈大文为工会主席。

（吴 箭）

环 境 保 护

【概况】株洲市环境保护天元分局(简称“天元环保分局”)内设综合办公室,一、二执法中队,在职人员18人。2017年,天元环保分局以全面改善环境质量为核心,紧紧围绕区委、区政府中心工作任务,着力污染防治,推进综合整治,狠抓执法监管,全力助推区域经济与绿色协调发展。高效配合环保督察,把配合中央环保督察工作作为一项重大政治任务,积极部署,落实责任。完成中央环保督察组转来群众投诉件41件,其中重点交办件6件,一般问题35件,办结率100%。按照环保部《建设项目管理分类目录》严格执行环评制度,坚持“五个一律不批”(即不符合国家产业政策的项目、选址不合理的项目、对饮用水源地等环境敏感区产生重大不利影响及群众反映强烈的项目、超过污染物总量控制指标的项目、污染物排放难以达标的项目)的原则,审批项目48个,建设项目环境影响评价和环保“三同时”执行率100%。完成株洲高新技术产业开发区创建国家生态工业示范园环保自查、株洲高新区ISO 14000环境管理体系再认证审核工作。

【污染减排】2017年,天元环保分局完成河西污水处理厂提质改造,时代新材公司涂装技术改造和硫化车间除尘治理项目,亿丰新材公司完成大气综合整治项目,退出7家煤店,砖瓦企业新建除尘脱硫设施4台(套),整治宝马、蓝天汽车喷涂企业10家,关闭2家禁养区内生猪养殖户,对37家养殖户进行规范性整顿。

【环境监管执法】2017年,天元环保分局实行环境监察网格化管理,划分网格环境监管区域,基本形成“全覆盖”环境执法网络。开展清理环保违规建设项目专项整治行动,清理整治违规项目41个。加强企业日常监管,下达现场监察文书855份,整改通知书41份,检查企业700多家,立案查处环境违法案件26起。以涉重金属、涉危险废物、涉危险化学品企业以及饮用水源地、工业园区、尾矿库企业、污水处理厂等为重点,全面开展企事业单位环境安全隐患排查治理工作。加强危险废物管理,安全转移危险废物1112吨。对辖区内8家企业开展放射源安全检查专项行动,未发生发射源失控或丢失情况。认真调处环境污染投诉,接受并调处各类环境投诉件800余起,调处率100%。依法足额征收排污费,征收排污费70余万元。

市委书记毛腾飞(前左三)在天元区调研环保工作

【湘江保护和治理】2017年,天元环保分局按照湘江保护和治理第二个“三年行动计划”,狠抓项目落实,完成河西污水处理厂一期提标项目,安装设备并调试。制定《天元区取缔非法洗砂场专项行动方案》,严格执行打击非法洗砂场,建成群丰规范化砂石基地。推进黑臭水体治理,投资6000万元完成陈埠港、龙兴港、博古高排渠、枫溪大桥1号、2号高排渠、中心医院附近污水流入湘江的截流整治工作。完成三门镇集中式饮用水源保护区划定。

【生态保护】2017年,天元环保分局完成全国土壤污染状况详查及农用地土壤污染状况详查点位核实工作。完成土壤污染源、污染地块的调查并编制报告。制定《加强天元区产地环境保护和源头治理方案》，加大大气、水、土壤污染治理力度，降低污染物排放对食品安全的影响。根据现状及规划，核实调整生态保护红线，完成生态保护红线划定工作。

【农村环境综合整治】2017年，天元环保分局全面启动并完成全区农村环境综合整治工作。配合区政府相关部门完成区农村环境综合整治项目，完善三门水厂的配套管网建设；完成5家规模养殖场污染防治设施建设，完成天元区畜禽养殖三区划定，明确禁养区、限养区及适养区，完成禁养区内退养工作。

【法制建设与宣传教育】2017年，天元环保分局严格落实规范性文件审查和备案办法，规范性文件审查、备案率100%。按时网上填报行政处罚案件。下达行政处罚决定书26份，其中查封扣押3起，停产限产2起，行政拘留3人。积极倡导生态环境保护文化理念，推进环境质量持续改善，围绕“绿水青山就是金山银山”主题，组织“6·5”世界环境日宣传活动，制定宣传方案，联合各街道、镇在17个社区开展形式多样的环保宣传进社区的活动以及环保进校园、进课堂的活动。

【空气环境质量】2017年，天元区监测有效天数358天，良好以上天数249天，空气质量优良率69.6%，城区空气质量较上年下降，区环境保护委员会制定《天元区大气污染防治专项整治行动实施方案》，印发《天元区特护期大气污染防治工作方案》《天元区2017年黄标车淘汰工作实施方案》《株洲市天元区禁止和限制燃放烟花爆竹的宣传工作方案》，全面落实特护期大气污染防治措施。

【地表水环境质量】2017年，天元区地表水监测分析项目年均值均未出现超标现象，也未出现单次超标。湘江天元区段水质全年的监测项目均达到《地表水环境质量标准》(GB3838－2002)中Ⅲ类水质标准，株洲市四水厂饮用水源的所有监测项目均达到《地表水环境质量标准》(GB3838－2002)中Ⅱ类水质标准。

【声环境质量】2017年，天元区城区交通干线噪声加权平均等效声级65.6dB(A)，整体交通噪声优于国家标准，无超标准路段。1类功能区(居民区)的昼夜等效52.59dB(A)，夜间等效声级44.36dB(A)；2类功能区(混合区)的昼间等效声级53.85dB(A)，夜间等效声级47.29；3类功能区(工业区)的昼间等效声级57.05dB(A)，夜间等效声级49.92dB(A)。天元区功能区噪声均优于国家标准。区域环境噪声平均等效声级52.90dB(A)，达到GB3096－2008《声环境质量标准》声环境功能区划要求。 (刘 辉 凌向东)

园区建设

2018株洲高新区·天元区年鉴

ZhuZhou GaoXinQu·TianYuanQu NianJian

高科园区建设

【概况】株洲高科集团有限公司(简称“株洲高科”)是株洲高新区管委会1999年出资成立的国有独资企业，主要负责株洲高新技术产业开发区河西示范园的开发建设，拥有土地一级开发权、经营权和收益权。株洲高科集团公司肩负“点燃科技火种、缔造产业乐园”使命，秉承“一体两翼、服务产业”发展战略，定位园区发展商。2017年，株洲高科下设8个部门(党群综合部、纪检室、战略规划投资部、审计法务部、运营服务中心、人力资源部、融资财务部、土地储运部)。土地开发事业部1家，全资公司11家，控股公司16家，参股公司22家，业务涉及土地开发、工业地产、商住地产、工程建设、企业孵化、创新创业、企业投资、金融服务和物业管理等领域，形成土地一级开发、土地二级配套建设、创新创业服务三大平台。截至2017年底，公司注册资本20亿元，总资产412亿元，净资产170亿元，信用评级AA+，全年实现营业收入19.7亿元，利润总额2.9亿元。

2017年，株洲高科获评第五届全国文明单位、湖南省档案工作规范化管理省特级、2017年天元区投资先进单位、2017年度天元区建设文明城市工作先进单位、2017年度天元区征地拆迁先进协作单位。高科汽车园获评2017年度天元区文明建设先进单位，湖南高科园创获评2017年度天元区建设文明城市工作先进单位，高科企业获评株洲市2017年度优秀服务机构，高科物业获评2017年度株洲市物业服务行业优秀企业。新动力众创空间获评国家级众创空间，万丰湖水利风景区获评省级水利风景区，汽配园智尚众创空间获评国家级备案众创空间、湖南省省级众创空间，高科栗雨工业园获评湖南省双创示范基地，汽配园智尚科技大厦获评株洲市特色双创基地，新马动力创新园一期工程管理中心获评2015—2016年度第二批湖南省优质工程、2015—2016年度第二批湖南省建设工程芙蓉奖、株洲市优质工程神龙奖。

【土地开发】2017年，株洲高科土地一级开发完成投资32.91亿元，批回用地指标47.8公顷，完成征地拆迁278.47公顷，平整土地60公顷，新建道路8千米，续建并完工道路10.6千米；土地挂牌67.40公顷，其中工业地10公顷，商业地57.40公顷。二级配套建设完成投资11.3亿元，其中标准厂房新开工26.41万平方米，竣工21.81万平方米；商住房产新开工33万平方米，竣工21.21万平方米。

【项目建设】2017年，株洲高科完成风电产业园、ART、新马金谷物流园、株洲利德公司定制厂房等一批项目竣工验收，动力谷展示中心、动力谷大厦、动力谷文体中心、人才公寓、创意独栋完工并交付使用，国际学术交流中心开始进行二次精装修，3.3期电商大楼完成主体工程，万丰湖周边道路万水路、新丰路、万丰路、新马大道、仙月环路基本建成，新马中学完成公开招标资格预审，汽车博览园基本完成新车贸易区路网建设。北汽大道与株洲大道下穿主线桥通车，AB匝道桥完成施工，汽车交易中心、服务中心、二手车市场、形象店二期基本建成并完成部分招商，车管所项目开工建设，启动F2赛车场前期工作。园区4S店签约26家，整车经销商开业17家。

【产业招商】2017年，株洲高科策划万丰文旅、物流园等一批重点招商项目。完成招商项目签约88家，项目开工38个。挂牌出让恒大集团、碧桂园等商业地。抢抓房地产市场回暖机遇，积极主动联络对接，土地签约数量创近五年新高；在“湖南(香港)投资贸易洽谈周”举办汽车零部件暨汽车后市场招商推介会，与恒大集团签订健康养生谷项目战略投资协议。

【金融投资】2017年，株洲高科海外债取得实质性进展，年底发行第一期5000万美元。拓展保险资金融资渠道，“光大永明——株洲高科中国动力谷债权投资计划”获得中国保险资产管理业协会注册通过，金额12亿元。打通银行、保监会、证监会、交易商协会、发改委5个融资渠道。发起或参与设立中科动力基金、动力谷母基金、青创基金、科创基金、株洲时代创新投资母基金、债权性基金6支。完成中科航空动力、湖南机动车检测中心、先进轨道交通装备制造业创新中心、配售电项目、文化餐饮业务等产业投资项目5个。获批成为配售电试点项目区。完成保理、担保牌照申请。新马园区学校PPP项目申报成为湖南省第四批示范项目。

【创新创业服务】2017年，湖南高科园创完成股份制改造，成功在湖南股交所标准板挂牌，成为湖南股交所首家园区服务类挂牌公司。获批国家级科技企业孵化器、国家级众创空间。园区一站式服务线上平台正式上线，服务5个园区近400家企业，成为株洲首个园区智慧服务系统。高科园创能源公司入围省第一批试点能源公司。打造创新创业孵化服务配套建设综合性服务平台窗口——园创空间。完成耕食饭堂、人才公寓、豪宜酒店等园区生活配套建设。

【内部管理】2017年，株洲高科推进公司改革转型升级，完成集团公司、子公司组织架构调整，精简总部机构，理顺部门职责，优化“三定”方案，完成关键岗位人员调整。扎实推进“两学一做”(学党章党规、学系列讲话，做合格党员)学习教育常态化制度化。全面从严治党，整风肃纪，严肃查处2起违纪案件。按照“三区一校七室”(成果展示区、党员群众活动区和公共事务服务区、园区党校、多功能会议室、党员活动室、阅览室、谈心室、工作室、网格信息室、健身室)的原则，完成株洲新区园区党群服务中心暨高科集团文明建设中心建设并正式对外开放。信息化一期完成验收，建立数据交互平台搭建和主要指标制定，信息化二期项目启动并完成招标。

【株洲新区园区党群服务中心启用】6月28日，株洲新区园区党群服务中心正式启用。市委常委、组织部部长彭爱华出席活动并宣布启用。中共株洲高新区工委书记、天元区委书记周建光，株洲高新区管委会主任朱振湘，天元区委副书记、区长董巍，市委组织部副部长周琪，市委组织部副部长、市老干局局长吴佳辉，市直机关工委书记颜国庆出席仪式。此次建成的新区园区党群服务中心位于高科·总部壹号22楼，面积约500平方米。中心按照“三区一校七室”要求，设置党建成果展示区、党员群众活动区和公共事务服务区。

【获评全国文明单位】11月17日，株洲高科在全国精神文明建设表彰大会上，获评全国文明单位。创建过程中，成立以党委书记巢亮为组长的创建全国文明单位领导小组，下设创文办公室，负责统一指挥、部署、协调创建工作开展。集团党委班子成员和各单位主要负责人在分管领域内切实担负起相应的创文领域主体责任，按照“谁分管、谁负责”原则，划分责任区域和责任范围，实行责任追究制。投入346

6月28日，新区园区党群中心启用

万元，打造高科集团文明建设展示中心，与新区园区党群服务中心结合使用。中心总建筑面积约500平方米，内设会议室、活动室、阅览室、谈心谈话室，着力打造文明建设宣传展示窗口和学习交流阵地。组织各党支部开展“党旗在一线飘扬”植树活动，参观芷江受降纪念馆等主题活动，以党建促文明建设，以党建带群建，凝聚起推进文明创建工作的强大合力。

成立网络文明传播志愿者小组，打造线上线下全方位文化宣传阵地。设立道德讲堂，邀请全国劳模、“全国五一劳动奖章”获得者杨芳等专题授课。配合区文明办组织株洲高新区、天元区文明单位创建工作培训。加强诚实守信、勤俭节约教育，开展文明餐桌行动等活动，传承和弘扬优良传统美德。先后举办“爱我高科、唱响新区”文艺晚会、“锅王争霸”厨艺大赛、“激情盛会逐梦高科”趣味嘉年华运动会、青年岗位技能比拼大赛、首届青年成长论坛、“追寻园区发展梦、我与高科共成长”健身徒步行比赛等健康向上的文体活动，既充实员工精神生活，又凝聚起推进文明创建工作的强大合力。成立篮球、羽毛球、摄影、瑜伽、舞蹈等10多个文体协会，活跃职工文化生活。每年为员工体检、建立健全员工健康档案。充分运用宣传栏、公益广告等多种宣传载体，加大对职工群众、园区、建筑工地及小区的宣传力度，营造浓厚的舆论氛围。

【万丰湖获省级水利风景区】 11月29日，万丰湖水利风景区被省水利厅授予省级水利风景区。项目位于株洲高新区新马创新城中心地带的万丰港流域，南起京港澳高速，北至湘江，东、西分别为万丰路、新丰路所夹，总占地面积133.33公顷，其中水体66.67公顷、山体公园10公顷，全长约5千米，流域面积35.3平方千米，总投资约12亿元。

万丰湖因地制宜设计观光、休闲、滨水风情3个功能分区，保留自然山体，起伏变化的游道将各个景点连成一体。形成自然、生态、疏密有致的滨水景观。创造生态游憩、康体健身、休闲商务等功能环境，为智慧株洲、实力株洲、绿色株洲、幸福株洲的城市建设增添一道新的风景。

【档案管理获“省特级”】 12月20日，由株洲市档案局党组书记、局长莫大德带领的专家评审组就株洲高科档案规范化管理工作进行评审，最终以95.5分通过评审，成为株洲市天元区首家档案规范化管理省特级国营企业。公司配有专职档案员4名，有320多平方米的档案用房，库藏档案11300多卷，各种档案基础设施齐备，实现依靠制度建档管档。

【汽博园交易中心A馆开馆】 12月23日，汽车交易中心A馆开馆。副市长黄芳宣布开馆，株洲高新区管委会副主任罗克俭，株洲高科董事长巢亮出席并致辞。株洲汽车交易中心A馆建筑面积为26573平方米，规划2层展厅，是中南地区首个专为汽车打造的专业展厅。至年底，有林肯、奥迪、阿尔法·罗密欧、广本、斯柯达、奇瑞、名爵、现代等30多个汽车品牌入驻。汽车交易中心提供五星级购车服务，是消费者放心的一站式汽车展示交易平台。

12月23日，汽车博览园交易中心A馆开馆

【高科发展】 株洲高科发展有限公司是株洲高科的全资子公司，成立于2009年5月，主要从事产业园

区开发与经营、房地产开发、工程建设等业务。公司下辖全资子公司株洲高科房地产开发有限公司、株洲高科建设工程有限公司。已开发工业园区高科·汽配园、高科·新马金谷、中国动力谷自主创新园一、二、三、四、六期，商业写字楼高科·总部壹号及住宅小区香山美境、颐景园、高科·慧谷阳光等项目。正在开发的工业园区高科·新马金谷三期、中国动力谷自主创新园五期、商业住宅小区万丰上院、高科·壹号领域等。公司累计开发工业厂房面积200万平方米，开发住宅小区与商业地产面积约100万平方米。截至年底，公司总资产87亿元，净资产35亿元。

【高科汽车园】 株洲高科汽车园投资发展有限公司是株洲高科的全资子公司，2014年4月成立，以打造株洲汽博园品牌，成为有影响力的汽车服务平台运营商、汽车产业地产开发商、汽车创新创业投资商为定位。公司注册资本9.7亿元。主要从事土地一级开发、二级开发、三级运营及项目投融资业务，包括项目的规划、设计、土地开发整理、基础设施建设、项目招商营销、资源整合、投融资、专业市场版块的开发建设与运营管理等各项业务。公司下辖株洲高科汽博园开发公司、株洲高科汽车园经营管理有限公司、株洲国际赛车场开发有限公司、株洲高科汽车园信息科技有限责任公司、湖南高科弘汽车租赁有限公司、株洲高科弘高汽车服务有限公司、湖南弘源高科汽车经营管理有限公司、株洲力盛国际赛车场经营管理有限公司8家全资、控股、参股子公司。公司开发的株洲汽车博览园是株洲市九大服务业集聚区之一，总占地面积约376公顷，总投资约200亿元，已完成汽车贸易板块66.67公顷开发。

【湖南高科园创公司】 湖南高科园创企业管理服务股份有限公司2015年9月成立，注册资金1.25亿元，是株洲高科按公司化构架、市场化方向成立的一家国有独资公司，业务涉及企业孵化、创业投资、金融服务和物业管理等众多领域。下辖全资子公司株洲高科物业管理有限公司、株洲园创高科酒店管理有限公司、株洲高科园创能源管理有限公司、高新园创(深圳)商业保理有限公司、株洲高科园创酒店有限公司、株洲高科企业孵化器有限公司、株洲高新火炬资产管理有限公司、湖南高科时代发创投资管理有限公司、株洲高科火炬信息服务有限公司、株洲高科火炬创业服务有限公司、株洲高科园创众禾文化传播有限公司、株洲园创香樟文化创意有限公司、湖南高科耕食饭堂餐饮管理有限公司。参股株洲迪诺曼高科科技服务有限公司、株洲新动力知识产权服务有限公司、株洲高科火炬融资性担保有限公司。公司整合与拓展株洲高科下属的各项轻资产类企业服务，重点推进创新、创业类企业服务，逐步建立起集成式服务的业务标准、管理模式，实现业务扩展，通过长株潭地区的市场占有率形成湖南地区的市场领导地位，发展成为国家级技术创新服务平台。 (黄艳娟)

天易示范区建设

【概况】 湖南天易集团有限公司(简称“天易集团”)是株洲高新区管委会出资成立的大型国有独资企业，主要负责株洲天易示范区范围内的城市片区和产业园区开发及经营管理，业务范围涉及城市片区开发运营、科技园区开发运营、产业服务及对外投资管理等。公司注册资本15亿元。2017年，天易集团下设10个部门，下辖全资或控股、参股子公司15家、合伙企业5家，有员工279人。

2017年，天易集团资产总额347.3亿元，净资产184.3亿元，资产负债率46.9%，全年累计还本付息

40.93亿元，收入20亿元。新增授信合计83.8亿元，融资到位59.71亿元，完成固定资产投资52亿元。批回土地22.07公顷，出让43.93公顷，成交总额17.5亿元，年内到账12.32亿元。土地征拆投入约7亿元，完成248个房屋编号签字，拆除房屋面积约8万平方米。子公司文旅公司实现经营收入1200万元；物业公司实现经营收入952万元；房产公司合同签售收入5600万元，实际回款8644万元；建设发展公司完成自营施工产值4亿元，实现工程收入6067万元；孵化器公司实现经营收入568万元，实现合同销售2.03亿元，回款6000万元，争取政策资金1031万元。

【经济增长新引擎】2017年，天易集团在抓好省、市重点项目建设的同时，立足自身园区特色和已有产业集聚优势，另辟差异化发展路径，围绕电子信息、新材料、新能源等战略性新兴产业实现精准招商。招商团队走南闯北看项目，不厌其烦谈合同。株洲信息港项目洽谈期间，招商人员仅用两天时间往来株洲、广州、南宁3市2000余千米，为项目顺利入园建立功劳。年内，园区新签约三元正极、岱勒新材、超广色域钻石屏、思普尔等企业26家，累计签约企业35家，厂房租售率56.5%，鹭湖智库总部完成销售75%。长城电脑新增8条平板电脑生产线、阿李自动化及立方新能源等项目的投产，园区总产值11亿元。

【现代园区形象展现】2017年，天易集团通过2年时间经营，新一点信息技术产业园的37万平方米工业厂房鳞次栉比，创业大道等6条主干道贯通东西，由市区发出的公交专线每日穿梭园区，拥有3000平方米高标准食堂、银行、超市、特色小吃的生活新空间成为园区人流聚集地，租住过半的温泉公寓，简约时尚的装修风格、功能丰富的配套设施得到住户好评。位于自主创业园中心区域，总投资约3.6亿元、总建筑面积约6万平方米的天易科技大厦12月8日开工建设，项目完成后将进一步提升园区的招商引资、创新研发、企业管理等功能。

【项目推进新速度】2017年，天易集团承担的省、市重点项目多、任务重，且多集中在天易科技城，为顺利推进项目进度，公司利用晚上、周末时间开会调度，征拆部门早出晚归，建设部门风餐露宿，睡在项目指挥部、工地已成常态，涌现出一批有拼劲、韧劲的干部、员工。征拆部在受征拆新老政策交替影响，项目征拆进度滞后的情况下，加班加点完成自主创业园二期93.33公顷土地签字、补偿。仅用1个多月时间完成二期红线范围内约80公顷土地(不含扩征)102个房屋编号签字，完成总任务80%，在创业园的土地上创下新的天易速度。

【丰富神农城业态】2017年，天易集团一手抓工业园区产业招商，一手抓城市片区开发建设，通过完善基础设施，引入多元业态，集聚商圈人气，提升片区土地价值。年内，太阳城北区及文化休闲街正式开业。中国人寿财险、平安银行、省农商行等大型金融机构进驻悦湖国际并正式营业，带动一批保险、投资理财小企业入驻，入住率61%。神农湖景区通过提质改造水秀舞台和炎帝部落，新建公厕等措施提升景区品味。“株洲最美书店”之称的湖岸和集书店在湖边开业。神农大道A段、黄山西路等拓展区市政道路的逐步完工，智能立体停车场的投入运营有效缓解区域行车、停车难题。神农城片区成为集餐饮、购物、观光、娱乐、文化为一体的城市新地标。

【提升土地价值】2017年，天易集团完善配套设施，提升土地价值。随着栗合路、玥塘路(栗雨东路—栗合路段)、祠堂路(泰山西路—王家坪路段)、毛湾路(玥塘路—衡山路段)、竹山路(泰山西路—玥塘路段）等一批主次干道拉通，高端商业入驻和周边学校改建、扩建，月塘生态新城吸引中建、美的、碧桂园等一批国内外知名房地产企业参与土地竞拍，土地价值不断提高。年内，公司出让该片区商住地27.33公顷，成交总额约16.8亿元，其中栖山普通商品房项目19.8公顷，成交价13.44亿元，溢价52%。通过晋合置业、中建地产和当代置业的开发，湘水湾片区已逐步成为拥有国际五星级酒店、27洞高尔夫球场、品牌学校、社区品牌医院及商住配套于一体的宜居社区。8月，完成博古山路普通商品房一期7.47公顷土地出让，成交价3.38亿元。

【要素储备】2017年，天易集团为推动企业转型升级，通过筹建金融事业部、供应链公司、基金公司，参与组建动力谷母基金、互联网小贷公司，与社会资本成立合资公司投资新项目等举措，增加公司现金流收入，优化报表结构，提高盈利水平。同时，为园区企业提供金融服务，通过获取2年期30亿元PPN和8亿元永续PPN批文，通过国家开发银行托管企业债资金14.9亿元，进一步降低融资成本，平均资金成本较2016年下降约13%。通过理财盘活闲置资金，实现理财收益3082万元。积极争取各类政策资金补助4201万元，置换政府债务2.5亿元。完成总投资额为120亿元的自主创业园项目、中小学校新建工程和五云峰国际生态新城3个项目的包装和入库，其中投资32亿元的自主创业园项目于2017年12月完成项目开标。着手总投资额40亿元的神农绿轴和神农城存量PPP项目包装策划。

【体制机制完善】2017年，天易集团进一步完善体制机制。一是制定《员工管理条例》《资金管理办法》《督查督办工作管理办法》等制度，提高公司运行效率，加强资金管理。二是通过开展集团及子公司固定资产年度盘点，优化资产调拨、处置等手续流程，强化内部资产管理。三是完成子公司财务审计和专项资金审计，共结算审核金额7.6亿元，审减2.15亿元；完成预算审核金额9亿元，审减4965万元。四是推进企业文化建设成果落地，完成集团公司宣传片、宣传册制作和推广。

【党建工作】2017年，天易集团积极抓好党建工作。一是落实党委决策前置程序。严格按照《株洲市加强国有企业党的建设工作的实施意见》要求，明确党委会、董事会、党政联席会、总经理办公会的权责边界，把党委会研究作为董事会和经理层决策的前置程序。二是强化作风建设。制定下发公司“两个责任”任务分解文件，定期组织对党员干部廉政教育，共诫勉谈话2人、党纪处分1人、通报17人。三是开展系列主题活动。党委班子带头落实“三会一课”，深化“两学一做”学习效果；组织党员参加主题党日、“七一”主题职工作品展和团委、工会系列活动。公司先后获评“全国巾帼文明岗”、株洲市五四红旗团委、天元区工会先进单位等称号。四是组建“两新”支部。9月，集团党委班子积极整合业务资源，组建“两新”党组织7家，并通过选派干部指导、政策激励引导等方法抓好“两新”组织管理。

【安全生产】2017年，天易集团安委会每月组织各业务部门、子公司开展在建项目（包括神农太阳城商圈和神农大剧院）安全生产专项检查，坚持节假日领导带班督查安全生产工作，完成隐患整改139处。通过集中学习上级安委会相关会议精神，联合相关职能部门开展消防、水上应急救援等各类活动，提高员工安全生产责任意识。

【培养人才】2017年，天易集团与湖南大学工商管理学院合作开办4期集团中高层管理人员培训班。同时，为更新员工专业知识和提高业务水平举办各类专业培训17次，培训600余人次。为满足公司转型升级，拓展新业务需要，引进电子信息、新能源、工程安全管理等各类专业技术人才26人。

【优托邦神农太阳城整体开业暨冰雪家年华启幕】12月26日，优托邦神农太阳城整体开业暨冰雪家年华盛装启幕。优托邦神农太阳城为优托邦有限公司与天易集团联手打造的旗舰级商业运营项目，拥有南北栋商业、文化休闲街、写字楼等多个商业组成，经营面积27万平方米，神农太阳城北区及文化休闲街开业率80%。开业后的优托邦神农太阳城，以5大商业主题品牌为落位布局，结合餐饮、娱乐、教育等体验型业态，不仅满足城市居民的生活需求，同时引领都市生活文化，为株洲商业格局带来全新变化与革新。

【湖南长城首批智能硬件下线】12月28日，湖南长城首批智能硬件下线仪式在长城电脑基地三楼举行。株洲高新区管委会主任朱振湘主持仪式，株洲市人大常委会党组书记、常务副主任刘光跃，市人民政府副市长何朝晖，中共株洲高新区工委书记、天元区委书记周建光，市科技局局长陈大雄，天元区人民政府区长董巍、市经济和信息化委员会副主任张熠云、中国长城科技集团股份有限公司高级副总裁周庚申、总裁助理、战略规划部总经理丁紫惠、湖南长城计算机系统有限公司总经理安绍平参加仪式。

湖南长城首批智能硬件隆重下线

【三个重点项目签约天易科技城】12月8日，株洲高新区在高科·总部壹号举行株洲高新区重大招商项目签约活动。此次签约活动，天易集团分别与禾田投资集团、台湾爱绿显示科技公司、株洲火炬安泰科技有限公司签约“株洲信息港项目”“超广色域钻石屏项目”“ITO先进靶材项目”三大重点项目，投资总额140亿元。禾田投资集团有限公司是以高新科技园区开发、高新企业孵化器建设为龙头的综合性企业，创立以“信息港”为载体的科技地产开发模式，已建成并运营管理的产业园区近10所。将投资70亿元建设株洲信息港项目。台湾爱绿显示科技公司为一结合产品设计、研发及销售的新形态面板显示的高新技术企业，项目将投资60亿元，建设超广色域钻石屏项目及全彩电子书项目。株洲火炬安泰科技有限公司是一家全系列金属靶材研发生产企业，产品广泛应用于液晶电视、OLED手机屏、有机液晶电视以及各种超大容量储存器。将投资10亿元建设特种高纯功能靶材项目，推动株洲新材料技术的发展。

【“天易杯”2017年株洲市创新创业大赛】8月22日，“天易杯”2017年株洲市创新创业大赛复赛启动仪式在华天酒店隆重举行。市委组织部副部长马民杰、市科技局党组书记、局长陈大雄、市科技局调研员邓冬明、市知识产权局副局长杜晓鸿、天易孵化器公司总经理易小涛等领导出席启动仪式。

“天易杯”2017年株洲市创新创业大赛复赛隆重启动

“天易杯”2017年株洲市创新创业大赛自5月启动以来，吸引来自全市电子信息、先进制药、生物医药、新材料、新能源及节能环保、互联网和文化创意等领域248个项目报名参赛，其中企业组168项，团队组80项。经过高科专场、株洲中小微企业服务平台专场、天易专场等一系列的专场选拔赛，所有参赛项目完成初赛路演。60个入围复赛项目直接进入“双创标杆塑造高级训练营”。最终，按照项目评分高低，角逐出30个项目晋级决赛。（唐 贝）

创业服务

【概况】 株洲高新技术产业开发区创业服务中心(简称“创业服务中心”)、株洲留学人员创业园是株洲高新区直属的公益型科技事业单位，主要为株洲高新区培养高新技术企业和企业家，推动大学生以科技创业带动社会就业，促进高新技术成果转化，加速高新技术服务体系建设等，是科技部认定的国家级科技企业孵化器。创业服务中心与株洲留学人员创业园实行两块牌子，一套人马的管理体制。2017年，创业服务中心内设留学人员管理部、企业管理部、综合管理部、物业管理部、天台金谷管理办公室，有工作人员32人，其中在编人员19人，聘用人员13人。拥有创业园总部和天台金谷2个孵化基地，孵化面积14万多平方米。

2017年，创业服务中心新入驻孵化企业22家，完成工业总产值5.12亿元，实现税收2050万元，完成固定资产投资3.8亿元，毕业企业3家。参与承办第四届“创青春”湖南省青年创新创业大赛商工组赛事，实现以赛促创新突破。中心服务青年创新创业工作得到共青团中央的肯定，被认定为全国青年创业示范园区。株洲留学人员创业园被省人社厅评为湖南省一等留创园。但中心面临着硬件老旧、人才引进渠道不畅通、小微企业融资难的发展难题。

【获批全国青年创业示范园区】 4月7日，共青团中央公布确定株洲高新技术产业开发区创业服务中心为第三批“全国青年创业示范园区”。9月，创业服务中心参加在西安举办的中国青年创新创业示范园区展示交流会，团中央、陕西省领导到创业服务中心展位，对中心长期公益服务归国留学人员和青年创业发展给予高度评价。

【以赛事促创业】 2017年，创业服务中心积极发挥青年创业示范园区的引领作用，参与承办第四届“创青春”湖南省青年创新创业大赛商工组赛事。此次比赛由团省委、省委网信办、省科技厅、省经信委、省人社厅、省农委、省商务厅、省文化厅、省扶贫办、省学联、株洲市政府联合主办。省创基会、省青企协、省农青协、年轻人杂志社、株洲团市委、株洲留学人员创业园共同承办。大赛以“创新引领未来，创业成就梦想”为主题，重点面向节约环保、新一代信息技术、生物、高端装备制造、新材料、新能源汽车等相关产业的创业者。8月25日，在株洲市延年酒店举办商工组晋级赛，团省委副书记曾红军、株洲高新区管委会主任朱振湘、共青团株洲市委书记梁天琛、湖南青年创业就业基金会理事长刘炜、株洲留学人员创业园主任谭茗、团市委副书记袁媛、汤立出席本

创新服务中心被共青团中央授予“全国青年创业示范园区”

次比赛。比赛采用“3+2”的模式，即3分钟PPT项目介绍+2分钟评委提问进行。来自全省50个商工组参赛项目展开激烈比拼，最终逐出11个项目晋级省赛决赛。9月7日，在株洲市延年酒店举办商工组总决赛，省商务厅副厅长、党组成员肖彬，省科技厅副巡视员刘铁兵，省人社厅副巡视员姚祖清，团省委副书记、党组成员钟娜，团省委副书记曾红军，株洲市政府副市长何朝晖，中共株洲高新区工委书记、天元区委书记周建光，株洲团市委书记梁天琛出席，并为获奖选手颁奖。省内知名企业家、创投机构负责人、专家学者、青年创业者约200人参加活动。大赛产生一等奖1个、二等奖3个、三等奖6个。比赛实现“以赛促创”工作的新突破，并宣传和推介创业服务中心和株洲高新区。谭茗作为湖南省唯一代表受邀出任第四届“创青春”中国青年创新创业大赛商工组全国赛决赛评委。

第四届“创青春”湖南省青年创新创业大赛

【推进项目引进】2017年，创业服务中心面对经济下行压力坚持开拓创新，积极争取优秀的科技项目入驻孵化，全年新入驻孵化企业22家，引进的孵化项目整体质量得到提升。其中株洲市正鑫良品工贸有限公司是宁波瑞德旗下一家优秀的工业设计企业，其设计的产品方拳多功能家用工具和多面手多功能螺丝批工具曾获得“2016年中国设计红星奖”，该企业与湖南工业大学开展“产学研”合作，成立20余名研究生团队的产学研基地。创业服务中心加强与市委统战部、市归侨联合会、致公党株洲市委联系，争取拥有400多位海归会员的株洲海归协会落户株洲留学人员创业园。

【护航企业发展】2017年，创业服务中心与湖南天之正法律服务有限公司签订法律咨询服务协议，免费为园区企业提供法律知识培训和日常法律咨询服务。组织开展主题为“合同订立主要风险及防范”的法律知识培训，帮助企业了解订立合同过程中存在的风险并有效进行防范。联合湖南天之正法律服务有限公司的法律顾问走进企业，现场帮助企业解决融资、法律等多方面发展难题。法律服务使园区企业更快捷的得到法律援助，降低创业风险，增加企业法律知识，促进企业运行管理规范化和园区健康发展。

【助力企业融资创新】2017年，创业服务中心组织企业向科技部、工信部、人力资源社会保障部及省市区相关部门申报各类科技项目，积极争取上级的政策和资金支持。株洲中车轨道交通装备有限公司成功申报株洲高新区瞪羚企业，获得无息贷款资金支持。帮助园区企业株洲丛发环保科技有限公司和株洲逆光联合信息科技有限公司成功申报区技术创新奖。创业服务中心与株洲高新区科技银行、湖南股权交易所株洲分所等金融机构建立联系，为企业融资牵线搭桥。年内，湖南真创环保科技有限公司、株洲朗微数控刀具有限公司等企业获得科技银行贷款共计350万元，株洲中车轨道交通装备有限公司、株洲广义电子技术有限公司等企业与科技银行达成1200万元授信意向。

【培训发展能力】2017年，创业服务中心组织企业参加各类培训交流活动。邀请成功企业家、法律专家、政策专家等分别从企业管理、法律风险规避、创业融资、人才政策等方面助力企业创新发展。组织园内企业参加由省经信委组织实施、省财政全额资助的企业人才建设公益性培训项目——2017湖南省中小企业银河培训工程,从财税管理、融资、科技成果转化等方面提高企业管理水平和创新创业能力。组织企业参加省经信委组织的中国·长沙2017年第十届中国国际中小企业交易会,对接国内外的高新技术和高素质人才。组织企业参加省创客协会携手湖南股权交易所联合举办的2017年中小微企业免费挂牌湖南股权交易所优选版活动,助推小微企业解决融资问题。组织园区企业参加国家、省、市等各级创新创业大赛,提高企业的创新精神和创业意识。株洲市正鑫良品工贸有限公司获得第六届中国创新创业大赛(湖南赛区)暨第四届湖南省创新创业大赛成长企业组优秀奖。苗圃企业株洲昆仑矩阵信息科技有限公司联合信息科技有限公司获得株洲市创新创业大赛团队组优秀奖。组织及企业管理人员参加省、市等各级各类创业指导培训、创业经验交流和项目对接洽谈活动10余次。

【保障安全生产】2017年,创业服务中心按照区安委会的要求制订安全生产大检查实施方案,“一单四制”制度(建立重大事故隐患清单,对每项重大事故隐患治理任务实行交办制、台账制、销号制、通报制管理)实施方案和危险化学品管控方案。每月例会通报并讲评安全工作,每季度对园内入驻企业进行一次消防安全生产大检查,对企业存在的安全隐患当场记录并要求企业负责人签字接受,限期整改。要求楼栋管理员每天巡查园内生产型企业,确保将安全隐患消灭在萌芽状态。发现非法改建问题后立即积极采取措施保障公寓楼安全。邀请天元区消防队为园区企业宣传消防安全知识,加强企业的消防安全意识和责任感。园内企业主动开展消防安全知识讲座和演练,增强员工的安全意识。

【健全管理制度】2017年,创业服务中心从多方面着手建立健全各项规章制度促进内部管理升级。制定物业部考核管理办法、物业部岗位工作职责和物业部考核标准,构建岗位职责明晰、责任到人、考核有据的物业管理体系。规范园区企业统计报表资料报送制度。要求企业有专人负责联络和数据报送,在规定时间内上交统计报表的电子版。全面推行“五问工作法”。每个部门和每位管理干部运用“五问工作法”对每月工作认真总结,分析不足并积极谋划,促进各项工作有效落实。 (张力群)

自主创新园建设

【概况】中国动力谷自主创新园位于长株潭“融城”核心位置,规划总用地面积358.8公顷,其中产业用地315.93公顷,配套商业用地42.86公顷,建设总投资约223亿元。项目定位为集“人才聚合、创新研发、创业孵化、科技服务”四大功能于一体的中国动力谷创新创业核心载体,以营造“山·水·林·园”于一体的生态研发与生产环境,打造政策政务、人才服务、科技金融、公共技术、商务配套、创新文化6大平台,构建科学完善的创新创业服务体系,着力建设中国动力谷科技创新集聚区。

中国动力谷自主创新园一期总占地面积66.67公顷,建筑面积约100万平方米,累计完成项目投资60余亿元。围绕“创新链、产业链、资金链”,中国动力谷自主创新园打造“两器两中心”(孵化器和加速器、公共技术中心和管理服务中心),涵盖创新创业链的全过程。孵化器、加速器、管理服务中心等研发和生产空间建成并投入使用。众创公寓、蓝领、白领公寓、文体中心、中央景观带等生活配套功能区已建成并投入使用。中国动力谷大厦已投入使用，会议服务中心已建成，中国动力谷展示中心已于12月开馆。

2017年，中国动力谷自主创新园营业收入22.77亿元，较2016年增长19.17亿元，增幅532.5%。研发投入1.11亿元，增幅47.8%。实缴税收5778万元，增幅277.7%。先后获批中国科协海智计划工作基地、创新创业带动就业省级示范基地、省级创业孵化基地、市级创业孵化基地、市级双创基地等荣誉资质。（易稀梁）

中国动力谷自主创新园一期

【招才引智】2017年，中国动力谷自主创新园累计签约企业110家，10家金融机构、14家科技中介服务机构签订入园协议，15所高校、科研院所在园区设立科研成果转化基地，黄伯云、欧阳晓平等20位院士与中国动力谷企业和项目进行技术合作，聘请国际氢能学会副主席毛宗强教授、南方科技大学齐欢教授等62位国家“863”首席科学家、“千人计划”专家为中国动力谷专家顾问委员会委员。尹泽勇、丁荣军等14位院士、专家、投资人被聘请为中国动力谷创新创业导师。建立动力产业专家人才库，涵盖三大动力产业(轨道交通、通用航空、新能源汽车)及三大新兴产业(电子信息、新能源、新材料)507位顶尖专家。超过2000人的多元创新创业主体常驻园区。企业申请和授权知识产权890项，其中已授权502项，受理中388项，较2016年度均翻一番。新增创新创业团队项目和平台项目45个，拨付各项目研发补贴资金1800万元、提供研发办公场地约3万平方米。（杨会凯）

【平台建设】2017年，湖南省轨道交通自动化技术与装备协同创新中心全面完成建设，各实验室实现对外开放、资源共享。轨道交通国家制造业创新中心筹建顺利，完成平台运营主体工商注册，并联合中车株洲电力机车研究所开展轨道交通国家专业化众创空间的建设。国家新能源汽车检测中心株洲分中心建设运营主体实际到位资本1.2亿元，正在进行项目土地平整和基础设施施工图纸设计。湖南首家由德资企业参股的提供集工业4.0技术咨询、设计和培训服务公共技术服务平台——湖南德龙智能制造研究院基本建成。引进上海新净信公司筹建国家轨道交通、新能源汽车两大知识产权运营中心。推动株洲高新区与德国碳纤维谷签署合作意向书，确定中国动力谷为碳纤维谷2018年年度大会中国的官方合作伙伴，并明确建立战略合作伙伴关系以推动欧洲和中国在复合材料以及其应用技术领域的合作。联合中车株洲电力机车所，共同推进与德国史太白、德国国家人工智能中心机器人创新中心的合作。推动株洲高新区与湖南工业大学签订相关合作协议，拟共建“中国动力谷—湖南工业大学科技创新与成果转化中心”。（龙堤元）

【科技金融】2017年，总规模约5亿元的动力谷创新创业投资引导基金一期资金6000万元到位。参股中车时代高新投资有限公司管理的“时代投资母基金”，拟对园区7个项目开展直接投资。战略合作银行有建设银行、农村商业银行、浦发银行、招商银行等4家。与九鼎投资、中车高新、中大联合、国投创投等31家投资机构开展合作。与北京银行、长沙银行、华融湘江银行、中信银行、邮政银行、股交所、金融资产交易中心等机构建立合作通道，引进“智权贷”“科来贷”“长湘贷”“订单贷”“税e融”等科技信贷产品。引进建设银行ATM自助服务区入园。通过创业贷、助保贷、税e融等科技金融产品为园区15家企业提供近2000万元授信。（黄　勇）

【创新人才】中国动力谷自主创新园集聚高端创新创业人才，以远见视觉公司贺庆博士、天碁动力程晓晟博士等为代表的高层次人才以及其他各类人才2000余人常驻园区办公。方心科技刘珺获得2016年“湖湘青年英才”支持计划。宏迅亿安朱浩，格兰德芯科技彭平，海姆斯科技朱强、刘正白，振邦氢能毛宗强，远见视觉贺庆，方心科技刘珺为代表的6个项目获得2016年度株洲市创业类领军人才计划支持，占全市60%。格兰德芯科技彭平博士获得“区5211”政策支持；辉锐增材齐欢，海姆斯科技朱强、刘正白，华澳能源董朝阳等42名人才获2017年株洲高新区首批5个层次“双创人才”计划支持，占全市19.44%。（柳　节）

【园区配套服务】中国动力谷自主创新园注重园区配套服务。一是公共交通。有2条线路，分别是T72路以及T62路。配备2台新能源摆渡车，往返动力谷自主创新园与炎帝广场。开通“动力谷直通车”20台，分3条路线运行免费乘坐。二是住宿。园区内建有蓝领公寓、白领公寓、喜唐公寓，总建筑面积约1.2万平方米，可提供住房1500套。园区还建有专家公寓，拥有124间客房以及餐厅、休闲酒廊、多功能会议室等。4月19日后，新引进的“双创人才”均可免费申请入住。三是餐饮。高科·耕食饭堂，能容纳1000人就餐。高科·尚福餐厅，能容纳140人就餐。（廖　婧）

【创新园文体中心开馆】12月7日，中国动力谷自主创新园文体中心开馆。文体中心占地8000平方米，总投资6200万元。分设2个标准篮球场、2个标准网球场、1个同时可以容纳14片羽毛球场地的专业羽毛球馆、1个标准乒乓球室(5桌)、2个台球室(5桌台球和2桌斯诺克)、1个面积676平方米的标准健身房和1个淋浴中心。（廖　婧）

【动力谷科技图书馆试运营】12月8日，天元区图书馆(动力谷科技图书馆)试运营。馆内划分电子阅读区、一般阅读区、少年儿童阅读区、户外阅读区等8个特色功能区域，将图书借阅功能、学术交流功能和休闲娱乐功能融为一体。截至12月，图书馆藏书3万余册，市民凭身份证即可免费借阅。（廖　婧）

【中国动力谷展示中心开馆】12月8日，国内最大产业展示馆——中国动力谷展示中心正式开馆；总投资380亿元的18个重大产业项目集中签约；27大产业项目集中开、竣工，其中5大项目实现投产。

中国动力谷展示中心以“中国轨道交通城、中南地区通用航空城、中国新能源汽车产业城”为支撑的国内最大的动力产业专业展示馆，总投资约1.5亿元，总建筑面积15703平方米，展示面积11325平方米，整体建筑高度为21.8米，建筑地上2层，局部3层。其中，一层动力产业展示区建设有“聚焦动力谷”序厅、轨道交通、通用航空、新能源汽车的三大动力产业展厅及新能源、新材料、电子信息、现代服务业的“3+1”产业展厅、国家自主创新示范区展厅等六个展厅，二层、三层展示面积拟建设长株潭国家自主创新示范区展示区、科普展示区等内容。该展示中心定位为长株潭国家自主创新示范区建设成果核心展示平台、株洲市特色产业集群和科技创新展示窗口、工业科技旅游重要支撑景点、青少年科普教育实践基地。（王　婧）

【株洲·中国动力谷亮相全国“双创周”上海主会场】9月15—21日，第三届全国“双创”活动周(2017

年全国大众创业、万众创新活动周）在全国各地举行。株洲·中国动力谷作为国家动力产业集聚区、省级创新创业示范基地，代表湖南创新创业平台及创业者，深度参与此次全国顶级创业展。株洲·中国动力谷以中车株洲所、湖南长城计算机为代表，在上海主会场展示风采和成果；以中国动力谷自主创新园为代表，在湖南分会场应邀展示中国动力谷创新创业硕果。（肖天庆）

【中国（湖南）国际轨道交通产业博览会暨高峰论坛】10月24—27日，2017中国(湖南)国际轨道交通产业博览会暨高峰论坛在湖南举办。中国动力谷自主创新园及园区内9家企业(株洲长河电力机车科技有限公司、湖南龙创汽车技术有限公司、株洲中德智能制造技术公共服务平台、株洲华越轨道科技有限公司、株洲市荣达铁路机电有限公司、株洲罗伯特电机有限公司、株洲辉锐增材制造技术有限公司、株洲渌珀新材料有限公司、株洲南冠安全科技有限公司)集体亮相长沙主展场。24日上午，副省长张剑飞一行来到展区并察看园区建设沙盘模型。展会期间，中国自主创新园展区迎来中外参观嘉宾1100余人，园区企业与70多家行业内公司建立联系，有6家公司与园区企业达成合作意向。（肖天庆）

【株洲·中国动力谷新年首场项目签约会】1月11日，株洲·中国动力谷举行2017年首场项目签约会，成功签下29个项目，签约总金额181.18亿元。其中50亿元以上项目1个，10亿～50亿元项目4个，5亿～10亿元项目3个，1亿～5亿元项目10个，均为成长性好、创新力强、带动性大的项目。29个项目中，有总部入驻类、研究院入驻类、产业类、高端现代服务业类4大类型。中车株洲投资控股有限公司、江苏弗莱迪斯汽车零部件、东莞阿李自动化动力电池装备、东莞光智通讯光电子元器件、北京津宇嘉信智能信号电源系统、中铼工业铼金属深加工、碳金新材料高性能碳陶复合材料等一大批重大项目入驻新区。中共株洲市委副书记、市长阳卫国，市领导雷绍业、刘光跃、蔡溪、何剑波、羊贵平、李智、黄芳，中共株洲高新区工委副书记、天元区委书记周建光，天元区区长董巍出席签约会。

签约会上，周建光指出：市委、市政府正式提出打造株洲·中国动力谷，得到国家高层的高度重视和社会各界的广泛关注，激发各类创新团队和投资客商的浓厚兴趣；“两院”院士、国家“千人计划”专家、动力产业的投资商纷至沓来，形成加快推进良好态势。此次签约的29个项目，将对株洲·中国动力谷的建设产生深远影响。株洲高新区将秉承“亲商、富商、安商”的服务宗旨，专人跟进、全程对接、全程代办，以最大的诚意、尽最大的努力，为项目建设提供最优质的服务，营造最优越的环境。（蔡华章　谭景鑫）

【召开企业年会暨表彰大会】1月18日，中国动力谷自主创新园企业年会在万豪酒店圆满举行，43家园区企业、4家科技中介服务机构、7家金融机构参加大会。省、市、区领导，园区企业及中介服务机构代表220余人出席会议与活动。株洲高新区管委会副主任马立恒在年会上致辞，株洲高新区中国动力谷科技创新服务中心主任鲁俊作2016年中国动力谷自主创新园总结报告。会上，表彰8个创业之星奖、7个年度新秀奖、7个优秀企业奖、6个发展潜力奖、5个科技创新奖、4个突出贡献奖、2个成长之星奖、3个优质服务奖。（姚　希）

【国家轨道交通、新能源汽车知识产权运营中心签约】6月8日，筹建国家轨道交通、新能源汽车知识产权运营中心项目合作签约仪式在株洲高新区举行。美国联邦上诉法院原首席大法官、OceanTomo董事RandyRRader，美国政府国际贸易委员会ITC原主席Ms.DeannaT.Okun，沃尔沃建筑设备集团中国副总裁詹旭，中国(上海)自由贸易试验区知识产权协会副会长、上海经贸商事调解中心主任张巍，上海新净信知识产权服务股份有限公司总裁孙凯等嘉宾莅临活动。湖南省知识产权局党组书记、局长肖祥清，中共株洲市委常委、常务副市长何剑波出席签约仪式。

“两个中心”作为全国垂直性知识产权运营平台，战略资源的高位对接，产业资源的定向孵化和培育，将为株洲打通知识产权、资本和产业之间的通道，建构起立足株洲、服务全国、影响全球的知识产权运营生态圈。此次签约的“两个中心”的运营主体为新净信与株洲高科集团、株洲市技术转移促进中心合资成立“新动力知识产权运营有限公司”。该公司通过轨道交通、新能源汽车知识产权交易平台的运营，以及科技成果转化服务，形成以知识产权交易、知识产权投融资、科研成果孵化和产业化、产业布局与战略咨询四轮驱动的运营服务体系，让知识产权在流通中创造财富，在产业化运用中创造商业价值，打造全国领先的知识产权综合运营及交易平台。（谭景鑫）

筹建国家轨道交通、新能源汽车知识产权运营中心签约仪式

【中国动力谷国家战略课题组工作调度会在京举行】 10月25日，株洲·中国动力谷国家战略课题组工作调度会在国务院发展研究中心举行。国务院发展研究中心副主任、研究员张军扩，中共十九大代表、市委书记、市人大常委会主任毛腾飞参加会议。国家制造强国战略咨询委员会委员吕薇、徐佳宾，国务院发展研究中心市场所研究室主任、研究员李布等12名专家学者及部分课题组成员，中共十九大代表、中国工程院院士、中车株洲电力机车研究所党委书记、董事长丁荣军，十九大代表、全国劳模、中国航发南方工业有限公司航轴加工中心管理主管袁健松参加调度会。会议听取株洲·中国动力谷国家战略课题研究中期成果有关汇报，与会专家围绕中国动力谷深入对接“中国制造2025”等国家战略的建议及举措、中国动力谷的战略发展意义及发展对策等话题作交流发言。

国务院发展研究中心株洲·中国动力谷发展战略研究课题组研究认为，在株洲建设“中国动力谷”具有重要战略意义，它是株洲践行“五大发展理念”的战略布局，积极主动呼应“中国制造2025”战略的重要支点，是株洲依靠先进主导产业，实现转型驱动产业升级，有效破解发展困局的战略性选择，将进一步做优做强轨道交通、航空、汽车三大动力产业，电子信息、新材料等动力配套产业，生物医药、节能环保等民生动力产业以及服饰、陶瓷等动力转化产业。根据中期研究成果，专家建议把中国动力谷建设成为世界动力产业链的龙头，全球动力产业创新与生产网格中的关键节点，国际动力产业原创技术的重要策源地，践行国家新一轮改革、开放、创新战略的典范，长株潭城市群发展的增长核。（肖天庆）

【社区商业众创空间】 湖南高科园创社区商业众创空间位于中国动力谷自主创新园4.1期2楼，总面积3900平方米，硬件投入300多万元。包括独立办公区、公共办公区、洽谈室、培训室、会议室等功能区域。园创空间集聚一批优质的企业和团队，具备产品搭配组合提供服务和解决方案的能力，依托于投资拉

动和双创模式，利用投资孵化目标团队。园创空间能够以任意组合形式对外复制。（廖 婧）

【汽博园众创空间】株洲汽车博览园众创空间(简称“汽博园众创空间”)位于中国动力谷自主创新园研发中心D栋4～6层，建筑面积约2825平方米，是一个新型业态下聚焦地区汽车行业领域的专业性创新创业综合服务平台。旨在为汽车博览园市场的培植及各类创业团队整合包括办公、金融、教育、投资等多方资源，提供全面孵化通道，助推株洲“双创”事业和千亿汽车产业集群的构建。年内，汽博园众创空间引进13家企业，举办路演、交流活动、观影活动等100余场，获批湖南汽车工程职业学院大学生创新创业基地。（王 婧）

企业服务

【概况】2017年10月9日，株洲高新区企业发展服务中心(简称“区企业服务中心”)正式运行，直属株洲高新区管委会，中心服务大厅位于高科·总部壹号一楼，面积近1500平方米，大厅内安装了大型LED显示屏、查询机、取号机和视频监控等设备。中心实行“朝九晚五”作息制度，采取指纹考勤方式管理。

区企业服务中心核定全额拨款事业编制8名。下设综合部、审批部、服务部，对外招聘窗口工作人员20人，大厅设立25个窗口，分工商专区、综合业务专区、人社专区。可办理企业事项193项，其中行政许可事项121项，公共服务事项72项。

区企业服务中心运行以来，秉承“让企业只进一张门，只跑一次路”的服务宗旨，忠实践行“马上办、网上办、一次办”的工作理念，采取“一口受理，后台审批，限时办结”的审批模式，不断推陈出新众多便企措施，努力提供高效、规范、便捷的全过程服务，致力于营造全省一流的企业发展环境。10—12月的3个月中，业务受理总量9953件，办结9740件。大厅参与满意度评价人数2127人，非常满意人数2109人，非常满意率99%，满意人数18人，满意率100%。

中共株洲高新区工委书记、天元区委书记周建光(左)，天元区区长董巍(右)共同为高新区企业发展服务中心揭牌

【全市首张“全程电子化”营业执照】10月9日，区企业服务中心在高科·总部壹号一楼揭牌。中共株洲高新区工委书记、天元区委书记周建光，天元区区长董巍共同为高新区企业发展服务中心揭牌。揭牌当天，湖南零壹链网络科技有限公司仅用半小时办理完成工商登记所有手续，这是区企业发展服务中心发出的第一张工商营业执照。10月25日，企业发展服务中心工商窗口向株洲市中毅体育文化传播有限公司发出全市首张“全程电子化”营业执照，从名称自主申报到领取营业执照，全程网上进行。（胡 煜）

社会事业

科学技术

【概况】2017年，天元区经济科技信息局(简称“区科技局”)加挂科学技术协会和知识产权局的牌子。主要负责科技发展规划的制定与实施，各级各类科技项目、科技成果的申报、高新技术企业与软件企业的申报，科技三项费的管理，科技合作与交流，知识产权的申报与保护，科协工作与农村科技工作。群丰镇、雷打石镇、三门镇和泰山路、嵩山路、栗雨、马家河街道建立相应的科技网络，设立镇(街道)科技领导小组，配备专职领导和科技专干，村(社区)设立以村长(主任)为首的科普小组。

2017年，全区两批共申报高新技术企业62家，其中新申报认定33家。第一批推荐28家企业开展高新技术企业认定，25家获批；第二批推荐34家开展高新技术企业认定，34家全部获批。其中，河西示范园高新技术企业115家。

2017年，区科技局围绕“4·26”世界知识产权日，开展系列活动。开展知识产权质押融资工作，完成知识产权质押融资3605万元。株洲高新区联合上海新净信启动“筹建国家轨道交通知识产权交易运营中心和国家新能源汽车知识产权交易运营中心”建设。成立区“双打”领导小组，印发《株洲高新区、天元区实施知识产权战略行动计划(2017—2020年)》。天元区已连续5年获评湖南省知识产权先进县(市、区)。

2017年，区科技局牵头制定株洲高新区“1+7”公共政策中的“加快自主创新”等5项政策。新增4家省级创新平台，株洲千金药业的湖南省中药衍生品工程技术研究中心、湖南特科能热处理有限公司的湖南省热处理技术与装备工程技术研究中心、株洲嘉成科技的湖南省铁路工程机械电液控制工程技术研究中心、湖南炎帝生物的湖南省微藻生物工程技术研究中心4家省级创新平台。年内，新增天易悦创汇、智尚众创空间、株洲创业广场3家省级众创空间。

【科技项目申报】2017年，区科技局进一步规范并完善瞪羚企业计划实施流程。年内，瞪羚企业28家，其中新认定瞪羚企业6家，发放瞪羚企业科技免息引导资金3900万元。组织或推荐长城电脑、立方新能源等企业申报各类科技计划项目185项。组织或推荐中车时代电动、中车时代新材、唐人神等企业申报各类科技奖项，累计争取市级以上财政资金3.5亿元，其中中车时代电动的宽禁带半导体电机控制器开发和产业化项目获得国家重大共性关键技术项目支持，获得中央财政专项经费5252万元。时代新材、炎帝生物各一项科技成果获得市科技进步一等奖。

【科技成果转化】2017年年初，区科技局印发《区百项科技成果转化行动方案》。年内，报送科技成果转化项目30项，认定30项。充分利用中国动力谷自主创新园、天易科技城等创新创业平台优势，积极开展“产学研”合作，接洽三大动力及相关产业的创新创业项目，累计跟进各类创新创业项目150余个，签约项目44个。上海龙创汽车设计、北京菲斯罗克等10余家创新型企业入驻标准厂房快速实现成果产业化。

【奖励创新企业】2017年初，株洲高新区继续对企业颁发创新奖，奖励额度1093.5万元。其中技术创新类奖励381.3万元，包涵工业企业专利授权468件(发明154件，实用新型279件，外观设计35件)，涉及64家企业，奖励211.3万元；3个国家标准奖励30万元，6个行业标准奖励30万元；1个国家企业技术中心奖励50万元，1个国家级行业技术中心奖励20万元，1个省级企业工程技术研究中心奖励20万元，1个省级工程实验室奖励20万元。企业申报专利和进行技术创新的热情高涨。

【科普宣传】2017年初，区科学技术协会积极发挥社区科普宣传员和科普宣传志愿者作用，充分利用辖区单位科教基地和社会各方资源，依托电影进社区活动、百日文化广场活动、文明市民学校、社区居民活动室、社区人口学校、体育中心健身广场等，举办科普讲座培训、健康体检、放映科普片，发放优生优育、预防艾滋、防灾减灾等科普资料，普及科学文化知识，倡导健康文明生活方式。区科学技术协会联合街道在社区举办各项活动，包涵防灾减灾、健康教育、计生、消防、禁毒、暑期教育等内容，组织科普宣传、咨询、讲座、文艺演出、宣传等等活动，发放各类科普宣传材料1万余份，接受咨询服务的群众5500多人次。积极实施开展社区科普益民计划工作，组织申报材料，按时并高质量申报徐家冲社区"湖南省社区科普益民计划"材料获得好评。

【科普惠民】2017年，区科学技术协会积极组织送农业科普知识下乡4次，组织乡镇开展各类科普宣传培训19次，发放资料1.85万份。按照中央建设新农村思路，积极实现农业产业化生产，推动农业产业化实施。按照"以点代面、典型引路、全线拉动"发展思路，确定全区20个村为新农村建设试点村，给予技术支持。及时上报特色优质农产品信息和农业信息化应用示范基地信息，通过农业信息网为农民打开销售渠道，获得各种技术资料，通过农技培训使得农民获得技术支持。

【科普活动】9月16日，天元区2017年科普日活动全面展开。围绕科普日活动主题，联合有关部门共同参与。在泰山路街道滨江社区设立科普橱窗，面积20平方米，内容包括"两型"社会、环境保护、资源节约、新能源、防震减灾、疾病防治等相关知识。在滨江广场发放科普资料、现场开展科技咨询、举行科普知识抢答赛并放映科普及建国68周年献礼电影。开展科普及科技知识的培训、咨询、现场指导活动，在天元区政府、创新中心、中小企业活力促进园开展知识产权保护、《中华人民共和国专利法》、项目申报等知识的培训，到时代电子、电动汽车、科瑞变流、三新包装等企业进行上门指导服务。开展科普知识进乡村活动，组织市农办、畜牧水产局、农林局等专家到农村赶集市场进行现场科技知识讲解并发放上万份科普资料，指导农民开展生产。（陈 林）

教　育

【概况】2017年，天元区教育局内设办公室、人事政工股、教育股、督导室(对外称天元区人民政府教育督导室)、计财股5个职能股室和天元区教育科学研究室、教育技术装备站、会计核算中心、后勤服务中心、青少年活动中心5个二级机构，核定机关行政编制10名，后勤服务事业编1名，二级机构事业编32名。年内，天元区教育局获评株洲市文明单位、2017年度县级教育工作先进单位、株洲市计生工作先进单位、株洲市宣传工作先进单位，天元区绩效考核一等单位。

2017年，天元区有义务教育学校39所，其中公办学校37所，民办学校2所；在编教师1501人；在校中小学生共35914人(公办学校30637人，民办学校5277人)。其中：小学生26886人(公办小学23138人，民办学校3748人)，初中生9028人(公办学校7499人，民办学校1529人)。年内，区教育局批准成立6所民办幼儿园，分别为天元区阿里巴巴御山和苑幼儿园、天元区启智贝尔幼儿园、天元区薇思顿幼儿园、天元区慧谷阳光幼儿园、天元区常青藤幼儿园、天元区睿和安泰幼儿园，增加幼儿园园位1670个。截至2017年年末，天元区有幼儿园86所，其中公办园8所，民办普惠园29所(普惠园位4980

人),在园幼儿14587人。

2017年,区教育局党委下辖60个党组织,2个党总支,58个党支部。包含公办中小学、幼儿园党组织25个,社会组织党组织33个,全系统有党员866名,其中女党员543人,少数民族党员22人,大专及以上学历党员822名。发展党员11人,按期转正9人。

【破解大班额】2017年,天元区破解“大班额”难题。通过双管齐下,增加土地供应渠道;创新机制,增加资金来源途径;招引并举,增加师资队伍力量等途径破解城区学位需求井喷的问题。通过提质基础建设、提升服务配套、提标教师福利破解乡村学位供给过剩的问题。坚持从单兵作战向集团作战转变、坚持从线上教育向线上联盟转变、坚持从学校人向系统人转变,破解教育质量发展不均问题。11月21日,湖南省县域内城乡义务教育一体化改革发展现场推进会在郴州举行。天元区作为全省3个典型交流县区之一,区长董巍在会上作《三增三提三变全力破解大班额》典型经验发言。中共株洲高新区工委书记、天元区委书记周建光专门接受湖南教育电视台采访,天元区破解大班额的经验在湖南教育电视台专题播出。

【党的建设】2017年,区教育局党委全面加强党的领导,强化政治意识、大局意识,深入学习贯彻中共十九大精神,制度化常态化开展“两学一做”学习教育活动。全面落实“两个责任”,增强纪律意识、规矩意识。落实全面从严治党主体责任和监督责任,出台党风廉政建设文件,与学校负责人签订《党风廉政建设责任书》《师德师风责任状》《治理教育乱收费工作责任状》。开展廉政巡查21次,廉政谈话14次,提醒谈话3次,查处并党纪处分违规人员4人。干部任前、集体廉政谈话,集体约谈和谈话提醒等116人次。阳光服务平台受理各类服务事项328件,及时回复处理各类信访件,群众满意率100%。

【教育扶贫】2017年,区教育局与茶陵县湖口镇浣溪村15户贫困户建立结对帮扶,落实帮扶工作包户责任制,定期开展“五个一”活动,派出2名驻村干部,组织42人次赴茶陵县开展帮扶活动,确保全部脱贫。天元区泰山学校、白鹤小学、天元小学、银海学校、天台小学、栗雨小学、建宁实验中学、天元中学等8所城区学校与茶陵县4镇8村8所学校开展教育结对帮扶。通过开展教师培训交流,实施教师结对帮扶,提高教师教学能力;组织天元区优秀教师送课下乡活动,传递优秀教育理念;开展学生互相交流,体验对方学校学习和生活,贫困学生采用多对一方式进行帮扶。11月17日,10组来自天元区天元小学的家庭到茶陵县枣园小学,与该校10组困难家庭进行长期家庭结对。

【获评市级文明单位】2017年,区教育局严格按照市文明委要求,坚持一手抓外在形象,一手抓内在素质,深入扎实开展市文明单位创建。坚持把政治文明、物质文明和精神文明建设列入重要议事日程,常抓不懈,务求实效,引导机关干部、广大教职工深入学习贯彻习近平总书记系列重要讲话精神以及中共十九大报告精神。广泛开展创先争优活动,弘扬和宣传社会主义核心价值观。局党委坚决落实《中国共产党纪律处分条例》《中国共产党廉洁自律准则》,强化廉政意识,严格纪律要求,积极部署、开展系统党风廉政建设活动,努力促进教育改革的健康发展,为实现教育现代化目标保驾护航,传递正能量。组织学习《株洲市中小学教师职业道德规范及违规处理实施细则》,出台《师德师风建设活动月实施方案》、教师从业“五项规定”等一系列制度和措施文件。立足实际,创新自选动作,面向基层学校评选出优秀共产党员84名。坚持以人为本、德育为先，积极创建区青少年活动中心、社区少年宫和学校少年宫，组织学生深入体验团队生活，培养独立生活能力，拓展德育教育空间，增强德育工作的鲜活性和实效性。经过努力，区教育局获评2017年度市级文明单位。

【教师招聘】2017年，天元区推行“逢进必考”政策，建立和完善人才引进的招考渠道和“绿色通道”，建立稳固的教师补充长效机制。全年通过多渠道招聘、引进、调入教师213名，其中：面向高校招聘教师53名、面向社会招聘教师133名、面向优秀在编教师引进教师26名、随军安排1名。通过“绿色通道”，吸引市级以上学科带头人6名和青年骨干教师18名加入，教师队伍整体素质提升。

【教师培训】2017年，天元区国培、省培参加培训人数357人，其中省培S201项目参训教师250人，省级教师工作坊培训21人，其他各类短期集中培训79人，中小学校长信息化领导力培训2人，国学培训3人，高端培训项目2人(未来教育家1人，青年精英教师1人)。参加市级组织培训人数63人，其中提升工程发展测评管理人员培训31人，“十百千万工程”之千名优秀骨干教师26人，教师发展导报通讯员培训6人。8月，区教育局组织新教师进行为期两天的集中培训学习，参训人数190人，培训内容围绕教师职业道德、教师专业成长和如何当好班主任进行，培训取得良好效果。

【交流轮岗】2017年，区教育局积极推进校长教师交流轮岗。交流教师273人，占教师总人数的10%以上。2016—2017学年，全区校级干部交流、提拔、调整53人，其中城区到农村交流轮岗9人，农村到城区6人，城区交流7人，农村交流5人，提拔26人。通过交流，均衡教育资源，缩小城乡差别，改变以往农村小学无名师任教情况，满足个别偏远学校因专业教师缺乏而导致的音、体、美等课程无法开展的状况。

【教师表彰】9月8日，区教育局在建宁实验中学举办以“动力兴城，教育兴区”为主题的教师节活动，隆重表彰77名区优秀教师和18名先进教育工作者。2017年起，区政府设立“天元区教育教学综合质量奖励专项经费”，每年安排200万元，用于奖励工作突出的教学团队、校长等优秀管理工作者和优秀教师。

天元区庆祝第33个教师节活动剪影

【均衡发展】2017年，天元区小学、初中适龄儿童入学率均为100%，辍学率为零。具有随班就读能力的69名3类残疾儿童全部入学，对重度残疾未入学的6名适龄儿童开展送教上门工作。4月27日，区教育局在株洲市学生资助工作会上作《实施精准资助，让资助政策惠及每个贫困学子》为题的经验发言。年内，区教育局资助“建档立卡”贫困学生1648人次，发放资助金89.74万元，较2016年增长22%，资助金全部采用银行卡发放。9月，开展金秋助学活动，筹集助学金12.84万元。

【校园足球】2017年，区教育局继续安排专业教练每周进校园开展足球教学，天元区参与足球运动的学生人数越来越多、校级足球梯队也越来越成熟。

年内，开展第三届区级校园足球联赛和足球基本功抽测，银海学校、天台小学王家坪分校获评全国足球特色学校。至2017年年底，天元区泰山学校、白鹤小学、建宁实验中学、北师大株洲附校、天元中学、栗雨小学、银海学校、天台小学王家坪分校8所学校获评全国足球特色学校。

【“四进”校园】2017年，区教育局积极推进心理健康教育、法治教育、禁毒教育、国防教育进校园。年内，天台小学承办全市心理健康教育专题报告会、全市情绪管理种子师资培训；建宁实验中学被评为株洲市“5·25”心理辅导活动优秀组织单位；白鹤小学、建宁实验中学、栗雨小学、马家河中学、天元小学、天元中学、天台小学、银海学校共8所学校被评为市级毒品预防教育示范学校，白鹤小学颜平、滨江小学陈芳、建宁实验中学刘畅、栗雨小学王雁伟、泰山学校肖云良、天台小学付新春、天元小学李邑杉、天元中学陈振东、天元中学夏立勋、马家河中学胡帅、银海学校李文静共11位老师被评为禁毒宣传优秀教师。辖区学生参加全市禁毒宣传季作品征集活动14人获奖，占获奖总人数43.75%。区教育局获第二届全国青少年学生法治知识网络大赛优秀组织单位、2017年市青少年普法教育先进集体，区教育局宋子利、建宁实验中学周明获评市级青少年普法先进个人，白鹤小学刘子希、泰山学校刘睿阳、银海学校彭泽棋、滨江小学陈彦阳、天台小学滕妍珺、天元小学张筱梵、栗雨小学胡左澄、长岭中心小学王依柔、三门中心小学肖思喆、砖桥中心小学李宇婷、天元中学包红冰、群丰中学黄思璐、天元中学马家河分校刘匡湘乐、雷打石学校黄海燕共14名学生获评市级“学法知法守法用法”优秀学生。区教育局获得2017年全国青少年五好小公民“阳光校园·我们是好伙伴”主题教育读书活动优秀组织奖，雷打石学校获评2017年全国青少年五好小公民“阳光校园·我们是好伙伴”主题教育读书活动示范学校。

【阳光招生】2017年，区教育局继续执行划片招生政策，招生文件以区政府名义下发。一是招生实行网络报名。通过互联网客户端，家长可以足不出户进行报名，报名简便。同时将招生计划和学籍管理制度生合成一起，避免择校，规范招生。二是缩减大班额。严格执行划片招生政策。重新划定城区学校招生片区，探索采用“电脑摇号派位”等方式统筹安排学位，减少因家长择校而出现大班额。全区中、小学新生年级没有出现50人以上大班额。

【教育质量提升】2017年，区教育局强化学校教学质量意识，精心组织中考模考、艺术中考、体育中考、期末抽考、教育质量健康体检等5次考试。对考试程序进行规范，初中教育质量再创新高。年内，中考初三AAAAA生共162人、一次性合格率98%、人均645.8分，这三项指标均遥居5县(市)5区公办学校首位。其中：建宁实验中学、天元中学AAAAA生分别为107人、40人。初二生成绩再创新高，AA生432人，是2016年的1.2倍。继续参加教育部“区域教育质量健康体检与改进提升”项目试点，通过规范办学行为、改革课堂教学、开展社团活动、重构校园文化，扎实推进“优质轻负”工程。通过努力，学生过重课业负担得到减轻，教师观念、行为逐渐改变，课程教学改革深入推进，学生健康快乐成长，师生幸福指数不断提升。

【平安校园创建】2017年，区教育局积极推进人防、物防、技防的规范化建设，完善反恐防撞设施设备，夯实校园内部安全防范基础。全区所有学校均设立安全管理办公室和安全管理员，有专职持证校园保安165人，护校值守54人，一键式报警装置158台(个)，监控探头3210个，钢叉、警棍、防暴头盔、盾牌等145套，18所学校完成应急管理规范化建设。全年开展安全宣传教育348场次、应急演练400余场。

领导干部带队检查、日常检查、专项检查、联合行动19次，出动74人次，检查学校幼儿园467所次，排查安全隐患40处，下达执法文书7份、整改意见书21份，行政处罚1所幼儿园，按“一单四制”要求治理拆除胜塘学校一栋D级危房。27辆过渡期非国标校车全部退出运行。天元小学创建成为省级安全文明校园，长岭中心小学创建成为市级平安校园，建宁实验中学创建成为株洲市“十佳”平安校园。区教育局获得2017年度株洲市反恐怖工作先进基层单位、2017年度天元区安全生产工作先进单位、2017年度天元区食品安全工作先进单位。

【集团化办学】2017年，区教育局继续深化集团化办学工作，将9月建成的新马小学纳入到天元小学教育集团，将尚格小学纳入到白鹤教育集团，不断壮大集团的力量。各集团围绕教研共建、特色互补、文化互渗，通过开展联合教研，共享培训资源，共同推进集团的整体办学水平。各“教育集团”开展30多场次校际和盟校、区级“活力课堂”教研活动，参与人数达全区教师数三分之二，提升全区教师的教学水平。

【教育督导】2017年，天元区专职督导人员有12人，区级兼职督学15人。区教育局根据工作需要聘任一定数量学校教育督导员，成立校级教育督导室。认真组织开展春秋季开学工作专项督导，完成86所幼儿园分类定级及晋级评估工作、7所学校素质教育督导评估工作；完成全区公办中小学学校章程的制定与核准工作以及8所学校的标准化创建评估验收工作。

【新校建设】2017年，新马小学和尚格小学秋季如期开学。新马小学地处中国动力谷自主创新园，总投资2.62亿元，办学规模60个教学班，提供2700个学位。白鹤小学尚格分校在二十二区尚格名城小区内，北临滨江北路，西临君山路，占地3.43公顷，办学规模36个教学班，提供1620个学位。年内，启动凿石小学、株洲市二中初中部建设。凿石小学总投资为1.5亿元，位于株洲市规划155路与规划152路相交的东南地块，南邻衡山中路，东邻神农大道，规划建设总用地面积33971平方米。株洲市二中初中部位于武广片区20号地块，栗雨南路与博古山路交汇处东北侧，总用地面积60605平方米，总建筑面积为32173平方米；两校设计规模均为36个教学班，分别可提供1620个学位。

【民生工程】2017年，区教育局为民办实事项目按计划如期开展。一是向民办幼儿园购买普惠服务工程。

新建的新马小学

投入249万元，购买普惠性民办幼儿园园位4980个。二是全面改薄。投资377万元，全面改善农村贫困地区义务教育薄弱学校基本办学条件，天台小学提质改造项目182万元，建宁实验中学提质改造项目195万元。三是消除义务教育大班额。全区大班额比例从15.66%下降到9.51%，超额完成10.41%工作目标。四是义务教育学位扩容计划。完成总投资39467.5万元，其中马家河学校139.5万元，王家坪小学128万元，新马小学2.62亿元，尚格小学1.3亿元，新增学位4680个。五是农村中小学校舍防雷工程。三门中学、株木中学、株木小学、梽木小学、石亭小学5所学校全部完成建设任务。

【免费午餐】2017年，天元区免费午餐对象为农村义务教育阶段公办中小学校就读的注册学籍学生，惠及三门、雷打石、群丰、原马家河镇4个镇21所中小学校，享受免费午餐学生13918人。“免费午餐”根据天元区生活水平及物价部门核定的标准，按照7元/人·餐的标准安排，每月按实际就餐天数和人数核算并拨付资金。全年累计拨付资金640.86万元。为保障免费中餐方案有效实施，确保补贴资金做到“专款专用”，区教育局要求各中小学校单设食堂专户，独立建账核算。学校所有财务实行校长负责制，坚持“一支笔”审批原则。严格按照阳光采购程序，做到“采购有发票，收支有清单”。落实“三级监管”机制，学校、教育局、区财政和审计等相关部门进行层层监督，把实事做实、好事做好，真正让百姓享受经济发展的红利。

【教育经费保障】2017年，天元区预算内教育经费支出占财政一般预算支出的比例逐年增长。年内，区财政教育投入37511万元，比2016年的30868万元增加6643万元，增长21.52%。一是教师“五险一金”、乡镇工作补贴等待遇，除个人负担部分外，单位负担部分均由财政全额预算并及时拨付到位；二是统一城乡义务教育学校生均公用经费达到基准定额，区级按比例分担资金全部纳入财政预算，并按政策及时拨付到位；三是学生资助、教师培训、职业教育发展、学前教育发展、民办教育发展、教育信息化建设、教育督导与督学责任区等专项按政策要求全部纳入财政预算，及时拨付到位。教师定期体检专项经费通过区长办公会议，财政追加105.9万元。追加教师培训费40万元、督导经费40万元。

【阳光服务】2017年，区教育局在阳光服务推行“五个结合”措施，即与党风廉政建设相结合；与安全信访维稳工作相结合，与日常行政管理相结合，与服务家庭社会相结合，与师德师风建设相结合，实现教育阳光服务的系统化、整体化，推动教育各项工作的顺利开展。开展办理备忘制和首问责任制，所有来电、来信、来访的事项，及时予以记录、答复或办理。年内，受理网络系统信访328件，电话来访400余次，马上就办、网络问政事件30多起，均已回复办结。

【违规征订教辅材料专项整治】2017年，区教育局按照省、市、区纪委要求，开展违规征订教辅材料专项整治。由纪检组组长叶军带队，教育股、办公室、财务、监审室等多方联动开展全面督查，对所有学校展开全覆盖教辅资料专项督查，对37所学校违规征订教辅自查自纠回扣款情况和订阅情况上报区纪委和市教育局。

【“活力课堂”二期课改】2017年，是“活力课堂”二期课改攻坚年，经过3年探索和积累，天元教研取得丰硕成果。盟校教研体系日趋成熟，年内7大盟校开展50多场次校际和盟校、区级“活力课堂”教研活动。11月，举办核心素养与活力课堂教研成果区级展示。12月，举办株洲市城区教研共同体暨天元区教育局“活力课堂与核心素养”教研成果展示，集中展示全区活力课堂二期课改以来教研成果。全市500多名领导、专家、校长和一线教师们参与活动，“信息技术与教育教学深度融合”得到与会专家高度评价。天元区教研室被评为株洲市2017年度优秀组织奖单位，天元区教育学会被评为株洲市教育学会2017年度先进单位。

【教育装备】2017年，全区投入1039万元用于新马小学、尚格小学、栗雨小学寄宿楼装备建设，包括基础网络、安全监控、食堂设备、班班通、校园广播、电子班牌、录播教室、数字书法教室、科学实验室等，保障秋季顺利开学。2017年教育局按每生每学年44.8元的标准，完成区级公办中小学生(幼儿园)10年免费饮水服务采购，卫生质检部门定期进行水质检测，保证符合卫生标准且供水充足。 （曾　雅）

2017年天元区中、小学校基本情况一览表

表13

序号	名称	地址	班级数（个）	在校学生（人）	建筑面积（平方米）	校长姓名	备注
1	天元区群丰镇长岭中心小学	群丰镇长岭街	7	280	1735	谭高翔	公办
2	天元区群丰镇江璜小学	群丰镇江璜社区	6	111	1378	刘　雄	公办
3	天元区群丰镇旗云学校	群丰镇旗云社区	6	163	1472	罗艳霞	公办
4	天元区群丰镇妙泉学校	群丰镇妙泉社区	6	180	1695	彭　靖	公办
5	天元区群丰镇响塘学校	群丰镇响塘社区	6	247	956	谭建军	公办
6	天元区栗雨街道月塘小学	栗雨街道月塘社区	6	202	1416	张润欣	公办
7	天元区新马小学	马家河街道新马社区	12	510	646	何　利	公办
8	天元区金龙小学	马家河街道金龙社区	7	263	991	彭海英	公办
9	天元区天台小学	天元区天台小区	34	1775	8600	邓水群	公办
10	天元区滨江小学	天元区滨江一村	18	901	4848	王建军	公办
11	天元区白鹤小学	天元区白鹤路	37	1825	12626	刘　容	公办
12	天元区银海学校	天元区银海路	52	2715	15454	文艳云	公办
13	天元区王家坪分校	天元区马家河街道	14	701	2050	马谋幸	公办
14	天元区栗雨小学	栗雨街道新东路1号	43	2377	11210	何亩文	公办
15	天元区凿石小学	马家河街道凿石村	7	332	1100	李　双	公办

续表13

序号	名称	地址	班级数（个）	在校学生（人）	建筑面积（平方米）	校长姓名	备注
16	天元区砖桥中心小学	雷打石镇砖桥村	6	246	2043	陈　平	公办
17	天元区建强学校	雷打石镇建强村	6	153	1353	刘　琼	公办
18	天元区胜塘学校	雷打石镇胜塘村	6	145	2481	姜子美	公办
19	天元区泉丰学校	雷打石镇泉丰村	6	71	1366	万炳均	公办
20	天元区三门镇莲花小学	三门镇莲花村	6	147	1650	宋迎春	公办
21	天元区三门中心小学	三门镇下节街	16	705	2650	程　琳	公办
22	天元区三门镇株木小学	三门镇株木村	4	89	1450	龙　茜	公办
23	天元区三门镇梽木小学	三门镇梽木村	6	133	2057	张　华	公办
24	天元区天元小学	天元区黑龙江路	65	3690	20993	杨碧琼	公办
25	天元区泰山小学	天元区牛形山路	70	3741	26339	谭新艳	公办
26	天元区尚格小学	天元区尚格名城	13	615	3366	马谋幸	公办
27	天元区新林学校	雷打石镇新林村	6	107	1558	何赞习	公办
28	天元区三门镇石亭小学	三门镇石亭村	4	29	910	王　芳	公办
29	天元区三门镇杨柳小学	三门镇杨柳村	6	152	1284	文友粮	公办
30	天元区霞石学校	雷打石镇霞石村	6	151	1222.56	刘建元	公办
31	天元区群丰镇中学	群丰镇	6	246	6412	谭文辉	公办
32	天元区马家河中学	马家河街道	26	1265	11292.32	刘小波	公办
33	天元区天元中学	天元区黑龙江路	48	2449	22754	吴学平	公办
34	天元区三门镇中学	三门镇下节街	9	456	7280	唐琼英	公办
35	天元区雷打石镇中学	雷打石镇	13	562	10525	林太泉	公办
36	天元区三门株木中学	三门镇株木村	3	148	6423	张冬良	公办
37	天元区建宁实验中学	天元区珠江南路	52	2678	48188	邓　钢	公办
38	天元区太阳宫小学	天元区桥北社区	16	629	3655	曲湘云	民办
39	北师大株洲附属学校	庐山路210号	79	4630	146222	陈耀文	民办

（曾　雅）

文化·体育·旅游

【概况】天元区文化体育和旅游局(简称“区文体旅局”)是区人民政府职能管理组成局,主管全区文化、体育、新闻出版、旅游工作,贯彻执行国家和省、市关于文化、体育、新闻出版、旅游工作的方针政策、法律法规,研究拟订相关政策、规章及相关产业发展战略规划,负责全区文化、体育和旅游事业发展规划并督促实施情况;指导、协调、配合和组织全区性文化和体育活动;监督和管理全区新闻出版市场,开展“扫黄打非”工作;管理全区文物工作。2017年,区文体旅局内设办公室、社会文化体育股、市场股、旅游股,下辖二级区文化馆,在编在岗13人,区聘1人。

2017年,区文体旅局举办株洲新区新春团拜会和“迈入新时代·谱写新篇章”株洲高新区、天元区主题文艺晚会。开展2017年元宵节系列文化活动。举办8场“欢乐潇湘·幸福新区”主题群众文艺汇演,观众人数2.9万人次;组织参加首届株洲市清风廉政文艺创作比赛,选送的舞台剧《清泉》《永远的家风》分获金奖和银奖,选送的《清泉》参选微电影奖项获一等奖。泰山路街道第二届群众文化艺术节、雷打石镇第二届乡村文化艺术节等基层文化活动各具特色。各民间团体和协会组织积极在清明节、端午节等传统节日开展文明祭祖、龙舟赛等民俗活动,吸引市民广泛参与。扎实推进全民阅读“七进活动”,开展“书香天元·悦读人生”世界读书日专题系列活动,投入20余万元在机关、企事业单位、窗口单位等建成5处城市书吧。

2017年,举办天元区第八届大众体育运动会,“湘江游艇杯”围棋邀请赛,“火炬杯”羽毛球邀请赛。组团参加株洲市第十三届大众体育运动会。荣获县市区组团体总分第一名,优秀赛区、优秀组织单位、道德风尚奖等荣誉称号。成立天元区棋类协会、赛车俱乐部等群众组织。新建多个公共体育设施,汽博园的国际卡丁车赛场、澎湃恒温游泳馆、神农太阳城新建TiTime健身会所分所、活力真冰溜冰场等多个公共体育场所。新建扩建群雷打石镇铁篱村群众文化健身广场、三门镇月福村群众健身广场、群丰镇新文社区等群众健身广场。

2017年,全区接待游客923.68万人次,同比增长19.69%;实现旅游总收入114.97亿元,同比增长35.18%。1月,三门镇响水村被评为湖南省美丽乡村建设示范村,被授予“湖南省美丽乡村建设示范村”荣誉称号。12月,株洲市湘江生态旅游景区被评定为国家AAA景区。

【“迈入新时代·谱写新篇章”文艺晚会】12月8日,在株洲市神农大剧院举行“迈入新时代·谱写新篇章”——株洲高新区、天元区主题文艺晚会。晚会包含歌舞、器乐、朗诵、说唱等14个各具特色的原创节目。由群众演员(机关干部和群文团队)、专业演员(戏曲传承中心、工大团队)相结合,500余名演出人员。晚会抓住“我们的动力谷·中国的动力谷”主线,将舞台艺术和背后故事相结合,延伸舞台展示空间,讲好老百姓的故事。主持人打破以往的串台词形式,用情景表演的形式在各篇章中以成长的

“迈入新时代·谱写新篇章”主题文艺晚会

形式(相识、相恋、结婚、后代回家乡参加现代化的建设)呈现。以“动力一家人”为串联,以艺术为载体,把演出和小片相互连,充分发挥LED屏电影化(故事化)的功能。调动多种艺术手段完美表现株洲高新区25年、天元区20年的艰辛创业,通过多层次、多元化的节目表现方式呈现株洲新区的发展历程。

【文化馆工作】2017年,区文化馆全面落实国家公共文化服务体系示范区创建工作。一是开放规范有序,做到群众满意。全市52支群众文艺团队通过预约免费使用场馆,惠及群众5万人次。二是加强培训辅导,提升业务水平。开设器乐类、声乐类、舞蹈类、健身等9个课程,课时364小时以上,参与群众7000余人次。三是协助配合市、区大型文化活动,承办“我是天元之星”民间达人秀,组织群众团队参与欢乐潇湘、全国老年合唱节、株洲市喜迎中共十九大启动仪式等文化活动,参与人数超万人次。四是开展送戏下乡,提升影响力。全年文化馆共举办10余场“送戏下乡”文化惠民演出,吸引3万余群众现场观看,被评为省级文明窗口。

【创建公共文化服务示范区】2017年,天元区推进文化基础设施建设,加大镇(街道)综合文化站、村(社区)综合文化服务中心建设力度,群丰镇、雷打石镇、马家河街道、三门镇等一批示范文化站和响水、月形、砖桥、湘云、湘银、大岭、凤凰山、高塘、新塘、小湖塘等一批特色综合文化中心相继建成。栗雨综合文化站、泰山民俗博物馆、嵩山文体中心建设顺利推进。编辑创建工作动态17期,完成文化志愿者注册工作。由区文体旅局推荐的湖湘文化志愿者协会获得全省文化志愿服务先进单位、彭钢获得全省文化志愿服务先进个人。扎实做好上级对区文化馆、图书馆、高塘社区3个迎检点中期评估以及市、区绩效评估资料的收集、整理工作。7月10日,区文化馆接受专家组检查评估。

【图书馆建成开放】12月8日,区图书馆建成试开馆。区图书馆2016年年底完成设计,2017年2月经区发改局审批立项。位于天元区中国动力谷自主创新园研发中心D栋二楼新动力众创空间西侧,毗邻风景优美的万丰湖公园,交通便捷。建筑面积约1800平方米,馆内设有阅览位200余席,一期藏书3万多册。馆内分入口大厅、电子阅读区、一般阅读区、少年儿童阅读区、综合活动区阳光休闲区、室外阅读区行政办公区等8个功能区。

试开馆后,先后接待全国文联、省、市、区多次来馆考察和参观,组织“走进图书馆书香伴我行”“小创客大梦想”“亲子阅读”“厕所革命头脑风暴”“迎新春送春联”等活动,推送微信文章30余篇,接待读者3000人次,每周免费开放时间56小时。

【天元区第八届大众运动会】2017年6月,天元区举办第八届大众运动会,共设健身广场舞、拔河、集体跳绳、气排球、同舟共济、同心传递、三人制篮球、乒乓球、羽毛球、滚铁环10个项目,全区机关、企事业单位2100多名运动员报名参赛,历时3个月,对每个项目前8名予以通报,给予一定奖励。

天元区第八届大众运动会广场舞比赛

天元区第八届大众运动会比赛成绩

一、优秀组织奖

区政府办	区法院	钻石切削	天易集团
区财政局	区教育局	区卫计局	高科集团
天元小学	区人社局	群丰镇	区水利局
区城管局	马家河街道		

二、体育道德风尚奖

区民政局	区招商局	区司法局
区发改局	区人大机关	区农村工作局
泰山路街道	栗雨街道	三门镇
嵩山路街道	区政协机关	区城乡建设局

三、各单项赛事成绩

1.健身广场舞

一等奖：嵩办滨江艺术团　高科集团代表队

二等奖：三门镇广场舞队　雷打石镇友谊健康团队　区法院代表队

三等奖：区检察院代表队　泰办珠江文艺队　泰办霓裳舞蹈队　栗办雨欢快乐健身队　泰办心之寻舞蹈队

2.气排球

第一名：钻石切削

第二名：区产业局

第三名：区城管局

第四名：天元小学

第五名：区法院

第六名：区卫计局

第七名：公安分局

第八名：区水利局

3.拔河

第一名：三门镇

第二名：栗雨街道

第三名：马家河街道

第四名：钻石切削

第五名：群丰镇

第六名：区教育局

第七名：高科集团

第八名：区水利局

4.三人制篮球

第一名：区法院

第二名：高科集团

第三名：区教育局

第四名：天易集团

第五名：群丰镇

第六名：区城管局

第七名：钻石切削

第八名：区信访局

5.跳绳

第一名：高科集团

第二名：钻石切削

第三名：区财政局

第四名：区教育局

第五名：天易集团

第六名：区民政局

第七名：泰山路街道

第八名：区人社局

6.同舟共济

第一名：区城管局

第二名：区财政局

第三名：天易集团

第四名：区教育局

第五名：泰山路街道

第六名：区人社局

第七名：高科集团

第八名：区建设局

7.同心传递

第一名：钻石切削

第二名：区财政局

第三名：天易集团

第四名：区卫计局

第五名：区民政局

第六名：区城管局

第七名：泰山路街道

第八名：区教育局

8.乒乓球

男子组单打

第一名：张青鹏(天易集团)

第二名：黄梓杰(天易集团)

第三名：曾永允(嵩山路街道)

第四名：李铁钢(栗雨街道)

第五名：罗　沅(钻石切削)

第六名：彭　荣(钻石切削)

第七名：刘　俊(钻石切削)

第八名：宋宇杰(钻石切削)

男子组双打

第一名：张青鹏　黄梓杰(天易集团)

第二名：曾永允　叶典凤(嵩山路街道)

第三名：宋宇杰　彭　荣(钻石切削)

第四名：邱　洪　江四海(泰山路街道)

第五名：刘　俊　罗　沅(钻石切削)

第六名：张　芝　罗润球(工商分局)

第七名：刘　雄　李　翔(群丰镇)

第八名：刘永春　侯文明(区教育局)

女子组单打

第一名：张桂英(高科集团)

第二名：陈清莲(工商分局)

第三名：欧阳龙丹(钻石切削)

第四名：王俊雅(钻石切削)

第五名：赵红梅(区教育局)

第六名：谭　君(群丰镇)

第七名：丁永红(工商分局)

第八名：颜　页(区法院)

女子组双打

第一名：陈清莲　丁永红(工商分局)

第二名：王俊雅　谢　芳(钻石切削)

第三名：龙连云　何　婵(区卫计局)

第四名：谭　君　谭　慧(群丰镇)

第五名：唐湘云　赵红梅(区教育局)

第六名：陈逸群　伍　云(马家河街道)

第七名：彭嘉英　易季芳(高科集团)

9.羽毛球

男子组单打

第一名：刘　哲(钻石切削)

第二名：雷　春(钻石切削)

第三名：李小健(钻石切削)

第四名：罗润球(工商分局)

第五名：段又文(区教育局)

第六名：唐　波(区财政局)

第七名：文　波(区教育局)

第八名：邓宇星(区建设局)

男子组双打

第一名：雷　春　刘　哲(钻石切削)

第二名：李小健　刘备芳(钻石切削)

第三名：谭建志　邓宇星(区建设局)

第四名：罗润球　肖冠华(工商分局)

第五名：段又文　文　波(区教育局)

第六名：何胜华　申　毅(高科集团)

第七名：段新宇　吴新波(高科集团)

第八名：彭天夏　刘慧湘(天易集团)

女子组单打

第一名：彭雅愉(高科集团)

第二名：范赛花(区卫计局)

第三名：汤　晓(区教育局)

第四名：余忠辉(区教育局)

第五名：左思盼(区教育局)

第六名：张　倩(政府办)
第七名：曹　群(区卫计局)
第八名：易剑兰(泰山路街道)

女子组双打
第一名：汤　晓　佘忠辉(区教育局)
第二名：秦　丽　宋红云(钻石切削)
第三名：彭运香　彭雅愉(高科集团)
第四名：张　倩　袁汇湘(政府办)
第五名：侯德凤　左思盼(区教育局)
第六名：成彬彬　李已鸣(高科集团)
第七名：封二梅　裴　阳(区财政局)
第八名：易　红　刘　惠(区法院)

10.滚铁环
男子组
第一名：刘永奇(区法院)
第二名：周　浩(区城管局)
第三名：冯　卫(栗雨街道)
第四名：陈　亮(区委宣传部)
第五名：杨孟魁(区教育局)
第六名：张　伟(天易集团)
第七名：殷球红(区纪委)
第八名：王意昭(区教育局)

女子组
第一名：刘　娟(栗雨街道)
第二名：蒋春莲(群丰镇)
第三名：黄淑冬(天元小学)
第四名：贺正好(区教育局)
第五名：田利民(嵩山路街道)
第六名：周美丽(区教育局)
第七名：罗方珍(区法院)
第八名：胡第元(嵩山路街道)

【举办2017CKC中国卡丁车锦标赛总决赛】 11月11日，2017CKC中国卡丁车锦标赛总决赛在株洲汽车博览园卡丁车国际赛场开赛，比赛历时两天。国家体育总局汽车摩托车运动管理中心主任、中国汽车摩托车运动联合会主席詹郭军宣布开幕，市委副书记、市长阳卫国致开幕词。湖南省体育总会专职副主席冯湘江，市领导邓尚文、黄芳、杨胜跃、金继承，中共株洲高新区工委书记、天元区委书记周建光，株洲高新区管委会主任朱振湘，天元区区长董巍出席开幕式。经过激烈争夺，CKC年度奖项：罗景轩、黄瀚弘、谢咏霖获N7公开组年度前3名，孙啸禹、曹哲铭、许思瀚获N7新人组年度前3名，孙铭辰、黄瀚弘、袁缘获N12公开组年度前3名，刘海鹭、王子健、刘宇舟获N12新人组年度前3名，余家宝、钟肇璠、郑连忠获N14公开组年度前3名，庄存义、简卓滔、王涛获N35公开组年度前3名。

株洲汽车博览园国际卡丁车赛场是湖南最大的卡丁车场，占地面积3.8公顷，赛道长度约1.1千米，符合国际汽车运动联合会(FIA)场地安全标准，从赛道设计到配套设施均可举办相应级别的国际卡丁车赛事和所有国内卡丁车赛事。此次2017CKC中国卡丁车锦标赛总决赛为株洲承办的首个国家级大型赛事。　(黄艳娟　周易佳)

【旅游产业发展】 2017年，区文体旅局按照《天元区旅游产业发展规划》和各重点项目规划要求，研究制定《加快推进旅游产业发展的实施意见》，提出推广都市旅游名片、汽车文化名片、乡村“三农”文化名片，全力打造国家级都市文化休闲特色旅游目的地目标。参与制定《泛万丰湖片区发展规划》《天元区南部乡镇总体规划》拓展全区旅游产业发展空间。2017年，投入资金70万元对神农城AAAA景区厕所进行全面维修改造，获得上级旅游厕所改造专项资金49万元。投资近50万元对悠移庄园AAA景区新建景区桥梁，对景区道路、标志、标识进行规范。开展工业旅游前期调研，对辖区内工业旅游和乡村旅游资源进行集中摸底、统一整合，科学设计“工业游+美丽乡村游”旅游产品，包装宣传4条精品旅游线路，通过媒体和活动向市民展示。

【承办首届风筝节】 4月15日，由株洲新闻网、区文体旅局主办，悠移生态景区承办的悠移生态景区首届风筝节拉开帷幕。风筝节为期两天，分为拍照合影风筝区、震撼放飞风筝区、亲子互动DIY风筝区、恐龙时代展览区、风车花海唯美区、七彩油纸伞区、稻草人展示区7大区。

【举办全民阅读系列活动】 4月23日，区文体旅局、团区委联合在美的时代广场主办“书香天元·悦读人生”世界读书日系列活动。开展“我的书屋我的梦”征文比赛、“劳动杯·诗歌献给劳动者”诗词大赛及城市书吧、农家书屋管理工作。为雷打石、三门两镇28个村配送书籍1.12万册，组织到市戒毒所、市特殊人员收治中心、砖桥村、仙岭社区开展送阅读赠书活动4次，共赠书1300册。汤彩霞获评湖南省最美读书人。

【召开天元区软件正版化工作会议】 9月12日，区文体旅局在区会议中心多媒体厅召开天元区软件正版化工作推进暨培训会议。近50家区直机关单位参会。会议就进一步推进全区软件正版化工作，迎接省、市检查进行安排部署。要求各相关责任单位要全面自查，完善资料，抓好整改。会上还对与会人员使用正版软件工作相关知识进行培训。

【文化安全生产】 2017年，区文体旅局组织安全生产方面学习3次，其中专业消防培训1次。组织对KTV、网吧、出版物零售店、电子游戏场所、星级宾馆、酒店、旅行社等开展安全生产检查300余家次，与区消防大队联合开展专项检查3次。紧抓大型文艺活动安全生产工作，配合做好国务院安全生产检查组对天元区安全生产工作的检查。年内文化、体育、旅游3大块没有发生大的安全生产事故。

【旅游开发精品旅游线路】 2017年，区文体旅局开发天元区精品旅游线路。1.生态文明·工业之旅：欣赏湖光美景，感受工业文明。万丰湖：走森林花径，看碧波荡漾。动力谷展示中心：参观城市文化印记，领略工业文化历史。汽车博览园：卡丁车赛激情狂飙，感受速度与激情。2.生态文明·都市之旅：神农城+湘江风光带。湘江风光带：领略生态宜居城市之美。神农湖：走林间小道，穿湖边栈道。神农坛：祭祀祈福，心灵洗礼。太阳城：享受美食，亲子互动。神农大剧院：观赏高雅艺术，提升文化底蕴。神龙塔：鸟瞰株洲美景。3.生态文明·乡村之旅：摘杨梅、赏百花、品葡萄。三门松柏：拥有株洲市规模最大的杨梅种植基地，占地20余公顷，种有果树2200多株，年产量5万千克。三门响水：位于三门镇西北部，是株洲市两个美丽乡村综合示范点之一。百花艺术节是该村打造的重点旅游项目。4.自驾游线路：株洲大道(往湘潭方向)→万丰湖游客中心→动力谷展示中心→汽车博览园；株洲大道(往湘潭方向)→万丰湖游客中心→马家河高塘村(罗哲烈士墓)→栗雨街道月塘村(罗学瓒烈士墓)→古桑洲。 (周易佳)

卫生和计划生育

【概况】 2017年，天元区卫生和计划生育局(简称“区卫计局”)有行政编制10名。内设综合股、基层卫生股(医改办)、医政法监股(中医股)、人事财务股、计生业务股、家庭发展和流管股。区红十字会与区卫计局合署办公。局下辖二级机构11个：区妇幼保健计划生育服务中心、区疾病预防控制中心、区卫生计生综合监督执法局、区卫计局会计核算中心、4个卫生院和3个社区卫生服务中心。全区有7个基层卫计办，各级各类医疗机构235家，卫生计生工作人员700余人，其中在职在编职工218人，退休职工98人，乡村医生75人。

2017年，天元区国家慢性病综合防控示范区省级复评良好、天元区计划生育工作获评省级良好单位，天元区在株洲市年度考核中卫生工作综合排名第一、株洲市卫生城市提升工作排名第一、株洲市无偿献血工作排名第一、株洲市基本公共卫生服务考核排名第二。三门镇中心卫生院获评全国群众满意的乡镇卫生院、建宁实验中学获评2016—2017年流动人口健康促进示范学校、泰山路街道获评全省流动人口基本公共卫生计生服务均等化示范街道。

【民生实事】2017年，区卫计局承担民生实事任务3项。其中省级民生实事2项和市“民生100”工程1项。省级民生实事中，孕产妇产前免费筛查3000人，完成目标任务100%；农村适龄妇女(35～64岁)“两癌”(宫颈癌和乳腺癌)免费检查4550人，完成目标任务101%，确诊宫颈原位腺癌(属癌前病变)2人、微小浸润癌1人。市级民生实事分级诊疗有序推进，辖区内所有基层医疗机构分别与市中心医院、省直中医院、市妇幼保健院、恺德微创医院签订医联体协议。组建家庭医生团队44支，常住居民签订家庭医生合同10.88万人，普通人群签约率37.2%，重点人群签约人数为4.68万人，重点人群签约率60.07%。

【计划生育】2017年，区卫计局严格执行政策，坚持“三个不变”，严守目标底线，确保完成指标任务。一是主要指标稳健运行。全区期末人口自然增长率7.92‰，符合政策生育率98.98%；出生人口性别比107.58等三项主要指标均在责任目标范围内。二是利益导向工作扎实开展。做好农村部分家庭奖励扶助、计划生育特别扶助、城镇独生子女父母奖励和独生子女保健费等对象的确认与奖励落实。年内，为5439人发放奖励扶助资金350万元。三是综合治理紧密协作。全区有15家计划生育综合治理单位，民政局、公安分局、法院、工商局、住建等部门建立信息共享制度，在预防和查处违法生育、流动人口管理等方面紧密协作。四是强化整治“两非”(非医学需要鉴定胎儿性别和选择性别终止妊娠)工作。成功查处2例“两非”典型案件。五是强化流动人口均等化服务。全年流入人口入库总数4.62万人，流出人口入库总数7336人，流动人口健康档案建档率88.5%，0～6岁儿童预防接种率100%。六是计生协会工作不断提升。“5·29”开展以“人口流动，健康同行”为主题的大型宣传暨流动人口健康服务年活动启动仪式，在辖区基层医疗单位为计生特殊家庭开通就医“绿色通道”，全面提升“一地一品”特色工作。

【国家基本公共卫生服务均等化】2017年，区卫计局有序推进全区基本公共卫生服务工作，建立基层医疗机构公共卫生首诊责任制、家庭医生团队分片包干制、公共卫生3级审核制及问题整改限时销号制，推进医疗和公共卫生的有机结合，紧抓居民健康档案的建立。建立健康档案25.76万份，建档率88.06%，对1.34万名老年人进行免费健康体检，管理高血压患者1.3万名，管理率80.7%，2型糖尿病患者4504名，管理率82.8%，严重精神障碍患者1174名，心脑血管病例5138例，肿瘤登记3143例，居民死因信息登记网络报告1762例，死亡率6.04‰，死因监测漏报调查239例，报告率为93.36%，漏报17例，漏报率6.64%；0～6岁儿童健康管理2万余人，管理覆盖率93.61%；孕产妇系统管理3406人，管理率95.75%；辖区适龄儿童疫苗接种覆盖率、合格率95%以上，其中适龄儿童两针次麻疹类疫苗覆盖率95%以上，连续3年无麻疹疫情。

【妇幼保健计划生育服务】2017年，区卫计局继续狠抓免费婚前医学检查、免费孕前优生健康检查、免费叶酸发放等公共卫生项目，有效控制出生缺陷。年内完成免费婚前医学检查1736对，婚检率88.6%；1177人接受免费孕前优生健康检查，早孕随访率和妊娠结局随访率均100%；免费发放叶酸3463人份。免费检查艾滋病产妇数6239人，其中艾滋病孕期检测人数6211，无HIV阳性孕妇；乙肝检测人数6479人，其中孕期检测人数6268人，梅毒检测人数6304人。加强孕产妇系统管理和儿童系统管理。孕产妇系统管理率95.75%，住院分娩率100%，高危孕产妇住院分娩率100%，孕产妇死亡率为0，产后访视率95.27%，农村孕产妇住院分娩补助金额45.21万元，救助高危重症贫困孕产妇83人，共计8.82万元。5岁以下儿童死亡12人，死亡率3.34‰；婴儿死亡数6人，婴儿死亡率1.67‰；新生儿死亡数5人，新生儿死亡率1.39‰。“爱心助孕”活动中有5对夫妇接受免费资助，完成5例节育手术并发症对象的鉴定。9月，启动孕产妇家庭医生签约服务，签订服务协议943人。

【疾病预防控制】 9月，天元区通过国家慢性病综合防控示范区省级复审，评定为良好。全区报告法定传染病14种，3755例，发病率1692.25/10万。无甲类传染病报告；报告乙类传染病10种，880例，与2016年同期(756例)增加16.40%，死亡1例(艾滋病)，新增HIV/AIDS41例(艾滋病感染者26例，艾滋病人15例)；报告丙类传染病4种，2875例，与2016年同期(3118例)减少7.79%，无死亡病例报告。7月初，天元区部分地区发生洪涝灾害，区卫计局成立9个救灾防病技术指导组计70人，分赴7个镇(街道)全面开展灾后防疫摸底、消毒、清淤、环境治理、灭“四害”(老鼠、苍蝇、蚊子、蟑螂)、健康教育、送防暑防疫药品等卫生防疫工作，确保灾后无大疫。强化对慢病病人的管理，全区建立居民健康档案25.72万份，建档率87.97%。落实天元区肇事肇祸等严重精神障碍患者监护“以奖代补”政策，收集明确诊断431人，核实符合申请条件77人。救治救助重性精神疾病患者30人。

【公共卫生突发事件应急处置】 2017年，天元区报告突发公共卫生事件7起。其中诺如病毒引起的感染性腹泻聚集性疫情3起、流感样病例暴发疫情2起、流行性腮腺炎暴发疫情2起。采集手足口病标本75份，其中EV71阳性1例，CoxA16阳性7例，其他肠道病毒阳性52例；手足口病重症病例1例(区外病例)，无死亡病例报告，共报告手足口病聚集性疫情4起(均发生在托幼机构)；采集活禽市场环境标本26份，共检出H7N9禽流感病毒阳性标本6份，H7禽流感病毒阳性1份。成功处置疑似食源性疾病暴发事件7起，其中2起为毒蘑菇中毒、1起为亚硝酸盐中毒、1起为误食铁树果中毒，另3起为一般食源性疾病暴发事件。

【卫生计生监督执法】 2017年，天元区在全市率先为区卫计监督执法人员配备执法记录仪，规范行政执法行为。全年办理卫生行政审批事项共709件，按时办结率、服务对象满意率均为100%。开展打击非法行医和游泳馆、二次供水、美容、美发、小旅馆、小足浴等场所专项督查工作。对辖区内733家公共场所门店进行整治；13家重点生活美容场所、15家游泳场所、20家二次供水单位进行专项监督检查；联合区教育局对38所中、小学及3所托幼机构进行学校卫生监督执法专项行动检查；对235家医疗机构开展日常监督工作，监管单位的建档率达100%，监督覆盖率达100%；约谈医疗机构64次，责令整改问题64件；处理5起医疗纠纷及投诉；查处各类违法行为8起；社会抚养费征收立案97起，下达征收决定书97份，征收金额25.4万元，立案率100%，立案准确率100%，征收标准准确率100%。

【爱国卫生工作】 2017年，天元区在神农湖、栗雨湖、万丰湖安装太阳能灭蚊灯80盏，灭除蚊蝇和飞虫，提升湖区环境档次；在无人监管小区和城中村制作毒饵站4000个，巩固灭鼠成果。为控制“四害”密度，免费发放除“四害”药物，折合金额12万余元，用于各街道公共区域、无物业管理的居民住宅小区及卫生死角的消杀。完成雷打石镇铁篱村和三门镇响水村150户改厕。年内，天元区创建省级卫生村1家，市级无烟管理示范单位19家，市级文明卫生单位2家。

【红十字会工作】2017年，区红十字会以全方位、多渠道、多途径开展无偿献血宣传工作。充分发挥新闻媒体的宣传主导作用，宣传报道献血知识和先进事迹。充分利用"无偿献血活动月""6·14"世界献血者日、"10·1"《中华人民共和国献血法》颁布实施日集中开展无偿献血公益活动。制作大型户外无偿献血公益广告牌7块，在神农广场2块巨型LED广告屏循环播放无偿献血公益广告。年内，天元区献血人数2788人，献血量93.6万毫升，完成年度目标任务的191%，献血人数和献血量居全市第一。

【卫生与健康大会】10月27日，天元区卫生与健康大会在区政府报告厅召开。株洲高新区、天元区领导朱振湘、董巍、陈远瑞、许剑鸣、黄继军、程燕、谈志明、刘铁华、谭红德、蒋智、刘建南、郭飞、张倩出席会议。区直机关各单位、各镇街道党政负责人、分管领导，各镇街道卫计办主任134人参会。会议由区委副书记、区长董巍主持，中共株洲高新区工委副书记、管委会主任朱振湘讲话。此次会议深入贯彻学习习近平总书记系列讲话精神、落实全国、省、市卫生与健康大会精神，安排部署当前和今后一个时期全区卫生与健康工作。会上，印发《天元区贯彻落实〈健康中国2030规划纲要〉加快推进健康天元建设实施方案》。（易利芬）

召开天元区卫生与健康大会

2017年天元区医院一览表

表14

单位名称	地址	法人	工作人员（人）	床位（张）
天元区人民医院	天元区泰山路51号	刘仁波	203	120
马家河卫生院	天元区马家河街道新马社区	唐晓艳	30	20
群丰镇卫生院	天元区群丰镇长岭社区四组	宗　勇	32	30
雷打石镇卫生院	天元区雷打石镇伞铺街	刘志坚	39	46
三门镇卫生院	天元区三门镇上节街250号	王金城	50	60
泰山路街道社区服务中心	天元区圆方路129号	蒋小琴	44	0
嵩山路街道社区服务中心	天元区长江北路266号	言英姿	43	0
栗雨街道社区服务中心	天元区栗雨工业园新东路	龙沅沅	28	0

（易利芬）

街道·镇

2018株洲高新区·天元区年鉴

ZhuZhou GaoXinQu·TianYuanQu NianJian

泰山路街道

【概况】 泰山路街道办事处位于株洲市天元区黄山路466号，辖天台路以南的城区及临近部分农村区域，东部、南部临湘江，西与栗雨街道接壤，北与嵩山路街道交界，面积13.5平方千米，辖区居民近12万人。2017年，泰山路街道机关内设党政综合办公室、经济发展办公室、社会管理综合治理办公室、卫生和计划生育办公室，同时设立财政所、劳动社会保障和最低生活保障管理服务站、安全生产服务站、综合文化站、安置房建设服务中心、征地工作服务中心及城市卫生服务站。下辖新塘、徐家冲、张家园、天台、滨江、金锦、云里、家园、泰园、大岭、铁西、广场、泰西、谢家冲、湘紫、文家冲、工大17个社区。有105个基层党组织，其中社区党组织44个，非公党组织60个，机关党支部1个；有党员1750人。机关在职干部职工45人，社区在职干部职工134人。

年内，泰山路街道获评湖南省2017年流动人口基本公共卫生计生服务均等化示范街道、株洲市计划生育工作优秀单位、株洲市"五个不发生"创建活动先进单位，泰山路街道劳动保障站获株洲市2017年公共就业创业服务示范平台，泰山路街道人民武装部获株洲市2017年度先进基层武装部。

【党的建设】 2017年，泰山路街道以"书记抓、抓书记"为推手，落实党建工作责任制，认真开展"双述双评"（双述：基层党组织书记对上向上级党工委书记进行专项述职，对下向全体党员、群众述职。双评：基层党组织、党员和群众代表对党组织书记评议），把抓党建的责任和压力传导到每一个党组织，把党的声音和主张传达到每一个党员。街道党工委书记作为全市唯一的基层党组织书记代表，参加"全市城市基层党建工作推进会"，并作典型发言。年内，开展党建专项督查20多次，迎接省、市、区检查、考察30多次，整改问题11个。组织集中学习13次、专题讨论5次，分2批组织机关骨干和社区书记、主任赴西柏坡、大寨参观学习。认真开展中共十九大精神宣讲、贯彻、落实，覆盖105个基层党组织，1700多名党员和群众代表。新建"两新"（非公有制经济组织和社会组织）党组织22家，发展党员17名。探索大工委制(以街道党工委为核心，辖区单位党组织负责人代表、居民党员代表、在职党员代表、各级党代表组成的大工委)，将"两代表"、辖区单位、社会团体纳入工作体系，构建党建合力，张家园社区城中村完成800米农排渠修复，启动1000户居民的水改、电改，走出城中村治理新路子。推进"党建+民生"融合。开展"党建领航·幸福泰山"寻找新时代最美典型系列活动，通过基层推荐、民主投票方式，评选出5个新时代最美社区、10名新时代最美社区干部、10名新时代最美党员、10名新时代最美社区志愿者、11个新时代最美家庭。实行"街道为民办实事、社区为民办小事"，3年内办成民生实事、小事800多件，惠及城中村、老旧小区、安置小区3万多居民。

【"两委"换届】 3月11日，泰山路街道召开"两委"(社区党组织委员会与社区居民委员会)换届选举工作动员大会，3月28日完成党组织换届选举，4月25日完成居委会换届选举。此轮换届由居民按20～50户推选1人，或者由各小区、楼栋推选若干人，总人数不超过100人，优先考虑热心社区服务、群众公认的选为居民代表；年龄上，体现老、中、青的结构；性别上，保证妇女代表占居民代表的三分之一以上；居住地域上，考虑各小区、楼栋均有代表产生，推选产生居民代表917人、居民小组长322人。全街道选出党组织委员会委员74人。通过换届，新一届社区支委平均年龄39岁，比上届减小3岁，其中35岁及以下的30名，占40%，比上届增加16名。大专及以上学历的71名，占96%，比上届增加27名。女干部51人，占69%。其中，书记的平均年龄为46岁，比上届减小2岁；大专及以上学历的16名，占94%。全街道选出社区居委会委员100人。居委换届女干部69人，占69%。35岁及以下的40名，占40%，大专及以上学历的90名，占90%。其中，主任平均年龄37岁，比上届年轻3岁，大专及以上学历17名，占比100%。“两委”交叉任职43人。

【纪检监察】2017年，泰山路街道全面实现纪工委“三转”(转职能、转方式、转作风)，以落实党风廉政建设责任制为抓手，切实履行两个责任。党政班子成员开展廉政谈话77次316人次，约谈8次60人次。社区党(总)支部书记开展廉政谈话105次223人次。处置问题线索17件，本级立案7件，给予党纪处分10人，诫勉谈话3人。接受区委第一轮巡察，反馈3个方面11项整改要求。截至年底，整改到位10项，置业公司部分租金未收回的问题全力推进中。

【征地拆迁】2017年，泰山路街道完成房屋签字46栋，16414平方米，完成拆房54栋，31553平方米，交地2宗45.47公顷，完成遗留问题扫尾项目3个。组织行政拆违2次、解决湖南工业大学二期10多年拆迁遗留问题。为天易AB地块、财富湘江、市民中心、军分区地块等项目开工化解矛盾、扫清障碍。

【城市管理】2017年，泰山路街道处理数字城管立案件37833件，按期结案率99.98%。春、秋两季灭鼠投放鼠药1000千克，城管中队组织整治活动150余次。对工业大学西街、工业大学食堂周边、祥云农贸市场周边、滨江金锦社区存在生活垃圾较多、游商较多，垃圾未及时清运等市、区督办问题进行整改、督办和协调。对下水堵塞、夜宵扰民、油烟扰民、垃圾暴露等68件群众投诉第一时间作出反应，积极解难，做到群众满意。施行清扫保洁市场化作业，将无人管小区、城中村以及城郊接合部、8家农贸市场、3个安置小区分别承包给天园物业公司、宏达物业公司、天府物业公司和新塘以及家佳物业公司。为无人管小区、城中村、城郊接合部、辖区农贸市场配置密闭式环保垃圾桶600个。

【安全生产】2017年，泰山路街道以“安全生产月”“119”消防宣传月等活动为契机，开展形式多样安全宣传教育培训及应急演练，发放宣传资料5万余份，张贴宣传海报2000余张，制作宣传栏25块，悬挂横幅20条，集中进社区宣传17次，开展演练8次。严格落实天元区城中村及无人管小区室外消火栓建设4年规划，完成61个无人管小区及城中村消火栓建设。以“救早灭小和3分钟到场”扑救初起火灾为目标，成立17个社区微型消防站，站内的所有设施器材全部配备齐全，所有志愿消防人员均参加培训及演练。开展节前安全生产大检查，特别针对危化品、烟花爆竹、幼儿园、安置小区等开展专项整治，取缔2家非法液化气销售点，收缴2家无证经营烟花爆竹。通过各类安全生产专项行动，检查各类生产经营建设(单位、门店、城中村)1600余家，查出各类隐患500余处，基本整改到位。街道连续3年被评为株洲市安全生产工作先进单位。

【街道文化】11月22日，泰山路街道“党建领航·幸福泰山”寻找新时代最美典型活动暨泰山路街道第三届群众文化艺术节文艺晚会在钢琴广场举行，来自街道机关和各社区的10支表演队，吸引800多名居民群众前来观看。选派5支队伍参加天元区第八届大众运动会广场舞比赛，获得一等奖1个、三等奖3个、优秀奖1个；参加趣味项目比赛中获得同舟共济比赛第五名，同心传递比赛第七名和集体跳绳第七名。

“党建领航·幸福泰山”文艺晚会

【全国文明城市国检测评】 2017年，是3年一次的全国文明城市国检复审。作为全区迎检的主战场，泰山路街道广泛宣传，设置安装宣传标语150余条、更新迎检宣传栏380余块。7月8日开始，街道上下全体行动，针对各社区的居民小区、卫生死角、城中村、农贸市场及周边的市容环境卫生进行地毯式大扫除、大整治。6月，开始对所有社区2015—2017年间的文明城市建设资料进行全面对标检查，对存在的问题进行通报并督促社区进行整改。组织社工、党员、队长、楼栋长、居民代表的志愿者队伍，开展扶贫帮困、助老扶幼、社区建设、文明创建等活动400多场，1.5万多人次。9月22—24日，株洲市迎接全国文明城市复检，测评结果良好。

【卫计工作】 2017年，泰山路街道办理一孩生育服务证423本，二孩生育服务证603本，三孩生育证26本。积极开展创建省流动人口基本公共卫生计生服务均等化示范街道的创建工作，推行“四同四进”（四同：指同管理、同服务、同宣传、同投入。四进：指进机关、进企业、进学校、进市场）服务工作模式，开展“四送三关爱”（四送：送政策、送温暖、送岗位、送健康。三关爱：关爱老人、关爱妇女、关爱儿童）活动，积极促进流动人口社会融合，让流动人口享受同常住人口的同等待遇，真正成为泰山路街道的“新市民”。11月14日，接受省专家组评估验收，通过专题汇报、现场抽查、实地查看、查阅资料等方式，街道创建工作的各项指标均达到验收标准。建立流动人口健康档案8956份，采集流动人口信息7868人，办理流动人口电子婚育证明35份，婚育证27本。免费为辖区1050名育龄妇女提供“两癌”（宫颈癌、乳腺癌）早防早治的健康宣教及规范系统的筛查诊治。奖励扶助计划生育困难家庭力度，奖励扶助家庭54户86人，其中独生子女死亡家庭39户63人，独生子女伤残家庭15户23人；享受城镇独生子女父母奖励对象4851人，独生子女父母保健费579人。134人享受孕产妇家庭医生签约服务。

【劳动保障】 2017年，泰山路街道城镇新增就业任务2400人，失业人员再就业任务1200人，就业困难人员就业任务200人，小额担保贷款任务150万元，新增就业主体322个，“五类”（安置在企业现已下岗失业的转业志愿兵和三级以上士官、参战退役人员、二次入伍退役人员、涉核部队退役人员、残疾军人）军队退役人员53人，发放公益性岗位补贴78.5万元，补贴养老保险8.84万元，医疗保险3.01万元。农垦养老保险收费499.93万元，农垦退休人员1569人，发放退休金3520.87万元；灵活就业养老保险补贴121人，灵活就业医疗保险补贴110人；城乡居民养老保险参保186人，发放补贴186人7440元；城乡居民医疗保险新增参保续保25493人；退休人员认证690人，农垦退休人员认证数为1569人。

【第四届“名企泰山行”就业招聘会】 5月24日，泰山路街道在办事处前坪举办第四届“名企泰山行”就业招聘会。40家用工单位提供800多个岗位，17个基层单位的失地、失业人员621人参加，有159人达成就业意向。11月15日，在办事处四楼大会议室举办“名企泰山行”系列活动——创业实例策划大赛。按照演讲环节60分、答辩环节30分、综合素质10分,满分100分标准,经过激烈的比拼,朱珊获一等奖,曾飞翔、唐伟获二等奖,石双、吴志鹏、尹红艳获三等奖。

第四届名企泰山行就业招聘会现场

【民政工作】2017年,泰山路街道有城市低保497户663人,农村低保2户3人。年内对2016年度552户低保户进行年审,40户未获通过。对患重大疾病、重度残疾的特困低保家庭进行提标,提标405户547人38100元。优抚对象60人,20世纪60年代精简退职人员3名。义务兵优待金的发放工作,38人35.01万元。实施精准帮扶、大走访、大慰问,对贫困家庭、寒门学子、特殊对象、困难党员、涉军群体各类慰问457人次,发放帮扶慰问金51.8万元。

【综治信访】2017年,泰山路街道各社区累计开展平安创建活动50余次。义务巡逻工作日常化,铁西、文家冲、谢家冲志愿者组织义务巡逻队,张家园、泰园城中村晚间保留传统的"打更"。组织39次进社区、进超市、进学校禁毒宣传活动,发放宣传资料2000余份,发放纪念品(雨伞)500把,发放文具盒2000余个,更新宣传栏17个。组织办事处及社区干部、党员、居民149人次到禁毒教育基地参观学习。对社区戒毒(康复)人员做到按时尿检、不定时抽检、定期谈话。年内,接待来访群众146批次,1560余人次;处理市长热线、信箱840多件、网上信访20余件;进京劝返30余批次,80余人次,化解信访积案5件。"两会"、中共十九大等特护期实现零进京上访。

【实事小事】2017年,泰山路街道坚持不懈地开展"街道为民办实事、社区为民办小事",使为民办实事、办小事变为街道、社区自觉行动,2014年至2017年3年中,街道社区累计办成实事、小事800多件,社区惠民资金申报、使用位居全区基层单位之首。"牛形山长者照护之家"引领社区居家养老服务,成为省、市检查和推介新区居家养老的首选之站。累计入住长者190人,提供居家服务2000多人次。连续4年开展"名企泰山行"创业就业系列活动。邀请园区企业60余家,提供500余个岗位,实现求职登记734人次,试用期用工519人,正式就业267人。启动张家园城中村水改电改工程,基本完成794米农排渠修复。抢险修复泰山西村、天泰小区等4处护坡工程。完成铁二村、金锦花园等10个老旧小区提质改造。成功创建湖南省流动人口基本公共卫生计生服务均等化示范街道。

【社区建设】2017年,泰山路街道社区建设按照"一社一品一特色"工作要求,将服务特色凸显、示范性强、影响力大的社区树为品牌。大岭社区"520"("520"谐音就是"我爱您"。5指的是5个一:一张积分卡、一个义诊团、一支联盟队、一个服务站、一个工作室;2就是二个阵地:党内党外两个阵地;0就是零距离为居民服务)党建服务平台,借助社会力量,对棉纺厂小区1-10栋破损道路进行全面改造,对棉纺厂小区11栋前坪及11栋沿线楼栋间道路进行修缮,棉纺厂小区获评全市最美社区。文家冲社区"三社联动"(社区、社会组织、社会工作专业人才)

服务，探索“社区+志愿者+社工”的社会服务模式，开展活动30多次，调解矛盾纠纷50多起，建立专业化志愿者队伍90多人。9月，创建的“幸福文家冲，邻里一家亲”社区服务项目在湖南省第二届青年志愿服务项目中获评金奖。家园社区“爱老敬老”平台，依托牛形山长者照护之家平台，免费为老人提供书画、音乐、舞蹈兴趣班，开班100多次，1000多人次参加，获评全省最佳志愿服务社区。泰园社区“党旗飘起来、小区亮起来、居民乐起来”，装路灯、改造老旧小区、疏通下水道和系列节假日活动，凝聚民心。

（毛 鑫 谈 静）

嵩山路街道

【概况】嵩山路街道东、北临湘江，西与栗雨街道交界，南及泰山路街道，是市委、市政府的所在地。2017年，街道辖区面积15平方千米，常住人口11万人。下辖白鹤、桥北、湘银、佳美、尚格、花园里、小湖塘、大湖塘、香山、大坪、莲花、隆兴、东湖13个社区居委会，大坪、莲花、隆兴、东湖4个管理处(与大坪、莲花、隆兴、东湖4个社区两块牌子一套人马)机关在职干部职工80人，其中行政编制干部15人、事业编制干部21人。街道党工委下设90个基层党组织，其中机关党支部3个、社区党支部26个、“两新”党组织61个，有党员1396人。

【党的建设】2017年，嵩山路街道培养入党积极分子22名，吸收预备党员17名，有13名预备党员转正。新组建22家非公支部，并基本完成“十有”(有场地、有机构、有队伍、有设备、有活动、有制度、有经费、有资料、有氛围、有成效)标准化要求。突出以支部“堡垒”为载体创新创优作用，街道88个党支部开展“支部主题党日”活动，走访帮扶、义工清扫等活动1068次。街道党工委严格落实“三会一课”制度，平均参会率70%以上。强化党组织责任意识，出台《加强街道党建工作的若干规定》。建立“党工委委员联系点制度”，要求党政领导联系1～2个社区，每月对党建工作进行指导，每月参加1次支委会。落实意识形态工作的责任，抓好理论学习。开展“干部成长感恩谁”“学习中共十九大会议精神”等专题学习5次，特聘市委讲师团成员丁建平教授到机关、社区进行中共十九大理论宣讲8次，900余人次参加。

【征地拆迁】2017年，嵩山路街道完成签字431个编号，拆房378个编号。完成历时4年的市民中心(位于嵩山路街道莲花管理处8队)和3个中心(株洲市夕阳红文化艺术中心、青少年活动中心、妇女儿童活动中心)、2个项目扫尾工作，3个中心征地面积7.07公顷，房屋编号61个，2017年6月实现完整交地。尚格学校后门项目征拆面积0.13公顷，房屋4个编号，累计完成全4个编号的签字工作、2个编号的拆房工作；劳动支路项目通过组织拆违行动保证市移动公司段进场施工；28区普通商品房项目征拆面积3.2公顷，该项目涉及莲花、东湖两个管理处，房屋编号231个，累计完成213个编号的签字工作、216个编号的拆房工作；滨江地块项目征拆面积30.65公顷，房屋编号380个，其中主屋225个编号、棚屋155个编号，累计完成243个编号的签字工作、172个编号拆房工作；西匝道、新东路项目11月12日启动调查，进展顺利。

【防违治违】2017年，嵩山路街道在辖区范围内及时摸底排查和上报新增违建，核实情况并下达停工通知书。年内，拆除违法建筑30处，面积6678.2平方米；拆除服务项目上违建74处，35220.93平方米；拆除以往存量违建9处，892平方米。查处3处非法采砂场，按要求全部整改到位。

【社会综合治理】2017年，嵩山路街道参加省、市、区接访和劝返171人次，化解余某某、何其某等一批信访积案，协调解决曾某、刘某某一批难点问题，原信访重点人员未出现进京非访等现象。通过开展主题宣传活动、上门走访、义务巡逻等形式，扎实推进平安建设，辖区群众参与率和知晓率提高，全年未发生重大突发、群体恶性事件。协调化解昆仑首府停车位、庐山恋小区产权证、中建御山和苑与彭厨之间矛盾问题。协调处理阳光花园小区用电改造、东湖小区维修改造、佳兆业群体及时代新材炼胶项目群体上访等事宜。确保东湖安置小区没有因房屋质量问题引发不稳定因素。嵩山路街道在全区信访“百日攻坚”活动一阶段中获得第一名。

【城市管理】2017年，嵩山路街道投入城管经费1300万元，加强背街小巷、消防通道、农贸市场等综合治理。治理城市“脏乱差”330余处，清理生活垃圾、建筑垃圾1.64万余吨。开展露天烧烤、占道经营等集中整治行动140余次。处置市长热线、“马上就办”56起，处置网格信息5.4万条。发放限期整改通知书99份。完成最美新区人和最美志愿者、志愿服务组织等推荐工作，有6人获得最美新区人提名奖。年内，城管考核全区排名第一。白鹤社区作为全国卫生城市迎检点以优异的成绩通过“国卫”复检。

【文明创建】2017年，嵩山路街道作为全区迎检的主战场，在2017年迎接全国文明城市复检中，接受考察组严格调查和评测，嵩山路街道党员干部主动作为、社工居民热情参与。制作宣传栏150余块，创作文化墙184平方米，张贴公益广告3000余块、宣传画2000余张，发放各类手册6万余份。以“双创”活动为牵引，设立“学雷锋”志愿服务岗，志愿者人数达社区居民总数10%以上。组织党员志愿者积极开展关爱弱势群体活动，开展“邻里守望”、为民义诊、助残日、辖区农村适龄妇女免费“两癌”筛查、义务巡逻、志愿护学岗、文明交通劝导等志愿服务活动。以“道德讲堂”开课为牵引，开展文明单位和文明网络行动，推荐“湖南好人”12人，搜集“身边好人”线索2000多条，在辖区范围内对5位道德模范先进事迹和身边好人好事进行巡展。主办由道德模范易铁奇主讲的嵩山路街道“道德讲堂”活动，组织51人参加天元区开展的“湖南好人”发布会活动，掀起学模范、争当模范的热潮。

【安全生产】2017年，嵩山路街道“四安”(生产安全、消防安全、交通安全、食品安全)经费投入22万余元。监督排查180余次，出动执法人员600余人次，发现各类大小隐患和管理问题200余处，现场责令整改180余处，下发整改通知15份、整改复查13家。成功打击非法行为50余起，配合上级部门集中执法查处罐装液化气存放、零售2次，收缴罐装液化气11瓶，销毁烟花爆竹600余千克，摸排或协助摸排涉食药门店1500余家次，收缴劣质食品加工原材料900余千克。对66家企业、单位进行重点执法检查，下达文书74份，年内未发生责任重大安全生产事故。组织党政领导带队检查170余次，制作宣传展板、横幅40余条，发放宣传单、小册子等各类安全常识宣传资料2万余份。组织各小区、单位门店、物业公司骨干人员等志愿者通过板报墙报、宣传横幅、手机短信、电子显示、组建社区物业微信群等多种方式宣传“四安”知识。开展“主题月、主题日”等集中专题宣讲及安全器材演练、安全逃生等活动20余场，参与或观看的群众万余人次。

【置业公司入股区村镇公司】2017年，嵩山路街道对嵩山置业有限公司进行改革。7月12日，嵩山置业有限公司与村镇公司签订入股协议，嵩山置业有限公司入股天元区村镇公司。搬入总部壹号办公，完成改革管理运营模式，转型后公司授信6000万、贷款500万。与三门镇株木村签订《战略合作协议》，为推动“南部现代农业园”项目进程注入新活力。

【卫生计生】2017年，嵩山路街道流入人口13351人，流出人口1265人，总出生867人，符合政策生育率99.53%。街道高度重视卫生计生工作，制作宣传展版图18张、横幅4条，集中宣传6次，其中省级媒体报道3次、市级媒体报道7次、区级媒体报道2次。年内，办理生育证1129本，核实派出所出生上户名单1488人，新增城镇独生子女父母333人，对全部4871名独生子女父母每人每月发放80元政策奖励，对子女未满14周岁的571户独生子女家庭每月每户发放240元政策奖励。完成已婚育龄妇女“两癌”(乳腺癌和宫颈癌)筛查870人，免费孕前优生检查142人，对253人免费发放叶酸。社会抚养立案17人、录入17人，录入率、立案率均100%，征收社会抚养费95514元，征收完成率4.46%。组织心肺复苏，烧、烫伤等应急救护知识学习4场，提升辖区居民急救技能。开展慰问、知识抢答赛等活动16次，举办“孕妈妈”学习班6期。7月，街道卫计办对受洪涝灾害严重的社区完成灾后消毒9000余平方米，联合防疫技术指导组人员进行灾后饮水、饮食等注意事项宣讲。

嵩山路街道卫计办、计生协会联合市红十字会蓝天救援队为孩子举办应急救护知识培训

【劳动保障】2017年，嵩山路街道建立社区失地人员名册档案，实现城镇新增就业2416人、失业人员再就业1000人，城镇登记失业率控制在2.99%以内。对135名就业困难对象进行认定，办理就业失业登记证325本。办理灵活就业人员养老保险补贴145人、医疗保险补贴83人。为43名部分城镇军队退役人员落实养老、医疗保险，发放公益性岗位补助65.92万元。全年征地转城人员申报并通过纳入社会保障7088人。收缴3702名农垦养老保险参保人员保险费400.84万元，发放2171名农垦养老退休人员养老金4794.76万元。发放146名城乡居民养老保险参保人员养老金13.56万元。企业离退休人员社会化管理到位，接管市内企业退休人员1014人、区内农垦退休人员2171人、企业改制灵活就业人员42人，完成接管企业退休人员和农垦退休人员养老金待遇调整和审核。

【就业创业服务】2017年，嵩山路街道劳动社会保障站注重对就业创业宣传工作，开展政策宣传下社区、面对面政策宣传活动10余次，现场接待居民政策咨询500余人次。组织举办8期计48天创业培训班，对260名学员进行培训。年内申报创业补贴人员272人，人平均发放补贴金8000元。组织辖区内失地农民、失业人员、就业困难人员300多人次参加市、区举办的各类招聘会，促进辖区失业人员再就业。大坪、湘银、尚格3个社区被评为2017年株洲市公共就业创业服务示范平台，白鹤社区被评为省级充分就业星级社区。

【民政工作】2017年，嵩山路街道积极推动“三社联动”(社区、社工和社会组织的联合，有效地形成载体、人才和资本的对接)治理模式，驱动公益创新，打造“一社一品”(一个社区创建一个品牌效应)。健全社会救助制度体系，申请前期惠民服务项目资金65万元，清退不符合条件低保对象86人；城乡享受低保518户，发放低保金283.76万元；城市低保提标231户，提标金额16205元；特困人员提标10户，提标金额610元；发放“双节”（元旦节、春节）补贴19.26万元；托底救助3人，发放救助金额18万元；助学补助5人，发放助学金3.8万元；发放大病救助37.48万元、临时救助7.55万元；发放优抚费(抚恤费和生活补助费）和精退费(20世纪60年代精减退职老职工生活救济费)33.19万元、退役军人补助26.61万元、“八一”慰问金3.89万元、参战人员春节慰问金2.16万元。解决城镇低收入家庭住房难的问题，申请廉租房28户，领取选房卡53户。

【残联工作】2017年，嵩山路街道、社区两级残联协会完成换届选举工作。拓宽残疾人康复服务的深度与广度，为55名生活不方便的残疾人开展上门托养服务，组织精神病人免费服药85人次，为37名精神残疾的残疾人发放服药补贴1.85万元；为18个残疾人配备轮椅、双拐等康复器具。完善残疾人社会保障体系，利用重大节日对残疾人进行慰问140余人次。为残疾人办理公交爱心卡25张，为8名残疾人高中生、大学生及残疾人在读子女发放“金秋助学金”2.4万元。受理残疾人来信来访200余人次，各类矛盾和纠纷调解率100%。

【社区“两委”换届选举】嵩山路街道党工委认真贯彻执行上级关于做好社区党组织、居委会换届工作的有关指示精神，完成13个社区“两委”（社区共产党员支部委员会、社区居民委员会）换届选举工作任务。街道设定党组织换届职数为3～5名，嵩山路街道社区党组织委员、书记、副书记候选人为58人，选举产生社区党组织书记13人、副书记3人、委员29人，其中女性39人、男性6人。同时，街道13个社区按照选举规程依法进行第九次换届选举工作，共登记居民代表845人、参选居民代表695人，参选率82%，13个社区选举产生社区居委会主任13人、社区居委会副主任14人、社区居委会委员80人，其中女性委员86人，能人主任7名。本届选举产生的社区队伍大专以上学历95人、中专及高中学历12人，平均年龄38.9岁，学历和文化水平相较2012年届(大专以上学历57人、中专及高中学历11人）有大幅提升，年龄结构相较2012年届(34.5岁)有小幅提升，工作阅历和服务经验更为丰富。本届“两委”换届选举一次选举到位，未收到一起投诉，群众满意度高。

【禁毒工作】2017年，嵩山路街道加强社区戒毒(康复）工作办公室与派出所、各个成员单位的联系。移交4名失控人员档案到当地派出所，成功与1名失控人员重新取得联系，配合派出所抓捕强戒失控人员2人，使管控率由77.7%提升至86.49%。街道、社区开展禁毒知识宣传30余次，设立禁毒工作咨询台，放置禁毒宣传册，发放宣传问卷，引导群众关注微信禁毒公众号2362人次，营造良好禁毒氛围。

【社区建设】2017年，嵩山路街道以服务群众为目标，以民生问题为导向，以解民所困为结果，凝心聚力、务实创新，下辖各社区工作特色纷呈、亮点不断。投资70余万元完善15个社区标牌、标识等规范化建设，阵地标准不断提升。投资600余万元建成功能齐全的香山社区服务中心，服务水平有效提高。

白鹤社区创建“白鹤最美红袖章”品牌服务项目，进行义务巡逻108次、参与社区各项宣传活动25次、调处邻里纠纷16起、排查安全隐患8处、为居民群众提供各类志愿服务36次，满足居民安全需求和文明期盼；社区党员志愿者坚持开展白鹤小学“护学岗”3年，有效保障学生安全，维护校园周边秩序稳定；创立“两型”再生资源交换站，回收居民交来置换衣物778件、手机28部、小家电100件、玩具

41个、鞋子42双、书籍124本，为居民提供资源回收或闲置物品换购新渠道，白鹤社区获评2017年度株洲市“最美社区”并写入民政和谐社区建设中。

小湖塘社区打造“四点半”课堂，免费为适龄学生进行特色教育，广受好评，并作为示范参观点成功迎接全国人大常委会原副委员长、中国关心下一代工作委员会主任顾秀莲考察。所辖各社区以传统节日为契机，开展春节扶贫帮困送温暖、元宵节猜灯谜和舞蹈比赛、端午节包粽子比赛、中秋节联谊晚会等活动，多渠道拉近群众距离。组织开展健康进社区、公益文化周、创建知识讲座、“女性疾病知识预防和健康”知识讲座、书法培训、卫生知识讲座等系列活动，组织文艺爱好者参加天元区培训和万人广场舞表演，使群众保健知识和养生水平大幅提高，社区满意度和居民幸福指数全面提升。

【党风廉政建设】2017年，嵩山路街道纪工委执纪问责，使党员干部作风稳步提升。年内，立案6起，对27人进行提醒谈话，18人进行约谈，1人进行诫勉谈话，3人次进行通报批评。对15个社区“两委”（社区共产党员支部委员会、社区居民委员会）换届选举工作认真履行纪律监督。对涉矿涉砂、违规消费白酒、违规征订教辅材料和领导干部在金融活动中牟利等进行专项整治。对重点办、财政所、会管中心、民政办等重点部门，重点项目滨江地块、劳动路地块等重点项目、重点岗位工作人员进行严格督导，对不能及时完成征拆任务的莲花管理处主要负责人年度评定为“基本合格”，取消第13个月以上工资，对大坪六队土地纠纷事处置不力的管理处主要负责人采取降职、调离措施，使干部遵守纪律、工作抓落实的作风得到改进提高。（梁宇声）

莲花社区开展“庆五一”邻里联谊活动

栗雨街道

【概况】栗雨街道办事处地处天元区的西北面，位于区委、区政府的东南面。2017年，栗雨街道辖区总面积29平方千米，下辖凿石、南塘、王家坪、栗雨、中路、浅塘、月塘、永安、景园、湘湾10个社区，常住居民22808人，居民小组155个。街道党工委下辖76个基层党组织，其中机关支部1个、社区党总支7个，社区党支部18个，非公企业党支部49个，有党员759名。有机关在编工作人员34人，其中行政编制17人，事业编制17人，区聘请人员11人，街道聘请人员20人，临时工作人员36人。

【党的建设】2017年，栗雨街道深入学习贯彻中共十九大精神，扎实推进“两学一做”学习教育常态化制度化，选举10个社区新一届“两委”干部64名，得到省委督查组“又好又快”评价。开展“支部建在项目上”“党旗在堤坝上飘扬”等活动。提前1个月率先完成全区非公企业党组织组建“百日攻坚”任务。年内，下拨社区、非公企业党组织党建工作专项运转经费89万元。全力做好全国文明城市复查工作，深入推进“十大文明”行动(文明城管行动、文明交通行动、文明旅游行动、文明餐桌行动、文明网络行动、文明校园行动、文明家庭行动、文明乡村行动、文明社区行动、文明单位行动)，发放社会主义核心价值观、文明城市建设知识宣传手册1.5万份，举办文明城市建设文艺会演2场。突出身边好人、道德模范等先进典型的示范作用，浅塘社区党总支书记黄仲明获选天元区“最美新区人”。

【党风廉政建设】2017年，栗雨街道全面落实党风廉政建设主体责任和监督责任，严肃换届选举纪律，受理党员群众来信来访3件，核实答复2件，立案查处1件。持续开展“纠‘四风’、治陋习”“雁过拔毛”式腐败问题、涉矿涉砂等专项整治活动。处置违纪党员6人，其中警告处分1人，严重警告3人，撤销党内职务1人，开除党员党籍1人。

【项目建设】2017年，栗雨街道完成32宗项目交地任务，面积273.13公顷，签字822个编号，面积43.35万平方米，拆除房屋660栋，面积33.98万平方米。完成签字、拆房户数和面积为历年之最。全面完成区计划下达的12宗遗留项目的扫尾清零，用3个月时间完成株洲汽车博览园赛道项目85.2公顷交地任务，创造新的“栗雨速度”，如期完成中央环保督察整改问题神农大道等7个项目的指定征拆任务。控违治违工作服务于征地拆迁，坚持网格化巡查全覆盖，坚决遏制和查处违法建筑。年内，组织一级拆违行动5次，二级拆违行动4次，强制清表行动2次，拆除新增违章建筑204处，面积4.29万平方米，拆除服务项目内存量46处，面积4.52万平方米。

【城市管理】2017年，栗雨街道加大数字城管工作力度，做到发现问题及时处理，共处理数字城管问题5400余件，按期结案率99.57%。通过完善管理机制，社区、城管中队工作积极性得到明显提高，辖区市容市貌环境卫生得到较大改善。取缔浅塘社区养殖场，用时近两个星期对周边垃圾清运掩埋，清运垃圾近10吨。整治辖区内露天烧烤及出店经营。整改湘江河道内种植、养殖现象。5月中旬，组织全体城管队员对湘江河道进行整改，清理河道滩地种菜面积66.67公顷。整治辖区内非法小广告和违规设置的广告牌。7月，组织各社区干部、城管队员、环卫工人及志愿者对辖区卫生死角、楼道内杂物、牛皮癣、下水道等问题进行整治，清理楼道间杂物40余吨，牛皮癣5000余处，清理小区栽种蔬菜100余处，整治小区门店出店经营、乱摆乱放现象150余处。投入资金150万元购买环卫设备，购置4台垃圾勾臂车，配备100台勾臂斗，添置约600个垃圾桶。

【社会管理综合治理】2017年，栗雨街道完善街道社区综治中心规范化建设，推进网格化无缝隙、全覆盖管理。落实领导干部定期接访制度，开展矛盾纠纷排查化解工作，接待上访人员430批次787人，调处因征地拆迁、安置房建设等引发的各类矛盾纠纷105件。积极主动协调化解信访积案6起，在年内首次积案化解“百日攻坚”行动中名列全区基层单位第一。落实领导带队检查安全生产制度，党政领导带队检查25次。开展消防安全隐患排查30次，消防安全知识培训2次，消防演练1次，辖区内未发生生产性安全事故。推进畜禽退养工作，率先在全区完成禁养区畜禽退养工作。全面落实河长制工作，“三乱”治理(乱占乱建、乱排乱倒、乱截流)及取缔非法洗砂场工作取得明显成效。制作河长制标识标牌6张，发放河长制宣传资料350册；组织18次整治河道、清洁河面的行动，200人次参与。投入城市管理工作经费400余万元，持续开展环境卫生“大清扫大整治”行动，街道环境面貌和质量得到显著提升。

【安全生产】2017年，栗雨街道分别组织开展元旦、春节、“两会”、清明、“五一”、汛期、国庆、中共十九大等重点时段的安全生产大检查活动，组织安全生产督察组65个，出动检查人员340人次，排查辖区学校、企业及经营门店128家。排查安全隐患17处，下达执法文书4份，整改完成17处，整改率100%。开展安全生产知识进机关、进企业、进学校、进社区、进家庭宣传教育活动，发放宣传小册子2万余份，张贴宣传横幅标语120条，制作宣传板报30余块。开展烟花爆竹安全检查10余次，发现隐患问题4处，全部落实整改。对辖区内建筑施工工地的临时用电、起重机械、安全防护、消防安全进行检查，对发现存在重大事故隐患的施工企业和经营单位，现场下达停工整改通知，限期整改。开展23次校园安全专项检查，发现问题及时整改。协同天元消防大队、栗雨派出所开展各类宾馆、网吧、理发店等公众聚焦场所消防安全整治，排查整改安全隐患4起。6月，组织安监办、派出所、综治办、司法所等多个部门在辖区内开展安全生产月宣传和整治活动，发放宣传资料7000多份，接受咨询800多人次。开展安全生产培训活动3次，培训人员500余人，大型消防演练活动1次。

【民生工作】2017年，栗雨街道积极推动失地农民生产安置工作。王家坪二期、栗雨二期等地块上的生产性安置项目取得市政府出让金返还政策，即将进行生产安置。月塘安置房续建项目完成施工，进入销售筹备阶段；凿石二期(凤凰城)完成房屋销售工作；浅塘二期安置房项目建设及争议搁置问题已协调相关单位达成初步解决方案。投入资金50余万元率先建成全区首家街道“服务型”党群服务中心。开展“金秋奖学”活动，为辖区高考升学学子发放助学奖励金15万余元。继续打造“康乃馨”产后访视品牌活动，770户家庭参加“生育关怀”计生保险进家庭活动，参加免费孕前优生健康检查176人，超额完成年度目标任务。辖区新增城镇就业人数358人，失业再就业人数131人。发放各类救助金、优抚金、高龄补贴、残疾人补贴134万元。 (姚 宇)

马家河街道

【概况】2016年9月，市政府批复同意：从原栗雨街道析置设立马家河街道。2017年4月，马家河街道办事处正式挂牌成立。马家河街道位于天元区西部，京港澳高速公路、株洲大道穿越境内。中国动力谷、新马工业园、新马创新城、万丰湖等产业基地位于辖内。

2017年年末，马家河街道辖高塘、太高、新马、金龙、大石桥、仙岭、万丰、泉源、古桑洲、农科10个社区，面积35.97平方千米，人口7.06万人，其中户籍人口3.26万人，流动人口3.8万余人。街道党工委下辖41个基层党组织，其中机关支部1个、社区党委1个、社区党总支5个、社区党支部20个，非公企业党支部14个，党员599名。在编工作人员31人，其中行政编制15人，工勤编制1人，事业编制15人。

【征地拆迁】2017年，马家河街道按照区委、区政府工作目标安排，征地拆迁工作19件，其中新征12宗，134.50公顷；续征2宗，25.47公顷，区下任务1宗(金龙建材工业园项目)16.47公顷，清零扫尾项目4宗，71.33公顷。截至年底，完成9个项目完整交地，共计187.42公顷，完成房屋签字294个编号，拆除房屋262栋。

【“五问工作法”讲评会】2017年，马家河街道作为天元区“五问工作法”讲评试点单位，将“五问工作法”讲评、“马上就办”工作事项办理和绩效考核工作有机结合，每月运用“五问工作法”开展讲评，精准传导压力，工作成效明显提升。采取“五必提三必问一回头”方式对现场随机抽取人员进行提问质询，提问不走过场，让干部有脸红、出汗的紧张感。正是这样将紧张、压力传达到个人，让所有人都不能敷衍对待，工作上都争先创优，营造良好的工作氛围。在天元区上半年绩效考核工作中位列全区基层单位第一。7月，区组织全区各部门单位在马家河街道召开“五问工作法”讲评现场观摩会。12月，株洲市召开“马上就办、真抓实干”活动现场推进会上，马家河街道作为全市唯一一家基层单位做经验介绍，分享好做法、好经验、好成绩。会后，与会100多人实地观摩学习街道“五问工作法”讲评会。街道创新性实施“五问工作法”讲评会得到市领导的充分肯定，市委常委、秘书长、市“马上就办”办公室主任毛朝辉批示：“运用‘五问工作法’，推动马上就办，要靠工作落实、工作成效检验。马家河街道的做法，‘马办’要跟踪，并及时总结提升”。

“五问工作法”讲评现场观摩会

【计划生育】2017年，马家河街道出生人口320人，计划生育率99.38%。违法生育立案3个，立案率100%；违法生育多孩结案1个，结案率33.33%。年内，辖区流入人口257人，流出人口422人。

【综治维稳】2017年，马家河街道调解各类矛盾纠纷95起，防止群众性械斗10起，劝阻群众集体上访12起，纠纷隐患排查24次，发放平安创建宣传资料1.2万余份，评选出“平安家庭”282户，“平安家庭模范户”242户。信访接待39批次，110余人。网上受理答复处理信访案件24件，劝访进京上访人员36人。街道人民调委会调处各类民间矛盾纠纷95件。制作禁毒横幅20余幅，张贴和发放禁毒宣传二维码海报1200余张，发放禁毒法律法规手册2500余份，有效遏制毒品滋生蔓延势头。

【安全生产】2017年，马家河街道成立安全生产工作领导小组，召开4次安全生产专题会议，开展安全检查工作17次，发现安全隐患15处，整改15处，整改率100%。处置2起较大公共安全事件。投入资金58万元在金龙片石场(已停产关闭)周边新建隔离护栏900余米，挡土墙460米，安全警示标牌40块，确保周边住户和来往车辆的安全。

【城市管理】2017年，马家河街道清除辖区牛皮癣1500余处，清运生活垃圾1500余吨，整治乱堆乱放800余处，门店油渍140余处、夜宵摊乱摆30余次。将涉及街道内7处非法治砂整治到位。截至12月，组织司法拆除行动1次，组织二级行政拆违行动1次。拆除新增违建130处，建筑面积24769.95平方米。拆除项目上存量违建22处，建筑面积25322.5平方米。发放宣传资料4000余份，在《株洲日报》《株洲晚报》上对街道治违控违工作进行宣传报道6次。

【劳动再就业和社会保障】2017年，马家河街道完成新增农村劳动力转移就业69人次，为4名就业困难人员办理社会保险补贴，办理就业失业登记证26本。完成第二、三批36人门面创业资金补贴资料复查工作，并将资金发放到位。发放五类人员享受公益性岗位补贴24人次，养老保险、医疗保险工作异动办理8人。年内，城乡居民养老保险系统参保人数6747人，新增37人，续保2721人。完成新增被征地农民参加城镇企业职工灵活就业人员的养老保险336人。发放低保救助资金75.15万元。办理大病救助103人，医疗救助款20.28万元。走访慰问优抚对象209人次，发放慰问金101.78万元。

【抗洪救灾】2017年，马家河街道荣获2017年天元区抗洪救灾先进集体。6月下旬—7月初，街道全体工作人员上堤防汛，24小时轮班值守。7月2日晚上，洪峰即将过境，街道召开紧急会议要求古桑洲居民全部撤离。并指导社区居民撤离，每家每户确认。洲上居民74岁的杨水先不愿意离洲，害怕家中财物随洪水带走，街道社区工作人员不顾洪水危险，攀爬到他家二楼，同他交心近2个小时，说服其同意离开古桑洲。历时3个多小时将洲上142名居民群众全部安全撤离，此为古桑洲社区历史上首次全员撤离的行动，速度之快、效果之好，得到区委、区政府主要领导的赞赏。市委书记毛腾飞亲临古桑洲视察指导防汛工作。他表示：在这么短的时间内完成群众转移工作，充分体现了“马办”精神。

市委书记毛腾飞（前左四）亲临古桑洲视察指导防汛工作

【财政投资项目】2017年，马家河街道完成“镉区”改水、办公楼院内维修改造、食堂改造、片石场围挡护坡、防汛抢险、道路硬化工程7个财政投资项目，总投资额1488万元。

【安置房建设】2017年，马家河街道泉源安置小区7栋110套完工并交付使用，安置36户拆迁户，新马安置房6栋144套完工并交付使用，安置8户拆迁户。为辖区拆迁户提供充足的房源。

【党建工作】2017年，马家河街道坚持党工委中心组学习制度。每月集中学习不少于1次，每次不少于2个小时，全年组织开展中心组学习6次。先后召开18次党工委会议，部署落实36项党建工作。落实“一岗双责”，以党建工作促进业务管理，把党建工作和经济工作、民生工作、安全维稳等重点工作同步安排部署，形成书记牵头抓总，委员分工负责的良好局面。加强社区党建专干的选配。增强基层党建工作力量，培养社区后备干部，为社区配备35岁以下、大专以上文化水平、熟悉电脑操作的党建专干，采取分批调训的方式，每月抽调2名社区党建专干到街道党建工作站进行跟班学习，增强社区党建专干的业务水平。2017年，街道党政领导和基层党组织书记为党员上党课40次，各基层党组织开展主题党日活动132次。

【社区“两委”换届选举】2017年，马家河街道选举产生社区党组织成员46名，其中书记10名、副书记10名(含大学生村官专职副书记4名)。完成街道下辖10个社区“两委”换届工作，共选举产生新一届社区“两委”干部60名，其中书记10名，副书记10名(含专职专选副书记4名)，其中书记主任双向兼职5名；新当选的社区党组织书记平均年龄43岁，大专及以上学历的有8名。社区“两委”换届选举结束后，开展新任社区“两委”班子成员集体宣誓及培训工作，积极做好3名离任社区干部思想稳定工作，实现新一届班子平稳有效运行。

【“三联三促三对接”活动】2017年，马家河街道将市、区提出“三联三促”活动延展为“三联三促三对接”(对接2名居民代表;对接1户困难群众;对接一宗信访矛盾),将活动范围扩大到全体街道干部和社区干部,要求全体干部做到真进社区、真入户、真联系,不纸上谈兵,不走过场,不流于形式。要围绕社会稳定、征地拆迁工作中的重点难点问题搞好服务,积极化解信访矛盾,最大限度地将矛盾纠纷化解在基层、消除在萌芽状态、解决在群众家门口。要真心实意地主动上门为党员群众服好务,竭尽所能地为困难党员群众解决生产生活、就业、致富增收等实际问题,以实际行动赢得党员、群众的认可。通过“三联三促三对接”活动,真正了解社情民意,了解辖区内弱势群体,将关爱工作落到实处;指导和帮助各社区因地制宜,发展不同类型集体经济,带领群众致富。

【党风廉政建设】2017年,马家河街道出台《中共天元区马家河街道工作委员会领导班子2017年党风廉政建设主体责任分工》和《中共天元区马家河街道工作委员会2017年党风廉政建设主体责任任务分解》。严格按照“一岗双责”要求,主要领导负总责、分管领导抓各线。实施任前廉政谈话150人次,例行谈话887人次,提醒谈话36人次,约谈52人次,会风会纪通报3期,8人被通报并扣发一定数额绩效奖金;办理上级转办问题线索11件,办结10件,立案5.5件。其中开除党籍1人,留党察看1人,严重警告1人,警告1人,形成监督执纪全覆盖。(何利民)

群丰镇

【概况】群丰镇地处天元区中部,东临湘江西岸,西与湘潭县接壤,南靠雷打石镇,北临马家河和栗雨街道,全镇总面积为53.96平方千米,地形为丘陵地带,气候属亚热带季风性湿润气候。下辖栗山、妙泉、竹溪、江潢、新塘、湘滨、石塘、新文、旗云、合花、响塘、白莲、湘云、长岭、高台岭、新街16个社区,231个居民小组,7844户,总人口约2.4万人。全镇下设党总支13个,党支部39个,党员1029名。

镇内有1所中心卫生院,1所中学,5所小学,2个教学点。农业主产稻谷、蔬菜、茶叶、生猪、鲜鱼,是唐人神瘦肉型猪饲养基地。工业有冶炼、粉末冶金机械、制砖、制茶等10多个门类。全镇有省道8.4千米,县道17.7千米,乡村公路129千米。京港澳高速公路在境内里程2.19千米。形成以旗麦、湘新、响太、马石、株雷、湘江大堤为主网的环镇公路,湘江大道贯穿全镇。武广客运专线贯穿镇内,武广客运株洲站建在群丰镇响塘社区。

群丰镇人民政府驻栗雨南路响塘花园安置小区旁,内设机关党政综合办公室、经济发展办公室(安全生产监督管理站)、社会管理综合治理办公室、卫生和计划生育办公室。下辖财政所、劳动社会保障和最低生活保障管理服务站、农业服务站、综合文化站、城乡统筹协调服务站、征地工作服务中心(治违队)、社会事务服务中心7个经济监督部门及事业单位。设立人民武装部。设置司法所,使用专项编制,实行区、镇两级共同管理,以区司法局管理为主。有在岗编制人员34人,行政编制人员20名,事业编制人员14名。2017年,群丰镇获评湖南省无邪教创建示范镇、湖南省档案宣传工作先进单位、株洲市2017年全市抗洪救灾先进集体、株洲市“五个不发生”创建活动先进单位、株洲市无邪教创建活动示范乡镇(街道)。

【党建工作】2017年,群丰镇全面完成社区“两委”换届选举工作。全镇选举产生支委委员59名、居委委员48名,其中10名社区党组织书记为新当选。全面推行社区阵地规范化建设，完善党员群众服务中心，镇和社区两级配备20名专职党建专干，设立32万元基层党建考核专项经费，制定《基层党建目标管理考核办法》，采取“三定三考三评”（“三考”：即考核基层党组织书记履行基层党建工作责任情况和基础性、阶段性党建工作完成情况。“三评”即：月度(季度)考评、月度“五问工作法”讲评和年度述职评议考核。“三挂钩”即：与绩效、奖金、评先评优挂钩）方式，推动“每月一培训、每月一考核、每月一讲评”，提升基层党建工作水平。扎实推进“两学一做”学习教育常态化制度化。党政领导分别联系1～2个社区，年内开展专题学习讨论4次，开展专题党课活动20余场，走访联系党员520余次。以党支部“主题党日”活动为载体，开展“学习十九大、党旗领群丰”党务知识竞赛等活动，基层组织活力增强。

【党风廉政建设】 2017年，群丰镇认真落实党风廉政主体责任。坚持党委会专题研究讨论党风廉政建设工作，出台党风廉政建设责任分解、一岗双责制度，健全党委会议制度、议事规则、民主集中制、末位表态制，强化主体责任意识。抓好巡察整改工作。以茶陵县委第四巡察组巡察群丰镇为契机，深入剖析存在的问题并认真整改，加强廉政风险防范教育，厘清权力清单、责任清单，做到用制度管钱、管事、管人。推进“两个专项整治”（“治陋习、树新风”和“雁过拔毛”专项整治）。修订机关社区工作考核办法，结合“五问工作法集中汇报会，每月通报考核结果，干部工作成效明显增强。完成“互联网+监督”平台建设试点任务，实现社区财务互联网监督常态化制度化。开展廉政例行谈话制度，实施廉政约谈16人次，办理纪检举报线索19件次，8名党员给予党纪处分，2人开除党籍，1名机关干部被辞退，保持执纪问责高压态势。

开展党务知识竞赛

【城乡环境建设】 2017年，群丰镇城乡环境持续改善。瞄准“建设美丽群丰，打造幸福家园”的目标，开展城乡环境综合整治，包括集镇整治、株雷路整治、镇容镇貌“大清扫大整治”、卫生集中大整治、乱堆乱放整治工作。实施集中统一垃圾处理，年转运垃圾2800余吨，基本保障主干道垃圾及时清运。推进垃圾直运市场化，妙泉垃圾直运站建成运转，湘云垃圾直运站完成选址，全镇废除砖混旧垃圾池，配备新式垃圾桶600个，以实施垃圾清运机械化操作，实现主次干道垃圾日产日清、垃圾无暴露无污染的目标。治违控违工作强化信息掌控和源头治理，利用无人机对“盲区”进行巡查，年内拆除新增违章建筑104处，面积2.06万平方米，完成3处卫片执法、1处绿心区大型违建拆除和旗云、白莲、新文3处违法砂场拆除。

【农业农村工作】 2017年，群丰镇农业农村协调发展。完成年内耕地地力补贴5300余户、1053.33公顷、166万元，发放11个社区19万元公益林基金。乡镇供销综合服务中心、社区供销综合服务社试点顺利推进，新塘社区通过市级“美丽乡村”试点验收。全面完成镇域内土地确权，制定《群丰镇河长制实施方案》等系列文件及相关制度，严格落实“河长制”。在全区率先完成43户养殖户6609头猪、324只羊“退养”工作。实施水利工程建设，争取65个水利项目资金200余万元。组织水利专家进行勘查和制定升级方案，对湘江沿线排渍机台、闸门实施全面改造。全力迎战夏季汛期特护期，镇、社区干部全员上堤、冲锋在前。年内，群丰镇获评全市抗洪抢险先进单位。

【民生工作】2017年，群丰镇有低保户195户、296人，特困供养人员67人，实现低保金、保障金由区财政直接发放到户。实施特困托底救助8人、救助金83万元；助学救助17人、救助金8.6万元；重大疾病医疗救助118人、救助金28.13万元；困难残疾人生活补贴、护理补贴18.4万元；临时救助4.17万元；各类慰问金12.38万元；655人得享高龄补贴31.6万元。新增失地农民保险394人，新增城乡居保人数741人，新增第四年龄段人员购买保险274人。年内，举办就业招聘会3场，当场达成就业协议100余人。免费孕前优生健康检查覆盖率133%，在全区排名前列，避孕信息及时率100%，在全市排第1名。

【综治工作】2017年，群丰镇社会环境和谐稳定。建立“党政同责、一岗双责”的安全生产监督管理机制。开展“大排查、大管控、大整治”专项行动、“安全生产活动月”“百日行动”大检查等行动，通过实施竹溪片石场护栏工程、高台岭护坡修复工程等，消除重大安全隐患。围绕平安创建，调解各类纠纷86起，调解成功80起，群丰镇被评为株洲市防邪反邪先进单位。先后投入20多万元建设镇网格管理中心，各社区相应配备网格管理室，为全面实施网格化管理奠定基础。通过组建社区义务巡防队进行群防群治，年内刑事治安案件较上年下降了0.3%，人民群众的安全感逐步增强。

【基础建设】2017年，群丰镇配合交发集团完成湘江大道一期遗留问题和建设协调处理工作，实现湘江大道顺利通车。对响塘安置房下水、增压器、电梯、路灯等设施进行维修和完善附属设施，完成3个农村安置点的打桩、基础、排水排污等工程建设，安置点全部交村民建房。镇政府投资40万元对全镇所属公路进行全面整修，通过安装防护栏及在学校等重点地段安装减速带、双面镜等设施进一步增强道路安全。各社区基础设施建设不断加强，石塘社区政务服务中心新建工程完成封顶，湘滨、合花等社区改造政务大厅，石塘、竹溪、栗山、湘滨等社区进行村级道路建设。采取财政补助方式对全镇14个社区开展规范化阵地建设。至年底，14个社区均建立党群服务中心，配备各活动功能室，实现党建、户籍、劳保、民政、残联部门工作前移。

【全省无邪教示范镇】8月24日下午，省防范和处理邪教问题领导小组办公室副主任雷秋云等一行到群丰镇验收创建省级无邪教乡镇工作。镇党委书记刘剑就近几年来防邪反邪工作进行汇报，群丰镇通过壮队伍、强宣传、重落实等行动的多措并举，将防邪反邪活动与“平安创建大走访”活动有机整合，与民调工作捆绑发力，与敲门行动组合出击，增强群众防邪反邪意识、破除封建迷信思想，夯实创建基础。现场实地考察教育警示室等阵地建设，生动直观的宣传效果受到领导们一致肯定。雷秋云对群丰创建工作给予高度评价。他强调：防邪反邪工作任重而道远，教育引导是处理邪教问题的治本之策，宣传教育工作是件“技巧活、艺术活”，要比邪教组织更会“见缝插针”，也要防止部分群众的“见异思迁”，更要以“弹钢琴”的方式挑好重点难点，真正做好“防和控”两手抓、两手都硬。年内，群丰镇被授予省级和市级无邪教示范乡镇。

【获评全省档案宣传工作先进单位】2017年，群丰镇档案管理工作严格按照上级要求，建立健全档案管理制度，强化档案管理工作。对应归档的文件材料，做好文件收集、归档工作，明确职责，建立常态机制。动员辖区社区、企事业单位和群众收集具有存档价值的资料。高度重视，加强宣传队伍建设。成立档案宣传工作领导小组，树立全员抓宣传理念；营造氛围，强化档案宣传引导。利用“6·9”国际档案日，以档案惠民利民为导向，普及民生档案和档案法律法规知识；不拘一格，拓宽档案宣传渠道，利用QQ、微信交流群传达档案宣传。9月，被湖南省档案局授予全省档案宣传工作先进单位称号。

【国家禁毒办领导到镇调研】3月2日，国家禁毒办副主任向卫东一行在省禁毒委副主任、省禁毒办主任、省公安厅副厅长李介德，省禁毒办常务副主任、禁毒总队总队长唐国栋等陪同下调研督导株洲青少年毒品预防教育“6·27”工程、社区戒毒康复“8·31”工程、吸毒人员网格化服务管理工作。听取镇党委政府关于落实国家禁毒委、“8·31”工程，构建大协作、大宣传、全民禁毒管控平台情况汇报，观看群丰镇近年来在全民禁毒、防范管控、社戒社康成果视频影像，现场召开部分社戒社康人员座谈会，会上向卫东强调：禁毒工作是一项利国利民、功在当代、利在千秋的大事，群丰镇禁毒工作在打基础、求实效上有氛围、有特色，在社戒社康管控率上达到100%，工作细腻，要在社会面防毒、拒毒、识毒继续发力，形成全民禁毒、从我做起的浓厚氛围。

群丰镇在构建禁毒平台，发挥禁毒室宣传主阵地，社会面禁毒知识普及上持续发力，先后投资15万元构建禁毒心理咨询室，配备心理咨询设备和心理咨询师一名，定期开展心理咨询业务；广泛发动群众，利用农贸市场赶集时机，采取口口相传，挂横幅、贴标语、发资料、播广播等形式，努力提高广大群众的参与率和知晓率；定期组织党员群众到株洲市禁毒教育基地进行现场参观，增强防毒、拒毒、识毒意识。

国家禁毒办副主任向卫东(右三)在群丰调研禁毒工作

【获评全市抗洪救灾先进集体】6月底7月初，群丰镇受强降雨影响，沿湘江河沿线大堤遭受洪涝灾害，党政领导班子成员带领全镇机关、社区党员、群众日夜坚守在抗洪一线，取得没垮一堤一垸、没死伤一人的重大胜利，为期近半个月的“防汛大战”，党政领导日夜带着党员群众，在各级部门的全力配合下，组织人员、机械、设备，24小时轮流值班，最大限度确保人民群众的财产损失降至最低。11月，被市委、市政府授予全市抗洪救灾先进集体荣誉称号。

【创造全区征拆新速度】2017年，群丰镇新征项目17宗，其中天易科技城自主创业园二期湘芸路、科技大道、健康大道、温泉路、乐山大道、智能网络通信基地等三大产业项目以及扩征地9宗地按2017年株洲市新政策征收。全镇克服新老征拆政策交替带来的困难和压力，迅速全面启动房屋算账工作，2个月内，天易科技城二期项目完成房屋签字129个，签字面积11万平方米，拆除房屋108栋，拆除面积9万余平方米。12月底，完成栗塘路B段、西站南路、湘江大道一期、湘江大道服务区、湘江大道安置地、浅塘路、湘芸路、科技大道、可编程、通信及电器、温泉路等11宗项目交地，交地面积115.84公顷，创造群丰史上最快的征拆速度。2017年9月，湘江新城城中村项目(浅塘路项目)一个星期完成交地任务，创造交地时间最短纪录。

【消除竹溪片石场安全隐患】 辖区竹溪片石场于2014年投产经营，位于群丰镇绿心区，2016年5月已停产，经镇安监站现场核实，目前片石场采矿区形成了一个长约670米、深80米的大坑，因停产后未对该坑采取任何安全围挡措施，给过往行车、人流造成威胁，存在极大的安全隐患，急需整改。8月底，群丰镇各相关部门协同合作，经过近2个月的施工，将辖区内已关停的竹溪片石场所留下的“巨坑”围挡起来。通过施工人员竖立铁网护栏，从根本上让人、畜与“巨坑”的安全隔离，消除“巨坑”的安全隐患。

【试水开展“养老贷”】 7月，中国农业银行株洲分行在天元区首次开展“养老贷”项目。对群丰镇女年满55周岁，男年满60周岁以上，可以享受养老待遇且无力购买人员，此次可以提供全额贷款，贷款手续简单，无担保无抵押，年息低于商业贷，并每月发放基本生活费，余款用于偿还贷款本息，贷款还清后再全额领取养老金。至年底，银行就白莲、湘云社区达成意向贷款人员4人。

【荣获天元区无偿献血工作红旗单位】 7月21日，群丰镇组织并发动各社区组织人员参加“无偿献血”活动，此次无偿献血工作得到广大居民的支持。参加献血人数达290名，献血量为22.89万毫升。获评天元区无偿献血先进单位。

【“让爱导航——幸福晚年，快乐成长”活动】 12月，群丰镇在湘云社区开展“让爱导航——幸福晚年，快乐成长”为主题的关爱空巢老人、留守儿童的服务活动。邀请心理咨询师给老人、儿童上心理课程，计生协成员、16名基层社区卫计专干与他们进行面对面的情感交流，了解他们的生活、学习等情况，引导他们培养正确的生活习惯和健康阳光的心态。通过组织老人、小孩开展击鼓传花游戏，活跃现场氛围，增强各社区空巢老人、留守儿童之间的感情；群丰镇卫生院的医生还给老人们免费义诊，共话中医养生，现场为老人们做中医艾灸。

【送戏下乡】 10月27日，农历九月九日由群丰镇组织辖区26名社区文化志愿者送戏进敬老院慰问孤寡老人，为孤寡老人带去精彩的表演，活动办得有声有色，吸引周围数百名群众前来观看节目，株洲电视台法制频道现场采访并进行报道。 （包罗根）

雷打石镇

【概况】 雷打石镇位于湘江西南，位于北纬27°07′23″～27°11′38″，东经113°07′49″～113°13′33″，之间，东与株洲县城隔江相望，西与湘潭县谭家山镇毗邻，南北与三门镇、群丰镇接壤。

2017年，镇域面积86.96平方千米，人口3.4万人，辖胜塘、胜利、神龙、霞石、砖桥、新龙、建龙、凤凰山、养鲤、伞铺、先锋、沙江、盘石、铁篱14个行政村、青石、公道、沧沙3个社区，水田1513.33公顷，旱地4496.67公顷。全镇机关干部工作人员87人。其中：行政编制干部22人、事业编制干部30人(含自收自支编制4人)，大学生村官1人，“三支一扶”(支农、支教、支医和扶贫)2人，返聘9人，镇聘23人。有党支部41个，党员1203人。

2017年，全镇完成财政总收入3625.8万元，财政投入向民生事业和基础设施建设项目倾斜。全镇社会事业全面推进，民生保障全面升级，人民群众的获得感和幸福感明显增强。先后获得省档案宣传工作先进单位，市综治工作先进乡镇、市计划生育工作优秀单位、铁路护路联防工作先进集体、市文明村镇、安全生产先进单位，区综治工作先进单位、区计划生育工作优秀单位、征兵工作先进单位、党管武装工作先进单位、先进基层武装部、建设文明城市、无偿献血工作先进单位等称号。

【农业生产】2017年，雷打石镇推广种植杂交水稻，使用高效、低毒、低残留农药防治水稻螟虫，保障粮食产量和质量。粮食种植面积2667余公顷，粮食总产量2.05万吨。免疫生猪2.6万多头，羊1600多头，牛110多头，鸡鸭28万多羽。完成能繁母猪保险565头，肉猪保险3621头。加强对各养殖场生猪瘦肉精抽样检查，对病死畜禽无害化处理和兽药、饲料的监管，确保农产品质量安全。雷打石镇检疫生猪头数位于全区第一。完成12个惠农综合服务中心(社)选址、挂牌工作。发放耕地地力补贴372.1万元，退耕还林补贴27.85万元。完成裸露山地植树造林86.67公顷，抚育和长防林38余公顷。采用镇、村、组三级联防，建立森林防火应急分队，强化巡山管护，全年未发生一起重大森林火灾。

【社会事业】2017年，雷打石镇依托镇、村两级劳动保障平台，加强就业服务和引导，组织农民工380余人参加市、区举办的农民工专场招聘会8次，100余人应聘成功。开办创业意识培训班2期，60人拿到SYB证书。下岗失业人员办理“就业失业登记证”85本。小额担保贷款成功5人，贷款金额50万。全镇城乡居民养老保险参保人数19655人，参保率97%，失地农民参保319人，新型农村合作医疗和城乡居民医疗保险参保人数26171人。其中，农合参保24188人。全镇清查取消农村低保对象580户，761人。符合农村低保条件78户124人。发放1023名高龄老人生活补贴金额60万元，发放城镇低保金、农村“五保”金250.79万元，“五保户”提标补差46.53万元。发放优抚资金70.46万元，农村籍退役士兵生活补助22.27万元。发放社会救济资金1.37万元。大病医疗救助243人，救助金额51.19万元。依程序申请特困护理救助6人，助学救助7人。残疾人及子女助学17人，发放残疾人燃油补助188人，创业扶持16人，就业扶持158人，资金31.45万元。

【河长制工作】 2017年4月，雷打石镇开启河长制工作。建立镇、村两级河长制体系，分级设立河长。设立巡查员、协管员和保洁员，构成强有力组织结构体系。为保障农民饮水安全，在铁篱、砖桥、胜塘、青石等村(社区)铺设自来水管网，年底完成主管网铺设。年内，完成山塘除险加固108口、渠道13处、改造河坝2座、小(2)型水库除险保质1座(完成60%工程量)。7月，特大洪灾期间，镇领导分片负责，机关干部和村组负责人分堤段、水库24小时值守巡逻，发现险情及时报告和处理，确保全镇9.5千米沿河大堤、27座高低涵闸、10座小型水库安全度汛。为减少畜禽养殖污染，对畜禽禁养区胜塘村、胜利村、神龙村、盘石村内现存栏猪25头、牛10头、羊75只以上、禽类存笼750羽以上(含)的养殖场(户)实行全面退养，并拆除养殖功能性设施9处，完成10户养殖户自愿退养协议签订。

【基础建设】2017年，雷打石镇投入60余万元对湘江风光带雷打石老街0.4公里严重破损路段进行修复，使老百姓出行更为通畅。完成建龙、霞石、凤凰山、沙江、先锋村等5个村主干道路硬化25公里。在铁篱、胜塘、胜利、先锋、建龙村安装路灯260盏，村级道路安防设施20处。

【项目建设】2017年，雷打石镇完成龙洲路项目征地19.54公顷，56栋房屋全部拆迁；完成湘江大道一期雷打石段第二批扩征地5栋房屋的拆迁，为湘江大道顺利通车提供保障；完成湘江大道二期雷打石段项目58栋房屋编号，顺利完成39栋房屋的算账、签字工作，拆除房屋14栋；完成16个村民小组土地算账和签字工作；完成湘江大道一期胜塘、砖桥和龙塘3个安置点建设和附属工程建设，拆迁户已成功入住；初步完成湘江大道二期安置点的选址；完成龙洲路项目3个安置点的选址，并与区村镇公司签订代建协议。市示范性综合实践基地已启动中、小学生的培训课程。

【综治维稳】2017年，雷打石镇综治维稳工作运作规范，责任上肩，严格落实“一岗双责”，采取分管领导包片、机关干部办点方式将工作目标任务落实到各级综治维稳基层组织和责任人。年内，协调处理纠纷133起，制作规范调解案卷26本，实现“大事不出镇”。成立镇级专业巡逻队，按照人口聚集程度、发案情况在镇域范围内设立巡逻点，夜间由派出所带队巡逻，各村、社区每周2次义务巡防。年内组织巡逻1000余场，参与巡逻人员5000人次。

【安全生产】2017年，雷打石镇对辖区内重点企业负责人、村(社区)安全员、从业人员开展“安全生产月”系列培训，联合相关单位在全镇范围内举办“安全宣传日”活动。组织日常、集中、联合、专项执法活动36次，出动执法人员120人次，检查生产经营单位106家，领导带队检查57家，排查发现隐患63处，整改到位63处，下达执法文书10家，责令停产停业2家，取缔关闭3家。

【文明创建】2017年，雷打石镇扎实开展“最美志愿者”“道德模范”等评选活动。按照评选标准，2017年评选出49名“最美志愿者”、6名道德模范提名奖和10名道德模范。坚持推进“十大文明行动”，在

2017年度“身边好人”道德模范暨最美志愿者表彰大会

迎国检及中央环保组督查期间，开展宣传活动6场次，悬挂安装大型横幅、宣传标牌100余处，发放“创文”“保护环境”宣传资料、图册、纪念品7800余份，工作亮点先后11次被市法制频道宣传报道。围绕“国家公共文化体系示范区”创建，采取镇村(社区)联建模式，投资40余万元打造1个综合文化服务中心和5个村(社区)示范点。内有图书阅览室、多功能会议室、电子阅览室等文化活动室。镇文化站、养鲤村、砖桥村、新龙村添置健身器材、乒乓球台等文体设施，丰富群众的文体生活。

【卫计工作】2017年，雷打石镇计生工作坚持抓好非法生育、流动人口管理等基础工作，更加注重计生优质服务，全镇有120例妇女享受计生技术服务，并免费为103对夫妇提供优生优育孕前检查，发放药具3820批次，咨询服务500余人次，各项业务工作在全区考评中排名靠前，被评为区计划生育工作优质服务良好单位。全镇对9个合并村卫计阵地进行规范化建设，提高农村医疗服务水平。倡导、推行全民健康，加大对镇卫生院医疗设备的投入和专业技术人员的招录，强化卫生院硬件设施配备和技术力量储备。组织配合镇卫生院对辖区内重点人群进行免费体检及健康教育指导，为0~6周岁儿童免费接种国家一类疫苗等，把提升全民健康水平落到实处。

【治违工作】2017年，雷打石镇对辖区内违法建设和7个非法采砂场进行路面和无人机双向巡查，确保巡查无死角。年内，下达违法建设停工告知书116份，配合区治违大队拆除违法建设12处4782.55平方米。征地拆迁服务项目拆除54处18422.59平方米。对辖区内的7个非法砂场开展打击行动5次，上报区执法大队11次，取缔关闭胜塘村和凤凰山村2个山砂采砂场，有效遏制违法建设和非法采砂、洗砂。

【党建工作】2017年，雷打石镇坚持党建领航，全面从严治党，以“两学一做”学习教育常态化制度化活动为契机，推进“基层党建提升年”活动，打造党建品牌。开展“五好”（领导班子好，党员队伍好，工作机制好，工作业绩好，群众反映好）支部创建活动，加强基层党组织建设。建立健全“马上就办、真抓实干”工作制度，创新“五问工作法”工作质询、工作点评方式，完善绩效考核办法。年内，召开党委会专题研究部署党建工作15次，参加专题培训班306人次，组织党建知识考试5次，约谈排名靠后的村（社区）主要负责人5人次，下发督查通报12期，党政领导到村（社区）指导、讲党课38次。开展“三联三促”（联村、联社区、联党员，促党建、促发展、促和谐）和党员结对帮扶活动，慰问困难党员和群众480余人次，解决群众实际困难130余件。建立远程教育、“红色讲堂”“红星云”“微党课、微视频、微音频”等学习平台，促进各项工作、学习任务的落实。严把党员发展关，开展党员发展业务培训3次，新发展党员19名，培训入党积极分子27名。

【换届选举】2月20日开始，雷打石镇14个行政村第十届、3个居委会第九届村（居）支委开展换届选举工作，至4月30日结束。换届选举过程依法、规范、有序，按照“守信念、讲奉献、有本领、重品行”的要求，引导党员、群众把那些政治素质好、带富能力强、有奉献精神、公道正派、廉洁自律、群众公认的人选为村（居）“两委”成员，特别要把党性强、能力强、改革意识强、服务意识强的党员选为村（居）党组织书记。严格把关不能作为村（居）“两委”成员候选人的九种情形。3月底前，按照“两推一选”办法（即召开党员、村民代表大会推荐初步人选，召开党委会推荐初步人选；确定候选人初步人选）选举产生村（居）党组织成员。4月底前，在新一届村（居）委员会的领导下，按照《中华人民共和国村民委员会组织法》《中华人民共和国城市居民委员会组织法》等有关法律法规的规定，依法有序选举产生新一届村（居）民委员会。历时3个月，到4月30日止，依法依程序选举产生村（居）“两委”班子成员87名，顺利完成新一届“两委”班子的换届。（易建湘　胡　亚）

铁篱村党建领航文化汇演现场

三门镇

【概况】三门镇位于湘江河畔，东与株洲县隔江相望，西与湘潭县谭家山镇毗邻，北与雷打石镇接壤，南与株洲县龙船镇接壤。境内有三古线、三潭线、天小线、三门大道4条主干道，京港澳高速公路贯穿全镇。2017年，全镇完成财政总收入6525.2万元，比上年增加493.38万元，完成农民人均纯收入24927

元，比上年增加1895元。获评湖南省档案宣传工作先进单位、株洲市文明建设先进单位、株洲市平安乡镇、天元区计划生育红旗单位等。

2017年，镇域面积92.33平方千米，其中，耕地2699.33公顷，林地4015.33公顷；总人口3.6万人；共辖上节街1个社区，苍霞、白石、响水、株木、月福、月形、南江、护塘、杨柳、湖田、湖坪、松柏、梽木、黄田14个村，419个村民小组；全镇共有党支部29个，党员人数1078人。全镇机关干部工作人员70人，其中在编干部43人，区聘人员1人，镇聘人员26人。

【生态建设】2017年，三门镇生态建设持续提升。新修道路22千米，完成三门大道提质改造。完成28千米道路路灯建设。以响水、株木村为首的美丽乡村片区建设，先后启动月福、苍霞、南江、松柏4个村创建工作，为三门镇特色城镇建设筑牢基础。2017年，响水村获评全国文明村镇。有序开展342.13公顷土壤重金属污染治理，农村种植环境得到较大改善。全镇种植粮食2000余公顷，粮食产量3.6万吨。完成72处小农水水项目工程，完成水毁工程项目108处，完成前坝、鲁家坝2座小河坝水利项目工程。启动松柏大鱼塘项目工程。发放各村集体公益林资金702064元，退耕换林补偿资金126649.5元，市级公益林资金142984元。完成松柏、月形2个村火烧山的造林工作8公顷，发放资金47925元。投入资金15万元，完成春、秋两季动物防疫工作。其中免疫生猪3.7万头，牛241头，羊3087只，免疫鸡16.5万羽，鸭3.6万羽。无害化处理乱丢乱弃死猪244头，捕杀疑似病毒家禽11962羽。

【协调城乡统筹】2017年，三门镇投入400余万用于城乡同治工作，镇容村貌得到切实改善。启动湿地公园工程，完善松柏村、湖田村垃圾直运站建设，开展街道整治行动，添置750个分类垃圾桶，对出店经营、占道经营、店外作业、规范停车等方面进行综合治理。成立“护学志愿者小分队”，每天放学期间城管队员和志愿者护送学生过马路，保障中小学生的人身安全。组织机关干部、上节街社区、苍霞村、白石村和湖坪村党员干部对三门大道、三门街道、三门加油站等重点区域进行大清扫。拆除违法建设11处，1688平方米。启动湘江大道二期项目征地拆迁工作，完成集体土地房屋签字88栋，拆除65栋。失地农民保险3天完成310余户参保对象资料报送缴纳进窗工作，创造失地农民参保纪录。

【社会事业】2017年，三门镇加强城乡社会救助体系建设，切实保障困难群众的基本生活。完成37户农村危房改造工作，不定期对城乡低保户家庭收入情况进行复查，全年新增低保对象17户35人，清理清退拆户保310户339人，实现管理动态化。实行医疗救助“一站式”结算，救助151人次，发放医疗救助款37.39万元。给予非定期、非定量的临时救助，救助困难对象136人次，发放临时救助资金6.2万元。发放灾后重建资金11万元、救灾资金7.5万元、救灾物资2.8万元。发放90岁以上老人高龄生活补贴资金12.81万元。发放80岁以上老人高龄生活补贴资金49.62万元。发放31名精减退职人员社会救济金19536元。积极推广五保联建模式，继续对杨柳、松柏、护塘、响水、白石5个村共30户“五保户”实行集中联建，实现全镇五保联建全覆盖。新增失地农民的一次性补缴社保432人，完成企业生存认证1250人次，完成新型农村合作医疗缴费人数27178人。新增农村劳动力转移130人。推荐18名残疾人参加就业招聘会，6名残疾人顺利就业，协调文化、工商部门解决2户残疾人开店问题，1名残疾人参加市残联盲人按摩培训并就业。全面落实“两孩”政策。年内，出生男孩227人，女孩201人，出生性别比在112.94%。全镇流动人口1268人，其中流出1230人，流入38人。举行健康知识讲座10次，参加人数600余人次，获得天元区计划生育红旗单位。投入40余万元，完成综合文化服务站的提质改造。改造后的综合文化服务站内设有图书阅览室、科技培训室、电脑室、文化活动室、多功能厅、舞蹈室等活动场所，藏书3000多册，电脑5台，以及各类文体器材。结合“我们的节日”，选派4个节目参加区级“我是天元之星”文体达人秀，其中武术表演入围总决赛，获得第二名。组织2个节目参加“欢乐潇湘·幸福天元”的专场活动，武术队表演再次入围总决赛。参加天元区第八届大众运动会，选派2个集体项目、47名运动员参赛，其中拔河比赛获得一等奖，广场舞赛获得二等奖。6月，成功举办天元区首届乡村旅游节。

三门镇文化站

【综治维稳】 2017年，三门镇全面推行网格化服务管理，全力做好特殊时期重点人员的稳控工作，实现赴省进京“零上访”的工作目标。处理信访案件20余件，化解矛盾纠纷184件。开展平安创建和民调集中宣传6次，发放宣传资料1.5万份，制作宣传标语100条。开展治安专业巡逻120次和村义务巡防90次，6600余人次参加，有效震慑违法犯罪。开展铁路护路联防工作，建立铁路护路联防队，巡查180次，确保铁路安全畅通。对20名社会戒毒人员进行严格管控，对137名在册吸毒人员进行走访。开展禁毒宣传5次，发放禁毒宣传品6000份。围绕安全第一，与各村(社区)和各规模企业单位签订安全生产责任书31份。组织企业自查隐患40余处，投入整改资金10余万元。安排专人看守镇内12口小(2)型水库，成立义务消防队员，配备森林防火专业设备，认真排查治理起重机、挖机、铲车等设施设备存在的安全隐患，下发现场检查记录59份，责令限期整改指令书35份，整改复查意见书30份。出动执法人员313人次、组织集中执法行动15次、检查生产经营单位144家、排查发现安全隐患135处、其中已经整改到位130处、取缔非法生产经营建设单位5处。

【党组织建设】 2017年，三门镇强化班子建设，制定月度工作例会、“三重一大”(重大问题决策、重要干部任免、重大项目投资决策、大额资金使用)决策、中心组学习等制度，做到用制度管人管事，理顺班子运行机制，形成班子内部民主团结局面。强化联点指导，班子成员做到驻点“四包”(党建包村、综治包村、帮扶包村、发展包村)，确保“三联三促”常态化。抓好党员队伍建设。将传统党课与微型党课、线下党课与线上党课、书记党课与党员课堂相结合，将讲台搬到田间地头，把党课宣讲到一线。坚持主题党日活动，每月定期组织党员开展义务清扫、夜间巡逻、帮扶慰问等活动。开展形式多样党课活动80余次，组织主题党日活动210次，党员教育培训实现全覆盖。以“两学一做”学习教育常态化、制度化为契机，统筹推进干部队伍建设，全面落实“三会一课”“四议两公开”(村党支部会提议、村“两委”会商议、党员大会审议、村民代表会议或村民会议决议，决议公开、实施结果公开)、组织生活会等基本制度。年内，新建非公党组织2个，发展预备党员18名，全面完成党组织和党员信息录入工作。在全省创新开展新任村、社区两委干部集体谈话宣誓活动。换届选举过程中，严把候选人资格审查关，严格换届风气监督，确保换届过程风清气正。定期开展明察暗访，开展作风纪律检查6次，约谈干部百余人次。严格实行请假、值班、公务招待及车辆管理等制度，形成按制度办事、用制度管人的长效机制。完善财务公开制度，建好“互联网+监督”村(社区)财务公开电子信息平台，实现村级财务网络公开、全民监督。

【“两委”换届】2017年，三门镇村(社区)“两委”换届选举工作严格按照区委、区政府的部署要求，精心组织谋划，依法规范操作，圆满完成15个村(社区)换届选举工作，选举产生村(居)委委员45名，其中新进10名，每个村(居)委都配备1名以上女干部。换届选举中，做到组织领导到位、宣传工作到位、工作措施到位、矛盾化解到位。严把程序关，确保规范有序换届。坚持党的领导、坚持发扬民主、坚持依法办事。

【抗击超历史特大洪水】2017年夏，三门镇洪灾受灾人口12848人，紧急转移安置627人次。其中，集中安置31人；倒塌房屋8户34间，严重损坏房屋16户36间，一般损坏房屋17户38间。湘江沿线5个村、社区遭受洪水淹没，房屋被淹369户，其他10个村均不同程度出现内涝，农作物受灾面积794.07公顷，成灾面积635.2公顷，绝收面积357.33公顷，直接经济损失约1500万元。面对灾情，三门镇启动救灾应急机制，细化救助应急预案，明确灾情速报职责，加大对突发性灾情和事故的救助力度，确保受灾困难群众得到救助，真心实意地解群众的燃眉之急，给群众雪中送炭。灾后，发放重建资金11万元、救灾资金7.5万元、救灾物资2.8万元，完成4户灾后重建。

【松柏村首届杨梅艺术节】6月8日，天元区首届乡村文化旅游节暨天元区三门松柏首届杨梅艺术节在三门镇松柏村开幕。此次活动包括歌舞表演、智力问答、趣味比赛等项目，时间从6月8日起至6月25日。松柏村杨梅基地占地约20公顷，杨梅节期间，游客不仅可以自由参与杨梅的采摘等休闲活动，还可以垂钓、品尝农家菜、购买农特产品，让游客品味杨梅风味、领略休闲农业。

【响水村百花园开园】6月10日，以“醉美百合，香约响水”为主题的开园仪式在三门镇响水村四百园盛大举行，开园仪式由三门镇人民政府主办。天元区三门镇响水村、天元区村镇建设开发有限公司、株洲市响水置业有限公司等单位承办。开园仪式上展示2.27公顷集观赏、药用价值于一体的百合花。有淡黄色、白色、紫红色，花期将持续到7月上旬。除百花园外，响水村百果园内栽培青枣、葡萄柚、苹果、梨子、草莓、桃子、枇杷、无花果、地参等10多类水果；百草园种植栀子、金银花、银杏、吴茱萸、枳壳、芍药、牡丹、玫瑰、桔梗、红豆杉等；百蔬园种植辣椒、豆角、丝瓜、空心菜、黄瓜、茄子、苦瓜、芋头、洋姜、红薯、大蒜等，为游客展现“四季花开、百花争艳”的盛况，体现响水村美丽乡村建设成效。

【迎“七一”党建知识抢答赛】6月26日，以“党旗驻心间 清风润三门”为主题的党建知识抢答赛在三门镇政府前坪举行，此次竞赛从初赛到决赛，历时20多天时间，16支村、社区、机关党组织积极参加，经过激烈角逐，有8支队伍进入决赛。抢答赛以党建知识、廉政知识、文明创建知识等为主要内容，竞赛试题涵盖内容丰富。通过该活动，宣传和学习党建及廉政文化知识，提高党员干部的模范意识和廉政意识，营造“守党纪，正党风”的良好氛围。

【响水村获评全国文明村镇】响水村地处三门镇西北，辖30个村民小组，2651人，村支两委7人，党员

92人，总面积9.38平方千米，其中山地852.2公顷、旱地23.2公顷，水田201.87公顷，骨干山平塘113口。响水村积极探索“支部+公司”发展模式，成立响水置业有限公司，着力打造“四百园”基地，即百草园、百花园、百果园、百蔬园，面积33余公顷。积极推进农耕文化园建设，建成集休闲、娱乐、观光为一体的樱花山庄。充分发挥党员先锋模范作用，92名党员带领群众参与到村级产业项目建设中来，形成户户有致富项目。

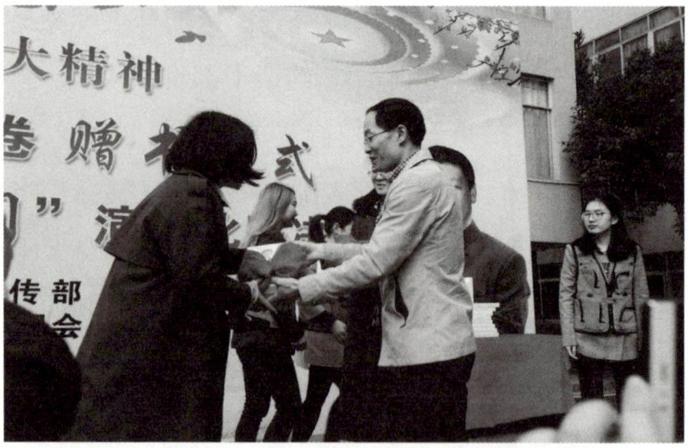

区委常委、宣传部部长谢维红(前右)为三门镇村(社区)代表赠送《习近平谈治国理政》

【“进入新时代 建好新三门”演讲比赛】 12月22日，在三门镇政府前坪举行学习贯彻党的十九大精神——“进入新时代 建好新三门”演讲比赛决赛暨《习近平谈治国理政(第二卷)》赠书仪式。整场比赛历时3小时，有11位参赛选手。其中，有刚走出校园、走进职场的青年人，有自强不息、身残志坚的残疾人，有村支部书记代表，有广大群众代表。每位选手都以积极有为的主人翁姿态畅谈对党的十九大精神的所思所想所感，在赠书活动中，4位来自基层的党员代表分享自己读《习近平谈治国理政》(第二卷)心得体会，赛后评出一等奖1名、二等奖2名、三等奖3名、优胜奖若干名。区委常委、宣传部部长谢维红及7个基层单位分管宣传工作的党委委员出席此次活动。 (宋 洁)

人物

2018株洲高新区·天元区年鉴

ZhuZhou GaoXinQu·TianYuanQu NianJian

◎ 2017年株洲高新区、天元区新任班子成员简介

◎ 株洲高新区、天元区党、政、军及各部门、单位负责人

2017年株洲高新区、天元区新任班子成员简介

周建光 男，汉族，1964年8月出生，湖南株洲县人，1982年7月参加工作，1986年11月加入中国共产党，本科学历，工学学士。

1980年9月至1982年7月，在株洲冶金工业学校稀有金属冶炼专业中专学习；1982年7月至1990年1月，株洲冶炼厂八车间班长、调度组长、团支部书记、助理工程师、工程师；1990年1月至1995年2月，株洲冶炼厂总工程师办公室专干（其间：1985年9月至1990年7月，在中南工业大学有色冶金属专业函授本科学习，获工学学士学位）；1995年2月至1996年8月，株洲冶炼厂技术改造指挥部计划调度；1996年8月至1998年8月，株洲冶炼集团公司锌焙烧厂副厂长；1998年8至2002年2月，株洲冶炼集团公司锌焙烧厂厂长，湖南株冶火炬股份有限公司董事（兼）（其间：1999年9月至2001年5月，在中南大学管理工程专业研究生进修班学习）；2002年2月至2004年4月，石峰区政府副区长，田心高科园产业发展公司董事长（兼）；2004年4月至2004年5月，中共醴陵市委常委；2004年5月至2006年12月，中共醴陵市委常委、市人民政府副市长（常务）；2006年12至2007年10月，醴陵市委副书记；2007年10月至2011年4月，中共炎陵县委副书记、县人民政府县长；2011年4月至2016年8月，株洲市发改委党组书记、主任（其间：2012年2月至2012年7月，在湖南省委党校中青班学习）；2016年8月至2017年6月，中共株洲高新区工委副书记、天元区委书记；2017年6月至2017年8月，中共株洲高新区工委书记、天元区委书记。2017年8月至2017年12月，株洲高新区党工委书记、天元区委书记、天元区人武部党委第一书记。

朱振湘 男，汉族，1962年5月出生，湖南醴陵市人，1979年8月参加工作，1985年6月加入中国共产党，本科学历。

1979年8月至1982年10月，在醴陵市长岭学区业家垅小学、湖黄学校任民办教师（其间：1981年2月至1982年1月，在醴陵市教师进修学校学习）；1982年10至1984年7月，在湘乡师范学校中师学习；1984年7月至1985年2月，醴陵市均楚学区人事干部、团总支书记；1985年2月至1986年2月，醴陵市长岭乡中学教师；1986年2月至1988年11月，醴陵市石亭乡中学校长（其间：1985年7月至1988年7月，在湘潭教师进修学院政治专业函授专科学习）；1988年11月至1989年7月，株洲市南区区委组织部干部；1989年7月至1992年12月，共青团株洲市南区区委书记；1992年12月至1993年2月，株洲市南区区委组织部副部长；1993年2月至1994年2月，株洲市南区区委组织部副部长、区人事局副局长（兼）（其间：1991年8月至1993年12月，在中央党校函授学院政治专业本科学习）；1994年2月至1995年6月，株洲市南区非公有制经济管理办公室主任、区委组织部副部长、人事局副局长（兼）；1995年6月至1995年10月，株洲市南区非公有制经济管理办公室主任（其间：1995年2至1995年7月，在株洲市委党校中青班学习）；1995年10月至2000年10月，株洲市南区、芦淞区人民政府副区长；2000年10月至2002年10月，中共芦淞区委常委、区人民政府副区长（常务）（其间：2001年2月至2001年7月，在国防科大领导干部社会经济系统工程研究班学习）；2002年10月至2003年

8月，中共芦淞区委副书记；2003年8月至2004年12月，中共株洲市委副秘书长（其间：2002年1月至2003年12月，在中国人民大学工商管理研修班学习）；2004年12月至2008年4月，中共株洲市委副秘书长、市委办正处级督查员；2008年4月至2013年1月，中共株洲市委副秘书长，市城市管理和行政执法局党组书记、局长（其间：2010年9月至2011年1月，在湖南省委党校中青班学习）；2013年1月至2013年11月，中共株洲市委副秘书长，市政协党组成员、秘书长，市城市管理和行政执法局党组书记、局长；2013年11月至2017年6月，株洲市政协党组成员、秘书长；2017年6月至2017年9月，株洲市人民政府党组成员，株洲高新区党工委副书记、管委会主任；2017年9月至2017年12月，株洲高新区党工委副书记、管委会主任。

黄继军 男，汉族，1973年2月出生，山东巨野人，1996年7月参加工作，1995年6月加入中国共产党，大学学历，理学学士。

1992年9月至1996年7月，在兰州大学力学系理论与应用力学专业学习，获理学学士学位；1996年7月至2000年6月，中国科协组织人事处干事；2000年6月至2001年1月，任中国科协组织人事部人事处正科级干事（其间：1999年1月至2001年1月，借调中组部干部调配局、干部一局综合二处工作）；2001年2月至2004年12月，中组部干部一局青年干部处正科级干事（其间：2003年8月至2004年7月，在西柏坡支教暨挂职锻炼，任中直机关第六批青年志愿者支教服务工作队队长、党支部书记，挂职任中共河北平山县委组织部副部长、西柏坡镇党委副书记、西柏坡中心学校副校长）；2004年12月至2007年2月，中组部干部一局青年干部处副处级调研员；2007年2月至2008年6月，中国贸促会专利商标事务所副处级调研员；2008年6月至2009年11月，深圳长城开发科技股份有限公司战略行政部经理（正处级）（其间：2008年5月至2009年10月，借调湖南省人民政府办公厅任省政府领导秘书工作）；2009年11月至2017年9月，株洲云龙示范区党工委委员、管委会副主任；2017年9月至2017年12月，株洲高新区党工委委员、管委会副主任；2017年12月，株洲高新区党工委委员、管委会副主任、区人民政府党组成员。

程燕 女，汉族，1963年1月出生，湖北襄阳人，1979年11月参加工作，1988年8月加入中国共产党，专科学历。

1979年11月至1981年7月，在湖南省安装公司医院工作；1981年7月至1984年7月，在湖南省医学院卫校护士专业中专学习；1984年7月至1992年9月，在湖南省安装公司医院工作；1992年9月至1996年12月，株洲高新区城建部办公室主任；1996年12月至1998年4月，株洲高新区城建部副科级干部；1998年4月至1999年3月，天元区城建部党委委员；1999年3月至2001年3月，天元区妇联副主席（其间：1996年9月至2000年6月，湖南经济管理干部学院行政管理专业成教大专学习）；2001年3月至2001年9月，天元区嵩山路街道党委副书记；2001年9月至2002年10月，天元区泰山路街道党委副书记、办事处主任；2002年10月至2008年4月，天元区人民政府副区长（其间：2007年9月至2007年12月，挂职上海市青浦区赵巷镇政府副镇长）；2008年4月至2011年6月，株洲高新区党工委委员、天元区委常委、统战部部长，2009年5月，天元区政协党组副书记；2011年6月至2012年11

月,天元区政协副主席候选人,天元区政协党组副书记,2011年9月,天元区正县级干部,2012年2月当选副主席;2012年11月至2016年11月,天元区政协党组书记、主席;2016年11月至2017年1月,天元区人大常委会党组副书记、主任,区政协党组书记;2017年1月至2017年12月,天元区人大常委会党组书记、主任。

谈志明 男,汉族,1962年2月出生,湖南宁乡人,1982年8月参加工作,1986年12月加入中国共产党,本科学历。

1979年9月至1982年8月,在益阳师专中文专业学习;1982年8月至1985年9月,株洲市轻职中专教师;1985年9月至1987年5月,株洲汽车工业公司团委书记;1987年5月至1992年6月,在共青团株洲市委员会工作;1988年2月,共青团株洲市委学少部副部长;1988年8月,共青团株洲市委组织部副部长;1990年6月,共青团株洲市委办公室副主任;1991年3月,共青团株洲市委办公室主任;1992年6月至1995年3月,在株洲高新区文教卫科工作,1993年10月,任科长;1995年3月至1996年10月,株洲高新区社会工作部部长;1996年10月至2001年2月,株洲高新区管委会办公室主任(其间;1996年9月至1998年7月,在中国社科院民法经济法专业研究生课程班学习;1998年9月至1998年12月在株洲市委党校中青班学习);2001年2月至2007年7月,株洲高新区创业服务中心(留学生创业园)党委书记、主任(其间:2003年9月至2005年12月,在湖南行政学院行政管理专业函授本科学习);2007年7月至2015年12月,株洲高新区党工委委员,创业服务中心(留学生创业园)党委书记、主任;2015年12月至2016年9月,株洲高新区党工委委员、天元区委副书记;2016年9月至2016年11月,天元区政协党组副书记、主席候选人;2016年11月至2017年1月,天元区政协党组副书记、主席;2017年1月至2017年12月,天元区政协党组书记、主席。

袁哲明 男,汉族,1970年11月出生,湖南株洲人,1992年7月参加工作,1998年12月加入中国共产党,本科学历。

1989年9月至1992年7月,在岳阳师专中文专业大专学习;1992年7月至1996年12月,在株洲市天元区天台中学任教;1996年12月至1997年8月,株洲高新区管委会办公室科员;1997年8月至2001年11月,株洲市天元区委办公室科员;2001年11月至2003年6月,株洲市天元区委办公室政研室副主任;2003年6月至2005年8月,株洲高新区管委办、天元区政府办副主任、综合调研科科长(兼)(其间:2002年1月至2004年12月在湖南师范大学汉语言文学专业自考本科学习);2005年8月至2006年8月,株洲高新区工委办(区委办)副主任兼政策研究室主任;2006年8月至2010年2月,天元区泰山路街道党工委副书记、办事处主任(其间:2008年9月至2008年12月在株洲市委党校中青班学习);2010年2月至2014年1月,任天元区泰山路街道党工委书记;2014年1月至2014年12月,天元区人民政府党组成员、政府办主任;2014年12月至2016年4月,株洲高新区管委办、天元区政府办主任、区人民政府党组成员;2016年4月至2017年12月,株洲高新区管委办、天元区政府办主任、区人民政府党组成员、区政府办党组书记;2017年12月,株洲高新区党工委委员、天元区委常委、工委办(区委办)主任。

株洲高新区、天元区党、政、军及各部门单位负责人

中共株洲高新区工委、天元区委及其工作部门负责人

株洲高新区党工委书记 谢高进(2017年6月退休)
周建光(2017年6月任)
天元区委书记 周建光
株洲高新区党工委副书记 李 智(2017年6月免)
周建光(2017年6月免)
朱振湘(2017年6月任)
天元区委副书记 董 巍
张见平(女)
株洲高新区党工委委员 谢高进(2017年6月退休)
李 智(2017年6月免)
周建光
朱振湘(2017年6月任)
董 巍
马立恒
陈远瑞
姚永告(2017年9月免)
罗克俭
许剑鸣
黄继军(2017年9月任)
张见平(女)
谢维红
李征兵
刘铁华
杨 宇(2017年12月免)
何登科
周玉智
袁哲明(2017年12月任)
天元区委常委 周建光
董 巍
张见平(女)
许剑鸣
谢维红
李征兵
刘铁华
文忠于
杨 宇(2017年12月免)
何登科
周玉智
袁哲明(2017年12月任)

株洲高新区工委办公室、天元区委办公室

主 任 杨 宇(2017年12月免)
袁哲明(2017年12月任)
常务副主任 唐 芳(女,2017年7月任)
副主任 唐 芳(女,2017年7月免)
梁春花(女,2017年3月免)
杨益军(2017年4月任)
殷 伟(2017年9月任,2017年12月撤职)
党史资料征集办公室主任 唐 芳(女,2017年7月免)
王胜华(2017年7月任)
深化改革办专职副主任 易飞翡(女,2017年9月任)

区纪委、监察局

书 记 许剑鸣
副书记、局长 王维疆(女,2017年9月免)
刘根平(2017年9月任)
副书记 谭洪军
纪委常委 陶 理(女)
董 纯(女,2017年7月免)

	袁　元(女)
	张建坤
	胡　岚(女,2017年7月任)
监察局副局长	刘　健
派驻纪检组组长	苏水明(2017年3月免)
	涂军民(2017年9月免)
	李毅军(2017年3月免)
	陈良渠(2017年4月任,2017年10月免)
	叶　军(2017年4月任)
	彭凤英(女,2017年4月任)
	殷永波(2017年9月任)
	宋大勇(2017年10月任)

区委组织部

部　长	刘铁华
常务副部长	王维疆(女,2017年9月任)
副部长	齐燕飞(女,兼)
	韩　非(女,兼)
	言　方(2017年3月免)
	费　珏(女)
	唐　颖
党校校长	张思伟
党校副校长	伍英纳(女,2017年9月免)
	罗　娟(女,2017年9月任)
党员教育中心主任	陈　瑶(女,2017年4月任)
人才办主任	叶军明(2017年7月任)
党代表联络办主任	陈　瑶(女,2017年4月免)
非公有制经济组织和社会组织党工委书记	言　方(2017年3月免)
	唐　颖(2017年11月任)
非公有制经济组织和社会组织党工委副书记	刘振华
	朱劲军(兼)
	龙　畅(女,兼)
	谢永祥(兼)

区委宣传部

部　长	谢维红
常务副部长	李　霞(女,2017年9月任)
副部长	杨卫国(2017年9月免)
	易湘锋
	易士强(2017年9月任)
文明办主任	涂　丹(女,2017年12月任)
新区报编辑部主任	文洁利(女,2017年9月免)
新区报编辑部副主任	夏义凤(女)
	罗丽斯(女,2017年9月任)
互联网宣传与管理办公室主任	涂　丹(女,2017年12月免)
外宣办、新闻办主任	张　彦(女,2017年9月免)

区委统战部

部　长	周玉智
常务副部长	贺文华
副部长	袁艳芳(女,2017年9月免)
	张岳南(兼)
	曾小平(2017年9月任)
侨联副主席、秘书长	叶军明(2017年7月免)
	易治国(2017年9月任)
党外知识分子联络办主任	李　敏(女,2017年7月任)

区委政法委

书　记	何登科
副书记	童建芳(女)
	李西民
	田　亮
	唐亚斌
610办公室主任	李西民(2017年9月免)

维稳办副主任　杨炽焰
综治办主任　童建芳(女,兼)

区编办

主　任　王　旭(女)
副主任、事业单位登记管理局局长　唐梦君(女,2017年3月任)
事业单位登记管理局副局长　唐梦君(女,2017年3月免)
谭　曦(女)

区直机关工委

书　记　毛丽辉(女)
副书记　王新成(2017年3月免)
张　彦(女,2017年9月任)

区委巡察办

主　任　唐志明(2017年3月任)
副主任　李毅军(2017年3月任)

区委巡察组

组　长　杨卫国(2017年9月任)
袁国栋(2017年10月任)
副组长　何桂林(2017年9月任)
黄　坚(2017年9月任)

区委、区政府防范和处理邪教问题办公室

主　任　李　帅(2017年9月任)

区信访局

局　长　彭礼刚
副局长　彭　攀(2017年3月免)
马　翔

区老干部局

局　长　韩　非(女)
副局长　叶　艳(女)
贺振宁

天元区群团及工商联负责人

区工商联

会　长　李　铭
党组书记、第一副会长　张岳南
副会长、党组成员　陶　涛(女,2017年3月免)
朱劲军
田　光(女,2017年3月任)

区总工会

主　席　王雁清(2017年9月免)
董运喜(2017年9月任,兼)
副主席　何桂林(2017年9月免)
曾湘明(2017年9月任)

区妇联

主　席　袁丽凡(女)
副主席　杨　曦(女,2017年3月免)
彭凤英(女,2017年4月免)
齐　赞(女,2017年9月任)
伍英纳(女,2017年9月任)

团区委

书　记　郝陆游(女)
副书记　彭亭颖(女,2017年9月免)
曾红军(2017年12月任,挂职)

区残联

理事长　邬海涛(女)
副理事长　程　亮
余　鑫

天元区人大常委会及各委办公室负责人

区人大常委会主任	程　燕(女)
副主任	王太培
	黄白玉
	谭红德
	李海泉(女，兼)
	董运喜
法制委员会主任委员	彭子玉
内司工委副主任	葛　蓉(女)
财政经济委员会(预算工作委员会)主任委员	蔡　亮(女)
财经预算工委副主任	曾炳炎(2017年3月免)
城乡建设环境资源保护委员会主任委员	龙泳言(女)
城环工委副主任	马伟明
办公室主任	何东知(2017年9月免)
	刘江云(女，2017年9月任)
办公室副主任	刘　赛(女)
农业工委主任	文　宏(女)
农业工委副主任	黄贝清(女，2017年3月免)
教科文卫工委主任	罗晓洪
选举任免联络工委主任	李　霞(女，2017年9月免)
	何东知(2017年9月任)
选举任免联络工委副主任	张　楠(女)

株洲高新区管委、天元区人民政府及工作部门负责人

株洲高新区管委会主任	李　智(2017年6月免)
	朱振湘(2017年6月任)
副主任	董　巍
	马立恒
	陈远瑞
	姚永告(2017年9月免)
	施金晨(挂职)
	罗克俭
	黄继军(2017年9月任)
天元区人民政府区长	董　巍
常务副区长	李征兵
副区长	蒋　智
	黄　芳(女)
	文树忠
	刘建南
	施金晨(挂职)
	包　剑
	周天浩
株洲高新区管委会调研员	宋国武
株洲高新区管委会副调研员	鲁　俊
天元区委副调研员	黄政发
天元区人民政府副调研员	徐清林
天元区正县级干部	易冬林
天元区副县级干部	石备荒
	王雁清
	张　倩(女)

株洲高新区管委会办公室、天元区政府办公室

主　任	袁哲明(2017年12月免)
	黄志斌(2017年12月任)
副主任	张珈铭
	徐向荣
	袁汇湘(女)
	彭礼刚(兼，2017年10月任)
接待科科长	刘江南(2017年1月任)
督查科科长	易倚平(女)
综合协调科科长	周高林
区法制办副主任兼金融办副主任	田　光(女，2017年3月免)

	周 洲(女,2017年3月任)
应急管理科科长	杨 静
秘书信息科科长	万忠顺

区产业发展局

经信局党组书记、局长	罗文斌(2017年1月任)
党组成员、副局长	李向锋(2017年9月免)
	齐 赞(女,2017年9月免)
	鲁 俊(2017年9月免)
	何成钢(2017年9月任)
	胡 晓(2017年9月任)
科技管理科科长	廖 怿
金融服务中心副主任	刘树阳(2017年7月免)
	杨 静(女,2017年7月任)

区财政局

党组书记、局长	陈文君(女)
党组成员、副局长	陈 岚(女)
	吴宇丹(女)
副局长	谈培蕾(女)
党组成员、总会计师	赵 穗(女)
行财科科长	唐 波(2017年9月任)
企业财务管理科科长	何 平
国有资产监督管理科科长	唐槐鲜
园区财管科科长(评估中心主任)	杨作荣
预算科科长	唐 波(2017年9月免)
	唐觉平(女,2017年9月任)
驻天易集团财务总监	周 荔(女,2017年1月免)
国库科科长	唐觉平(女,2017年9月免)
社保科科长	谢波勇
综合法规科科长	谭 慧(女,2017年4月任)
信息管理科科长	周 荔(女,2017年1月任,2017年9月免)
	叶 鑫(2017年9月任)
国库集中支付核算中心主任	徐朝晖(女)
国库集中支付核算中心副主任	谭 慧(女,2017年4月免)
	伍凌云(女,2017年9月任)
非税收入征收管理办公室主任	易卫平
非税收入征收管理办公室副主任	言小兰(女,2017年3月免)
	李红光(女,2017年3月免)
	苏蓉晖(女,2017年9月任)
	应英姿(女,2017年9月任)
乡镇财政服务中心主任	邓 勇
财政投资评审中心主任	岳晓明(女)

区劳动人事局

党委书记、局长	齐燕飞(女)
党委委员、副局长	何玲宁(2017年3月免)
	杨艳辉(女)
	贺陈蕾(女,2017年9月任党委委员)
副局长	彭 炯(2017年3月任)
争议调解仲裁科科长	董超光
社会保障科科长	曾 伟
综合科科长	罗小清
人事管理科科长	丁彦文(女,2017年3月任)
党委委员、社保中心主任	邓平辉
社保中心副主任	白 频(女)
	黄宇蓉(女)
	刘峥嵘
	易虹琴(女)

党委委员、人才人力资源开发服务中心(劳动就业管理局)主任	冯建波(女)
人才人力资源开发服务中心(劳动就业管理局)副主任	邓荣峰(2017年3月免)
党委委员、退管办主任	聂辉林
退管办副主任	周振华
劳动保障监察大队大队长	夏君伟
劳动保障监察大队副大队长	蒋　为

区招商合作局

局　长	聂敏林
副局长	吕军辉
	鲁贤君
	刘　亮
项目管理科科长	张　静(女)
投资促进科科长	吴琼瑛(女)
深圳招商处主任	颜　赛(2017年3月免)
	唐明锋(2017年3月任)
深圳招商处副主任	叶　鑫(2017年9月免)
行政审批代理服务中心副主任	唐明锋(2017年3月免)
投资促进中心主任	周　琦(女,2017年1月任)
投资促进中心副主任	杨益军(2017年4月免)

区开发建设局

党组书记、局长	刘卫军
党组成员、副局长	唐前进
	谭建志
	黄小飞
党组成员、总工程师	夏铁章
综合科科长	吴敏英(女)
规划管理科科长	叶　琳(女)
建设管理科科长	刘志林(2017年3月免)
住房保障科科长	谢开祥
工程管理科科长	易胜前
市政园林管理科科长	袁　燕(女)
重点建设工程管理办公室主任	陈　魁
重点建设工程管理办公室副主任	邓成刚(2017年9月免)
	刘　陈
交管站站长	杨　浩(2017年7月任)
交管站副站长	周　文
	杨　浩(2017年7月免)
	易柯安(2017年9月任)
市政维护处主任	罗光耀
市政维护处副主任	沈　鹏
	刘东海

株洲高科集团有限公司

党委书记、董事长	巢　亮
党委副书记、总经理	王洪宇
党委副书记、工会主席	杨　宇(2017年12月任)
党委委员、副总经理	刘　倩(女)
	段新宇
	何胜华
党委委员、纪委书记	罗红群(女)

湖南天易集团有限公司

党委书记、董事长	陈大雄(2017年4月免)
	吴　兵(2017年12月任)
党委副书记、总经理	吴　兵
党委副书记、副总经理	贺文辉(女)
党委委员、副总经理	肖　波
	张水平
党委委员、纪委书记	赵　凯

区创业服务中心

党委书记、主任	谭　茗

副书记　易　平(女，2017年7月免)
副主任　王力行
李海泉(女)
刘怡志(2017年3月任)
喻征兵
总工程师　冯正根(2017年9月任)
留学人员管理部部长　殷耀光(2017年4月任)
企业管理部部长　朱育红(女)
物业管理部部长　谭　健
天台金谷管理办公室主任　张奕兵(女)
综合管理部部长　石小和

村镇建设开发(集团)有限公司

董事长　张耀辉(2017年9月免)
总经理　周　烜(2017年9月免)
党支部书记
(履行董事长职责)　石备荒(2017年9月任)
党支部副书记、总经理　陈大文(女，2017年9月任)
副总经理　黄　勤

区发展和改革局

党组书记、局长　徐清林(2017年9月免)
党组副书记、副局长
(主持工作)　李向锋(2017年9月任)
党组成员、副局长　杨　文(女，2017年3月免)
赵湘虹(女，2017年3月免)
陈　凌(2017年3月任)
任莉云(女，2017年9月任)

区教育局

党委书记、局长　董运喜(2017年1月免)
唐厚睦(2017年1月任)
党委副书记、副局长　彭　英(女，2017年7月免)
何　忠(2017年9月任)
党委委员、副局长　易祝明
易　平(女，2017年7月任)
副局长　石建设(2017年9月免)
主任督学　傅红军

区民政局

党组书记、局长　黄政发(2017年9月免)
夏金文(2017年9月任)
党组成员、副局长　何　静(女，2017年7月免)
周　征
龙　畅(女)
彭　英(女，2017年7月任)
慈善办主任　曾庆文(女)
敬老院院长　高秋元(女)
老龄办主任　易柯安(2017年9月免)
漆　敏(女，2017年9月任)

区司法局

党组书记、局长　唐志明(2017年3月免)
颜　赛(2017年9月任)
党组成员、副局长　何建怀
管卫国(2017年9月免)
王立强(2017年9月任)

区城市管理行政执法局

党委书记、局长　刘根平(2017年9月免)
谢志毅(2017年9月任)
党委副书记、副局长　王剑怀(2017年3月免)
党委委员、副局长　刘　伟
冯　骥(2017年3月任)
何明伟(2017年4月任，2017年9月免)
袁慧娟(女，2017年9月任)
党委委员　冯正根(2017年9月免)

城管大队大队长	万新亮
环卫处主任	冯正根(2017年9月免)
	李艳国(2017年9月任)
城市管理监督指挥中心主任	邓　晔(女,2017年9月免)
	曾淼洪(女,2017年9月任)
物业管理处主任	何明伟(2017年4月免)
	刘　兵(2017年9月任)

区农村工作局

党组书记、局长	曾小平(2017年3月免)
局　长	胡志清(2017年3月任)
党组书记	谭少元(2017年3月任)
党组成员、副局长	罗俊勋(2017年3月免)
	周　勇(2017年3月免)
	杨运芝(女,2017年3月免)
	何　静(女,2017年7月任)
副局长	郭　森(2017年9月任)
党组成员、总农艺师	李　进
经营管理办公室主任	周向上(2017年3月免)
	冯小辉(2017年9月任)
产品质量安全监督检验检测中心主任	张宏中

区水利局

党组书记、局长	贺文祥
党组成员、副局长	刘文娟(女)
	王红平(2017年4月任,2017年9月免)
	涂军民(2017年9月任)
农村排渍站站长	马彬林(2017年9月任)
移民管理办公室主任	汤光中
杨柳水库管理所所长	文国祥(2017年9月任)
防汛抗旱指挥部办公室主任	肖　斌(2017年9月任)

区商务和粮食局

局　长	彭　炯(2017年3月免)
书　记	谭少元(2017年3月免)
党组书记、局长	何玲宁(2017年3月任)
党组成员、副局长	黄　坚(2017年9月免)
	丁春辉
	彭亭颖(女,2017年9月任)

区文化体育和旅游局

党组书记、局长	宋云辉(女)
党组成员、副局长	吴　晖(女)
	易士强(2017年7月免)
	龙　平
	陈　睿(女,2017年7月任)
文化馆馆长	陈　睿(女,2017年7月免)
	毛娇丽(女,2017年7月任)

区卫生和计划生育局

党组书记、局长	王思永(2017年1月免)
局　长	丁利英(女,2017年3月任)
党组书记	王剑怀(2017年3月任)
红十字会常务副会长	王红平(2017年4月免)
党组成员、副局长	曹启红(2017年9月免)
	易　芳(女)
	刘湘辉
	殷　卫
妇幼保健计划生育服务中心主任	丁利英(女,2017年3月免)
	戴　璨(女,2017年7月任)
妇幼保健计划生育服务中心副主任	戴　璨(女,2017年7月免)
	施艳林(女,2017年7月任)
疾病预防控制中心主任	易　华(女)
卫生计生综合监督执法局局长	申竹奇

区审计局

党组书记、局长	刘　蔚(女)
党组成员、副局长	陈良渠(2017年4月免，2017年10月任)
	王雪飞(女，2017年3月任)
建设项目审计监督中心主任	帅艳兰(女，2017年9月任)

区安全生产监督管理局

党组书记、局长	言晓波(2017年3月免)
	张正根(2017年3月任)
党组成员、副局长	朱智勇(2017年3月免)
	张汉林
	王新成(2017年3月任)

区统计局

党组书记、局长	何成钢(2017年9月免)
	谭　勇(2017年9月任)
党组成员、副局长	张　伟
	文　卉(女，2017年3月免)
	谢子兵(2017年7月任)
经济社会调查中心主任	谢子兵(2017年7月免)
普查中心主任	常　泓

区人防办

主　任	文钢举(2017年3月免)
	梁春花(女，2017年3月任)
副主任	谭　宇

区政务服务中心

党组书记、主任	王胜华(2017年7月免)
	刘树阳(2017年7月任)
副主任	郭　森(2017年9月免)
	尹　昱(女)
	宋大勇(2017年10月免)
	陈　南(女，2017年9月任)

企业发展服务中心(行政审批代理服务中心)

党组书记	黄政发(2017年9月任)
党组副书记、主任	彭建军(2017年9月任)
党组成员、副主任	黄霜妮(女，2017年7月任,2017年9月任党组成员)

动力谷科技创新服务中心

党组书记	徐清林(2017年9月任)
党组副书记、主任	鲁　俊(2017年9月任党组副书记)
党组成员、副主任	周　琦(女，2017年9月任党组成员)
	刘　勇(2017年9月任党组成员)

区档案区志局

局　长	田江萍(女)
党组书记	李立新
党组成员、副局长	张卫华(女)
	梁　胜

区机关事务服务中心

党组书记、主任	袁建强
党组成员、副主任	易虎明
	杨　曦(女，2017年3月任)
	王　婷(女，2017年9月任)

区城市建设和管理委员会办公室

党组书记、主任	袁国栋(2017年9月免)
	彭曦辉(女，2017年9月任)
党组成员、副主任	冯军湘(女)
	周　武
	李艳国(2017年9月免)

区征地工作协调管理办公室

党组书记、主任　李　帅(2017年9月免)
　龙智伟(2017年9月任)
党组成员、副主任　王　敏(女)
　龙智伟(2017年9月免)
　郭腾龙

区土地储备中心

党组书记、主任　龙海波(女)
党组成员、副主任　陈大文(女,2017年9月免)
　包正洲
　罗　敏(女,2017年9月任)

区"两型"社会建设综合配套改革领导小组办公室

主　任　夏金文(2017年9月免)
　文洁利(女,2017年9月任)
党支部书记　邓　晔(女,2017年9月任)
副主任　王　芳(女)
　叶　军(2017年4月免)
　吴　斌(2017年9月任)

区治理违法建设协调监察大队

队　长　言万红

政协株洲市天元区委员会及各委办公室负责人

区政协委员会主席　谈志明
副主席　曾天青
　郭　飞
　李　铭(兼)
　彭　炯(兼)
　谈培蕾(女,兼)
办公室主任　李　炜
办公室副主任　卢　洁(女)
文教卫体委主任　付细生
文教卫体委副主任　姜应忠
经科委主任　刘江云(女,2017年9月免)
　董　纯(女,2017年9月任)
经科委副主任　候晓斌(女)
学联群团委主任　袁银美(女)
学联群团委副主任　彭湘军(2017年3月任)
提案法制委主任　谢志毅(2017年9月免)
　袁艳芳(女,2017年9月任)
提案法制委副主任　杨长江

天元区法院、检察院负责人

区人民法院

院长、党组书记　杨瑞斌
党组副书记、政工室主任　向曲钢(2017年1月任副书记)
党组成员、副院长　林　媛(女)
　谭东云(2017年7月免)
　胡劲松(2017年9月任)
副院长　黄冬媛(女)
党组成员、三门法庭庭长唐玉华(女,2017年1月任)
党组成员、审判委员会
专职委员　唐玉华(女,2017年1月任,2017年9月免)
　郭庆林(2017年1月任)
　刘祥宇(2017年9月任)
党组成员、执行工作局局长　胡劲松(2017年1月任,2017年9月免)
执行工作局局长　唐玉华(女,2017年1月免)
　刘晋强(2017年9月任)

区人民检察院

检察长、党组书记　刘仕明
党组副书记、副检察长　谭向前(2017年1月任副书记)
党组成员、副检察长　马　励(女)

	赵　铮(女,2017年9月任,挂职)
副检察长	何　永
党组成员、政工室主任	周　慧(女)
党组成员、反贪局局长	谭喜民(2017年1月免)
	吴大勇(2017年1月任,2017年9月免)
	申莉萍(女,2017年9月任)
党组成员、反渎职侵权局局长	谭喜民(2017年1月任)
党组成员、检委会专职委员	吴大勇(2017年1月免,2017年9月任)
检委会专职委员	陈　凌(2017年1月免)
	申莉萍(女,2017年1月任,2017年9月免)
	余淑华(女,2017年1月任)
反渎职侵权局局长	申莉萍(女,2017年1月免)

天元区人武部、武警消防部队负责人

区人武部

部　长	文忠于(2017年5月免)
	陈雪勇(2017年6月任)
政治委员	徐兆纯(2017年6月任)
副部长	张建武(2017年5月免)
	胡喜林(2017年6月任)
政工科科长	徐曙光(2017年6月免)
	彭　林(2017年7月任)
后勤科科长	杨　欢(2017年7月免)
保障科科长	杨　欢(2017年7月任)

天元公安消防大队

教导员	邓维民
大队长	张泽锋
副大队长	马东波

天元区镇・街道办事处负责人

泰山路街道办事处

书　记	黄志斌
主　任	谭　勇(2017年9月免)
	周敦奎(2017年9月任)
副书记	何伟红
党工委委员、人大工作委员会主任	文　波
党工委委员兼政协联络工作负责人	姜　凌(2017年1月任)
党工委委员、纪工委书记	李鹏程
党工委委员、组织委员	谭　珏(女)
党工委委员、武装部部长	王　攀
党工委委员	谭德向
副主任	刘声平
	刘俊慧(2017年3月免)
	龙　飞(2017年3月任)
劳动社会保障和最低生活保障管理服务站站长	姜新求
征地工作协调管理所所长	易伟洪

嵩山路街道办事处

书　记	李　浩
主　任	齐　华
副书记	邹志伟(2017年3月免)
	唐正威(2017年3月任)
党工委委员、人大工作委员会主任	王世平
党工委委员兼政协联络工作负责人	胡献忠
党工委委员、纪工委书记	文音锦(女)
党工委委员、组织委员	殷永波(2017年9月免)

何新敏(2017年9月任组织委员)
党工委委员、武装部部长朱喜来
副主任　刘　双(女)
唐长青(2017年3月免)
邓成刚(2017年9月任)
城管办主任　钱俞池
征地工作协调管理所所长　龙　飞(2017年3月免)

栗雨街道办事处

书　记　包　剑(2017年1月免)
言晓波(2017年3月任)
主　任　王建国(2017年3月免)
谌　华(2017年3月任)
副书记　胡　晓(2017年3月免)
陈灿星(2017年3月任)
党工委委员、人大联络工作委员会主任　易跃云(2017年3月免)
龚清泉(2017年3月任)
党工委委员、纪工委书记　龚清泉(2017年3月免)
唐子淇(女,2017年7月任)
党工委委员兼政协联络工作负责人　陈永红(女,2017年3月免)
唐长青(2017年3月任)
党工委委员、组织委员　胡　岚(女,2017年7月免)
肖　潇(2017年7月任)
党工委委员、副主任　彭曦辉(女,2017年9月免)
党工委委员　刘洪涛
党工委委员、武装部部长、副主任　李　加(2017年3月免)
副主任　郭剑峰
袁玉峰(2017年3月免)
刘俊慧(2017年3月任)
征地工作协调管理所所长　石振宇
城管办主任　刘东峰(2017年7月免)

马家河街道办事处

书　记　王建国(2017年3月任)
主　任　言　方(2017年3月任)
副书记　邹志伟(2017年3月任)
党工委委员、人大联络工作委员会主任　易跃云(2017年3月任)
党工委委员、纪工委书记　陈永红(2017年3月任)
党工委委员兼政协联络工作负责人　彭　攀(2017年3月任)
党工委委员、组织委员　王晓净(2017年3月任)
党工委委员　李　加(2017年3月任)
党工委委员、武装部部长、副主任　周理平(2017年7月任)
副主任　袁玉峰(2017年3月任)
谢成飞(2017年7月任)

群丰镇

书　记　刘　剑
镇　长　谌　华(2017年3月免)
文钢举(2017年3月任)
党委副书记　刘文立
王敏成(2017年9月任,挂职)
党委委员、人大主席　张正根(2017年3月免)
郭大存(2017年3月任)
党委委员、纪委书记　袁建红
党委委员兼政协联络工作负责人　王　锋
党委委员、武装部部长、副镇长　姚泽元
党委委员、组织委员　唐子淇(女,2017年7月免)
王　虎(2017年9月任)
党委委员　李思思(女)
副镇长　陈建林
刘　真
城乡统筹协调管理办公室主任　刘　兵(2017年9月免)

雷打石镇

书　记　罗文斌(2017年1月免)
　　　　易作为(2017年9月任)
镇　长　易作为(2017年9月免)
党委副书记　冯　艳(女)
党委委员、人大主席　唐正威(2017年3月免)
　　　　张定富(2017年3月任)
党委委员、纪委书记　张　露
党委委员兼政协联络
工作负责人　王立强(2017年9月免)
　　　　管卫国(2017年9月任)
党委委员、武装部部长、
副镇长　陈绪军
党委委员、组织委员　仇文斌(2017年3月任)
党委委员　谢成飞(2017年7月免)
　　　　刘东峰(2017年7月任)
副镇长　黄　亮(2017年4月免)
　　　　龙海燕(女)

三门镇

书　记　雍建敏
镇　长　周敦奎(2017年9月免)
党委副书记　赵　勇
党委委员、人大主席　吴　丹(女)
党委委员兼政协联络
工作负责人　张定富(2017年3月免)
党委委员、纪委书记　陈灿星(2017年3月免)
　　　　黄　亮(2017年3月任)
党委委员、组织委员　丁　丹(女)
党委委员、武装部部长、
副镇长　周理平(2017年7月免)
　　　　贺谌华(2017年7月任)
党委委员　刘耀华
副镇长　胡志清(2017年3月免)
　　　　易双聪(女)
　　　　邓荣峰(2017年3月任)

天元区“双管”机构负责人

市国税局天元分局

党组书记、局长　彭学里
党组成员、副局长　陈建军
　　　　赵纯之
　　　　唐可华
党组成员、纪检组组长　彭　俊

市国土局天元分局

局　长　青凤明
党支部书记　彭树军
征地拆迁所所长　王立明
副局长　邓艳平(女)
　　　　言胜利
纪检专员　邓学锋
工会主席　易万成
执法监察大队大队长　周树松

市地税天元分局

党组书记、局长　唐　明
党组成员、副局长　陈泽润
党组成员、纪检组组长　刘国平
党组成员、副局长　何安世
　　　　谭青峰
工会主席　贺雪翔

市食药局天元分局

局　长　张喜文
副局长　易新建
　　　　龙友良

市规划局天元区分局

局　长	陈　韬
副局长	尤　红(女)
	刘国旺

市天元区工商分局

局长、党委书记	陈雪桃
副局长	谢永祥(2017年12月免)
	何伏佳(2017年12月免)
	张　谦(2017年12月任)
	秦建国(2017年12月任)
	谭　华(2017年12月任)
纪委书记	张　谦(2017年12月免)

市环保局天元分局

局长、党组书记	刘　辉
副局长	李　明

天元公安分局

局　长	文树忠
政　委	贺吾晋
副局长	赵　和
	刘塘文
	邹　军
	李清果
	曾晓明
纪委书记	郑文军
政工室主任	罗　强
工会主席	郭瑞光
政工室副主任	陈　泽
团总支书记	刘峥嵘(女)
纪委副书记	艾　国
	贺永昇
办公室主任	谭小松
警务保障室主任	张　新(女)
法制大队大队长	唐金龙
国保大队大队长	陈耕良
教导员	张思月
治安大队大队长	蒋洪波
教导员	文伯全
刑侦大队大队长	王东亮
教导员	沈　征
禁毒大队大队长	谭春阳
教导员	赵　江
经侦大队大队长	王宏伟
教导员	徐　盛
网安大队大队长	何雁波
教导员	胡践红
巡警大队大队长	温　桃
教导员	谭志伟

天元交警大队

大队长	谢　焕
教导员	张志军
副大队长	唐建群
	曹　亮
	张灿晖
	陈昱名

市农商行

党委书记、董事长	刘运年
党委副书记、副董事长、行长	钟海飚
党委委员、监事长	肖江生
党委委员、副行长	王晓红
	谢俊生
	陈武来
党委委员、纪委书记	欧阳昌盛

重要文件选登

2018 株洲高新区 · 天元区年鉴
ZhuZhou GaoXinQu·TianYuanQu NianJian

中共株洲高新区工委
株洲高新区管委会
中共株洲市天元区委
株洲市天元区人民政府
关于加快自主创新促进产业转型升级发展的若干政策(试行)

株高天发〔2017〕5号

2017年11月30日

为深入实施创新驱动发展战略,加快国家自主创新示范区、长江经济带国家级转型升级示范区开发区建设,全力打造在国内外有竞争力和影响力的株洲·中国动力谷。根据中央、省、市相关文件精神,结合株洲高新区实际,制定本政策。

瞄准全国一流国家高新区目标,形成创新驱动发展的体制机制,聚集一批高层次创新创业人才和科技企业家,掌握一批拥有自主知识产权的关键核心技术,培育一批具有国际知名品牌和竞争力的创新型领军企业,建成2个以上具有国际影响力的特色产业园区。到2020年,园区企业研发投入占销售收入比重达到5%以上;万人有效发明专利拥有量达到35件以上;国家级研发机构数达到20家以上;经认定的高新技术企业占规模以上工业企业总数比例达到70%以上。

重点发展轨道交通、通用航空、新能源汽车等动力产业,以及电子信息、新能源、新材料等新兴产业和现代服务业,形成"3+3+1"的产业总体发展格局。重点围绕产业链部署创新链,着力完善以企业为主体、市场为导向、产学研用相结合的协同创新体系,搭建科技创新和产业发展的关键平台和核心载体,培育形成2个以上具有国际竞争力的产业集群。到2020年,轨道交通产业产值力争达到2000亿元,新能源汽车产业产值力争达到1000亿元,通用航空产业产值力争达到500亿元。

经株洲高新区推荐,园区企业承担立项金额在200万元以上的国家或省科技及产业计划项目(限无偿支持项目),且在园区成功转化的,按照项目国家或省立项支持金额的5%进行配套,单个项目配套总额原则上不超过100万元。

企业自建或共建的工程技术研究中心、重点实验室、工程研究中心、工程实验室、企业技术中心、博士后科研工作站、院士工作站等企业研发平台,凡新认定为国家级、省级、市级企业研发平台的,分别给予企业50万元、30万元、10万元奖励。

对世界500强、国内行业排名前15的企业来株洲高新区设立常驻研发人员达到100人以上的研发中心,从设立之日起连续3年,每年给予研发中心300万元补贴。对新获批国家工程(技术)研究中心、国家级企业技术中心、国家重点实验室、国家工程实验室的,一次性给予150万元补贴;新获批省级、市级工程(技术)研究中心、重点实验室、工程实验室、企业技术中心、企业院士工作站的,一次性给予30万元补贴。每3年对市级创新平台进行一次考核,对考核优秀的市级创新平台,给予20万元奖励。

对首次新认定的高新技术企业一次性补助5万元,对重新认定的高新技术企业一次性补助3万元。

园区企业研发投入在享受税前加计扣除政策基础上,对园区中小高新技术企业(须符合国家中小企业划型标准),拥有市级(含)以上技术创新平台,且研发费用占总收入的比例高于5%的,经管委会审核认定,按其当年研发费用投入的3%给予补助,单个企业当年补助总额不超过50万元。

对新设立的技术转移机构,给予3年的租金补助,单个企业每年不超过5万元。对在区内成功实现转化、单个技术交易合同额达50万元以上的技术转移成果，按照技术交易合同当年实际执行额的2%补助给实施企业，单个合同补助总额不超过30万元。

每新建一个协同创新平台，按照其总投入的50%给予建设经费支持，省级最高不超过2000万元，国家级最高不超过3000万元。新建后3年内，每年给予50%运营经费补贴，省级最高不超过200万元/年，国家级最高不超过300万元/年。国家级科研院所成建制在区内建设协同创新平台，采用“一事一议”的办法给予建设和运营经费支持。

对当年新组建成立的以园区主导产业集群为方向、园区骨干企业为牵头单位的产业技术创新战略联盟，一次性补助20万元。对新获批的国家级产业技术创新战略联盟、知识产权联盟的牵头企业，一次性给予100万元补贴；对新获批的省级产业技术创新战略联盟、知识产权联盟的牵头企业，一次性给予30万元补贴。

鼓励区内企业、高校、科研院所以市场化运作方式向社会开放仪器设备、科学数据、科技文献等科技资源。对共享科技资源单位，按照服务区内企业年度业绩额20%给予补助，最高100万元。

在区内新建开放式公共技术服务平台，经区以上主管部门认定的，给予仪器设备投资额10%的补助，最高不超过100万元。在区内新建国家级开放式公共技术服务平台，采用“一事一议”的办法给予建设和运营经费支持。

鼓励科技中介服务机构入驻园区，服务园区企业业绩突出的，经管委会评定后，对优秀科技中介服务机构给予一定运营补助。

支持区内企业建设科技企业孵化器和专业化众创空间，除享受第11条政策外，对新认定的国家级、省级科技企业孵化器和专业化众创空间，分别给予50万元、20万元补助。

根据科技企业孵化器和专业化众创空间内在孵企业、非在孵企业的数量、质量和发展情况，经管委会考核评定后，每年对优秀科技孵化器和专业化众创空间采用“一事一议”的办法，给予一定运营补助。

对首次入选“中国500强”或“世界500强”的本地企业，分别给予500万元和1000万元的奖励；对当年企业销售收入首次过1亿元、5亿元、10亿元、20亿元、30亿元、40亿元的工业企业（含生产性服务业企业），且当年入库税收增长幅度不低于全区工商税收平均增长水平的，对企业主要经营者分别给予3万元、5万元、10万元、20万元、30万元、40万元的奖励。

生产型工业企业年入库税额在200万元以上的，且保持较稳定的纳税规模，其增幅高于全区工商税收平均水平，按区实得财力的2%奖励企业主要经营者，最高奖励不超过50万元。其区级所得应高于其纳税总额的5%，低于其纳税总额5%的不予奖励。

对入库税额首次达到1000万元的企业，再增加10万元的奖励；入库税额首次达到5000万元的企业，再增加20万元奖励；入库税额首次达到1亿元的企业，再增加40万元奖励。

新入园的工业企业在享受《株洲高新区、株洲市天元区入园工业项目土地及标准厂房租售相关优惠政策（试行）》第五条政策后，其相关补助达到其补助金额上限，纳税额达到30万元/亩、50万元/亩以上，且当年亩产纳税额高于上一年度亩产纳税额的，将企业入库税收的区级留成部分20%、30%作为产业扶持资金奖补给企业（高新区管委会确定的“一事一议”项目，不再享受此奖补）。

新入园的企业新购置的先进设备，且该设备明显高于新区同类设备技术水平，对推进新区整体技术升级有明显推动作用的企业可享受设备补助。单台设备单价在100万元（不含税）以上，按照采购发票总价（不含税）的10%给予采购方补助，单个企业补贴金额不超过300万元。设备补助金在投产后奖补30%，达产后奖补70%。区内企业租赁区内企业生产的先进设备，按不高于租赁费的20%给予租赁方补贴，补贴金额不高于50万元。

对园区规模以上企业新增技术改造项目，当年设备投资额（不含软件，下同）在500万元以上的，对于500万～2000万元的部分，按其当年新增设备投资额的5%计算补助；对该项目设备投资额达2000万元以上的部分，按其当年新增设备投资额的3%计算补助。

对符合条件的园区企业（即并购方）并购高新区外企业（即被并购方），并购交易额达2000万元以上的，若并购完成后，并购方年入库税收、营业收入同比增长10%以上，且被并购方的税收、产值或收入数据纳入高新区统计范围，经管委会审核认定，对境内外并购，按照并购交易额的3‰，对并购方给予一次性补助，单个企业每年并购补助总额不超过500万元。

对符合条件的园区企业（即被并购方）被境内外企业（即并购方）并购，并购交易额达2000万元以上的，若被并购后，被并购方年入库税收、营业收入同比增长10%，仍为独立法人且工商、税收关系仍在株洲高新区范围内，经管委会审核认定，按照并购交易额的2‰，对被并购方给予一次性补助，分三年按4∶3∶3比例兑现。

园区重点企业采购园区其他企业（关联企业除外）自主创新产品（或服务），本地当年实际采购额在1000万元以上且本地配套率达到30%以上的，以上年为基数，本地采购额每提高10%，给予30万元的奖励，单个企业奖励最高不超过200万元。

对当年新增新投产规模以上工业企业和规模以下升为规模以上工业企业，分别给予5万元和3万元奖励。对当年其他“四下企业”升为“四上企业”的，给予2万～3万元奖励。

对当年获批国家、省级智能制造示范企业，分别给予50万元、20万元一次性奖励，当年获批省级示范车间认定的园区企业，给予10万元一次性奖励。

对通过清洁生产自主审核且经市级以上主管部门验收合格的园区企业，给予一次性5万元补助；对通过省级两型认证的园区企业，给予一次性10万元补助。

园区企业新获授权的国内职务发明专利每件资助1万元（其中，企业发明专利申请受理后按2000元/件给予资助，获得授权后再给予资助8000元/件）；园区企业当年通过PCT途径获得欧、美、日等国家发明专利授权的，每件奖励1万元，其中单件欧、美、日等国家发明专利奖励不超过5万元。单个企业当年累计专利奖励总额不超过50万元。

对获得中国专利金奖且在园区转化的园区企业，给予每项10万元的奖励；对获得中国专利优秀奖的且在园区转化的园区企业，给予每项8万元奖励。对获得湖南省专利特等奖的发明专利且在园区转化的园区企业，每项给予5万元的奖励；对获得湖南省专利一等奖、二等奖、三等奖的发明专利且在园区转化的园区企业，每项分别给予4万元、3万元、2万元的奖励。

对于当年新认定的国家知识产权示范企业，一次性给予20万元奖励；新认定为省知识产权运用示范企业，一次性给予10万元奖励。对当年新通过知识产权贯标的企业，一次性给予10万元奖励。

对当年获得单一国家商标国际注册成功的园区工业企业给予2万元的补助。对当年获得马德里国际商标注册成功的园区工业企业给予2万元的补助，每增加一个成员国认证增加1万元补助，总额不超过10万元。

对新获“中国驰名商标”的园区企业，一次性给予企业20万元奖励。对新获“省著名商标”的园区企业，一次性给予企业5万元奖励。对当年获得中国质量奖的园区企业，一次性给予30万元奖励；当年获得省长质量奖的园区企业，一次性给予10万元奖励。

主编国际标准的企业每件奖励20万元，参与编制的每件奖励10万元；主编国家标准或行业标准的企业每件奖励10万元，参与编制的每件奖励5万元。

对在境外注册设立研发分支机构的园区企业，一次性补助20万元；支持企业牵头主办国家级及以上行业峰会、论坛、创新创业大赛等活动，给予活动经费20%的补助，单一企业每年最高不超过50万元。

对参加国际和国家级综合性、专业性展会的中小型企业，按照其展位费三分之一的比例给予一次性补助。

鼓励创新创业人才团队携带技术成果、资金到高新区产业化的项目，给予团队和项目研发资金扶持、办公场地租金减免、科技专项推荐申报、科技银行贷款、动力谷创新发展引导资金扶持等政策支持。

落实湖南省《关于建设长株潭国家自主创新示范区的若干政策意见》、株洲市《关于实施"株洲万名人才计划"的意见(试行)》，在人才引进方面给予创新创业资金扶持、生活津贴、办公用房租房补贴、个人购房补贴等政策支持；在人才培养方面给予科技成果转化奖励、科研活动奖励等政策支持。对于创办符合株洲高新区战略性主导产业的企业高级管理人才，根据企业和个人税收贡献给予奖励，奖励金额不超过个人所得税区财政地方留成部分。

建立人才服务专门机构，为高层次人才提供一对一、全链条、保姆式服务，给予就业、就医、就学"绿色通道"等政策支持，人才配偶随调随迁，人才子女优先安排就学，人才就医提供优先服务。

对为园区工业类企业贷款支持的金融机构，根据其贷款额度给予奖励。

对科技银行＋合作银行贷款余额新增额度、信贷产品创新且成功落地的金融机构给予奖励；对开展知识产权、股权质押等贷款业务的金融机构给予奖励。

支持不同发展阶段的企业开展直接融资，对在主板、中小板、创业板、新三板及场外交易市场等上市或挂牌的企业给予补贴。

对在园区新注册的市级以上银行机构、保险公司、证券公司、融资性担保公司、小额贷款公司等金融机构给予奖励。

本政策适用于在株洲高新区(天元区)财政体制范围内工商注册、税务登记的企业、服务机构及其相关人员。

本政策涉及资金来源于株洲高新区中国动力谷创新发展引导资金，纳入预算管理。

本政策中奖励企业主要经营者仅限董事长、总经理及管理团队，奖励资金均为税前金额。本政策园区中小型企业须符合国家中小企业划型标准。"中国500强"为中国企业联合会、中国企业家协会评选公布，"世界500强"为《财富》杂志评选公布。

2017年4月19日印发的《关于加快自主创新促进产业转型升级发展的若干政策》(株高天发〔2017〕3号)同时废止。

株洲高新区、株洲市天元区
引进创新创业团队项目办法(试行)

株高天政发〔2017〕1号

2017年4月20日

为贯彻落实国家创新驱动发展战略，加快建设长株潭国家自主创新示范区，全力打造株洲·中国动力谷，吸引和鼓励国内外创新创业团队项目落户株洲高新区、株洲市天元区，根据中央、省、市相关政策，结合株洲高新区实际，制定本办法。

第一章　总 则

第一条　本办法所称创新创业团队项目，是指创新创业人才团队携带技术成果、资金在株洲高新区（天元区）财政体制范围内产业化的项目，并在株洲高新区、株洲市天元区新注册法人机构的项目承载单位。承载单位是项目实施和经费投入主体，是本办法扶持的对象。

第二条　本办法重点支持轨道交通、航空、汽车、新能源、新材料、电子信息等产业的创新创业团队项目，医疗健康服务业、医药、食品等产业创新创业团队项目参照本办法执行。

第三条　本办法所涉及的资金来源于株洲高新区中国动力谷创新发展引导资金。

第二章　项目认定条件及分类

第四条　创新创业团队项目需符合以下条件：

（一）团队由 1 名带头人和不少于 2 名核心成员组成，成员间的专业结构和职责分工合理，成员有半数以上全职在株洲高新区工作，非全职人员每年在株洲高新区工作时间 3 个月以上。团队带头人或核心成员之一为项目主要负责人，团队是项目承载单位主要持股人。

（二）项目符合株洲市产业发展导向和技术创新需求。

（三）项目知识产权权属清晰，技术应用前景广阔，能够引领和带动株洲高新区产业发展。项目基础稳固，可直接进行产业化，或已完成前期开发，进入中试或样机制造阶段，具有稳定实验数据和中试产品。项目技术成果只能在株洲高新区产业化。

（四）项目具备清晰明确的商业模式及切实可行的商业计划，市场潜力大，具有良好的市场竞争力。

（五）项目承载单位拥有项目研发、成果转化投入所需资金，项目承载单位拥有一支集技术研发、生产管理、市场开发等方面能力的人才团队。

第五条符合上述条件的创新创业团队项目依据《株洲高新区、株洲市天元区创新创业团队项目评审标准（试行）》，享受相应政策扶持。

第三章　扶持政策

第六条　给予项目研发办公场地租金减免优惠政策。

（一）项目需入驻株洲高科集团、湖南天易集团开发建设的园区研发载体内实施项目研发。

（二）合理提供研发办公场地，同时依据《株洲高新区、株洲市天元区创新创业团队项目评审标准（试行）》，享受场地租金减免优惠政策，原则上总面积不超过 1000 平方米。

第七条　对符合条件的创新创业团队项目，依据《株洲高新区、株洲市天元区创新创业团队项目评审标准（试行）》，给予相应专项扶持资金。

第八条　优先推荐获得科技银行贷款、政府产业引导基金扶持等。

第九条　优先推荐创新创业团队项目申报国家、省、市级科技专项；项目团队人才达到株洲高新区有关人才计划要求的，可享受相应政策，优先推荐参评国家、省、市级人才计划。

第四章　项目申报、评审认定及验收

第十条　创新创业团队项目按以下程序引进：

（一）申报。创新创业团队项目承载单位作为申报主体，由株洲高新区动力谷科技创新服务中心直接受理。

（二）评审。包括以下六个步骤：

1. 资格初审。对项目申报资料进行资格初审。

2. 专家评审或尽职调查。组织专家或委托第三方机构，对通过资格初审的项目进行评审，评审内容包括团队技术水平及持续研发能力、投资规划、产品市场前景等。

3. 中心推荐。创新中心结合专家评审或尽职调查机构的意见，对项目进行综合分析，形成项目扶持推荐意见。

4. 项目决策。株洲高新区项目决策委员会结合专家评审或尽职调查意见及创新中心推荐意见，审议并确定项目类别及扶持资金额度。

5. 公示。通过株洲高新区项目决策委员会审定的拟扶持项目在株洲高新网等媒体面向社会公示5个工作日。

6. 合同签订。公示无异议后，由创新中心与项目承载单位签订入园合同及专项资金使用合同。

（三）验收。创新中心按资金使用合同约定的建设目标、建设内容等进行验收。项目承载单位必须在项目建设目标完成后3个月内提出验收申请，确因客观条件导致项目无法按期完成的，项目承载单位必须于合同规定时限期满前3个月内以书面形式提出延期验收申请，并说明原因和延长时限；未通过验收的项目，应在接到通知的3个月内，整改完善并重新提出验收申请，项目连续两次未通过验收的，终止项目扶持。

第十一条　项目变更申请。项目承载单位未经同意擅自变更以下内容的，暂停拨付扶持资金，情节严重的，终止项目扶持并追回已拨付的资金。

（一）创新创业团队带头人、核心成员及其项目承载单位，原则上不得变更。团队带头人发生变更时，扶持终止。团队个别核心成员因特殊情况需要发生变更的，应及时报创新中心备案并同意后，方可继续实施。

（二）项目建设内容和进度原则上不作变更，因故需要调整的，项目承载单位应及时提出申请，报创新中心同意后方可继续实施。

（三）项目承载单位因发展需要变更股权结构的，应向创新中心备案。股权结构变更后，团队不再是项目承载单位主要持股人的，扶持终止。

第五章　资金管理

第十二条　项目扶持资金的管理与使用严格按照国家及地方有关财务制度规定执行。

（一）承载单位要建立项目预算、决算管理制度和扶持资金使用的监督约束机制，项目单独列账，专款专用，确保扶持资金严格按项目预算执行。

（二）资金主要用于研发设备补贴，无偿资助。

（三）资金按项目建设进度及项目成果分三期拨付到位，首期拨付资金原则上不超过项目扶持资金总额的50%，在完成小批试制、成果鉴定并经客户使用认可的，经验收后拨付第二期资金，原则上不超过项目扶持资金总额的30%，项目完成全部建设目标并取得约定成果的，经验收后拨付项目剩余扶持资金。

第十三条　株洲高新区动力谷科技创新服务中心会同财政等部门按照资金使用合同有关约定，组织专家或委托中介机构对项目建设进度、取得的成果以及扶持资金的管理和使用情况进行验收、财务检查，验收、检查结果作为调整项目预算安排、按进度拨付扶持资金的重要依据。对在项目实施过程中，不按规定管理和使用扶持资金、不及时编报预决算、不按规定进行会计核算的承载单位，暂停拨付扶持资金；情节严重的，终止项目扶持，并视其严重性追回已拨付的资金，保留追究违约责任的权利。

第六章　附　则

第十四条　本办法自印发之日起实施，原株洲高新区《关于加强企业研发机构建设的意见》文件同时废止。

第十五条　本办法由株洲高新区管委会授权株洲高新区动力谷科技创新服务中心负责解释。

附件：株洲高新区、株洲市天元区创新创业团队项目评审标准（试行）

株洲高新区、株洲市天元区创新创业团队项目考核指标一览表

表15

考核指标＼级别分类	A级 -5分	B级 -4分	C级 -3分	D级 -2分	E级 -1分
技术水平	国际顶尖	国际先进	国内顶尖	国内先进	国内优秀
人才层次	第一层次	第二层次	第三层次	第四层次	第五层次
销售规模	2亿元/年	1亿元/年	7000万元/年	5000万元/年	2000万元/年
产业关联	第一层级	第二层级	第三层级	第四层级	第五层级
自带资金	2000万元以上	1001万-2000万元	501万-1000万元	201万-500万元	50万-200万元
评分方法	例如：技术水平为国际顶尖，属A级，计5分；人才层次为第二层次，属B级，计4分；销售规模为1亿元/年，属B级，计4分；产业关联性为第一层级，属A级，计5分；自带资金550万元，属C级，计3分，则该项目各指标总分为5+4+4+5+3=21分。其他情况，以此类推计算各指标总分				

说明：1. 销售规模指项目落户后第3年，企业能达到的年销售额。

2. 在五项考核指标中，任一指标未达到E级，则该项目不予引进

株洲高新区、株洲市天元区创新创业团队项目评分及扶持标准一览表

表16

序号	评分区间（M）	资金扶持（万元）	场地租金优惠（原则上不超过1000平方米）
1	23≤M≤25	1000	五年免租
2	18≤M<23	800	四年免租
3	13≤M<18	600	三年免租
4	9≤M<13	400	两年免租
5	7≤M<9	200	一年免租
6	5≤M<7	不予资金扶持	一年免租

说明：表格内的资金扶持额度为上限值，最高不超过该值。如：800万元，则表明扶持资金最高不超过800万元

株洲高新区、株洲市天元区创新创业团队技术水平评判标准一览表

表17

序号	技术水平	技术评判标准
1	国际顶尖	技术水平或产品指标超过国际同行，具备产业化和达到国际垄断地位条件，且未来具有不低于50%的国际市场份额
2	国际先进	技术水平或产品指标达到国际先进行列，具备产业化和打破国外市场垄断地位条件，且未来具有较高的国际市场份额
3	国内顶尖	技术水平或产品指标领先国内同行，具备产业化和未来打破国外市场垄断地位的条件，且未来具有较高的国内市场份额
4	国内先进	技术水平或产品指标达到国内先进行列，具备产业化能力，且未来具有较高的国内市场份额
5	国内优秀	具有一定行业独创性，具备产业化条件，且未来具有一定的国内市场份额

株洲高新区、株洲市天元区创新创业团队人才评审标准一览表

表18

	评审标准
第一层次	1.诺贝尔奖获得者，中国科学院、中国工程院、海内外院士，以及科学界公认的顶尖专家； 2.项目团队带头人具有相关创业经验；或曾在国内外知名高校、科研机构担任相当于教授(或教授级高级工程师、研究员)职务5年以上，具有主持研发成果成功实施产业化的经历
第二层次	1.国家“千人计划”入选者，国家“万人计划”入选者，中科院“百人计划”入选者，全球500强企业首席技术官，以及海内外相当资历的专家； 2.项目团队带头人具有相关创业经验；或曾在国内外知名高校、科研机构担任相当于教授(或教授级高级工程师、研究员)职务3年以上，具有主持研发成果成功实施产业化的经历
第三层次	1.国家有突出贡献中青年专家、教育部“长江学者”、省级“百人计划”入选者，国家重点实验室、国家工程(技术)研究中心、公共研发平台、国家级企业工程(技术)中心首席科学家、技术带头人，中国500强企业或行业前10强企业首席技术官，以及海内外相当资历的专家； 2.项目团队带头人具有相关创业经验；或曾在国内外知名高校、科研机构担任相当于教授(或教授级高级工程师、研究员)职务3年以上，具有主持研发成果成功实施产业化的经历
第四层次	1.省级重点实验室、省级工程(技术)研究中心、公共研发平台、省级企业工程(技术)中心首席科学家、技术带头人，国内外知名企业技术研发负责人，以及海内外相当资历的专家； 2.项目团队带头人具有相关创业经验；或曾在国内外知名高校、科研机构担任相当于副教授(或高级工程师、副研究员)职务3年以上，具有主持研发成果成功实施产业化的经历
第五层次	博士、正高级职称人才，市科技领军人才、省市级优秀企业家，以及海内外相当资历的人才

说明：1. 项目符合株洲市产业发展方向，且与团队所从事的核心技术领域密切相关，项目研究方向和目标属国内科技、应用研究重点

2. 项目团队拥有自主知识产权，且其技术成果为国内优秀，具有较好的产业化开发潜力

株洲高新区、株洲市天元区创新创业团队项目产业关联性分类表

表19

序号	产业关联性	产业类别
1	第一层级	三大动力产业核心产品与系统。如:牵引动力控制系统、航空发动机、新能源汽车“三电”系统等
2	第二层级	为三大动力产业核心产品与系统配套的相关产品与系统。如:发动机轴承、高性能轻量化材料、高端零部件修复等
3	第三层级	三大新兴产业中,符合“中国制造2025”十大新兴产业范畴的核心产品与关键材料。如:高效率光电材料、燃料电池、机器人产业中的关键部件等
4	第四层级	为三大新兴产业中核心产品配套的相关产品。如电池材料、汽车电子、特种合金、高强度机体复合材料等
5	第五层级	其他产业

说明:三大动力产业是指轨道交通、航空、汽车产业;三大新兴产业是指新能源、新材料、电子信息产业。“中国制造2025”十大新兴产业领域范畴除上述六大产业外,还包括机器人产业、生物医药和高性能生物医疗器械产业、海洋工程装备及高技术船舶产业以及农机装备产业

株洲高新区、株洲市天元区入园工业项目土地使用及标准厂房租售相关优惠政策(试行)

株高天政发〔2017〕2号

2017年4月20日

为了进一步促进产业发展,加强工业用地集约利用,鼓励工业企业采用租、购、定制厂房等方式入住株洲高新区,依据《国务院办公厅关于促进开发区改革和创新发展的若干意见》(国办发〔2017〕7号)、《株洲市促进工业企业发展十二条》(株政办发〔2016〕17号)、株洲市人民政府《关于进一步做好招商引资工作的通知》(株政发〔2017〕4号),特制定此政策。

第一章　总 则

第一条　实现园区资源的高效利用,减轻企业资金压力、缩短投产时间,避免企业圈地囤地行为,扶持企业又快又好发展,实现株洲高新区与园区企业的“双赢”。

第二条　适用范围。生产产品应符合国家产业政策与省、市产业导向目录,特别是汽车及清洁能源汽车产业、轨道交通产业、通用航空产业、电子信息产业、新材料产业、新能源产业类别的产业项目。企业的工商注册、税务登记所在地必须在株洲高新区(天元区)财政体制范围。购地项目的固定资产总投资5000万元以上,且固定资产投资不低于200万元/亩;厂房租赁的固定资产投资不低于2000万元;购买和定制厂房的固定资产投资不低于3000万元。

第三条　此优惠政策中所指标准厂房为株洲高

科集团、湖南天易集团建设的标准化厂房（含孵化器、加速器）以及获得株洲高新区管委会批准从事标准厂房建设的民营园区。

第四条 入驻企业必须符合国家、省、市有关环保与节能降耗要求，遵照国家、省、市安全生产有关规定，依法承担安全生产主体责任。鼓励规模企业、外贸创汇型企业、高科技和成长型企业入驻。

第二章 工业项目土地出让

第五条 根据各项目对地方财政所作贡献进行奖励，奖励期限内由财政局与平台公司按年与企业进行核算。对于购买工业用地的价格大于等于相对应工业园区最低基准地价的入园工业项目，经株洲高新区项目评审决策会议通过，在项目用地正式交付使用后一定年限内，如企业亩产税收达到一定金额，则将企业所上缴税收的区级留成部分按照一定比例作为产业扶持资金补给企业。具体实施办法如下：

（一）15 万元 > 当年企业亩产税收 ≥ 8 万元，将当年企业所上缴税收区级地方留成部分的 50% 作为产业扶持资金补给企业。奖补期限为四年。

（二）当年企业亩产税收 ≥ 15 万元，将当年企业所上缴税收的区级地方留成部分的 70% 作为产业扶持资金补给企业。奖补期限为七年。

（三）当年企业亩产税收 ≥ 20 万元，将当年企业所上缴税收的区级地方留成部分的 100% 作为产业扶持资金补给企业，奖补时限为七年。

补助金额上限为企业实际缴纳的项目土地款总额。

（四）当达到补助金额上限后，相应奖补政策按株洲高新区《关于加快自主创新促进产业转型升级发展的若干政策》第十四条执行。

第六条 可根据企业意愿，推行工业用地“长期租赁、先租后买、租让结合”的供应方式。对拟出让的国有建设用地使用权，出让价款在签订出让合同后一个月内缴纳 50%，剩余 50% 可在签订出让合同后一年内缴清。

第七条 根据《株洲市人民政府关于进一步做好招商引资工作的通知》（株政发〔2017〕4 号）的精神，对用地集约的鼓励类外来投资工业项目，在确定土地出让底价时可按不低于所在地土地类别相对应的最低价 70% 的标准执行。

第八条 该政策中所涉及的税收为工商税收，税种及金额以财政和税务部门核定为准。

第三章 标准化厂房租赁

第九条 以租赁的形式取得标准化厂房使用权的企业，签约后六个月内投产，第一年（从签约之月起，以 12 个月计算，下同）给予三个月的租金减免；第二至三年，按照租赁厂房的建筑面积每平方米年税收贡献在 200 元以上的，每月给予企业实缴税收的 1% 以产业扶持资金的形式予以补助，补助上限为企业的租金额。

第十条 租赁标准化厂房的企业，在享受以上租金奖励的同时，可以享受高新区的其他现行招商引资优惠政策。

第十一条 对新引进的中国制造业 500 强、民营 500 强企业总部，以及将研发、运营功能随总部新迁入株洲且当年纳税额超过 300 万元的企业总部，由受益财政按当年纳税额地方留成部分的 40%，作为产业或项目扶持资金给予补助。次年起，纳税额地方留成部分年度环比新增 10% 以上的，由受益财政按该新增量的 40%，作为产业或项目扶持资金给予补助。总部企业购置自用办公用房（不包括附属和配套用房）的，按每平方米 500 元的标准给予一次性补助；租用办公用房（不包括附属和配套用房）的，按租金市场指导价的 30% 给予一次性 12 个月的补助。

第四章 标准化厂房购买

第十二条 入驻企业购买标准化厂房，可按所投资建设标准化厂房的综合成本价支付购置费。

第十三条 采用一次性付款方式购买标准化厂房的企业，从签约之月起，且购置厂房的建筑面积每平方米年税收贡献在100元以上的，按照支付的购置费，给予2年同期银行贷款基准利率计算的贴息补助，最高不超过100万元。在完成一个会计年度的核算后再给予。

第十四条 采用一次性付款方式购买标准化厂房的企业，从签约之月起，按照会计年度计算，其购置厂房的建筑面积每平方米年税收贡献在200元、400元、600元、800元、1000元以上的，按照5年内实交税收区级留成部分的20%、40%、60%、80%、100%作为产业扶持资金补给企业，上限为企业已经支付的标准化厂房购置款。

第十五条 购买标准化厂房的企业在享受以上优惠政策的同时，可以享受高新区的其他招商引资优惠政策。

第十六条 企业定制标准厂房的，可参照享受购买标准厂房的政策。

第五章 其 他

第十七条 企业实施的技术改造项目，年度固定资产总投资额在500万元以上的(以合法注册的会计师（审计师）事务所出具专项审计报告为依据)，市级行政事业性收费一律免收。

第十八条 企业通过合并、分立、出售、置换等方式，将全部或部分实物资产以及相关联的债权、负债和劳动力一并转让给其他单位和个人的行为，不属于增值税征收范围，其中货物的转让行为均不征收增值税，其中涉及不动产、土地使用权转让的，不征收增值税。

第十九条 新上工业项目电力工程设计费在国家计费标准基础上优惠20%；电力客户接入电网带电作业费在市物价部门确定标准的基础上优惠20%，免收保护定值计算费；对报装容量在5000千伏安及以上的工业项目，经论证确需建设电力专线的，免收市级行政规费；大力推行电力直接交易，为所有符合条件的工业企业争取直购电政策。暂缓执行企业单位生产用水超计划累进加价，统一纳入水价管理。燃气公网建设费用，对按期进行“煤改气”的工业企业予以免收；对市级以上（含）重点工程建设项目暂缓收取；对一般性工业企业，按50%标准收取。工业企业水电工程建设项目，取费标准按国家、省有关计价办法和文件执行，并在结算的基础上优惠15%以上。工业企业水、电、气增容直接产生的破占道费用，按成本费用收取。

第二十条 本政策中第十一条、第十七条、第十八条、第十九条为市级政策，高新区将全力协助企业落实相关政策。

第二十一条 符合以下条件之一的，相应政策可采取“一事一议”，凡采取“一事一议”方式入园的企业，其享受的优惠政策以最终合同条款为准，不重复享受本政策。

（一）世界500强企业、国内300强企业、行业内国内排名在前5的企业；

（二）固定资产一次性投资在3亿元以上的；

（三）企业引入后，对株洲高新区、株洲市天元区和中国动力谷的产业发展有显著促进作用的企业。

第二十二条 针对优质企业，经企业申请并与平台公司协商后可采用基金合作、土地入股两种方式获得用地。

第六章 附 则

第二十三条 本办法由株洲高新区管委会授权株洲高新区招商合作局负责解释。

第二十四条 本办法自印发之日起实行，此前相关文件同时废止。上述政策有效期7年，本政策在执行期间如遇国家、省、市政策调整，则按国家、省、市最新政策执行。

株洲高新区中国动力谷创新发展引导资金管理办法

株高政发〔2017〕1号

2017年4月20日

第一章　总　则

第一条　为深入实施创新驱动发展战略，加速推进株洲·中国动力谷建设，加快转变经济发展方式，实现有质量的稳定增长和可持续的全面发展，根据中央和省、市有关政策，结合我区实际，制定本办法。

第二条　设立株洲高新区中国动力谷创新发展引导资金（简称“引导资金”）由区财政统筹安排5亿元。

第三条　引导资金的使用和管理必须遵守国家的有关法律、法规和财务管理制度，坚持“突出重点、科学规范、公平支持、公开透明、专款专用”的原则。

第二章　资金使用范围及支持方式

第四条　使用范围

（一）用于“创新奖”、自主创新促进产业转型升级、招商引资奖励、创新创业团队项目、金融服务实体经济奖励、双创人才计划、瞪羚企业扶持等株洲高新区、株洲市天元区公共政策兑现；

（二）用于科技三项费用、科普经费支出；

（三）用于区内的重大产业项目的资金扶持。

第五条　支持方式

引导资金的支持方式主要为四类：补助、奖励、资金扶持、资金周转。

（一）补助

公共政策内涉及补助方面资金安排。

（二）奖励

公共政策内中有关奖励兑现方面资金安排。

（三）资金扶持

用于区内重大产业项目的资金扶持安排。

（四）资金周转

用于瞪羚企业科技引导免息周转资金安排。

第三章　项目申报、受理和审批

第六条　引导资金采取“分项受理、联合评审、集体决策”的管理模式。

第七条　资金的申请与审核原则上应遵循以下程序：

（一）申请单位按照相关资金申报的类别备齐资料，分别向有关主管部门递交。

1. “创新奖”、自主创新促进产业转型升级、瞪羚企业、科技三项费用等类别由株洲高新区产业发展局负责受理；

2. 招商引资奖励类由株洲高新区招商合作局负责受理；

3. 创新创业团队项目类由株洲高新区动力谷科技创新服务中心负责受理；

4. 金融服务实体经济类由株洲高新区金融服务中心负责受理；

5. 双创人才计划类由天元区委组织部负责受理。

（二）各主管部门受理申请后，根据相关政策文件规定，对申请单位的资质和申报材料进行核查，符合条件的，予以受理；不符合条件的，要求其按期补齐资料或不予受理。

（三）对已受理的申请，各主管部门联合相关部门进行评审，并根据评审意见，按照不同类别提出引导资金使用建议方案。

（四）各主管部门依据不同类型向株洲高新区项目决策委员会提交引导资金使用建议方案，进行研究审定。

（五）各主管部门将株洲高新区项目决策委员会审定后的引导资金使用计划向社会公示5个工作日。

（六）对公示期满无有效投诉的，各主管部门会同区财政局联合行文下达资金计划，并安排资金。

第四章　资金拨付和监督

第八条　各主管部门根据株洲高新区项目决策委员会的审定结果履行预算执行程序，区财政局安排资金并拨付到相关主管部门；相关主管部门将资金拨付到企业或个人；企业应按照资金的性质、用途和要求合理使用资金，做到专款专用。

第九条 当年未使用完的资金可结转下年度使用。

第十条　获得项目扶持类和周转资金类的企业，在项目进行期间，应每年按原申报渠道将项目资金使用情况报送相关主管部门。

第十一条　相关主管部门会同区财政局对引导资金使用和项目实施情况进行检查和绩效评价，区审计局做好跟踪审计。

第十二条　对不按规定（约定）要求使用本资金或对资金使用督查不予配合的企业、单位或个人，相关主管部门视其具体情况依法依规给予部分或全部追回已拨付的资金。

对弄虚作假、骗取本资金的企业、单位或个人，相关主管部门应及时追回全部资金，并追究其法律责任。

对相关国家工作人员渎职失职造成本资金流失的，将视情况追究其党纪政纪及法律责任。

第五章　附　则

第十三条　本办法由株洲高新区管委会授权株洲高新区财政局负责解释。各资金使用主管部门应会同财政局制定分项资金使用办法。

第十四条　本办法自印发之日起实施。原相关办法同时废止，在本办法执行期间，如有国家、省、市新政策出台，按新的相关政策执行。

株洲高新区金融服务实体经济奖励办法

株高政发〔2017〕3号

2017年4月20日

为切实推进金融与科技、金融与产业的深度融合，建立健全“全周期、全方位”科技金融支持体系，充分发挥金融创新对实体经济支撑作用，全程、高效地为产业招商与投资促进工作提供金融服务保障。现根据国家、省、市相关政策文件精神，结合株洲高新技术产业开发区实际，制定本奖励办法。

第一章　总　则

第一条　适用对象：本办法的奖励及补贴对象原则上为株洲高新区（天元区）财政体制范围内工商注册和税务登记的企业、机构及其相关人员。所涉的IPO上市补贴、新三板挂牌补贴对象覆盖株洲高新区全域；所涉的创投、股投等基金投资机构的工商税务注册登记地不限区域。

第二条　资金来源：本办法涉及的资金来源于株洲高新区中国动力谷创新发展引导资金。

第二章　奖补对象、标准及执行

第三条　支持园区实体经济

（一）对园区工业类企业贷款支持的市级银行，当年表内贷款余额以前3年贷款余额的最高数额为基数，每增加2000万元奖励4万元。

（二）对区属全资国有企业贷款的市级银行，当年表内贷款余额以前3年贷款余额的最高数额为基数，贷款余额每新增5000万元奖励5万元。对市级银行以其他金融工具帮助区属国有全资企业实现融资的，经研究同意后可一并给予奖励。

（三）本条第一项与第二项不重复进行奖励，每家银行机构奖励上限为 50 万元。

（四）对园区企业提供贷款担保的融资性担保公司，按当年担保余额基数部分 0.5% 进行奖励，新增部分单笔 < 500 万元，按担保额 1.5% 奖励；单笔 ≥ 500 万元，按担保额 1% 奖励。同一融资性担保公司年度奖励最高不超过 50 万元。园区企业以融资性担保公司担保获取银行贷款的，给予担保费用 50% 的补贴，同一企业年均享受 1 次担保费用补贴。

（五）对园区企业提供融资支持的小额贷款公司，按照当年贷款基数部分 2‰进行奖励，同一小额贷款公司年度奖励最高不超过 20 万元。

（六）对园区企业进行创投、股投等支持的非高新区主导或参股、管理的基金公司进行奖励，对获取基金投资的企业进行补贴。具体标准如下：

1. 对园区企业投资的非高新区主导或参股、管理的创投、股权投资基金公司，按投资额的 3‰比例进行奖励，同一基金公司年度奖励最高不超过 30 万元；

2. 对获取基金投资的园区企业按照直接成本的 50% 进行补贴，同一企业年度补贴最高不超过 30 万元。

第四条 鼓励金融机构创新

（一）科技银行 + 合作银行按当年风险补偿基金信贷业务每增加 2000 万元奖励 5 万元，与第三条第一项不重复计算。对合作银行结合高新区产业政策及规划、企业个性需求及特点等进行信贷产品创新，且成功落地，给予一次性奖励 5 万元。

（二）对以全部或部分知识产权质押方式支持园区企业融资的银行机构或小额贷款公司、融资性担保公司，额外给予知识产权质押部分贷款额度的 2‰作为奖励。对以股权质押方式支持园区企业融资的银行机构或小额贷款公司、融资性担保公司，额外给予股权质押部分贷款额度的 2‰作为奖励。同一机构年度奖励最高不超过 20 万元。

第三条、第四条所列的贷款及投资时限 ≥ 1 年，融资性担保公司担保时限 ≥ 1 年，小额贷款公司贷款时限 ≥ 3 个月。所设的奖励机构年均只能享受 1 次奖励，建议奖励对象是主要经营者或管理者。

第五条 推进资本市场发展

（一）对在境内外上市的企业补贴 200 万元，根据完成股改、通过证监会审核、上市成功三个阶段，按 4:3:3 的比例分期补贴到位。

（二）对在新三板挂牌的企业补贴 100 万元，根据完成股改、通过券商内核、挂牌成功三个阶段，按 4 ： 3 ： 3 的比例分期补贴到位。

（三）在湖南股权交易所标准板挂牌的企业补贴 50 万元，根据完成股改、挂牌成功两个阶段，按 6 ： 4 的比例分期补贴到位。

（四）对湖南股权交易所标准板转板新三板或境内外上市的企业一次性补贴两者差额部分；对新三板挂牌转板境内外上市的一次性补贴两者差额部分。

第六条 吸引金融资源入区

（一）对天元区内银行机构从二级机构以下升级为二级机构且所得税缴纳入区的，一次性补助 5 万元。

（二）对新注册纳税入区的市级银行二级机构、保险公司、证券公司一次性补助 20 万 ~ 50 万元，补助标准由区金融服务中心商相关部门提出建议金额，最后提交株洲高新区项目决策委员会审定。对新注册纳税入区的融资性担保公司、小额贷款公司、互联网金融、融资租赁等机构一次性补助 5 万 ~ 20 万元，补助标准由区金融服务中心商相关部门提出建议金额，最后提交株洲高新区项目决策委员会审定。

（三）对园区企业直接投资的管理规模 ≥ 1 亿元

的基金管理公司、募集资金≥1亿元的投资基金公司落户株洲高新区、株洲市天元区，在前3年实行场地租金补贴政策，补贴标准由区金融服务中心商相关部门提出建议金额，最后提交株洲高新区项目决策委员会审定。高科集团、天易集团、创新中心、创业中心、区村镇建设开发有限公司主动对接上述机构，并提供入区工商、税务等手续办理服务和办公场地选择。

（四）积极引进金融业高级创新管理人才。对符合本条第二、三项所列的新注册入区机构高管人员（每家机构限5人），从其缴纳个人所得税开始，前3年在株洲高新区、株洲市天元区购房、教育、交通、医疗、保健等方面进行补贴，每年补贴标准以个人所得税区级财政留存部分的50%为限。

第七条 推动涉农金融扩面

引导辖区金融机构主动对接、积极适应农村实际、农业特点、农民需求，加大“三农”信贷支持和资源配置，提升金融支农能力。当年涉农贷款业务每新增2000万元奖励5万元。鼓励以村（社区）为单位布放助农金融服务终端，每新增1处奖励1万元，年度奖励总额最高不超过5万元。

第三章 奖补申报、审查及管理

第八条 奖补资金管理流程

（一）申报。挂牌上市补贴、投资机构等奖励于当年6月、12月开始申报；银行机构、融资性担保公司、小额贷款公司等奖励于次年1月开始申报。

（二）审查。区金融服务中心连同相关职能部门对申报对象和有关机构提交的原始凭证进行数据核对、信息核实和资金核算，形成奖补资金兑现建议方案，提交株洲高新区项目决策委员会研究审定。

（三）管理。株洲高新区项目决策委员会审核同意后，区金融服务中心按程序、按时序向区财政局提交奖项申报审批资料、资金拨付申请报告，并及时兑现奖补资金。

第四章 附 则

第九条 本办法规定年限以财政会计年度为准，即每年的1月1日至12月31日。

第十条 本办法奖补的对象必须依法成立、合法经营，如有非法集资、虚造数据、骗取补贴等违规违法行为，否决核销其年度奖补的申报资格，依法追回已获取的奖补资金，并依法追究其法律责任。

第十一条 相关奖励办法与本办法规定不一致的，以本办法为准。

第十二条 本办法自印发之日开始生效，由株洲高新区管委会授权株洲高新区金融服务中心负责解释。

统计资料

2018株洲高新区·天元区年鉴

ZhuZhou GaoXinQu·TianYuanQu NianJian

株洲高新技术产业开发区主要经济指标

表20

指标名称	计量单位	2011年	2012年	2013年	2014年	2015年	2016年	2017年
地区生产总值	万元	3901566	4842441	5452358	6151123	6652599	7221853	7601353
第一产业	万元	73338	80770	83680	91798	99009	108714	114114
第二产业	万元	3105845	3941182	4398807	4957564	5291818	5671471	5836877
工业	万元	3029290	3853119	4298418	4844514	5170854	5542099	5705922
第三产业	万元	722383	820489	969871	1101761	1261772	1441668	1650362
新批准外商直接投资项目个数	个	4	16	14	16	16	37	38
固定资产投资总额	万元	2102157	2702156	3472158	4358691	5130543	6001459	6607606
基础设施投资额	万元	646527	1782179	1502181	155356	1750368	2012486	2321736
实际到位外资	万美元	15306	19647	28897	31587	37045	46938	59359
工业总产值	万元	10189416	12035914	14222901	16352398	17869736	18174646	18665386
经营收入	万元	10088575	11130335	13447951	16242781	18194128	19085234	21648829
工业销售收入	万元	9537063	10586351	12623771	15510209	16818443	17071828	17106989
税收总额	万元	458970	525732	733476	906219	1022961	949918	1032018
出口总额	万美元	74035	94799	111767	167614	273386	87680	126445
进口总额	万美元	47578	32026	352283	56069	142352	62712	41389
高新技术企业个数	个	118	98	108	118	141	186	168
高新技术产品产值	万元	8159924	10546302	10098259	10983955	11683219	12370034	12714444
高新技术产品利润	万元	314015	356433	558785	510226	753685	707738	873963
高新技术产品利税	万元	486216	691442	506864	921909	1396232	1183855	1469326

（谢子兵　杨　静）

2017年天元区主要经济指标完成情况表

表21

指标名称	计量单位	2017年	同比增减（%）
一、地区生产总值			
1.总量	万元	3121742	8.5
第一产业	万元	114114	4.0
第二产业	万元	1157266	6.6
工业(部分划入第三产业)	万元	1014013	7.0
建筑业	万元	143635	3.1
第三产业	万元	1850362	10.5
批发和零售业	万元	91681	1.7
交通运输、仓储和邮政业	万元	151982	15.8
住宿和餐饮业	万元	82973	6.3
金融业	万元	324956	8.7
房地产业	万元	192201	6.2
营利性服务业	万元	750062	17.9
非营利性服务业	万元	255511	0.1
2.产业结构			
第一产业	%	3.7	0.1
第二产业	%	37.1	-11.4
#工业	%	32.5	-11.7
第三产业	%	59.3	11.3
3.对GDP增幅贡献率			
#第一产业	%	3.6	2.5
第二产业	%	45.3	-6.4
#工业	%	41.0	-8.1
第三产业	%	51.1	3.9
4.经济质量			
财政收入占GDP比重	%	27.3	2.1
二、人民生活			
1.居民人均可支配收入	元	43087	8.7

续表21

指标名称	计量单位	2017年	同比增减（%）
#城镇居民	元	48538	8.2
农村居民	元	24927	8.1
2.居民文教娱乐服务消费支出	元	6152	–
其中:占居民消费总支出比重	%	18.9	–
3.人均现住房家庭建筑面积	平方米	58.3	–
城镇居民人均现住房家庭建筑面积	平方米	48.1	–
农村居民人均现住房家庭建筑面积	平方米	92.1	–
三、农业			
1.农林牧渔业总产值	万元	151280	4.1
农业产值	万元	88616	4.0
牧业产值	万元	49561	4.1
2.主要农产品			
肉猪出栏	头	139500	4.8
牛出栏	头	1000	0.0
羊出栏	只	16400	1.9
家禽出笼	万羽	134.36	1.4
水产品	吨	5594	10.7
四、工业			
1.规模工业总产值	万元	3484512	16.9
#国有及国有控股企业	万元	2210087	15.7
#大中型工业企业	万元	2545291	12.8
#中小微型工业企业	万元	939221	29.4
#非公有制工业企业	万元	1262787	18.3
按经济类型分			
#国有企业	万元	24643	9.2
股份制企业	万元	3037438	21.0
外商及港澳台投资企业	万元	422431	–6.1
按主要行业分			
#农副食品加工业	万元	184032	17.4

续表21

指标名称	计量单位	2017 年	同比增减（%）
酒、饮料和精制茶制造业	万元	1017	–95.7
橡胶和塑料制品业	万元	7428	–13.3
非金属矿物制品业	万元	48020	56.7
有色金属冶炼和压延加工业	万元	64827	34.1
金属制品业	万元	258151	24.2
通用设备制造业	万元	62233	–0.2
专用设备制造业	万元	82223	72.3
汽车制造业	万元	810069	15.6
铁路运输设备制造业	万元	1171713	7.8
电气机械和器材制造业	万元	167686	–3.5
计算机、通信和其他电子设备制造业	万元	371962	72.8
仪器仪表制造业	万元	8841	17.6
电力、热力生产和供应业	万元	24643	9.2
燃气生产和供应业	万元	77698	7.3
2. 规模工业销售产值	万元	3366906	8.3
#出口交货值	万元	129127	69.8
3. 规模工业增加值	万元	1101147	8.3
#非公有制经济		359294	17.5
4. 规模工业主要经济指标			
主营业务收入	万元	3244800	9.7
利税总额	万元	211640	–7.3
利润总额	万元	–131319	–16.2
五、固定资产投资与房地产业			
1. 固定资产投资额	万元	4645541	10.1
#公有制经济投资	万元	1992612	–3.1
非公有制经济投资	万元	2652929	22.6
#第一产业投资	万元	131966	252.4
第二产业投资	万元	1002941	6.5
#工业投资	万元	1002941	6.5

续表21

指标名称	计量单位	2017年	同比增减（%）
#轨道交通装备产业	万元	51351	-52.4
汽车及零部件产业	万元	148649	-37.5
第三产业投资	万元	3510634	6.6
#房地产开发投资	万元	1177964	15.6
#保障性住房投资	万元	5896	198.4
#高新技术产业投资	万元	275662	61.7
#战略性新兴产业	万元	861126	-2.9
#民生工程投资	万元	67872	-50.2
#基础设施投资	万元	1627882	6.2
#施工项目个数	个	592	51.0
其中:亿元及以上项目个数	个	136	4.6
#亿元项目完成投资额	万元	2658946	-1.5
#本年新开工项目个数	个	358	39.3
其中:亿元及以上项目个数	个	31	-36.7
2.房地产业			
房屋建筑施工面积	万平方米	1316	2.2
房屋建筑竣工面积	万平方米	152	-39.5
商品房屋销售额	万元	1763005	35.5
商品房销售面积	万平方米	298	14.0
六、贸易			
社会消费品零售总额	万元	1463203	10.4
#限额以上企业	万元	1223528	8.3
按行业分			
限额以上批发业	万元	5471	10.4
限额以上零售业	万元	1151051	8.8
限额以上住宿业	万元	32815	-0.1
限额以上餐饮业	万元	34191	-1.4
按消费形态分			
限额以上餐饮收入	万元	61660	2.6

续表21

指标名称	计量单位	2017 年	同比增减（%）
限额以上商品零售	万元	1161867	8.6
限额以上批零企业商品零售类值			
粮油、食品类	万元	4213	-54.5
饮料类	万元	21554	11.2
服装、鞋帽、针纺织品类	万元	33560	1.7
日用品类	万元	1679	-29.0
中西药品类	万元	10555	17.2
石油及制品类	万元	635642	11.3
汽车类	万元	442623	7.4
七、财政			
1.公共财政预算收入	万元	786637	12
2.地方收入	万元	509019	10.9
3.公共财政预算支出	万元	504667	16.0

2017年天元区重点规模工业企业生产情况表

表22　　单位：万元

企业名称	2017 年	同比增减（%）
重点企业合计	2833577	15.5
1.株洲时代新材料科技股份有限公司	967007	14.3
2.湖南中车时代电动汽车股份有限公司	563049	28.9
3.株洲钻石切削刀具股份有限公司	209704	18.3
4.唐人神集团股份有限公司	177413	20.6
5.株洲时菱交通设备有限公司	116542	-29.8
6.湖南长城计算机系统有限公司	100027	403.8
7.株洲麦格米特电气有限责任公司	91824	16.7
8.株洲新奥燃气有限公司	77698	7.3
9.南车株洲电力机车研究所有限公司风电事业部	71116	-32.9
10.株洲时代电子技术有限公司	65676	-4.2

续表22

企业名称	2017 年	同比增减（%）
11.众普森科技(株洲)有限公司	61776	263.3
12.株洲欧格瑞传动股份有限公司	54875	86.6
13.株洲海纳川汽车底盘系统有限公司	54096	-47.6
14.湖南炎帝生物工程有限公司	43780	3.1
15.博戈橡胶塑料(株洲)有限公司	33594	33.2
16.湖南千金卫生用品股份有限公司	32290	7.2
17.株洲三特环保节能股份有限公司	32065	185.9
18.湖南千金协力药业有限公司	30095	115.8
19.湖南光华荣昌汽车部件有限公司	26306	-34.5
20.株洲航电枢纽空洲水电站	24643	9.2

2017年天元区5000万以上投资项目完成情况统计表

表23　　单位：万元

项目名称	计划总投资	累计完成投资	本年完成投资
5000万以上投资项目合计	7870641	4147514	1869591
1.株洲汽车博览园项目	2011068	356786	178263
2.天易科技城自主创业园	1200000	470930	290795
3.武广客运专线株洲车站配套建设工程	599029	513592	125970
4.高性能超细硬质合金生产线技术改造(株硬精密工具产业园)	400000	28149	0
5.北京股份有限公司株洲基地技改扩能建设项目	387716	281184	93790
6.动力谷(二)	350000	216828	117290
7.株洲高新区汽车博览园北部基础设施项目	322153	266389	104650
8.中国动力谷新马动力创新园	292500	241282	109100
9.株洲八达电子信息产业智慧谷	210000	107752	98128
10.S210王家坪至朱亭公路(湘江大道一期)	154600	154600	30408
11.年产3200台全自动禽类脱毛加工工作间智能化生产线建设项目	109000	71178	59570
12.月塘生态新城市政基础设施建设工程	100000	95930	27080

续表23

项目名称	计划总投资	累计完成投资	本年完成投资
13.首鹏汇隆汽车板材加工配送及车身制造	100000	12800	6000
14.高科新马金谷	100000	100000	20178
15.湘水湾片区城中村改造项目	85080	85080	45350
16.湘水湾片区二期工程项目	78000	78000	4100
17.新马金谷三期	60000	60000	15520
18.汽车服务中心	56000	56000	14037
19.悠移农业园	54100	26090	26090
20.龙洲路(湘江七桥至S333)	47835	22575	22575
21.创业广场项目	45956	31396	31396
22.风电产业园项目	45000	45000	3066
23.锂离子动力电池产业化项目	45000	16225	16225
24.株洲市三个中心	44000	43950	16950
25.汽车交易中心	44000	44000	3887
26.神农绿轴提质改造建设	42000	42000	18500
27.自主创业园二期基础设施工程项目	39490	31690	28690
28.株洲市第二工人文化宫体质改造项目	35000	9980	9980
29.天易科技城一期路网建设	33000	33000	14100
30.北汽大道	31180	31180	2380
31.新马创新城污水处理工程建设项目	30000	30960	18060
32.神农大道(长江西路到长江北路)	29273	20483	20483
33.天易科技城自主创业园生态景观轴工程	28864	28864	23272
34.新东路工程建设项目	26350	26350	3700
35.新马小学建设	26297	26297	651
36.金属双极板氢燃料电堆产业化项目	23224	15846	15846
37.新马北路工程建设项目	22910	22910	4220
38.智能阀门智能制造新模式应用项目	22000	22000	71
39.湖南长城智能软件生产基地项目	20000	11931	11931
40.碳陶产业化项目	20000	1023	1023
41.机电制造精密仪器产业化项目	20000	6535	6535

续表23

项目名称	计划总投资	累计完成投资	本年完成投资
42.万丰安置小区一期	18841	2540	0
43.钽电容生产线改造	18144	17624	12024
44.昆仑山(长江西路至南塘)路	18018	12938	12938
45.5点4亿瓦时锂离子动力电池产业化项目	17480	4065	4065
46.1000吨硬质合金工程材料和2000万片精密数控刀片项目	17000	17000	800
47.株洲群丰汽车站	15765	9971	2020
48.株洲市示范性综合实践基地	15473	15973	7235
49.冲压生产线改造项目	15133	15133	13025
50.凿石小学	15001	6356	6356
51.宏大高功能塑料产业园	15000	15000	8487
52.株洲汽车博览园二手车交易中心	14972	14972	10652
53.响泉路	14900	5478	0
54.自动化生产线改造项目	13166	13166	11061
55.神农城拓展区市政道路工程项目	12929	12929	5650
56.南塘路(滨江南路到昆仑山南路)和昆仑山南路(南塘路到建宁大桥北	12262	600	600
57.白鹤小学尚格分校建设项目	12236	13136	13136
58.高分子水处理膜生产线项目	11545	11545	8930
59.月塘生态新城祠堂路项目	11196	11196	7751
60.年产50万台套高精密汽车冲压件制造基地	11000	10620	10620
61.浪涌保护器和加固自主可控显示器系列产品产业化项目	10500	7716	7716
62.年产10000台套新能源汽车大梁内饰线束生产基地	10250	2067	2067
63.智能LED系统开发	9912	9912	3912
64.保健品物流基地	9135	9007	2960
65.发酵型乳酸菌制备生产线项目	9018	9018	7003
66.田龙铁道电气装置生产及研发项目	9000	3354	3354
67.株洲移动生产调度楼建设项目	8934	8850	5100
68.新能源汽车变速器智能制造项目	8600	1520	1520
69.建宁大桥西匝道	8471	6044	6044

续表23

项目名称	计划总投资	累计完成投资	本年完成投资
70.新型阻燃轻质复合板材产业化项目	8300	6950	6950
71.高性能铜合金材料产业化及配套工程项目	8000	1520	1520
72.五十三区规划十路一二街区工程建设	7650	7650	1250
73.轻小型光纤惯组系统生产线建设项目	7000	5095	5095
74.安生生物科技项目	7000	1100	1100
75.省道333株洲县渌口至湘潭县谭家山公路株洲黑家冲至米山塘段	6788	3400	3400
76.星子坳路(湘芸路至响泉路以及栗塘路至栗合路)	6561	2521	2521
77.数控生产线改造项目	6560	6560	3829
78.工装模具开发项目	6535	6535	4300
79.万水路工程建设项目	6330	6730	1650
80.防腐设备研发项目	6038	6039	4889
81.天元区养老医疗服务中心建设项目	6010	6500	2000
82.泌尿系统手术专用耗材产业化项目	6000	5056	5056
83.食品加工生产线更新项目	5675	5675	3495
84.弘高光伏项目	5576	5576	576
85.泰黄支路一街区工程建设项目	5500	5500	350
86.月塘生态新城竹山路项目	5412	5412	2524
87.水心路立体停车场	5200	5200	4200

2017年天元区保障性住房及房地产项目投资情况统计表

表24 单位：万元

项目名称	计划总投资	累计完成投资	本年完成投资
一、安置房等保障性住房项目	74270	61502	5896
1.竹山小区	15900	8330	4000
2.天泰家园	5370	3070	1500
3.金彩明天公租房	53000	50102	396
二、房地产项目	2264602	1555422	670811
4.西郡佳园	132549	81530	57180

续表24

项目名称	计划总投资	累计完成投资	本年完成投资
5.华晨国际商业中心	128000	90475	48207
6.美的翰城	80900	46911	46911
7.大汉惠普信息产业园	69517	69909	37905
8.江湾壹号	137566	36285	36285
9.恒大华府一期	55000	47420	35820
10.栗雨湖住宅小区	250000	291300	35364
11.金水湾一期	75329	33811	33811
12.晋合湘水湾三期高层住宅	106872	76655	30891
13.晋合湘水湾四期高层住宅	84329	27992	27992
14.汇鑫财智天下	78113	46750	27971
15.天玺湾	128336	47820	26856
16.奥园广场	184300	149320	25900
17.亿都漫城	55000	24438	24438
18.春藤小镇	49754	47730	23530
19.金轮翡翠名园	43838	37584	23070
20.经世龙城	221592	154415	22822
21.湘江公馆	30955	22337	22337
22.株洲体育新城体验式商业街	67375	25009	22009
23.万丰上院左岸	133401	52183	20761
24.山水洲城I	124021	119824	20611
25.栗雨湖景名城B块地	27855	25724	20140

2017年天元区重点商贸企业销售情况统计表

表25 单位：万元

企业名称	2017年	同比增减（%）
一、批发零售业		
1.中国石化销售有限公司湖南株洲石油分公司	502034	16.1

续表25

企业名称	2017年	同比增减（%）
2.株洲北汽汽车销售有限公司	389649	-56.7
3.湖南株冶火炬金属进出口有限公司	182970	-32.9
4.中国石油天然气股份有限公司湖南株洲销售分公司	181509	10.6
5.株洲南方航空机械进出口有限公司	131621	8.9
6.湖南千金医药股份有限公司	77638	2.8
7.株洲和信丰田汽车销售服务有限公司	55048	16.8
8.株洲市美宝行汽车销售服务有限公司	53283	1.2
9.株洲市宏骏汽车贸易有限公司	42648	-10.6
10.株洲湘奥汽车销售服务有限公司	40625	1.8
11.株洲溢华汽车销售服务有限公司	33295	18.7
12.株洲润锦汽车销售服务有限公司	31301	23.0
13.株洲市飞跃体育用品有限公司	30552	-2.4
二、住宿餐饮业		
14.株洲新西苑宾馆发展有限公司	11608	15.7
15.株洲市大中华餐饮管理有限责任公司	8490	6.5
16.株洲天台山庄	8254	18.4
17.湖南省福尔莱大酒店有限公司	7580	9.3
18.株洲万豪大酒店	5640	572.1
19.湖南大碗先生餐饮连锁管理有限公司	4341	20.8
20.株洲市盛世芙蓉餐饮管理有限责任公司	4093	17.6
21.株洲市天伦大酒店有限公司	3558	18.0
22.株洲市江洋海鲜餐饮有限公司	3375	15.8
23.株洲市铭逸酒店管理有限公司	2905	18.5
24.株洲银城酒店管理有限公司	2375	16.7

株洲市县（市）区主要经济指标统计（一）

表26　　单位：万元

县（市）区名称	生产总值（GDP）		其中：第一产业		第二产业		第三产业		高新技术产业增加值	
	2017年	同比增减（%）	2017年	同比增减（%）	2017年	同比增减（%）	2017年	同比增减（%）	2017年	同比增减（%）
荷塘区	2143278	8.1	44115	3.8	922730	6.9	1176433	9.7	423734	9.0
芦淞区	3649568	8.1	65699	3.3	1183788	6.1	2400081	9.5	897850	17.6
石峰区	2860269	7.4	21233	3.4	2155402	7.1	683634	8.9	1295327	6.5
天元区	3121742	8.5	114114	4	1157266	6.6	1850362	10.5	968380	15.1
云龙区	259753	8.4	36177	3.2	115647	7	107929	11.9	67034	4.9
株洲县	1409431	8.0	223296	3.6	713225	7.4	472910	11.3	132084	7.2
攸　县	3850175	7.5	552363	4.1	1757995	6.2	1539817	10.8	640074	20.6
茶陵县	1781182	8.2	358995	3.8	575154	5.9	847033	12.3	81513	26.1
炎陵县	656893	8.3	91947	3.9	267694	6.4	297252	12.4	21360	13.7
醴陵市	6071750	8.2	557858	4	3525655	6.9	1988237	12.3	2141602	29.7

株洲市县（市）区主要经济指标统计（二）

表27　　单位：万元

县（市）区名称	规模工业增加值增幅	其中：园区规模工业占全部规模工业比重（%）	固定资产投资额		社会消费品零售总额		规模工业综合能源消费量同比（%）
	2017年	2017年	2017年	同比增减（%）	2017年	同比增减（%）	2017年
荷塘区	7.7	91.1	2119329	14.8	713575	10.9	-4.7
芦淞区	8.0	80.7	3611394	14.5	2711941	10.7	10.3
石峰区	7.4	91.9	2156027	14.0	569801	10.3	-3.4
天元区	8.3	94.9	4645541	10.1	1463203	10.4	-7.4

续表27

县（市）区名称	规模工业增加值增幅	其中：园区规模工业占全部规模工业比重（%）	固定资产投资额		社会消费品零售总额		规模工业综合能源消费量同比（%）
	2017年	2017年	2017年	同比增减（%））	2017年	同比增减（%）	2017年
云龙区	7.7	78.4	1978600	14.2	79292	10.6	1.9
株洲县	7.0	76.0	1203341	14.6	461027	11.3	4.4
攸 县	6.5	58.8	3379068	13.3	1385889	11.1	100.2
茶陵县	6.4	56.8	1572564	14.4	728695	11.2	-5.3
炎陵县	6.8	65.4	1142097	10.1	225276	11.1	2.0
醴陵市	7.5	72.8	4418700	14.6	2045923	11.4	-3.3

2017年株洲市县（市）区 新增“四上”企业个数统计表

表28　　　　单位：个

县(市)区名称	合 计	规模以上工业	资质等级以上建筑业	限上批发业	限上零售业	限上住宿业	限上餐饮业	房地产开发经营业	规模以上服务业
全 市	588	203	27	47	93	15	30	45	128
荷塘区	69	18	4	3	15	0	2	9	18
芦淞区	84	16	6	9	17	1	4	5	26
石峰区	47	17	4	4	4	2	1	2	13
天元区	79	25	3	5	4	3	5	16	18
云龙区	9	2	0	1	0	3	1	1	1
株洲县	40	13	2	6	5	1	1	2	10
攸 县	75	34	2	7	11	2	6	2	11
茶陵县	42	14	2	2	11	1	1	2	9
炎陵县	28	10	1	1	8	1	3	1	3
醴陵市	115	54	3	9	18	1	6	5	19

（谢子兵　杨　静）

索 引

说明：

1. 本索引采用分析索引方法，按索引词首字汉语拼音顺序排列（阿拉伯数字开头的索引引词转成对应的汉语再按拼音顺序排列），首字母音序相同者，按第二音序排列，依次类推。

2. 类目、分目、人名作索引词的用加粗黑体字标明。

3. 索引词后的阿拉伯数字表示内容所在页码，拉丁字母 a、b 表示左、右栏，索引词后括注“表”字样的为表。

4. 特载、大事记、文件选登、统计资料，未作索引。

D

E

F

G

H

J

M

N

P

Q

T

W

X

Z